丛书总主编／马怀德

中国政法大学新兴交叉学科研究生精品教材

数字贸易法通论

主 编◎戴 龙

副主编◎张丽英

撰稿人◎（按姓氏笔画为序）

张丽英 张西峰 何 波 余 丽

赵 心 陶 乾 戴 龙

SHUZI MAOYIFA TONGLUN

中国政法大学出版社

2022·北京

图书在版编目（ＣＩＰ）数据

数字贸易法通论/戴龙主编. —北京：中国政法大学出版社,2022.10
ISBN 978-7-5764-0601-6

Ⅰ.①数… Ⅱ.①戴… Ⅲ.①国际贸易－电子商务－贸易法－研究－世界 Ⅳ.①D996.1

中国版本图书馆CIP数据核字(2022)第134419号

出 版 者	中国政法大学出版社
地　　址	北京市海淀区西土城路 25 号
邮　　箱	fadapress@163.com
网　　址	http://www.cuplpress.com (网络实名：中国政法大学出版社)
电　　话	010-58908435(第一编辑部) 58908334(邮购部)
承　　印	固安华明印业有限公司
开　　本	720mm×960mm　1/16
印　　张	37.75
字　　数	678 千字
版　　次	2022 年 10 月第 1 版
印　　次	2022 年 10 月第 1 次印刷
印　　数	1～5000 册
定　　价	98.00 元

作者简介

戴龙，男，中国政法大学国际法学院教授，博士生导师，国际经济法研究所副所长；兼任海南国际仲裁院和合肥仲裁院仲裁员，中国法学会国际经济法研究会、商业法研究会和经济法研究会理事，被聘为国家市场监督管理总局新零售和直播电商专家委员会专家、北京市市场监督管理局反垄断专家库专家、北京市公平竞争审查专家库专家、湖南省市场监督管理局反垄断和公平竞争审查专家等全国多个省市反垄断与公平竞争审查专家。多次参加国家发展和改革委员会、商务部、国家市场监督管理总局、工业和信息化部等部委立法和研讨活动，主持二十余项国家级、省部级和校级科研项目，用中、日、英文在国内外期刊上发表论文四十余篇。主要从事国际经济法、竞争法、数字贸易法和平台治理等相关领域研究，深度参与各种理论与实务相结合的政府委托、企业合作与社会实践活动。著有《滥用市场支配地位规制研究》《日本反垄断法研究》《反垄断法域外适用制度》《反垄断法诉讼典型案例分析与解读》《反垄断法行政执法典型案件分析与解读》等作品。承担本书第一章、第十一章、第十二章的写作。

张丽英，女，法学博士，中国政法大学国际法学院教授、博士生导师，中国海事仲裁委员会、海南国际仲裁委员会等仲裁员；中国海商法协会常务理事、中国国际经济法协会常务理事、中国法学会WTO研究会常务理事。多伦多大学、牛津大学、香港大学、安特卫普大学等访问学者。主要从事国际经济法学、数据法、人工智能、WTO法律制度、海商法等领域研究。主持国家社科基金项目等课题二十余项，在国内外权威、核心期刊发表学术论文百余篇，专著十余部。曾获北京市、司法部、教育部等十余奖项。承担本书第四章、第五章、第六章、第七章的写作。

何波，男，法学博士，中国信息通信研究院互联网法律研究中心副主任、高级工程师。兼任国际电信联盟《国际电信规则》专家组成员、中国人工智能产业发展联盟政策法规工作组副组长、国家市场监督管理总局新零售和直播电商专家委员会专家、中国并购公会信用专业委员会委员、北京市网络法学会理事等。曾先后在原中央网信办政策法规局、工业和信息化部政法司工作，深入参与《网络安全法》《电子商务法》《数据安全法》《个人信息保护法》等多部网络法律法规研究和起草支撑工作。获得工业和信息化部首届青年干部论文大赛一等奖等多项省部级奖励，目前主要研究方向为网络法、数据治理、个人信息保护以及国际数字贸易规则。承担本书第二章的写作。

张西峰，男，中国政法大学国际法学院副教授、硕士生导师、法学博士，兼任中国政法大学金融法研究中心执行主任，中国政法大学仲裁研究院兼职研究员，注册执业律师，中国银行法学研究会理事、学术委员会秘书长，北京市国际经济法学研究会副会长。主持或主研国家社科重点项目、教育部规划项目、司法部重点项目等十余项。主要著作:《主权货币国际流通法论》(独著)、《亚洲基础设施投资银行比较指南》(合译);发表论文近五十篇，包括:《人民币域外流通法律问题研究》《人民币国际化的法律保障机制》《国际法中有关货币争端的规则》《主权货币国际化的法律分析 —— 兼论人民币国际化的法律对策》《货币主权对人民币国际化的影响》《代币发行融资的法律分析》《论公司与股东的外交保护》。承担本书第九章的写作。

陶乾，女，法学博士，中国政法大学法律硕士学院副教授、知识产权法硕士生导师。担任中国政法大学法律硕士学院私法教研部主任、中国政法大学知识产权创新与竞争研究中心主任。发表中文核心期刊、英文期刊等期刊学术论文二十余篇，深耕于著作权法和商业秘密法领域，主持国家社科基金一般项目、北京市社会科学一般项目、中国政法大学科研创新项目等多个项目。承担本书第八章的写作。

余丽，女，武汉大学法学院国际法博士，中国政法大学国际法学院副教授。研究方向包括国际投资法、WTO法、国际税法、国际商事争端解决法和国际劳工争议解决法。曾在商务部条法司挂职，参与我国多项自由贸易协定和ECFA争端解决协定的谈判。承担了国家社科基金、北京社科基金，由司法部、中宣部、中国法学会等部委委托多项课题。曾在《法律适用》《国际经济法论丛》《人民司法》等杂志发表十几篇论文。代表作:《世界贸易组织贸易便利化协定研究》。承担本书第十章的写作。

赵心，女，中国政法大学国际法治研究院助理研究员，2016年获得中国人民大学国际法专业法学博士学位，2012 年获得英国利物浦大学国际法专业法学硕士学位（研究型硕士）。2016 年至 2019 年，在中国社会科学院法学研究所从事博士后研究工作。2020 年进入中国政法大学，专业方向为国际法学。曾获得中国人民大学优秀博士论文奖、中国社会科学院优秀博士后报告奖。部分成果曾经获得过中国社会科学院优秀对策信息二等奖、三等奖。主持中国博士后科学基金项目；参与中共中央宣传部哲学社会科学重大攻关项目，环境部等国家级、省部级科研项目研究工作。承担本书第三章的写作。

总　序

　　2017年5月3日，在中国政法大学建校65周年前夕，习近平总书记考察中国政法大学并发表重要讲话。他强调，全面推进依法治国是一项长期而重大的历史任务，要坚持中国特色社会主义法治道路，坚持以马克思主义法学思想和中国特色社会主义法治理论为指导，立德树人，德法兼修，培养大批高素质法治人才。推进全面依法治国既要着眼长远、打好基础、建好制度，又要立足当前、突出重点、扎实工作。建设法治国家、法治政府、法治社会，实现科学立法、严格执法、公正司法、全民守法，都离不开一支高素质的法治工作队伍。法治人才培养上不去，法治领域不能人才辈出，全面依法治国就不可能做好。

　　习近平总书记强调，没有正确的法治理论引领，就不可能有正确的法治实践。高校作为法治人才培养的第一阵地，要充分利用学科齐全、人才密集的优势，加强法治及其相关领域基础性问题的研究，对复杂现实进行深入分析、作出科学总结，提炼规律性认识，为完善中国特色社会主义法治体系、建设社会主义法治国家提供理论支撑。法学学科体系建设对于法治人才培养至关重要。我们有我们的历史文化，有我们的体制机制，有我们的国情，我们的国家治理有其他国家不可比拟的特殊性和复杂性，也有我们自己长期积累的经验和优势，在法学学科体系建设上要有底气、有自信。要以我为主、兼收并蓄、突出特色，深入研究和解决好为谁教、教什么、教给谁、怎样教的问题，努力以中国智慧、中国实践为世界法治文明建设作出贡献。对世界上的优秀法治文明成果，要积极吸收借鉴，也要加以甄别，有选择地吸收和转化，不能囫囵吞枣、照搬照抄。

当前，我们正处于中华民族伟大复兴战略全局和世界百年未有之大变局之中，面对深刻的社会变革、复杂的法治实践和日新月异的科技发展，我们必须清醒地认识到，我国法学学科体系存在学科结构不尽合理、社会急需的新兴学科供给不足、交叉融合不够、学科知识容量亟待拓展等深层次问题，需要加快构建具有中国特色和国际竞争力的法学学科体系。正如习近平总书记深刻指出的那样："我国高校学科结构不尽合理，课程体系不够完善，新兴学科开设不足，法学与其他学科的交叉融合不够。"近年来出现的教育法、网络法、卫生法、体育法、能源法、娱乐法、法律与经济等新兴法律领域和交叉学科，已经开始挑战固有的法学学科秩序，带来法学学科创新发展的新机遇。健全法学学科体系，重点在于创新法学学科体系，必须大力扶植法学新兴学科和交叉学科的发展。学科体系建设同教材体系建设密不可分。要培养出优秀的法治人才，教材体系建设是重要基础性工作。中国政法大学作为中国法学教育的最高学府，可以利用其学科齐全、人才密集的优势开展法学新兴交叉学科教材的编写工作，促进法学新兴交叉学科的建设。

编写法学新兴交叉学科教材是落实全面依法治国要求，大力发展法学新兴交叉学科的需要。十八大以来，全面依法治国进入快车道，对法学学科体系建设提出了新要求，构建中国特色法学体系特别是学科体系、教材体系刻不容缓。2020年9月，教育部等三部委联合下发了《关于加快新时代研究生教育改革发展的意见》，该意见明确提出，要加快学科专业结构调整、加强课程教材建设。推进法学新兴交叉学科发展、加强法学新兴交叉学科教材建设，是我校落实全面依法治国要求、加快法学学科体系和法学课程教材建设的应有之义和具体措施。

编写法学新兴交叉学科教材是推动法学教育事业，培养复合型、创新型人才的需要。随着经济社会快速发展，社会急需复合型、创新型人才。在法学领域，急需既懂法律，又懂专业技术和其他社科知识的复合型、创新型人才。特别是熟悉监察法、党内法规、大数据、人工智能、共享经济、数字货币、基因编辑、5G技术等方面的人才奇缺，研究也不深入。为此，急需建立一批法学新兴交叉学科专业，开设更多新兴交叉学科课程，努力培养社会急需的复合型、创新型法治人才。中国政法大学在回应新技术革新对法治的挑战，培养创新型、复合型人才方面一直在积极探索、努力耕耘。近年来，我校相继设立了一批科研机构（包括数据法治研究院、资本金融研究院、互联网金融法律研究院、党内法规研究所等），开设了一批新兴交叉学科课程。为发展新兴交叉学科，推动法治人才培养取得实效，必须推进法学新兴交叉学科教材建设。

编写法学新兴交叉学科教材是引领世界法学学科发展潮流，构建中国特色法学学科体系的需要。近年来，许多国家法学新兴交叉学科发展迅速。例如，美国推动法经济学、法社会学、法政治学、法心理学、法人类学等新兴交叉学科建设，在世界范围内产生较大影响。中国要引领法学学科发展，必须打破法学内部的学科壁垒，扩充法学学科的知识容量，推进法学和其他学科的交叉与融合。习近平总书记指出，要按照立足中国、借鉴国外，挖掘历史、把握当代，关怀人类、面向未来的思路，体现继承性、民族性、原创性、时代性、系统性、专业性，加快构建中国特色哲学社会科学。我们要在借鉴国外有益经验的基础上，努力建设既体现中国特色、中国风格、中国气派，又具有国际竞争力，能够引领世界发展潮流的法学学科体系。

推出这套法学新兴交叉学科精品教材，希望可以积极推动我国法学教育新的发展方向，做法学新兴交叉学科建设的探路者。我们深知，合抱之木，生于毫末；九层之台，起于累土。希望这套精品教材的推出能够成为一个良好开端，为推进我国法学新兴交叉学科发展尽绵薄之力。经过一段时间的努力，相信一定能够建成具有中国特色、中国风格、中国气派，符合时代要求、引领世界法学学科发展的我国法学新兴交叉学科。

是为序。

中国政法大学校长 马怀德
2021 年 9 月 9 日

序

    人类社会已经步入数字经济时代，以大数据、人工智能、区块链、云计算以及5G等为代表的数字技术变革日新月异。数据及其运用对世界各国的经济发展、社会治理和政府管理均产生了巨大的影响，引发了一系列新的法律问题，需要在学理层面进行深入研究，澄清数字技术变革的时代意义，正视数字技术发展产生的问题的本质，探索数据问题的应对措施和法治路径。由于数据治理问题涉及政治、经济、社会和文化等诸多领域，只有通过社会各界的共同努力，形成数据法治的广泛共识，才能正确地指导数据治理的理论与实践，支撑数字经济、数字政府和数字社会建设，为全人类的共同发展奠定基础。

    我国"十三五"规划提出"实施国家大数据战略，推进数据资源开放共享"的发展纲要，"十四五"规划进一步提出要建立数据资源产权、交易流通、跨境传输和安全保护等基础制度。2021年12月，国务院印发《"十四五"数字经济发展规划》（以下简称《规划》），确立了以习近平新时代中国特色社会主义思想为指导，立足新发展阶段，贯彻新发展理念，构建新发展格局，推动高质量发展，统筹发展和安全、国内和国际两个维度，提出加强数字基础设施建设，完善数字经济治理体系，协同推进数字产业化和产业数字化，赋能传统产业转型升级，培育新产业新业态新模式的发展目标，明确了我国推动数字经济健康发展的基本原则、重点任务和保障措施。《规划》对于做强做优做大我国数字经济，构建数字中国提供了有力支撑。

    在党中央、国务院的规划指导下，近年来我国不断加强对数字经济和贸易发展的支持力度。自2014年我国建立首个贵阳大数据交易所以来，截止到2021年底全国已经设立了近二十个大数据交易中心。2020年9月18日，北京市出台《关于打造数字贸易试验区实施方案》，率先提出要推动跨境数据流动试点，探索设立数字贸易试验区和"数字贸易港"等先行示范区，打造开放、创新、包容、普惠的数字贸易营商环境。2021年3月31日，北京国际大数据交易所成立，致力于打造国内领先的数据交易基础设施和国际重要的数据跨境流通枢纽。这些大数据交易所或交易中心的设立，一方面推动了我国各地大数据交易平台的建设，另一方面也把数据确权、数据流通、数据安全、数据交易等基础性法律问题摆在理论界和实务界面前。

2016年，中国政法大学将数字技术引发的法律问题研究确定为科研战略，产生了一大批科研成果、科研项目。2019年，学校将数据法学作为新兴交叉学科进行培育建设；2020年，学校申请数据法学为法学目录外二级学科，获教育部备案；2021年3月16日，引入了16位国际专家的"数据法治学科创新引智基地（111计划）"获教育部、科技部批准；2021年5月，与中国司法大数据研究院签署协议共建"智慧法治联合实验室"；2021年6月，为高质量建设数据法学学科，学校批准成立"数据法治研究院"；2021年11月，"数据法治实验室"入选首批教育部哲学社会科学实验室。

中国政法大学数据法治研究院的成立适应数字时代数字技术日新月异发展的趋势，有利于推进数据法学学科建设，服务国家数字化发展战略，解决数据及其运用过程中产生的法律问题，培养高层次法律人才。数据法学本质上属于法学与数字技术相交叉的新兴学科，数据法治研究可以有效地回应数字时代法治实践对法学理论的新需求，与其他学科形成良性互补、互动，增强法学学科回应数字化时代法治建设的能力，促进法学学科内部的实质性融合、法学与数字技术的实质性交叉，形成学科合力。

为更好的开展数据法治研究，推动数据法学学科建设和发展，促进数据法学相关知识和思想的碰撞和交流，提升研究水平，数据法治研究院集结国内外从事数据治理研究的精英力量，开展包括"数据法治讲坛""数据法学学术沙龙""数据法学读书报告会""数据与网络安全法治论坛"等系列学术研究活动。围绕数字经济时代的研究热点和难点问题，数据法治研究院开创国内外领先的数据法学学科建设和综合性研究，将持续推出"数据法学"丛书。

本次推出的《数字贸易法通论》，同时获得了中国政法大学新兴交叉学科研究生精品教材出版资助。该书是由中国政法大学国际法学院戴龙教授带领创新团队，经过多年的探索与积累，精心创作的最新学术成果。戴龙教授长期活跃在国际法与经济法研究的第一线，把国际贸易和竞争问题结合起来，在数字经济和竞争治理等交叉领域开展了卓有成效的研究。《数字贸易法通论》从数字贸易法的概念、主体、客体和研究对象入手，探讨了数字贸易的国际规则博弈、数字空间管辖权问题、数字贸易中的网络安全、数据安全、隐私保护和人工智能法律问题，还就数字贸易中的知识产权保护、数字金融和数字税收、数字竞争和垄断规制、数字贸易争议解决等问题进行了深入的探索。概览全书，戴龙教授及其团队在尝试构建一个全新的"数字贸易法"学科体系，这在国内外都堪称是一项具有挑战性和前瞻性的开创性研究，不仅体现了创作团队巨大的创新勇气，也填补了当前数字贸易法的理论研究空白。

《数字贸易法通论》的研究团队成员，均是我国从事数字经济法律研究的中青年骨干力量，相信这一研究成果对于深化数字贸易法律的整体认知，提高我国数据法治的研究水平，加强新型数据法学的学科建设，将发挥重要作用。

中国政法大学副校长 时建中

2022 年 3 月 5 日于北京

前　言

当前，数据作为新型生产要素已经得到世界主要经济体的普遍认同，成为各国促进数字经济发展的原材料和根本动力。世界各国出台各种法律法规和政策措施，推动数字经济的快速发展，规制跨境数据流动带来的国家安全、数据安全和隐私泄露风险，规范数字贸易中的知识产权保护与公平竞争，解决数字贸易的金融支付和数字服务税收等问题。我国早在 2015 年 10 月召开党的十八届五中全会时就将"实施国家大数据战略"写入公报。2017 年 12 月，习近平总书记在中共中央政治局第二次集体会议学习时强调，"要构建以数据为关键要素的数字经济""制定数据资源确权、开放、流通、交易相关制度，完善数据产权保护制度"。2019 年 10 月，党的十九届四中全会首次将数据与劳动、土地等并列作为重要的生产要素，按贡献参与收益分配。2020 年 5 月，中共中央、国务院发布《关于新时代加快完善社会主义市场经济体制的意见》，明确数据作为生产要素的地位，并提出完善数据权属界定、开放共享、交易流通等标准和措施，发挥社会数据资源价值。2021 年 3 月，《中华人民共和国国民经济和社会发展第十四个五年规划和 2035 年远景目标纲要》公布，进一步提出要建立数据资源产权、交易流通、跨境传输和安全保护等基础制度和标准规范，推动数据资源开发利用。可以说，构建数据产权制度，促进数据交易，确保数据安全，已经成为我国发展数字经济的既定原则和方针政策。

数据作为新型生产要素的重要性虽然得到广泛认可，但是与数据治理有关的法律问题至今仍然扑朔迷离，世界各国以及理论界和实务界都远未达成共识。数据治理是当下摆在学术界面前的一个庞大而又复杂的问题，既需要跨越自然科学和社会科学的交叉研究，又需要超越传统国际法和国内法的综合研究。由于互联网、大数据、区块链、人工智能、物联网以及最近成为话题的元宇宙都是正在快速发展的新兴科技领域，在很多理论问题尚未得到澄清和达成共识之前，实践已经远远地走在前面，导致很多国家还来不及通过立法规范就被迫通过政策调整出台很多应对措施。由于理论问题没有得到澄清和解决，国际社会无法认识数字技术发展所产生问题的本质，也无法采取有效治理数据的措施，只能采取"头痛医头，脚痛医脚"的被动应急方式。这既是当前国际社会在数据治理方面面临的现状与挑战，也给理论界和实务界提出了亟需研究和解决的重大问题。

本书并非广泛意义上的数据治理研究，而是聚焦于当前国际国内高度重视的数字贸易问题，探讨数字贸易背景下和数据治理有关的法律问题。这样的选题，一方面有利于集中探索当前数据治理的核心问题，另一方面也便于发挥本书作者的学术专长，在数字贸易的理论和实务方面开展专业而又深入的研究。同时，数据治理研究的一些重要问题在本书中都有涉猎，本书尝试构建一套建立在数据治理基础之上关于数字贸易法的新型理论体系。毫无疑问，这在国内外都属于比较前沿的研究。创作伊始，本书就定下了"数字贸易法通论"这一题目，意在探索数字贸易的底层逻辑、现实问题、法律规范和未来走向。这一定位决定了本书自始至终都在挑战一系列理论前沿问题，要解释实践中尚未得到广泛认知的数据问题，要做一项前无古人的创新性探索。本书创作之初，就要求各章作者集国内外研究之大成，凸显当今涉及数字贸易法研究的最新研究成果。本书各章节中的观点和结论未必一定准确，甚至可能会引发争议，但至少代表了我国乃至当今国际上关于数字贸易法研究的最新进展。

为了完成这一跨越不同领域和不同学科的综合性研究，本书作者经过精心谋划和长期准备，尝试构建起一套关于数字贸易法的新型理论体系。这一理论体系立足于数据治理，跨越国际法和国内法、公法和私法两个维度，以数字贸易为主线，搭建起数字经济时代涉及数字贸易法的理论架构。本书作者认为，数字贸易法的理论框架至少应该包括以下内容：

1. 数据的法律属性以及数字贸易法的理论架构。主要探讨数据治理的底层法律逻辑和数字贸易法理论体系的基本构想；

2. 当前国际社会围绕数字贸易开展的治理博弈。主要就美国、欧洲和亚太模式的特点开展研究，并且以多边框架下的数字贸易规则博弈等问题进行探索；

3. 数字贸易背景下的网络空间管辖权问题探索。主要探讨传统的管辖权理论在数字贸易新时代面临的挑战，确定数字空间管辖权的路径与功能等问题；

4. 数字贸易下的网络安全问题研究。主要探讨数字贸易中的数据跨境传输带来的网络空间国家主权、网络基础设施安全和贸易利益的平衡等治理问题；

5. 数据安全及其法律问题。同样以数字贸易中的数据跨境流动为核心，但是聚焦数据的分级分类保护、安全风险评估、应急处理等数据安全法律问题；

6. 隐私与个人信息保护法律问题。主要探讨数字贸易背景下隐私和个人信息保护面临的挑战，以及各国采取的各种应对措施及其未来走向；

7. 人工智能及其法律问题。主要探索人工智能技术发展给人类带来的尖锐挑战、人工智能的法律规制与伦理问题、未来人工智能发展走向等问题；

8. 数字贸易中的知识产权保护。主要探索数字贸易给传统知识产权保护法律带来的挑战，以及适应数字贸易的知识产权保护制度及其未来走向等问题；

9. 数字金融及其法律问题。主要探索数字金融法的主体、客体，数字金融监管以及数字贸易金融法律等相关法律问题；

10. 数字服务税收及相关法律问题。主要探讨数字贸易给传统税收法律带来的尖锐挑战，以及部分发达国家开征的新型数字服务税及其法律问题；

11. 数字贸易中的竞争和垄断规制问题。主要探讨数字经济时代平台竞争的新特点，以及如何变更现有竞争法律以适应新型数字竞争与垄断规制问题；

12. 数字贸易争议解决相关法律问题。以在线司法、在线平台争议解决和在线商事仲裁调解为主线，探索数字贸易争议解决的新路径及未来发展问题。

当然，以上的理论框架只是本书主编在多年研究和学术积累基础上对数字贸易法这一新型理论体系的初步构想，其内涵未必经过科学、严密的理论论证，其外延也未必完全合理。数字贸易是近年来急速发展的新兴经济领域，数字贸易法需要与时俱进地解释、解决数字贸易产生的最新法律问题。这意味着数字贸易法是一门面向未来的新兴学科，需要与数字贸易的快速发展与动态变化相适应，探索数字贸易给国际社会带来的诸多挑战和法律问题。由于数字贸易产生的诸多问题目前仍处于探索阶段，各国对于数据治理的方式还没有获得共识，因此本书各章节的一些观点可能属于此部分撰稿者本人的研究心得，并不代表其他机构或个人的观点。本书意在通过对国际国内理论和实务界对上述数字贸易诸多法律问题的梳理，阐述撰稿人对这些问题的思考和总结，提出本书各章撰稿人的研究结论或意见建议，供对数字贸易法律感兴趣的学界同仁和实务界人士参考。

自 2019 年底暴发新冠肺炎疫情以来，大到国家间的交流往来，小到我们日常的生产生活和工作学习，都受到极大的影响和冲击。疫情之下，各国基于自保，纷纷关闭口岸，拒发签证，国际贸易和人员流动一度陷于停滞状态。然而，和现实世界不同，在虚拟的网络空间，来自世界各国的人们密切交流，鼎力合作，共同应对这场百年未有之大疫情，极大地推动了数字经济和贸易发展。在持续两年的疫情防控中，人们已经逐渐尝试并熟悉了在线办公、在线学习、参加网络会议和在线处理各项生活事务。伴随着大数据、人工智能、区块链与物联网等数字技术的进步，可以预见今后的数字贸易会获得更大的发展，今天我们所探讨的数字贸易问题只是人类迈向更发达的数字经济时代所遇到的一些初级问题。人类探索世界的欲望永无止境，人类对世界的探索也永不止步，我们所做的理论创新和学术探索只是人类征服宇宙进程中的一小步而已。

最后，基于我们所做的探索是前无古人的开创性理论尝试，限于作者的学术功底和认识偏颇，存在问题在所难免，欢迎对本书内容感兴趣的读者、专家和各界精英批评指正。

戴 龙

2022 年 2 月 28 日

国际组织、国际条约、法律法规和常用术语
（本书所引）

缩略语对照表

缩　写	原文全称	英文全称	章节
国际组织			
ASEAN	东南亚国家联盟／东盟	Association of Southeast Asian Nations	第一章、第二章
APEC	亚太经济合作组织	Asia Pacific Economic Cooperation	第一章、第二章、第五章、第八章
ENISA	欧盟网络安全局	European Union Agency for Cybersecurity	第四章
EU	欧洲联盟／欧盟	European Union	第一章、第八章
FSB	金融稳定委员会	The Financial Stability Board	第九章
G8	八国集团	Group of Eight	第六章
G20	二十国集团	Group of 20	第一章、第二章、第九章、第十章
ICODR	国际在线纠纷解决委员会	International Council for Online Dispute Resolution	第十二章
IMF	国际货币基金组织	International Monetary Fund	第一章、第九章

续表

缩 写	原文全称	英文全称	章节
ITU	国际电信联盟	International Telecommunication Union	第一章、第二章、第四章
OECD	经济合作与发展组织	Organization for Economic Co-operation and Development	第一章、第八章、第十章、第十一章
UN	联合国	United Nations	第一章
UNCTAD	联合国贸易发展会议	United Nations Conference on Trade and Development	第一章、第十一章
UNCITRAL	联合国贸易法委员会	United Nations Commission on International Trade Law	第十二章
WB	世界银行	World Bank	第一章、第十一章
WTO	世界贸易组织	World Trade Organization	第一章、第二章、第八章、第十章、第十一章、第十二章
国际条约			
ACTA	《反假冒贸易协定》	Anti-Counterfeiting Trade Agreement	第八章
CETA	《欧盟 - 加拿大全面经济贸易协定》	Comprehensive and Economic Trade Agreement	第二章、第十章
CPTPP	《全面进步跨太平洋伙伴关系协定》	Comprehensive and Progressive Agreement for Trans-Pacific Partnership	第一章、第八章、第十二章
DEA	《新加坡 - 澳大利亚数字贸易协议》	Australia-Singapore Digital Economy Agreement	第一章
DEPA	《数字经济伙伴关系协定》	Digital Economy Partnership Agreement	第一章、第二章、第八章
DMA	《数字市场法》	Digital Market Act	第一章、第十一章
DSA	《数字服务法》	Digital Service Act	第一章、第十一章
EPA	《日本 - 欧盟经济伙伴关系协定》	Japan-EU Economic Partnership Agreement	第一章

续表

缩 写	原文全称	英文全称	章节
GATS	《服务贸易总协定》	General Agreements on Trade in Services	第一章、第二章、第十章
GATT	《关税和贸易总协定》	General Agreements on Tariffs and Trade	第一章、第二章
GDPR	《通用数据保护条例》	General Data Protection Regulation	第一章、第二章、第六章
ITA	《信息技术协定》	The Information Technology Agreement	第二章
JSI	《关于电子商务联合申明》	First E-commerce Joint Statement Initiative	第二章
RCEP	《区域全面经济伙伴关系协定》	Regional Comprehensive Economic Partnership	第一章、第二章、第八章、第十二章
TFA	《贸易便利化协定》	Trade Facilitation Agreement	第二章
TISA	《服务贸易协定》（未成立）	Trade in Services Agreement	第一章
TPP	《跨太平洋伙伴关系协定》（未成立）	Trans-Pacific Partnership Agreement	第一章、第二章、第八章
TRIPS	《和贸易有关的知识产权协定》	Agreement on Trade -Related Aspects of Intellectual Property Rights	第八章
TTIP	《跨大西洋贸易与投资伙伴关系协定》（未成立）	Transatlantic Trade and Investment Partnership	第一章、第二章、第八章
UJDTA	《美日数字贸易协定》	USA - Japan Digital Trade Agreement	第一章、第二章、第十章
USMCA	《美加墨协定》	United States – Mexico – Canada Agreement	第一章、第二章、第八章、第十二章
WCT	《世界知识产权组织版权条约》	WIPO Copyright Treaty	第八章
WPPT	《世界知识产权组织表演和录音制品条约》	WIPO Performances and Phonograms Treaty	第八章

续表

缩写	原文全称	英文全称	章节
		法律法规	
《宪法》	《中华人民共和国宪法》	Constitution of the People's Republic of China	第三章、第五章、第六章
《民法典》	《中华人民共和国民法典》（2020 年）	Civil Code of the People's Republic of China	第一章、第四章、第六章、第七章、第八章、第九章
《个人信息保护法》	《中华人民共和国个人信息保护法》（2021 年）	Personal Information Protection Law of the People's Republic of China	第一章、第四章
《数据安全法》	《中华人民共和国数据安全法》（2021 年）	Data Security Law of the People's Republic of China	第一章、第四章、第五章、第八章
《网络安全法》	《中华人民共和国网络安全法》（2016 年）	Cybersecurity Law of the People's Republic of China	第一章、第四章、第五章、第八章
《国家安全法》	《中华人民共和国国家安全法》（2015 年）	State Security Law of the People's Republic of China	第一章、第四章、第五章
《电子商务法》	《中华人民共和国电子商务法》（2018 年）	E-Commerce Law of the People's Republic of China	第一章、第六章、第八章、第十一章、第十二章
《反不正当竞争法》	《中华人民共和国反不正当竞争法》（2019 年）	Law of the People's Republic of China Against Unfair Competition	第一章、第八章、第十一章
《著作权法》	《中华人民共和国著作权法》（2020 年）	Copyright Law of People's Republic of China	第一章、第八章
《商标法》	《中华人民共和国商标法》（2019 年）	Trademark Law of the People's Republic of China	第八章
《专利法》	《中华人民共和国专利法》（2020 年）	Copyright Law of the People's Republic of China	第八章
《反垄断法》	《中华人民共和国反垄断法》（2022 年）	Anti-monopoly Law of the People's Republic of China	第一章、第十一章
APPI	日本《个人信息保护法》	Act on the Protection of Personal Information	第六章

续表

缩 写	原文全称	英文全称	章节
CCPA	美国《加州消费者隐私法》	California Consumer Privacy Act of 2018	第六章
CDA	美国《通信规范法》	Communications Decency Act	第三章
CMF	《法国货币及金融法典》	French Monetary and Financial Code	第十章
COPPA	美国《儿童在线隐私保护法》	Children's Online Privacy Protection Act of 1998	第六章
DMA	欧盟《数字市场法》	Digital Markets Act	第十一章
DMCA	美国《数字千禧年版权法》	Digital Millennium Copyright Act of 1998	第八章
DSA	欧盟《数字服务法》	Digital Services Act	第十一章
PDPA	新加坡《个人数据保护法》	Personal Data Protection Act of 2012	第三章、第六章
HSR	美国《哈特—斯科特—罗迪诺反托拉斯改进法》	Hart Scott Rodino Antitrust Improvements Act of 1976	第十一章
常用术语			
ADR	替代性纠纷解决	Alternative Dispute Resolution	第十二章
ADS	自动化数字服务	Automated Digital Services	第十章
AI	人工智能	Artificial Intelligence	第一章、第七章
AGI	强人工智能	Artificial General Intelligence	第七章
ANI	弱人工智能	Artificial Narrow Intelligence	第七章
ASI	超人工智能	Artificial Super Intelligence	第七章
APP	应用软件	Application	第七章
B2C	商户对客户的电子商务	Business to Consumer	第一章
BEPS	税基侵蚀与利润转移	Base Erosion and Profit Shifting	第十章
BTC	比特币	Bit Coin	第八章

续表

缩 写	原文全称	英文全称	章节
C2C	个人与个人的电子商务	Consumer to Consumer	第一章
CAICT	中国信息通信研究院	China Academy of Information and Communications Technology	第一章、第十一章
CBPRs	跨境隐私规则	Cross Border Privacy Rules	第五章
CBDC	法定数字货币	Central Bank Digital Currency	第九章
CHIPS	银行同业支付系统	Clearing House Interbank Payment System	第九章
CIGI	加拿大国际治理创新中心	Centre for International Governance Innovation	第二章
CII	关键信息基础设施	Critical Information Infrastructure	第四章
CIIO	关键信息基础设施运营者	Critical Information Infrastructure Operator	第四章
CNCERT	国家互联网应急中心	National Computer Network Emergency Response Technical Teem	第四章
CNNIT	中国互联网络信息中心	China Internet Network Information Center	第十一章
DOJ	美国联邦司法部	Department of Justice	第十一章
DRTI	数字贸易限制指数	Digital Trade Restrictiveness Index	第八章
DSTRI	数字服务贸易限制指数	Digital Services Trade Restrictiveness Index	第八章
DST	数字服务税	Digital Services Tax	第十章
ETH	以太币	Ethereun Coin	第八章
FTA	自由贸易协定	Free Trade Agreement	第二章
GB	千兆字节	Giga Byte	第一章
GDP	国内生产总值	Gross Domestic Product	第一章、第二章、
GloBE	全球反税基侵蚀	Global Anti-Base Erosion	第十章

缩 写	原文全称	英文全称	章节
HAL	启发式编程算法	Heuristically programmed Algorithmic computer	第七章
HHI	赫芬达尔 - 赫希曼指数	Herfindahl-Hirschman Index	第十一章
IaaS	基础设施服务	Infrastructure as a Service	第一章、第八章
ICO	首次代币发行	Initial Coin Offering	第九章
ICP	互联网内容提供商	Internet Content Provider	第四章
ICT	信息通讯技术	Information and Communication Technology	第一章、第二章、第四章
IDS	入侵检测系统	Intrusion Detection System	第四章
IP	互联网协议	Internet Protocol	第一章、第三章、第十章
IPO	首次公开招股	Initial Public Offering	第五章
IPS	入侵防御系统	Intrusion Prevention System	第四章
ISP	互联网服务提供商	Internet Service Provider	第四章、第十章
IT	信息技术	Information Technology	第一章、第二章
JFTC	日本公平贸易委员会	Japan Fair Trade Commission	第十一章
Libra	天秤币	Libra Coin	第九章
MFN	最惠国待遇	Most-Favored-Nation Treatment	第十一章
NAS	网络附属存储	Network Attached Storage	第四章
NFT	非同质化权益凭证	Non-Fungible Tokens	第八章
ODR	在线纠纷解决	Online Dispute Resolution	第十二章
PaaS	平台服务	Platform as a Service	第一章、第八章
PC	个人电脑	Personal Computer	第十一章
SaaS	软件服务	Software as a Service	第一章、第八章
SEP	标准必要专利	Standard-Essential Patent	第十一章

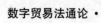

缩 写	原文全称	英文全称	章节
SSNIP	假定垄断者测试	Small but Significant and Non-transitory Increase in Price	第十一章
SWIFT	环球同业银行金融电讯协会	Society for Worldwide Interbank Financial Telecommunication	第九章
USDT	泰达币	Tether United States Dollar	第九章
USITC	美国国际贸易委员会	United States International Trade Commission	第一章
VIE	利益可变实体 / 协议控制架构	Variable Interests Entity	第十一章

<h1>目录 Contents</h1>

· 第一章 ·
数字贸易法概述

戴　龙[①]

　　自苹果公司于 2007 年推出第一款智能手机以来，一个伟大的时代揭开序幕，以移动终端为技术集成的生产生活与社会交往图景展现在我们面前。联合国贸易与发展会议（UNCTAD）于 2017 年发布的《世界投资报告》将 2010 年作为一个转折点，提出在这之前的数十年间，国际排名前十的跨国公司所在行业基本没有什么变化，从 2010 年起以信息通讯技术（ICT）为代表的数字企业快速增加，迄今已经占据了世界排名前 10 位跨国公司的 7 个席位。[②]中国信息通信研究院（CAICT）报告得出相似的结论，指出自 2010 年开始中国数字企业获得快速发展，在 2015 年以数字产业化和产业数字化为代表的数字经济对我国 GDP 的贡献已达 68.6%，到 2020 年数字经济占我国 GDP 比重为 38.6%，是 GDP 名义增速的 3.2 倍多。[③]如果需要进行一个代际划分，2010 年大体可以作为数字经济时代的起点。

　　在数字经济时代，信息、数据成为新型生产要素，它们在推动各国经济发展的同时，也给世界各国的社会治理、企业竞争与个人隐私保护带来了新的挑战。由于现有国家治理体系是在传统工业经济基础上搭建起来的，现存法律制度也是为适应工业经济时代发展的需要而制定的，面对全新的数字经济时代的新问题，各国的治理体系和法律制度都需要做出调整。近年来，世界主要国家

---

① 戴龙，中国政法大学国际法学院教授，博士生导师。

② See UNCTAD, "World Investment Report 2017: Investment and the Digital Economic", https：//unctad.org/en/pages/PublicationWebflyer.aspx?publicationid=1782. Last visited on December 28, 2018.

③ 参见中国信息通讯研究院《互联网发展研究报告（2017 年）》和《中国数字经济发展白皮书（2021 年）》。

出台了一系列适应数字技术变革的新型法律制度，国际社会也加快推动适应新型数字贸易和技术进步的治理体系建设。在数字经济时代背景下，梳理国际社会针对数字技术变革达成的治理共识，总结各国关于数字治理的经验和教训，构筑符合国家发展与技术进步的新型数字贸易法律已经提上台面。可以说，探索适应数字贸易的新型理论和法律制度，推动数字经济前沿领域的学术研究，也是我国理论界肩负的历史使命。

数字技术革命一日千里，在国家和社会各层面还未做好准备之际，一系列数字发展的新问题已经摆在理论和实务界面前。近年来，我国社会各界掀起数字经济研究的高潮，来自不同领域的专家学者，从不同角度分析数字经济带来的挑战，探讨新形势下的数字治理和政策建议。走过初期盲人摸象般的各自解读，我国亟需对于数字经济的时代特征与问题进行系统性的梳理和总结，国家发展也需要学术界能够提供促进数字经济和贸易发展的新型理论框架和治理建议。为此，本书编委会根据国家发展与社会治理的需要，集结当下国内外关于数字经济研究的成果与共识，开启全新的数字贸易法的理论研究与制度构建。

在人类社会从农业经济迈向工业经济的第一次工业革命（蒸汽机革命）和第二次工业革命（电气化革命）时期，中国均落伍于主流国际社会。在世界迎来第三次工业革命（信息化）之际，中国开启了改革开放，经济等各个领域都获得蓬勃发展的历史机遇。人类社会现在正在迎来第四次工业革命，在这次以数字化为特征的技术变革时期，我国虽然在互联网起步早期落后于西方发达国家，却在发展过程中后来居上，不仅极大地缩小了与美、欧、日等发达国家的差距，而且在某些方面甚至已经超过发达国家，争得了数字经济发展的一席之地。如今，中国已经成为世界公认的数字经济大国，这不仅为我们开展数字经济研究打下了坚实的基础，也对我们开展创新性的理论研究提出了更高的要求。

第一节 数据信息的基市概念

数字经济是以数字化的知识和信息作为关键生产要素，以数字技术作为核心驱动力量，以现代信息网络为重要载体，通过数字技术与实体经济深度融合，不断提高经济社会的数字化、网络化、智能化水平，加速重构经济发展与治理模式的新型经济形态。构成数字经济关键要素的知识和信息，来源于碎片化的数据，依赖相关主体的收集、整理、加工和分析，需要经过长时间的聚合与动态更新，形成大数据，才能成为新经济的生产要素，才能成为数字贸易的标的。

要理解数字贸易的本质特征，首先要从数据、信息与大数据的概念出发，探讨其法律层面的含义、价值和本质属性。

一、数据、信息、知识和智慧的概念演进

当前关于数据信息的理论众说纷纭，没有形成共识。在多数情况下，人们并不区分数据和信息的细微差别，存在将二者相互替代、互换使用的状态。有学者详细归纳了我国当前立法、司法裁判和学术研究三个层面，发现普遍存在混用数据和信息的情形，大体上呈现信息与数据并用、信息包含数据、数据包含信息这三种类型。[1]

按照国际标准化组织关于信息技术术语的定义，数据是指"信息的一种形式化方式的体现，该种体现背后的含义可以被再现出来，且该种体现适用于沟通、展示含义或处理"。[2] 在信息技术科学中，数据是一个日常用语，是指用二进制的 0 和 1 编码方式表示的能够被计算机读取的比特形式，只能借助于特定的载体而存在。数据原本是信息网络科技发展的产物，按照计算机网络设计者和通信理论家的理解，信息科技系统可以划分为三个层次，分别是最底层的物理层、中间层的"逻辑"或"代码"层，以及最顶层的"内容"层。[3] 物理层覆盖了信息通讯系统的底层设备，包括计算机、网络宽带等基础设施；"逻辑"或"代码"层，是指那些让硬件运行的代码，包括因特网的基本协议以及在协议上运行的软件；内容层是指通过网线传输的具体信息，包括数据图像、文本、在线音视频等。这一结构分层适用于任何特定的信息通信系统，对于理解数字经济具有重要的意义。我们也可以这样理解：一张写满文字的信件，物理层指的就是纸张本身，是承载文字和传递信息的基础设施；上面的文字就是代码，是传递信息的工具，可以体现为多种文字符号，如英语、法语、德语或中文等；通过代码传递的信息就是内容，即信件本身要表达和传输的意思。只有通过物理层，借助"逻辑"或"代码"符号，才能够传输具有特定意义的信息内容。

从信息科学的角度看，信息是自然界、人类社会及人类思维活动中存在和

---

① 韩旭至："信息权利范畴的模糊性使用及其后果——基于对信息、数据混用的分析"，载《华东政法大学学报》2020 年第 1 期。

② "ISO/IEC 2382：2015（en）Information technology vocabulary"，https://standards.iso.org/ittf/PubliclyAvailableStandards/index.html.

③ 参见［美］劳伦斯·莱斯格：《思想的未来——网络时代公共知识领域的警世喻言》，李旭译，中信出版社 2004 年版，第 23~25 页。

发生的普遍现象，数据只是信息的一种表现形式，在人类进入数字经济时代以前，大量的信息是通过纸张等有形的物理载体予以记载的。受限于有限的数据收集和计算能力，过去人们只能进行有限的数据采集和样本分析，如历史上各国政府进行人口普查基本上都采取随机采样的模式。但是，随着信息技术革命和计算机算力提升，人类拥有了进行全样本采集的能力，拥有了通过大数据进行更为精确地分析、计算和预测的能力。于是，对数据进行收集、加工、聚合和分析后的大数据，不仅成为商业组织甚至各国争夺的资源宝库，也成为各学科的研究对象。

根据 UNCTAD 公布的 2019 年《数字经济报告》，代表数据流的全球互联网协议（IP）流量从 1992 年的每天约 100 千兆字节（GB），增长到 2017 年的每秒 45 000 千兆字节，到 2022 年全球互联网协议流量预计将达到每秒 150 700 千兆字节。[①]UNCTAD 最新发布的 2021 年《数字经济报告》认为，2022 年的全球互联网协议流量（包括国际国内流量）将超过截至 2016 年之前的互联网流量之和。2020 年以来，突如其来的新冠肺炎疫情导致越来越多的活动在网上进行，对互联网流量造成了巨大影响。在此背景下，2020 年全球互联网宽带提高了 35%，每月的全球流量预计将从 2020 年的 230 艾字节激增到 2026 年的 780 艾字节。[②]大数据源于各种数字平台上开展的个人、社会和商业活动的数字足迹，但是大数据并不仅是大体量的数据集合，还是人们获得新的认知、创造新的价值的源泉，是改变市场、组织机构以及政府与公民关系的方法，是一场深刻的思维变革和时代转型。[③]

虽然数据和大数据的价值已经得到各国普遍认可，但关于大数据的定义和价值界定仍然存在争议。有学者归纳了国内外关于大数据的理论研究，提出至少存在以下几种不同看法：①大量数据说；②数据集合说；③动态技术说；④商业智能说；⑤数据财产说／数据资产说；等等。[④]一般认为，大数据具有价值巨大但价值密度低（value）、数据体量大（volume）、来源和形式的多样

---

① UNCTAD, "Digital Economy Report 2019, Value Creation and Capture: Implications for Developing Countries", https://unctad.org/en/pages/PublicationWebflyer.aspx?publicationid=2466.

② UNCTAD, "Digital Economy Report 2021, Cross border data flows and development: For whom the data flow", https://unctad.org/system/files/official-document/der2021_overview_en_0.pdf.

③ 参见 [英] 维克托·迈尔 - 舍恩伯格、肯尼思·库克耶：《大数据时代 —— 生活、工作与思维的大变革》，盛杨燕、周涛译，浙江人民出版社 2013 年版，第 9～15 页。

④ 参见张弛："大数据财产 —— 概念析正、权利归属与保护路径"，载《杭州师范大学学报（社会科学版）》2021 年第 1 期。

性（variety）和需要更新的时效性（velocity）等特征，即所谓的"4V"特征。[①]
大数据的核心价值是预测，这是其所有其他价值的源泉。大数据预测应用于日
常气候变化、机器原理、经济运行、人类行为、病理溯源、基因排序、国防军
事甚至宇宙探索，可以说是无所不包，无处不在。信息技术革命特别是计算机
科学发展，使得人类拥有通过大数据更为精确地分析和预测事物发展变化规律
的能力。由于大数据的价值需要借助于数学算法，通过人工智能进行机器学习
才能实现，大数据也常常被视为是人工智能发展的一部分。

　　如果把数据、信息和大数据视为是人们认识客观世界的基础原材料，知识
则是人类社会通过学习和处理大量数据和信息后获得的结构化、体系化的主观
认识结果。今天，人类社会经过长期发展，已经积累了大量的知识财富，而知
识积累和运用的最高境界就是智慧。数据可以作为信息和知识的符号表示或载
体，但数据本身并不是知识。2007 年，罗利教授构筑了一个知识金字塔模型，
即 DIKW 层级模型，形象地描绘了"数据（data）— 信息（information）— 知
识（knowledge）— 智慧（wisdom）"的转换途径。[②] 我国学者在此基础上更进
一步，认为数据是一种基础信息符号，信息经过处理提炼可以形成知识，对知
识的综合运用彰显出智慧，从数据、信息、知识到智慧，依次呈现出意义与价
值从低到高，可编程性或计算性由高到低，概念属性上由客观到主观的递进关
系。[③]（参见图 1-1）

图 1-1　DIKW 层级模型

---

① Mark Beyer, "Gartner: Solving 'Big Data' Challenge Involves More Than Just Managing Volumes of Data", June 27, 2011, https: //www.insurance-canada.ca, last viewed at Nov. 17, 2021.

② Jennifer Rowley, "The wisdom hierarchy: representation of the DIKW hierarchy", in *Journal of Information Science*, Vol. 33, No. 2, 2007, pp.163–180.

③ 参见叶鹰、马费成："数据科学兴起及其与信息科学的关联"，载《情报学报》2015 年第 6 期。

但也有情报学者提出，数据、信息、知识、智慧并非简单的层级关系，而是可能体现为包括并列关系、包含关系、层次关系、交叉关系和链式关系在内的复杂关系，并提出相互之间可以转化的模型。[1]如果进一步拓展，会发现不同学科的研究学者更是观点各异。例如，哲学学者从关系论和表征论的流派之争出发，前者以香农、弗洛里迪为代表，认为信息等于"数据＋意义"，而后者以伍德瓦德为代表，认为数据本身就有意义，数据和信息没有显著差别。[2]英国哲学家波兰特·罗素认为，"数据是指一切能经受住我所能进行的最严格的批判性考察，而不包括我在考察之后凭借论证和推理猜得到的东西。"[3]控制论学者认为，信息是人类与外部世界进行交流的内容，是与物质与能量并列的要素。[4]可见，不同的学者从不同的学科视角对于数据和信息的关系有多种解读，这虽然有助于加深我们对数据的相关认识，但是对于法学意义上的定性分析并无多大助益。

虽然各学科观点差异较大，但是大家都认识到数据在所有学科的基础重要性，数据研究本身成为一门跨越自然科学和社会科学研究的新型学科。在2008年，我国就有学者提出了"数据界""数据科学"和"数据学"等概念。这些研究将数据科学分为两种：一是研究数据本身，即研究数据的各种类型、状态、属性及其变化形式和变化规律；二是为自然科学和社会科学研究提供一种新的方法，可称为科学研究的数据方法，其目的在于揭示自然界和人类行为现象和规律。[5]据此，信息化的本质是将现实世界中的事物转化为数据并存储在网络空间中，这就是数据生产。随着信息化的普及、深入和持续发展，生产的数据越来越多并积累下来，形成一个大规模的数据集。这些数据不仅记录了自然界各种信息，还记录了人类的行为，包括工作、生活和社会发展，其中具有开发价值的数据集就是数据资源，而网络空间中的所有数据则构成数据界。[6]探索网络空间中数据的规律和现象成为探索宇宙规律和生命规律、寻找人类行为规律和发现社会发展规律的一种重要手段，也成为自然科学和社会科学研究的重要对象。

---

① 郭华等："数据、信息、知识与情报逻辑关系及转化模型"，载《图书馆理论与实践》2016年第10期。
② 张贵红："论数据的本质及其与信息的关系"，载《哲学分析》2018年第2期。
③ 参见［英］波兰特·罗素：《数理哲学导论》，晏成书译，商务印书馆2006年版，第39页。
④ 参见［美］N.维纳：《控制论》，郝季仁译，科学出版社1963年版，第5页。
⑤ 参见朱扬勇、熊赟：《数据学》，复旦大学出版社2009年版。
⑥ 参见朱扬勇主编：《大数据资源》，上海科学技术出版社2018年版，绪论。

二、数据信息概念的法学界定

本书立足于社会科学研究，尝试从数字经济发展的视角解读数据、信息以及与此相关的数据资产、数据交易、数据安全、数据隐私和数据竞争等诸多问题，创新性地开展与数字贸易有关的知识产权保护、数字金融、数字服务税收以及数字贸易争议解决等相关问题。基于这一目的，只有来自人类社会的行为数据才是本书关注和研究的重点。这类数据没有固定的形式和结构，只有在数字经济时代才能被人类自身生产、记载、整理、加工和聚合，在进行大数据分析后才具有重大价值。作为生产要素的数据，就是这类在数字经济背景下记录人类网络行为足迹的数据。如果把来自自然界和人类社会所有来源的数据称作"广义的数据"，本书以下所引数据仅指记录人类网络行为足迹的所谓"狭义的数据"。

从严谨的学术研究出发，数据、信息这两个基础概念的含义、属性并不相同。我国《民法典》第 111 条规定："自然人的个人信息受法律保护……"第 127 条规定："法律对数据、网络虚拟财产的保护有规定的，依照其规定。"显然，《民法典》将个人信息和数据分别对待，确立了我国区分数据和信息的法律依据。我国《网络安全法》第 76 条第 4、5 项也区分了"网络数据"和"个人信息"，规定"网络数据，是指通过网络收集、存储、传输、处理和产生的各种电子数据""个人信息，是指以电子或者其他方式记录的能够单独或者与其他信息结合识别自然人个人身份的各种信息，包括但不限于自然人的姓名、出生日期、身份证件号码、个人生物识别信息、住址、电话号码等"。我国《个人信息保护法》也明确采取"个人信息"的提法，于第 4 条第 1 款规定"个人信息是以电子或者其他方式记录的与已识别或者可识别的自然人有关的各种信息，不包括匿名化处理后的信息"。

我国主流学者同样认为应当区分数据和信息两个概念。梅夏英教授认为，数据具有依赖物质载体存在和通过应用代码或程序显示出信息的特征，而信息的生成、传输和存储均体现为通过原始的物理数据来完成。[①] 作为信息数字化的形式，电子数据通常与电子信息具有共同的含义，但信息的外延大于数据，数据只是信息表达的一种方式，除了电子数据之外，信息还可以通过传统媒体来表达（如纸张、音像等）。数据兼具信息本体和信息媒介的双重属性，数据既是信息的数字化媒介，同时又可直接显现为信息本身。数据的这种双重属性使得数据相对于传统媒介的信息流通而言，具有自身独特的信息传播属性，它

---

① 参见梅夏英："数据的法律属性及其民法定位"，载《中国社会科学》2016 年第 9 期。

易于流通、复制、删除和存储，在封闭的计算机和网络技术体系中流动，天然依赖于数据系统，并对信息的分享和保护呈现出自身特征和运行规律。信息数字化的意义就在于信息脱离了传统媒介而由单一的数字媒介所取代，并形成了一个封闭的系统空间，我们无法脱离数据来独立地享有和处理任何信息。程啸教授认为，数据既不是物（动产和不动产），也不是智力成果或权利。作为信息网络科技发展的产物，数据表现为存储于计算机及在网络上流通的在二进制的基础上由 0 和 1 组合的比特形式，无法脱离载体而存在，数据的交易也必须依附于平台、代码、服务协议、交易合同这些技术与法律关系的整体性交易过程，不可能独立完成。信息是数据的内容，数据是信息的形式，在大数据时代无法将数据与信息加以分离而抽象地讨论数据权利。[①] 李爱君教授认为，数据是对事实、活动的数字化记录，具有独立性、多样性和无体性。数据通常由非物质性的比特构成，由于其载体的符号性质，只需要通过相应的数字化系统加以呈现，通过人的认识思维可以直观识别。而信息是数据表达出的内容，具有抽象性、内容的多样性和表达形式的复杂性。[②]

根据上述立法界定和学理探讨，本书认为从社会科学研究的层面来看，应当区分数据和信息这两个用语。立足于我国的现有立法和本土语境，数据是对客观现象、事实和行为的记录，在网络环境下用二进制的 0 和 1 组成的比特形式存在，是客观世界的电子化表达方式。信息则是人类对于客观现象、事实和行为的主观认识，是可以通过电子化和非电子化媒介进行存储，可以被人类再识别的认知结果。在数字经济背景下，数据和信息体现出载体和内容的关系，是一个不可分割的整体。

第二节 数据的法律属性和分类

一、数据法律属性的不同理论

基于数据在数字经济和贸易中的重要地位，探讨数据的法律属性和基本类别显得尤为重要。虽然从实践层面来看，对数据进行产权界定有利于数据保护和数据交易，但是基于数据依托于网络空间和具有虚拟存在的"4V"特征，数据既不同于传统民法中的"物"，也不同于作为智力成果通过法律赋

---

① 参见程啸："论大数据时代的个人数据权利"，载《中国社会科学》2018 年第 3 期。

② 参见李爱君："数据权利属性与法律特征"，载《东方法学》2018 年第 3 期。

权进行保护的知识产权。当前，国内外学术界对于数据的法律属性争议较大，涉及人格权、财产权、知识产权、新型权利、复合权利等多种提法，以下进行简要概述。

（一）人格权说

作为数字经济背景下人类在网络空间留下的足迹，数据本身带有人类自己的人格特征，这一点已经成为学界共识。我国民法学界的权威专家王利明教授就是这一学说的代表性人物，他对于推动我国《民法典》导入"人格权编"发挥了关键性作用。在《民法典》起草之前，王利明教授就著书立说，阐述了他关于个人数据具有人格属性的理论观点。例如，早在2003年，王利明教授就指出，随着网络信息的发展，个人生活情报的收集和泄露、对个人身体隐私的窥探、对于生命信息和遗传基因的保护，都是现代法律需要重点解决的问题。自然人就个人情报资料所享有的权利，即个人数据资料的保护，属于隐私权范畴的，应当作为《民法典》人格权编的重要组成部分。[1]2021年1月1日施行的《民法典》完全采纳了这一观点，在人格权编第六章（隐私权和个人信息保护）中不仅对个人信息进行了明确的界定，而且区分了私密信息，于第1034条第3款规定"个人信息中的私密信息，适用有关隐私权的规定；没有规定的，适用有关个人信息保护的规定"。

（二）财产权说

目前，社会各界普遍认可数据具有重要的财产价值，各个国家和互联网企业都将数据作为一种重要的战略资源。然而，数据本身的非竞争性和非排他性使得数据不同于一般的有形财产。我国《民法典》第127条规定，"法律对数据、网络虚拟财产的保护有规定的，依照其规定"。显然，《民法典》肯定了对数据、网络虚拟财产予以保护的必要性，但是对于数据财产权及其具体形式和交易规则却避而不谈，交由其他法律处理，正是意识到对于个人数据和虚拟财产的权利性质尚存在争议。全国人大常委会法工委在其编写的《民法典》释义一书中表示，对于数据和虚拟财产的权利性质尚存在争议，数据的保护还需要一系列制度，应当由专门法律加以规定。[2]

申卫星教授提出，对个人数据和个人信息进行区别处理是厘清数字权利体系的关键，个人信息属于人格权益的范畴，以人格属性的内容作为保

---

① 参见王利明："我国民法典中的人格权制度的构建"，载《法学家》2003年第4期。
② 参见黄薇主编：《中华人民共和国民法典释义·总则编》上册，法律出版社2020年版，第408~409页。

护对象；个人数据是将个人信息以电子化形式记录的客观存在作为保护对象，属于财产权范畴。① 在个人信息人格权保护体系已基本建立的情况下，如果没有数据相关的财产权支撑，则个人数据的任何购买、开放、交换都将因失去法律基础而处于极大风险之中，显然不利于数字经济的发展。为了保护特定主体的权利，创造安全有序的商业环境，激励数据权利人积极地共享或转让其合法占有的数据权利，应当根据不同主体对数据形成的贡献来源和程度的不同，设定数据原发者拥有数据所有权与数据处理者拥有数据用益权的二元权利结构，以实现用户与企业之间数据财产权益的均衡分配。中国信息通讯研究院互联网法律中心副主任王融也认为，应当明确企业在用户数据基础上对做出匿名化处理的数据集享有有限定的所有权，这有利于明确数据的产权边界，保障企业的财产权利，增加数据交易的法律稳定性与可预期性。②

（三）知识产权说

在《民法总则》（现为《民法典》总则编）的立法过程中，曾经出现过将"数据信息"与商业秘密、作品等并列，当作全新知识产权客体的意见，但是最终出台的《民法典》总则将数据信息从知识产权客体中移除，交由其他法律单独处理。将数据信息作为知识产权客体的问题在于，数据信息本身并不符合知识产权意义上的智力成果的特征。知识产权法对于具有独创性的智力成果提供保护，但并不保护单纯的数据或事实。对数据进行简单加工或汇总，也不能使得数据集合获得独创性，所以有学者认为数据不是民事权利的客体，难以被权利化，数据保护问题应当交由技术手段而非法律手段解决。③ 但是，也有学者认为，著作权法排除数据规则体现的是"小数据"时代的社会现实，已经跟不上大数据时代的行业需求。在大数据规模和价值增加导致产权界定成本相对而言不再高昂的情况下，通过特殊立法或邻接权保护所代表的财产权模式，向大数据集合提供有限的产权保护，然后由交易双方谈判以实现数据资源的最有效利用，应该是合理的选择。④ 北京市海淀区人民法院中关村法庭庭长陈昶屹也认为，当下在用著作权保护大数据方面，一方面可以对大数据形成的汇编作

---

① 参见申卫星："论数据用益权"，载《中国社会科学》2020 年第 11 期。

② 参见王融："关于大数据交易核心法律问题 —— 数据所有权的探讨"，载《大数据》2015 年第 2 期。

③ 参见梅夏英："数据的法律属性及其民法定位"，载《中国社会科学》2016 年第 9 期。

④ 参见崔国斌："大数据有限排他权的基础理论"，载《法学研究》2019 年第 5 期。

品进行保护，另一方面是对大数据应用中形成的软件进行保护。①

（四）新型权利说

针对互联网企业之间日趋激烈的数据竞争，而现行的合同法、知识产权法与反不正当竞争法保护都存在缺陷，有学者提出通过立法为企业确立数据新型财产权来保护企业数据的思路。②根据这一观点，在数字经济时代背景下，数据保护不能静态地片面强调个人信息保护，而是应当将个人信息保护与企业数据保护统一起来进行合理平衡，按照数字经济发展阶段分别构建自然人的个人信息权利和企业的新型数据权利，后者具体包括数据资产权和数据经营权两种形态，两者之间形成一种过程平衡关系。③数据资产权作为一种专有排他权，比对所有权、知识产权来设计，其私益结构部分，体现为企业对其数据在特定范围享有占有、使用、收益和处分的权利。数据经营权，是企业对于数据得以经营的一种主体资格，基于这种资格，企业可以收集、加工、利用和交易数据。按照这种设计，企业的数据财产权成为企业对其数据的直接保护依据，企业通过法律对其数据产品的赋权，可以直接获得法律保护。当然，企业数据财产权作为数据保护的一种新的制度或秩序安排，并非一种完全自在自为的绝缘化权利空间，除了私益部分构建之外，还应当设计出许多限制结构，以使其具有足够的弹性和外接性，以便对接或协同各种功能和利益关系的实现。

（五）数据信托说

我国还有学者从"财产—责任"规则架构的视角开展研究，指出在以财产规则为核心的赋权模式下，法律确保数据主体可以通过行权禁止数据控制人使用其个人数据；通过责任规则的规范，数据主体应当允许数据控制人使用其个人数据，只要数据控制人满足法律规定的要求。从财产规则到责任规则的变迁，实质是将法益（权利）从数据主体转移至数据控制人手里，克服数据主体行权成本，取而代之以法律要求的赔偿。但是，事实证明赋权保护模式低效，而现实中的行权成本又过高，无法通过数据主体行权实现调整数据控制人行为的制度效果，因而需要在赋权基础上，迫使数据控制人对数据主体做出额外补偿，以保障数据主体利益。基于这一理解，我国学者借鉴英美衡平法下的信托

① 参见任晓宁："'互联网+'时代下大数据需要著作权保护"，载中国社会科学网，http://ex.cssn.cn/xwcbx/xwcbx-rdjj/201707/t20170720_3585680_1.shtml，最后访问时间：2021年11月23日。

② 参见龙卫球："数据新型财产权构建及其体系研究"，载《政法论坛》2017年第4期。

③ 参见龙卫球："再论企业数据保护的财产权化路径"，载《东方法学》2018年第3期。

机制，提出数据信托的运行机制与法理基础。[①]该学者指出，数据信托以数据主体作为委托人，数据控制人作为受托人，以信义义务的存续为法理基础。数据信托是以管理数据权利为初始目的之信托，是大数据时代适应现代数据管理需要而诞生的法律工具，其实质是构建经过验证的、为各方主体所接受的信托协议。在数字经济时代，数据主体的一切数据和文档都可存储于虚拟空间，数据控制人相比于数据主体处于比较优势。鉴于委托人的脆弱性和数据主体的酌处权，法律对受托人课以法律义务中最高标准的"信义义务"，确保数据控制人在整个信托管理期间将数据主体的利益放在首位，并就各项数据主体的侵害事件配合调查或是承担责任。在风险处置、机会主义防范方面，弹性灵活的信托机制最有可能实现数据主体与控制人之间权利的制衡。

二、数据的分类

从数据的来源来看，当下探讨的数据主要来自以下几个方面：一是来自自然界、经过人工测量和处理的各项数据，如国土面积、山川、大地、气候、水文、人口等方面的数据，这部分数据大多是对自然状态的测量和记录；二是来自国民经济运行、环境变化、生产消费指数、进出口贸易、商务发展等经国家相关部门整理统计的数据，可能是公开数据也可能是非公开数据；三是经由机械设备、传感器等物理实验产生的数据，如各种机械制造、实验仪器、3D打印等数字化制造产生的数据；四是记录人类社会行为的数据，如人在浏览网络媒体、社交平台、线上购物、网络日志或者治病就医过程中产生的数字化信息数据。当然，以上列举的数据来源，并不能穷尽高度信息化背景下我们社会生产生活中出现的各种数据。事实上，我们既不可能也没有必要对各种来源数据进行毫无体系的简单列举，只有根据特定目的对数据进行有意义的归类才具有价值。例如，有学者从大数据资源的角度，将数据区分为政府数据资源、科学数据资源、农业数据资源、制造业数据资源、金融数据资源、交通数据资源、能源大数据资源、医疗数据资源等种类。[②]

本书是基于社会科学的研究目的，澄清数据、信息的概念界定及其法律特征，进而探讨数字贸易背景下产生的网络安全、数据安全、个人隐私保护问题，探索数字贸易中的知识产权、竞争与垄断、数字金融与数字服务税收等相关法

---

① 参见冯果、薛亦飒："从'权利规范模式'走向'行为控制模式'的数据信托——数据主体权利保护机制构建的另一种思路"，载《法学评论》2020年第3期。
② 参见朱扬勇主编：《大数据资源》，上海科学技术出版社2018年版，第7页。

律问题。基于这一目的，需要对数据进行不同标准的分类。例如，根据数据收集是出于商业目的还是政府目的，可以把数据分为商业数据和政府数据；根据数据是被企业还是被公共部门所使用，可以将数据分为企业数据和公共数据；依据数据收集的时间，可以把数据分为即时数据和历史数据；根据数据是否涉密，可以把数据分为敏感数据和非敏感数据。依据不同标准产生的分类不同，完全取决于对数据分类是基于何种目的。本书根据后续写作需要，认为对数据作出以下分类是必要的。

（一）政府数据、企业数据与个人数据

从数据拥有主体的角度来看，数据可以区分成政府数据、企业数据和个人数据。政府数据是指各级行政机关以及法律、法规授权履行公共管理职能的组织在履职过程中采集和产生的各种数据。政府数据是数据资源中的重要组成部分，包括政府政务活动所形成的政务数据和依赖财政资金支持而收集的特定行业的医疗健康、城市交通、环境气象等公共数据。政府数据因为依托国家财政资金而收集、产生、加工、维护、管理和使用，具有公共性，应当贯彻数据开放原则，供政府、社会组织和个人免费查询和使用。

企业数据是企业在从事相应产品生产和服务提供中自发收集、整理、加工、聚合后产生的数据。企业组织收集来自自然人、法人或者政府的各类公开数据，是基于自身经营和盈利需要，只要遵循"知情同意"原则，不违背相应的法律法规规定的保密或隐私保护义务，就可以对收集的数据进行合法使用并从中获取收益。但是对于这类数据的权利归属，是当前理论和实务中富有争议的问题。有学者提出，对于企业收集的去个人标识化、经加密、加工挖掘、具有交换价值与技术可行性的企业数据，可以搁置其数据产权争议，本着利用数据资源实现数据价值的目的，进行开发使用。[①]

个人数据是在数字经济背景下最富有挖掘和利用价值的数据宝库，也是最具权利争议和法律风险的数据来源。个人数据来自于自然人的各种身份信息和在网络空间留下的行为痕迹，还包含自然人的大量私密信息与健康数据，存在来源多样和形式复杂的特点。对于个人数据应当区分各种数据信息的敏感度和重要程度，分门别类地进行保护和利用。对于经过脱敏化和匿名化处理的个人数据，已经消除了个人身份识别的特征，应当属于企业可以分析和利用的大数据资源范畴。对于自然人的个人信息，《个人信息保护法》第4条第1款明确规定："个人信息是以电子或者其他方式记录的与已识别或者可识别的自然人有

---

① 参见姚佳："企业数据的利用准则"，载《清华法学》2019年第3期。

关的各种信息，不包括匿名化处理后的信息。"对于个人信息的处理，除了为订立、履行合同，或者履行法定职责或法律义务，应对突发公共卫生事件等所必需的情况下，原则上应当取得个人的同意。法律还规定对于包括生物识别、宗教信仰、特定身份、医疗健康、金融账户、行为轨迹，以及不满 14 周岁未成年的个人信息在内的敏感个人信息的处理，采用更加严格的单独同意或书面同意的原则。

（二）基础数据与增值数据

我国有学者借鉴《电信条例》将电信业务区分成基础电信和增值电信业务的做法，建议将数据划分成基础数据和增值数据。[①] 基础数据就是个人数据，也可以称为原始数据，是指所有足以对主体构成识别的数据。用户作为个人数据的提供者，拥有对个人基础数据的所有权。在数字经济背景下，个人数据具有经济资源的天然禀赋，成为个人资产的重要构成要素。对基础数据的保护应当坚持知情同意原则、自主可控原则、透明度原则、匿名化和最小化原则。实际上，根据我国《个人信息保护法》第 4 条第 1 款的规定，能够对主体进行识别的数据，构成个人信息。因此，该学者分析的基础数据，等同于法律规定的个人信息。

增值数据，也称衍生数据，是指数据处理者对网络用户从事各种活动进行收集整理等增值处理行为产生的各种数据，例如搜索引擎记录、电子商务记录、用户使用习惯、潜在用户群等。正是个人基础数据的自由流通所产生的自主价值和使用价值，使得数据处理者利用基础数据实现了数据增值。数据增值行为就是对基础数据进行记录、检索、整理、对比、分析、挖掘等匿名化处理和利用行为，经过数据增值行为处理后，增值数据对于企业具有重要的财产价值。应当承认数据处理者享有增值数据的数据所有权，这样才有利于激发企业收集、加工整理数据形成大数据的市场动力，才能给数字经济和贸易提供基础的法律保障。

（三）个人数据与非个人数据

个人数据和非个人数据是欧盟《通用数据保护条例》（GDPR）确立的一种分类标准。早在 1995 年，欧盟就通过"95 指令"，[②] 为欧盟成员国立法保护个人数据设立了最低标准，涵盖了对个人数据的一般保护原则，规定了数据主体的

---

① 参见丁道勤 "基础数据与增值数据的二元划分"，载《财经法学》2017 年第 2 期。

② "Directive 95/46/EC of the European Parliament and of the Council of 24 Ocotober 1995 on the protection of individuals with regard to the processing of personal data and on the free movement of such data"，https：// www.icm2006.org/imgs/congresos/Directive 95 46 EC.pdf.

权利以及数据控制者、处理者的义务，概要性地规定了法律责任，对跨境数据传输也做出了安排，并成立了"个人数据保护工作组"。2016年4月14日，欧洲议会投票通过GDPR，取代了"95指令"，并于2018年5月25日正式适用于欧盟成员国。GDPR通过赋予数据主体数据访问权（第15条）、更正权（第16条）、删除权（即"被遗忘权"，第17条）、[①]限制处理权（第18条）和数据可携带权（第20条），[②]给予数据主体控制和支配个人数据的广泛权利，涉及数据采集者和控制者、将数据传输至第三国或国际组织的要求、独立的监管机构等，是目前在数字贸易背景下对个人数据流动和隐私保护规定最全面也最严格的法律。[③]

根据欧洲议会于2018年10月4日表决通过的《非个人数据自由流动条例》，对于不属于个人数据的数据信息，欧盟持较为宽松的态度，允许欧盟内非个人数据自由流动，且明确反对数据本地化要求。[④]根据该条例序言和第2条的规定，非个人数据正好对应GDPR所称个人数据之外的其他数据，如果数据集中的个人数据和非个人数据密不可分，仍然应当适用GDPR的相关规定。可见欧盟维护个人数据隐私和促进数字贸易自由化的立场非常明确，强调在充分保护个人隐私的基础上促进数字贸易发展，但在不涉及个人隐私的非个人数据方面，欧盟仍然坚持数字贸易自由化。

（四）结构化数据与非结构化数据

大数据还可以用结构化数据和非结构化数据来进行分类。在数字经济时代之前，人类已经积累了关于自然界和人类社会发展的大量数据，这些数据通过电子化或者传统媒介予以记载和保存，反映了人类社会通过科学发现或者人工观测来认识自然界和社会发展规律的客观事实的过程或结果。这些数据涵盖了本小节开头列举的第一、二、三类来源的数据，一经记载、存储，能够被简单地、重复性地利用，体现出结构化的特征。除了传统的结构化数据之外，大数

---

① 数据遗忘权和删除权，即数据主体有权利要求数据控制者删除与其相关的个人数据，从而避免个人数据在非自愿的情况下被传播。

② 数据可携带权使得用户可以自由决定是否继续将数据储存在该数据控制者手中或是否要将数据转移到别的系统。

③ 参见戴龙："论数字贸易背景下的个人隐私权保护"，载《当代法学》2020年第1期。

④ European Commission, "Regulation of the European Parliament and of the Council, on a framework for the free flow of non-personal data in the European Union, 2017/0228（COD）", https://ec.europa.eu/transparency/regdoc/rep/1/2017/EN/COM-2017-495-F1-EN-MAIN-PART-1. PDF.

据还包括新型结构化数据，包括矩阵数据、函数数据、区间数据以及符号数据，新型结构化数据比传统数据能够提供更加丰富的信息，但需要通过建模等新的数学工具进行分析使用。[1]

数字经济时代的开启使得人们能够通过网络记载或存储人类在虚拟空间的行为轨迹，使用包括文本、图像、视频、音频等可用于定量刻画结构化数据无法描述的社会经济活动与现象，形成了大量非结构化数据。从统计学上看，非结构化数据一般体现为高维的文本数据和复杂数据，具有高度的不确定性。因而，单一的、少量的、碎片化的非结构性数据本身并没有多大价值，只有经过加工、聚合、清洗和提炼之后形成的大数据，才具有预测将来的经济价值。数字技术的快速发展使得非结构性数据呈现几何级的增长速度，在目前全球现有数据中，只有不到 5% 的数据是结构化且能适用于传输的数据，超过 95% 的是非结构化数据。[2] 这类数据，正是大数据时代各国推动数字经济发展和争夺数据资源的主要目标，也是本书研究的重点对象。

第三节　数字贸易法的理论构想

一、从数字经济、电子商务到数字贸易

（一）数字经济及其范围

数字经济改变了我们的生产、生活和交往方式，同时也对现有建立在工业经济时代的政策体系、法律监管和治理方式带来诸多挑战。世界各国早已认识到数字经济带来的机遇和挑战，并且在国际层面启动了共同应对数字技术革命所产生问题的指导原则、政策方针与实施步骤。在 2016 年召开的 G20 杭州峰会上，各国达成《二十国集团数字经济发展与合作倡议》，这是世界主要国家针对数字经济开展的一次具有里程碑意义的合作尝试。[3]

《二十国集团数字经济发展与合作倡议》提出，数字经济是指以使用数字化的知识和信息作为关键生产要素、以现代信息网络作为重要载体、以信息通信技术的有效使用作为效率提升和经济结构优化的重要推动力的一系列经济活

---

① 参见洪永淼、汪寿阳："大数据如何改变经济学研究范式?"，载《管理世界》2021 年第 10 期。

② 参见 [英] 维克托·迈尔 - 舍恩伯格、肯尼思·库克耶：《大数据时代：生活、工作与思维的大变革》，盛杨燕、周涛译，浙江人民出版社 2013 年版，第 64 页。

③ "二十国集团数字经济发展与合作倡议"，载 http://www.g20chn.org/hywj/dncgwj/201609/t20160920_3474.html，最后访问时间：2021 年 12 月 8 日。

动。数字经济建立在互联网、云计算、大数据、物联网、金融科技与其他新的数字技术基础之上，通过数字化、网络化、智能化的信息通信技术使现代经济活动更加灵活、敏捷、智慧，既给世界各国带来巨大的发展机遇，也给原有的政策制定和法律监管带来严峻挑战，需要各国秉持创新、合作、包容、开放的指导原则，共同应对数字经济发展产生的新问题。

时至今日，数字经济的高速发展已经迸发出强大的生产力，并且带来生产关系的变革。如果说，人类社会进入工业化时代以前几千年积累的文明成果，尚不及工业革命以来近四百年的发展成果，那么人类社会进入数字经济时代以来十余年的经济与科技发展，大有超越工业经济时代几百年来的发展成果的趋势。如此巨大的经济和科技进步必然对人类社会长期以来形成的生存与发展方式造成冲击，要求国际社会快速适应并及时更新或变革现有的生产关系以及在其基础之上的上层建筑。法律作为上层建筑的重要组成部分，自然要对急剧变化的数字技术革命作出反应，以推动经济发展和社会进步，维持人类社会的基本道德伦理和法律秩序。

因此，开展数字经济研究已经成为近年来世界各国面临的共同任务，探讨数字经济和技术发展给旧有的经济产业和社会秩序带来的挑战成为理论界和实务界的共同难题，如何构建适应数字经济发展的新型生产关系和上层建筑成为热门的话题。但是，即便"数字经济"这个概念早已被使用，并且已经进入政府官方文件甚至法律文书之中，但是对于数字经济的范畴这一基本问题，至今仍然是众说纷纭，理论界和实务界都还没有达成一致的看法。

准确地说，数字经济脱胎于信息经济。早在 1962 年，奥地利裔美籍经济学家弗里兹·马克卢普已经认识到"向市场提供信息产品或信息服务的那些企业"是一个重要的经济部门，并提出了"信息经济"这一概念。[1]20世纪八九十年代，随着互联网的广泛接入和互联网技术的日益成熟，数字技术快速从信息产业外溢，在加快传统部门信息化的同时，不断产生新生产要素，形成新商业模式，催生了诸如电子商务（e-commerce）、共享经济这类典型的应用模式。1996 年，美国学者泰普斯科特在《数字经济时代》中，正式提出了"数字经济"概念。2016 年，G20 峰会通过《二十国集团数字经济发展与合作倡议》，是政府间会议首次就数字经济的概念和范围作出界定。

根据中国信息通讯研究院的研究报告，数字经济包括数字产业化和产业数

---

① 参见中国信息通讯研究院（CAICT）:《中国数字经济发展白皮书（2017 年）》。

字化两大部分（图1-2）。数字产业化是数字经济基础部分，即信息产业，具体业态包括基础电信产业、电子信息制造业、互联网产业和软件服务业等；产业数字化是数字经济融合部分，包括传统产业由于应用数字技术所带来的生产数量和效率的提升，即传统的农业、工业和服务业使用数字技术后的新增产出部分。这一分类标准和 UNCTAD 于 2017 年公布的《世界投资报告》大体相似。UNCTAD 报告将数字经济产业结构划分成以 IT（包括软件和硬件）产业和电信产业作为数字经济的基础产业部门，在其上形成了以互联网平台（搜索引擎、社交网络和分享经济等）、数字解法（电子支付、云计算等）、数字内容（媒体/娱乐、信息/数据供给）和电子商务（网络零售和旅游等）为主的立体式经济结构。[①]

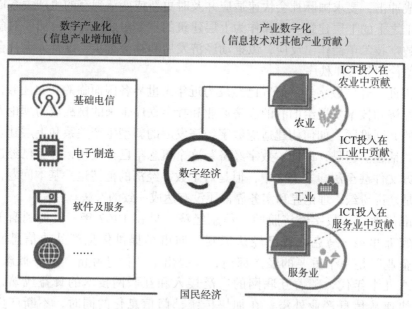

图 1-2　数字经济的构成（CAICT）[②]

由此可见，数字经济是相对于传统的农业经济、工业经济而言，用于表示建立在互联网和信息、数字技术基础上的一系列经济产业的总称，是一个非常宽泛的概念。数字经济既包括构成底层基础设施的 ICT 产业，也包括通过互联

---

① UNCTAD, *World Investment Report 2017*: *Investment and the Digital Economy*, UNCTAD Publication, 2017, pp.165-169.
② 引自中国信息通讯研究院（CAICT）：《中国数字经济发展白皮书（2017年）》。

网平台提供产品和服务的各种电子生态产业，还包括传统农业、工业产品通过数字化手段产生的增值产业。基于不同的数字经济范围和归类，可能得出完全不同的数字产业统计数据。目前，数字经济发展方兴未艾，世界各国对于数字经济的范围还没有形成统一认知和统计口径。但是有一点是确定的：数字经济是进入21世纪后才开始迅速发展壮大，数字经济建立在信息、数据和互联网技术基础之上，更多地通过网络提供电子商品或服务，具有不受时空限制的虚拟性、跨地域性并能有效地赋能传统农业、工业经济，是代表人类社会未来发展的新经济形式。数字经济给国际社会建立在工业经济基础上的现有政治、经济、文化和法律制度带来前所未有的挑战，对世界各国社会经济的治理水平与能力提出新的要求。

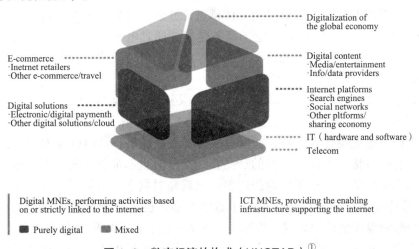

图1-3　数字经济的构成（UNCTAD）[①]

（二）国际贸易中的电子商务议题

　　和宽泛的数字经济不同，电子商务是更具有实操性和具象化的一个概念。由于电子商务是一个随着电信网络、数字技术以及国际商务发展不断变化的新词，电子商务的范围也一直处于变化之中，几乎没有一个国际公认的标准和定义。电子商务最初在国际贸易的语境下提出，早在1996年，联合国国际贸易法委员会（UNCITRAL）就通过了《电子商务示范法》。但是，正如《电子商务示范法颁布指南》中所言，《电子商务示范法》并未具体说明"电子商务"系指何物。在拟定《电子商务示范法》时，委员会决定，处理当前这一主题

---

① UNCTAD, *World Investment Report 2017: Investment and the Digital Economy*, UNCTAD Publication, 2017, p.167.

时须铭记电子数据交换的广泛含义，即"电子商务"标题之下可能广泛涉及的电子数据交换在贸易方面的各种用途。"电子商务"概念所包括的通信手段有以下各种以使用电子技术为基础的传递方式：以电子数据交换进行的通讯，狭义界定为电子计算机之间以标准格式进行的数据传递；利用公开标准或专有标准进行的电文传递；通过电子手段例如通过互联网络进行的自由格式的文本的传递。在某些情况下，"电子商务"概念还可包括电报和传真复印等技术的适用。①

世界贸易组织（WTO）诞生不久后，就开始在多边框架下探讨电子商务问题，并于1998年通过《电子商务工作计划》。根据该工作计划，WTO电子商务议题由货物贸易理事会、服务贸易理事会、与贸易有关的知识产权理事会、贸易与发展理事会四个常设机构具体推进，并向总理事会汇报进展情况。根据WTO《电子商务工作计划》，电子商务是指"通过电子方式进行的货物和服务的生产、分销、销售或者交付"。这一界定后来也为欧盟、加拿大以及韩国等多个成员方提议的工作组文件所采纳。②

尽管WTO电子商务议题工作小组就服务贸易领域12个授权讨论事项向总理事会提交了进展报告，但是除了WTO后续谈判的部长会议上多次达成关于电子传输免关税宣言之外，并没有取得实质性成果。③WTO不对电子传输征收关税意味着传统不征收关税的产品在线交易时也不征收关税，而且电子传输本身也不征收关税。至于传输的内容，也就是对数字产品是否征收关税并不明确。即使电子传输免征关税适用于数字产品，也没有触及电子商务的核心问题，即影响服务贸易的歧视性规则。因为电子商务的主要壁垒并非来自于关税，而是来自于拒绝给予服务和服务提供者以相同的市场准入和国民待遇的监管措施。根据《服务贸易总协定》（GATS）关于服务贸易的具体承诺原则，即使有电子传输免征关税的延期宣言，如果没有对电子商务作出市场准入和国民待遇

---

① 联合国贸易法委员会："贸易法委员会电子商务示范法及其颁布指南1996年"，载联合国网站，https://uncitral.un.org/sites/uncitral.un.org/files/media-documents/uncitral/zh/mlec_c_v05-89449_ebook.pdf，最后访问时间：2021年12月12日。

② WTO, "Work Programme on Electronic Commerce, Trade Policy, the WTO, and Digital Economy, Communication from Canada, Chile, Colombia, the European Union, and the Republic of Korea, Mexico, the Republic of Moldova, Montenegro, Paraguay, Singapore and Turkey", JOB/GC/116?Rev.2, 8 June 2017.

③ WTO, "Work Programme on Electronic Commerce，Progress Report to the General Council", Adopted by the Council for Trade in Services on 19 July 1999，S/L/74, 27 July 1999.

承诺，WTO 成员仍然可以对电子商务施加其他歧视性的措施，进而阻碍跨境电子商务的开展。①

　　直到 2015 年 12 月内罗毕部长会议以后，随着世界范围内电子商务的迅猛发展，电子商务谈判的形势发生逆转，WTO 成员提交了大量的电子商务谈判提案。在 2017 年 12 月召开布宜诺斯艾利斯部长会议期间，71 个国家和地区发布了《电子商务联合声明》，被视为电子商务谈判的转折点。②2019 年 1 月，在瑞士达沃斯举行的电子商务非正式部长级会议上，中国等 5 个 WTO 成员方加入谈判，共 76 个成员方共同签署新的《电子商务联合声明》，确认开展与贸易有关的电子商务谈判。③2019 年 3 月，WTO 与贸易有关的电子商务谈判正式启动，欧盟、加拿大、中国等提出的 WTO 改革方案都包含了电子商务章节内容。《美日欧三方贸易部长联合声明》也确认致力推动 WTO 电子商务谈判达成高标准协议。④电子商务谈判虽然成为 WTO 多边框架下各成员方重视并推进的议题，但是各方对于电子商务覆盖的范围以及对各议题谈判的立场分歧很大，这也导致各方至今仍然未能达成普遍共识。⑤

　　我国有学者将电子商务的使用情况归纳为三类：第一类是在网上进行交易，但是产品本身还是用实体方式进行传递；第二类是在网上进行交易，同时产品的传递也在网上进行，这需要产品本身具有数字化的特点，如电子图书、期刊、多媒体文件、软件等；第三类是完全在网上进行的金融、教育、新闻等各类服务。⑥该学者认为，对于第一类和第三类所适用的规则较为明确，前者可以适用《关税和贸易总协定》（GATT）的货物贸易规则，后者可以通过 GATS 进行规制，但是对于第二类则需要根据个案具体分析适用何种规则。鉴于目前WTO 框架下的电子商务规则制定远远落后于实际发展需要，我国学者还探讨了跨境电子商务 "eWTO" 的规制构建及其基本原则。从上述我国学者关于电子商务的讨论而言，基本上是从多边贸易体制框架下探讨电子商务谈判及其

①　参见李墨丝："超大型自由贸易协定中数字贸易规则及谈判的新趋势"，载《上海师范大学学报（哲学社会科学版）》2017 年第 1 期。

②　WTO，"Joint Statement on Electronic Commerce"，WT/MIN（17）/60, 13 December 2017.

③　WTO，"Joint Statement on Electronic Commerce"，WT/L/1056, 25 January 2019.

④　"Joint Statement of the Trilateral Meeting of the Trade Ministers of the United States，European Union, and Japan"，https://trade.ec.europa.eu/doclib/ docs/2019/may/tradoc_157894.pdf.

⑤　参见李墨丝："WTO 电子商务规则谈判：进展、分歧与进路"，载《武大国际法评论》2020 年第 6 期。

⑥　参见龚柏华："论跨境电子商务 / 数字贸易的 'eWTO' 规制构建"，载《上海对外经贸大学学报》2016 年第 6 期。

规制问题，并且认同电子商务等于数字贸易，在开展学术论述时甚至对两者不加区分。

从 UNCTAD 关于数字经济的构成中可以看出，电子商务被视为数字经济下的一个子集，特指包括电子零售和其他电子商务 / 旅游在内的一个组成部门。经济合作与发展组织（OECD）从 1999 年开始关注电子商务中的消费者保护问题，将电子商务界定为包括 B2C（business to consumer）和 C2C（consumer to consumer），涵盖了通过货币和非货币形式进行的包括数字内容在内的商品和服务交易。① 从 WTO 谈判中各方的提议、国际组织的报告内容以及国际跨境电子商务的实践来看，电子商务覆盖的范围主要涉及电子传输本身、通过电子数据交换进行的线下或线上商品或服务贸易，以及纯属于虚拟空间生成的用户数据并经过数字平台企业加工整理后形成的大数据资源流动。从广义上看，电子商务覆盖了通过互联网从事的商业活动，包括在线下交付货物或服务，也包括线上传输产品与提供服务等。因此，广义上的跨境电子商务和数字贸易似乎并没有本质区别，两者具有诸多相同特点和属性。但是在现实应用中，跨境电子商务主要指基于互联网而进行的跨境货物贸易以及相关的服务，跨境电子商务的核心仍然在于"货物流动"；而数字贸易更侧重于数字化交付内容及服务的跨境流动，核心在于"数据流动"。② 特别是，用户通过电子商务或者网络活动在虚拟空间留下的数据痕迹，经过数字平台企业加工、整理、聚合、分析等形成的商业大数据，已经脱离了用户电子商务和网络活动本身，成为一种新的"商品"，这种新商品似乎很难被电子商务所覆盖，正是这种"大数据商品"成为各方争议的焦点，也成为世界主要经济体争夺的新型资源。

2018 年 8 月 31 日第十三届全国人大常委会第五次会议审议通过了《电子商务法》，并于 2019 年 1 月 1 日起施行。《电子商务法》是我国电子商务领域一部基础性、综合性的法律，立足于规范电子商务行为，维护市场秩序，保障电子商务各方主体特别是消费者的合法权益，促进电子商务健康发展。该法第 2 条将电子商务界定为"通过互联网等信息网络销售商品或者提供服务的经营活动"。在此定义中，信息网络包括互联网、移动互联网等；经营活动是指以

---

① OECD，"Consumer Protection in E-commerce：OECD Recommendation"，OECD Publishing，Paris，https：//dx.doi.org/10.1787/9789264255258-en.

② 崔艳新、王拓："数字贸易规则的最新发展趋势及我国应对策略"，载《全球化》2018 年第 3 期。

盈利为目的的商务活动，包括商品交易、服务交易和相关辅助经营服务活动。[①]经营活动是区别是否构成电子商务的一个关键词，但对其外延具体包括哪些范围存在不同认知，基于电子商务发展迅猛，变化极快，我国立法没有对电子商务具体业态和模式做具体规定，给未来灵活运用和法律解释预留了空间。但是由于没有清晰界定，目前的《电子商务法》主要侧重于对于现实中的电子商务交易与服务规则的完善，强化电子商务交易中的数据开发应用、市场秩序与公平竞争的保障，规定了国家促进和规范电子商务发展、加强监督管理的措施，但是数据和大数据资源本身的交易以及基于数据跨境流动所产生的问题等，已经超出了《电子商务法》的调整范围，是留给其他法律或者未来要解决的问题。

（三）数字贸易 —— 迈向新经济时代的术语

从 UNCITRAL 的《电子商务示范法》到 WTO 关于电子商务的多边谈判议题，基于其产生的时代背景，都打上了传统工业经济时代货物贸易的烙印。即便是多边贸易谈判中各方已经意识到电子商务可能涉及更为广泛的数字产品、数字内容、数据跨境流动问题，基于世界各国数字经济发展水平差异巨大和各自立场、利益的不同，要想在多边框架下达成广泛的数字贸易规则的共识，实属于勉为其难或太过超前的议题。

在这一背景下，在数字经济比较发达的少数成员之间或者在经济文化比较接近的区域框架下，探讨更为前瞻的数字贸易规则议题，成为当前各国相对能够接受的过渡性安排。正因如此，在最近数年急剧发展的大型区域贸易协定或者双边协定框架下都制定了关于电子商务或数字贸易的规则。例如，美国奥巴马政府时期推动、后来被特朗普政府放弃的《跨太平洋伙伴关系协定》（TPP）、《跨大西洋贸易与投资伙伴关系协定》（TTIP）、《服务贸易协定》（TISA），美国退出后在日本领导下 11 国签署的《全面进步跨太平洋伙伴关系协定》（CPTPP），日本与欧盟在 2018 年 7 月达成的《日本 – 欧盟经济伙伴关系协定》（日欧 EPA），日本与美国在 2019 年 10 月达成的《美日数字贸易协定》（UJDTA），2020 年 8 月新加坡与澳大利亚达成的《新加坡 – 澳大利亚数字贸易协议》（DEA），特朗普政府时期美国和加拿大、墨西哥重新签署的《美墨加协定》（USMCA），2020 年 11 月除印度之外的 15 国签署的《区域全面经济伙伴关系协定》（RCEP），都把电子商务或数字贸易作为一项重要的规则安排。

[①] 全国人大财经委电子商务法起草工作小组编著：《中华人民共和国电子商务法解读》，中国法制出版社 2018 年版，第 11~13 页。

从数字经济发展的阶段或水平来看，联合国贸易法委员会和 WTO 早期都采用了相对狭窄的"电子商务"概念，并且表明对于该概念所覆盖的范围和外延不作限定，为将来可能采取更加合适的概念或范围界定留有余地。进入 21 世纪以后，特别是随着以触屏手机为代表的智能终端设备迅速普及，大大加快了数字经济的发展步伐，原来以"电子商务"表述的线上线下交易已不足以覆盖数字贸易的丰富内容。在此背景下，作为全球数字信息技术最发达的国家，美国开始主导数字贸易内涵的演变，欧盟和日本也不断参与。2013 年，美国国际贸易委员会（USITC）在《美国和全球经济中的数字贸易》中正式提出"数字贸易"概念，将其定义为"基于互联网，通过数字技术手段在国际或国内传输产品或服务的商业活动"，并将数字贸易划分为数字内容、社会媒介、搜索引擎以及数字化的产品和服务四大板块。[①] 这一定义涵盖了美国国内商业活动和国际贸易中的数字产品贸易，但排除通过在线订购的货物和具有物理载体（诸如书籍、软件、音像）的数字复印产品 CD 或 DVD。

2013 年版的《美国和全球经济中的数字贸易》将数字贸易狭隘地框定为通过数字化手段传输的贸易类型，具体交易标的不包括借助数字化技术的实体货物。这与数字贸易的发展现状脱节，更与电子商务的繁荣发展明显冲突。于是在 2014 年的《美国与全球经济中的数字》中，美国国际贸易委员会作出补充完善，重新纳入货物贸易，认为数字贸易是"互联网以及基于互联网的技术在产品和服务的订购、生产或交付中扮演重要角色的国内和国际贸易"。2017 年，美国贸易代表办公室在《数字贸易的主要障碍》中再次扩展，肯定了数字贸易内涵的广泛性，"不仅包括产品的线上销售和在线服务的提供，还应包括实现全球价值链的数据信息、实现智能制造的服务和无数其他平台和应用"。[②]

但是，正如 USITC 在其 2013 年报告书中所言，要准确描绘数字贸易的概念和范围，还面临许多挑战。首先，互联网技术及其使用方式的快速发展使得很难对数字贸易进行标准定义。智能手机、平板电脑、游戏机、电视和电视机顶盒（数字视频录制设备）等移动设备使互联网的广泛访问和使用变得更加容易，这种易用性使得人们越来越难以将数字贸易与整体经济活动区分开来。其

---

① USITC, *Digital Trade in the U.S. and Global Economies*, Part 1, Investigation No. 332-531, USITC Publication 4415, July 2013, para.vx.

② 雷辉、聂丽鹏："数字贸易规则构建的发展状况及我国对策"，载 PIFERAT 网，http: //dwjmsw. com/Article/980.htm，最后访问时间：2021 年 12 月 12 日。

次，由于跨境数字贸易与实体商品的进出口有着本质上的区别，数字贸易本身没有可识别的物品可以通过海关进行跨境清点和估价，现有的统计数据不能很好地衡量国际数字贸易。此外，互联网的许多重要商业方面，如网络搜索引擎和电子邮件服务，都是免费提供的，而缺乏一个固定的价格意味着这些服务的价值只能估计。

就目前数字贸易内涵的演进而言，美国版的"数字贸易"概念基本将数字贸易一分为二：一是实物货物的数字化交付过程；二是具备互联网特征的数字化货物和服务、数字化产品和服务的交付过程。2017 版美国《数字贸易的主要障碍》扩充"数字贸易"的定义虽然进一步提及全球价值链和智能制造，但实质上是将其纳入到数字化服务的交易标的范围中。考虑到数字贸易重塑全球价值链的发展趋势和实现制造业智能化发展的最终目标，目前的美版"数字贸易"定义仍然存在局限性。

2018 年 4 月 12 日，美国向 WTO 提交了《电子商务倡议联合声明》的草案，并在声明中表明开始采用"数字贸易"（digital trade）取代"电子商务"（e-commerce）概念。[①]2019 年 10 月，美日之间围绕数字产品的非歧视性待遇、禁止采取数据本地化措施限制数据存储等 11 项内容签署的 UJDTA，正式将"数字贸易"纳入双边协议版本，引发了国际社会的广泛关注。为了建立新的跨境数字经济制度，新加坡、新西兰和智利共同签署了《数字经济伙伴关系协定》（DEPA），通过对电子发票、数字身份、金融科技、人工智能、数据流动和数据创新的标准调整，以解决数字化带来的新问题。[②]从当前的发展动态来看，西方国家围绕数字贸易这一全新贸易形态的标准调整和游戏规则的制定，正在成为新一轮国际贸易话语权争夺的焦点。

尽管无法准确界定数字贸易的定义和范围，但是数字贸易的重要性已经被国际社会广泛认可。数字贸易通过互联网、大数据、云计算、金融科技与其他新型数字技术的应用，对信息进行采集、存储、分析和共享，在这一过程中不仅改变了社会互动方式，也通过数字化、网络化、智能化的信息通信技术，使得现代贸易活动更加活跃和智慧。根据世界贸易组织估算，1996 年至 2014 年，由于采用数字信息技术，国际贸易成本下降了 15%；在过去 20 年间，信息技术产品贸易增长了 2 倍，2016 年达到 1.6 万亿美

---

① 参见张磊："美国提交电子商务倡议联合声明意欲何为"，载《WTO 经济导刊》2018 年第 5 期。

② 参见赵旸顿、彭德雷："全球数字经贸规则的最新发展与比较 —— 基于对《数字经济伙伴关系协定》的考察"，载《亚太经济》2020 年第 4 期。

元。^①新型数字贸易主要体现在服务领域，预计到 2030 年，全球服务贸易所占份额将从 21% 增至 25%；数字技术深刻地改变消费者的消费习惯，2016 年全球电子商务交易额总计 27.7 万亿美元，其中 23.9 万亿美元为 C2C 电子商务交易额。^②

从国内来看，中国数字经济发展状况基本和世界同步，虽然在数字底层技术方面落后于美国，但是在互联网运用、数字产品开发等方面正在快速崛起，在线上零售、网络社交、在线支付、共享出行等方面还体现出超前的特征。中国信息通讯研究院发布的 2017 年《中国数字经济发展白皮书》显示，我国互联网行业 2010 年以后获得高速发展，基于互联网的业务收入突破 1.3 万亿元，占信息通信服务业的比重从 2010 年的 21% 提升到 2016 年的 63%。^③即便受到新冠肺炎疫情影响，近年来我国数字经济仍然在逆势中加速发展，2020 年数字经济规模达到 39.2 万亿元，占 GDP 的比重为 38.6%，是同期 GDP 名义增速的 3.2 倍多。^④由于各国统计标准各异，我国目前尚缺乏数字贸易的权威数据统计，但上面关于我国数字经济发展的数据仍然可以作为数字贸易发展水平的参考。

从学术研究的视角来看，我国关于电子商务和数字贸易的研究基本上与国际同步。早些时期，国内学术圈大多是从 WTO 多边框架下探讨电子商务规则谈判问题，最近学术界关于数字贸易的研究逐渐增多。笔者在中国知网上，以"电子商务"为关键词进行检索，共发现各种期刊、学位论文 261 024 篇；而以"数字贸易"为关键词进行检索，各类期刊、学位论文只有 1755 篇。笔者在北大法宝上进行检索，以"电子商务"为关键词的法学论文共有 347 篇；而同样以"数字贸易"为关键词进行检索，只发现 10 篇法学学术论文，并且都是在 2016 年之后发表的。这表明国内学术界早已接受了"电子商务"这一概念，并有大量的学术研究成果；但是对于"数字贸易"这个新词还比较陌生，相关研究才刚刚起步。

正如 OECD、WTO 和国际货币基金组织（IMF）最新发布的《数字贸易测

---

① See WTO, "World Trade Report 2018", htpps://www.wto.org/english/news_e/news18_e/wtr_03oct18_e.htm.

② See WTO, "World Trade Report 2018", htpps://www.wto.org/english/news_e/news18_e/wtr_03oct18_e.htm.

③ 中国信息通讯研究院（CAICT）：《中国数字经济发展白皮书（2017 年）》。

④ 中国信息通讯研究院（CAICT）：《中国数字经济发展白皮书（2020 年）》。

量手册》[①]所言，数字化如今已无处不在，但迄今为止，在官方贸易统计数据中，甚至在更广泛的 GDP 统计数据中，数字化基本上仍是无形的。这在一定程度上反映了统计账目中实际存在的缺失，例如，关于最小贸易的规模，数字化可能在近年来显著增加，而目前的估计方法捕捉这种增长的能力令人担忧。这也反映了统计账目中与数字相关的交易缺乏可见性，它们就在那里，只是我们看不见而已。

作为面向未来经济发展更具有前瞻性和准确性的概念，"数字贸易"比"电子商务"或"数字经济"更适合描绘数字化世界的本来面目。为此，OECD、WTO 和 IMF 三大国际组织将数字贸易定义为所有数字化订购和/或数字化交付的贸易。数字化订购贸易（相当于 OECD 对电子商务的定义）进一步界定为：为接受或下订单而专门设计的方法，通过计算机网络进行的商品或服务的国际销售或购买。数字交付贸易被界定为：利用专门为此目的设计的计算机网络，以电子格式远程传送的国际交易。对于数字订购和数字交付的贸易，包括通过计算机网络（web/internet 包括通过移动设备、互联网或电子数据交换）作出的订单/交付，但应排除任何非通过计算机网络提供或订购的服务，包括通过电话、传真或手动输入的电子邮件。在数字贸易中，数据既是生产工具，又是被交易的资产，还是服务得以完成以及全球价值链得以组织的手段。[②]

因此，与代表传统贸易的互联网化的"电子商务"相比，"数字贸易"是一个面向未来的概念，是迈向数字经济新时代的通用术语，更能准确地涵盖和把握数字化贸易的本质，这也是本书采用"数字贸易法"这一最新提法的根本原因。

二、数字贸易法的主体

数字贸易是一个跨学科、跨领域的话题。作为一个法律问题，数字贸易法既涉及公法层面的贸易规制问题，又涉及私法层面的交易规则问题；既有国内层面的数字贸易发展和规制问题，又有国际层面的数字贸易博弈与合作问题。作为一个全新的法律领域，数字贸易问题在国内和国际上都尚处于发展中阶段，具有诸多不确定性，关于数字贸易的法律和规则制定都正处于探索和形成之中。但是，数字贸易作为一种崭新的经济、贸易形态，已经显示出颠覆传统经济模式和法律制度的强大动能，对世界各国的经济发展和社会治理构成尖锐挑战。

① OECD, WTO and IMF, "Handbook on Measuring Digatal Trade, 2020", https://www.oecd.org/sdd/its/Handbook-on-Measuring-Digital-Trade-Version-1.pdf.

② Susan Ariel Aaronson, Patrick Leblond, "Another Digital Divide: The Rise of Data Realms and Its Implication for the WTO", in *Journal of International Economic Law.*, May 21, 2018.

因此，数字贸易法不仅要解决新生事物带来的诸多法律挑战，还要解决数字贸易背景下的经济发展与全球治理问题。但是，全面探索数字贸易的诸多挑战和全球治理问题，已经大大超越了本书所能承载的范围，本书以 12 个最具代表性的议题来构建全书内容体系，是经过对数字贸易的国内外研究最新结果进行权衡比较后的慎重选择。作为一项开拓性的创新尝试，本节仍有必要就数字贸易法的基础性理论进行剖析，以下着重就数字贸易法主体和客体进行探索性的理论分析。

数字贸易法的主体是指国际或国内数字贸易的参与者，是数字贸易法律关系中进行交易和互动的行为方。当前数字贸易发展迅猛，参与数字贸易的主体亦越来越广泛而多元，自然人、法人、国际组织、国家都可以参与数字贸易活动，但各方主体参与的深度和广度又有所不同。

（一）自然人

自然人是参与数字贸易活动数量最多、范围最广泛的主体。自然人作为一般的民事法律关系主体，其权利能力自出生之日产生，至死亡之日结束。根据各国法律，凡智力正常的成年人，均具有完全的民事行为能力，有权利从事各种民事行为，并对其行为承担独立的民事责任。在数字经济背景下，自然人参与数字贸易活动具有特殊性。一方面，自然人作为数字贸易活动的主体，其在网络空间从事的行为与普通的民事行为无异，但是基于在虚拟网络上很难识别自然人作为民事行为主体的适格性，产生了非适格主体从事的网络行为的效力问题。例如，青少年儿童在手机上购物或者对网络直播进行打赏的行为是否有效以及能否取消或追认的问题。① 另一方面，自然人作为数字贸易活动的主体，还表现为自然人参与网络活动时留下各类网络足迹或个人信息，这些网络足迹或个人信息被数字平台收集、加工、聚合、分析后成为企业的数据资产，给企业带来巨大的经济利益，但是自然人对其网络数据足迹是否拥有权利以及拥有何种权利依然存在争议。这一问题正是当今国际上具有争议的网络数据权属和个人信息保护问题，涉及自然人作为数字经济时代原始数据的提供者、原发者，虽然广泛参与数据的生产，但能否参与数据财产的分配和如何分配的问题。在传统经济时代，自然人以生产者或消费者的身份参与社会经济活动，其权责比较单一和明晰；在数字经济时代，自然人作为网络产品消费者的同时又是网络数据的生产者，而其从事网络活动所产生的数据是大数据的重要来源，成为数

---

① 参见"孩子用我手机给主播打赏了？"，载腾讯网，https://new.qq.com/rain/a/20201128V0CRMM00，最后访问时间：2021 年 12 月 15 日。

字经济的新型生产要素，但是自然人作为网络用户参与数据生产所形成的大数据资源价值如何分配，可以说是当前世界各国面临的法律难题之一。

（二）法人

法人是依法成立，拥有一定的组织机构和独立的财产，能以自己的名义从事民事行为，享有法律赋予的民事权利和独立承担义务的组织。法人的民事权利和民事行为能力，从法人成立时产生，到法人终止时消灭。在数字经济时代，法人广泛地参与各种网络活动，既可以是数字贸易的商品和服务的生产者、提供者，也可以是数字贸易的消费者或网络用户。特别是数字平台企业，是各类互联网经济活动和技术研发的主导者和推动者，也是收集、加工、聚合、分析数据的重要推手和大数据资源的实际"所有"者。数字平台企业可能是只从事国内数字商品和服务的生产者或提供者，也可能是跨国数字平台公司，在多国提供数字商品和服务，从事跨国电子商务、跨境数据传输或其他数字贸易活动。

法人作为数字贸易法的主体之一，不仅主导和参与了数据的生产、加工，也成为大数据运用与开发的最重要的组织机构。数字经济和贸易发展面临的诸多问题都与法人作为数字贸易主体有关，这是当前国际法和国内法中争议最多但同时又亟须解决的数字治理的核心焦点。法人参与数字经济和贸易发展面临的主要问题包括并不限于以下几点：①数字平台企业作为数据收集、加工、聚合和分析的主体，其对于来源于个人信息或数据的大数据资源享有何种权利？又如何在个人信息或数据利益与企业数据资产之间进行利益分配？②数字平台企业利用拥有的数据资源，广泛参与各种数字贸易，在这一过程中不可避免地产生数据跨境流动和个人信息保护问题，面对各司法辖区加强数据流动监管和隐私保护的不同立法和执法，如何平衡数字贸易各方主体的权益保护问题？③数字经济发展具有典型的网络外部性特征，各行业均出现一家独大的"赢家通吃"局面，头部数字平台企业依赖大数据竞争优势开展了一系列反竞争行为，诸如"大数据杀熟""二选一""扼杀式并购"等成为各国竞争执法面临的尖锐挑战，如何解决这一问题仍然充满争议；④数字平台企业拥有的大数据资源中有很多可能涉及国家关键信息基础设施的数据和高度敏感的交通定位、城市热力分布、出行状况、个人健康及生物特征数据，这些数据的跨境传输可能导致国家网络空间安全和数据安全问题，还可能上升到数据主权和人权保护的高度。如何协调数字经济背景下的贸易发展和安全的问题，各国立场差异巨大。

（三）国家

国家是国际贸易中的特殊主体。一方面，国家作为构成国际社会的重要成员，是一国主权的最高代表和象征，可以作为特殊的民事主体，以自己的名义从事各种国际、国内经济活动，签订各种合同、条约与协议，并以国家的全部资产承担责任。另一方面，国家又不同于一般的民事主体，在国际经济活动中享有不可剥夺的主权豁免权，在参与国内经济活动的同时又以监管者的身份参与经济管理。在国际经济活动中，未经国家同意，国家的主权行为和财产不受外国管辖和侵犯，国家不能作为被告在外国法院出庭、应诉，国家财产也不能作为诉讼标的以及法院强制执行的对象。在国内经济管理活动中，代表国家的中央和各级地方政府行使经济管理职能，制定经济管理法律制度，参与各类主体经济活动的利益分配。国家是一个具有双重身份的特殊主体。

在数字贸易新时代，国家双重身份特征依然没有改变，并且被赋予了新的职能。由于数字贸易的跨地域性和虚拟性特征，大量数字贸易产品和服务通过网络空间进行，形成了完全区别于传统交易形态的虚拟空间的数字化订购和数字化交付。这种崭新的贸易形态对传统的国家参与和管理经济活动造成重大挑战。这体现在国家在参与和管理数字贸易活动的同时，还要密切关注基于跨境数据传输给国家网络空间安全以及个人信息和隐私保护带来的威胁，关注网络空间的国家主权和数据安全的利益维护。特别是，数字经济时代产生的一国之内以及国与国之间普遍存在的数字鸿沟，即一国之内不同人群之间存在的数字能力差异以及国与国之间因数字技术水平产生的发展差异，使得国家在维护本国数字贸易发展中呈现不同的立场。例如，在计算机和数字底层技术方面占据优势的美国，无论在数据跨境传输还是在维护本国数字企业利益方面都处于积极开放和主动进攻的态势。而包括欧盟、中国、俄罗斯在内的世界绝大多数国家和地区都处于相对守势，一方面也积极拥抱数字经济和贸易发展，另一方面又基于人权保护或安全发展考虑，对跨境数据传输和数字贸易持谨慎监管的立场。

（四）国际组织

国际组织在当代国际政治、经济活动中具有举足轻重的地位，在国际贸易中也具有越来越深入和广泛的影响力。国际组织既包括世界性的国际组织，如联合国（UN）、WTO、IMF、世界银行（WB）、国际电信联盟（ITU）等；又包括基于区域国家协议成立的区域性国际组织，如欧洲联盟（EU）、东南亚国家联盟（ASEAN），以及依据CPTPP、RCEP、USMCA形成的伙伴关系等；还包括专业性的国际组织，如石油输出国组织（OPEC）、巴塞尔银行监管委员会（BCBS）等。大多数国际组织一般都有自己的组织机构和章程，有固定的资产和资金来源，在一定的范围和领域内承担经成员国授权的职责，并享有特定的权利和义务。多数国际组织具有国际法人资格，能够独立承担法律诉讼，一些国际组织甚至还享有外交特权与豁免。

在国际贸易领域，国际组织也表现得非常活跃。一些国际经济组织的决议、规定、原则以及制定的标准合同已成为国际贸易活动中各国遵守的法律原则和行动准则，成为国际贸易法律的重要渊源之一。有些国际组织，如欧盟，已经具有超国家的职能，其制定的指令、通告和决议不但约束成员国政府，而且可以直接适用于成员国的自然人和法人，甚至可以适用于其他国家的企业从事的涉及欧盟成员国利益的行为。

就数字贸易而言，以 WTO 为代表的多边贸易法律体制中虽然也有关于电信服务和服务贸易的规则，但是基于其产生于 20 世纪 90 年代中期，当时的数字经济尚处于初期阶段，因而 WTO 框架下和数字贸易有关的规则仅限于非歧视原则规定以及和服务贸易有关的有限承诺范围等。由于多哈回合多边贸易谈判陷入僵局，WTO 框架下的争端解决机制也因美国阻挠上诉机构法官选聘而丧失功能，多边框架下构建数字贸易新规则几乎成为遥不可及的事情。在此背景下，以 USMCA、CPTPP、RCEP 为代表的大型区域贸易协定以及欧盟制定的 GDPR、《数字市场法》（DMA）和《数字服务法》（DSA）正在构建数字贸易的新规则。此外，以 OECD、UNCTAD、亚太经济与合作组织（APEC）为代表的国际组织近年来也发布大量关于数字经济和贸易发展相关的报告，成为一支探索和构建数字贸易规则的重要力量。

三、数字贸易法的客体

数字贸易法的客体是指数字贸易中各方主体进行交易或互动的对象，是数字贸易法律关系的核心要素。和传统国际贸易中以"物"为标的、主要受货物贸易法律调整不同，数字贸易的对象是网络空间的虚拟产品或服务，体现为以电子化、比特流为特征的数据传输与程式设置。而且，由于数字技术发展迅猛，可以成为数字贸易对象的数据模式也处于不断变化之中，人类现有的认知水平很难穷尽今后可能出现的新的贸易模式或标的。因此，以下仅就当前可以作为数字贸易法客体的几类主要对象进行分析。

（一）数字产品

数字产品是数字贸易的重要标的，是类推具有物理形态的货物交易的提法，通过比特流的方式，把数字化的"物"作为交易的对象。数字产品既可以是原创的数字商品，也可以是物质产品的数字化转换形式，前者如原创的数字音乐、数字影视、网络游戏等人工创作的产品，后者如将现有书籍、音视频作品等数据化后形成的电子书、电子影视作品等。在传统国际贸易争端中，曾经针对数字产品到底是"货物"还是"服务"发生很大争议，如在安提瓜诉美国博彩案[①]和中国文化视听产品案[②]中，都曾经面临诉争对象是适用 GATT，还是适用 GATS 的争议。应当说，这种争议在工业经济时代的国际贸易中确实是个重大问题，因为其涉及成员国在 GATT 和 GATS 协定下的不同义务，但是在数字经济时代再对数字产品属于货物还是服务进行界定已经失去意义。数字产品就是数字经济时代商品的主要体现形式，不论其是原创的数字文学、音视频、网络游戏等，还是原本具有物质形态商品的电子化转换，只要其作为独立产品能够通过数据传输进行订购和交付，就可以作为数字贸易的标的。但是，基于数字产品不同于传统物理形态商品的非竞争性、可以复制、同时多方使用、不减损价值的特点，数字产品的订购和交付都具有新的形式与要求。具体而言，数字产品的订购并不是取得该产品的所有权，而重在获取使用权；数字产品的交付是通过网络空间传输数据完成，卖方支付对价后获得秘钥或授权才能使用。

（二）数字服务

数字服务是数字贸易的另一种形式，体现在交易的标的并不是电子化的虚拟"物"，而是基于数据传输提供的满足人类某种需要的服务。例如，电子媒体、社交软件、即时通信、网络检索、定位导航、外卖点餐、网约出行甚至网络零售等，都是通过线上提供的某类满足人们精神或物质需求的数字服务形式。可见，数字服务中既有完全通过线上订购并在线上完成交付的服务，也有通过线上订购但是通过线下交付完成的服务。前者就是"数字产业化"的具体形式，当下已经形成巨大的数字产业部门；后者将虚拟的数字服务和实体经济结合起来，成为"产业数字化"的重要形式，是"互联网+"的具体体现，是数字经济和传统经济深度融合的产物。

值得一提的是，数字服务和数字产品并不是必然分开的不同业务，两者有时是密不可分的。在数字产业化的背景下，有些数字产品本身就是服务，有些数字服务又是以数字产品的形式提供的。例如，数字音乐、数字视频等网络视

① "Report of the Appellate Body, United States-Measures Affecting the Cross-Border Supply of Gambling and Betting Services", WT/DS285/AB/R, April 7, 2005.

② "Report of the Appellate Body, China-Measures Affecting Trading Rights and Distribution Services for Certain Publications and Audiovisual Entertainment Products", WT/DS363/AB/R, December 21, 2009.

听产品，既可以认为是数字产品，也可以认为是数字服务。网络检索、社交媒体、定位导航等看似是数字服务，但数字平台企业提供的同样也是数字产品。因此，在数字产业中，区分数字平台企业提供的是产品还是服务只具有形式上的归类意义，并不影响对数字产业发展的本质认知。重要的是，基于数字产业化和产业数字化的发展需要，数字平台企业投入大量的资金、人力资源，进行技术研发和经营模式创新，推动了 AI、区块链（blockchain）和物联网（internet of things）的快速发展，带动了一系列新兴技术和产业的崛起，形成了越来越庞大的数字经济产业，这才是各国最为看重的新经济发展的本质。

（三）跨境数据传输

在数字经济背景下，能够作为数字贸易标的的不仅包括数字产品和数字服务，还包括数据传输本身。如前所述，尽管数字产品和数字服务都是通过数据传输的，这在一国之内或许不存在问题，但是当数字产品和服务通过跨境数据传输时，就会受到来自国家公权力部门的干预或法律规制。这主要是因为跨境数据传输的数字产品或数字服务中包含大量的个人信息、公共数据（如定位信息、关键基础设施数据和政府数据等），甚至涉及国家安全和隐私保护的敏感信息。为了实现数字产品和数字服务的交易目的，需要将包含大量个人信息、隐私数据、公共数据、敏感信息的数据信息进行跨境数据传输。本来作为商业贸易的跨境电子商务或数字服务，一旦和国家网络安全、数据安全和个人隐私保护联系起来，跨境数据传输就成为数字贸易不得不面临的挑战和难题。

为了在促进数字贸易发展的同时又能维护本国的网络空间国家主权，保护国家安全、数据安全以及个人隐私信息不被泄露，各国都出台了相应的法律法规和规章制度，对跨境数据传输进行规制。传统的国家主权概念与国家领土相关，而数据流动的网络空间具有无边界性、全球性和开放性，二者存在难以调和的矛盾。就网络空间国家主权而言，似乎一国产生的数据必须在一国境内存储最为安全，但其实数据存储地点与数据开发之间并无明显联系。[1] 确定数据跨境传输的"地域性"也是一个挑战，仅仅依赖各国出台国内法律进行规制必然会出现基于不同国家利益和数字发展水平的跨境数据流通限制，形成新的数字贸易壁垒。这不仅不符合数字经济发展的跨地域性要求，也不符合以 WTO 为代表的多边框架下的贸易自由化宗旨。

---

[1] UNCTAD，"Digital Economy Report 2021，Cross border data flows and development：For whom the data flow"，https：//unctad.org/system/files/official-document/der2021_overview_en_0.pdf.

尽管跨境数据传输与贸易密切相关，并可以为那些从中受益者提供强大的竞争优势，但跨境数据传输本身既不同于电子商务，也不同于传统贸易，不应简单地被作为电子商务或者货物贸易来监管。作为 20 世纪 90 年代中期达成的多边贸易规则，WTO 框架下的 GATS 以及关于电信、金融服务的附件，显然并不足以解决 21 世纪后蓬勃兴起的跨境数据传输的新问题。在 WTO 多哈回合谈判陷入僵局、短期内无法取得进展的情况下，在区域层面达成关于数据跨境流动规则的自由贸易协定，成为当前世界主要经济体的首要选择。因此，自 2016 年后达成的 GDPR、CPTPP、USMCA、RCEP 以及 DEPA 都把构建数据跨境流动规则作为主要议题，形成了关于跨境数据传输的相似而又不同的区域性规则。这也使得跨境数据传输成为各国制定数字贸易规则时进行博弈的核心问题，而短期内似乎并无获得共识的解决办法。

　　（四）云计算和云储备

　　如果说在工业经济时代决定一国经济实力的主要标志在于制造业水平的话，在数字经济时代，云计算和云储备可能成为一国发展水平的关键基础性设施。云计算是一种通过网络提供计算资源的可根据用户需求来扩大或缩小规模的效用服务，既可能提供原始数据处理能力及存储服务（如服务器或存储设备），也可能是完整的软件应用程序服务。云计算服务一般依赖于多个服务商之间复杂的、多层次的安排，主要体现为：①基础设施服务，即 IaaS（Infrastructure as a Service）；②平台服务，即 PaaS（Platform as a Service）；③软件服务，即 SaaS（Software as a Service）。① 但这种分层服务模式之间界限模糊，特别是在 IaaS 和 PaaS 之间。当前，云计算的基础设施服务只有少数拥有巨大财力的企业能够提供，如美国的亚马逊云、谷歌云和微软云，国内如阿里云、腾讯云与华为云等。而多数云计算数字平台企业除了提供 IaaS 之外，同时也提供 PaaS。

　　过去十年，网络技术显著发展，伴随着物联网相关技术发展，能够获取的数据越来越多，大量的数据存储在云端，高速高效地处理海量数据即云计算能力，成为衡量企业竞争力和一国家数字发展水平的关键要素。大数据、区块链、人工智能等新一代信息技术的交叉融合发展，对云计算和云储备提出了更高的要求。在此背景下，如何提高智能决策与闭环控制水平已经成为各国战略的关键要素，如美国国家制造业创新网络、德国工业 4.0、欧盟地平线 2020 等。我

---

　　① 参见 [英] 克里斯托弗·米勒德编著：《云计算法律》，陈媛媛译，法律出版社 2019 年版，第 3~6 页。

国国务院 2017 年公布的《新一代人工智能发展规划》也把构建泛在安全高效的智能化基础设施体系，加强网络、大数据、高效能计算等基础设施的建设升级作为到 2030 年人工智能发展规划的重点任务之一。①

从纯技术和贸易角度而言，云计算和云储备只要遵循市场机制和数据自由流动的原理，就能够发挥其跨地域性的最佳效应，至于其计算设备或大数据中心设置在哪里并不影响数字技术研发和经济发展。从数据的特殊性而言，重要的也不是确定谁"拥有"数据，而是谁有权访问、控制和使用数据。但是，在国际地理疆域仍然由主权国家构成的政治版图上，国家基于网络空间主权、网络安全、数据安全甚至人权保护的需要，会出手干预计算设施和大数据存储中心所在地的设置。从国内数字经济发展而言，大数据交易也正在成为一个新兴产业。就此而言，云计算和云储备所在地就成为数字贸易背景下的一个核心要素，同时正在成为国家间争夺的新型资源要素。

第四节　数字贸易法研究的对象与内容

当前，世界各国纷纷出台各种法律法规和政策措施，促进和保障数字经济和贸易发展，规制数字贸易带来的国家安全、数据安全和隐私保护风险，规范数字贸易中的知识产权保护与公平竞争问题，并把数字支付和数字服务税收作为维护未来国家利益的必争事项。"数字贸易法"作为一个全新课题成为理论界研究的对象，也成为世界各国推动新经济发展的实践问题。对于数字贸易法的提法、数字贸易法的主体和客体，本章前文已经做出基本探索，以下着重就数字贸易法的研究对象和本书的内容设计进行简要介绍。

一、数字贸易法的研究对象

数字贸易作为一个法律问题，既涉及公法层面的贸易规制，又涉及私法层面的交易规则；既有国内层面的数字经济发展和规制问题，又有国际层面的数字贸易规则博弈与合作问题。数字贸易作为一种新的经济、贸易形态，推动了全球经济的数字化变革，给各国带来新的发展机遇，同时又对世界各国经济发展和治理水平形成尖锐挑战。数字贸易法不仅要解决数字贸易带来的法律挑战，还要解决数字贸易跨越传统国家主权和地理疆域的经济发展与全球治理问题。

---

① 新华社："国务院印发《新一代人工智能发展规划》"，载中华人民共和国中央人民政府网，http://www.gov.cn/xinwen/2017-07/20/content_5212064.htm，最后访问时间：2022 年 5 月 10 日。

数字贸易法的研究对象，应当跨越传统对于某一特定学科的狭隘认识，需要在体系和内容上进行创新性的探索。当然，创新不是一个口号，更不能为了标新立异而"创新"，任何创新都必须与客观规律相符合，具有足够的科学理论的支撑。①

毫无疑问，数字贸易法要解决的主要是数字贸易中产生的法律问题。数字贸易法中的"数字"，就是指在计算机网络中用 0 和 1 表示、能够被计算机所识别的比特符号，这些比特符号表达的是来自各行各业对各种主体客观描述、行为记录和活动踪迹的数据。这些数据按照特定的目的通过网络进行传输，形成了类似于传统货物贸易但存在于虚拟空间的数据流。因此，数字经济也被称为"流量经济"，流量成为数字平台企业竞争的核心资源。数字平台企业为了能够拥有更多流量，使出浑身解数，不断地进行技术创新和经营模式创新，不仅提供免费注册和网络服务，甚至用补贴的形式来吸引用户的注意力，因而数字经济又被称为"注意力经济"。②在现实中，各大数字平台企业拥有多少注册用户、点击数量和数据流量，已经成为衡量数字平台企业规模和市场实力的新标准。例如，在我国公布的《国务院反垄断委员会关于平台经济领域的反垄断指南》中，将数字平台企业拥有的活跃用户数、点击量、使用时长作为和交易金额、交易数量、销售额相提并论的衡量经营者市场份额的考虑要素，成为评估其是否具有市场支配地位的重要标准。③

本来，大量的数据只有自由流动才能产生价值，这是数字贸易的应有之义。但是，基于数据中可能包含涉及国家网络空间安全的关键基础设施数据、涉及企业机密信息的商业数据以及可能涉及个人隐私的敏感信息，跨境数据传输也完全不同于传统贸易中的货物和服务，无法通过海关稽查或属地管辖来进行贸易统计和限制。这给传统基于线下货物或服务进出口的贸易管理带来了全新的挑战，也给国家网络空间安全、数据安全和隐私保护带来诸多挑战。同时，随着人工智能、3D 打印、数字支付和物联网技术的快速发展，运用这种新型数字技术时的大数据竞争与知识产权保护问题，成为国际社会普遍关注的重要问题。伴随着人工智能和区块链技术的使用，以智能合约为特征的数字支付和金融监管问题，围绕数字贸易产生的新型数字服务税收问题，以

---

① 参见王利明："我国民法典中的人格权制度的构建"，载《法学家》2003 年第 4 期。

② ［美］戴维·S.埃文斯：《在线平台的注意力竞争》，载时建中、张艳华主编：《互联网产业的反垄断法与经济学》，法律出版社 2018 年版，第 60~112 页。

③ 参见国务院反垄断委员会于 2021 年 2 月 7 日印发的《国务院反垄断委员会关于平台经济领域的反垄断指南》第 11 条第 1 项。

及因电子商务、数字贸易产生的数字纠纷问题，同样是当下世界各国密切关注和重点探讨的问题。

综上，数字贸易法研究的都是当今世界各国普遍重视的数字经济发展与贸易规制的问题，要解决的是跨越传统国际法和国内法的边界划分，融合了公法、私法、经济法、交易法等不同学科的交叉性新型领域产生的新问题。数字贸易法所研究的对象，可以说都是当今国际上热议的数据治理问题，但"数据治理"是一个更为宏大和复杂的跨越自然科学和社会科学的综合性问题。本书定位于"数字贸易法"研究，本身表明其研究对象是一个聚焦社会科学领域的跨学科的新型研究，是仅就数据治理中和贸易有关的重要问题展开的理论和实务研究。

二、数字贸易法的内容设计

数字贸易法作为一个新兴领域，正在日益受到理论界和实务界的广泛关注，但是数字贸易法的内容体系如何设计，放眼全世界也尚没有形成成熟的可供各方达成共识的范本。本书创新性地尝试构建一个跨越不同学科和不同法律领域的新型理论体系，但是我们充分认知到，本书的内容设计只是作为数字贸易治理法律的一个开创性尝试，本书的内容框架只是给理论界和实务界提供一个供参考的样本。数字贸易法应当是一个不断更新和变化的新兴学科，应当关注数字经济与贸易发展的最新动态，坚持兼容并包和与时俱进的原则方针，不断做出适应形势发展和需要的调整。

基于以上认识，本书共分为十二章，各章内容由执笔作者根据整体的框架设计自由把握，各章作者对自己写作部分的内容负责。各章的内容概要如下：

第一章是"数字贸易法概述"，主要阐述贯穿本书始终的核心概念：数据、信息以及大数据的含义，关于数据的法律属性和不同分类的争议；作为一门新兴学科，"数字贸易法"提法的历史发展与理论缘由，数字贸易法的主体与客体的对象及其主要特征。作为统领全书的概述，本章尝试就本书的理论创新与内容设计进行简要的说明，为后续各章做基础性的理论铺垫和必要的范围界定。

第二章是"数字贸易的国际规则博弈"。在全球数字经济和国际数字贸易快速发展的背景下，主要经济体抢占数字技术、数字产业以及数据治理优势，通过区域和双边协定谋求国际经贸规则话语权的趋势不断加强，新兴的数字贸易规则成为大国之间博弈的主要领域。美国推动并主导了高标准的数字贸易规则以积极削减国际数字贸易壁垒，欧盟推行严格的数字贸易政策以保护个人数据安全，发展中成员则坚持保留数字贸易规则的国内政策空间。本章还探讨新一轮 WTO 电子商务谈判中的各方立场、在数字贸易国际规则博弈日趋激烈的背景下中国的应对策略等问题。

第三章是"网络空间管辖权问题探索"。本章首先简要介绍了互联网管辖权的历史，其中考虑了关键的法院判决和立法，以及互联网治理趋势的变迁。通过对发展历程的概览，可以看出传统管辖权理论和思想在互联网时代的局限性。从政府角度来看，一个重要的问题当然仍然是如何监管网络空间。因而在国际社会中，伴随着各国网络主权、数据主权的竞争，各国纷纷寻求在域外行使其管辖权，管辖权的冲突问题日渐显著。一个国家在监管网络方面的影响力有多大？对其他国家乃至国际社会将会产生多大的影响？本章通过系统研究网络空间的国际管辖权基础，探索管辖权归属确定的合理标准，为平衡国家主权保护与数字贸易发展提供理论基础。

第四章是"网络安全及相关制度"。我国《网络安全法》于2017年6月1日起施行，该法不仅从法律上保障了广大人民群众在网络空间的利益，有效维护了国家网络空间主权和安全，而且还有利于信息技术的应用，有利于发挥互联网的巨大潜力。本章涉及网络安全的法律框架、网络安全的目标、网络安全的类型和技术措施、《网络安全法》基本原则和适用范围、关键信息基础设施的运营者采购网络产品和服务的安全审查、网络安全等级保护制度、关键信息基础设施保护制度等内容。

第五章是"数据安全法及相关制度"。各类数据的迅猛增长，对经济、社会和人民生活都产生了重大深刻影响。数据安全已成为事关国家安全与社会经济发展的重要课题。我国《数据安全法》于2021年9月1日起施行，数据安全法该法应当与国家安全领域的《国家安全法》《网络安全法》《关键信息基础设施安全保护条例》《中华人民共和国密码法》《中华人民共和国出口管制法》和《个人信息保护法》等衔接与协调，特别是于2022年实施《网络安全审查办法》标志着我国网络安全基本制度的建设又迈进一步，各部法律法规共同构建起我国的网络信息安全体系。本章涉及数据安全法律体系、各行业各部门各地区职责、数据分类分级保护制度、数据安全风险评估、安全风险报告、信息共享、监测预警机制、数据安全应急处理机制、数据安全审查制度等方面的问题，以及数据的跨境流动与出境评估。

第六章是"隐私与个人信息保护相关法律制度"。随着云计算、大数据、移动互联网、5G等新一代信息技术的迅猛发展，数据应用与个人信息保护的矛盾凸显，一方面数据的应用需要数据的喂养，另一方面，在数据的处理过程中，如果不注意对数据的个人信息保护，会给个人信息带来安全风险。为此，数据的隐私法律保护越来越紧迫地被提到了议事日程。本章将针对数字化个人信息的新特点，对涉及个人信息的数据合规问题、《民法典》有关个人信息的保护、《个人信息保护法》、自动化决策、"大数据杀熟"以及人脸识别相关的法律问题进行阐述。同时也对在国际上有重大影响的欧盟 GDPR、美国、新加坡及日本的相关立法进行了比较研究。

第七章是"人工智能及其法律问题"。人工智能的发展给人类的生产、生活和社会交往带来便利的同时，也对现有的法律和伦理提出了一系列新的挑战。人工智能可能改变现有的就业结构，冲击法律与社会伦理，对个人隐私保护提出新要求，挑战国际关系准则，并将对政府管理、经济安全和社会稳定乃至全球治理产生深远影响。在法律上，当人工智能的机器造成人身伤亡、财产损失，应当由谁来承担民事责任、是机器人的设计者、制造者、销售者、使用者、还是机器人本身？本章将对这些向传统法律及责任理论提出的挑战及相关发展加以论述。

第八章是"数字贸易中的知识产权保护"。数字贸易冲击了知识产权的"地域性"并加强其"无形性"，由此各区域协定对数据、源代码、个人信息安全以及知识产权行政和刑事规则等方面进行了新的探索，也更新了知识产权侵权管辖规则。本章在著作权领域对数字作品的认定与交易、版权穷竭规则的扩展适用进行了深入研究，在商标权领域对驰名商标保护、跨境商品的商标纠纷与平行进口问题开展讨论，在专利和商业秘密领域探讨云计算、人工智能等新兴技术的专利保护以及技术中的衍生数据、源代码的商业秘密保护问题。最后，本章讨论网络服务提供者侵权规则构建与责任认定问题，尤其是过滤技术发展背景下网络服务提供者的版权注意义务的提高以及国际电商平台商标侵权的认定等。

第九章是"数字金融法专题研究"。本章以法边际均衡论和货币财产权论为理论指导，围绕数字金融法的界定、数字金融主体法、数字金融客体法、法定数字货币跨境流通及其对国际货币体系变革的影响、数字金融监管法展开研究探索。"金融法的界定"一节，阐述了金融与金融法的沿革、数字金融法产生的背景及内涵；"数字金融主体法"一节，以法哲学视野下的主体理论为基础，论述了金融法主体实际地位论和数字金融法主体的演变；"数字金融客体法"一节，以法哲学视野下的客体理论为基础，论述数字金融法客体的演变，其中重点论述了虚拟代币、加密稳定币、法定数字货币的法律特征；"法定数字货币跨境流通及其对国际货币体系变革的影响"一节，主要研究了法定数字货币跨境流通的法律问题及其对国际货币体系变革的影响；"数字金融监管法"一节，以金融监管的概念为逻辑起点，论述了数字金融监管目标、数字金融监管的内容等；结论部分，对本章进行了总结。

第十章是"数字贸易税收法律制度"。为应对数字经济对现行国际税收秩序的挑战，特别是应对数字企业利润转移和税基侵蚀，以及税收利润征收地与价值创造地的错位。全球以法国、英国等为代表国家和欧盟以"用户参与创造价值"为理论创新，实施或提议数字服务税。数字服务税作为临时的单边措施，在理论和实践层面一直面临美国等国的各种争议甚至报复。本章认为，现有两类争议直接关系到数字服务税在国际法秩序下的正当性和合法性：一是数字服务税是否符合经合组织"税基侵蚀和利润转移"行动计划中确定的"价值创造"规则；二是数字服务税是否违反了国际税法和国际贸易法等现行国际法规则。本章提出，应对数字经济的税收挑战应从单边主义回归多边主义的轨道上，联合国税收范本修改和经合组织"双支柱"下新的利润分配规则与连结度规则，以及全球最低税率规则为数字经济下的国际税收新秩序指明了方向。

第十一章是"数字贸易中的竞争与垄断规制"。数字经济中的新型反竞争行为给现行立足于工业经济时代的竞争法律监管带来巨大的挑战，近年来世界主要经济体均加大对数字平台竞争与垄断问题的规制研究，通过立法或强化执法加强对互联网头部企业的监管。我国涉及竞争监管的法律法规包括《反垄断法》《反不正当竞争法》《电子商务法》和国务院反垄断委员会颁布的指南与其他部门规章等，但是现有的法律法规在适用于数字贸易中的竞争和垄断问题时都存在制度性缺陷。本章从数字平台竞争的经济学理论开始，探讨了数字平台企业的经营模式和竞争行为特点，同时比较国际社会关于数字平台竞争与垄断问题的应对措施，并对我国应对数字平台反竞争行为规制提出相应的建议。

第十二章是"数字贸易纠纷解决"。与传统国际贸易相比，数字贸易的交易行为具备的线上完成的特点在促进交易更加便捷的同时，也对纠纷解决机制的线上化提出了更高的要求。本章主要对在线司法争议解决、在线平台争议解决以及在线上商事仲裁调解系统三种在线纠纷解决机制目前发展的现状、优势和问题进行介绍。在数字贸易飞速发展和"一带一路"深化建设的背景下，如何能够更加安全、高效、便捷地解决纠纷，直接影响着交易的稳定性。本章通过对我国及世界各国在数字贸易纠纷解决方面的具体实践经验的研究，探索在线多元化纠纷解决机制的发展方向。

第二章

数字贸易的国际规则博弈

何　波①

当代经济社会正处于从传统的经济技术范式向数字经济创新应用推动的数字经济范式转变，②随着以大数据、云计算、5G 网络、区块链、人工智能等为代表的新一代 ICT 的快速发展和跨界融合，推动传统产业数字化转型，促进数字经济快速发展，并深刻地改变了国际贸易的贸易方式、贸易手段、贸易要素以及贸易规则。在全球数字经济和国际数字贸易快速发展的背景下，各国抢占科技创新和产业优势，谋求国际经贸规则话语权的趋势不断加强。由于各国在关税及非关税壁垒削减等传统议题上对通行规则的协商与实施已基本完成，而新兴议题领域上的规则却尚未成型，那么率先在新兴议题领域制定规则的国家将获得更大的优势，使国际经贸规则更大程度上为本国利益服务。因此，新兴议题领域成为各国争夺国际经贸规则制定权的重点博弈平台。

国际规则话语权和制定权与国家利益密切相关，而国际数字贸易规则制定权的争夺，将会对数字贸易的利益分配产生巨大影响。随着数字贸易在经济社会发展和国际贸易中的角色越来越重要，但由于缺少全球性规则和一致性监管方案，国际数字贸易的发展也遇到市场准入限制、本地化要求、数据流动限制、数字服务税收等贸易壁垒和挑战。从全球范围来看，国际数字贸易规则不仅是 WTO 推动新一代经贸规则的核心议题，代表着 21 世纪国际经贸规则的方向，也是美国、欧盟以及亚太等主要经济体争夺数字技术、数字产业以及数据治理等规则话语权的关键因素，围绕数字贸易规则的全球博弈正在缓缓拉开帷幕。

---

①　何波，法学博士，国际统一私法协会访问学者，中国信息通信研究院互联网法律研究中心主任研究员、高级工程师。

②　参见孙克："数字经济发展的思辩践悟"，载《通信管理与技术》2017 年第 6 期。

第一节　国际经贸规则博弈的演进

一、经济全球化发展推动国际经贸规则重塑

国际贸易规则是一个由来已久的话题。从广义上看，国际经贸规则指的是国家或地区之间开展经贸行为所需要共同遵守的规章制度。在规则的层次上，既包括全球范围内的多边贸易规则，也包括诸边、区域、双边等层次的规则；在制定和实施规则的主体上，不仅仅涉及国家行为体，一些非政府组织、行业协会、企业等也会对国际经贸规则的形成与发展产生影响。从狭义上看，国际经贸规则是通过 GATT/WTO、区域贸易协定等渠道确立起来的多边、诸边和区域性的经贸规则。作为各参与方共同遵守的一种对国际经贸活动的约束，国际贸易规则是在经济全球化进程中逐渐形成，随着技术、产业组织的变化以及投资、贸易等经济行为的发展而不断演化，并在规则内容上呈现出阶段性特征。第二次世界大战后，美国和欧盟主导建立了以 GATT/WTO 为代表的国际经贸规则体系，各方首先在多边层次寻求国际贸易规则的突破，多边机制成为制定国际贸易规则、推进全球贸易自由化的主要平台。[①] 在规则内容上，形成了以 GATT 和 GATS 为基础的多边国际经贸规则，主要规范国家间进行贸易活动时的关税协调及非关税壁垒问题。[②]

1995 年 WTO 成立，多哈回合谈判启动，国际贸易规则开始重点关注服务贸易自由化、投资规则等方面，美国等发达国家还开始将服务贸易自由化、知识产权、与贸易相关的投资措施等议题纳入国际贸易规则的制定议程谈判当中，国际经贸规则的谈判与制定涉及越来越多的国内政策议题。[③]2001 年中国成功加入了这个体系，并根据 GATT/WTO 相关规则要求推进国内改革和对外开放，从中也获得了巨大的改革红利。2008 年国际金融危机爆发，全球经济格局发生深刻变化，各主体希望对现行国际贸易规则体系进行变革，以 GATT/WTO 为代表的规则体系面临着极大的调整和重塑压力。国际贸易规则更多地从边境

---

① 参见李向阳："国际经济规则的形成机制"，载《世界经济与政治》2006 年第 9 期。

② 例如，GATT 在创建之初就强调要"实质性地降低关税和其他贸易壁垒"，在 1947~1962 年 GATT 前五个回合谈判中，货物贸易关税减让始终占据主要内容。自 1964 年肯尼迪回合多边贸易谈判开始，出口补贴、反倾销措施等非关税壁垒问题被纳入规则协商议程，并在 1973~1979 年的东京回合谈判中取得了一定的进展。参见东艳："全球贸易规则的发展趋势与中国的机遇"，载《国际经济评论》2014 年第 1 期。

③ 参见东艳："全球贸易规则的发展趋势与中国的机遇"，载《国际经济评论》2014 年第 1 期。

上措施向边境间和边境后措施拓展，电子商务、数据跨境流动、个人信息和隐私保护等新兴领域的规则涉及更高的市场开放程度和标准水平，逐渐成为各国关注的国际规则焦点。在这样的情势背景下，TPP[①]、RCEP、TTIP、USMCA、UJDTA 等区域和双边协定谈判先后启动。主要国家和地区都希望利用这些合作平台推动国际贸易规则体系向有利于己的方向发展演变，国际贸易规则领域的博弈和争夺日益激烈，进入一个新的发展阶段。

从国际经贸规则发展来看，传统国际贸易规则体系主要建立在 GATT 和 GATS 两个总协定基础之上，在全球化的进程中又产生了跨境数据流动、个人信息保护、本地化等越来越多的新兴议题。由于数字贸易具有技术性、数据性、网络性、平台性等特点，其对国际贸易的影响不仅局限于某个领域，既涉及货物、服务等传统领域规则，也涉及与数据、网络等新兴规则领域，促使越来越多的双边和区域贸易协定中开始设置电子商务或数字贸易规则条款。

二、新一轮科技革命催生"数字布雷顿森林体系"

与此同时，互联网和数字技术的广泛运用推动企业商业模式发生了根本性的变革，尤其是移动互联网、大数据等信息通信技术的发展以及与传统行业在深度和广度上的融合，使得许多传统上不可贸易的客体变成可贸易的了。随着网络的普及，全球互联网用户规模和普及率快速增长，网络社交、电子支付、网络购物等新型商业模式为货物和服务提供了平台和载体，不仅改变了服务和货物提供的方式，也改变了贸易对象本身。随着以数据跨境传输为基本要素的国际贸易模式逐步增加并成为世界贸易的主流，推动国际贸易规则变革进入数字贸易规则时代将会成为必然的发展趋势，有学者认为，"21 世纪的国际贸易规则说到底将是数字贸易规则"。[②]

随着国际数字贸易的持续发展，国际社会有观点提出，在当前数字经济时代，要建立一个"数字布雷顿森林体系"。2018 年，黑莓创始人吉姆·贝尔斯李呼吁，由国际货币基金组织主持再次召开数字经济时代的布雷顿森林会议，着手签订新的布雷顿森林协议，以应对由于缺乏数字经济国际规则而导致的日

---

① 2017 年 1 月 23 日，美国总统特朗普签署行政令，正式宣布美国退出 TPP 协定。2017 年 11 月 11 日，由启动 TPP 谈判的 11 个亚太国家共同发布了一份联合声明，宣布已经就新的协议达成了基础性的重要共识，并决定将 TPP 协定改名为《全面与进步跨太平洋伙伴关系协定》，简称 CPTPP。

② 沈玉良等：《全球数字贸易规则研究》，复旦大学出版社 2018 年版，第 9 页。

益加剧的地缘政治和经济动荡，这引起了国际社会的广泛关注和探讨。^①随后，国际著名智库加拿大国际治理创新中心（CIGI）、英国《金融时报》等纷纷开始对"数字布雷顿森林体系"问题展开研究，并提出了一系列具有建设性的观点。^②2019年，CIGI全球经济主管罗伯特·费伊提出，建立一个数字稳定委员会，以塑造整个数字平台经济的全球标准、法规和政策。与此同时，《金融时报》执行主编吉莉安·泰德指出，国际货币基金组织、世界贸易组织等传统国际机制在解决全球数字经济政策问题上是失效的，应建立一个新的全球协调机制来制定统一的数字治理标准、协调各国/地区的利益诉求、稳定数字经济国际秩序，如同起到稳定国际金融秩序作用的原布雷顿森林体系。^③2020年4月，CIGI联合麦吉尔大学发布了《后疫情时代的数字布雷顿森林体系》报告，进一步对数字布雷顿森林体系的内容进行了勾勒，指出后疫情时代的数字布雷顿森林体系应该包含统一的数字经济标准定义和统计体系、全球性数字治理论坛、解决跨国企业税收套利问题的全球机制、专门的数字政策和监管协调机构等。^④

此外，国内也有学者提出了类似的观点，例如，梅冠群研究员指出，要构建一个"E国际贸易新规则体系"，以解决E（即electronic）国际贸易在全球发展的制度供给不足问题，推动建立全球EWTO规则体系。EWTO是以WTO现有制度框架为基础，在规则中融入互联网、大数据、云计算、平台经济、跨境电商、数据流动、信息监管、智能通关等"E"元素，结合E国际贸易发展的现实需求与长远趋势，一方面对不适用于E国际贸易这一新经济、新业态的制度进行E化改造，另一方面创造当前WTO框架中没有的、适应E国际贸易发展的新规则。^⑤

---

① See Ronald Orol, "The IMF Should Spark a Bretton Woods Moment for the Digital Age, Says Balsillie", https: //www.cigionline.org/articles/imf-should-spark-bretton-woods-moment-digital-age-says-balsillie .

② 参见高晓雨、方元欣："后疫情时代数字布雷顿森林体系理论的探索研究"载《互联网天地》2020年第8期。

③ See Gillian Tett, " Do we need an IMF to regulate the internet?" Financial Times, https: //www.ft.com/content/4526982e-60a0-11e9-b285-3acd5d43599e.

④ Rohinton P. Medhora, "Taylor Owen. A Post-COVID-19 Digital Bretton Woods", https: //www.cigionline.org/articles/post-covid-19-digital-bretton-woods.

⑤ 参见梅冠群："率先构建E国际贸易新规则体系"，载《开放导报》2019年第1期。

三、国际经贸格局新变化加速数字贸易国际规则进程

在国际经贸规则领域，尤其是通常对于一个新的领域而言，在相应国内监管政策和法律框架充分发展之前，很难形成统一的国际规则。[①]从数字贸易规则来看，数字贸易发轫于数字经济，主要国家和地区也是率先通过国内立法和监管政策的手段建立完善数字贸易发展的规则制度环境，并在此基础上提出其参与国际规则制定的主张，不断抢占数字贸易国际规则的话语权和主导权。随着全球经济利益分配不均，贸易政策内顾倾向加剧，在国际经贸规则变迁过程中，规则协商制定的形式和路径出现了区域化的转向，在数字贸易规则领域的体现更加明显。

在多边贸易体制进展缓慢的情况下，世界各国转而积极推进各种形式的区域贸易安排，以实现其在多边层面不能解决的雄心水平。

当前国际贸易规则的制度供给远远满足不了数字贸易飞速发展的需求，各国政府之间寻求建立国际贸易规则，但由于各国发展不平衡，所以国际贸易双方永远存在着一方要实行贸易自由化，另一方则要寻求贸易保护。由于国家之间比较优势的存在，导致也存在着贸易自由化和贸易保护中的两种不同利益集团势力。随着全球经济和贸易数字化转型加速，对新的数字贸易统一规则的需求正在不断增长，WTO各项协定的规则在数字贸易背景下略显滞后，贸易规则协商的分歧一时难以在多边层次取得突破。在以WTO为基础的全球经贸规则运行下，全球大多数国家都从中收益，但有些国家的部分产业也受到冲击，甚至出现制造业空心化的现象。随着全球经济利益分配不均，贸易政策内顾倾向加剧，不确定因素增多，全球经贸规则将愈加复杂多变。2016年以来，以TPP/CPTPP、USMCA等为代表的高水平国际贸易协定出现，设立了专门的电子商务或数字贸易章节；2019年10月，美国和日本又签订了全球第一个数字贸易专门协定——UJDTA；2020年6月，智利、新西兰和新加坡签署DEPA；2020年8月，新加坡与澳大利亚再次签署《数字经济协议》（SADEA）。在国际组织方面，WTO各成员国于2019年正式启动了WTO新一轮电子商务谈判，G20、APEC、ITU等国际组织也高度关注数字贸易规则问题，先后发布了一系列相关倡议和指导原则。各方试图通过区域或双边贸易协定推动现行国际经贸规则体系向有利于己的方向发展演变。

---

① See JANOW, M., & MAVROIDIS, P.（2019）. "Digital Trade, E-Commerce, the WTO and Regional Frameworks. World Trade Review", 18（S1），S1~S7.

第二节 数字贸易国际规则博弈的三种主导模式

从当前数字贸易和数字经济发展来看,美国、欧盟和中国是最大的三个经济体,也是在多双边数字贸易规则谈判和制定领域发挥最为关键作用的相关主体。与此同时,这三个主体所对应的国内经济市场和所代表的经济体存在一定差异,尤其是在国内互联网监管法律政策、经济技术发展水平、文化传统等方面的重点各有不同,产生了三种数字贸易规则发展模式,即以美国数字贸易规则主张为代表的"美国模式",以欧盟数字贸易规则主张为代表的"欧盟模式",以及以中国、东盟等为代表的"亚洲模式"。美国战略与国际研究中心在《全球数字贸易之战:美国、欧盟和中国支持的竞争规则》中指出,美国、欧美和中国代表了当前自由主义者(liberalizers)、监管者(regulators)和重商主义者(mercantilists)三种不同的数字贸易规则。①而从全球数字贸易规则发展全景来看,尤其是结合各成员在最新一轮WTO电子商务谈判中的提案内容,绝大多数成员提交的规则主张和立场大致可以归纳到这三类模式之中。其中,加拿大、澳大利亚等美国盟友关于数字贸易规则的主张与美国模式相似,尤其是在跨境数据自由流动、数字知识产权保护等议题上具有较高共识;欧盟模式的提倡者主要是欧盟及其成员国,在一定程度上认可美国模式中的自由主义目标,但主张政府加大干预力度,并高度重视个人数据和隐私保护;而中国、东盟等亚洲国家的主要立场与美国和欧盟有着明显的差异,RCEP的签署进一步明确了亚洲数字贸易规则的基本框架,如优先考虑产业政策和国家网络安全,对数据跨境流动进行一定的限制和监管。

一、高标准的数字贸易规则 —— 美国模式

自20世纪30年代计算机技术发展以来,美国在ICT领域一直处于世界领先地位,一系列领先的科技互联网公司相继问世,推动美国成为数字世界的主导者。美国不仅数字经济规模连续多年位居全球首位,也是全球数字贸易最发达的国家。美国经济分析局指出,从1997年至2017年,美国国内数字经济的增加值每年都超过经济的整体增长;美国互联网协会预测数据,数字经济对美国GDP的贡献超过了1万亿美元,仅在2017年数字经济的实际增加值增长就

---

① See Jonathan E. Hillman, "The Global Battle for Digital Trade-The United States, European Union, and China Back Competing Rules", https://www.csis.org/blogs/future-digital-trade-policy-and-role-us-and-uk/global-battle-digital-trade April 13, 2018.

占到实际 GDP 总增长的 25%。① 根据中国信息通信研究院的研究测算，2019 年美国数字经济规模达到了 13.1 万亿美元，占 GDP 比重达 61%。一方面，美国数字贸易高度发展得益于政府部门营造良好的国内外法律政策发展环境；另一方面，随着数字贸易的持续发展，也推动着美国政府部门不断完善国内互联网等相关领域的法律制度，帮助美国大型互联网企业国际扩张削减数字贸易壁垒。由于美国拥有全球领先的数字技术公司，因此它寻求一个深度全球一体化的市场，包括数据流动和互联网开放，以便其公司能够充分受益于扩大的市场。② 得益于在数字经济发展上的巨大比较优势，近年来美国几乎主导了国际数字贸易规则的主要发展方向。

（一）以削减数字贸易壁垒为核心目标

虽然数字贸易为美国经济社会发展尤其是缩小美国国际贸易逆差做出了巨大贡献，但与此同时，根据美国国际贸易委员会的调查反馈，美国互联网企业在全球进行数字贸易过程中遭遇到众多不同程度的壁垒。在 2015 年双年度《国会贸易优先事项和责任追究法》中，美国政府提出了数字贸易和跨境数据流动相关贸易谈判目标，③ 核心目的还是帮助美国企业削弱或清除在实践中遇到的数字贸易障碍。④ 从目前美国在国际协定谈判中主张的数字贸易规则来看，基本上也都是围绕数字贸易壁垒展开的。2017 年，美国贸易代表办公室首次在国际贸易评估中将各国或地区数字贸易壁垒总结为四类：一是数据本地化障碍，包括对在特定管辖范围内存储数据或在本地定位计算设施的不必要要求，以及对跨境数据流的完全禁止；二是技术相关壁垒，包括要求满足繁重和不必要的安全标准，以及披露加密算法或其他专有源代码；三是互联网服务的障碍，包括

---

① See U.S. Bureau of Economic Analysis, *Measuring the Digital Economy: An Update Incorporating Data from the 2018 Comprehensive Update of the Industry Economic Accounts*, March 2018, p.6.

② See Robert D. Atkinson, "A U.S. Grand Strategy for the Global Digital Economy", https://itif. org/publications/2021/01/19/us-grand-strategy-global-digital-economy.

③ 主要包括五个方面：①确保世贸组织、双边和区域贸易协定中的现有义务、规则、纪律和承诺，适用于货物和服务中的数字贸易以及数据跨境流动；②确保电子传送的货物和服务在贸易规则下所获待遇不低于以物理形式传送的类似产品，并且对于数字贸易中货物和服务的分类尽可能确保自由贸易待遇的最大化，完全囊括现有贸易和新型贸易；③确保政府避免实施阻碍数字贸易、限制数据跨境流动、要求数据本地存储或处理的相关措施；④在出于合法政策目的实施上述①至③中的措施时，取得承诺确保管制的最小化、非歧视性、透明性，促进开放市场环境的建立；⑤延续世贸组织关于电子传输免征关税的备忘录。

④ See 114th Congress, *Bipartisan Congressional Trade Priorities and Accountability Act of 2015*, May 11, 2015.

将传统的监管制度延伸适用于新业务和新模式，以及对互联网平台施加严格内容审核等责任负担；四是其他障碍，包括围绕电子身份验证和签名、互联网域名、数字产品、电子支付平台和其他歧视性做法。①

美国贸易代表办公室大使曾指出，互联网和数字技术对美国经济产生了深远而积极的影响，重要的是监测和解决贸易壁垒和数字保护主义。②美国国会研究所认为，互联网是一个全球性的"网络的网络"，任何一个国家数字贸易法律政策都会产生超出国界的后果，保护主义政策可能会对数字贸易造成障碍，或破坏对数字经济的信任基础，并可能导致互联网的破裂即所谓的"巴尔干化"，减损各方面的收益。③因此，作为全球数字贸易的最大推动者和引领者，美国一直致力于在全球范围内消除数字贸易壁垒，将确保自由和开放的互联网作为美国政府的既定政策重点。2015 年，美国商务部推出了《数字经济议程》（ Digital Economy Agenda ），确定了四大支柱以帮助美国企业在数字贸易市场中引导监管问题，克服贸易壁垒，促进电子商务出口：一是促进全球范围内互联网的开放与自由，因为当数据和服务能够畅通无阻地跨越国界时，互联网的功能对美国的企业和工人最有利；二是促进网上信任，因为要使得电子商务蓬勃发展，安全和隐私是必不可少的；三是确保工人、家庭和公司连入互联网，因为高速宽带网络对于 21 世纪的经济成功至关重要；四是通过智能的知识产权规则和下一代信息技术促进创新。④与此同时，美国国会在 2015 年通过的《贸易优先事项和问责法》（ Trade Priorities and Accountability Act ）中围绕消除贸易壁垒强化了美国在贸易谈判中的数字贸易政策目标：一是确保现有的 WTO 承诺适用于数字贸易环境，确保不逊于数字贸易环境对实物贸易的待遇；二是禁止强制本地化要求和对数字贸易和数据流动的限制；三是确保电子传输免征关税；四是确保相关法律法规尽可能减少对贸易的限制。⑤

确立消减数字贸易壁垒的目标后，美国政府部门积极推进相关工作。

---

① See USTR, "Key Barriers to Digital Trade", https：//ustr.gov/about-us/policy-offices/press-office/fact-sheets/2017/march/key-barriers-digital-trade.

② See USTR, "Ambassador Froman Announces New Digital Trade Working Group", https：//ustr.gov/about-us/policy-offices/press-office/press-releases/2016/july/ambassador-froman-announces-new.

③ See Akhtar, ShayerahIlias, and Wayne M. Morrison, *Digital Trade and US Trade Policy*. p.10.

④ See Alan B Davidson, "The Commerce Department's Digital Economy Agenda," November 9, 2015, https：//www.commerce.gov/news/blog/2015/11/commerce-departments-digital-economy-agenda.

⑤ See Akhtar, ShayerahIlias, and Wayne M. Morrison, *Digital Trade and US Trade Policy*, p.12.

2016 年 3 月，美国商务部在国际贸易管理局开始试点实施数字贸易专员项目（Commerce's digital attaché program），在巴西、中国、印度、日本、东盟和欧盟六个国家和地区海外市场派驻数字贸易专员，帮助美国企业处理在海外市场遇到的数字贸易政策和法规问题，应对潜在的监管和贸易壁垒，协助开辟全球数字市场准入，并在一年后扩展到德国、法国、印尼、墨西哥、韩国等六个新的海外市场。①2016 年 7 月，美国贸易代表迈克尔·弗洛曼宣布在美国贸易代表办公室内部成立了一个数字贸易工作组，该小组作为"快速反应"团队旨在致力于发现和消除数字贸易的障碍，针对全球范围内现有和新兴的数字贸易障碍制定政策应对措施。该工作组同时还负责协调多、双边数字贸易谈判以及相关协定的执行。②2016 年 12 月，美国商务部建立了数字经济顾问委员会，成员包括科技行业巨头、领域专家等，旨在帮助政府、企业和消费者提供发展数字经济的相关建议。2017 年 2 月，在美国贸易代表办公室的请求下美国国际贸易委员会宣布开展三项调查来检查美国企业对新数字技术的使用，并评估国际贸易中数字贸易障碍对美国企业竞争力的影响。③近年来，美国贸易代表办公室持续高度重视数字贸易壁垒的问题，在每年发布的国家贸易评估报告中，美国贸易代表办公室都对数字贸易壁垒问题给予特别关注。与此同时，美国贸易代表办公室还在报告中强调了美国数字商品和服务供应商所面临的具体贸易壁垒问题，并确定了数字贸易的一些主要障碍。④

（二）基于 TPP 的《数字贸易二十四条》

美式数字贸易规则模式的主要内容集中体现在更新后的《数字贸易二十四条》（The Digital 2 Dozen）中，并涵盖了 TPP 协议的主要规则议题。作为全球数字贸易的最大受益者，为进一步加强对全球数字贸易政策的影响和引领，2015 年 5 月，奥巴马政府提出了美国数字贸易的政策文件《数字贸易十二条》（The Digital Dozen），致力于保护数字创新、确保开放自由的互联网以及减少数字贸易壁垒。具体内容包括以下条款：促进自由和开放的互联网；禁止数字

---

① See International Trade Administration, "Digital Attaché Program Information", https://www.trade.gov/digital-attache-program-0.

② See USTR, "Ambassador Froman Announces New Digital Trade Working Group", 07/18/2016, https://ustr.gov/about-us/policy-offices/press-office/press-releases/2016/july/ambassador-froman-announces-new.

③ 参见曹伟："数字经济之美国数字贸易规则初探"，载《中国信息安全》2018 年第 7 期。

④ See USTR, "Key Barriers to Digital Trade（March 2017）", https://ustr.gov/about-us/policy-offices/press-office/fact-sheets/2017/march/key-barriers-digital-trade.

产品关税；确保基本的非歧视原则；促进跨境数据流动；防止（数据）本地化存储障碍；禁止强制的技术转让；确保技术选择；提升创新认证方法；提供可执行的消费者保护；保障网络竞争；培育创新的加密产品；以及建立适用于数字贸易的框架。①

2016 年 2 月 TPP 协定正式签署后，美国贸易代表办公室对《数字贸易十二条》进行了修订，增加了 12 条新政策主张扩张形成《数字贸易二十四条》，并于 2016 年 8 月对外公开发布。新增的 12 项政策主张包括：保护关键的源代码；推进网络安全合作；保持市场驱动的标准化和全球性的互操作能力；消除加诸所有 TPP 项下工业制成品（包括 ICT 产品）的关税；确保健康的投资和跨境服务（包括跨境的数字性交付服务）市场准入机制；确保更快的和更透明的海关手续；推进规则和标准制定的透明度以及利益相关者的参与；确保与国有企业的公平竞争；确保制定和执行强有力和平衡的版权保护规则；推进现代专利保护；打击商业秘密盗窃；确认合格评定程序。《数字贸易二十四条》致力于改变国际贸易规则，以促进商品、服务和数据在自由开放的互联网上自由流动。② 作为强化美国国际贸易地位而提出的政策性文件，《数字贸易二十四条》反映了在 TPP 协定付诸执行初期美国主要对外数字贸易政策主张，是相较于 TPP 更为具体的政策目标，并对美国参与其他国际数字贸易协定提供了政策框架。③

表 2-1　美国《数字贸易二十四条》

序号	政策	具体内容	TPP 中相关内容
第 1 条	促进自由和开放的互联网	开放、免费的互联网可以产生和发展新兴的、颠覆性的互联网服务，这些服务改变了我们今天的社交网络、信息、娱乐、电子商务和其他服务。互联网应向所有合法的商业目的保持免费和开放。美国申明，消费者在上网时能够访问他们选择的内容和应用程序。	第 14.10 条电子商务网络的接入和使用原则

---

① See USTR, "Digital Dozen", https://ustr.gov/sites/default/files/USTR-The_Digital_Dozen.pdf.

② See USTR, "Digital 2 Dozen", https://ustr.gov/sites/default/files/Digital-2-Dozen-Updated.pdf.

③ See ShubhangiHeda, "Trans Pacific Partnership and Digital 2 Dozen: Implications for Data Protection and Digital Privacy", 12 July, 2016, https://cis-india.org/internet-governance/blog/tpp-and-d2-implications-for-data-protection-and-digital-privacy.

序号	政策	具体内容	TPP 中相关内容
第 2 条	禁止数字关税	美国认识到需要全面禁止数字产品关税。这将确保关税不会阻碍音乐、视频、软件和游戏的流动，我们的创作者、艺术家和企业家可以受到公平的对待。	第 14.3 条海关关税
第 3 条	确保基本的非歧视性原则	美国认为，来自自由贸易协定合作伙伴国家的数字产品不能在任何合作伙伴的市场上处于竞争劣势。基本的非歧视原则是商品和服务全球贸易体系的核心，美国致力于确保该原则也同样适用于数字产品。	第 14.4 条数字产品的非歧视性待遇
第 4 条	促进数据跨境流动	公司和消费者应该能够根据需要移动数据。许多国家制定了阻碍信息自由流动的法律，这将扼杀竞争，并使美国企业家处于劣势。美国力图通过旨在保护数据流动的特定条款来打击这些歧视性和贸易保护主义壁垒，但必须采取合理的保障措施，如在出境时保护消费者的数据。	第 14.11 条通过电子方式跨境传输信息
第 5 条	防止本地化存储障碍	依靠云计算和提供基于互联网的产品和服务的公司和数字企业不应需要在他们提供服务的每个国家都建立物理基础设施和昂贵的数据中心。但是，许多国家都试图执行类似规定，这给提供者和用户增加了不必要的成本和负担。美国致力于通过旨在促进网络接入和高效数据处理的特定条款，直面这些本地化存储障碍。	第 14.13 条计算设施的位置
第 6 条	禁止强制技术转让	各国不应以强迫转让技术作为市场准入的条件。美国将通过谈判，禁止各国要求公司将其技术、生产工艺或其他专利信息转让给各自领土内的人员。	—
第 7 条	保护关键源代码	美国的创新者不应将他们的源代码或专有算法交给他们的竞争者或者会将上述信息转交给国有企业的监管机构。美国将确保公司不必为了进入新市场而分享他们的源代码、商业秘密或在产品和服务中使用当地技术，同时保留政府为保护健康、安全或其他合法监管目标而获取源代码的能力。	第 14.17 条源代码
第 8 条	确保技术选择	创新型公司应当能够利用最有效和适合其需求的技术。例如，移动电话公司应当能够在 WiFi 和 LTE 等无线传输标准中进行选择。美国将就技术选择条款进行谈判，确保公司不被要求利用和购买本地技术。	—

续表

序号	政策	具体内容	TPP 中相关内容
第 9 条	提升创新认证方法	提供各种电子签名和认证方法，可以通过例如安全在线支付系统等机制保护用户及其交易。美国将确保供应商可以使用他们认为最适合此目的的方法。	第 14.6 条电子认证和电子签名
第 10 条	提供可执行的消费者保护措施	消费者为社交或商业目的使用互联网时应该得到保护。我们认为，我们的贸易伙伴应当接受包括隐私保护在内的消费者保护。美国要求其自由贸易协定伙伴承诺在其市场内采取和维持可执行的保护措施，以加强消费者的基本信任。	第 14.7 条线上消费者保护 第 14.8 条个人信息保护 第 14.14 条非应邀商业电子信息
第 11 条	保障网络竞争	美国认为，现代贸易协定必须使我们的供应商能够在其服务的市场上建立网络——无论是铺设海底电缆还是扩大数据和语音网络——以便更好地接触消费者和企业。	第 14.12 条互联网互通费用分摊
第 12 条	培育创新加密产品	加密越来越被视为是解决数字生态系统中隐私和安全保护问题的重要工具。美国将就保护加密产品创新的规则进行谈判，以满足消费者和企业对保护安全和隐私的产品功能的需求，同时允许执法部门根据适用法律获取通信。	—
第 13 条	建立适用于数字贸易的框架	创新的数字产品和服务应当在贸易协定中得到保护，以防止今后受到歧视。通过设计，美国的贸易协定将包括对服务和投资的保护，这些保护措施将随着市场变化和创新技术的出现而继续适用，除非有经谈判达成的特定例外情况。	第 14.5 条国内电子交易框架
第 14 条	促进网络安全合作	美国将与其贸易伙伴合作，共享有关威胁的信息，并帮助建立网络安全能力，以防止网络攻击和阻止恶意软件的传播。	第 14.15 条合作 第 14.16 条网络安全事项合作
第 15 条	维护市场导向的标准化和全球互操作性	创新者不应该为他们寻求服务的每个市场设计不同的产品，这就是我们要制定全球标准的原因，在这个过程中，行业领先，最佳技术获胜。美国将确保各国不能任意要求将竞争力较弱的国家标准强加给美国的创新产品。	—

序号	政策	具体内容	TPP 中相关内容
第 16 条	取消对所有制成品的关税	美国将同意取消对在其自由贸易协定伙伴领土上制造的所有出口产品的关税，包括信息和通信技术产品。此外，美国将要求其自由贸易协定伙伴承诺努力加入世贸组织的《信息技术协定》，该协定将广泛地取消对信息技术产品的关税，包括此前未加入《信息技术协定》的国家。	—
第 17 条	确保对投资和跨境服务的可靠市场准入承诺，包括数字交付服务	美国将寻求并维持强有力的投资和跨境服务承诺。尤其是，美国将寻求为美国数字服务提供商提供确定性，使他们明确他们提供的服务 —— 包括与技术有关的支持服务，如云计算，以及更广泛的咨询、营销和广告等服务 —— 可以在其自由贸易协定伙伴国合法提供。	—
第 18 条	确保更快捷、更透明的海关程序	美国将寻求在其贸易协定中加入有关海关程序和贸易便利化（包括快件）的有力承诺，以确保边境处理的快速、透明和可预测。相比关税，这类行政壁垒对美国数字设备出口商来说是更大的问题。美国还将寻求通过使用电子海关表格来促进无纸化贸易。	第 14.9 条无纸贸易
第 19 条	促进透明度和利益攸关方参与规定标准制定	新法规和标准的制定可能对信息通信技术供应商构成重大挑战，这些供应商的产品周期很短，其监管环境也在不断变化。美国的贸易协定将对新的监管措施、标准和合格评估程序的透明度、利益攸关方参与度、协调和影响评估做出强有力的承诺。美国还将寻求就监管一致性进行谈判，以进一步减少此类非关税贸易壁垒。	—
第 20 条	确保与国有企业的公平竞争	美国将寻求达成强有力的承诺，以确保与美国出口商竞争的国有企业，包括信息和通信技术部门，是基于质量和价格进行竞争，而非基于歧视性监管、补贴或偏袒。	—
第 21 条	促进严格和平衡的版权保护和执法	版权保护对确保产品背后的编码者、设计者和产品经理能够自由创作并因其创造性作品获得报酬至关重要 —— 就像音乐家和作者一样。美国寻求美国法律中强有力的版权保护和执法规定，以及我们的自由贸易协定伙伴承诺不断寻求在其版权制度中实现适当的平衡，包括通过版权例外和限制。美国还为合法的互联网服务提供商寻求与美国法律类似的版权安全港。	—

续表

序号	政策	具体内容	TPP 中相关内容
第 22 条	促进现代专利保护	美国将加强针对尖端创新的透明、有力和平衡的专利保护的全球标准，包括从国际承诺中获得适当限制和例外。相关条款保护了美国企业家在从太阳能电池板到智能制造等领域创造的就业机会和创新解决方案。	—
第 23 条	打击商业秘密盗窃	美国将通过谈判条款解决公司间谍活动问题，包括国有企业盗窃商业秘密。美国将要求其自由贸易协定伙伴制定盗窃商业秘密的刑事程序和处罚，包括通过网络盗窃，同时保留保护举报的国内法。	—
第 24 条	认证合格评估程序	合格评估程序可核实包括 ICT 技术产品在内的产品是否符合规定的标准和技术规定，但外国过于繁琐的合格评估程序可能会阻碍 ICT 的出口。美国将要求其自由贸易协定合作伙伴向彼此的合格评定机构提供"国民待遇"，以确保合格评定机构进行的测试和认证将被视为与另一伙伴的要求一致。	—

值得注意的是，除了《数字贸易政策二十四条》外，美国还制定了若干推动数字贸易和美国互联网产业发展的法律法规和战略政策，为美式数字贸易规则的形成和扩张提供了坚实的国内法律制度基础。例如《全球电子商务框架》《国际互联网免税法》《千禧年数字版权法》《统一电子交易法》《国际国内电子商务签名法》等。①

（三）数字贸易规则新标准的确立

虽然特朗普政府上台后美国退出了 TPP 协定，但 USMCA 数字贸易章节继承了 TPP 高标准电子商务规则核心内容，并对相关规则作了进一步完善和细化，形成了以 USMCA 为代表的数字贸易规则 3.0 版本，确立了美国数字贸易规则更加严格的新标准。② 新的"数字贸易"章节包含了所有国际协议中有关数字贸易的最严纪律要求，为美国扩大具有竞争优势的创新产品和服务

---

① 详见第一章第三节国内立法的尝试部分相关内容。

② See Chapter 19 of "Digital Trade, United States-Mexico-Canada Agreement", https：//usmca.com/digital-trade-usmca-chapter-19/.

的贸易、投资奠定了坚实的基础。①2019 年 10 月，美国和日本签署《美日数字贸易协定》（UJDTA），更是引发国际社会广泛关注。UJDTA 是美日双方就数字贸易壁垒进行协商后制定的最全面、最高标准的贸易协定，表明美国在全球数字贸易规则制定中继续发挥领导作用。它包括确保数字产品的非歧视性待遇、所有供应商（包括金融服务供应商）均可跨境传输数据、禁止采取数据本地化措施限制数据存储等 11 项内容。具体来看，UJDTA 禁止对以电子方式传输的数字产品（如视频、音乐、电子书、软件和游戏）征收关税；确保数字产品的非歧视性待遇，包括涵盖的税收措施；确保各领域的无障碍跨境数据传输；禁止数据本地化要求，包括对金融服务提供商的要求；禁止任意访问计算机源代码和算法，以及确保企业在其产品中使用创新加密技术的灵活性。②

　　UJDTA 的签署和生效实施给全球数字经济和数字贸易带来重大影响。与日本的数字贸易协议符合 USMCA 制定的数字贸易规则的黄金标准，并将扩大美国为领导者的地区的贸易，为双边谈判带来示范效应。UJDTA 中的类似条款已在美国双边贸易谈判协定中有所体现，并正在成为美国与其他经济体就数字贸易开展谈判的重要参考。③与此同时，UJDTA 可能成为数字贸易国际规则的新标杆。UJDTA 的签署和生效意味着美日两国有意愿在数字贸易领域的国际规则制定方面发挥主导作用，以加强对数字贸易新规则的控制权和话语权。UJDTA 是 TPP 协议在数字经济领域的升级版。与 TPP 协议电子商务章节关于云计算和金融技术的条款仍处协商阶段相比，UJDTA 包含了采用更强有力的规则来禁止对数字产品下载和数据本地化要求进行跨境征税等条款，这有可能为世界贸易组织各成员就数字经济领域谈判提供参考。

　　（四）美式数字贸易规则的全球扩张

　　近年来，美国在国际活动中积极推广自己的政策主张，通过多边机制扩大

---

①　See USTR, "UNITED STATES–MEXICO–CANADA TRADE FACT SHEET Modernizing NAFTA into a 21st Century Trade Agreement", https：//ustr.gov/trade-agreements/free-trade-agreements/united-states-mexico-canada-agreement/fact-sheets/modernizing.

②　See USTR, "FACT SHEET on U.S.-Japan Trade Agreement", https：//ustr.gov/about-us/policy-offices/press-office/fact-sheets/2019/september/fact-sheet-us-japan-trade-agreement.

③　例如，取代《北美自由贸易协定》（NAFTA）的 USMCA 中也已加入类似的条款。在对 USMCA 更新后的数字贸易规则中包含数据本地化等内容进行研究后发现，在数字贸易方面，新协定并不要求公司提供源代码作为进入市场的条件等。此外，美国还在与欧盟的贸易谈判中提出将以上条款作为参考，但考虑到欧盟正在加强对美国 IT 巨头的管制，该提议在短期内恐难以被欧盟接受。

美式数字贸易规则的影响。正如高鸿钧教授所指出的"法律全球化实质上是全球法律的美国化"[1]，美国利用国内数字贸易政策和相关立法影响了全球数字贸易规则的塑造。美国是最早在国际社会中推动形成数字贸易规则的国家，早在1997年发布的《全球电子商务框架报告》中，美国就表示要通过WTO谈判取消互联网传输的货物及服务的关税与非关税壁垒。1998年2月，美国代表团向WTO理事会提出不应对电子传输商品征收关税的建议，推动当年在日内瓦举行的第二次WTO部长级会议上通过的《全球电子商务宣言》宣布维持当前实践，对电子传输不予征收关税。[2]此后，美国始终积极推动WTO对电子商务相关问题展开讨论。

考虑到WTO电子商务谈判进程非常缓慢以及现有各项协定面对数字贸易发展的限制性，美国在推动WTO电子商务谈判的同时重点寻求在其多双边贸易谈判中建立数字贸易新规则。美国认为，由于传统国际贸易规则不能清楚地反映数字经济和数字贸易发展的特征，尤其是随着数据越来越多地被纳入国际贸易，货物和服务之间的界线越来越难以判断，现行多边贸易协定规则在实践使用中并不总是明确的。[3]早在2000年签署的《美国-约旦自由贸易协定》中就出现了关于电子商务规则的内容，并首次在自由贸易协定中设立了"电子商务"专门条款，规定不得对电子传输包括电子传输的内容征收关税，形成了电子商务规则的雏形。[4]此后，美国开始通过在其签订的自由贸易协定中单独设立专门章节的方式来对电子商务相关问题进行规范，既没有放在服务贸易章节，也没有在货物贸易章节中规定，而是将数字贸易相关规则放在"电子商务"或"数字贸易"章节，逐渐推动形成数字贸易规则的"美国模式"并不断向外扩张其影响力。

根据美国贸易代表办公室的数据，截至2020年10月，美国与澳大利亚、巴林、加拿大、智利等20个国家和地区签订了《自由贸易协定》（FTA）或

---

① 高鸿钧：《全球化视野的比较法与法律文化》，清华大学出版社2015年版，第46页。

② 参见中国信息通信研究院互联网法律研究中心：《数字贸易的国际规则》，法律出版社2019年版，第73页。

③ See Akhtar, ShayerahIlias, and Wayne M. Morrison, "Digital Trade and US Trade Policy" (2019), p.35.

④ See "Article 7: Electronic Commerce, Agreement between the United States of America and the Hashemite Kingdom of Jordan on the Establishment of a Free Trade Area", https：//tcc.export.gov/Trade_Agreements/All_Trade_Agreements/exp_005607.asp.

《贸易促进协定》(TPA),[①] 其中 12 个 FTA 中设置了专门的数字贸易或电子商务的独立章节,以及 1 个专门的数字贸易协定。此外,美国还通过多边机制扩大自身主张影响。2017 年,美国向 APEC 提交《促进数字贸易的基本要素》报告,集中阐明跨境数据自由流动、数据存储(非强制)本地化、数字传输永久免关税待遇、网络开放和技术中立等原则,以及禁止以开放源代码作为市场准入前提条件等数字贸易规则主张。2018 年,美国向 WTO 提交新议案,再次提出信息自由流动等七项议题。[②]

表 2-2　美国已签署或生效的 FTA 中包含数字贸易 / 电子商务章节的情况[③]

序号	FTA 名称	签署或生效时间	数字贸易 / 电子商务章节情况
1	美国 - 新加坡自由贸易协定	2003 年	第十四章电子商务
2	美国 - 智利自由贸易协定	2004 年 1 月 1 日(生效)	第十五章电子商务
3	多米尼加共和国 - 中美洲自由贸易区自由贸易协定	2004 年	第十四章电子商务
4	美国 - 澳大利亚自由贸易协定	2005 年	第十六章电子商务
5	美国 - 巴林自由贸易协定	2006 年	第十三章电子商务
6	美国 - 摩洛哥自由贸易协定	2006 年 6 月 1 日(生效)	第十四章电子商务
7	美国 - 秘鲁自由贸易协定	2009 年 2 月 1 日(生效)	第十五章电子商务
8	美国 - 阿曼自由贸易协定	2009 年	第十四章电子商务
9	美国 - 哥伦比亚自由贸易协定	2012 年	第十五章电子商务
10	美国 - 韩国自由贸易协定	2012 年 3 月 15 日(生效)	第十五章电子商务
11	美国 - 巴拿马自由贸易协定	2012 年 10 月 31 日(生效)	第十四章电子商务

---

① See USTR, "Trade Agreements", https: //ustr.gov/trade-agreements.

② 参见张坤: "美欧数字贸易规则动向、分歧与合作前景", 载《中国商论》2020 年第 15 期。

③ USTR, "Digital Trade & E-Commerce FTA Chapters", https: //ustr.gov/issue-areas/services-investment/telecom-e-commerce/e-commerce-fta-chapters.

序号	FTA 名称	签署或生效时间	数字贸易/电子商务章节情况
12	美国－墨西哥－加拿大自由贸易协定	2018 年	第十九章数字贸易
13	美国－日本数字贸易协定	2020 年 1 月 1 日（生效）	

二、严要求的数字贸易规则 —— 欧盟模式

欧盟具有良好 ICT 基础设施，欧盟也是仅次于美国的全球第二大云计算服务市场，全球约 20% 的云数据中心工作量发生在欧盟，例如苹果公司等美国互联网巨头企业都将主要的数据中心建设在爱尔兰。欧盟成员国数字经济规模以及占 GDP 的比重都在不断提升，德国、法国等欧盟主要国家的数字经济占 GDP 的比重分别达到 61.4% 和 40.3%，其中德国数字经济 GDP 占比位居全球第一。[①]数字经济已经成为欧盟国家经济的重要组成部分，由此也促进了欧盟的数字贸易的发展。不过与美国相较而言，欧盟虽然在整个价值链上拥有更广泛的技术能力，但在每个领域的能力都要比美国弱得多，在数字贸易发展方面难以与美国抗衡，甚至在互联网服务领域落后于中国。但是欧盟在数字治理方面走在最前，有明确的数字市场和数字服务规制方向，在数据保护方面拥有全球最严格的保护体系和法律制度。反映在规则上，欧盟没有过于强调数字产品的非歧视性待遇，关注个人数据保护，对个人数据的跨境流动有一套较为完善的规则体系。

（一）欧盟数字化单一市场建设

数字贸易规则为数字贸易发展服务，对于欧盟而言，欧式数字贸易规则的主要目标是推动形成欧盟内部的数字化单一市场。欧盟委员会希望使欧盟的单一市场适应数字时代，从 27 个国家的数字市场转变为单一市场。正如时任欧洲委员会主席让·克劳德·客克所称："欧盟数字活动单一市场的发展受到了跨境壁垒，以及成员国在电信、光缆、版权、电子商务、数据保护和消费者法律机制等方面差异的阻碍。欧盟委员会数字单一市场战略试图消除这些壁垒，但在很多领域，需要欧盟先解决一些困难的监管和政策议题。"[②]2015 年 5 月，欧

---

① 参见中国信息通信研究院：《全球数字经济新图景（2020 年）》，2020 年 10 月。

② See Brotman, Stuart N., "the European Union's Digital Single Market Strategy: a conflict between government's desire for certainty and rapid marketplace innovation", *Centre for Technology Innovation at Brookings Working Papers*（2016）, pp. 1-7.

盟委员会公布了"单一数字市场"战略（A Digital Single Market Strategy for Europe，简称 DSMS）的详细规划，该战略为欧盟及其成员国消除欧洲数字经济发展的相关障碍设定了目标、关键议题和路线图。^① 单一数字市场是一个能够确保商品、人员、服务和资本自由流动的市场，个人和企业可以在公平竞争和高水平数据隐私保护条件下无缝地参与并进行网上活动，而不论其国籍或居住地。实现数字单一市场将确保欧洲在数字经济中保持世界领先地位，帮助欧洲公司在全球范围扩张。^②

欧盟出台了诸多推动电子商务和数字贸易发展方面的法律政策。早在 1997 年，欧盟就曾提出《电子商务的欧洲动议》（A European Initiative in Electronic Commerce），目的在于促进欧洲在电子商务领域的增长，增强欧洲在世界市场的竞争地位。为此，动议提出来未来共同体行为一致的政策框架，主要有四点内容：一是电子商务革命，挑战和机遇；二是确保在基础设施、技术、服务领域领导全球市场；三是建立有利的管制框架；四是建立有利的商业环境。^③1999 年，欧盟颁布了《欧盟电子签字共同体框架》（也称《电子签名指令》），该指令的目的是促进电子签字的使用并使其在法律上被认可，设定法律框架，提高提供电子签名的服务水平和标准，以便确保网络市场发挥适当的功能。^④ 但是该指令仅限于电子签名领域，因此，2000 年，欧洲议会和欧洲理事会发布了内容更为全面的《电子商务指令》，旨在规范欧洲互联网信息服务市场，确保成员国之间信息社会服务的自由流动。《电子商务指令》作为调整互联网信息社会服务的规范，涉及互联网信息服务提供者、商业通信、电子合同、中间人责任、行为规则、诉讼争议解决、法院诉讼和成员国之间合作的规范等诸多内

---

① See European Commission, "Shaping the Digital Single Market", https：//ec.europa.eu/digital-single-market/en/shaping-digital-single-market.

② See European Commission, *COMMUNICATION FROM THE COMMISSION TO THE EUROPEAN PARLIAMENT, THE COUNCIL, THE EUROPEAN ECONOMIC AND SOCIAL COMMITTEE AND THE COMMITTEE OF THE REGIONSA Digital Single Market Strategy for Europe*, COM（2015）192 final, Brussels, 6.5.2015.

③ Communication from the Commission to the Council, the European Parliament, the Economic and Social Committee and the Committee of the Regions - A European Initiative in Electronic Commerce, COM（1997）157.

④ Directive 1999/93/EC of the European Parliament and of the Council of 13 December 1999 on a Community framework for electronic signatures, OJ L 13, 19.1.2000, pp. 12-20.

容。①2017 年欧洲议会国际贸易委员会通过了《迈向数字贸易战略》(*Towards a digital trade strategy*)，以期通过制定相关政策保障跨境数据自由流动来促进欧盟数字贸易发展。该战略注意到数字技术应用的便利性以及其不断扩大的影响力，强调欧盟必须制定战略利用数字技术为其公民、企业和消费者带来好处，缩小区域和代际数字鸿沟，确保公平、透明和可持续的市场准入，并保护所有公民的基本权利，包括言论自由和数据保护。同时，《迈向数字贸易战略》还就公平竞争、网络中立和中间责任保护、电子商务、网络中立、保护在线消费者等议题向欧委会提出了建议，提出应根据以下三个要素在关于数字贸易流动的国际规则和协定中制定标准：① 确保第三国数字产品和服务的市场准入；② 确保贸易规则为消费者创造实际利益；③ 确保和促进对基本权利的尊重。②

（二）以个人数据和隐私保护为核心的规则

长期以来，欧盟都将个人数据作为公民基本人权加以保护，并在欧盟参与的区域贸易协定中将个人信息和数据保护作为电子商务规则的基本原则，例如《欧盟－韩国自贸区协定》中明确规定："缔约方同意，为确保电子商务用户的信息得到保密，电子商务的发展应符合数据保护的国际标准。"③2010 年签署的《欧盟－中美洲自由贸易协定》也在基本原则部分提出："缔约方同意，为确保电子商务用户的信息得到保密，电子商务的发展应符合数据保护的国际标准"。④此后，在提交给 WTO 的提案声明中，欧盟也坚持高标准的个人数据和隐私保护标准，明确任何关于数据跨境流动等承诺均不可优先于隐私保护。⑤

该原则的提出与欧盟内部个人数据保护法律制度有关，特别是欧盟的数据保护宪章——GDPR。GDPR 既是欧盟数字单一市场的重要组成部分，又是重要制度保障，不能将其从数字单一市场战略中割裂出来，孤立地进行理解。欧洲委员会副主席安德鲁斯·安西普认为，GDPR 将有效消除障碍，释放机遇。

---

① Directive 2000/31/EC of the European Parliament and of the Council of 8 June 2000 on certain legal aspects of information society services, in particular electronic commerce, in the Internal Market ('Directive on electronic commerce'), OJ L 178, 17.7.2000, pp. 1-16.

② Committee on International Trade, The European Parliament, *European Parliament resolution of 12 December 2017 on "Towards a digital trade strategy"* (2017/2065 (INI)) (12 December 2017), https://www.europarl.europa.eu/doceo/document/TA-8-2017-0488_EN.html.

③ 参见《欧盟—韩国自贸区协定》第七章第 48 条第 1 款。

④ 参见《欧盟—中美洲自由贸易协定》(2010 年签署，2013 年生效) 第 201 条第 2 款。

⑤ See Joint Statement on Electronic Commerce, *EU Proposal for WTO Disciplines and Commitments Relating to Electronic Commerce, Communication from the European Union*, INF/ECOM/22, 26 April 2019.

安西普表示:"欧洲的数据未来必须建立在信任的基础上,有了可靠的数据保护通用标准,人们才能确信掌控自己的个人信息,而且可以享受数字单一市场带来的所有服务和机遇。我们不应将隐私及数据保护视为阻挠经济发展的行为。事实上,它们是重要的竞争优势。"[1]许可教授在评价 GDPR 对欧盟数字经济影响时也指出,个人数据和信任是当今数字经济的货币,GDPR 意图建立一个强大且面向未来的监管框架,以保证消费者和企业增强信心和相互信任,从而为欧洲铺平数字时代的道路。[2]

虽然欧盟也意识到跨境数据流动对构建欧盟数字单一市场以及发展数字贸易的重要性,但欧盟仍然强调个人数据保护优于跨境数据流动。在提交给 WTO 的提案声明中,欧盟坚持高标准的个人数据和隐私保护标准,明确任何关于数据跨境流动等承诺均不可优先于隐私保护,跨境数据流动规则应该让位于个人数据保护。[3]

(三)欧式数字贸易规则的特点

从发展趋势来看,欧式数字贸易规则经历一个从谨慎的"软性语言"逐步过渡为"进攻性条款"的历程。截至目前,欧盟已签署的十多个涉及数字贸易规则的双边和区域自由贸易协定,具体内容包括外商投资准入、个人数据和隐私保护、知识产权保护、个人信息保护等数字贸易相关条款。尽管欧盟很早就在《欧洲经济区协定》(Agreement on the European Economic Area,简称 EEA 协议)中首次提及电子商务相关术语,但从 2007 年签署《加勒比论坛国家 – 欧盟自由贸易协定》开始,欧盟才在其贸易协定中包括实质性的电子商务条款。[4]而且在早期一些贸易协定中的数字贸易规则条款,欧盟多用倡议性表述、较少强调规则的义务性和约束性,直到 2010 年签署 2011 年生效的《欧盟 – 韩国自由贸易协定》首次明确表明"欧盟在跨境数据传输上以保护欧盟公民个人信息安全为主,促进数据跨境自由流动为辅","缔约方同意,为确保电子商务用户的信息得到保密,电子商务的发展应符合数据保护的国际标准",措辞更详实和有约束力;自 2016 年欧盟发布《外

---

① 参见柳雁军、田小军、曹建峰:"欧盟《通用个人数据保护条例》评述",载《网络空间法治化的全球视野与中国实践》,法律出版社 2017 年版,第 214 页。

② 参见许可:"数字经济视野中的欧盟《一般数据保护条例》",载《财经法学》2018 年第 6 期。

③ See Joint Statement on Electronic Commerce, *EU Proposal for WTO Disciplines and Commitments Relating to Electronic Commerce, Communication from the European Union*, INF/ECOM/22, 26 April 2019.

④ 2002 年签署的《欧盟智利自由贸易区协定》虽然包含了电子商务的条款,但并无实质性内容。

交与安全政策的全球战略》后，其国际战略重心从多边转移到双边，此前谨慎的"软性语言"逐步过渡为"进攻性条款"。①2017 年 9 月生效的《欧盟－加拿大全面经济贸易协定》（CETA）是欧盟签署的协定中首次设立专门的电子商务章节的，规定了欧式数字贸易规则目前数量最多且水平最高的数字贸易条款，包含 7 个数字贸易条款，涵盖所有以电子方式完成的业务（例如在线购物），包括确保互联网上的个人信息受到保护且在线服务不包括关税的规则，加拿大和欧盟还承诺在与电子商务有关的问题上进行合作，例如打击垃圾邮件。②2018 年签署的《欧盟－日本经济合作协议》更是以明确条款实现双方个人数据无缝自由传输、制定数据传输的全球标准以及维护数据保护基本权利，意图组建世界最大安全数据流。③

　　从形式上来看，与美国采取电子商务或数字贸易规则专章不同，欧盟的形式更加多样化。欧盟在其贸易协定中对数字贸易相关规则的处理采取了特殊的方式：第一种是没有电子商务章节但包括了相关规则条款。这种模式主要出现在早期的贸易协定中，如 EEA 协议、欧盟－阿尔及利亚、欧盟－智利、欧盟－喀麦隆、欧盟－波斯尼亚和黑塞哥维那、欧盟－科特迪瓦以及欧盟－加纳等贸易协定中；第二种是包含了专门的电子商务章节的，如欧盟－加拿大、欧盟－中美洲、欧盟－哥伦比亚和秘鲁和欧盟－墨西哥的区域贸易协定；第三种是将电子商务条款放在服务章节里面作为一节，将电子商务归类为跨境服务贸易的一部分，如欧盟－韩国、欧盟－格鲁吉亚、欧盟－摩尔多瓦、欧盟－乌克兰、欧盟－亚美尼亚、欧盟－新加坡以及欧盟－越南等区域贸易协定。④ 在最近欧盟和越南的达成的自由贸易协定中，将这一章的标题确定为投资、服务贸易和电子商务（Chapter 8，Liberalisation of investment，trade in services and electronic commerce），其中 Section F 为电子商务小节，包含了目的与原则、关税以及电子商务监管合作

---

① 参见张坤："美欧数字贸易规则动向、分歧与合作前景"，载《中国商论》2020 年第 15 期。

② See "Comprehensive and Economic Trade Agreement", chapter 16, elec tronic connerce COMMERCE, https：//ec.europa.eu/trade/policy/in-focus/ceta/ceta-chapter-by-chapter/.

③ See *Japan-EU Economic Partnership Agreement*, Chapter 8，Trade in services，investment liberalisation and electronic commerce.

④ See Willemyns, Ines. "Agreement Forthcoming? A Comparison of EU，US，and Chinese RTAs in Times of Plurilateral E-Commerce Negotiations" in *Journal of International Economic Law* 23.1（2020），pp.221-244.

三个条款。^①

从内容上来看，欧盟以构建数字化统一市场为目的，在 GDPR、《电子商务指令》等域内法律制度的基础上，在区域和多边贸易协定中提出了一系列有关数字贸易的条款和章节，最终形成了体现欧盟政治体制和文化价值观的数字贸易规则的欧盟模式。欧盟模式主要采用 GATS 类型，但在监管和协调方面有些差异，所以许多文献将欧盟模式归类为 GATS 类型，寻求监管协调的深度整合，协定遵循所谓的"欧盟"模式。^②欧式数字贸易规则相关协定中强调电子商务的监管，包括电子签名和跨境电子认证服务的便利化，对不请自来电子商务信息的处理，强化对电子商务领域消费者保护，严格保护个人数据安全并对数据跨境流动进行制度约束，以及特别关注对中间服务提供商的责任规定等。

与美式数字贸易规则模式相比，欧盟模式尚未完全形成完整的规则体系，与日益固定的美国模式相比仍然存在一定的差距，其仍然在不断与数字贸易大国的博弈中完善贸易规则。^③此外，欧盟一直高度重视知识产权保护问题。2015 年《数字化单一市场战略》中明确提出有必要减少各国版权制度存在的差异并扩大用户通过网络接触作品的机会。2015 年 12 月，欧盟委员会发布了《面向现代欧洲的版权框架》，明确了欧洲版权制度面对数字环境的改革目标。2018 年 9 月 12 日，欧洲议会表决通过了备受关注的版权改革法案《数字单一市场版权指令》以适应欧盟数字经济发展的需求，^④其主要内容有四个方面：一是增加数字环境下版权的限制与例外条款，^⑤二是改进版权许可使用制度，包括扩大脱销作品的许可和扩大视听作品的许可两个方面；三是设立

---

① See Chapter 8, section F, article 8.50~8.52, "EU-Vietnam trade and investment agreements", https://trade.ec.europa.eu/doclib/press/index.cfm?id=1437.

② 参见沈玉良、冯湘："NAFTA 类型及中国（上海）自由贸易试验区制度设计导向"，载《世界经济研究》2014 年第 7 期。

③ 参见蓝庆新、窦凯："美欧日数字贸易的内涵演变、发展趋势及中国策略"，载《国际贸易》2019 年第 6 期。

④ *Directive (EU) 2019/790 of the European Parliament and of the Council of 17 April 2019 on copyright and related rights in the Digital Single Market and amending Directives 96/9/EC and 2001/29/EC*, OJ L 130, 17.5.2019, pp. 92-125, https://eur-lex.europa.eu/eli/dir/2019/790/oj.

⑤ 此即科研机构以科学研究为目的而对作品进行大数据分析、复制或提取作品的行为，以教学为目的而以数字形式使用作品，图书馆、档案馆、博物馆和音像遗产机构等以保护文化遗产为目的的机构在必要的时候以任何格式或媒介制作永久馆藏的作品复制件的行为均属于版权侵权的例外。

新闻出版者权，规定新闻出版商享有其出版物的互联网复制权和传播权，权利期限为 20 年，如果 Facebook 等互联网平台使用了新闻的部分内容，或某一新闻链接，刊发该新闻的出版商可要求其支付费用，即互联网企业应当向新闻出版商自负"链接税"；四是规定互联网平台对用户上传信息的注意义务。① 欧盟对电子商务产业坚持产业扶持与文化多样性保护，长期以来都将文化产品排除在自由贸易谈判的范围之外，在数字贸易发展和规则谈判中欧盟仍然坚持文化例外原则。此外，欧盟非常关注与电子商务关系最密切的服务贸易市场准入问题，在 WTO 电子商务谈判中，欧盟建议扩大与电子商务关系最密切的服务贸易市场准入。②

三、发展导向的数字贸易规则 —— 亚洲模式

与传统国际贸易发展不同的是，在数字贸易和数字经济领域，发展中国家与发达国家之间的差距正在逐步缩小，亚洲国家和美国、欧盟等传统强势经济体在数字发展上的差距也在逐步缩小。例如，中国的数字经济规模仅次于美国位居全球第二位，印度、印尼、新加坡、马来西亚等亚洲国家的数字经济总量也超过了比利时、荷兰、葡萄牙等欧洲发达国家。③ 与此同时，东盟国家近年来高度关注数字领域，推动国家数字化转型。2020 年 6 月，越南总理批准《到2025 年国家数字化转型计划》，以创造一个安全、有保障、人性化的数字环境。该计划拟建立具有全球竞争力的数字企业，同时建设和发展宽带基础设施，并计划在未来 10 年将越南变成一个稳定、繁荣的数字国家。④

整体来看，亚洲数字贸易规则模式的核心就是"中国 + 东盟"两大方阵，集中体现在 2020 年签署的 RCEP 协议电子商务章节规则之中。

（一）基于数字贸易发展的规则导向

亚洲经济体成员的立场是建议国家数字贸易规则仍然以 WTO 为基础，并集中在电子商务发展环境等传统议题领域，主要目标是营造数字贸易发展良好

---

① 《版权指令》第 17 条规定互联网平台应当鉴别用户上传的信息，积极发现并删除侵犯其他作品版权的违法内容，如果互联网平台没能阻止侵犯版权的行为发生，就要对侵权行为负责，该条被外界称为"过滤器"条款。

② See Joint Statement on Electronic Commerce, *EU Proposal for WTO Disciplines and Commitments Relating to Electronic Commerce*, *Communication from the European Union*, INF/ECOM/22, 26 April 2019.

③ 参见中国信息通信研究院：《全球数字经济新图景（2020 年）》，2020 年 10 月。

④ See Samaya Dharmaraj, "Vietnam aims to become a digital society by 2030"（June 8, 2020），https://opengovasia.com/vietnam-aims-to-become-a-digital-society-by-2030/.

环境，并在数字贸易发展和国家安全之间寻求平衡，这也与亚洲经济体国内和区域内相关法律政策规定密切相关。

　　从中国来看，虽然中国经济发展已赶超很多国家，但在经济地位上还是属于发展中国家阵营，因此在国际规则尤其是数字贸易规则方面，中国与美国、欧盟等发达国家和地区的关注重点和规则模式存在很大差异。在美国积极倡导的数字贸易自由化为主的国际规则框架下，中国由于经济利益和竞争优势的不同，同美欧具有不同的利益取向，整体上代表了发展中国家的利益和主要规则立场。中国在 2016 年向 WTO 提交的《关于电子商务议题的提案 —— 着眼第十一届部长级会议》中，中方建议目前的讨论可以主要集中在如何推动跨境电子商务（货物）贸易便利化，以及与之直接相关的支付、物流等服务。① 通过澄清和完善现有多边规则的适用，体现贸易政策的包容性，使包括弱小经济体在内的发展中成员，特别是其中小企业和弱势群体，公平参与国际贸易和全球价值链并从中获益，实现跨越发展。为此，中方提出了三点具体建议，基本代表了一段时间内中国模式数字贸易规则的基础立场和主要内容：一是营造便利跨境电子商务发展的贸易政策环境；② 二是提高跨境电子商务政策框架的透明度；③ 三是改善跨境电子

---

① See Communication from the People's Republic of China, JOB/GC/110, JOB/CTG/2JOB/SERV/243, JOB/DEV/39, 4 November 2016.

② 具体建议包括：①就区别对待企业对用户（B2C）和企业对企业（B2B）跨境电子商务交易的必要性和可能性进行探讨，对 B2C 交易的进口、出口和过境适用更加便利的边境措施，包括但不限于设定可适用更简便边境措施的产品清单；考虑增值税国际通行做法，对 B2C 方式下的出口如何适用出口退税政策；明确退货情形应适用的政策，包括税收政策；提供更为简化的通关程序和检验检疫程序；允许设立境内关外的海关仓库，并尽可能在关税征管和海关程序上相应提供便利。②就设立跨境电子商务交易平台和从事跨境电子商务交易的监管程序，包括相关的商业注册程序等交换信息，探讨使其更加安全和便利的可能性。③就辅助跨境电子商务交易的服务提供交换监管程序信息，探讨更加便利的可能性，具体包括电子和网上支付服务、物流和速递服务、在线通关等贸易便利服务。④推进无纸贸易，为跨境电子商务交易平台、交易从业者、贸易便利服务提供者、支付服务提供者、物流和速递服务提供者等接入和使用国际贸易单一窗口并实现数据交换提供便利。⑤推进成员间国际贸易单一窗口相互之间的联网和数据交换。⑥促进贸易融资创新，就跨境电子商务交易的在线贸易融资问题交换监管政策信息，探讨便利贸易融资的可能性；⑦支持物流和速递服务、支付服务等辅助跨境电子商务交易的服务提供者加强合作。

③ 具体包括：①公布与跨境电子商务有关的法律法规和政策措施，向世贸组织提供官方公布地点，并尽可能向世贸组织提供这些法律法规和政策措施。②通过互联网发布和定期更新有关跨境电子商务，特别是 B2C 进口、出口程序的说明。③由贸易便利化咨询点对来自其他成员的有关跨境电子商务的合理咨询提供答复。

商务发展的基础设施和技术条件。①

从东盟的角度来看，促进数字贸易便利化发展是其主要目标。2018年，东盟会议批准了《东盟数字一体化框架》（*ASEAN Digital Integration Framework*，简称 DIF），建立了东盟数字发展的一体化框架，包括促进无缝贸易、在支持数字贸易和创新的同时保护数据、实现无缝数字支付、培育拓展数字人才基地、培育创业精神以及协调行动等六大领域，以期实现东盟内部的数字市场互联互通，使东盟能够在全球经济中更有效地参与竞争，并弥合数字鸿沟。②《东盟数字一体化框架》为东盟数字经济发展指明了方向，为贯彻落实《东盟数字一体化框架》六大领域的要求，2019年东盟再次制定《〈东盟数字一体化框架〉行动计划 2019-2025》（*Digital Integration Framework Action Plan 2019–2025*，简称 DIFAP），确定了几十项具体倡议和行动及各自的预期成果、完成时间和实施机构，以进一步克服东盟的数字一体化障碍。其中在促进无缝贸易方面，充分体现了东盟促进数字经济发展的雄心，包括全面实施东盟单一窗口系统、实施东盟区域全覆盖的数字认证体系、核准生效《东盟电子商务协定》、实施东盟 AEO 互认安排、实现全地区宽带基础设施覆盖、制定《东盟电商服务平台服务商责任与义务指南》、提供关于国内电子商务相关法律法规的全面及时的信息、审议电子商务陆运或空运货物的海关程序简化、提供电子商务相关海关手续、税收和关税等信息以及促进企业和消费者数字身份（digital IDs）应用等。③

（二）从《东盟电子商务协定》到《区域全面经济伙伴关系协定》

亚洲数字贸易规则的基本内容主要体现在 2019 年签署的《东盟电子商务协定》和 2020 年签署的 RCEP。其中，《东盟电子商务协定》（*ASEAN Agreement on Electronic Commerce*）是东盟十国签署的第一份指导东盟成员国电子商务发展的区域协定，明确了东盟电子商务发展的目标和相关规则；RCEP 则是东盟十国和中国、韩国、澳大利亚、日本、新西兰共同达成的亚洲

---

① 具体包括：①就数字证书、电子签名、电子认证相关政策交换信息，推进数字证书和电子签名的互认和在跨境电子商务领域的使用。②就改善发展中成员跨境电子商务基础设施和技术条件的具体举措进行讨论，包括在促贸援助项下可以开展的具体工作，如帮助发展中成员评估其参与电子商务的准备程度，提升其海关信息化水平等。

② See "ASEAN Digital Integration Framework", https：//asean.org/storage/2019/01/ASEAN-Digital-Integration-Framework.pdf.

③ See AEC Council at the 18th AEC Council Meeting, *ASEAN Digital Integration Framework Action Plan*（*DIFAP*）*2019–2025*, October 2019.

地区高水平贸易协定，其设立的电子商务章节代表了当前亚洲数字贸易规则的基本框架和发展方向。

东盟成员国意识到，东南亚电子商务市场拥有巨大的增长潜力，但也存在许多问题使得电子商务在东南亚市场面临挑战。《东盟电子商务协定》的目标是推动在东盟区域内构建电子商务应用的互信和可靠的环境，深化成员国合作，进一步发展和加强电子商务，推动东盟地区包容性增长和缩小发展差距，促进东盟区域的跨境电子商务交易。协定包括以下四项原则：一是每个成员国应致力于营造有利的法律和监管环境，提供便利和充分竞争的商业环境，并保护公众利益；二是各成员国支持电子商务的法律和监管框架应考虑国际通行的模范法、公约、原则或准则；三是各成员国应鼓励使用可供选择的争端解决方式，以促进电子商务交易索赔的解决；四是成员国应努力认识到技术中立原则的重要性，并认识到有必要在政策和监管方法上协调一致。[①]《东盟电子商务协定》主要涉及以下方面的规则内容：①国内监管框架，规定东盟成员国承诺维持或尽快通过有关电子交易的规章制度；②透明度，该协议要求每个东盟成员国尽快发布影响电子商务的所有相关措施，这些措施将增加对该地区运营企业的信任和确定性；③电子商务合作，协议鼓励东盟成员之间的合作，以帮助企业（尤其是中小企业）克服障碍并利用电子商务；④促进电子交易，鼓励东盟成员国促进企业与政府之间的无纸贸易；⑤跨境数据和信息流动以及计算设施的位置，协议包含了在遵守相关国法律法规的基础上，更轻松地跨境访问和移动数据的条款；⑥物流，东盟成员重申需要降低成本，并提高跨境电子商务中供应链的速度和可靠性；⑦在线消费者保护和隐私保护；⑧技术中立，协议承认技术中立的概念，并为东盟企业提供了更大的空间以自由选择最适合其需求的技术。[②]

RCEP在《东盟电子商务协定》及相关亚洲国家数字规则基础上进一步综合体现了亚洲经济体数字贸易规则领域的最大共识。2020年11月15日，第四次区域全面经济伙伴关系协定领导人会议上，各方正式签署RCEP。RCEP是东盟十国和中国、韩国、澳大利亚、日本、新西兰历经8年谈判达成的世界最大自由

---

① 参见驻东盟使团经济商务处："聚焦东盟数字经济发展（一）:《东盟电子商务协定》主要内容和进展"，载 http://asean.mofcom.gov.cn/article/ztdy/202007/20200702979436.shtml，最后访问时间：2020年7月2日。

② See ASEAN Economic Ministers, "ASEAN Agreement on E-commerce" (12 Nov2018), https://www.mti.gov.sg/-/media/MTI/Newsroom/Press-Releases/2018/11/17th-AECC/Annex-A-Factsheet-on-ASEAN-Agreement-on-e-Commerce.pdf.

贸易区协定，将实现地区各国间货物贸易、服务贸易和投资高水平开放，不仅将有力推动地区经济整体复苏进程，也将成为拉动全球经济增长的重要引擎。[①] 根据我国商务部的数据，2019 年 RCEP 15 个成员方总人口 22.7 亿，GDP 规模 26 万亿美元，出口总额 5.2 万亿美元，均占全球总量的 1/3。[②] RCEP 的诞生不仅标志着北美、欧盟、东亚太平洋三大贸易市场鼎立格局的形成，也是增加中国影响力和加深与地区其他国家贸易关系的重要手段，更有外国媒体指出，RCEP 被视为中国起草的亚太贸易规则机制。[③] 国际著名智库兰德公司指出，尽管 RCEP 还不够完善，但其预估的经济利益将超过 CPTPP，并将在短期内影响供应链组织，在长期内影响国际竞争和未来贸易规则。RCEP 将建立秘书处，这表明成员国将 RCEP 看作讨论亚洲未来贸易和经济问题的重要平台，并建立强有力的体制框架来支持未来的亚洲贸易承诺。RCEP 将进一步降低美国在亚洲的影响力，而印度的缺席也将使中国扩大在 RCEP 中的影响力。[④]

具体到数字贸易规则领域，RCEP 电子商务章节中的条款超越了以往中国签署的 FTA，并在规则标准上进一步提高，是中方推动和主导的诸边电子商务规则最新成果，也代表了未来中式数字贸易规则发展的趋势和方向。RCEP 第十二章为专门的电子商务章节，从电子商务章节规则具体内容来看，包括一般条款、贸易便利化、为电子商务创造有利环境、促进跨境电子商务以及其他条款 5 个小节、17 个条款（见表 2-3），其涉及的规则范围和规则水平，在亚太领域都属于较大的突破。除了涵盖以往中式数字贸易规则中无纸化贸易、电子签名和电子认证、线上消费者保护等传统议题元素外，RCEP 电子商务章节还对跨境信息流动、计算机设施位置、网络安全等提出了相关措施的方向，就有关

---

① 中国政府网："李克强出席第四次区域全面经济伙伴关系协定领导人会议各方正式签署'区域全面经济伙伴关系协定'"，载 http://www.gov.cn/premier/2020-11/15/content_5561696.htm，最后访问时间：2020 年 11 月 15 日.

② 商务部新闻办公室："商务部国际司负责同志解读《区域全面经济伙伴关系协定》（RCEP）之一"，载 http://fta.mofcom.gov.cn/article/rcep/rcepjd/202011/43618_1.html，最后访问时间：2020 年 11 月 15 日。

③ 参见中国人民大学重阳金融研究院："新全球链的开启：RCEP 时代的深度影响与中国机遇"，载《人大重阳研究报告》2020 年第 81 期。

④ See Tobias Sytsma, "RCEP Forms the World's Largest Trading Bloc, what Does This Mean for Global Trade? December 9, 2020, https://www.rand.org/blog/2020/12/rcep-forms-the-worlds-largest-trading-bloc-what-does.html.

规则达成了重要共识，并设立了监管政策空间。[①] 这些内容将为各成员加强电子商务领域合作提供制度保障，有利于营造良好的电子商务发展环境，增强各成员电子商务领域的政策互信、规制互认和企业互通，将大大促进区域内电子商务的发展。[②]

表 2-3 《区域全面经济伙伴关系协定》电子商务规则

第一节 一般条款	第一条 定义
	第二条 原则和目标
	第三条 范围
	第四条 合作
第二节 贸易便利化	第五条 无纸化贸易
	第六条 电子认证和电子签名
第三节 为电子商务创造有利环境	第七条 线上消费者保护
	第八条 线上个人信息保护
	第九条 非应邀商业电子信息
	第十条 国内监管框架
	第十一条 海关关税
	第十二条 透明度
	第十三条 网络安全
第四节促进跨境电子商务	第十四条 计算设施的位置
	第十五条 通过电子方式跨境传输信息
第五节其他条款	第十六 条电子商务对话
	第十七条 争端解决

---

① 商务部国际司："《区域全面经济伙伴关系协定》（RCEP）各章内容概览"，载 https://www.mofcom.gov.cn/article/zwgk/bnjg/202011/20201103016080.shtml，最后访问时间：2020 年 11 月 16 日。

② 驻美利坚合众国大使馆经济商务处："商务部国际司负责同志解读《区域全面经济伙伴关系协定》（RCEP）之三"，载 https://us.mofcom.gov.cn/article/jmxw/202011/20201103017358.shtml，最后访问时间：2020 年 11 月 21 日。

（三）亚洲数字贸易规则的包容性与有限性

与美国和欧盟主导的数字贸易规则相比，亚洲数字贸易规则模式力图在坚持包容性的基础上不断提升规则的质量水平，以 RCEP 电子商务章节为代表的亚洲数字贸易规则力求实现包容性和高质量的统一。整体来看，亚洲数字贸易规则具有以下几个特点：

1. 综合当前《东盟电子商务协定》和 RCEP 电子商务章节来看，亚洲数字贸易规则以电子商务基础性议题为主，整体还处于规则参与和制定的起步跟随阶段，多是国际贸易协定中常见的规则元素。例如，《东盟电子商务协定》合作的领域主要涵盖 ICT 基础设施、在线消费者保护、电子商务监管框架、贸易便利化、物流等方面；RCEP 电子商务章节也集中在电子签名和电子认证、关税、无纸化贸易、在线个人信息保护、电子商务合作等，主要目的在于推动电子商务发展、促进数字贸易便利化。

2. 亚洲数字贸易规则强调现有 WTO 规则的适用性，尤其是非约束性条款的适用。① 例如，RCEP 电子商务章节多处强调对 WTO 规则的维护和遵守，适用范围条款的脚注中特别指出，"为进一步明确，缔约方确认本章项下的义务不损害任何缔约方在 WTO 的立场"，② 其海关关税也明确规定"缔约方应当根据世贸组织部长会议关于电子商务工作计划的任何进一步决定对本条款进行审议"。③《中国－韩国自由贸易协定》电子商务章节也明确指出，"缔约双方认识到电子商务带来的经济增长和机会……以及世界贸易组织（WTO）协定对影响电子商务的措施的适应性"。④

3. 亚洲数字贸易规则具有很强的包容性。一方面，充分考虑到日本、韩国、澳大利亚等发达成员对高水平数字贸易规则议题的需求，推动在亚太诸边电子商务规则中首次纳入了网络安全、计算设备本地化、信息跨境流动等新兴数字贸易规则议题，实现了中式数字贸易规则的较高质量；另一方面，充分照顾到不同成员国情，通过削减规则义务、增加授权等技术手段降低部分规则要求，通过脚注、条款保留等方式给予发展中成员和不发达成员特殊和差别待遇，满

---

① See Cory, Nigel, *Why China Should Be Disqualified From Participating in WTO Negotiations on Digital Trade Rules*. Information Technology and Innovation Foundation, May 9, 2019, https：// itif.org/publications/2019/05/09/why-china-should-be-disqualified-participating-wto-negotiations-digital.

② 参见《区域全面经济伙伴关系协定》电子商务章节脚注 3。

③ 参见《区域全面经济伙伴关系协定》电子商务章节第 11 条。

④《中国－韩国自由贸易协定》第 13.1 条，一般条款。

足其实际发展需求。以信息跨境流动为例，RCEP明确各缔约方有各自的监管要求，将禁止限制信息跨境流动限定于"商业目的"；同时规定缔约方可以采取为实现合法公共政策目标所必要的措施，且必要性由缔约方自行决定；缔约方可采取保护基本安全利益所必需的任何措施，且其他缔约方不得对此提出异议。[①] 此外，还在脚注中明确指出，"柬埔寨、老挝人民民主共和国和缅甸在本协定生效之日起五年内不得被要求适用本款，如有必要可再延长三年。越南在本协定生效之日起五年内不得被要求适用本款"。[②]

第三节　WTO框架下数字贸易国际规则博弈

一、WTO与数字贸易国际规则

长期以来，WTO都在国际贸易规则制定方面发挥着关键作用，以WTO为核心的国际贸易规则为世界贸易秩序的建立和全球贸易的快速发展提供了有力支撑和保障。随着电子商务的兴起和快速发展，各方希望WTO在电子商务领域也能够发挥主要作用，但由于WTO成立时电子商务还不是国际贸易的主要形式，而全球数字经济快速发展的阶段却恰逢WTO陷入停滞，WTO相关协议没能及时反映最新贸易发展的一些重要议题。虽然WTO尚未达成关于数字贸易的全面协定，但WTO规则体系涵盖的范围非常广泛，其中一些协议涉及数字贸易（电子商务）的某些方面，并确实对数字贸易产生了影响。[③] 与此同时，面对互联网贸易快速发展形势，WTO并没有完全止步不前，也开始采取相关步骤和措施来推动多边贸易体制和规则在网络和数字世界中得到适用。1997年4月，WTO成员方达成了《基础电信协议》（*Agreement on Basic Telecommunications*），推动全球电信市场开放；1997年4月，《信息技术协定》（ITA）如期生效，推动成员大幅消减了信息技术产品的关税；2013年12月，世贸组织第9届部长级会议通过《贸易便利化协定》（TFA），并于2017年2月正式生效。

与此同时，持续了二十多年的WTO电子商务谈判虽然没有取得太多实质

---

①　参见《区域全面经济伙伴关系协定》电子商务章节第15条。

②　参见《区域全面经济伙伴关系协定》电子商务章节脚注13。

③　See Wu，M，"Digital Trade-Related Provisions in Regional Trade Agreements：Existing Models and Lessons for the Multilateral Trade System"，RTA Exchange，p.2.

性成果，但是为国际数字贸易规则努力探索的重要组成部分。早在 1998 年，WTO 就开始对电子商务议题予以关注。1998 年 5 月，WTO 部长会议通过《全球电子商务宣言》，决定设立电子商务工作小组，研究暂缓对电子交易产品征收关税事宜。①但相关进程一直非常缓慢，直到 2015 年第 10 次内罗毕部长级会议期间都没有取得实质性成果。2017 年在布宜诺斯艾利斯举行的第 11 届部长级会议上，71 个 WTO 成员发布了第一份《关于电子商务联合声明》(JSI)，提出为未来 WTO 进行与贸易有关的电子商务谈判开展探索性工作，②WTO 电子商务谈判开始提速。2019 年 1 月，76 个 WTO 成员在瑞士达沃斯召开的非正式部长级会议上签署了第二份 JSI，确认启动与贸易有关的电子商务议题的 WTO 谈判，标志着 WTO 电子商务谈判正式进入实质规则讨论阶段。

二、新一轮 WTO 电子商务谈判

2018 年 3 月 14 日，71 个 JSI 签署方举行了第一次会议，探讨成员方对电子商务问题的期望和推进方法，并在随后举行了 8 次会议，以讨论协商电子商务谈判的议程。2019 年 1 月 25 日，包括中国在内的 76 个 WTO 成员在达沃斯召开的非正式部长级会议上签署了第二份 JSI，确认启动与贸易有关的电子商务议题的 WTO 谈判，寻求在尽可能多的 WTO 成员的参与下，以现有的 WTO 协议和框架为基础，实现高标准的成果。③此后，贝宁、肯尼亚、科特迪瓦、印度尼西亚、喀麦隆、菲律宾、布基纳法索等国家陆续加入 JSI。截至 2020 年 3 月底，加入新一轮 WTO 电子商务谈判的成员达到 83 个，推动 WTO 电子商务规则从研究阶段走向实践。

从谈判的参与情况来看，加入谈判的成员数量已经超过 WTO 成员总数的一半，其中全部 36 个发达经济体均已签署联合声明，83 个参与谈判的成员贸易份额超过世界贸易总量的 90%。④这些数据表明，WTO 电子商务谈判已经驶入了"快车道"。与此同时，新一轮 WTO 电子商务谈判也引起了行业组织和产业联盟的高度关注和重视。作为全球商事组织，国际商会号召其全球网络组建电子商务工作组积极参与 WTO 电子商务谈判，讨论形成了《国际商会基本立场》《高标准成果的五个关键因素》两份关键文件，从框架上概述了对谈判成功至关重要的几个领域，如数据本土化、市场准入、贸易便利化、信任与安全

---

① See WTO, Declaration on Global Electronic Commerce, WT/MIN（98）/DEC/2, May 25, 1998.

② See WTO, Joint Statement on Electronic Commerce, WT/MIN（17）/60, 13 December 2017.

③ See WTO, Joint Statement on Electronic Statement, WT/L/1056, 25 January 2019.

④ 参见柯静："WTO 电子商务谈判与全球数字贸易规则走向"，载《国际展望》2020 年第 3 期。

以及能力建设。[①] 以软件联盟（The Software Alliance，简称 BSA）、英美商会（British American Business）、亚洲互联网联盟（Asia Internet Coalition）等为代表的二十多家全球产业联盟也向 WTO 电子商务谈判联合提交了立场建议书，强调对高标准和具有商业意义的电子商务谈判的支持，建议 WTO 电子商务协定能够在促进跨境数据流动、保护个人数据、禁止要求公开源代码及算法等领域取得实质性突破。[②]

截至 2020 年底，83 个成员在 6 轮谈判中提交了超过 50 份电子商务谈判提案。根据国际可持续发展研究所（International Institute for Sustainable Development）和国际消费者团结与信任协会（CUTS International）发布的报告，每轮谈判都包括 4~6 个专门小组就特定议题进行深入讨论，所有议题一共被分成了 15 类，具体情况如下：

表 2-4　WTO 电子商务诸边谈判议题情况 [③]

序号	专门小组/主要议题	谈判轮次（R）	具体议题/问题
1	促进电子商务交易	R1~R4	电子交易框架； 电子合同； 电子认证和电子签名
2	非歧视和责任限制	R1~R4	数字产品非歧视性待遇； 计算机服务平台责任限制； 无事先授权原则
3	消费者权益保护	R1~R4	在线消费者保护； 不请自来的商业信息/垃圾信息
4	透明度	R1~R4	透明度； 国内监管框架； 合作

---

① See ICC, WTO Plurilateral Negotiations on Trade-Related Aspects of Electronic Commerce-ICC Baseline Position, https://iccwbo.org/publication/wto-plurilateral-negotiations-trade-related-aspects-electronic-commerce-icc-baseline-position/; See ICC, Five Key Ingredients for a High Standard Outcome on Trade-Related Aspects of E-Commerce, https://iccwbo.org/publication/five-key-ingredients-high-standard-outcome-trade-related-aspects-e-commerce/.

② See Global Industry Position Paper on the WTO E-Commerce Initiative, October 07, 2019.

③ Ismail Y. E-commerce in the World Trade Organization. 2020.

序号	专门小组/主要议题	谈判轮次（R）	具体议题/问题
5	电子传输关税	R2~R6	关于禁止征收关税的期限； 关税范围； 征收国内税的能力； 费用及收费
6	信息流动	R2~R5	通过电子方式跨境信息传输/跨境数据流动； 计算设施位置； 金融计算设施位置
7	个人信息保护/隐私	R2~R5	采用或维持法律框架或措施； 个人信息和数据的定义
8	网络安全	R2-R5	推动现有网络安全机制，创设新机制； 鼓励网络安全合作和能力建设
9	电信	R2-R5	建议修改WTO电信附件； 提升电信市场透明度
10	数字贸易便利化与物流	R5	无纸化贸易/无纸化电子商务管理文件； 电子转让记录； 关税程序； 贸易政策优化； 提升贸易便利化； 单一数据交换窗口和互操作性系统； 贸易相关信息电子化可见； 利用技术推动货物放行和清关； 物流服务
11	网络接入和数据开放	R3~R6	政府数据开放； 接入互联网； 在线平台接入/竞争
12	商业信任	R3~R6	源代码； 使用加密技术的ICT产品
13	能力建设和技术援助/合作	R3	关于最不发达国家和中小微企业发展方面的议题
14	市场准入	R3~R6	服务市场准入问题； 货物市场准入问题
15	交叉问题/法律问题	R6	能力建设； 现存WTO协议之间关系等法律问题

三、WTO 电子商务谈判中各方博弈

自 2019 年 3 月谈判正式启动以来，WTO 已收到几十份有关电子商务谈判的提案。从提案的主体来看，WTO 成员参与程度比较广泛，既有美国、加拿大、欧盟等发达成员，也有中国、巴西、俄罗斯、科特迪瓦等发展中成员。整体来看，本轮 WTO 电子商务谈判各方的立场可以分为四类：

1. 以欧盟提案为代表，高度关注个人数据保护、相关市场准入及监管问题。长期以来，欧盟都将个人数据作为公民基本人权加以保护，并在此前欧盟参与的区域贸易协定中将个人信息和数据保护作为电子商务规则的基本原则。因此，在提交给 WTO 的提案声明中，欧盟也坚持高标准的个人数据和隐私保护标准，明确任何关于数据跨境流动等承诺均不可优先于隐私保护。此外，欧盟还提出了一系列与电子商务和电信服务有关的 WTO 规则和承诺，旨在加强监管的可预测性并改善市场准入条件。[1]

2. 以美国及其盟友为代表，全面推动数字贸易新规则。早在 2016 年的提案中，美国就以 TPP "电子商务章节" 为基础提出了禁止征收数字关税、保证数据跨境流动、禁止强制技术转让等一系列新的国际贸易规则。[2]2019 年的提案与 2016 年基本一致，并在 USMCA 数字贸易章节规则基础上建议以 "数字贸易" 的概念取代 "电子商务"。[3] 美国的提案内容非常广泛，已经超越了现有 WTO 协定的范围，显示了美国推动制定高标准和更加开放数字贸易规则的雄心和目标。[4] 日本、加拿大、新加坡等国的提案与美国相近。日本的立场以 CPTPP 第 14 章 "电子商务章节" 内容为主，其案文内容大部分与美国接近。[5] 加拿大在提案中提出了包括数字贸易新规则在内的 17 条具体内容，

---

[1] See Joint Statement on Electronic Commerce, EU Proposal for WTO Disciplines and Commitments Relating toElectronic Commerce, Communication from the European Union, INF/ECOM/22, 26 April 2019.

[2] See Work Program on Electronic Commerce, Non-paper from the United States, JOB/GC/94, 4 July 2016.

[3] See Joint Statement on Electronic Commerce Initiative, Communication from the United States, INF/ECOM/5, 25 March 2019.

[4] 参见石静霞："数字经济背景下的 WTO 电子商务诸边谈判：最新发展及焦点问题"，载《东方法学》2020 年第 2 期。

[5] See Joint Statement on Electronic Commerce Initiative-Proposal for the Exploratory Work by Japan, INF/ECOM/4, 25 March 2019.

也基本体现了 CPTPP 和 USMCA 相关内容的规则。①新加坡的提案中虽然有与美国重合的数字贸易规则内容，但有关表述相对灵活，也涉及一些电子商务的传统问题。②

3. 巴西、俄罗斯、科特迪瓦等发展中成员，高度关注电子商务发展中的传统议题。巴西在 2016 年就提交过相关电子商务文案，本轮谈判再次单独以及与阿根廷联合提交了三个文案，内容涉及市场准入、电子商务贸易便利化、公平竞争、电子商务监管环境及合作，巴西并高度关注网络知识产权保护问题。此外，巴西提案中还涉及对其他成员内容进行整合的部分，例如有关一般例外和安全例外的内容。③俄罗斯则主张应先明晰电子商务各项议题与现行 WTO 规则的关系，并且认为应当重点关注跨境电子商务中的消费者权益保护问题。④科特迪瓦等成员更加关注如何促进电子商务发展以及充分利用电子商务问题，例如数字和物理基础设施建设、电子商务物流和支付问题，以及如何帮助发展中国家和最不发达国家融入电子商务和数字社会等。⑤

4. 以中国提案为代表，关注改善跨境电子商务交易的发展环境。中国在 2016 年的提案中就建议营造便利跨境电子商务发展的贸易政策环境，提高跨境电子商务政策框架的透明度，以及改善跨境电子商务发展的基础设施和技术条件。⑥2019 年 4 月的提案基本延续了之前的立场，中国仍然主张相关谈判应当重点关注由互联网驱动的货物贸易和与之相关的支付、物流等服务，从而为

① See Joint Statement on Electronic Commerce, Communication from Canada, INF/ECOM/34, 11 June 2019.

② See , Joint Statement on Electronic Commerce, Communication from Singapore, INF/ECOM/25, 30 April 2019.

③ See Joint Statement on Electronic Commerce, Communication from Brazil, INF/ECOM/17, 25 March 2019; Joint Statement on Electronic Commerce, Communication from Brazil and Argentina, INF/ECOM/16/Rev.1, 25 March 2019; Joint Statement on Electronic Commerce, Communication from Brazil and Argentina, INF/ECOM/3, 25 March 2019; Joint Statement on Electronic Commerce, Communication from Brazil, INF/ECOM/27, 30 April 2019.

④ See Joint Statement on Electronic Commerce Initiative, Communication from the Russian Federation, INF/ECOM/8, 25 March 2019; Joint Statement on Electronic Commerce, Communication from the Russian Federation, INF/ECOM/12, 25 March 2019.

⑤ See Joint Statement on Electronic Commerce , Communication from Côte d'Ivoire, INF/ECOM/46, 14 November 2019.

⑥ See Work Programme on Electronic Commerce, Communication from the People's Republic of China, JOB/GC/110, 4 November 2016.

电子商务创造良好、可信赖的市场环境。^①但鉴于关注跨境数据流动等新议题的成员越来越多，中国在其提案中也回应了此类议题，但没有提出具体规则内容。^②与此同时，由于中国电信设备企业相关产品在美国遭到不公平待遇，中国也提出了对ICT产品的非歧视性待遇问题。^③

第四节　数字贸易国际规则博弈与中国定位

中国是仅次于美国的第二大数字经济体，也是全球领先的数字贸易大国，但中国参与国际数字贸易规则的承诺水平和谈判协商能力现状还满足不了本国数字产业发展的国际规则需求，尤其是与美国主导的高水平数字贸易规则相比，中国还存在较大差距。适应数字经济全球化发展和国际数字贸易规则水平不断提升趋势，中国应积极谋划应对策略，完善国内数字经济治理法律制度，提升参与国际数字贸易规则制定水平。

一、数字贸易国际规则博弈发展趋势

TPP/CPTPP的签署和实施，不仅为国际数字贸易设立了一个高标准的规则模板，更是推动国际数字贸易规则制定进入了快速发展的阶段。一方面，美国、欧盟等发达国家和地区在已有规则基础上不断强化和完善规则标准，例如，USMCA/UJDTA不仅延续了TPP/CPTPP的主要规则内容，而且进一步提高了源代码保护等议题的规则承诺水平，同时提出了人工智能算法、政府数据开放等新的议题。与此同时，发达成员之间还在就数字贸易问题进行频繁谈判，继美国和日本签订数字贸易协定后，美国和英国之间的贸易协定谈判也正在加速推进之中，数字贸易规则是其重要组成部分。^④

---

① See Joint Statement on Electronic Commerce-Communication from China, INF/ECON/19, 24 April 2019.

② 中国认为，应当尊重各成员自主选择的电子商务发展道路，允许各国政府出于公共政策目标选择相应的规制措施，平衡网络主权、数据安全、隐私保护等不同的政策目标；针对跨境数据流动和数字产品待遇等新议题，中国认为WTO成员应当有更多的讨论时间，而且谈判目标的设置不宜过于激进。

③ See Joint Statement on Electronic Commerce, Communication from China, INF/ECON/40, 23 September 2019.

④ 随着英国脱欧尘埃落定，英国与美国之间正在就自由贸易协定进行谈判，在美国贸易谈判代表办公室发布的美英谈判目标文件中，双方重点提出了服务和货物的数字贸易以及数据跨境数据流动的议题。See USTR, *United States-United KingdomNegotiations*, *Summary of Specific Negotiating Objectives*, February 2019. https：//ustr.gov/sites/default/files/Summary_of_U.S.-UK_Negotiating_Objectives.pdf.

另一方面，随着发展中国家和新兴经济体经济实力的快速崛起以及数字经济体量的不断增长，这些国家和地区开始对数字贸易规则的制定表示出极大的兴趣，试图将身份从国际经贸规则接受者向规则制定者转变，并希望更多地参与国际经贸规则体系决策并维护自身的利益，尤其是对于数字贸易便利化规则、构建可信数字贸易环境规则的议题给予高度关注。在建立完善国内监管政策框架的同时，这些国家和地区开始积极参与相关规则的谈判和制定。巴西、印度、东盟等新兴经济体在国际场合上的表现都异常活跃。与此同时，发达成员和发展中成员都对参与 WTO 电子商务诸边谈判、亚太经合组织数字经济工作组等多边场合表现出了极大的热情。

数字贸易规则作为当前和今后一段时间国际经贸领域重点和焦点问题之一，必将成为各经济体交锋和对峙的主要领域。从各经济体对待数字贸易议题规则的立场来看，不同成员之间的合作与竞争将长期存在。

1. 发达成员与发展中成员之间围绕数字贸易规则博弈将愈发激烈。进入数字经济时代，发达成员的传统经济优势正逐渐被发展中成员和新兴经济体赶超，前者力图继续通过控制国际经贸规则制定权以维护自身利益，而后者则试图使新的国际经贸规则体现自身的诉求与需要。在传统的国际贸易领域，发展中成员很难做到引领规则制定，数字贸易的出现给发展中成员提供了一个弯道超车的机会。

2. 美国、欧盟等发达成员之间在数字贸易规则领域也存在分歧和竞争。虽然发达成员仍然在数字贸易规则谈判中占据主导地位，但其立场并不完全一致，尤其是美欧之间分歧较大。随着美国贸易政策日趋保守和收缩，美欧贸易冲突将愈加明显。在 WTO 电子商务诸边谈判中，双方就对很多议题持不同立场和看法，例如美欧在个人数据保护路径和跨境数据流动规则上存在差异，在数字服务税征收上更是存在巨大矛盾，未来双方可能就这些议题进行长时间博弈。

3. 从发展中成员来看，中国、巴西等新兴经济体与科特迪瓦、布基纳法索等不发达经济体在数字经济发展方面存在巨大差异。中国的数字经济规模仅次于美国位居全球第二位，印度、巴西数字经济总量也超过了意大利、西班牙等发达成员。① 数字经济发展水平决定了这些成员在数字贸易规则谈判中的利益诉求和关注重心将超出发展中成员的一般立场。

---

① 参见中国信息通信研究院：《全球数字经济新图景（2019 年）》，2019 年 10 月。

二、中国面临的数字贸易国际规则挑战

国际经贸规则体系变迁意味着世界各国共同遵守以规范彼此间经贸往来的整体制度环境发生了改变，一些国家可能从变化后的国际经贸规则体系中获利更多并得到更大的经济发展，但也有一些未能尽快适应新规则趋势的国家能一定程度上陷于相对劣势。国际数字贸易规则的持续升温，不仅会对全球经济贸易发展带来巨大影响，对中国而言也是挑战和机遇并存。一方面，国际数字贸易规则向更高标准、更高水平变迁的大趋势将给中国带来较大的国际制度压力；但另一方面，随着数字贸易日益成为新一轮国际经贸规则制定的核心议题，在国际数字贸易规则的制度压力驱动下，中国事实上也将迎来加速自我调整与改革、提升自身国际话语权的有利契机，为中国提升网络空间和国家贸易影响力带来了巨大机遇。

整体来看，中国在数字贸易领域面临的机遇大于挑战，尤其是在国际经贸规则体系变迁的制度压力驱动下，积极参与高标准国际数字贸易规则制定和谈判对中国而言具有重要的激励性影响。

1.有利于倒逼国内经济体制改革。通过参与国际规则制定，对接国际高标准规则，可以为全面深化改革提供有益的参照，推动完善国内数字经济法律制度体系。例如中国目前正在积极推进国内自由贸易试验区建设，这是面临国际规则压力做出的自我调整和自我完善。中国2016年出台了《网络安全法》，近年来又先后探索在海南、上海等自贸试验区试点开展数据跨境流动安全评估，在上海、北京等地积极研究制定促进数字贸易发展行动方案，为数字治理累积了有效经验。

2.有利于顺应全球经济发展趋势，营造良好营商环境。20年前中国加入WTO，对接国际通行规则的法律体系为中国对外贸易的快速发展打下了良好的基础，全面改善了中国对外贸易环境。[①]新一轮国际经贸规则的构建也将推动中国进一步完善营商环境，跨境数据流动、专有信息保护等新的数字贸易议题的引入，尽管更多反映发达国家及其跨国公司利益，但加强专有信息保护也能促使中国数字企业通过创新增强竞争实力，进而提升整体创新能力。

3.有利于顺应技术发展趋势，提升监管能力。高水平数字贸易规则代表了市场开放环境下最为先进的治理和监管方法，学习和借鉴这种管理理念，可以降低对市场的不必要干预，防止很多领域出现"一管就死，一放就乱"的监管

---

① 参见张玉卿："WTO给中国带来了什么"，载《国际商报》2011年12月10日，第B04版。

现象。① 因此，高标准数字贸易规则可以促使中国尽快建立适应数字经济环境下的监管体系，包括完善个人信息保护制度、建立分级分类的跨境数据流动监管体系、提高互联网内容和应用监管的透明度等。

4.有利于为中国数字企业"走出去"营造良好环境。在经济全球化背景下，中国已经发展成为全球最大的电子商务市场，跨境数据流动已经成为中国企业与其他国家开展贸易的重要环节。中国跨境电商主要伙伴国是美国、欧盟、日本和东盟等国家，与这些国家商谈电子商务规则，学习和借鉴国际规则，可以更好地促进本国电子商务的发展。

但也需要注意，在国际数字大博弈背景下，作为发展中成员的中国面临着巨大的外部压力。美欧等发达国家不愿意放弃其传统上在国际经贸规则体系中的主导地位，在国际数字贸易规则制定和谈判过程中也积极抢占主导权，试图先行制定更高标准的数字贸易规则，迫使发展中成员未来在融入新的国际数字贸易和规则体系中付出更高昂的代价和规则成本。因此，虽然美欧等发达成员内部在新一轮数字贸易规则形成过程中对部分议题存在一定分歧，但彼此之间还是保持合作。在发达成员内部建立"数据流动圈"、签订数字贸易协定等合作机制，对外构筑起规则和标准的新壁垒，并以此巩固发达成员在国际经贸活动中的传统优势地位。②

三、中国参与数字贸易国际规则的路径

当前正是新的国际贸易规则协商和形成的关键时期，国际数字贸易规则向更高水平、更高标准发展已是必然趋势，中国对数字贸易领域国际规则的适应与调整情况决定着其自身能否有效地在国际经贸规则制定权博弈中占据有利地位。"中国必须密切关注相关国际规则的发展，积极参与和引领新规则制定，以提升数字经济环境下的国际规则话语权"。③ 如果未能及时适应新规则并实现自我调整，中国很可能需要面对"二次入世"的被动局面并承受愈发凸显的规则压力。

近年来，数字贸易规则越来越成为国际社会广泛关注的议题，除了双边、区域贸易协定广泛讨论外，在 WTO 以及 APEC、G20 等多边平台也备受重视。

---

① 参见张效羽："如何避免'一管就死、一放就乱'"，载《学习时报》2019 年 12 月 25 日，第 2 版。
② 参见陆燕："美欧谋求自贸协定对世界经贸的影响与中国应对策略"，载《国际贸易》2014 年第 2 期。
③ 石静霞："数字经济背景下的 WTO 电子商务诸边谈判：最新发展及焦点问题"，载《东方法学》2020 年第 2 期。

APEC 成立了专门的数字经济指导组，G20 也设立了数字经济工作组，反映了各经济体期待发展数字经济和数字贸易的强烈意愿。从当前国际数字贸易发展情况来看，中国可以利用包括 WTO 在内的多种国际平台，深度参与国际数字贸易规则新体系的构建，推动国际数字贸易规则向有利于我的方向发展。

1. 中国应当以积极态度主动参与数字贸易规则的制定和谈判。当前世界是一个受国际法约束的规则世界，遵守规则甚至在国际规则体系中把握主导性规则制定权的国家才能获得更大的发展。随着经济日益深度地融入国际经济大趋势，中国应当积极提升自身在全球数字治理中的制度性话语权，①力图在国际规则制定过程中发挥与自身经济实力相符的作用，从被动的规则跟随者、接受者逐步向规则参与者、引领者的地位转型。尤其在当前 WTO 电子商务诸边谈判各方立场分化、美欧在多个数字贸易议题存在分歧的情况下，中国更应积极主动发挥在谈判中的作用，团结志同道合的发展中成员，协调立场相近的发达成员，在谈判过程中搁置分歧、凝聚共识，共同抵制部分成员不公平的谈判主张。②此外，从数字贸易角度，中国数字经济产业总体具备全球较先进的产业竞争力，具备良好的开放基础，同时互联网、信息通信等行业特别是知名互联网企业具有较强的走出去诉求，面对国际环境新变化和国内发展新要求，应以积极开放的心态来面对国际数字贸易规则的新变化，加快构建开放型经济新体制，推动更深层次更高水平的对外开放。

2. 应当明确中国在国际数字贸易规则谈判中的图景定位。一方面，要区分不同的规则制定场合和谈判对象，分类分析、做好平衡。不同自由贸易协定谈判涉及不同的谈判方，其利益诉求等具体情况也会有差别，需要具体问题具体分析，区别对待。例如中日韩自贸区谈判各方都是市场开放度较高的发达国家，对中国市场开放有更多的诉求，需要更多考虑如何做好出价；而对于巴勒斯坦、尼泊尔等发展中成员涉及数字贸易规则的协定则应更加包容灵活，重点关注数字贸易便利化规则。另一方面，也要充分考虑到中国在数字贸易规则领域的多层次规则需求。中国虽然是发展中国家，但中国数字经济和数字贸易发展已经具备一定规模优势，走向全球化也是必然趋势，未来存在一个地位转换的可能，相应规则主张要未雨绸缪，避免为自身施加了束缚。

① 2015 年 10 月 29 日中国共产党第十八届中央委员会第五次全体会议通过的《中共第十八届中央委员会第五次全体会议公报》首次提出"制度性话语权"的概念，要求"提高我国在全球经济治理中的制度性话语权，构建广泛的利益共同体"。
② 参见柯静："WTO 电子商务谈判与全球数字贸易规则走向"，载《国际展望》2020 年第 3 期。

3. 还应当坚持国内数字治理规则和国际数字贸易规则相统一。数字贸易的网络性、技术性发展特征不仅使得贸易本身从地方性变成国际性的，也推动数字贸易规则由国内走向国际，国际数字贸易规则本身应当是一个立足国内、面向国际的新型规范模式。正如肖永平教授所言"中国既要加强国内法治建设实现国家治理现代化，更要通过国际法治建设参与全球治理，同时还要注重实现国内法治与国际法治的互动。"因此，对于同时面临国内治理短板和国际制度压力的中国而言，其数字贸易法律规则体系的构建，更应该采取一种以国内法以及在国内法基础上衍生出来的国际商事条约为核心的思路，一方面要加快完善国内数字经济治理机制，另一方面积极参与国际规则协商谈判。

【参考文献】

1. 孙克："数字经济发展的思辩践悟"，载《通信管理与技术》2017 年第 6 期。

2. 李向阳："国际经济规则的形成机制"，载《世界经济与政治》2006 年第 9 期。

3. 东艳："全球贸易规则的发展趋势与中国的机遇"，载《国际经济评论》2014 年第 1 期。

4. 沈玉良等："全球数字贸易规则研究"，复旦大学出版社 2018 年版。

5.Ronald Orol. "The IMF Should Spark a Bretton Woods Moment for the Digital Age, Says Balsillie. Center for International Governance Innovation (CIGI)", 2018-11-22，https：//www.cigionline.org/articles/imf-should-spark-bretton-woods-moment-digital-age-says-balsillie.

6. 高晓雨、方元欣："后疫情时代数字布雷顿森林系理论的探索研究"，载《互联网天地》2020 年第 8 期。

7. 梅冠群："率先构建 E 国际贸易新规则体系"，载《开放导报》2019 年第 1 期。

8.JANOW, M., MAVROIDIS, P.（2019）. Digital Trade, E-Commerce, the WTO and Regional Frameworks. World Trade Review, 18（S1）, S1-S7.

9.Jonathan E. Hillman, "The Global Battle for Digital Trade-The United States, European Union, and China Back Competing Rules"（April 13, 2018），https://www.csis.org/blogs/future-digital-trade-policy-and-role-us-and-uk/global-battle-digital-trade.

10.U.S. Bureau of Economic Analysis, Measuring the Digital Economy: An

Update Incorporating Data from the 2018 Comprehensive Update of the Industry Economic Accounts, March 2018.

11.Robert D. Atkinson, "A U.S. Grand Strategy for the Global Digital Economy"（January 19, 2021）, https: //itif.org/publications/2021/01/19/us-grand-strategy-global-digital-economy.

12.Akhtar, ShayerahIlias, and Wayne M. Morrison, *Digital Trade and US Trade Policy*（2019）.

13. 曹伟："数字经济之美国数字贸易规则初探"，载《中国信息安全》2018年第7期。

14. 高鸿钧：《全球化视野的比较法与法律文化》，清华大学出版社2015年版。

15. 中国信息通信研究院互联网法律研究中心：《数字贸易的国际规则》，法律出版社2019年版。

16. 张坤："美欧数字贸易规则动向、分歧与合作前景"，载《中国商论》2020年第15期。

17. 中国信息通信研究院：《全球数字经济新图景（2020年）》，2020年10月。

18.WTO, Joint Statement on Electronic Commerce, EU Proposal for WTO Disciplines and Commitments Relating to Electronic Commerce, Communication from the European Union, INF/ECOM/22, 26 April 2019.

19. 柳雁军、田小军、曹建峰：《欧盟〈通用个人数据保护条例评述〉》，载《网络空间法治化的全球视野与中国实践》，法律出版社2017年版。

20. 许可："数字经济视野中的欧盟《一般数据保护条例》"，载《财经法学》2018年第6期。

21. 张坤："美欧数字贸易规则动向、分歧与合作前景"，载《中国商论》2020年第15期。

22.Willemyns, Ines. Agreement Forthcoming? A Comparison of EU, US, and Chinese RTAs in Times of Plurilateral E-Commerce Negotiations. Journal of International Economic Law, 23.1（2020）.

23. 沈玉良、冯湘："NAFTA类型及中国（上海）自由贸易试验区制度设计导向"，载《世界经济研究》2014年第7期。

24. 蓝庆新、窦凯："美欧日数字贸易的内涵演变、发展趋势及中国策略"，载《国际贸易》2019年第6期。

25.Directive（EU）2019/790 of the European Parliament and of the Council of 17 April 2019 on copyright and related rights in the Digital Single Market and amending Directives 96/9/EC and 2001/29/EC, OJ L 130, 17.5.2019.

26.WTO, Communication from the People's Republic of China, JOB/GC/110, JOB/CTG/2JOB/SERV/243, JOB/DEV/39, 4 November 2016.

27. 中国人民大学重阳金融研究院："新全球链的开启：RCEP 时代的深度影响与中国机遇"，载《人大重阳研究报告》第 81 期。

28.Cory, Nigel, *Why China Should Be Disqualified From Participating in WTO Negotiations on Digital Trade Rules*. Information Technology and Innovation Foundation, May 9, 2019.

29.WTO, Declaration on Global Electronic Commerce, WT/MIN（98）/DEC/2, May 25, 1998.

30.WTO, Joint Statement on Electronic Commerce, WT/MIN（17）/60, 13 December 2017.

31. WTO, Joint Statement on Electronic Statement, WT/L/1056, 25 January 2019.

32. 柯静："WTO 电子商务谈判与全球数字贸易规则走向"，载《国际展望》2020 年第 3 期。

33.WTO, Joint Statement on Electronic Commerce Initiative, Communication from the United States, INF/ECOM/5, 25 March 2019.

34. 石静霞："数字经济背景下的 WTO 电子商务诸边谈判：最新发展及焦点问题"，载《东方法学》2020 年第 2 期。

35.WTO, Work Programme on Electronic Commerce, Communication from the People's Republic of China, JOB/GC/110, 4 November 2016.

36.WTO, Joint Statement on Electronic Commerce-Communication from China, INF/ECON/19, 24 April 2019.

37. 陆燕："美欧谋求自贸协定对世界经贸的影响与中国应对策略"，载《国际贸易》2014 年第 2 期。

第三章 ·

网络空间管辖权问题探索

赵 心 [①]

目前，"网络空间管辖权"这个话题正受到前所未有的关注，可以说"网络空间管辖权"是互联网法律及相关领域最重要、最受关注的话题之一。实际上在网络空间管辖领域面临的主要问题可以概括为：在确定管辖权时难以找到各种利益相关的适当平衡，并以清晰和准确的方式表达这种平衡。管辖权问题出现在实体法的每个领域，并且具有一定的跨境维度，可以说在研究探索网络空间管辖权问题时所面临的挑战是多样的。举例来说，美国的执法机构在持有搜查令对某个犯罪嫌疑人的房屋进行搜查时，找到了一台可以主动访问存储在日本云服务中的嫌疑人文件的计算机，执法人员可以访问这些文件吗？一个澳大利亚公民在"Facebook"上发布诽谤内容，包括新加坡在内多个不同国家或地区可以阅读这些诽谤内容，居住在新西兰的被诽谤者可以在哪里采取行动？即使在新加坡以外的所有国家／地区都是合法的，"Facebook"是否应该阻止或删除内容？俄罗斯黑客攻击爱沙尼亚的关键基础设施，包括银行、医院和电网。哪个国家有管辖权？应适用哪些法律？这些假设的场景并没有太多共同特征，但是它们都涉及网络空间管辖权问题。总的来说，网络空间法律适用的挑战主要来自于互联网运营活动的复杂性，涉及高度分散的参与者、规范、程序、流程和机构，包括许多非国家实体，如私营公司、非政府组织、学术机构、标准组织等。具体而言，确定网络空间管辖权归属问题过程中可能会面临如下问题：

1. 如果管辖权的范围过于宽泛，可能极易引发与其他国家的法律冲突，对缺乏实质性联系的活动主张管辖权，其正当性也难以证明。

2. 如果管辖权的范围过于狭窄，可能会使受害者／原告无法获得司法救济。

---

① 赵心，法学博士，中国政法大学国际法治研究院助理研究员。

3.数据的流动性破坏了传统管辖权锚点的效用。网络活动可能难以确定信息的存储位置、事件发生的位置以及行为人所在的位置。

4.每个国家或地区都可能有正当理由决定该国家或地区的在线内容。

5.没有任何行为者可以对整个互联网具有实际控制权或行使控制权。

上述都是在确定网络空间管辖权归属时亟待解决的实际问题，在探索处理网络空间管辖权归属问题的方式时需要认真系统地研究。

为探索网络空间管辖权问题奠定坚实的基础，本章将首先简要介绍网络空间管辖权发展的历程，尽管不甚完备，但是其中将重点关注一系列关键事件，并回顾过去曾经为确定网络空间管辖权归属而尝试过的一些方法，无论成功与否都是值得借鉴的重要经验。此外，我们需要对传统管辖权理论有一个基本的了解，因此，第二节将对传统管辖权理论进行概览，并着眼于网络空间开始被认为是引起管辖权难题的关键性节点。此外，通过对"域外"和"领土"管辖权主张之间进行讨论，以及对一些典型案例的分析，可以看出国家实践已经超越了领土和领土主权，因此严格适用属地管辖原则是不切实际的。

然而不可否认，在当前范式下，属地管辖原则是所有管辖权问题的起点和基石。事实上，领土在很大程度上被视为管辖权主张的真正法理基础——一个国家拥有管理其领土内发生的一切的专有权利。然而，越来越多的人认识到，当今社会的特点是信息流动和大量跨境互动活动，尤其是通过互联网，严格的地域性并不适用于网络空间。目前，关于管辖权的国际法规则，包括属地管辖原则，尽管司法实践中已经在考虑如何赋予其更加灵活的解释与适用方式，但传统管辖权依据在网络空间中适用时依然存在一定程度难以避免的局限性。有鉴于此，本章第三节将讨论对于管辖权依据进行范式转变的可能性并设想一个新范式的大致图景。在此过程中，对传统管辖权依据在网络空间中的适用及其局限进行了充分的讨论，旨在将关注的管辖权问题与一些具体的互联网实际问题联系起来，以期将传统管辖权依据在网络空间中适用的各种情况进行辩证思考。在设想管辖权依据新范式时，充分考虑到从现有的国际公法和私法原则以及相关的国际法概念中提炼出来的核心原则的应用，如"礼让"和"不干涉义务"等，并进行如下两点尝试：一是预先排除可能针对该设想的一些潜在反对意见；二是探讨该范式如何与传统管辖原则相联系。此外，探索对管辖权采用"分层方法"，增设"调查管辖权"，并且区分"对事项的管辖权"与"对数据的管辖权"。

在本章第四节中将网络空间管辖权的讨论与更加实际的问题联系起来：网络空间管辖权在数字贸易中的功能。首先对传统领土管辖背景下的数字贸易壁垒进行梳理与分析，在这些数字贸易壁垒的情形中，可以将管辖权分为"进攻型"管辖与"防御型"管辖。然后，基于上述分析，将提出几个用来解决在数字贸易中互联网管辖权困境的建议。其一，应该重视"防御型"管辖的作用，并不需要管辖权的实际有效执行，主要用于预防某种不利影响或阐明特定的法律立场。其二，基于"市场破坏措施"，承认"市场主权"，以"市场主权"主张代替"国家保护主义"。仅仅是有针对性地对相关市场采取类似制裁的"破坏性措施"，而不是寻求切实执行域外管辖权，只会影响违规者在相关市场的经营活动，而不会影响其全球范围内的互联网运营活动，这将有效解决网络空间管辖冲突的情形。

第一节　网络空间管辖权发展的历程回顾

网络空间没有地理界限，也很难将网络空间巧妙地映射到传统的领土管辖体系上。虽然长期以来人们已经认识到这种管辖困境，但是很少有人研究过网络空间管辖的精确轮廓。司法实践上可能由于未能准确确定管辖权归属，从而导致对互联网的监管存在经验上不可行或规范上不合法的问题。迄今为止，互联网管辖权的历史可以分为四个相对不同的阶段，这些阶段在过度监管和监管不足之间摇摆不定。

一、初期萌芽阶段（1991 年之前）

冷战时期为确保军事优势而设计的互联网，设计之初其实难以预计今天互联网的发展，也难以预防其可能存在的安全漏洞。数字信息不是从一个节点到另一个节点的不间断的旅程，而是在它导航计算机网络时进行的许多短途旅行。这个节点网络系统产生了更多的易受攻击的节点，并允许攻击跨越地理边界广泛传播。简而言之，网络空间构成的威胁起源于互联网本身的架构。在 20 世纪 60 年代初期，随着美苏建立核弹道导弹系统并陷入古巴导弹危机，核威胁问题似乎迫在眉睫。所有通信都通过的电话系统的中心节点开始被视为重要的军事目标。因此，美国开始寻求能够承受核破坏的指挥和控制通信系统的替代方案。工程师保罗·巴兰开发了一种基于去中心化原则的新通信网络。与电话系统相比，保罗·巴兰的系统依赖于分布式网络，其中每个节点都连接到网络中的多个其他节点。信息从一个节点路由到另一个节点，直到它在被巴兰称为"路由"的过程中到达其最终目的地。一个节点的问题或拥塞，信息可以简单地绕过它。巴兰的系统将信息分成数据包，或称为"消息块"的内容，像互联网调制解调器这样的分组交换网络将通信分解为数据分组，这些分组沿着可能不同的路径进行路由，然后在它们的最终目的地重新组装。在冷战背景下，将单个消息分成数据包的优点是使间谍更难窃听。可以说，巴兰的研究为现代计算机网络奠定了基础。

通过互联网设计的历史概览可以看出，互联网的诞生早于互联网管辖权问题，管辖权规则又早于互联网。这些当然是相当基本的观察，但仍然应该注意，互联网设计之初并没有预想到今天国际社会非常关心的管辖权问题。虽然现代网络空间在很大程度上依然受传统管辖规则的支配，但是现代网络空间的技术特质与寻求适用于它的传统管辖规则之间必然存在冲突。

二、自由发展阶段（1991 年 –1999 年）

1991 年，欧洲粒子物理实验室（CERN）的蒂姆·伯纳斯－李和罗伯特·卡利奥共同开发了万维网（World Wide Web）。万维网是人类历史上最深远、最广泛的传播媒介。它可以使它的用户与分散于全球各地的其他人群相互联系，其人数远远超过通过具体接触或其他所有已经存在的通信媒介的总和所能达到的数目。在这里将使用 1991 年作为一个阶段的起点，这个阶段中互联网像虚拟空间的无主地，人们强烈呼吁各国不要对互联网和互联网相关活动提出管辖权要求，美国政府正在引领所谓的"信息高速公路"建设计划。这一时期人们梦想着万维网驱动的互联网成为一个新的空间，向所有人开放，不受任何人的监管。1996 年约翰·佩里·巴洛发表了开创性的《网络空间独立宣言》（*Declaration of the Independence of Cyberspace*）标志着网络空间步入了一个全新的完全自由的时代。

当前，由于各种智能设备，尤其是智能手机的普及，网络空间和"真实"世界之间的区分已经愈加模糊。但是，使互联网超越法律监管显然不可能的。在处理互联网管辖权案件中，各国法院表现出极大的创造性。回顾各个国家的司法实践，各国司法机构似乎存在一场"竞赛"，纷纷力图率先找到互联网管辖权难题的解决方案。第一阶段最有影响力的案例无疑是 1997 年 "Zippo 制造公司诉 Zippo 网络公司"案（*Zippo Manufacturing Company v. Zippo Dot Com, Inc.*）。[①] 这是一起互联网域名纠纷，事实上，有学者将该案描述为"对与互联网有关的属人管辖权的第一次令人信服的分析"，该案中分析了网站是否可以适用属人管辖原则。

---

① Zippo Mfg. Co. v. Zippo Dot Com, Inc., 952 F. Supp. 1119（W.D. Penn. 1997）.

"Zippo"制造公司位于美国宾州，其主要营业地点在宾夕法尼亚州。"Zippo"网络公司是一家位于加州的公司，其主要营业地点在加利福尼亚州，该公司运营着一个互联网网站，提供互联网新闻服务，并获得了在互联网上独家使用域名"zippo.com""zippo.net"和"zipponews.com"的权利。宾州法院需要主张管辖权，而"Zippo"网络公司与宾州的联系几乎完全是通过互联网进行的，"Zippo"网络公司的办公室、员工和互联网服务器都位于加州，"Zippo"网络公司在宾夕法尼亚州没有办公室、雇员或代理。"Zippo"网络公司为宾州居民提供互联网服务包括在其网页上发布服务信息，宾州居民可以通过互联网访问该公司网页。当被告对宾州法院缺乏管辖权提出抗辩时，需要证明管辖权的适当性。

根据《美国法典》第 42 篇第 5322 节（b）款，在美国宪法允许的最大范围内行使管辖权，即使对象是非居民被告。根据上述条款，可以分为两种情况，一般管辖权允许法院在被告于法院地从事"系统和持续的"活动时，就非法院地相关活动对非居民被告行使属人管辖权。特定管辖权允许法院对非居民被告就与法院地有关的活动行使属人管辖权，其中被告和法院地之间的关系需要达到"最低限度的联系"。为确定对非居民被告行使特定属人管辖权是否适当，法院提出了如下检验标准：①被告必须与法院地国有足够的"最低限度的联系"；②对被告提出的起诉必须产生于这些联系；③管辖权的行使必须合理。

最终法院认为，对现有案例和材料的审查表明，根据宪法行使属人管辖权的可能性与被告通过互联网进行的商业活动的性质和质量成正比。这种"滑动的尺度"测试（sliding scale）符合属人管辖原则。一方面是被告通过互联网开展业务的情况。如果被告与其他司法管辖区的居民签订了涉及在互联网上知晓和重复传输计算机文件的合同，属人管辖是适当的。相反的情况是被告只是在其他司法管辖区的用户可以访问的互联网网站上发布信息。一个被动的网站只是向对其感兴趣的人提供信息，这不是行使属人管辖的理由。中间地带被交互式网站占据，用户可以在其中与主机交换信息。在这些案例中，管辖权的行使取决于网站上发生的信息交互活动的程度和商业性质。"Zippo"案中所提出的交互性"滑动的尺度"测试在美国网络空间管辖权司法实践中产生了深远的影响，"滑动的尺度"测试的持久法理学价值在于它指向了一个尺度，承认对网络活动的管辖权主张的合法性问题是一个程度问题，而不是非此即彼。

三、过度监管阶段（2000 年 –2009 年）

千禧之际，国际社会对网络空间管辖权问题的态度也在发生转变，试图将管辖权延伸到任何影响或有可能影响其领土或公民的网络活动。互联网的全球性，加上地理标识符号的有限使用，意味着国家可以对几乎所有的互联网公司主张管辖权。或者，从提供在线内容的主体的角度来看，他们可能受到世界上任何法院的管辖，从而必须遵守世界上所有国家的所有法律。这样做显然是不切实际的，无需详细阐述，不乏案例可以说明上述思路可能导致的复杂后果。这里将以一个最突出的澳大利亚案例为例，此案在澳大利亚和国际社会都产生了巨大的影响，还引发了广泛的学术讨论。2002 年的"道琼斯公司诉古特米克"案（*Dow Jones &Co.Inc v. Gutmick*）是一个侵犯名誉权的案例。澳大利亚人古特米克起诉美国网络杂志"Baron's Online"侵犯其名誉权，原告主张侵权发生地在澳大利益，是用户下载网络内容的地点，也就是在领域外的行为产生了在领域内的影响。此案中，维多利亚最高法院发现，诽谤案中网络出版的内容在其可以进入的地方产生了不利的影响与后果。澳大利亚法院根据效果原则主张管辖权，因为放置在网络上的任何材料只有下载到终端用户的电脑才能完整地获得，下载材料的地方就是名誉权受到损害的地方，因此名誉侵权地被认为是在澳大利亚。澳大利亚法院指出：无论何种特定的通信方式都具有一定的覆盖范围，而且通过特定通信方式提供信息的人知道或应当知道他们的信息可能具有的覆盖范围。①例如，那些在互联网上发布信息的人知道他们提供的信息可供所有人使用，不受任何地域限制。换句话说，就互联网而言，网络活动主体进入在线环境的法律风险由自己承担。有缺陷的假设之一是，将在线存在等同于存在将特定信息覆盖整个世界的（客观）意图。

显而易见，事实并非如此，只需要考虑一下位于甲地的一家小型餐厅是否真的可以说仅仅通过在网站上提供其菜单就是表达一种（客观的）意图，即该餐厅的目标顾客为整个世界。该判决在今天看来甚至有些荒谬，法院在这里忽略了网络活动主体的目标仅仅在于与当地市场互动。在采用这种方法确定管辖权时，法院并不仅仅依据诽谤文章在澳大利亚网站上的可获得性，而是因为澳大利亚用户实际上在澳大利亚访问了它，所以澳大利亚法院具有管辖权。一方面是理论上的可及性，另一方面是实际的可及性，这种差异很重要。

---

① Dow Jones & Company Inc v Gutnick（2002）210 CLR 575.

2001年的法国"雅虎"案（*Yahoo! Case*）[①] 也是过度监管阶段的著名案例，法国法院以网站拍卖纳粹纪念品违反了法国刑法为根据作出判决。雅虎网站（Yahoo!）认为其服务器在美国，以美国法律不禁止此种活动为由，主张法国无管辖权。法国法院指出损害后果发生在法国领域内，法国用户能容易地访问这个拍卖网站。拍卖这些物品违反了法国刑法条款并且损害了法国社会的公共秩序，对法院来说就足够建立法国的管辖权。巴黎省法院法官让 – 雅克·戈麦斯（Judge Jean-Jacques Gomez）在判决中指出，在"Yahoo.com"网站上的内容可以被法国居民获得，根据法国法律这些内容是不合法的，因此法国法院有权主张对该案的管辖权。法国法院将雅虎网站的活动定性为侵权行为，并根据法国法律发布了民事禁令。

在这个阶段，各国司法实践迈向了更加确定的网络空间管辖权分析，这引起了人们对"Zippo"案中确定的问题—— 对网络活动的管辖权主张的合法性问题是一个程度问题—— 产生了反思，从而促进向基于网络活动的"指向性"分析的转向。

四、监管不足阶段（2010 年 –2014 年）

从2010年左右开始，监管不足情况在一定程度再次出现。在这个阶段，世界各国的立法者和法院开始认识到将网络在线行为本身视为全球监管的基础是不现实的。然而，似乎又出现一种新倾向，各国急于避免过于广泛的管辖权，以至于最终导致网络空间在一定程度上的监管不足问题。欧洲法院（European Court of Justice）的一项裁决特别能说明问题。2010年，欧洲法院处理了"帕莫"案与"阿道夫酒店"案 *Pammer v Reederei Karl Schlüter GmbH & Co and Hotel Alpenhof v Heller*"（Joined cases C-585/08 and C-144/09）一案，[②] 该案是一个合并审理的案件。其中后一个案件中原告是登记在奥地利的酒店，被告德国消费者在网络上预定该酒店服务后，其发生争议，拒绝支付酒店账单。于是该奥地利酒店在奥地利法院提起诉讼，但被告认为该酒店在网站上发布广告并接受了德国消费者的订单，就可以认为其经营活动指向了德国消费者，因此符合《布鲁塞尔条例》第15条的规定，该酒店只能在德国起诉。法院提出了一个标准，即"必须确信，在与任何消费者签订合同之前，可以从那些网站以及

---

① Yahoo! Inc v La Ligue Contre le Racisme et L'Antisemitisme [2001] NDCal 169 F Supp 2d 1181, 22. See, also, Yahoo! Inc v La Ligue Contre le Racisme et L'Antisemitisme [2006] 9th Cir 433 F3d 1199.

② [2010]joined Cases C-585/08 and C-144/09, para 95.

经营者的整体活动（overall activities）中很明显地得知该经营者已经预见到与诸多在一个或多个成员国的消费者进行交易"。

下列事项可以作为证明营业者的活动是指向消费者住所地国的证据（并不穷尽所有情形）：

1. 提供的商品或者服务中明确提及欧盟市场或者指向至少一个欧盟成员国；

2. 控制者或处理者向搜索引擎运营商支付费用，以便于欧盟消费者访问其网站，或控制者或处理者已经开展了针对欧盟市场的营销和广告；

3. 活动本身涉及多个国家，例如特定的旅游活动；

4. 提及在欧盟，用户可以获取联系的地址或者电话号码；

5. 使用除控制者或处理者所在国家之外的国家域名，例如".eu"；

6. 对如何从欧盟成员国到服务提供地，提供了服务指导；

7. 提及国际客户时，包含欧盟成员国的客户，特别是在代理过的客户名单中提到的这些欧盟客户；

8. 使用商品或服务提供者所在国家/地区使用的语言或货币之外的语言或者货币，尤其是使用了一个或多个欧盟成员国的语言或货币时；

9. 控制者能在欧盟成员国内送达货物。

正是该案中欧洲法院对"指向性"（targeting）活动的认定，开启了对"指向性"认定标准的研究。这两个案例共同的关键问题是，可以在消费者住所地成员国的互联网上查阅网站这一事实是否足以证明商业或专业活动是针对该成员国的调查结果。法院的结论是：网站可以在消费者住所地访问的事实并不意味着该企业已将其活动"指向"该国；网络活动是否"指向"消费者住所地的成员国，应通过参考在与消费者签订任何合同之前，是否从这些网站和运营商的整体活动中可以明显看出，运营商是否设想与居住在一个或多个成员国的消费者做生意。

"帕莫"案和"阿道夫酒店"案都涉及合同情况，在这里处理的不是或多或少的随机接触和风险，例如与营销实践或其他非合同情况有关的索赔。换言之，企业是否将其网络活动"指向"消费者国家的唯一情况是该企业意图与消费者签订合同。如果一家企业与另一个成员国的消费者签订了合同，则应推定该企业已将其经营活动"指向"该成员国。毕竟，企业已经做出了选择，以获得与该成员国的消费者签订合同的好处。通过"指向性"测试，在处理网络空间管辖权问题时，将会引向更大程度的可预测性。此外，必须为企业提供充分的机会，以采取合理的步骤，抗辩其"指向"整个世界的假设。企业必须有能力采取积极而简单的步骤，避免"指向"特定国家消费者，从而可能受到该国管辖的法律风险。

但是，也需要考虑这样一种情况，即一项活动的目标是赢得其他国家的客户，但却没有实现这样的结果。反之亦然，活动的结果客观上赢得了其他国家的客户，但这并非企业从事网络活动的目标。因此，更好的方法是区分目标和结果，并在确定企业是否将其活动"指向"消费者的状态时才关注结果。这种从主观性到客观性的转变提高了确定性和公平性。事实上，确定管辖权归属的"指向性"测试方法已经进入消费者保护区以外的其他互联网领域，现在也被视为必须根据技术和法律发展来看待管辖权归属问题的合理方法。

此外，在信息通信技术领域具有全球影响力的美国政府在 2011 年 5 月发布了《网络空间战略：网络世界的繁荣、安全和开放》。美国的核心原则是保护隐私与信息的自由流动。信息自由流动旨在确保开放的、互联互通的、安全的和可靠的信息通信基础设施，这也确保了言论自由和结社自由。[①]美国的《网络空间战略》标志着美国"网络自由"主张的正式确立。

五、网络空间的全球治理时代（2015 年－当今）

当今，网络空间管辖权问题仍然备受关注，虽然该领域各著述文献已然颇丰，但是我们依然迫切需要新的视角。国际社会相关组织、各个国家也在网络空间管辖权方面开展着重要工作。例如，继 2001 年欧洲委员会制定唯一的关于网络犯罪的多边协议——《布达佩斯网络犯罪公约》（*Budapest Convention On Cybercrime*）后，欧盟仍然在持续努力处理网络空间和跨国网络犯罪背景下的管辖权问题。2014 年 6 月 27 日由 54 个非洲国家组成的非洲联盟通过了《非洲联盟网络安全和个人数据保护公约》（*African Convention on Cyber Se-curity and Personal Data Protection*）。东盟地区正投入更多的注意力和资源来解决诸如电信欺诈、黑客攻击、身份盗窃、电子邮件或信用卡欺诈等普遍存在的网络犯罪。许多东盟成员国已经建立了计算机应急响应小组（Computer Emergency Response Teams，简称 CERTs）和网络安全方面的国家权威机构。[②]2015 年 12 月 16 日，第二届世界互联网大会在浙江省乌镇开幕。中国国家主席习近平出

---

① "美国《网络空间国际战略》摘要：网络世界的繁荣、安全和开放"，载《中国信息安全》2011 年第 5 期。

② Hitoshi Nasu and Helen Trezise，"Cyber Security in the Asian-Pacific"，in Nicholas Tsagouras and Russell Buchaneds.，*Research Handbook on International Law and Cyberspace*，，at446-464（Cheenham：Edward Egar，2015）。

席开幕式并发表主旨演讲，提出了全球互联网治理体系，以"遏制信息技术滥用行为，反对网络监听和网络攻击，反对网络空间军备竞赛"。中国应在制定互联网全球规则中扮演重要的地位。①

网络空间用户群体的快速增长必将伴随着法律监管的加强。虽然早期有些理想主义者认为，网络空间是一个完全可以自我调节的实体，不应受政府控制，网络空间可以说是历史上为数不多的无政府状态的例子之一。然而，随着网络空间的发展，虚拟的网络空间与现实世界越来越息息相关，诸如网络暴力、网络犯罪和网络恐怖主义等网络不法行为越来越猖獗，对现实世界造成的恶性影响越来越大，乌托邦式的网络无政府主义只能走向衰亡。网络空间不属于一个国家，而是属于具有不同法律制度的整个国际社会。事实上，网络空间管辖权问题涉及全球各利益相关方的平衡与不同法律制度的协调问题，研究网络空间管辖权旨在解决跨境网络活动与不同国家司法管辖区之间的紧张关系。

不言而喻，网络活动要考虑的其他法律制度的数量随着用户人员关系的数量和地理多样性而增加，并且鉴于人员的流动性，在网络内容发布时各项法律因素可能永远无法完全确定。这种异常复杂的法律问题可能是所有互联网社交平台用户。例如，"Facebook""LinkedIn"和"Google+"等社交媒体用户每天面临的问题。互联网用户在网络空间中面临的超监管问题是在线环境所独有的，在讨论网络空间管辖权问题时，绝不能忽视这一事实。虽然处理法律选择问题的传统方法是确定适用哪个国家的法律，但网络空间使这种方法过时了；这显然不是单纯确定适用法律的问题，而更接近一项法律风险评估工作。

第二节　传统管辖权理论在网络空间中的适用与局限

众所周知，根据国际法，一国在涉外案件中行使管辖权受到相应的限制。然而，国际法并未对国家管辖范围的界定强加硬性规定。相反，关于国际法中国家管辖范围，各国拥有广泛的自由裁量权。尽管如此，界限的存在是无可争议的。每个国家在对具有涉外因素的案件援引管辖权时应保持适度与克制，并应避免不当侵犯他国的管辖权。以自我为中心的方式行使管辖权不仅违反国际法，还会扰乱国际秩序，导致其他国家在政治、法律或经济方面的抵触。传统上，有三种管辖权类型：立法管辖、司法管辖、执法管辖。在没有确定管辖权

---

① 参见 http://www.xinhuanet.com/politics/2016-04/20/c_128911200.htm，最后访问时间：2021年12月20日。

归属的情况下，司法管辖权不适用，除非法院地国愿意适用外国的法律。上述区分对于确定一个国家在国际法管辖权的限制可能很重要。根据所行使管辖权的性质，与提出管辖权主张的国家的必要联系程度，管辖权的行使有所不同。

一、传统管辖权依据在网络空间中的适用

（一）属地原则

迄今为止，属地原则是最基本的管辖权依据，通常没有争议。在网络空间中，属地原则允许一国要求在其领土上运营的服务提供者遵守其规定，还可以进一步禁止在国家领土内运行的机器访问某些网站。20 世纪 90 年代中期，德国曾发生一起网络提供商美国"CompuServe"公司及其法定代表人涉嫌传播非法淫秽品犯罪的著名案例。1995 年，德国警方认为"CompuServe"公司的网络新闻中含有暴力、儿童色情等图片，而这些含有犯罪性质的内容被存储在"CompuServe"德国分公司及其美国总公司的系统服务器中。作为回应，"CompuServe"美国公司封锁了其遍布全球的与绝大多数新闻系统的联系。按照德国《刑法典》第三章第 184 条的规定，德国当局指控"CompuServe"德国分公司向成年人或未成年人提供获得非法内容的渠道。"CompuServe"公司试图以德国《电讯服务法》第五节规定的"在线服务提供商"责任免除条款为自己辩护。然而，法院驳回了此论点，作出以下裁决：根据"CompuServe"德国分公司与"CompuServe"美国公司的单线联接，这一子公司不是在线服务提供商。1998 年 7 月 3 日，慕尼黑地区法院作出了 2 年缓期徒刑并罚款 56 200 美元的判决。在"CompuServe"案中，德国法院主张互联网服务提供商应遵守德国法律，禁止德国用户访问某些网络信息。但是法律适用的结果是德国法律规定了美国公民可以阅读和查看的内容，因为互联网服务提供商无法根据其运营所在的每个国家或地区的法律定制其服务，为了符合德国法律规范，美国互联网服务商只能进行总体调整。①

"CompuServe"案对互联网服务提供商而言构成了一个危险的先例，因为它将责任扩展到网络服务提供商，而不是将责任归于发布违法材料的用户个人。假设这种材料在网上传播，进入此类站点的国际网络渠道非常方便，那么任何国家都可以依据属地原则对外国互联网服务提供商追责。最终，1999 年 11 月 17 日德国州法院在二审中宣布撤销"CompuServe"案判决。二审法院的主要论证理由如下：①被告"CompuServe"德国分公司只是隶属于美国公司的下属

---

① 邢璐："德国网络言论自由保护与立法规制及其对我国的启示"，载《德国研究》2006 年第 3 期。

公司，缺乏作为共犯中构成正犯的前提，因此只可能审查其是否构成帮助犯。但是被告是否实施行为并不影响美国公司的行为，因此二者之间不存在共同行为的因果关联。另外本案中，被告也不构成法律上规定的先行行为保证人地位。②被告"CompuServe"德国分公司缺乏德国《刑法典》第184条的"故意"要件，即使能够证明被告明知1996年2月13日以后美国公司重新开放282个违禁论坛这一事实，也无法证明被告存在主观"故意"。从被告德国分公司配合警方请求美国公司禁止相应内容来看，它对美国总公司的做法并不认可。而且它除了能让客户安装免费的保护未成年人软件以外，也没有其他措施可行。③本案应当适用《电信服务法》第5条第3款的规定，仅提供接入使用服务的电信服务商，对于他人的内容不承担责任。一审法院认为被告没有自己的签约客户，就不能被定义为电信服务商，也就不应当适用《电信服务法》的论断是对法律做了狭义解释，二审法院认为应当更多从其行为属性认定。

通过"CompuServe"案可以得出以下责任划分结论：

网络内容提供者（Content-provider）：无论是企业还是个人，对于其在网络上提供的内容需要承担完全的责任。

互联网服务提供商（Service-provider）：对其明知违法的内容，而且从技术上可以推定它可以禁止相关使用的情形下，互联网服务商应承担法律责任。简单地说，如果服务商知道其服务器上有违反法律规定的数据，它必须予以删除，至少要禁止用户非法使用。

网络接入服务商（Access-provider）：本案被告"CompuServe"德国分公司作为"CompuServe"美国公司的全资子公司，就是典型的网络接入服务商，它仅提供技术上的接入服务，不提供服务，对于他人的数据不承担任何责任。这一规定也适用于代理服务器（Proxy-Server）。

缓存提供者（Cache-Provider）：由于网络的蓬勃发展，网络空间是公众交流的场所，缓存提供者只是提供数据暂时存储服务，因此无需对他人在其论坛内的违法行为承担责任。

因此，属地原则可能导致互联网服务商将业务转移到域外，从而规避管辖。

（二）属人原则

属人原则是指一国享有在世界任何地方规范其国民的行为的权利。属人原则既适用于法人，也适用于自然人。例如，上文"CompuServe"案中德国分公司受德国法律的约束。因此，除了属地原则外，互联网服务提供者在许多情况下也受属人原则管辖。一国可以基于客观属人原则、主观属人原则以处理网络空间中的全球通信、易受攻击技术和互联网匿名性等问题。根据主观属人原则，一国可基于罪犯是该国国民而对其行使管辖权；国家也可以基于客观属人原则，对受害者是该国国民的犯罪行为行使管辖权。在国际法上，客观属人管辖权已经被列入以下国际条约之中：1970年《制止非法劫持航空器公约》（*Convention for the Suppression of Unlawful Seizure of Aircraft*）；1979年《反对劫持人质国际公约》（*International Convention against the Taking of Hostages*）；1984年《禁止酷刑和其他残忍，不人道或有辱人格的待遇或处罚公约》（the *Convention against Torture and Other Cruel, Inhuman or Degrading Treatment or Punishment*）；1994年《联合国人员和有关人员安全公约》（*Convention on the Safety of United Nations and Associated Personnel*）；2000年《联合国打击跨国有组织犯罪公约》（*U.N. Convention Against Transnational Organized Crime*）等。

（三）保护管辖原则

国际法承认一国有权对非本国公民进行域外管辖的有限类别之一，几乎所有国家都对外国人在国外进行的影响本国国家安全的行为主张管辖权，前提是这些罪行必须被国际社会普遍承认为犯罪行为。例如，间谍活动、伪造国家印章、货币或伪造官方文件，此外还有入侵国家安全数据系统的网络攻击行为，或通过"蠕虫"计算机病毒或其他方式危害关键基础设施系统等。一国可以基于保护原则对威胁其国家安全或干扰其政府职能运作的犯罪行为行使管辖权。

（四）普遍管辖原则

管辖权最具争议的方面是普遍管辖原则，即一国对一项与该国根本没有关系的犯罪行为进行管辖。换句话说，该犯罪行为是在其领土之外实施的，对其没有任何影响，且行为人和受害人皆不是其国民。人们早已认识到，每个国家皆可对侵权行为人行使普遍管辖权。然而，一国是否可在缺乏约束有关国家的条约义务的情况下行使普遍管辖权仍然是有争议的。例如，在许多多边公约中常见的关于制止国际严重犯罪行为（如国际恐怖主义）的起诉或引渡义务。

（五）效果原则

当在一国实施的行为在另一国领土上造成损害时，可以援引效果原则，其管辖权基础是行为对该国具有损害性影响。这一原则一直是反垄断案件中的主要争议来源，在这些案件中，由于这些活动对监管国的经济影响，该原则被用来支持对外国国民的海外活动进行监管。作为一种管辖权依据，由于其方便追责，在网络空间中得到越来越多地适用。然而，国家在多大程度上对网络活动行使管辖权是一个有分歧的问题。一方面，有人主张根据客观领域管辖权原则，法院不能仅仅以外国人的网址有违反法院地国法律的内容或信息，并且在法院地国用户可以进入网址为基础而主张对外国人的域外管辖权。另一方面，有人主张根据习惯国际法允许一个国家在域外行为对这个国家有实质性影响时适用它的法律。① 网络空间的活动及后果的无形性，使得行为人的行为开始与结束难以确定，行为的发生地与后果发生地不易确定，因此适用效果原则也存在一定局限性。

二、属地原则的局限性

（一）传统管辖权基于物理空间的地域联系基础缺失

根据国家主权原则，国家对于领域范围内的人、物或行为拥有管辖权。传统管辖权原则以地域联系为基础。网络上的边界与地理边界并非对应，网络空间的网址、服务器所在地、IP 地址等对应的物理空间所在地与网络行为及行为主体并无太大关系，因此据此来确定行为的属地管辖权就难以实现。

在加拿大，近来案例表明法院适用效果原则的标准是看一个网址在多大程度上指向本国市场，这样地域联系不只是一个可以进入内容的地点。"易贝加拿大公司诉国税局"案（*eBay Canada Ltd. v. Minister of National Revenue*）是一个加拿大法院如何在网络环境下适用效果原则行使管辖权的案例。在这个案件中，加拿大联邦上诉法院审理一个上诉案，涉及"易贝"加拿大公司提供给加拿大国税局关于"加拿大电力销售商"（Canadian Power Sellers）的信息，获得这些信息是为了确定这些人是否正确地申报了在"易贝网"（eBay）活动所取得的收入。易贝加拿大公司坚持不予提供，因为这些信息保存在设立于美国的服务器上，由易贝美国公司所有，易贝加拿大声称这些信息上是外国基础设施上的信息，不能依据加拿大税收法规而披露给加拿大税务局。法官认为，为了确定网络活动的"地域联系"，需要考虑合理性问题。通过网络可以进入位于域外的电子信息或文件以及储存信息的服务器，需要厘清接触网络信息的物理地点以及行为人与信息储存地的关系，因此信息储存的服务器所在地与信息获取地都是相关的考虑因素。法院在决定管辖权时考查许多因素，这些因素混合了属地管辖权和属人管辖权的要求。加拿大最终使用了一个融合的标准，即真正与实质的联系。

（二）网络活动难以定位

确定网络空间管辖权归属的另一种方法是将网页实际"定位"，即它们被

---

① YuliaTimofeeva, *Worldwide Prescriptive Jurisdiction in Internet Content Controversies*: *A Comparative Analysis*, 20 Connecticut Journal of International Law.199（2005）.

记录为电子数据的服务器之位置，作为行为发生地以主张属地管辖权。如果上传者在主张属地管辖的国家，或者是居住在国外的该国国民，这种做法与国际空间管辖权理论是一致的。但如果上传者在外国管辖范围内，该分析则有致命缺点。将一个网页通过其服务器进行"定位"，就是将上传和下载重新定义为两个物理位置之间的通信。从互联网技术特性来看，上传发送到附近服务器的数据可以通过世界各地的节点以数据包的形式传输，因此在到达下载者的过程中通过多个司法管辖区发送和接收。这种通过其服务器对网络空间进行领土界定的方法会造成管辖权混乱。例如，上传者是否会受到随机分配的路由节点所在地的管辖？可以设想一种系统，在该系统中采用上传者和下载者的理论，并坚持对"位于"服务器上的网页行使属地管辖权。在上传者和下载者的理论下，上传的行为完全在上传者的计算机终端上进行，处于一种且只有一种状态。如果该状态与服务器的状态相同，那么基于服务器"位置"的领土理论而不是上传位置来主张对网页的管辖权，将不会产生任何问题。然而，当上传者和服务器处于不同状态时，这一原则的适用可能是不恰当的。在这种情况下，为了适用储存网页的服务器所在地的法律，必须断言网页不可能位于服务器之外的任何其他地方，或上传行为对服务器状态产生了影响。这种狭隘的方法在三个重要方面忽略了网络空间的交互活动。

1. 在网页被访问并在下载者的屏幕上构成之前，该网页真的存在吗？当然，包含色情内容的单个"gif"文件在编译并显示在下载者计算机上之前不能是"淫秽的"，必须应用其标准来定义它。不难弄清楚是谁把垃圾扔进了网络空间，但很难说一旦它在那里会发生什么。如果网页位于 A 地，很难确定访问它的美国人是访问 A 地服务器上的网页还是该网页被传输到了美国。

2. 网页的组成部分通常从其他服务器调用，页面的源代码主要由从其他地方调用的图像组成。假设由下载者请求从世界各地提取的数据组成的"站点"将变得更加普遍，那么网页的"非法"部分可能存在于另一个国家或地区的服务器上，而存储于这些国家 / 地区的服务器上的材料与信息是完全合法的。

3. 网页包含的链接大部分可能链接到"位于"其他国家 / 地区的其他页面。其四，即使网页本身没有调用数据，也会向下载者提供指向其他数据的链接，供他"点击"。认为一个包含"位于"20 个不同国家的赌博和色情链接的网页受任何或所有这些国家的法律约束是不合理的。政府可以将创建指向某些网站的链接定为犯罪，但这会制造司法混乱。互联网的交互性活动因随机性和匿名性而变得复杂，上传者和下载者不一定知道对方是谁或在哪里。这种分析的实质性结果是大量看似随机的刑事责任，而不能使国家真正实现对网络空间的有效治理。

三、属人原则的局限性

（一）网络空间活动的管辖对象不易确定

管辖网络不法行为的关键问题是确定"谁是行为主体？"以及"不法行为从何而来？"首先，网络空间的行为主体具有匿名性。其次，网络空间活动及后果具有无形性，导致无法确定行为的开始与结束，行为的发生地与后果发生地也不易确定，因此适用传统管辖权中的属地管辖与属人管辖非常困难。总的来说，确定无国界和无国籍网络空间活动的管辖对象需要解决如下问题：其一，哪些行为属于管辖范围？恶意网络活动大致可以分为网络犯罪、网络战争、网络恐怖主义和网络间谍活动等。根据《中华人民共和国刑法》第 285 条至第 287 条的规定，网络空间不法行为包括非法侵入计算机信息系统、破坏计算机信息系统、拒不履行信息网络安全管理义务、利用计算机实施金融诈骗、盗窃、贪污、挪用公款、窃取国家秘密、非法利用信息网络、帮助信息网络犯罪活动等。在其他国家，网络空间不法行为还包括非法和不适当的内容、网络欺凌和网络跟踪等。然而，掩盖网络犯罪的技术的复杂性才是关键问题。其二，计算机网络的分散性质决定了管辖对象的不确定性。网络空间管辖权的分配上必定会一部分留给国家，一部分留给市场，而其他事情则留给国际治理。这意味着无法就网络活动管辖权问题给出一个明确的答案。

（二）"上传者与下载者法则"的缺陷

公众以两种主要方式参与网络空间互动：将信息上传入网络空间或将信息下载至本地。那么，在网络空间的法律中，有两个不同的参与者："上传者"和"下载者"。上传者将信息放入网络空间中的某个位置，下载者稍后访问这些信息，双方都不需要知道对方的身份。然而，与经典的信息传递不同，上传者与下载者根本不需要任何特定的交流意图，互联网的某些领域被来自世界各地的不计其数的人访问。一个国家可以禁止在自己的领土上上传和下载它认为有损于其利益的信息，因此，一个国家既可以禁止任何人从其领土上加载赌博网站，也可以禁止其领土内的任何人下载，即与网络空间中的赌博网站进行互动。例如，美国的《通信规范法》（CDA）和我国的《网络安全法》都有类似规定。除了一个国家宪法的内部限制之外，毫无疑问，根据国际法，各个国家都有权制定管理从各自领土上传或下载相关内容的法律。如果向一国法院提交了有关将国内法适用于居住在国外的外国国民的实际案例或争议，则法院将不得不考虑该法律的域外适用问题。

长期以来，国际法理论和国家实践一贯采用"绝对的管辖豁免原则"，国家不受另一国管辖，非经该国同意，不受在另一国法院中对其提起的诉讼管辖。这方面最早的也是最著名的案例是 1812 年由美国最高法院审理的"交易号诉麦克法登号"案（*The Schooner Exchange v. McFaddon*）。在该案的判决中，美国最高法院认为："一个主权者在任何方面不从属于另一主权者，它负有最高的义务不把自己或其主权权利置于另一主权者管辖之下，从而贬损其国家的尊严……主权者的这种完全的平等与绝对的独立，以及迫使他们之间进行的相互交往和彼此通好的共同利益……导致每个主权者要放弃行使一部分排他性的领土管辖权，虽然后者（指排他性的领土管辖权）是每一个主权的本质属性。"①此后，美国各级法院一直遵循"交易号诉麦克法登号案"的判例。该案中最终裁定法国军舰虽然在美国港口，但不受美国法律约束。能否将"交易号案"的判例扩展适用于网络空间的管辖问题呢？能否得出结论：对于一个网页的管辖被归于其创建者的国籍，因此不受其下载地点的法律约束？美国的"卡丁"案（*Cutting Case*）提供了一个示例：卡丁先生在德克萨斯州发表了一篇网络文章，为一名墨西哥公民辩护。卡丁先生在墨西哥旅行时，因刑事诽谤罪被监禁。美国国务卿指示美国驻墨西哥大使通知墨西哥政府，"根据国际法规则，墨西哥法院没有资格审判美国公民因在自己的国家的行为而导致的触犯墨西哥法律的罪行，仅仅因为被冒犯的人碰巧是墨西哥人，墨西哥法院对卡丁先生的管辖权不能成立。"②与"卡丁"案相反的是德国"托本"案（*Toben Case*）。德国是最先处理跨国网络案件的国家之一。弗雷德里克·托本是一名澳大利亚人，因为在网络上上传了否认大屠杀的内容，在德国旅游途中被德国法院起诉并判刑。作为服务器位于澳大利亚的"Adelaide Institute"网站上评论文章的作者，其关于大屠杀不真实的陈述，违反了德国《刑法》第130条，传播此种内容损害了德国的公共秩序，因此德国法院主张管辖权。上述两个截然相反的案例可以看出"上传者与下载者法则"在国际司法实践中，各个国家之间存在巨大分歧。

　　（三）"管理员法则"的缺陷

　　国际空间理论始于外层空间、南极和公海的国际法规则。在外层空间，管辖权根据源于载人或无人航天器的登记国籍。在南极，各国基地的管辖权也属

---

①　The Schooner Exchange v. McFaddon, 11 U.S. (7 Cranch) 116 (1812).

②　Letter, Secretary of State to United States Ambassador to Mexico. Department of State, Washington, November 1, 1887 (reprinted in part in, Joseph Sweeney, ET AL., The International Legal System 90-93).

于其登记国。① 公海上，船舶由其国籍国管辖，即"船旗国原则"。使它们相似的不是任何物理特性，而是它们的国际化、无主权的特性。网络空间是否可以与外层空间、南极和公海一样，也看作国际空间呢？许多学者支持这一理论，如果网络空间适用国际空间理论，则明确了一个核心规则——国籍管辖。服务器所在地的国家保留对该国领土内发生的行为的属地管辖权，网络空间的属人管辖意味着一国国民和公司不能通过从外国司法管辖区上传内容来规避国内法，以确保政府对其公民发布的网络空间内容拥有管辖权。因此，国际空间理论将"服务器法则"转化为"管理员法则"（law of sysop）。这可能是一部替代责任法，但它将是一部仅涉及主权及其对管理员的领土管辖权的法律，这在国际法上没有问题。无论上传者的国籍或地点如何，管理员都可能对其有一定控制权的内容承担刑事责任，但上传者仅在位于所在国领土内时或是身为该国国民才承担刑事责任。

对于系统管理员来说，"管理员法则"主要有三个缺陷：其一，可能无法确定材料从哪里上传，或者上传者的国籍。其二，这将在网络空间中将服务器分为两类，"位于"国家领土内的服务器和不在国家领土内的服务器，而所有服务器都可以平等访问。其三，对于支持互联网言论自由的人来说，这也许是最糟糕的，国际空间理论使管理员对他们犯下的任何"罪行"负责。如果通过追究管理员责任来治理网络空间，可能基于对诉讼的恐惧，将催生一个私人的、不受监管的审查制度。很难想象这样的制度会有效地促进国家利益或作为民主基础的言论自由的价值。此外，鉴于可以在一夜之间提供的庞大数据量，监控内容系统几乎是不可能的。一个人往往不能在一天内阅读自己的电子邮件，更不用说监控数千个电子邮件账户。此外，这样的系统对于过度劳累的系统管理员来说似乎是不公正的。因此，各国政府在司法实践中很少采纳"管理员法则"来确定管辖权归属。

四、效果原则的局限性

（一）可能导致"溢出"影响

作为域外管辖权依据核心论点的"效果原则"，是指一个国家有权控制其领土内的事件和保护其公民的权利，这允许它调节域外行为的局部效果。这种调整所产生的局部效果可能在网络空间中被无限放大。首先，由于网络空间地理位置的特殊性，对网络空间的单方面监管可能是域外的；其次，对网络空间

---

① Antarctic Treaty, Dec. 1, 1959, art. VIII § 1, 12 U.S.T. 794, 402 U.N.T.S. 71.

的单边监管的影响很难限于领土范围内，从而产生显著的溢出影响；再次，网络空间的结构使有效的地域管制通知很难实现。就现实空间活动而言，已经确定一个国家基于控制其领土内的事件和保护其公民的权利允许它调节域外行为的局部影响。对网络空间的单边域外监管不同于对现实空间活动的类似监管，因为该监管很可能将在其他司法管辖区具有溢出影响。这些影响是不可避免的，因为网络空间的信息流动同时出现在所有领土管辖范围内。因此，对网络空间活动的旨在产生本土影响的单边领土监管，有时会影响其他国家网络信息的流动和监管。一个国家有权控制其领土内的事件并保护其公民，使其能够调节域外行为对本国的影响。然而在全球化的今天，国家管辖域外行为除了会对本国领域内产生影响外，势必对其他司法管辖区产生溢出影响，并且这种溢出影响是任何特定法律单方面适用于跨国活动的普遍后果。我们生活在一个联系日益密切、有着复杂因果的世界中。一只蝴蝶在巴西扇动翅膀，可以改变地球另一边的天气；中亚土壤中有毒物质会影响墨西哥湾的鱼类数量。在网络空间尤为如此：在全球网络上，所有节点几乎彼此等距，无论它们在实际空间中的位置如何。网络空间中的所有交易都可能跨越国界，都具有地理上不确定的影响。网络空间中的所有行为对世界各地的人和机构都有地理上的广泛影响。

（二）可能导致"不合理责任"

国内法一词通常是指管辖国家政府的国内方面的法律，而国际法侧重于国家之间的关系。这是一个过于简单的断言，因为"严重的"网络不法行为经常涉及国内法与国际法两个法律系统。[①] 国内法通常受属地和国籍原则的限制，属地原则是确定管辖权归属最简单、争议最少的方式，即使在执行方面也是如此。所谓的主观领土管辖权，是由在其领土上开始犯罪行为的国家行使，尽管罪行最终是在第三国领土内完成或产生影响。但是，同样地，在实施这一规定的领土内的国家在起诉罪犯方面也有合法利益。这种兴趣将在所谓的客观领土管辖权的基础上行使。欧洲法院认为效果原则是客观属地原则，而美国学者大多主张效果原则是域外管辖权原则。一些跨国网络案件也表明，客观属地管辖权原则与效果原则的区分在适用于网络时不是很明显。实际上一些法院在做出判决时同时适用了这两个原则，如"法国雅虎"案。客观属地管辖权原则和效果原则之间的区别在网络空间中消失了，因为在一个国家的行为和效果与在另一个国家的结果的区分是很微妙的。

---

① 吴琦："网络空间中的司法管辖权冲突与解决方案"，载《西南政法大学学报》2021年第1期。

2017 年 2 月出版的由北约网络合作卓越中心编写的《网络行动国际法塔林手册 2.0 版》(*Tallinn Manual on International Law Applicable to Cyber Operations*)是国际法专家总结各国实践的国际法网络规则,其中关于网络行动的管辖权规则就是属地管辖权原则,其中第 2 条是客观属地原则,第 3 条是效果原则,区分了客观属地原则和效果原则,但都被列入了属地管辖权原则的范围,而不是域外管辖权原则。从网络活动行为主体的角度来看,让所有网络活动受制于数十个甚至上百个不同且可能相互冲突的法律制度显然是不公平的。因此,效果原则可能导致"不合理的责任"。在没有达成共识的国际解决方案的情况下,普遍存在领土主权的概念允许一个国家调节治外法权行为的局部影响。换句话说,效果原则本身作为一个规范性问题,来源于主权权威,独立于被统治者的同意。任何行为可以合法地由受到行为重大影响的司法管辖区进行管辖,无论参与或受这些行为影响的各方是否同意适用这些司法管辖区的法律。在网络空间中,允许主权者基于这些影响进行监管的原则与主权者只能在获得被监管者同意的情况下进行监管的原则之间将不断发生冲突。虽然网络无政府主义必然导致无序与混乱,然而过于扩张的国家管辖权必然导致作为国际社会组成部分的网络空间成为国家主权竞争的场所,从而同样导致无序。因此,总的来说,在运用法律工具来解决网络空间活动带来的司法困境时,还是应当坚持基本的法治原则与理念。

第三节　数字贸易时代确定管辖权的新路径

一、管辖权依据的新范式

（一）实质性联系

荷兰乌得勒支大学法学院国际法教授塞德里克·林加特在讨论与互联网有关的属地管辖权时指出:在实践中,国家需要有实质性的领土联系才能确立管辖权。这种联系可能包括:

1. 在领土内产生效果。例如,由于被指控的犯罪人故意向特定地域的用户提供内容,或在严重犯罪的情况下,仅仅是对网站的可访问性就可以主张管辖权;

2. 通过已识别的 IP 地址（主观属地原则的变体）确定犯罪者计算机的位置在一国领土范围内。

3. 在本地服务器上存储内容。[①] 林加特教授将管辖权调查集中在服务器的位置这一观点已经受到相当广泛的批评，尤其是考虑到"云计算"的运作方式，很少有人会同意存储在特定国家的服务器上的内容相当于实质性的领土连接。实质性联系要求在国际公法和国际私法中都有明确规定。在国际公法中，讨论"实质联系要求"最知名的案件是"诺特鲍姆"案[②]（Nottebohm Case）和"巴塞罗那电车"案（Barcelona Traction Case）。[③] 事实上，如果存在一项确定管辖权的基本原则，那就是管辖权的主体事项与有关国家的领土基础或合理利益之间的实质性联系。[④]

（二）合法利益

"实质性联系"与"合法利益"要求之间可能存在重叠，但是它们在概念上是不同的。毕竟，不难想象两种需求不重叠的情况。因此，强调"实质性联系"不会自动产生"合法利益"，但是需要指出"合法利益"对于评估管辖权主张的重要性。管辖权的习惯国际法基于一系列关于国家拥有合法起诉利益的法律原则，在大多数刑事案件中，并未明确依赖这些基本原则，因为刑事管辖权的习惯法承认一套可识别的有效管辖权依据。当可以通过援引这些公认的基础之一来证明管辖权合理时，通常情况下，就没有必要重申有关国家合法起诉利益的基本原则。国际公认的管辖权依据通常包括：属地原则、属人原则、保护原则、普遍性原则。事实上，公认的管辖权依据清单本质上是为了反映国家合法起诉利益的不断发展的划分，因此清单实际上不太可能是封闭的。相反，已经得到承认的管辖权基础是无可争议的，而当声称一种新的管辖权基础时必须慎重审视其合法性。从上述论述得出的结论是，合法利益是一个既定的管辖权依据。

（三）利益平衡

利益平衡在法律中是司空见惯的，尤其是在国际法领域。例如，正如联合国国际法院大法官詹姆斯·克劳福德教授指出的，"管辖权的充分理由通常被认

---

① Cedric Ryngaert, *Jurisdiction in International Law*, at79–80（2nd, Oxford University Press, 2015）.

② Nottebohm（Liechtenstein v Guatemala）ICJ Rep 4 et seq（1955）.

③ Barcelona Traction（Belgium v Spain）ICJ Rep 42（1970）.

④ Bruno Simma and Andreas Th Müller, "Exercise and Limits of Jurisdiction" in James Crawford and Martti Koskenniemi（eds）, *The Cambridge Companion to International Law*, at 149（Cambridge University Press, 2012）.

为是相对于其他国家的利益优越性"。① 首先，利益可以被识别。其次，一个国家根据国际法行使管辖权的合法性可能取决于权衡这种行使自身获得的利益与对其他主权国家造成的损害孰轻孰重，这就是确定管辖权归属时要考虑的"利益平衡"问题。在国际公法中的"比例原则"② 和国际私法的"不方便法院原则"（forum non conveniens doctrine）③ 中也可以找到对"利益平衡"作为管辖权新基础的支持。

《美国对外关系法重述（第三版）》〔the Restatement（Third）of US Foreign Relations Law〕第 403 节第 2 和 3 款中阐明的"合理性原则"为"利益平衡"理论提供更充实的支持。众所周知，第 403 节第 2 款列出了用于评估行使管辖权的合理性的标准清单。对个人或活动行使管辖权是否合理取决于评估所有相关因素，在适当情况下包括如下因素：

1. 活动与监管国领土的联系，即活动在该领土内发生的程度，或对该领土或在该领土内产生实质性、直接性和可预见影响的程度；

2. 监管国与受监管活动的主要负责人之间，或该国与监管旨在保护的人之间的联系，如国籍、居住地或经济活动；

3. 受监管活动的性质、监管对监管国的重要性、其他国家监管此类活动的程度以及普遍接受此类监管的程度；

4. 存在可能受到法规保护或损害的合理预期；

5. 相关法规对国际政治、法律或经济体系的重要性；

6. 相关法规在多大程度上符合国际法的传统；

7. 另一国可能对管制活动感兴趣的程度；

8. 与另一国家的监管发生冲突的可能性。

对此，第 403 节第 3 款补充规定，当两个国家对一个人或活动行使管辖权都并非不合理，但两国的规定存在冲突时，每个国家都有义务评估自身，并考虑另一国行使管辖权的利益，如果一个国家的利益明显更大，那么应该服从利益更大的国家。对此，有学者持怀疑态度，例如，国际法学者卡尔·米森表达了这样一种观点，"只要世界继续由多个国家组成，就不会存在就第 403 节第 2

---

① James Crawford, *Brownlie's Principles of Public International Law*, at 456（8ᵗʰedn, Oxford University Press 2012）.

② Cedric Ryngaert, *Jurisdiction in International Law*, at 158-160（2ⁿᵈedn, Oxford University Press 2015）.

③ Dan Svantesson, *Private International Law and the Internet*, at 484–498（3ʳᵈedn, Kluwer Law International 2016）.

款中不同国家对合理性达成一致理解的情形"。^①这种怀疑主义或许有一定道理。但这并没有减损"利益平衡"原则作为是管辖权调查的一个可接受的组成部分。此处并不是建议进行"利益平衡"考察时必须以《美国外交关系法重述（第三版）》内容为指导，仅仅是将其作为一种参考。

《美国外交关系法重述（第三版）》中提出的"合理性"原则与本章提出的"利益平衡"原则有相似之处，不太强调属地性，侧重于诸如活动的性质、对监管国的影响以及监管国和领土国的利益等因素。在一定程度上可以将"利益平衡"原则与"国际礼让"联系起来，"国际礼让"作为对严格应用领土原则的约束，试图调和绝对领土主权原则与国家之间的交往中经常出现的法律冲突。^②必须强调的是，虽然"国际礼让"与"利益平衡"可能存在相似之处，如发挥相似的功能等，但二者还是有区别的。"国际礼让"缺乏统一的解释，以至于一直以来国际社会存在重大分歧。尽管如此，可以从"国际礼让"的国际实践中汲取经验教训，并将之运用在"利益平衡"原则的实践中。此外，本章所讨论的"利益平衡"并没有将"利益"限定于哪种类型的利益，在当前范式下，可以认为这些利益仅限于相互竞争的国家利益，有时也需要同时考虑到，主张管辖权的一方或多方的利益，以及更广泛的国际社会的利益。

虽然关于"利益"的具体种类在此不详加阐释，但是需要注意的是管辖权在何时是一种义务的问题。在某些情况下，根据国际法，国家管辖权的行使也可能是一种义务，而不仅仅是权利或自由裁量权的问题。换言之，国际法中对管辖权的规制不仅需要界定国家权力最大限度的"上限"，而且（在某些情况下）也需要反映国家权力的最低要求的"底线"，即何种情形下国家需要行使管辖权以履行其国际义务。^③事实上，在刑事法律方面已经发现了对此类义务的承认，如"或起诉或引渡"原则，规定国家有义务在某些情况下行使刑事管辖权。有鉴于此，任何管辖权框架都必须考虑到此类管辖义务。应当指出的是，根据国际法行使管辖权的义务可能源于特定的条约承诺和习惯国际法，例如与诉诸司法有关的法律，"利益平衡"原则既可以适用于作为权利的管辖权行使，也适用于作为义务的管辖权行使。例如，如果事项与一国存在实质性联系，并且该国对该事项具有合法利益，则该国可能有义务根据该国的合法利益与其他

---

① Karl M Meessen, *Conflicts of Jurisdiction under the New Restatement*, at47, 50, 59（L &Contemp Probs, 1987）.

② David Johnson and David Post, *Law and Borders—The Rise of Law in Cyberspace*, 48Stan L Rev. 1367, 1392（1996）.

③ Alex Mills, *Rethinking Jurisdiction in International Law*, 84Brit YB Intl L.209（2014）.

利益之间的平衡来行使管辖权。简而言之，作为一方的利益，除非该国行使管辖权，否则将被拒绝诉诸司法。因此，"利益平衡"原则可以同时提供管辖权规制的"底线"和"上限"。

接下来，要特别提及法人或自然人的利益在进行平衡时考虑的因素和强度。"当事人意思自治"是国际私法中的一项传统法律原则，但在国际公法中需要重新考虑，因为这对传统的管辖权观点将产生影响。如果一个国家纯粹基于当事人的同意在民事诉讼中行使管辖权或适用其法律，这很难与传统的国际公法要求相一致，即管辖权必须有实质性的客观联系，通常是领土或国籍。根据这里提出的"利益平衡"原则，"当事人意思自治"可以在根据"利益平衡"原则做出管辖权调查时适用。可以说，基于当事人自治的管辖权只应在法院地与该事项有实质性联系和合法利益的情况下才应得到支持。这种方法最有利于关于"利益平衡原则"提出的法理学框架的完整性。事实上，当事人做出对特定司法管辖区或适用法律的选择，本身就为当事人所青睐的国家创造了与该事项的充分实质性联系和合法利益。需要强调的一点是，这绝不表明法院将被迫支持当事人选择的管辖权或适用法律。

二、融合国际公法与私法

上述关于管辖权依据的新范式的讨论中，已经可以看出国际公法与国际私法存在趋同的迹象，而且上述三个原则实际上也构成了将国际公法和国际私法在管辖权调查时结合在一起考虑的基础。将国际公法与国际私法两个领域合并，在确定网络空间管辖权归属时，既涵盖传统上属于国际私法的范围，也涵盖了国际公法的基本原则，似乎是一个既自然又可取的发展。毕竟，国际公法中出现的管辖权问题与国际私法中出现的管辖权问题比国际公法中的许多其他事项（例如如何解释国际条约的原则）有更多的共同点。公法和私法的目的都是在世界各国之间分配制定和适用法律的管辖权，以规制跨境行为或活动。[①] 可以说，这种国际法中公私区分的做法本质上是一种规范性问题。笔者毫不怀疑，如果能够设法打破公法与私法之间所拟定的界限，网络空间所面临的管辖权挑战，以及当代世界更普遍面临的管辖权挑战很可能会更好、更有效率地得到解决。

国际私法中在确定管辖权归属时所考虑的因素一般可以概括为 11 类，具体如下：①法院地管辖的利益；②其他司法管辖区的利益；③原告的利益；

---

① WP Nagan, *Conflicts Theory in Conflict: A Systematic Appraisal of Traditional and Contemporary Theories*, 3J Intl & Comp L. 343, 367（1981–82）.

④被告的利益；⑤任何相关第三方的利益；⑥原告与法院地的联系；⑦被告与法院地的联系；⑧原告与其他司法管辖区的联系；⑨被告与其他司法管辖区的联系；⑩争议与法院地的联系；⑪ 争议与其他司法管辖区的联系。①

来自不同类别的因素可以通过多种方式进行组合、平衡与加权。例如，如果侵权行为是在法院地国家实施的，法院应主张对侵权纠纷具有管辖权，即侧重于争议与法院地联系的某个方面，同时法院还可以根据原告居住在法院地国审理此类纠纷，即侧重于原告与法院地联系的一个方面。上述各种因素都可以作为管辖依据，但重要的问题是，所有这些因素是否都能够符合本章提出的几项管辖原则的新范式？将上述国际私法的 11 个因素与本章提出的三个管辖原则进行对比，可以发现基本符合（见表 3-1）。

表 3-1　国际私法中的因素

与"实质性联系"原则相关的因素	与"合法利益"原则相关的因素	与"利益平衡"原则有关的因素
原告与法院地的联系	法院地管辖的利益	其他司法管辖区的利益
被告与法院地的联系		原告的利益
争议与法院地的联系		被告的利益
		原告与其他司法管辖区的联系
		被告与其他司法管辖区的联系
		争议与其他司法管辖区的联系

如上所述，本章所提出的三项管辖原则实际上是国际公法和国际私法中的共同原则。至少，表 3-1 中的对比表明，三项管辖原则确实能够顾及国际私法中有关因素的类别，使我们能够根据拟议的判例框架分析现行国际私法规则。这种分析可以看出国际公法与国际私法在确定管辖权归属时可能都存在不足之处，而通过两者的融合，则可以提供有效解决方案。举例来说，假设两个甲国人在网上签订合同，他们都是甲国人，并且都居住在甲国。但是在订约时，合同的一方恰好在乙国旅行，经过几轮讨价还价的电子邮件，合同最终可能被视为在乙国成立。根据乙国法律，如果发生争议，乙国法院可以主张管辖权。虽

---

① Dan Svantesson, *Private International Law and the Internet*, at424（3rdedn, Kluwer Law International 2016）.

然由于合同缔结地在乙国，因此与乙国有某种形式的联系，但这种联系很难被描述为实质性的。最后，根据"利益平衡"原则，可以分析得出其他几个利益可能更为重要。事实上，可能不需要"利益平衡"的分析，因为可以直接以不具有"合法利益"对乙国管辖权主张进行抗辩。

三、调整管辖权分类方法

（一）增设"调查管辖权"

传统管辖权分为：立法管辖权、司法管辖权、执法管辖权。调查措施一般被视为执法管辖权的一个方面，一个国家不得在另一个国家的领土范围进行逮捕、传唤传票、警察或税务调查、执行出示文件的命令，除非根据条约的条款或接受国给予同意。一国不能在没有通知另一国的情况下通过执行国内法对该国的领土采取措施。常设国际法院在"荷花号"案（*Lotus Case, France v. Turkey*）中也确认了这一原则，并补充说，"在这种情况下，所有这些要求一国不应超越国际法对其的管辖规定的限制；在这些限制之外，国家行使管辖权是其主权范围之内的事。"[1] 因此，一国不得在未经另一国同意的情况下在另一国境内执行其刑法，即调查罪犯或逮捕嫌犯。我们可以在此基础上得出结论：调查措施必须被视为执法管辖权的一部分。事实上，这样做毫无意义，尤其是考虑到网络空间如此明显地挑战了传统的地域联系。想象一下，甲国派遣特工进入乙国并绑架乙国的一名公民，以便将他带到甲国的法院，此类事项毫无疑问属于执法管辖范围。然而，当甲国的执法部门合法地获得了属于甲国公民的笔记本电脑，当他们检查该笔记本电脑时，发现了一些相关文件存储在本地笔记本电脑上，而另一些则存储在"云"中，在其他国家的服务器上。这样的事情虽然与第一种情况截然不同，但根据传统管辖权分类方法也属于执法管辖范围。问题很明显：在后一种情况下的管辖权评估中存在的政策考虑与前一种情况中涉及的政策考虑根本不同。或者，重新联系之前提出的内容，在外国领土上进行的绑架相关的管辖权要求对另一国主权的干扰程度，远高于访问位于异国服务器上的文件的管辖权要求引起的干扰程度。因此，后一种情况下的管辖权主张的合理性和合法性比前一种情况下的管辖权主张更难确定，将二者视为受相同管辖权规则的约束是完全站不住脚的。

此外，国际社会已经产生了支持设立单独"调查管辖权"类别的趋势。欧盟议会于 2016 年通过、并于 2018 年生效的 GDPR 中对于地域适

---

① PICJ, Lotus（France v. Turkey）, Judgment of 7 Sept 1927, Series A No.10, atp.19.

用范围进行了灵活的规定：GDPR 适用于在欧盟境内符合"商业存在"（establishment）的组织，只要这些组织的业务机构在欧盟境内的活动中处理个人数据（而不论此类处理行为是否实际发生在欧盟境内）。GDPR 对地域适用范围的灵活处理，扩大了欧盟对境外数据处理行为的管辖权，尤其是在调查措施方面。

具体而言，通过审查欧洲法院最近裁决的一些案件，可以看到将调查管辖权视为一个单独类型的趋势。"韦尔蒂莫公司"案（*Weltimmo v. NAIH*）[①] 中，欧洲法院对"establishment"采取了宽泛而灵活的定义。本案中，"韦尔蒂莫"公司在匈牙利有一名代表，负责对当地债务进行催收，同时，其也代表公司参加行政和司法程序。法院认为，即使"韦尔蒂莫"公司并不设立于匈牙利，但是这样的代表安排足以使得"韦尔蒂莫"公司被认为在匈牙利设有机构。关注点在于企业在欧盟是否具有稳定的营业存在，而非是否在欧盟拥有具有法人资格的分支机构、子公司等法律形式。判断数据控制者、处理者是否在欧盟境内设有"商业存在"，是判断其进行的数据处理行为是否能够适用 GDPR 的重要标准。哪怕非欧盟实体在欧盟境内仅存在一个雇员或代理人，但该雇员或代理人的工作范围为欧盟境内数据处理活动，那么该雇员或代理人即可能构成"稳定的安排"，因此使得该非欧盟实体被认定为"在欧盟境内设有商业存在"。

需要澄清的是，GDPR 之地域适用，旨在根据单一、特定的数据处理行为而一事一议。因此，在欧盟境内设有商业存在，并不意味着其数据控制者或处理者的任何处理行为都应遵守 GDPR 约束，需进一步分析是否"在商业存在的经营活动范围内"的处理行为。为防止对该条款的过宽或过窄解读，针对个案判断时，普遍要求该等商业存在的经营活动与数据控制者、处理者的数据处理活动有不可分割的联系，但并不要求商业存在实质参与数据处理活动。一般而言，商业存在是否有来自欧盟境内的、与面向欧盟公民个人数据处理活动具有关联性的营业收入系判断是否具有该等"不可分割"性的重要标准。

另一个欧洲法院的案例，"施雷姆斯"案（*Maximillian Schrems v. Data Protection Commissioner*）[②] 是一起关于隐私保护的案例。奥地利隐私倡导者施雷姆斯向爱尔兰数据保护专员提出对"Facebook"的诉讼。在诉状中，施雷姆斯先生质疑"Facebook"将他的数据（以及欧盟公民的一般数据）传输到美国，

---

① Weltimmo v. NAIH（CJEU Case C-230/14）.

② Maximillian Schrems v. Data Protection Commissioner（CJEU Case C-362/14）.

该公司在爱尔兰注册成立。爱尔兰高等法院决定中止诉讼程序并将以下问题提交欧洲法院进行初步裁决：国家数据保护监管机构是否可以或是否必须自行调查第三国数据保护的充分性？

欧洲法院于 2015 年 10 月 6 日发布了裁决，同意隐私倡导者的意见并宣布《安全港协议》（*Safe Harbor Agreemont*）无效。法院裁定：①国家数据保护机构有权调查根据欧盟－美国《安全港协议》或根据欧洲委员会就此事项作出的充分性决定达成的任何其他安排下数据传输的充分性；②《安全港协议》应因缺乏充分性而无效。

该案件于 2015 年 10 月 6 日导致欧洲法院宣布欧盟和美国之间于 2000 年达成的调整美国企业出口以及处理欧洲公民的个人数据的《安全港协议》无效。本案的关键问题在于美国法律是否确保对个人数据进行充分保护，正如欧盟法律允许国际数据传输所要求的那样。欧盟《数据保护指令》（*Data Protection Directive*）是体现这一规范的欧盟法律。该指令规定，只有在该国确保相应的数据保护水平的情况下，才能将个人数据传输到第三国，此外还规定，欧盟委员会可能会调查第三国确保足够的保护水平。该案中，欧洲法院认为国家数据保护机构有权调查数据传输的充分性，在一定程度上可以看作支持设立单独"调查管辖权"类别。"调查管辖权"发挥核心作用的例子还有很多，例如，在保护数据隐私方面以及消费者保护等领域，将来也可能扩展到刑法领域。

（二）区分"对事项的管辖权"与"对数据的管辖权"

考虑如何将现有管辖权原则应用于云数据环境方面，有必要在网络空间对管辖权进行区分，一方面是"对事项（被调查活动）的管辖权"，另一方面是"对数据（调查所需证据）的管辖权"。管辖权很可能将始终植根于领土，国家对其领土及其公民享有绝对的主权权力。因此，国家可以规范发生在其领土范围内的行为以及影响其公民的行为，而不管这些行为发生在何处。这意味着一个国家可能合法地主张其对特定数据的管辖权，因为该数据或其控制者位于该国领土内，或者仅仅因为该国的执法需要该数据，而不管数据存储在哪里。这意味着任何国家都可以要求访问它想要的任何数据，在世界任何地方，仅仅因为那里的执法需要这些数据，这将是非常可怕的。因为管辖权主张干扰另一国主权的可能性越大，遏制或限制行使管辖权的理由就越大。当然，不同类型的管辖权主张对其他国家利益的干涉程度不同。传统基于地域的管辖权分类方法在网络空间中既缺乏效率，又更具侵入性。例如，考虑这样一种情况，甲国的执法部门可以合法访问嫌疑人存储在新加坡服务器上的数据。有些人会争辩说，在访问这些数据时，甲国执法部门声称对新加坡领土拥有执法管辖权。但是，我们可能会问，新加坡受到何种程度的干预？ ① 事实上，这种传统上被视为域外执法管辖权的行使对乙国的影响非常有限，在乙国甚至没有人知道是外国执法部门而不是外国账户持有人访问了数据。相比之下，如果甲国规定乙国公民访问、托管或分享任何批评甲国国家足球队的信息是犯罪行为，即使没有行使执法权，这也相当于对乙国主权的重大干涉。因此区分"对事项的管辖权"与"对数据的管辖权"将最大程度协调国家间在网络空间内的执法合作，同时最大程度降低一国行使域外管辖对他国的干涉与影响。

第四节 管辖权在数字贸易中的功能

一、传统领土管辖背景下的数字贸易壁垒

从国际货运到"千兆字节"，国际贸易已经走过了漫长的道路。在信息变得与任何自然资源一样重要的时代，数据仍然受到保护主义的严重限制。无论是出于对隐私和网络安全的担忧，还是出于简单、毫不掩饰的保护主义本能，部分国家可能采取阻碍跨境数据流动、本地化数据和限制数字贸易的政策。这些数字贸易壁垒，如要求将一国公民的数据存储在本国而不是海外服务器上，会增加成本、削弱竞争（尤其是对基于互联网的小型企业而言）并阻碍创新。数据本地化要求和对跨境数据流动的限制，可能比任何其他数字贸易壁垒更阻碍下一代国际贸易（云计算）便利化。云计算提供前所未有的便携性，并允许更快升级和过渡到多个设备。然而，云计算和电子商务的成功很大程度上取决于服务器的全球分布。服务器的缺乏和它们之间的巨大距离可能是造成交付时间迟缓的原因，这会破坏国际贸易。② 因此，数字贸易壁垒不能忽视，最常见的三个数字贸易限制分别是数据本地化、跨境数据流动限制和知识产权侵权。

（一）数据本地化

数据本地化是指要求公司在特定国家或地区范围内从事与数字贸易相关的

---

① Anna-Maria Osula and Mark Zoetekouw, *The Notification Requirement in Transborder Remote Search and Seizure*: *Domestic and International Law Perspectives*, 11（1）Masaryk UJL & Tech. 103（2017）.

② Steven R. Swanson, *Google Set Sail*: *Ocean-Based Server Farms and International Law*, 43 CONN. L. REV. 709, 715, 741（2011）.

活动才能在该国开展业务，有时被称为"数据民族主义"。数据本地化是政府限制数据流从其控制与边界逃脱的一种尝试。数据本地化可以与历史上的互联网边界管制形成对比，以前的控制措施主要是为了防止信息进入一个国家，但本地化则通过防止数据离开来实现国家对数据的有效监管。最常见的本地化措施要求数据存储设施在产生数据的国家或司法管辖区内存储数据。例如，一国要求公司收集的本国公民数据存储在本国境内。鉴于地理不可知论，云计算往往是数据本地化的第一个监管对象。数据本地化要求对服务提供商和消费者来说可能成本高昂。由于在最极端的情况下，本地化可能要求服务提供商在其开展业务的每个司法管辖区构建数据基础设施，因此可以想象这些要求对全球投资和数字贸易发展造成的限制。

（二）跨境数据流动限制

与数据本地化相比，对跨境数据流动的限制包括一系列旨在阻碍信息交换的政策和法规。通过限制可以导出的数据类型以及数据流限制将阻碍广泛的电子商务活动，银行可能无法在国际分支机构之间传输数据，并且大数据分析可能会因关闭信息龙头而受到限制。即使是个人也可能受到跨境数据流限制的影响。例如，"eBay"58%的收入来自美国以外的地区，"Airbnb"在191个国家的6万多个城市开展业务。①跨境数据流限制直接影响数字贸易，威胁到未来几年经济生产力的最大潜在增长之一。

（三）知识产权侵权

互联网贸易为知识产权创造了新的市场，但也导致知识产权侵权行为大量发生。通常，互联网盗版被认为是一种贸易壁垒，包括在国外托管发布盗版内容或将人们连接到此类被盗内容的网站。侵犯知识产权可以有多种形式。很多时候，外国网站会托管盗版或被盗内容。例如，"MP3VA.com"是一个位于俄罗斯和乌克兰的网站，出售未经授权的美国录音。该网站每月的访问量超过860 000次，其中大部分访问量来自美国。②一个类似的网站是"upload.net"，它使用户可以访问不同类型的受版权保护的内容，例如电影、音乐和书籍。在荷兰托管的"uploaded.com"使用一种创造性的安排来实现营利，即用户因盗版和加载到网站的文件而获得收益。鉴于互联网的广泛性和它为侵犯知识产权

---

① See https://expandedramblings.com/index.php/google-plus-statistics/; About Us, AIRBNB, https://expandedramblings.com/index.php/airbnb-statistics/.

② See Office Of The U.S. Trade Representative, 2016 Out-Of-Cycle Review Of Notorious Markets 9（Dec. 2016）https://ustr.gov/sites/ default/ files/2016-Out-of-Cycle-Review-Notorious-Markets. pdf Fhtt.: //ermaccfLMT2-RZ6K.

提供的便利，维权成本异常高昂。

（四）国家保护主义

出于各种原因，各个国家或地区已经颁布了数据流限制和相关的本地化要求。最常见的理由是担心在国外共享数据会使此类数据受到外国政府的监管。这种公共动机源于保护本国公民隐私和保护国内科技、互联网公司。"斯诺登事件"曝光后，包括印度和欧盟在内的国家采取了各种措施来防范美国的监视。[①]"金砖国家"也力图打造一系列全球传输电缆，旨在建设"一个不受美国窃听的网络"。[②]从公民自由的角度来看，将数据集中在某些国家或地区只会使国内机构和执法部门更容易通过更密切地集中公民的数据来监视自己的公民。不论动机如何，许多国家数据立法政策已经显示出保护主义倾向。政府认为，通过限制外国竞争，国内技术产业可能会蓬勃发展。然而，世界各国政府都担心这种逻辑对全球数字经济构成的障碍。OECD已要求各国避免"设置、访问和使用跨境数据设施和功能的障碍"，以"确保成本效益和其他效率"。[③]

二、打破管辖权"单因素联系"，平衡法律与利益

事实上，每个法律问题都可以通过参考法律、事实和利益之间的平衡来解决。在第三节中讨论的关于管辖权依据的新范式中，"实质性联系"和"合法利益"可以看作是相互独立的，因为前者是事实性的而后者是规范性的，"利益平衡"则可以看作是多种因素的权衡。虽然按照传统管辖权分类方法，将管辖权考虑因素作为"单因素测试"，如将重点放在合同形式或服务器的位置上，但这种简单的管辖权考虑在复杂的网络空间中并不适用。首先，真正的"单因素测试"很少能够反映管辖权争议所涉考虑因素的复杂性。因此，它们总是代表了对问题的规范性思考，这可能就是许多看似"单因素测试"实际上依然属于"多因素测试"的原因。例如，考虑基于利益中心的管辖权。表面上看，这似乎是一个"单因素测试"，但只需要触及表面考虑如何确定"利益中心"，就能意识到在这里处理的是一个明显的"多因素测试"，只是将多因素的本质隐藏在单因素的面纱之后。其次，当选择真正的"单因素测试"时，就利益平衡

---

① Anupam Chander&Uyen P. Le, *Breaking the Web: Data Localization vs. the Global Internet*, No.378 Univ. of Cal. Davis Sch. of Law, Working Paper.（2014）.

② Ibid.

③ Org. For Econ. Cooperation And Dev., Oecd Council Recommendation On Principles For Internet Policy Making, http://www.oecd.org/ sti/ieconomy/49258588.pdf [h.LR://perma.cc/BA4E-LLDA.]

而言，已经进行了某种利益因素的权衡。例如，如果执法部门决定是否可以访问存储在另一个国家服务器上的"云"中的数据的问题是通过参考罪犯的国籍，那么隐含地做出了某些价值选择，以平衡利益，有利于某些人而不是其他人。最后，即使选择真正的"单因素测试"也不能保证管辖权归属的可预测性。例如，基于合同订立地点的管辖权，法院既可以认定根据在法院所在国境内订立的合同主张管辖权，仍然可能利用法院地不方便原则等来拒绝审理此事。因此，"单因素测试"在确定管辖权归属时并不能保证整体决策是简单和可预测的，因为我们不可避免地在适当解决法律问题时考虑法律、事实和利益平衡。正因为如此，国际公法和国际私法都充斥着专注于利益平衡的规范性工具，如公共秩序、不方便原则和礼让等。

三、重视"防御性管辖"的作用

上一节关于如何看待管辖权主张的法律价值的论述具有重要意义。处理管辖权问题的标准做法是评估预期可能无法执行的管辖权主张的有害影响，也就是"监管越权"的不利影响。然而，并非所有管辖权主张都同样有可能在实践中得到执行。事实上，尽管意识到它们实际上没有在实践中行使的前景，但还是提出了一些管辖权主张，只是试图预防某种不利影响或阐明特定的法律立场。用英国法学家哈特的术语来说，此类"防御性管辖权"属于用于控制、指导和规范庭外生活的法律类别。或者，此类"防御性管辖权"可能是为了传达特定的社会价值观。相比之下，"进攻性管辖权"主张司法管辖权与执法管辖权得到切实有效地执行。

区分"防御型管辖权"的失败尝试和真正的"进攻性管辖权"的困难使我们想到了必须深入讨论的第一个问题：国家是否并且应该明确他们提出的管辖权主张是"攻击性管辖"或"防御性管辖"？例如，在讨论新加坡《个人数据保护法》（*Personal Data Protection Act*）的域外维度时，新加坡通信信息部（the Ministry of Information, Communications and the Arts）意识到实施该法案可能遇到的挑战。特别是，如果有关组织在新加坡没有"商业存在"，就很难对与该组织的活动的任何投诉进行调查，或对该组织采取任何执法行动。然而，这种覆盖将威慑海外公司不从事可能导致违反新加坡《个人数据保护法》的活动，并为在新加坡开展数据相关业务的本地与海外组织提供相同的待遇。① 因

---

① Public Consultation Issued by Ministry of Information, Communications and the Arts—Proposed Personal Data Protection Bill (19 March 2012) .

此似乎有一种预期，即对域外管辖权的预期争夺，在某种程度上是对"防御性管辖权"的有意识和明确的主张，而不是对"攻击性管辖权"的真正尝试。此外，虽然"澳大利亚消费者法"存在一定的域外适用的范围，但负责执行该法的机构——澳大利亚竞争和消费者委员会（the Australian Competition and Consumer Commission）——似乎在很大程度上将这视为一个简单的"防御性管辖权"，其主张："当消费者在澳大利亚网上商店购物时，所有通常的消费者权利都适用。这些权利也可能适用于消费者通过海外在线业务购买的产品，尽管消费者可能会发现很难获得维修、更换或退款，因为该业务不在澳大利亚。"①

必须注意的是，任何关于是否宣布域外权利主张为"防御性管辖"的决定都必须在权利主张和权利难以实现的风险之间取得平衡。一个国家可能希望通过立法来明确其在特定问题上的立场，即使有效执行相关法律存在困难或实际上不太可能。不论是"防御性管辖"还是"进攻性管辖"，这些法律规范的价值体现在它们所传达的管辖权主张中，这一点无可争议。在国际管辖范围内如此，在具有明确地域限制的国内法范围内也是如此。

谈到数据隐私法，极具影响力的欧盟第 29 条工作组（EU Article 29 Working Group）指出，有一些例子，即使在第三国不会承认和执行判决的情况下，外国互联网服务商可能仍然遵循判决，并调整其数据行为以发展良好的商业惯例和维护良好的商业形象。②"防御性管辖"一个重要作用可以看作提供对特定类型行为的评价标准。因此，即使缺乏执行手段的管辖权主张，对于主张国法律体系的不利影响事实上是很小的，因为难以执行的法律部分不占主导地位甚至接近有关国际法"软法"的特征。可以类比人权的国际法制度，即使这些权利在很多情况下不太能得到有效维护，但是这种具有道义上正当性的法律依然不能也不应该被忽视。

四、以"市场主权"主张代替"国家保护主义"

网络环境造成的执法困难通常包括两方面：一方面难以识别违法方；另一方面难以对域外的违法方执法。与外国执行管辖权要求有关的问题可能源于将外国当事人提交法院的困难，或者与在国外承认判决有关的困难。事实上，我们可能过分关注这些困难，而忽略了为提高管辖权主张的效率而可能采取的大

---

① Australian Competition and Consumer Commission's website.

② Article 29 Working Group, Working Document on Determining the International Application of EU Data Protection Law to Personal Data Processing on the Internet by Non-EU Based Web Sites' （Working Paper 56）.

量国内执法措施。除少数例外，政府可以在其境内使用其强制权力，并通过控制当地中介机构来控制离岸互联网通信、数据流动等网络活动。毕竟，政府在其领土边界内享有的权力可以对离岸网络活动产生重大影响。一个政府决心对超出其直接有效管辖范围的外国网络行为者产生影响，可能会引入"市场破坏措施"来惩罚外国一方。例如，它可能会引入实体法，允许法院由于外国当事人的行为和随后拒绝出庭而作出裁决：

1. 该方当事人不得在有关司法管辖区内进行交易；

2. 欠该方的债务在有关司法管辖区内无法执行；

3. 该政府控制范围内的各方（如法人或公民）不得与外国当事人进行交易。

在国际关系中可以找到与这种"市场破坏措施"相似的现象，例如制裁。制裁系指一个国际行为者或一组此类行为者对另一国际行为者或一组行为者使用或威胁使用经济能力，意图是①惩罚后者违反某一规则，或②预防对方违反一方认为重要的规则。①制裁是通过改变决策者的成本效益计算来支持制裁发起者的首选政策，迫使目标改变行动方针或放弃某些未来行动方针的工具。②国际制裁目的与这里讨论的"市场破坏措施"相类似，在进一步探讨这些措施时，可以从关于制裁的文献中汲取大量材料。举例来说，通过有效地区分"域外债权的域外执行能力"与"域外债权的国内可执行性"就可以一定程度上克服域外管辖执行的致命弱点，尽管域外管辖本身仍然存在缺陷。

（一）"市场破坏措施"能否划定市场主权

国际法之父雨果·格老修斯在划定海上活动的管辖归属时提出以船旗国即真正控制这些船舶以及船舶上人员的国家作为标准。类似的推理可以有效地应用于网络空间中的主权划定。或许可以将注意力转向市场控制——可以称之为"市场主权"——而不是专注于人、行为或物理事物的位置（传统上是出于司法目的而进行地理位置划定的）。或许有人认为，一个国家对网络活动或行为拥有市场主权，因此可以说是正当的管辖权，它可以有效地对该行为所涉及的市场实施"市场破坏措施"。因此，这种市场主权学说代表了一种举措，从基

① Sofie Heine-Ellison, *The Impact and Effectiveness of Multilateral Economic Sanctions: A Comparative Study*, 5 Intl J Hum Rights.81-83（2001）.

② Jason C Nelson, *The United Nations and the Employment of Sanctions as a Tool of International Statecraft: Social Power Theory as a Predictor of Threat Theory Utility*, 29Law & Psychol Rev.105, 111（2005）.

于感知权限的管辖到基于实际控制的管辖，[①] 重要的是，这里强调的是对相关市场的控制，而不是相关行为。

诚然，这里提出的基于市场主权学说的管辖权主张可能会导致无益的过于广泛的管辖权。这可能会产生问题，并可能对拟议的管辖权归属确定产生反作用，尤其是考虑到"域外"法律本质上与民主原则不相容的说法。[②] 同时，如果违反一国法律仅导致此类"市场破坏措施"，外国被告如果不希望遵守该国法律，可以轻松地继续与其他市场打交道。一个国家的法律不会强加于对该法律适用的市场不感兴趣的外国当事人，如果外国当事人真的希望参与相关市场，该外国当事人将不会抱怨必须遵守适用于该市场中所有其他参与者的相同法律。

在大多数情况下，使用"市场破坏措施"将使外国法院承认和执行的必要性变得多余。但是，如果存在这种需要，当然应由每个国家决定是否承认和执行援引对该国一方当事人采取市场破坏措施的外国判决。在许多情况下，这样做也许不会令人反感，因为其效果只是为了预防特定一方进入海外市场。最后，市场主权往往与基于领土或国籍的主权划定相吻合。然而，从概念上讲，市场主权学说是截然不同的：市场主权学说有助于摆脱简单的领土主义思维，同样值得注意的是，市场主权学说在难以确定物理界限的网络空间中可以依然坚持主权概念。

（二）"市场主权"与公平竞争

如果"市场主权"概念得到支持，那么一个国家何时应该基于"市场主权"采取"市场破坏措施"？这个问题涉及相互竞争的利益的艰难平衡。当法律面临此类平衡问题时，通常会依赖于某种形式的相称性评估。同样，比例评估可有效地用于解决国家何时应基于市场主权采取市场破坏措施的问题。在这里，巴西涉及"Facebook"的纠纷就是一个例证。该案件案情为：有人在"Facebook"上发布诽谤性内容，导致一名巴西名人要求在巴西删除这些帖子，"Facebook"未能成功解决此事，法院命令"Facebook"在48小时内删除内容。如果不这样做，将导致"Facebook"在巴西被屏蔽。这个案例表明，必须非常小心地确定比例评估中平衡哪些价值观。法院判决在该案中是否相称？如果平

---

① WP Nagan, *Conflicts Theory in Conflict*: *A Systematic Appraisal of Traditional and Contemporary Theories*, 3J Intl & Comp L. 343, 523（1981–82）.

② Austen Parrish, *The Effects Test*: *Extraterritoriality's Fifth Business*, 61（5）Vanderbilt LR.1456, 1483–89（2008）.

衡声誉损害与在巴西关闭"Facebook"的社会损害，答案是否定的。然而，这种比较是错误的。我们需要把情况分成两部分：第一个相称性评估应询问要求屏蔽诽谤内容的命令是否与声誉损害相称？答案是肯定的。第二个更复杂的相称性评估涉及在"Facebook"不遵守法院的命令时，如果巴西屏蔽"Facebook"是否合适？这里真正比较的是在巴西市场上关闭"Facebook"的社会危害与社会对"Facebook"的需求。如果法院不威胁要关闭"Facebook"，法院有什么影响力让"Facebook"遵守规定？当然可能由其他不那么引人注目的市场破坏措施的威胁开始。无论如何，与传统执法尝试相比，"市场破坏措施"对于确保管辖权执行的作用确实是非常显著的。"市场破坏措施"不会在发生争议时干扰全球的业务运营，而只会影响违规者在相关市场上的经营活动，因此，这是一种更加复杂和有针对性的方法。如果全球活跃的互联网机构发现无法遵守法院命令，它只需放弃相关市场，但可以自由地在其他地方开展业务。因此，各国承诺仅采取"市场破坏措施"而不寻求进一步执法的国际协议将解决网络空间过度监管的问题。

第五节　小　结

本章首先简要介绍了互联网管辖权的历史，其中考虑了关键的法院判决和立法以及互联网治理趋势的变迁。通过对发展历程的概览，可以看出传统管辖权理论和思想在互联网时代的局限性。从政府角度来看，一个重要的问题是如何监管网络空间。因而在国际社会中，伴随着各国网络主权、数据主权的竞争，各国纷纷寻求在域外行使其管辖权，管辖权的冲突问题日渐显著。一个国家在监管网络方面的影响力有多大？对其他国家乃至国际社会将会产生多大的影响？一个缺乏有效监管的网络空间远不如一个受法律管辖的网络空间对人类社会有益。缺乏有效监管与治理必然导致网络空间中无法产生信任，也无法提供安全保障，因此网络空间需要法律规范。适当法律监管下的网络空间跨境互动活动，不仅受国家领土主权管辖，还必须考虑超越国际公法与私法领域的更广泛的国际利益平衡。本章通过系统研究网络空间的国际管辖权基础，探索管辖权归属确定的合理标准，为平衡国家主权保护与数字贸易发展提供理论基础。总而言之，在在线互动受法律管辖的情况下，互联网可以为我们提供更好的服务。

【参考文献】

（一）案例

1.Zippo Mfg. Co. v. Zippo Dot Com, Inc., 952 F. Supp. 1119（W.D. Penn. 1997）.

2.Dow Jones & Company Inc v Gutnick（2002）210 CLR 575.

3.Yahoo! Inc v La Ligue Contre le Racisme et L'Antisemitisme [2001] NDCal 169 F Supp 2d 1181, 22. See, also, Yahoo! Inc v La Ligue Contre le Racisme et L'Antisemitisme [2006] 9th Cir 433 F3d 1199.

4.[2010]joined Cases C-585/08 and C-144/09, para 95.

5.The Schooner Exchange v. McFaddon, 11 U.S.（7 Cranch）116（1812）.

6.PICJ, Lotus（France v. Turkey）, Judgment of 7 Sept 1927, Series A No.10, atp.19.

7.Weltimmo v. NAIH（CJEU Case C-230/14）.

8.Maximillian Schrems v. Data Protection Commissioner（CJEU Case C-362/14）.

9.Nottebohm（Liechtenstein v Guatemala）ICJ Rep 4 et seq（1955）.

10.Barcelona Traction（Belgium v Spain）ICJ Rep 42（1970）.

（二）论文

1."美国《网络空间国际战略》摘要：网络世界的繁荣、安全和开放"，载《中国信息安全》2011 年第 5 期。

2.邢璐："德国网络言论自由保护与立法规制及其对我国的启示"，载《德国研究》2006 年第 3 期。

3.YuliaTimofeeva, *Worldwide Prescriptive Jurisdiction in Internet Content Controversies: A Comparative Analysis*, 20 Connecticut Journal of International Law.199（2005）.

4.吴琦："网络空间中的司法管辖权冲突与解决方案"，载《西南政法大学学报》2021 年第 1 期。

5.Anupam Chander, Uyen P. Le, *Breaking the Web: Data Localization vs. the Global Internet*, No.378 Univ. of Cal. Davis Sch. of Law, Working Paper.（2014）.

6.Sofie Heine-Ellison, *The Impact and Effectiveness of Multilateral Economic Sanctions: A Comparative Study*, 5 Intl J Hum Rights. 81-83（2001）.

7.Jason C Nelson, *The United Nations and the Employment of Sanctions as a Tool of International Statecraft: Social Power Theory as a Predictor of Threat Theory Utility*, 29 Law & Psychol Rev. 105, 111 (2005).

8.WP Nagan, *Conflicts Theory in Conflict: A Systematic Appraisal of Traditional and Contemporary Theories*, 3 J Intl & Comp L. 343, 523 (1981-82).

9.Austen Parrish, *The Effects Test: Extraterritoriality's Fifth Business*, 61 (5) Vanderbilt LR. 1456, 1483-89 (2008).

（三）专著

1.Hitoshi Nasu and Helen Trezise, "Cyber Security in the Asian-Pacific", in Nicholas Tsagouras and Russell Buchan eds., *Research Handbook on International Law and Cyberspace*, at 446-464 (Cheenham: Edward Egar, 2015).

2.Cedric Ryngaert, *Jurisdiction in International Law*, at 79–80 (2nd, Oxford University Press, 2015).

3.Bruno Simma and Andreas Th Müller, 'Exercise and Limits of Jurisdiction' in James Crawford and MarttiKoskenniemi (eds), *The Cambridge Companion to International Law*, at 149 (Cambridge University Press, 2012).

4.James Crawford, *Brownlie's Principles of Public International Law*, at 456 (8th edn, Oxford University Press 2012).

5.Cedric Ryngaert, *Jurisdiction in International Law*, at 158-160 (2nd edn, Oxford University Press 2015).

6.Dan Svantesson, *Private International Law and the Internet*, at 484–498 (3rd edn, Kluwer Law International 2016).

7.Karl M Meessen, *Conflicts of Jurisdiction under the New Restatement*, at 47, 50, 59 (L &Contemp Probs, 1987).

8.Dan Svantesson, *Private International Law and the Internet*, at424 (3rd edn, Kluwer Law International 2016).

9.David Johnson and David Post, *Law and Borders—The Rise of Law in Cyberspace*, 48 Stan L Rev. 1367, 1392 (1996).

10.Alex Mills, *Rethinking Jurisdiction in International Law*, 84 Brit YB Intl L. 209 (2014).

11.WP Nagan, *Conflicts Theory in Conflict: A Systematic Appraisal of Traditional and Contemporary Theories*, 3 J Intl & Comp L. 343, 367 (1981–82).

12.Anna-Maria Osula and Mark Zoetekouw, *The Notification Requirement in Transborder Remote Search and Seizure*：*Domestic and International Law Perspectives*，11（1）Masaryk UJL & Tech. 103（2017）.

13.Steven R. Swanson，*Google Set Sail*：*Ocean-Based Server Farms and International Law*，43 CONN. L. REV. 709，715，741（2011）.

（四）网络文献

1.https：//www.xinhuanet.com/politics/2016-04/20/c_128911200.htm.

2.https：//expandedramblings.com/index.php/google-plus-statistics/；About Us，AIRBNB，https：//expandedramblings.com/index.php/airbnb-statistics/.

3.Office Of The U.S. Trade Representative，2016 Out-Of-Cycle Review Of Notorious Markets 9（Dec. 2016）https：//ustr.gov/sites/ default/ files/2016-Out-of-Cycle-Review-Notorious-Markets.pdf Fhtt.：//ermaccfLMT2-RZ6K.

4.Org. For Econ. Cooperation And Dev.，Oecd Council Recommendation On Principles For Internet Policy Making，http：//www.oecd.org/ sti/ ieconomy/49258588.pdf [h.LR：//perma.cc/BA4E-LLDA.]

5.Article 29 Working Group，Working Document on Determining the International Application of EU Data Protection Law to Personal Data Processing on the Internet by Non-EU Based Web Sites'（Working Paper 56，Last visited on 30 May 2021）.

6.Australian Competition and Consumer Commission's website.（Last visited on April 2021）.

（五）其他法律文件

1.Letter，Secretary of State to United States Ambassador to Mexico. Department of State，Washington，November 1，1887（reprinted in part in，Joseph Sweeney，ET AL.，The International Legal System 90-93）.

2.Antarctic Treaty，Dec. 1，1959，art. VIII § 1，12 U.S.T. 794，402 U.N.T.S. 71.

3.Public Consultation Issued by Ministry of Information，Communications and the Arts—Proposed Personal Data Protection Bill（19 March 2012）.

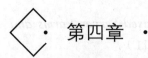

· 第四章 ·

网络安全及相关制度

数字技术的发展大大扩展了互联网的应用范围，同时，也带来了很多安全问题，如计算机病毒、木马病毒、漏洞攻击等，可能会导致数据泄露或被篡改。当前，国家安全既面临着政治安全、国土安全等传统安全问题，又要面对网络安全、数据安全等非传统安全问题。网络空间不是法外之地，网络主权是国家主权在网络空间的自然延伸，扩宽主权领域成为大数据时代维护国家安全的必然趋势。[②]坚持总体国家安全观，是习近平新时代中国特色社会主义思想的重要内容。党的十九大报告强调的统筹发展和安全，是我们党治国理政的一个重大原则。[③]互联网受到攻击会带来严重的损失，例如，勒索病毒要求支付一定额度的赎金才可以正常使用系统，导致许多公司损失了很多的资金为了提高信息安全，人们采用了防火墙、杀毒软件和访问控制列表等安全防御技术。[④]从2015年《国家安全法》施行到2017年《网络安全法》生效，再到2021年《数据安全法》《个人信息保护法》公布，我国正在形成一个全面规范网络安全保护、数据安全保护、个人信息安全保护的基础法律体系。同时，有关网络安全、数据安全、个人信息安全的规范、标准不断发布，保护体系持续完善细化。网络安全渗透于国家安全的各个组成部分。2016年12月27日，国家互联网信息办公室发布《国家网络空间安全战略》，阐明了中国关于网络空间发展和安全

[①] 张丽英，法学博士，中国政法大学国际法学院教授，博士生导师。

[②] 大数据战略重点实验室：《数权法2.0：数权的制度建构》，社会科学文献出版社2020年版，第199页。

[③] "中央网络安全和信息化领导小组第一次会议召开"，载中华人民共和国中央人民政府网站，https://www.gov.cn/ldhd/2014-02/27/content_2625036.htm，最后访问时间：2022年8月6日。

[④] 马浩："基于人工智能的网络安全防御系统设计"，载《电子技术与软件工程》2019年第5期。

的重大立场，[①] 指出"以总体国家安全观为指导，贯彻落实创新、协调、绿色、开放、共享的发展理念，增强风险意识和危机意识，统筹国内国际两个大局，统筹发展安全两件大事，积极防御、有效应对，推进网络空间和平、安全、开放、合作、有序，维护国家主权、安全、发展利益，实现建设网络强国的战略目标"。[②] 2022 年 1 月 12 日，国务院印发《"十四五"数字经济发展规划》，明确将"安全有序"作为基本原则之一，应"牢牢守住安全底线"，在"优化升级数字基础设施"方面，要求建设"安全可控的智能化综合性数字信息基础设施"；在"充分发挥数据要素作用"方面，要求"强化数据安全风险评估""推动基础公共数据安全有序开放"。[③] 本章探讨网络安全的法律规制。

第一节　网络安全基本问题

一、网络安全观与法律的构建

（一）网络安全观

网络空间不是法外之地，网络主权是国家主权在网络空间的自然延伸。我国首次提出"网络主权"概念是在 2010 年国务院新闻办发表的《中国互联网状况》白皮书中，指出"互联网是国家重要基础设施，中华人民共和国境内的互联网属于中国主权管辖范围，中国的互联网主权应受到尊重和维护"。[④] 习近平总书记也在党的十九大报告中强调统筹发展和安全，要坚持总体国家安全观，[⑤] 这里的"时空领域"即从传统安全领域拓展到非传统安全领域，既包括现实领域也涉及虚拟的网络空间。网络空间在给人们带来现实利益和发展潜能的同时，也给人们的安全带来新的威胁和挑战。网络空间以不同于物理空间的特征冲击着传统的国家主权观。传统主权在其范围内具有最高的独立管辖权，不

---

① 王孔祥："党的十九届五中全会启示：系统思维下的网络安全"，载《中国信息安全》2021 年第 1 期。

② 《国家网络空间安全战略》全文"，载 http://www.cac.gov.cn/2016-12/27/c_1120195926.htm，最后访问时间：2021 年 1 月 21 日。

③ "国务院关于印发'十四五'数字经济发展规划的通知"，载 http://www.gov.cn/zhengce/zhengceku/2022-01/12/content_5667817.htm，最后访问时间：2022 年 1 月 20 日。

④ 中华人民共和国国务院新闻办公室："中国互联网状况"，载 http://www.scio.gov.cn/tt/Document/101119441/1011194.htm.，最后访问时间：2022 年 10 月 18 日。

⑤ "在中央网络安全和信息化领导小组第一次会议上的讲话"，载《人民日报》2014 年 2 月 28 日。

受任何来自外部的干预和侵犯，而网络空间具有开放性、平等性，既要共享又需要共治。从外部来看，美国作为互联网发源地，利用其技术和域名管理优势，实行网络霸权威胁他国的网络安全。①

在总体国家安全观下，网络安全观的实现涉及硬安全和软安全两大范畴。②硬安全指有关信息存储、交换的互联网基础设施的安全。硬安全确保了国家的互联网能够存在、运行，是维持一个国家的互联网存在的基础性安全。软安全指网络空间中衍生的网络文化、网络舆论、网络意识形态等的安全。软安全确定着网络交往的规则，维护着国家的主流文化与意识形态。只有两类安全都得到保障，才能保障网络空间的整体安全。网络主权是国家主权在网络空间的自然延伸，国家的网络空间是国家主体的一部分，维护网络安全也是维护国家的安全。

（二）网络安全的法律框架

2015 年，《国家安全法》确立了总体国家安全观，对网络、数据安全和个人信息给予了高度的关注，"网络"一词在该法中出现了 11 次。该法第 25 条规定了信息安全保障体系。依该条规定，国家建设网络与信息安全保障体系，提升网络与信息安全保护能力，加强网络和信息技术的创新研究和开发应用，实现网络和信息核心技术、关键基础设施和重要领域信息系统及数据的安全可控；加强网络管理，防范、制止和依法惩治网络攻击、网络入侵、网络窃密、散布违法有害信息等网络违法犯罪行为，维护国家网络空间主权、安全和发展利益。《国家安全法》为我国"网络安全法"的制定奠定了法律基础。

从 2015 年开始，我国陆续出台并实施了一系列涉及网络安全的法律。2017 年，《网络安全法》颁布实施，成为我国网络安全领域的基础性法律。《网络安全法》较全面和系统地确立了国家有关主管部门、网络运营者、网络使用者在网络安全保护方面的义务和责任，也确立了保障网络设备设施安全、网络运行安全、网络数据安全及网络信息安全的基本制度。在《国家安全法》《网络安全法》等法律的基础上，2021 年颁布的《数据安全法》针对数据安全领域重点问题建章立制，同年颁布的《个人信息保护法》建立个人信息的保护制度，成为完善我国数据治理的"四梁八柱"。几部法律共同搭建起数字经济的"生态保护系统"——《网络安全法》所保护的关键基础设施可以看作是生态系统

---

① 周甄武、王倩茹："论习近平的网络安全观"，载《淮南师范学院学报》2016 年第 6 期。

② 吴姗、王让新："习近平总书记关于网络安全重要论述的科学内涵探析"，载《毛泽东思想研究》2021 年第 2 期。

中的底层土壤,《数据安全法》则是对在基础设施上如江河奔流的数据要素进行保护,《个人信息保护法》的重要作用就是确保由土地河流滋养的草木繁茂、健康成长。① 随着我国涉及网络安全的法律体系不断健全,涉及网络安全的事件也有减少的趋势。依国家互联网应急中心（CNCERT）《2020 年我国互联网网络安全态势综述》报告,2020 年各类网络安全事件同比减少 4.2%。被植入后门网站、被篡改网站等的数量均有所减少,其中被植入后门的网站数量同比减少 37.3%,境内政府网站被植入后门的数量大幅下降,同比减少 64.3%;被篡改的网站数量同比减少 45.9%。② 这也说明随着《网络安全法》等持续发力,我国网络安全状况有所改善。

（三）网络安全的定义

《网络安全法》第 76 条第 2 项对网络安全进行了界定,网络安全是指通过采取必要措施,防范对网络的攻击、侵入、干扰、破坏和非法使用以及意外事故,使网络处于稳定可靠运行的状态,以及保障网络数据的完整性、保密性、可用性的能力。这里的“网络”指由计算机或其他信息终端及相关设备组成的按照一定的规则和程序对信息进行收集、存储、传输、交换、处理的系统。“网络数据”指通过网络收集、存储、传输、处理和产生的各种电子数据。也有学者认为,网络安全（Cyber Security）指保护网络系统或网络空间的硬件、软件及其系统中的数据免受未经授权的访问或攻击的措施,③ 使其不因偶然的或者恶意的原因而遭受破坏、更改、泄露,系统连续、可靠、正常地运行,网络服务不中断。④ 这里网络安全的问题主要有四种,即中断、截获、修改和伪造。“中断”是以可用性作为攻击目标,它毁坏系统资源,使网络不可用。“截获”是以保密性作为攻击目标,非授权用户通过某种手段获得对系统资源的访问。“修改”是以完整性作为攻击目标,非授权用户不仅获得访问而且对数据进行修改。“伪造”是以完整性作为攻击目标,非授权用户将伪造的数据插入到正常传输的数据中。⑤ 虽然称主要问题有四种,但后两项都涉及“完整性”,

① 智库:“《个人信息保护法》出台,完成数字经济领域立法的又一块拼图”,载 https：//www.thepaper.cn/newsDetail_forward_14158904,最后访问时间：2021 年 8 月 28 日。
② 国家互联网应急中心:“《2020 年我国互联网网络安全态势综述》报告”,载 https：//max.book118.com/html/2021/0803/5324200243003322.shtm,最后访问时间：2022 年 3 月 5 日。
③ Definition of cybersecurity, https：//www.merriam-webster.com/dictionary/cybersecurity.
④ 万雅静主编:《计算机文化基础（Windows 7+Office 2010）》,机械工业出版社 2016 年版,第 234 页。
⑤ 甘利杰、孔令信、马亚军:《大学计算机基础教程》,重庆大学出版社 2017 年版,第 152 页。

因此，从能力上来说，就是完整性、保密性、可用性三种能力。依 ISO/IEC 27032：2012，《信息技术－安全技术－网络安全指南》，"网络空间"是通过与之连接的设备和网络，在互联网上的人、软件和服务的交互作用所产生的复杂环境，它不以任何物理形式存在。[①]网络安全是"保护网络空间中信息的机密性、完整性和可用性"。

二、国际电信联盟有关网络安全的目标属性

依国际电信联盟有关网络安全的描述，网络安全致力于确保实现和维护用户资产的安全属性，以抵御网络环境中的安全威胁。用户资产包括连接的计算设备、人员、基础设施、应用程序、服务、电信系统以及网络环境中传输和/或存储的全部信息。安全目标包括以下内容：可用性、完整性、真实性、不可否认性，以及保密性。[②]

（一）可用性

可用性指被授权实体或用户访问并按要求使用网络资源和信息的特性。可用性要防止系统出现拒绝服务的现象，保证信息在需要时能为授权者所用。例如，Internet 蠕虫就是典型的"拒绝服务"攻击。Internet 蠕虫是世界上第一个缓冲区溢出攻击，曾造成全球多台网络服务器瘫痪。Internet 蠕虫利用缓冲区溢出执行非授权指令，甚至取得系统特权，进而进行各种非法操作。[③]蠕虫在网络上大量复制并且传播，占用大量 CPU 处理时间，导致系统越来越慢，直到网络发生崩溃，用户的正常数据请求不能得到处理，出现了拒绝服务的现象。这种破坏网络和有关系统的正常运行等都属于对可用性的攻击。当然，数据不可用也可能是由软件缺陷造成的。

（二）完整性

完整性指数据未经授权不能改变的特性，即信息在存储或传输过程中保持不被修改、不被破坏和不丢失的特性。由于 Internet 是开放的，黑客侵入网络窃取机密数据和盗用特权，或破坏重要数据等都会破坏网络安全所要求的完整性。完整性要求用户、进程或者硬件组件具有能力，能够验证所发送或传送的

---

① ISO/IEC 27032：2012〈 Click to purchase via Amazon — Information technology — Security techniques — Guidelines for cybersecurity，https：//www.iso27001security.com/html/27032.html.

② "再谈 Cybersecurity 的定义"，载 https：//www.it610.com/article/3065137.htm，最后访问时间：2021 年 8 月 30 日。

③ "黑客入门 —Internet 蠕虫（缓冲区溢出攻击）"，载 https：//blog.csdn.net/weixin_45949728/article/details/108897681，最后访问时间：2021 年 8 月 30 日。

东西的准确性，并且进程或硬件组件不会以任何方式被改变。影响数据完整性的主要因素是人为的蓄意破坏，也包括设备的故障和自然灾害等因素。

（三）真实性

真实性要求在网络上发送的信息源是真实的，不是假冒的，这就是用户对通信各方提出的身份认证的要求。真实性要求数据的来源具有正确性和可信性，这就需要首先验证数据是真实可信的，然后再验证数据是否被破坏。在计算机上存储、传输和处理的电子信息，不能像传统的邮件通信那样进行信封保护和签字盖章。信息的来源和去向是否真实、内容是否被改动，以及是否泄露等，在应用层支持的服务协议中均是依协定来维系的。

（四）不可抵赖性

不可抵赖性又称不可否认性，指在网络信息系统的信息交互过程中，确信参与者的真实同一性，即所有参与者都不可能否认或抵赖曾经完成的操作和承诺。"抵赖"这个词指的是不承认与消息有关的举动，即声称消息来自第三方。消息的接收方可以通过数字签名来防止所有后续的抵赖行为，因为接收方可以出示签名，证明信息的来源。利用信息源证据可以防止发信方不真实地否认已经发送信息，利用递交接收证据可以防止收信方事后否认已经接收信息。数据签名技术是解决不可否认性的重要手段之一，数字签名就是附加在数据单元上的一些数据，或是对数据单元所作的密码变换，用以确认数据单元的来源和数据单元的完整性，并保护数据，防止被人（如接收者）伪造。[①]

（五）保密性

保密性指用户对网络上传输的信息不被非授权实体获取与使用，即在网络上传输的个人信息，如银行账号和上网登录口令等不被他人发现；信息不泄露给非授权用户、实体或个人，或供其利用的特性。信息包括国家机密、企业和社会团体的商业机密和工作机密、个人信息等各类信息。网络服务应当包括保密性服务，被保密的信息既包括在网络中传输的信息，也包括存储在计算机系统中的信息。保密性的实现包括对传输信息进行加密处理，存储信息的机密性主要通过访问控制来实现，不同用户对不同数据拥有不同的权限。数据加密技术是保证信息安全的最重要手段，其目的是防止合法接收者之外的人获取信息系统中的机密信息。信息加密是采用数学方法对原始信息进行再组

---

① "数字签名"，载 https://baike.baidu.com/item/ 数字签名 /212550?fr=aladdin，最后访问时间：2021 年 8 月 4 日。

织，使得加密后在网络上公开传输的内容对于非法接收者来说成为无意义的文字，而对于合法的接收者，因为其掌握正确的密钥，可以通过解密过程还原原始数据。

三、网络安全的类型

网络安全包括网络设备安全、网络信息安全、网络软件安全等。从广义来说，凡是涉及网络信息的保密性、完整性、可用性、真实性和可控制性的相关技术和理论，都是网络安全的研究领域。网络安全是一门计算机科学、网络技术、通信技术、密码技术、信息安全技术、应用数学、数论、信息论等的综合性学科。[①] 网络安全由于不同的环境和应用而产生了不同的类型，主要有以下几种：[②]

（一）系统安全

系统安全（System Safety）指保证网络信息处理和传输运行系统的安全过程中，国家应采取有效的控制措施，使系统在规定的性能、时间和成本范围内达到最佳的安全程度，避免因为系统的崩溃和损坏而对运行系统存储、处理和传输的信息造成破坏和损失。由于 Internet 开放性的特点，黑客可能会侵入网络系统，或窃取机密数据和盗用特权，或破坏重要数据，或使系统功能得不到充分发挥直至瘫痪。运行系统安全应防止黑客的侵入。

保护系统安全要从整体电子商务系统或网络支付系统的角度进行安全防护，它与网络系统硬件平台、操作系统、各种应用软件等互相关联。涉及网络支付结算的系统安全包含下述措施：[③] 其一，在安装的软件中，如浏览器软件、电子钱包软件、支付网关软件等，检查和确认未知的安全漏洞。其二，技术与管理相结合，使系统具有最小的穿透风险性。例如，通过诸多认证才允许连通，对所有接入数据必须进行审计，对系统用户进行严格的安全管理。其三，建立详细的安全审计日志，以便检测并跟踪入侵攻击等。

（二）网络信息安全

依国际标准化组织的定义，信息安全为数据处理系统建立和采用技术、管理上的安全保护，为的是保护计算机硬件、软件、数据不因偶然和恶意的原因

---

① "网络安全主要类型"，载 https://www.oh100.com/peixun/wangluojishu/321466.html，最后访问时间：2021 年 8 月 31 日。

② 张万民、王振友主编：《计算机导论》，北京理工大学出版社 2016 年版，第 77 页。

③ 丁春燕：《网络社会法律规制论》，中国政法大学出版社 2016 年版，第 30 页。

而遭到破坏、更改和泄露。[①]网络系统信息的安全包括用户口令鉴别，用户存取权限控制，数据存取权限、方式控制，安全审计，计算机病毒防治等。为了保证网络信息的安全，需要部署入侵检测系统。入侵检测能力是衡量一个防御体系是否完整有效的重要因素，强大完整的入侵检测体系可以弥补防火墙相对静态防御的不足。例如，对来自外部网和校园网内部的各种行为进行实时检测，及时发现各种可能的攻击企图，并采取相应的措施。保证网络信息的安全还应当部署网络防病毒方案，要在整个局域网内杜绝病毒的感染、传播和发作。要在整个网络内可能感染和传播病毒的地方采取相应的防病毒手段。为了有效、快捷地实施和管理整个网络的防病毒体系，应实现远程安装、智能升级、远程报警、分布查杀、集中管理等功能。

（三）信息传播安全

网络上信息传播安全，即信息传播后果的安全，包括信息过滤等。它侧重于防止和控制由非法、有害的信息进行传播所产生的后果，避免公用网络上自由传输的信息失控。网络传播的信息聚散结构使人们传播和获取信息的能力有了前所未有的提高，加速了人际交流和信息流通。网络传播的特点也对传播的成果具有影响：首先，传播的互动性使传播的受众不但可以选择性地接受信息，还可以主动参与到传播过程中，甚至以传播者的身份参与信息的筛选、发布、补充、更改等活动。因此，网络传播的后果也是受众互动的结果。其次，网络传播的兼容性使传播可以是人内传播、人际传播、群体或组织传播、大众传播等类型。多种传播类型会影响信息主观感受和体验，也会影响传播效果。最后，传播信息控制具有分散性。[②]由于传播主体可以自主安排任何浏览、上传和下载等，这也使得传播信息的控制更困难。

（四）信息内容安全

网络上信息内容的安全侧重于保护信息的保密性、真实性和完整性，避免攻击者利用系统的安全漏洞实施窃听、冒充、诈骗等有损合法用户权益的行为。其本质是保护用户的利益和隐私。一个系统漏洞对安全造成的威胁远不限于它的直接可能性，例如，攻击者获得了对系统一般用户的访问权限，就极有可能再利用本地漏洞把自己升级为管理员，此时，攻击者无需通过账

① "ISO标准定义：网络空间安全和其他形式安全的关系"，载 https://www.360doc.com/content/15/0913/08/471722_498794381.shtml，最后访问时间：2021年8月7日。

② "基于网络信息传播安全研究"，载 https://max.book118.com/html/2018/0830/8067072015001122.shtm，最后访问时间：2021年8月14日。

号登录到本地，便可以直接获得远程系统的管理员权限。攻击者在已有本地账号能够登录到系统的情况下，通过攻击本地某些有缺陷的程序等手段，得到系统的管理员权限。[①]攻击者利用服务器的漏洞，取得系统的普通用户存取权限，能够以一般用户的身份执行程序、存取文件。互联网在给我们带来便捷高效的同时，信息内容的安全漏洞也给一些不法分子提供了可乘之机。因此应采用漏洞扫描系统定期对工作站、服务器、交换机等进行安全检查，并根据检查结果向系统管理员提供详细、可靠的安全性分析报告，为提高网络安全整体水平提供重要依据。

虽然《网络安全法》和《数据安全法》都涉及数据，但两者的侧重有所不同。《网络安全法》涉及的是"网络数据"，即"通过网络收集、存储、传输、处理和产生的各种电子数据"，以及"个人信息"。而《数据安全法》则直接将"数据"定义为"任何以电子或非电子形式对信息的记录"，《数据安全法》涉及的数据更广。

四、保护网络安全的技术措施

（一）《互联网安全保护技术措施规定》规定的技术措施[②]

公安部于 2005 年颁布、2006 年实施的《互联网安全保护技术措施规定》（以下简称《技术措施规定》）对互联网安全保护技术措施的相关问题进行了规定：

1. 互联网安全保护技术措施的定义和责任者。《技术措施规定》第 2 条规定，互联网安全保护技术措施是指保障互联网网络安全和信息安全、防范违法犯罪的技术设施和技术方法。第 3 条规定，技术措施落实和保障的责任者是互联网服务提供者、联网使用单位。

2. 互联网服务提供者和联网使用单位应落实的技术措施。《技术措施规定》第 7 条规定，互联网服务提供者和联网使用单位应当落实以下互联网安全保护技术措施：①防范计算机病毒、网络入侵和攻击破坏等危害网络安全事项或者行为的技术措施；②重要数据库和系统主要设备的冗灾备份措施；③记录并留存用户登录和退出时间、主叫号码、账号、互联网地址或域名、系统维护日志的技术措施；④法律、法规和规章规定应当落实的其他安全保

---

① "网络系统的安全漏洞有哪些"，载 https://zhidao.baidu.com/question/233764711.html，最后访问时间 2021 年 8 月 24 日。

② "互联网安全保护技术措施规定（公安部令第 82 号）"，载 https://www.tisi.org/1828，最后访问时间：2021 年 8 月 24 日。

护技术措施。

3．提供互联网接入服务的单位应落实的技术措施。《技术措施规定》第8条规定，提供互联网接入服务的单位除落实本规定第7条规定的互联网安全保护技术措施外，还应当落实具有以下功能的安全保护技术措施：①记录并留存用户注册信息；②使用内部网络地址与互联网网络地址转换方式为用户提供接入服务的，能够记录并留存用户使用的互联网网络地址和内部网络地址对应关系；③记录、跟踪网络运行状态，监测、记录网络安全事件等安全审计功能。

4．提供互联网信息服务的单位应落实的技术措施。《技术措施规定》第9条规定，提供互联网信息服务的单位除落实本规定第7条规定的互联网安全保护技术措施外，还应当落实具有以下功能的安全保护技术措施：①在公共信息服务中发现、停止传输违法信息，并保留相关记录；②提供新闻、出版以及电子公告等服务的，能够记录并留存发布的信息内容及发布时间；③开办门户网站、新闻网站、电子商务网站的，能够防范网站、网页被篡改，被篡改后能够自动恢复；④开办电子公告服务的，具有用户注册信息和发布信息审计功能；⑤开办电子邮件和网上短信息服务的，能够防范、清除以群发方式发送伪造、隐匿信息发送者真实标记的电子邮件或者短信息。

5．提供互联网数据中心服务的单位应落实的技术措施。《技术措施规定》第10条规定，提供互联网数据中心服务的单位和联网使用单位除落实本规定第7条规定的互联网安全保护技术措施外，还应当落实具有以下功能的安全保护技术措施：①记录并留存用户注册信息；②在公共信息服务中发现、停止传输违法信息，并保留相关记录；③联网使用单位使用内部网络地址与互联网网络地址转换方式向用户提供接入服务的，能够记录并留存用户使用的互联网网络地址和内部网络地址对应关系。

6．提供互联网上网服务的单位应落实的技术措施。《技术措施规定》第11条规定，提供互联网上网服务的单位，除落实本规定第7条规定的互联网安全保护技术措施外，还应当安装并运行互联网公共上网服务场所安全管理系统。

（二）实践中常用的网络安全技术措施

网络安全技术措施主要包括加密技术、认证技术、物理措施、网络隔离技术等：

1．加密技术。加密技术是网络安全采取的基本安全保密措施，利用技术手段把重要的数据加密传送，到达目的地后再用相同或不同的手段解密。加密技术分为两类：[①] ①对称加密。对称加密又称私钥加密，其特点是文件加密和解密使用相同的密钥，即加密密钥也可以用作解密密钥；对称加密算法使用起来简单快捷，密钥较短，且破译困难。②非对称加密。与对称加密算法不同，非对称加密算法需要两个密钥：公开密钥（Public Key）和私有密钥（Private Key）。公开密钥与私有密钥是一对，如果用公开密钥对数据进行加密，只有用对应的私有密钥才能解密；如果用私有密钥对数据进行加密，那么只有用对应的公开密钥才能解密。因为加密和解密使用的是两个不同的密钥，所以这种算法叫作非对称加密算法。

2. 认证技术。认证技术是用电子手段证明发送者和接收者身份及其文件完整性的技术，即确认双方的身份信息在传送或存储过程中未被篡改过。认证技术包括：①数字签名。数字签名又称公钥数字签名，是只有信息的发送者才能产生的别人无法伪造的一段数字串，这段数字串同时也是对信息的发送者发送信息真实性的一个有效证明。一套数字签名通常定义两种互补的运算，一个用于签名，另一个用于验证。数字签名是非对称密钥加密技术与数字摘要技术的应用。[②] 数字签名机制提供了一种鉴别方法，以解决伪造、抵赖、冒充、篡改等问题。②数字证书。数字证书又称为数字标识，是经证书授权中心数字签名的包含公钥拥有者信息及公钥的文件数字证书的用户身份标识符。数字证书对网络用户在计算机网络交流中的信息和数据等以加密或解密的形式保证了信息和数据的完整性和安全性。

3. 物理措施。网络安全措施主要包括保护网络安全、保护应用服务安全和保护系统安全等方面，各个方面都要结合考虑安全防护的物理安全措施，如交换机、大型计算机等保护网络关键设备，需要采取防辐射、防火以及安装不间断电源等措施，并制定严格的网络安全规章制度。物理措施包括防火墙、对网络设备的物理保护、Web 服务器、网络支付专用软件系统等。

4. 网络隔离技术。网络隔离（Network Isolation）指把两个或两个以上可路由的网络（如 TCP/IP）通过不可路由的协议（如 IPX/SPX、NetBEUI 等）进行数据交换而达到隔离目的。由于其原理主要是采用不同的协议，所以通常也

---

① 朱学君、沈睿：“密码安全防范相关技术在计算机密码保护中的应用研究”，载 https：//xueshu. baidu.com/usercenter/paper/show?paperid=1486af9b2a07756a72ab276021017b96，最后访问时间：2021 年 8 月 26 日。

② 刘建华主编：《物联网安全》，中国铁道出版社 2013 年版，第 9 页。

叫协议隔离。① 网络隔离技术的目标是确保隔离有害的攻击，在可信网络之外和保证可信网络内部信息不外泄的前提下，完成网间数据的安全交换。隔离网络可以通过多种方式实现，如物理网络隔离，即在两个隔离区（DMZ）之间配置一个网络，让其中的通信只能经由一个安全装置实现。在这个安全装置里面，防火墙及 IDS/IPS 规则会监控信息包来确认是否接收或拒绝它进入内网。② 此外，还有采用不同子网进行隔离、各主机单独运行进行主机隔离、对用户数据资源采取单独规则（Netwotk Area Storage，简称 NAS）存储区的形式进行隔离等。③

5．入侵检测技术。入侵检测是通过对行为、安全日志或审计数据或其他网络上可以获得的信息进行操作，检测到对系统的闯入或闯入的企图。入侵检测是检测和响应计算机误用的学科，其作用包括威慑、检测、响应、损失情况评估、攻击预测和起诉支持。在计算机中安装基于人工智能技术研发的入侵检测软件，将人工智能技术应用于网络安全防御中，可以高度精准地对网络信息进行监测，从而在非常短的时间内快速且准确地判断出网络信息的具体类型，避免客户的网络信息被入侵，由此，中毒事件的发生率也会显著降低。④ 在网络安全防御措施中广泛应用人工智能技术，能有效地改善网络安全防御中存在的主要问题。

五、他国的网络安全立法现状

近年来，各国网络安全领域的立法呈现出爆发之势。由于网络安全越来越同国家安全等密切相关，网络安全立法的国家也在不断扩大，关键基础设施、信息共享、网络人才储备、网络监控等均被纳入其中，最有代表性的就是美国2015 年的《网络安全法案》。本部分主要阐释欧洲、美洲、亚洲具有代表性的网络安全立法，包括美国、欧盟、新加坡的网络安全法。

（一）美国的《网络安全法案》

美国 2015 年的《网络安全法案》是涵盖面较广的网络安全立法。美国

---

① "网络隔离技术"，载 https：//baike.baidu.com/item/ 网络隔离技术 /8277295?fr=aladdin，最后访问时间：2021 年 8 月 26 日。

② Vic（J.R.）Winkler，"Security Criteria：Building an Internal Cloud"，https：//www.sciencedirect.com/topics/computer-science/network-isolation.

③ "网络隔离方案"，载 https：//wenku.baidu.com/view/f419969b5a1b6bd97f192279168884868662b8d7.html，最后访问时间：2021 年 8 月 20 日。

④ 李泽宇："人工智能技术在网络安全防御中的应用探析"，载《信息通信》2018 年第 1 期。

2015 年 12 月通过的《2016 年综合拨款法案》包括了《网络安全法案》。《网络安全法案》由"网络安全信息共享法""国家网络安全促进法""联邦网络安全人力资源评估法"等共 4 章组成，包括关键基础设施、信息共享、网络人才储备、网络监控等内容，是一部组合性的法律。该法所称的"网络安全"包括"信息系统安全"和"数据安全"，首次明确了网络安全信息共享的范围，包括"网络威胁指标"（Cyber Threat Indicator）和"防御性措施"（Defensive Measure）两大类，①关注安全信息共享的参与主体、共享方式、实施和审查监督程序、组织机构、责任豁免及隐私保护规定等。《网络安全法案》的主要内容概括如下：②

1. 对美国国土安全部大力授权。美国《网络安全法案》对美国国土安全部大力授权，使其成为美国网络安全权力架构的核心。首先，法案授权国土安全部为美国网络安全信息共享的枢纽，私营部门向联邦政府机构、联邦政府各机构之间的信息共享与传递均需通过该枢纽。其次，确认国土安全部为网络安全事故应急处置和关键基础设施安全保障的牵头部门，并负责新增的网络安全人才的教育培养。最后，授权在国土安全部下新设国家网络安全和通信一体化中心。

2. 具有一定的域外管辖权。在管辖上，该法具有一定的域外管辖权。依该法规定，在美国法官"确信"有触犯美国法律的情况下，如对美国或美国公民的利益实施了网络犯罪或知识产权犯罪的，可向任何国家网络犯罪分子发布逮捕令，或向国际刑警组织发布国际通缉令（通常称为"红色通缉令"），实施抓捕行动。该法的管辖范围不限于美国境内，可对全球网络安全进行管控，并对网络犯罪分子实施引渡，对没有引渡条约或其他原因不能引渡的国家则通过协商解决。

3. 赋予美国网络服务提供商强大的网络监控权。在监控权上，该法赋予美国网络服务提供商强大的网络监控权，并可采取必要的防御行动。依该法，只要获得书面同意，网络服务提供商可以监控自家网络信息系统，也可以监控其他任何网络服务提供商的信息系统。在信息的形式上，网络服务提供商对"存储在信息系统上的""正处于处理过程中的""途经该信息系统的"三种形态的

① Cybersecurity act, https://www.dni.gov/index.php/ic-legal-reference-book/cybersecurity-act-of-2015.

② 曹军军："解读美国《网络安全法案》"，载 https://net.blogchina.com/blog/article/740052005，最后访问时间：2022 年 1 月 29 日。

数据实施监控。启动监控之后，网络服务提供商可采取该法规定的各项防御措施。该法还授权网络服务提供商与其他主体签订书面协议，授权其代表自己对网络实施监控和采取防御行动。

4. 新设信息共享制度。在信息共享上，该法新设信息共享制度，信息共享包括两条主线：一是私营机构向联邦政府进行信息共享，二是联邦政府各部门之间的信息共享。共享的内容包括安全漏洞、网络威胁迹象、防御措施等。在与国际伙伴合作并与其他相关机构协商方面：①就网络威胁指标、防御措施以及与网络安全风险和事件相关的信息进行合作；②增强全球网络安全的安全性和弹性。与联邦和非联邦实体共享网络威胁指标、防御措施以及与网络安全风险和事件相关的其他信息，包括关键基础设施的各个部门，以及与州和主要城区的融合中心；酌情参加国务院组织的全国性演习；与国防部应急通信办公室协调，评估公共安全通信网络事件的后果、脆弱性和威胁信息，以帮助持续改进此类通信的安全性和弹性。

5. 网络安全教育倡议。在网络安全人员的培养上，法案提出"国家网络安全教育倡议"（*National Initiative for Cybersecurity Education*），新增网络安全人才教育培养部门，由国土安全部、国家标准技术研究院、联邦情报机构牵头，对网络安全和信息技术类人才进行专门培养，设定人员上岗要求，并对网络安全、相关工种进行全国统一职业编码。该法案要求启动全国网络安全紧缺人才的申报和确认工作。具体而言，该法案要求各联邦机构负责人应分别向相应的国会管辖委员会提交报告，说明：①拥有信息技术、网络安全或其他网络相关工作职能的人员中，目前持有"国家网络安全教育倡议"所确定的相应行业认可证书的百分比；②没有证书的其他文职和非文职网络人员参加认证考试的准备程度；③通过对现有人员进行适当培训和认证，缓解①或②条中确定的任何差距的策略。

此外，法案还涉及对移动设备安全、网络医疗、网络金融等领域的安全等前瞻性问题。总体上看，《网络安全法案》是美国立法机构动用国家强制力对网络空间进行规则重塑的一部立法。除此之外，美国还通过一系列立法对涉及基础设施的采购进行安全审查，以排斥对他国设备的采购。例如，2021年11月，美国通过了《安全设备法案》，① 该法案禁止美国联邦通信委员会（Federal Communications Commission，简称FCC）给"对国家安全构成威胁

① "路透社：美国拟通过《安全设备法案》以加强限制华为、中兴"，载 https://www.sohu.com/a/497992565_166680，最后访问时间：2022年2月5日。

数字贸易法通论 ·

的通信设备和服务清单"上的公司颁发设备许可证。在此前的 2019 年 11 月 22 日，美国联邦通信委员会曾投票将中国的华为和中兴通讯认定为"国家安全风险企业"，禁止美国乡村电信运营商客户动用 85 亿美元的政府资金购买这两家公司的设备或服务，要求这些运营商移除和替换现有网络中使用的华为和中兴的设备。美国联邦通信委员会称，禁止从构成国家安全威胁的公司购买设备和服务，是为了维护国家通信网络安全和完整性。[1] 根据《安全设备法案》，华为、中兴通讯等由于被视为有安全威胁的公司，因此，很难从美国监管机构获得新设备许可证。

（二）欧盟《网络安全法案》

欧盟《网络安全法案》（EU Cybersecurity Act）于 2019 年 6 月 27 日正式生效，该法案是欧盟网络安全治理的里程碑事件，为欧洲提供了产品、流程和服务的网络安全认证框架，并加强了对欧盟网络安全机构的授权。该法分为三个部分：前言、正文和附则。前言涉及该法的背景、宗旨、主要内容、适用范围和现实意义等；正文包括对欧盟网络和信息安全署的职能的重新定位、为信息和通信技术等产品新设欧洲网络安全认证框架等；附则包括获得认证资格的评估机构应当满足的条件或要求等。该法的总体要旨与 2016 年《网络与信息系统安全指令》、2018 年 GDPR 及其他相关规范相互支撑，包括下列重点内容：[2]

1. 网络安全职能机构。欧盟《网络安全法案》指定欧洲网络与信息安全局（ENISA）为永久性的欧盟网络安全职能机构，并对其职能进行了调整和扩展，明确了 ENISA 的任务包括：采用欧洲网络安全认证系统的框架，以确保欧盟 ICT 产品、ICT 服务或 ICT 流程的网络安全水平，并避免欧盟内部市场在网络安全认证计划方面产生分歧。在欧盟与各成员国之间的任务界线上，该法同时对任务实施的范围进行了限定，即不得妨碍成员国在国家安全、公共安全、国防及国家刑事领域的管辖权，且不与其他自愿或强制性认证的欧盟法律规定相冲突。为实现整个欧盟一致的网络安全水平，ENISA 要在上述基础上执行该法赋予的各项职权，支持成员国、欧盟机构、机构办事处和机构改善网络安全。

---

① "被列为构成国家安全风险公司，华为中兴又遭美国下禁令'封杀'"，载 https://baijiahao.baidu.com/s?id=1651073122843916187&wfr=spider&for=pc，最后访问时间：2022 年 2 月 6 日。
② 吴沈括："欧盟：网络安全治理的'新规划'"，载 https://www.spp.gov.cn/spp/llyj/201908/t20190824_429711.shtml，最后访问时间：2022 年 1 月 31 日。

2. 网络安全认证制度。《网络安全法案》确立了欧盟网络安全认证制度框架。此前，欧盟无统一的 ICT 产品和服务网络安全认证制度，而是由各成员国自行组织认证。有些成员国有相关认证制度，有些成员国没有，且认证所依据的技术标准也不完全统一，企业同一件产品或服务在不同国家需要重复认证。《网络安全法案》建立了一个欧盟级别的网络安全认证框架，由国家网络安全认证机构颁发网络安全证书，实现欧盟成员国内部的证书相互承认，做到"一次认证，全欧通行"。这是欧盟网络安全领域的一项重要制度革新。[1] 通用的网络安全认证框架能使成员国缩小安全差距，更容易开发具有互操作性的产品，还可增强欧盟范围内消费者对相关认证产品的信任度，并鼓励智能设备的消费和使用。该法列出了网络安全认证框架所需要的基本要素：一是应有国家级的评估机构，以确保他们具备评估产品的技术能力；二是认证框架需明确定义的评估标准和准则，以监控产品是否符合要求，再授予和更新网络安全认证。网络认证框架还要求能够报告和处理以前未检测出的漏洞。

3. 合格评定机构的条件。法案的"附则"规定合格评估机构应满足的条件，共涉及 20 条要求，包括要求合格评定机构是根据国家法律设立的、具有法人资格、独立于其评估的组织或 ICT 产品、ICT 服务或 ICT 流程之外的第三方机构。如果合格评定机构是由公共实体或机构拥有或经营的，则应确保在国家网络安全上的独立性和无任何利益冲突。合格评定机构、其高层管理人员和负责执行合格评定任务的人需经下列人员的授权，即被评估的通信技术产品、通信技术服务或通信技术流程的购买者、所有人、用户或维护者，或其中的任何一方，且不得是设计人员、制造商、供应商、安装人员，不得直接参与设计或制造。合格评定机构的合格评定活动应具有专业诚信和技术能力，不受可能影响其判断或评估活动的外界压力、财务激励等干扰。此外，法案还对负责合格评定人员的标准作出了规定：他们应具有扎实的技术并经过专业培训，充分了解和理解适用的测试要求和标准等。

4. 联合处理跨境事件。该法案在前言部分规定对跨境事件的联合处理，ENISA 应有助于欧盟范围内对危机和跨境事件作出适应网络安全风险规模的全面反应。网络信息攻击往往跨越国界，欧洲药品管理局透露，在 2019 年曾有不明身份的攻击者窃取辉瑞 /BioNTech 的 COVID-19 疫苗数据并泄露至网络。2021 年 3 月，欧洲银行管理局在微软 Exchange 服务器被全球性黑客攻击时，

---

① 张莉："欧盟最新版《网络安全法案》对我国的启示"，载 https://www.fx361.com/page/2019/1121/6037031.shtml，最后访问时间：2022 年 1 月 31 日。

被迫关闭了所有电子邮件系统。[①] 大规模安全事件可能影响整个欧盟的网络基本服务，而网络安全执法当局却主要是国家性的。这就需要在欧盟层面采取有效和协调一致的对策和危机管理，以促进欧洲各国在该领域的团结和互助。为此，欧盟已提议建立一个联合网络单位，以提高成员国应对不断增加的网络攻击的能力。联合网络单位分四个阶段进行建设，最终完成日期为 2023 年6 月。[②]

此外，该法案还对专业化服务、公民网络安全意识等问题进行了规定，要求 ENISA 应定期向欧洲议会通报其活动，并提供相关支持业务合作。在增强公民网络安全意识方面，应发展网络安全和信息文化，营造良好的网络安全氛围。总之，欧盟《网络安全法案》所提出的立法宗旨、治理理念和具体的制度构建、法律措施等，具有里程碑式的重大意义，对他国网络治理法律体系的构建具有一定的借鉴价值。

（三）新加坡《网络安全法》

新加坡是世界上数字连接最多的国家之一，严重的网络攻击对其关键信息基础设施（CIIs）产生重大的影响。新加坡政府于 2015 年 4 月建立了网络安全局，并公布了一项国家网络安全战略，转向加强管控新加坡网络安全的态势。新加坡交通和信息部和网络安全局曾发布联合声明称："有必要通过新的立法，使有关当局采取积极的措施，以保护当地的 CIIs 并迅速对威胁和事件作出反应。"[③]2018 年 2 月 5 日，新加坡议会通过了《网络安全法 2018》（*Cybersecurity Act 2018*），该法旨在建立关键信息基础设施所有者的监管框架、网络安全事件的响应和预防机制、网络安全信息共享机制、网络安全服务许可机制，为新加坡提供一个综合、统一的网络安全法。该法是落实新加坡网络安全战略（Cybersecurity Strategy）的重要举措。此前，新加坡通信部和网络安全局曾于2017 年 7 月 10 日发布《网络安全法案 2017（草案）》，征求公众意见。[④]《网络安全法 2018》是在吸收公众意见的基础上制定的。其主要内容为：

---

① "欧盟提出金融业网络安全事件响应协调框架"，载 https：//www.secrss.com/articles/38846，最后访问时间：2022 年 1 月 31 日。

② "欧盟将组建联合网络机构以应对日益严峻的网络攻击"，载 https：//xw.qq.com/cmsid/20210626A-04O0N00，最后访问时间：2022 年 1 月 31 日。

③ "解读 | 新加坡公布其最新'国家网络安全法'草案"，载 https：//www.sohu.com/a/157036589_631915，最后访问时间：2022 年 1 月 31 日。

④ 公安三所网络安全法律研究中心："新加坡《网络安全法 2018》法案正式通过（附解读）"，载 https：//www.secrss.com/articles/1169，最后访问时间：2022 年 1 月 31 日。

1. 关键信息基础设施的监管框架。CIIs 构建了一个监管框架。在保障系统的责任方面，该法规定了 CIIs 提供者的职责，包括提供关于 CIIs 技术架构的信息、对 CIIs 实施定期的风险评估、遵守执业守则、在事件发生后的规定时间内报告网络安全事件等。在 2017 年征求意见时，公众对于 CIIs 的范围过于宽泛有担忧，官方对此回应：CIIs 是计算机系统供应链上的，为其运行提供支持的计算机系统不会被认定为关键信息基础设施，即数据中心以及云服务不会被认定为是 CIIs。在关键信息基础设施所有者的认定上，草案曾将其规定为"CIIs 具有实际控制力及对其持续运行负责"的主体。公众在征求意见时认为，该认定过于宽泛，终版对于关键信息基础设施所有者（CIIO）的认定更为狭窄，2018 年终版仅将 CIIO 规定为 CIIs 的法定所有者（Legal Owner）。

2. CIIs 所有者的通报义务。根据该法案，为国家安全、国防、外交关系、经济、公共卫生或公共秩序提供基本服务的计算机系统所有者必须通报系统相关网络安全事件，并履行其他法定义务。CIIs 所有者必须遵守行为准则，符合行业标准，进行网络安全审计和风险评估工作，并参与网络安全演习。关键网络安全信息基础设施领域包括能源、交通、医疗保健、银行与金融、航空等。如果 CIIs 所有者未履行相关义务，可能面临最高 10 万新元的罚款，或两年监禁。

3. 网络安全审查和风险评估的频率。该法要求网络安全审查每 2 年至少 1 次，风险评估每年至少 1 次。在网络安全审查和风险评估频率上，草案规定一般为每 3 年至少 1 次。2018 年终版对于网络安全审查和风险评估机制有所调整。风险评估是通过对计算机或计算机系统的搜索，查找网络中的漏洞和危害，评估计算机或计算机的网络安全防御系统，调查和应对网络安全问题，对影响用户计算机的事件进行彻底扫描和检查，识别并移除与网络安全事件的相关的元素，并识别网络安全事件的根本原因。

4. 网络威胁监测机制。CIIO 应对"行业行为准则"（Code of Practice）中列明的威胁建立监测机制。与草案相比，2018 年版的监测范围有所限缩。根据草案的规定，CIIO 应监测"任何网络安全威胁"，终版法案在一定程度上减轻了 CIIO 的义务。这体现了立法者试图在网络安全保护需求和行业发展需求之间谋求平衡。

5. 网络安全服务许可机制。网络安全服务提供商可获取客户的敏感信息，因此，该法规定提供网络安全测试服务或管理网络安全营运的企业必须申请执照。为了减轻网络安全服务人员的负担，该法终稿在一定程度上吸纳了公众意见，明确了个人从事网络安全服务不再需要许可证，以便在行业发展和网络安全之间保持良好的平衡。

6. 赋予政府诸多监管权力。该法案赋予了政府诸多新的权力，如网络安全委员的信息获取权、网络安全委员对于 CIIs 的确定权等。在征求意见时，有意见提出当局的调查会侵犯个人隐私，要求明确是否有相应措施确保调查权不被滥用。在信息的披露上，该法吸收了公众的意见，规定在网络安全委员要求获取信息以确定设施是否属于 CIIs 时，企业或个人有权根据法律、合同以及职业行为准则等的要求，不予披露。而在草案中，合同约定以及职业行为准则并不属于免于履行信息披露义务的依据。[①]

总之，最后通过的法案吸收了公众的诸多意见，以便在网络安全与行业发展上进行平衡，保障政府能够合理行使这些权力，而不侵犯公民和企业的合法利益。

第二节　我国《网络安全法》总则

我国网络安全领域内的根本大法——《网络安全法》于 2017 年 6 月 1 日正式实施，同时，互联网信息办公室所制定的一系列配套行政法规，包括《互联网新闻信息服务许可管理实施细则》、《网络产品和服务安全审查办法（试行）》（已失效）、《互联网信息内容管理行政执法程序规定》于同日生效。随着信息时代的发展，人们在享受互联网红利的同时，也面临网络安全的问题。《网络安全法》第 1 条道出了该法制定的目的，即"为了保障网络安全，维护网络空间主权和国家安全、社会公共利益，保护公民、法人和其他组织的合法权益，促进经济社会信息化健康发展，制定本法"。

一、制定《网络安全法》的必要性

在《网络安全法》实施之前，根据《2016 中国网民网络安全诉求洞察报告》，2016 年的十大网络安全事件，不论国内国外，集中表现为数据泄露，具体手段包括但不限于非法出售、安全入侵等。据统计，CNCERT 在 2015 年共接收境内外报告的网络安全事件 126 916 起，同比增长 125.9%。[②] 在《网络安全法》实施之前，与欧美等各国网络安全领域立法呈现的爆发之势相比，网络安

---

① 公安三所网络安全法律研究中心："新加坡《网络安全法 2018》法案正式通过（附解读）"，载 https://www.secrss.com/articles/1169，最后访问时间：2022 年 1 月 31 日。

② "2016 中国国民网络安全诉求洞察报告》发布（全文）"，载 www.cbdio.com/BigData/2016-09/29/content_5297583.htm，最后访问时间：2021 年 8 月 28 日。

全治理是我国的短板，我国的网络安全法制化水平与发达国家相比还较为落后，这使我国的网络安全容易受到威胁，不时发生境内、境外的网络攻击、植入后门、信息泄露等安全事件，也限制了我国与其他国家的网络安全合作和参与国际网络空间安全治理。《网络安全法》等一系列配套法规的出台弥补了我国网络安全治理的短板。来自国内外的网络安全事件也有了一定的减少。2020 年上半年，CNCERT 接收网络安全事件报告 49 468 件，较 2019 年同期（49 186 件）增长 0.6%。但这个数值与《网络安全法》通过前的 2015 年相比是减少的。截至 2020 年 6 月，61.6% 的网民表示过去半年在上网过程中未遭遇过网络安全问题，较 2020 年 3 月提升 5.2%。网民遭遇各类网络安全问题的比例均有所下降。随着涉及网络安全的配套法律不断健全，涉及网络安全的事件也有所下降。依 CNCERT《2020 年我国互联网网络安全态势综述》报告，2020 年各类网络安全事件同比减少 4.2%；被植入后门的网站数量同比减少 37.3%；境内政府网站被植入后门的数量大幅下降，同比减少 64.3%；被篡改的网站数量同比减少 45.9%。① 这也说明，随着《网络安全法》等持续发力，网络安全状况有所改善。同时，也证明了出台《网络安全法》的必要性。

二、《网络安全法》的基本原则

《网络安全法》是为保障网络安全，维护网络空间主权和国家安全、社会公共利益，保护公民、法人和其他组织的合法权益，促进经济社会信息化健康发展而制定的法律。其基本原则包括：

（一）网络空间主权原则

《网络安全法》第 1 条"立法目的"开宗明义，明确规定要维护我国网络空间主权。网络空间主权是一国国家主权在网络空间中的自然延伸和表现，对内指国家有权独立自主地发展、监督、管理本国互联网事务，对外则指防止本国互联网受到外部入侵、攻击。②《联合国宪章》确立的主权平等原则是当代国际关系的基本准则，覆盖国与国交往各个领域，其原则和精神也应该适用于网络空间。各国自主选择网络发展道路、网络管理模式、互联网公共政策和平等参与国际网络空间治理的权利应当得到尊重。《网络安全法》第 2 条明确规定该法适用于我国境内网络以及网络安全的监督管理。这是我国网络空间主权对

---

① 国家互联网应急中心："《2020 年我国互联网网络安全态势综述》报告"，载 https://max.book118.com/html/2021/0803/5324200243003322.shtm，最后访问时间：2022 年 3 月 5 日。

② 赵鑫鑫："网络空间主权原则的确立与实现"，载《人民法治》2017 年第 9 期。

内最高管辖权的具体体现。同时,《网络安全法》也规定了域外适用,第50条针对来源于境外的有害信息,第75条针对境外危害中国关键信息基础设施的活动,造成严重后果的我国也具有管辖权。有学者认为,网络空间可以简化为"网络设施、网络主体和网络行为"三要素。网络设施所在地域仍然能满足传统属地管辖的地域要求,其管辖权仍然可以采用领土原则,网络主体则可以采取国籍原则,而网络行为则可以从非领土的区域施展,因此,对网络行为应采用"效果原则"。这意味着主权的封闭性需要让位于主权事实上的开放性,[1] 只要网络主体的行为对其领土之内产生了不利影响,无论该行为是否在一国领土之内行使,均应在该国管辖范围之内。网络空间被誉为继陆、海、空、天之后的"第五空间",该空间已突破了地域边界,很多治理问题已超出一国的物理范围,且其关键资源常由非国家行为者和技术团体运行,这就极大地重塑了网络空间的权力格局。因此,网络空间的治理需要新的选项,需要不同于传统的、根植于物理边界的法律规则体系,而不能固守传统地域。主权原则适用于网络空间,需结合网络空间的特定属性作相应调整。"效果原则"对发生于境外,但有损境内利益的行为进行管辖更适当地反映了网络空间新的权力形式。

(二)网络安全与信息化发展并重原则

《网络安全法》第3条明确规定,国家坚持网络安全与信息化发展并重,遵循积极利用、科学发展、依法管理、确保安全的方针,推进网络基础设施建设和互联互通,鼓励网络技术创新和应用,支持培养网络安全人才,建立健全网络安全保障体系,提高网络安全保护能力。该条强调网络安全与信息化发展并重,既要推进网络基础设施建设,鼓励网络技术创新和应用,又要建立健全网络安全保障体系,提高网络安全保护能力。

(三)共同治理原则

网络空间安全仅仅依靠政府是无法实现的,需要政府、企业、社会组织、技术社群和公民等网络利益相关者的共同参与。《网络安全法》坚持共同治理原则,要求采取措施鼓励全社会共同参与,政府部门、网络建设者、网络运营者、网络服务提供者、网络行业相关组织、高等院校、职业学校、社会公众等都应根据各自的角色参与网络安全治理工作。

综上所述,《网络安全法》基本原则包括网络空间主权原则、网络安全与信息化发展并重原则和共同治理原则。行为人违反《网络安全法》的,会被拘

---

① 黄志雄主编:《网络主权论——法理、政策与实践》,社会科学文献出版社2017年版,第103~113页。

留或者处以罚金，或者根据犯罪情节受到起诉，严重的还会判刑。因此，公民要合法使用网络，协同政府积极参与网络安全工作。

三、《网络安全法》的适用范围

（一）原则上境内适用

《网络安全法》第2条规定，在中华人民共和国境内建设、运营、维护和使用网络，以及网络安全的监督管理，适用本法。从这条可以看出，我国《网络安全法》针对的范围是我国境内的一切网络建设、运营、维护和使用。网络的建设涉及诸多内容，包括网站域名注册、网站空间的购买或租赁、网站建设和搭建（包括页面设计、前端开发、后台功能程序搭建）、网站推广等。网络运营的覆盖面很广，包括网络营销、搜索引擎营销、搜索引擎优化、新媒体营销、全网电商等。网络维护包括病毒防治，数据备份，数据整理，故障排除，硬件清洗，维修计算机硬件，恢复计算机系统、计算机网络维护、调试，计算机技术咨询，系统集成，局域网搭建，免费指导等。网络的使用非常广泛，在互联网时代，工作、学习、社会活动方方面面都离不开网络的使用。

（二）部分境外适用的例外

为有效应对来自境外的网络威胁及风险，保障网络主权，立法明确了网络安全管理机构可以采取措施封堵来源于境外的有害信息，加强《网络安全法》的域外效力。《网络安全法》第50条规定，国家网信部门和有关部门依法履行网络信息安全监督管理职责，发现法律、行政法规禁止发布或者传输的信息的，应当要求网络运营者停止传输，采取消除等处置措施，保存有关记录；对来源于中国境外的上述信息，应当通知有关机构采取技术措施和其他必要措施阻断传播。第75条规定，境外的机构、组织、个人从事攻击、侵入、干扰、破坏等危害中国的关键信息基础设施的活动，造成严重后果的，依法追究法律责任；公安部门和有关部门并可以决定对该机构、组织、个人采取冻结财产或者其他必要的制裁措施。

四、《网络安全法》监管机制

《网络安全法》第8条规定了负责网络安全保护和监管的国家机关的职责。国家网信部门负责统筹协调网络安全工作和相关监督管理工作。国务院电信主管部门、公安部门和其他有关机关依照本法和有关法律、行政法规的规定，在各自职责范围内负责网络安全保护和监督管理工作。县级以上地方人民政府有关部门的网络安全保护和监督管理职责，按照国家有关规定确定。该条在监管责任上，明确了"1+X"的监管体制。"1"就是国家网信部门，负责统筹协调网络安全工作和相关监督管理工作；"X"为国务院电信主管部门、公安部门和其他有关机关，这种监管体制符合当前互联网与现实社会全面融合的特点和我国监管需要。

五、网络安全的义务主体

（一）网络运营者

《网络安全法》第9条规定，网络运营者开展经营和服务活动，必须遵守法律、行政法规，尊重社会公德，遵守商业道德，诚实信用，履行网络安全保护义务，接受政府和社会的监督，承担社会责任。依该条，网络运营者应履行网络安全保护义务，接受政府和社会的监督，按照网络安全等级保护制度的要求，保障网络免受干扰、破坏、防止数据泄漏；应签订协议或确认提供服务，应要求用户实名制，不实名则拒绝提供相关服务；应建立健全用户信息保护制度，严禁信息泄漏；应建立网络信息安全投诉、举报制度，并及时处理；应为公安机关、国家安全机关依法维护国家安全和侦查犯罪的活动提供支持和协助；应配合网信等部门的监督检查；应制定应急预案，及时处置风险，发生危害后，采取补救措施；应向主管部门报告。

（二）运营网络或通过网络提供服务者

《网络安全法》第10条规定，建设、运营网络或者通过网络提供服务，应当依照法律、行政法规的规定和国家标准的强制性要求，采取技术措施和其他必要措施，保障网络安全、稳定运行，有效应对网络安全事件，防范网络违法犯罪活动，维护网络数据的完整性、保密性和可用性。依该条规定，网络提供服务者提供的网络产品、服务要符合国家标准的强制性要求，决不能设置恶意程序，发现缺陷、漏洞立即补救，及时告知用户并向主管部门报告，要为产品、服务持续提供安全维护。若网络产品、服务具有收集用户信息功能，应向用户明示并取得同意。遵守《网络安全法》和有关法律法规关于个人信息保护的规定。

（三）网络行业组织

《网络安全法》第11条规定，网络相关行业组织按照章程，加强行业自律，制定网络安全行为规范，指导会员加强网络安全保护，提高网络安全保护水平，促进行业健康发展。网络行业协会是依法成立的非营利性社会团体法人，发挥用户之间的桥梁、纽带作用，协助管理机关加强和规范信息网络工作的管理，推进开展行业自律，实现为会员服务、为行业发展服务，保障信息的社会化和产业化的顺利发展，促进互联网行业健康有序发展的目标。网络行业协会一般由各类网络服务提供商、相关企事业单位等发起组成，例如，北京网络行业协会由北京地区的 ISP、ICP、IDC，从事信息网络安全技术服务以及产品研究开发、生产制造的企事业单位，信息网络重点保护单位和使用单位，上网服务场所等网络行业单位自愿发起组成。[①] 网络行业组织在网络安全上发挥行业协会的优势，加强行业自律，制定网络安全行为规范，从行业组织角度提高网络安全保护水平。

（四）个人、法人和其他组织

《网络安全法》第 12 条规定，国家保护公民、法人和其他组织依法使用网络的权利，促进网络接入普及，提升网络服务水平，为社会提供安全、便利的网络服务，保障网络信息依法有序自由流动。

任何个人和组织使用网络应当遵守宪法法律，遵守公共秩序，尊重社会公德，不得危害网络安全，不得利用网络从事危害国家安全、荣誉和利益，煽动颠覆国家政权、推翻社会主义制度，煽动分裂国家、破坏国家统一，宣扬恐怖主义、极端主义，宣扬民族仇恨、民族歧视，传播暴力、淫秽色情信息，编造、传播虚假信息扰乱经济秩序和社会秩序，以及侵害他人名誉、隐私、知识产权和其他合法权益等活动。

第三节 网络安全产品和服务体系

面对网络安全新形势、新挑战，需要坚持总体国家安全观，并树立正确的网络安全观，有效建立网络安全产品和服务体系。目前，其他国家也越来越重视网络产品和服务的安全，例如，美国参议院在 2020 年 12 月批准了 2019 年《安全和可信电信网络法》（*Secure and Trusted Telecommunications Networks Act*）。[②] 该法将境外网络产品的输入作为重要的规制手段，将国家安全因素作为是否允许购买此类设备的重要影响因素，该法的施行必会影响电信网络设备制造商的出口，安全因素的考量已超出了此前贸易制裁及出口管制的范畴，并形成了新的贸易壁垒。该法是众议院在 2019 年通过的，法案禁止使用联邦资金购买来自被视为具有国家安全威胁公司的电信设备，例如，华为和中兴通讯。

---

① "北京网络行业协会"，载 https://baike.baidu.com/item/北京网络行业协会/3209367?fr=aladdin，最后访问时间：2021 年 9 月 1 日。

② Secure and Trusted Communications Networks Act of 2019, H.R.4998, https://www.congress.gov/bill/116th-congress/house-bill/4998.

为了替换已使用的这些设备，美国联邦通信委员会建立一个 10 亿美元的基金，以帮助美国农村小型通信运营商移除和更换中国制造商提供的网络设备。[①] 为了给设备的替换提供缓冲的时间，美方两次延长允许美国企业与华为之间开展业务的时间。[②] 该法案先后在参众两院通过，显示出美国在进口电信网络设备时，对网络安全的高度重视。

《网络安全法》规定国家网信部门会同国务院有关部门制定网络关键设备和网络安全专用产品目录，目录中的设备和产品应当由具备资格的机构安全认证合格或者安全检测符合要求后，方可销售或者提供。鼓励企业开展网络安全认证、检测和风险评估等。关键信息基础设施的运营者应当自行或者委托网络安全服务机构，开展每年至少一次的安全检测评估。在向境外提供数据时，也应当按照国家网信部门会同国务院有关部门制定的办法进行安全评估。《网络安全法》对网络产品、设备以及服务（以下简称网络产品）的安全审查具体表现在两个方面：一是基于第 23 条的网络关键设备和网络安全专用产品安全认证和检测；二是基于第 35 条的采购网络产品和服务的安全审查。

一、网络产品的安全认证和检测

根据《网络安全法》第 23 条的规定，网络关键设备和网络安全专用产品应依相关国家标准的强制性要求，由具备资格的机构安全认证合格或者安全检测符合要求后，方可销售或者提供。国家网信部门会同国务院有关部门制定、公布网络关键设备和网络安全专用产品目录，并推动安全认证和安全检测结果互认，避免重复认证、检测。

（一）以目录认定网络关键设备和网络安全专用产品

《网络安全法》第 23 条明确了网络关键设备和网络安全专用产品的认定依据，即由国家网信部门会同国务院有关部门制定目录，《网络关键设备和网络安全专用产品目录（第一批）》在《网络安全法》生效当日发布并生效。该目录列了了 4 类网络关键设备和 11 类网络安全专用产品，规定列入目录的设备和产品应当依相关国家标准的强制性要求，由具备资格的机构安全认证合格或

---

① "美国通过法案禁用华为中兴通信设备！拨款 10 亿美元'拆迁'改造"，载 https://baijiahao.baidu.com/s?id=1659778068308369773&wfr=spider&for=pc，最后访问时间：2022 年 3 月 6 日。
② 吴卫明、刘昀东："网络产品安全审查制度及相关合规风险——写于美国关于禁用华为设备的法案获批之后"，载 https://www.allbrightlaw.com/SH/CN/10475/4574a0fa70b264e7.aspx，最后访问时间：2022 年 3 月 6 日。

安全检测符合要求后，方可销售或提供。[①]目录中的"网络关键设备"包括路由器、交换机、服务器（机架式）、可编程逻辑控制器（PLC设备）。目录中的"网络安全专用产品"包括数据备份一体机、防火墙（硬件）、WEB应用防火墙、入侵检测系统、入侵防御系统、安全隔离与信息交换产品（网闸）、反垃圾邮件产品、网络综合审计系统、网络脆弱性扫描产品、安全数据库系统、网站恢复产品（硬件）。

（二）安全认证与检测

《网络安全法》第23条要求，在销售或者提供网络关键设备和网络安全专用产品前，应进行安全认证或者安全检测。从该条规定看，安全认证和检测的效果是一样的，所以为了避免重复认证、检测，会推动认证和检测结果的互认。

关于安全认证的机构，根据2018年3月15日国家认证认可监督管理委员会、工业和信息化部、公安部、国家互联网信息办公室《关于发布承担网络关键设备和网络安全专用产品安全认证和安全检测任务机构名录（第一批）的公告》，[②]目前可以进行"网络关键设备和网络安全专用产品安全认证"的机构只有"中国信息安全认证中心"。网络关键设备和网络安全专用产品经认证合格后报国家认证认可监督管理委员会。可进行"网络关键设备安全检测"的机构有11家，检测符合要求后报工业和信息化部。可进行"网络安全专用产品安全检测"的机构有4家，检测符合要求后报公安部。

二、采购网络产品和服务的安全审查

为提高网络产品和服务安全可控水平，防范网络安全风险，维护国家安全，根据《国家安全法》《网络安全法》等法律法规，国家网络安全和信息化委员会办公室于2017年制定了《网络产品和服务安全审查办法（试行）》，该规定于2020年废止，有关内容适用2022年发布的《网络安全审查办法》。相关内容参见第五章第五节安全审查制度。

---

① "关于发布《网络关键设备和网络安全专用产品目录（第一批）》的公告"，载 http://www.cac.gov.cn/2017-06/09/c_1121113591.htm，最后访问时间：2022年3月6日。

② 国家认证认可监督管理委员会、工业和信息化部、公安部、国家互联网信息办公室："关于发布承担网络关键设备和网络安全专用产品安全认证和安全检测任务机构名录（第一批）的公告"，载 https://www.cac.gov.cn/2022-01/28/c_1644970499612271.htm，最后访问时间：2022年3月6日。

第四节　网络安全等级保护制度

一、网络安全等级保护的法律框架

（一）《网络安全法》首次确立了网络安全等保制度

2017年的《网络安全法》确立了网络安全等级保护（以下简称等保）制度，要求网络运营者按照网络安全等保制度的要求履行一系列安全保护义务。《网络安全法》第21条规定，国家实行网络安全等保制度。网络运营者应当按照网络安全等保制度的要求，履行下列安全保护义务，保障网络免受干扰、破坏或者未经授权的访问，防止网络数据泄露或者被窃取、篡改：①制定内部安全管理制度和操作规程，确定网络安全负责人，落实网络安全保护责任；②采取防范计算机病毒和网络攻击、网络侵入等危害网络安全行为的技术措施；③采取监测、记录网络运行状态、网络安全事件的技术措施，并按照规定留存相关的网络日志不少于6个月；④采取数据分类、重要数据备份和加密等措施；⑤法律、行政法规规定的其他义务。

在《网络安全法》确立网络安全等保制度之前，我国已于2007年实施"信息系统安全"等保制度。2007年6月22日，公安部、国家保密局、国家密码管理局、国务院信息工作办公室（已撤销）发布的《信息安全等级保护管理办法》，以及全国信息安全标准化技术委员会（以下简称信安标委）发布的《信息系统安全等级保护定级指南》（GB/T22240-2008）、《信息系统安全等级保护实施指南》（GB/T25058-2010）和《信息安全技术—信息系统安全等级保护基本要求》（GB/T22239-2008）等国家标准构成了信息系统安全等保制度。网络高速发展十多年后，大数据、物联网、人工智能、区块链等新技术的飞速发展，"信息系统安全"等保制度已明显不适应新的技术、经济环境。《网络安全法》颁布后，信安标委陆续发布规定对原"信息系统安全"等保相关的国家标准进行修订，并使用了"网络安全"等保的表述。从《网络安全等级保护条例（征求意见稿）》及国家标准的修订看，"网络安全"等保并非独立于"信息系统安全"等保的新制度体系，而是"信息系统安全"等保在新技术下的迭代更新。[①]

---

① 周洋、徐颖蕾："揭开'等保'面纱 | 一文读懂《网络安全等级保护条例（征求意见稿）》"，载https://www.zhonglun.com/Content/2018/07-05/1123433961.html，最后访问时间：2021年9月3日。

（二）网络安全等级保护涉及的相关法规

信息安全等级保护制度是国家对基础信息网络和重要信息系统实施重点保护的关键措施，以网络所承载的业务应用的"社会重要性"来确定安全保护等级，对不同等级的系统采用不同的"基线"予以保护并对其实施不同的监管。《网络安全法》首次确立了网络安全等级保护制度，2018 年 6 月 27 日，公安部发布其会同中央网信办、国家保密局、国家密码管理局联合制定的《等保条例》。至此，作为《网络安全法》重要配套制度的网络安全等级保护制度初现轮廓。

2017 年以来，以《网络安全等级保护条例（征求意见稿）》为核心出台了一系列法律法规及国家标准：2017 年的《网络安全法》、2018 年的《网络安全等级保护条例（征求意见稿）》、2019 年的《信息安全技术—网络安全等级保护测评过程指南》、2019 年的《信息安全技术—网络安全等级保护基本要求》、2019 年的《信息安全技术—网络安全等级保护测评要求》，以及2019 年的《信息安全技术—网络安全等级保护安全涉及技术要求》。

二、《网络安全等级保护条例（征求意见稿）》有关网络安全的规定

（一）《网络安全等级保护条例（征求意见稿）》将网络安全等级分为五级

根据《网络安全等级保护条例（征求意见稿）》第 15 条的规定，网络安全等级以社会重要性为分级标准，以网络遭受破坏后损害的利益及损害的程度的不同，将网络安全等级分为五级。不同等级的网络应具备不同的基本安全保护能力。损害的利益分为公民、法人和其他组织的合法权益、社会秩序、公共利益、国家安全。对公民、法人和其他组织的合法权益造成损害的级别最低，对国家安全造成损害的级别最高。该条依损害的程度，将安全等级分为：损害（危害）；严重损害（危害）；特别严重损害（危害）。损害程度越深，级别越高。五级的内容具体如下：

第一级：一旦受到破坏会对相关公民、法人和其他组织的合法权益造成损害，但不危害国家安全、社会秩序和公共利益的一般网络；

第二级：一旦受到破坏会对相关公民、法人和其他组织的合法权益造成严重损害，或者对社会秩序和公共利益造成危害，但不危害国家安全的一般网络；

第三级：一旦受到破坏会对相关公民、法人和其他组织的合法权益造成特别严重损害，或者会对社会秩序和社会公共利益造成严重危害，或者对国家安全造成危害的重要网络；

第四级：一旦受到破坏会对社会秩序和公共利益造成特别严重危害，或者对国家安全造成严重危害的特别重要网络；

第五级：一旦受到破坏会对国家安全造成特别严重危害的极其重要网络。

（二）网络运营者在网络安全等保下应采取的程序性措施

《网络安全等级保护条例（征求意见稿）》规定了一系列企业作为网络运营者应采取的程序性措施：

第 16 条规定了网络定级：网络运营者应当在规划设计阶段确定网络的安全保护等级。当网络功能、服务范围、服务对象和处理的数据等发生重大变化时，网络运营者应当依法变更网络的安全保护等级。

第 17 条规定了定级评审：对拟定为第二级以上的网络，其运营者应当组织专家评审；有行业主管部门的，应当在评审后报请主管部门核准。跨省或者全国统一联网运行的网络由行业主管部门统一拟定安全保护等级，统一组织定级评审。行业主管部门可以依据国家标准规范，结合本行业网络特点制定行业网络安全等级保护定级指导意见。

第 18 条规定了定级备案：第二级以上网络运营者应当在网络的安全保护等级确定后 10 个工作日内，到县级以上公安机关备案。因网络撤销或变更调整安全保护等级的，应当在 10 个工作日内向原受理备案公安机关办理备案撤销或变更手续。

第 19 条规定了备案审核：公安机关应当对网络运营者提交的备案材料进行审核。对定级准确、备案材料符合要求的，应在 10 个工作日内出具网络安全等级保护备案证明。

第 22 条规定了上线检测：新建的第二级网络上线运行前应当按照网络安全等级保护有关标准规范，对网络的安全性进行测试。新建的第三级以上网络上线运行前应当委托网络安全等级测评机构按照网络安全等级保护有关标准规范进行等级测评，通过等级测评后方可投入运行。

第 23 条规定了等级测评：第三级以上网络的运营者应当每年开展一次网络安全等级测评，发现并整改安全风险隐患，并每年将开展网络安全等级测评的工作情况及测评结果向备案的公安机关报告。

第 24 条规定了安全带整改：网络运营者应当对等级测评中发现的安全风险隐患，制定整改方案，落实整改措施，消除风险隐患。

第 25 条规定了自查工作：网络运营者应当每年对本单位落实网络安全等保制度情况和网络安全状况至少开展一次自查，发现安全风险隐患及时整改，并向备案的公安机关报告。

第五节　关键信息基础设施保护制度

关键信息基础设施关涉国家安全和人民生产生活，是国家的重要资产，《网络安全法》对关键信息基础设施运营者在安全保障方面提出了特殊要求。《关键信息基础设施安全保护条例》对关系到国家安全、国计民生、公共利益的关键信息基础设施在网络安全等保制度的基础上实行重点保护。也就是说，当单位的系统被确定为关键信息基础设施后，务必在网络安全等保制度的基础上，实行重点保护。

一、关键信息基础设施保护的必要性

（一）关键信息基础设施关乎国家安全和公众利益

随着信息化建设步伐加快，关键信息基础设施达到相当的规模。这些系统承载着我国各行业的重要业务，正发挥着越来越重要的作用。国家关键信息基础设施包括公共通信、电力系统、广播电视、能源、金融、交通、水利、卫生、社会保障等领域，其安全保护水平直接关系到公众利益、经济秩序和国家安全。

（二）关键信息基础设施遭遇网络攻击的案例

以电力系统为例，委内瑞拉电力系统曾遭遇多次网络攻击。2020年5月5日晚，委内瑞拉国家电网干线遭到攻击，造成全国大面积停电。该事件发生在挫败美国雇佣兵入侵数小时后。2019年3月7日，委内瑞拉全国发生大规模停电，直到8日傍晚，供电部分恢复。但9日中午电力系统又受到新一轮网络攻击，导致再次崩溃。2017年8月初，委内瑞拉就遭受大规模网络攻击，导致数十家政府网站关闭，另外，造成700万手机用户无法使用电信服务。[1]电力系统由于网络攻击的多次崩溃，表明了委内瑞拉电力系统的脆弱性，也提醒人们注意保护此类国家信息基础设施的重要性。2019年10月，印度最大的库丹库拉姆核电站计算机网络遭受外来攻击。该核电站主要由俄罗斯设计和提供反应堆机组，为印度南部电网提供电力。据报道，在过去的30年已发生20多起网络攻击核设施事件。虽然库丹库拉姆核电站反应堆运行没有受到影响，但这一事件再次发出警告：人类社会两个最大的安全风险，即网络攻击与核威慑，正

---

[1] "委内瑞拉遭网络攻击全国停电，他们可能忽视哪些安全威胁？"，载 https://baijiahao.baidu.com/s?id=1627717020525891904&wfr=spider&for=pc，最后访问时间：2022年8月6日。

在发生危险的"碰撞"，其严重后果，完全可能演变为无法控制的人祸。[①]网络强国的示范效应也有可能让恐怖分子掌握先进的网络攻击技术，这些都会对国家的关键信息基础设施安全构成威胁，也使对关键信息基础设施的安全保护进行规制成为必要。

二、关键信息基础设施保护法律框架

（一）以《网络安全法》为关键信息基础设施保护法律基础

《网络安全法》第 31~39 条涉及"关键信息基础设施的运行安全"。《网络安全法》对关键信息基础设施运营者在安全保障方面提出了特殊要求：在人员方面，规定设置专门的管理机构和负责人，对负责人和关键岗位人员进行安全背景审查，定期对从业人员进行教育培训和技能考核；在系统方面，规定对重要系统和数据库进行容灾备份，制定应急预案并定期组织演练；在评估方面，规定每年至少进行一次安全性测评评估，报送相关主管部门；在供应链方面，规定采购可能影响国家安全的网络产品和服务，应当通过国家安全审查，采购双方签订安全保密协议；在数据留存传输方面，规定将运营中收集和产生的公民个人信息和重要业务数据存储在我国境内，因业务需要，确需向境外提供的，应进行安全评估。

（二）《关键信息基础设施安全保护条例》详细阐明相关规定

以《网络安全法》为依据，2021 年 7 月 30 日，国务院发布《关键信息基础设施安全保护条例》，揭开了中国关键信息基础设施安全保护立法进程的新篇章。《关键信息基础设施安全保护条例》详细阐明了关键信息基础设施的范围、运营者应履行的职责以及对产品和服务的要求，对政府机关、国家行业主管或监管部门，能源、电信、交通等行业，公安机关以及个人进行要求，明确了关键信息基础设施范围，规定运营者安全保护的权利和义务及其负责人的职责，要求建立关键信息基础设施网络安全监测预警体系和信息通报制度，违反该条例将会受到行政处罚、判处罚金甚至要承担刑事责任。

三、关键信息基础设施的定义

（一）《网络安全法》之前的关键信息基础设施的范围

我国在 2003 年时提出"重点保障基础信息网络和重要信息系统安全"，并

---

① "印度核电站遭网络攻击，人类面临新核风险"，载 https://www.163.com/war/article/EVA7652G000181KT.html，最后访问时间：2021 年 9 月 3 日。

通过实践明确了基础信息网络是广电网、电信网、互联网，重要信息系统是银行、证券、保险、民航、铁路、电力、海关、税务等行业的系统，即俗称的"8+2"。广电网指广播电视信息网络，电信网指构成多个用户相互通信的多个电信系统互联的通信体系，互联网指网络与网络之间所串连成的庞大网络。这些网络以一组通用的协议相连，形成逻辑上的单一巨大国际网络。关键信息基础设施是经济社会运行的神经中枢，是网络安全的重点保护对象。针对保护对象认定体系化的整体工作必然需要国家网信部门、国务院、公安部门、保护工作部门、运营者之间的共同协商和协作配合。

（二）关键信息基础设施的定义

《网络安全法》首次明确了关键信息基础设施的原则性范围，该法第31条规定："国家对公共通信和信息服务、能源、交通、水利、金融、公共服务、电子政务等重要行业和领域，以及其他一旦遭到破坏、丧失功能或者数据泄露，可能严重危害国家安全、国计民生、公共利益的关键信息基础设施，在网络安全等级保护制度的基础上，实行重点保护。"这是我国首次在法律层面提出"关键信息基础设施"的概念，明确了关键信息基础设施涉及的主要行业和领域，为我国明确关键信息基础设施的定义范畴提供了法律依据，[①]是开展关键信息基础设施安全保护的基础。

2021年《关键信息基础设施安全保护条例》进一步明确了关键信息基础设施的定义，第2条规定，本条例所称关键信息基础设施，是指公共通信和信息服务、能源、交通、水利、金融、公共服务、电子政务、国防科技工业等重要行业和领域的，以及其他一旦遭到破坏、丧失功能或者数据泄露，可能严重危害国家安全、国计民生、公共利益的重要网络设施、信息系统等。《关键信息基础设施安全保护条例》对关键信息基础设施采用了"非穷尽列举＋概括式"的定义方式。上述定义与《网络安全法》中对关键信息基础设施的定义相似，仅在列举的行业和领域中增加了"国防科技工业"。在关键基础设施的认定上，依《网络安全法》"谁主管谁负责"的原则，《关键信息基础设施安全保护条例》第8条规定重要行业和领域的主管部门、监督管理部门是负责关键信息基础设施安全保护工作的部门。第9条规定保护工作部门结合本行业、本领域实际，制定关键信息基础设施认定规则，并报公安部门备案。该条还明确了制定认定规则应当主要考虑的因素包括网络设施、信息系统等对于本行业、本领域关键

---

① "《网络安全法》促进国家关键信息基础设施安全保护新发展"，载 http://www.cidf.net/2016-11/14/c_1119908496.htm，最后访问时间：2022年8月6日。

核心业务的重要程度，网络设施、信息系统等一旦遭到破坏、丧失功能或者数据泄露可能带来的危害程度，对其他行业和领域的关联性影响。从各国情况来看，关键信息基础设施的范围遵循的是保密清单制度，如对其加以公开则可能在国家安全方面"自曝"关键点，因此，从安全与发展的角度考虑，关键信息基础设施的名单不能处于完全公开的状态，《关键信息基础设施安全保护条例》除了确定主要因素外，将具体范围的认定交由行业主管部门，采取了一种更灵活的方式，以应对不断出现的非传统安全风险。

四、关键信息基础设施的监管责任与保护义务

（一）关键信息基础设施安全的监督管理

《关键信息基础设施安全保护条例》第3条规定，在国家网信部门统筹协调下，公安部门负责指导监督关键信息基础设施安全保护工作。国务院电信主管部门和其他有关部门依照本条例和有关法律、行政法规的规定，在各自职责范围内负责关键信息基础设施安全保护和监督管理工作。省级人民政府有关部门依据各自职责对关键信息基础设施实施安全保护和监督管理。[1]

（二）制定关键信息基础设施认定规则应考虑的因素

《关键信息基础设施安全保护条例》第9条规定，保护工作部门结合本行业、本领域实际，制定关键信息基础设施认定规则，并报公安部门备案。制定认定规则应当主要考虑下列因素：①网络设施、信息系统等对于本行业、本领域关键核心业务的重要程度；②网络设施、信息系统等一旦遭到破坏、丧失功能或者数据泄露可能带来的危害程度；③对其他行业和领域的关联性影响。[2]

（三）对关键信息基础设施的安全保护义务

《网络安全法》第34条对关键信息基础设施运营者的安全保护义务进行了规定，关键信息基础设施的运营者应当履行下列安全保护义务：①设置专门安全管理机构和安全管理负责人，并对该负责人和关键岗位的人员进行安全背景审查；②定期对从业人员进行网络安全教育、技术培训和技能考核；③对重要系统和数据库进行容灾备份；④制定网络安全事件应急预案，并定期进行演练；⑤法律、行政法规规定的其他义务。

---

[1] 《关键信息基础设施安全保护条例》第3条。

[2] 《关键信息基础设施安全保护条例》第9条。

【参考文献】

1. 吴姗、王让新："习近平总书记关于网络安全重要论述的科学内涵探析"，载《毛泽东思想研究》2021 年第 2 期。

2. 朱绿尘："学习网络安全法，保障校园网络安全"，载《法制博览》2021 年第 1 期。

3. 肖利："浅谈《网络安全法》的实施困难及解决策略"，载《大陆桥视野》2021 年 5 期。

4. 王孔祥："党的十九届五中全会启示：系统思维下的网络安全"，载《中国信息安全》2021 年第 1 期。

5. 陈禹衡："网络安全战略规划的理论阐述、实践展开与路径整合"，载《大连海事大学学报（社会科学版）》2021 年第 5 期。

6. 习近平：《习近平谈治国理政》（第三卷），外文出版社 2020 年版。

7. 周瑞珏："日本网络安全信息共享的制度框架与模式特征研究"，载《科技与法律》2020 年第 6 期。

8. 康一鑫、张林山、白雪莹："基于金融科技风险管控视角下的网络安全攻防演练研究"，载《金融电子化》2020 年第 12 期。

9. 陈宗旺："强化网络安全意识，践行法治要求 —— 网络安全法三年的实践与思考"，载《中国信息安全》2020 年第 6 期。

10. 王健铮、李宗建："网络法治下《网络安全法》的法律实践研究"，载《现代农业研究》2019 年第 7 期。

11. 马浩："基于人工智能的网络安全防御系统设计"，载《电子技术与软件工程》2019 年第 5 期。

12. 李泽宇："人工智能技术在网络安全防御中的应用探析"，载《信息通信》2018 年第 1 期。

13. 逄欣雨："人工智能技术在网络空间安全防御中的应用"，载《电子技术与软件工程》2018 年第 15 期。

14. 黄志雄主编：《网络主权论 —— 法理、政策与实践》，社会科学文献出版社 2017 年版。

15. 赵鑫鑫："网络空间主权原则的确立与实现"，载《人民法治》2017 年第 9 期。

16. 周甄武、王倩茹："论习近平的网络安全观"，载《淮南师范学院学报》2016 年第 6 期。

第五章 ·
数据安全法及相关制度

张丽英[①]

  数据已渗透到当今生产生活的诸多领域，并且正在成为经济社会发展的新驱动力。然而，如没有适当的数据安全策略，数据也会带来安全问题及负面影响。"棱镜门"事件暴露了美国情报机关正在利用大数据技术对全球通信系统和互联网实行全面的实时监控，进行大数据采集、挖掘、分析、关联，引发世界信息安全危机。[②] 该事件表明，不加密的数据是不安全的，容易造成泄密事件，"棱镜门"事件引发了人们对数据安全威胁的关注。2017 年，美国信用评估巨头 Equifax 遭黑客攻击，导致美国一半人口的个人信息被泄露。[③] 从刑事层面上看，网络犯罪分子的网络攻击会严重影响数据完整性和大数据系统的性能，黑客的侵入可以威胁金融财务的安全。云安全不足也可能是一个潜在的安全威胁，网络罪犯分子已经破坏了许多知名公司的云数据。如果存储的数据没有加密，并且没有适当的数据安全性，黑客就可以轻松访问敏感数据。[④] 各类数据迅猛增长，对经济、社会和人民生活都产生了重大、深刻影响。数据安全已成为事关国家安全与社会经济发展的重要课题。

  2021 年 6 月 10 日，全国人民代表大会常务委员会通过了《数据安全法》，该法于 2021 年 9 月 1 日施行。《数据安全法》共 7 章 55 条，是我国将数据作为独立保护对象的法律。《数据安全法》聚焦数据安全领域的风险隐患，重点

---

① 张丽英，法学博士，中国政法大学国际法学院教授，博士生导师。
② 周济："'棱镜门'事件后的大数据安全思考"，载 https://d.wanfangdata.com.cn/periodical/ zgxxaq201309054，最后访问时间：2021 年 9 月 1 日。
③ 刘宇："金融科技时代数据安全治理问题与建议"，载《网络空间安全》2019 年第 4 期。
④ "大数据的安全问题有哪些"，载 http://www.zcmorefun.com/xyxw/1429.jhtml，最后访问时间：2021 年 8 月 24 日。

对各行业各部门各地区职责、数据分类分级保护制度、数据安全风险评估、安全风险报告、信息共享、监测预警机制、数据安全应急处理机制、数据安全审查制度、数据跨境流转等方面问题进行了提纲挈领的规定，形成了我国数据安全的顶层设计，但有些制度仍需要其他相关配套法规规章进一步落实和明确。

第一节　《数据安全法》的立法定位

一、数据主权与国家安全

（一）数据主权是网络主权的核心内容

前述在《网络安全法》部分涉及了网络主权，《数据安全法》则涉及数据主权。数据主权是网络主权的核心内容。网络主权和数据主权都是国家主权在"第五空间"的延伸，是国家主权适应新时代发展对主权理论的丰富。两者有区别也有联系，但侧重点不同：网络主权更加强调主权的范围，数据主权是国家经济主权的体现，更强调对数据这一特殊资源的控制与利用。[1]数据的流动影响着数据主权的行使，而数据主权对数据流动的管理和控制能力影响着网络主权的行使。[2]传统的国家主权定义于有形空间上，如领土、领海、领空等。依靠科技掌握的太空控制权被理解为国家主权的第四空间（或称领宇），计算机代码控制的互联网网络空间被称为"第五空间"（或称领网），[3]该空间没有有形的边界界定，主要靠知识产权、文化和价值观念、技术壁垒等来界定。"第五空间"是各国必争的新领域，承载的是物理世界的信息和数据，是现代主权观念超越传统主权观念在法理层面的外化。在该领域非传统安全威胁日益凸显，对国家安全造成冲击的背景下，坚持数据主权成为维护国家安全的必然路径。

（二）数据管辖权

近年数据安全事件频繁出现，为了有效行使国家主权，保障国家安全，各国纷纷通过立法应对没有物理边界的数据空间安全问题，也提出了数据管辖权的问题。数据管辖权作为大数据时代的新兴问题，传统管辖权理论必然有其不适用之处。传统的管辖权理论是基于领土的属地管辖为主的，而同一网

---

[1] 史宇航："主权的网络边界——以规则数据跨境传输的视角"，载《情报杂志》2018 年第 9 期。

[2] 大数据战略重点实验室：《数据法 2.0：数权的制度建构》，社会科学文献出版社 2020 年版，第 201 页。

[3] "山丽网安：第五空间争夺战开始网络数据安全全球瞩目"，载 https://wenku.baidu.com/view/d4b5a3b15022aaea998f0f77.html，最后访问时间：2022 年 2 月 1 日。

络空间的数据可以关联任意的物理空间，^①传统管辖权理论难以解决数据的管辖权问题。数据管辖权来源于国家主权，数据主权同样体现在对内与对外两个维度：对内体现为一国对其数据生成、存储和传输传播和交易活动拥有最高权力；对外体现为国家有权自主决定采取何种方式，经由何种程序参与国际数据活动，在国家的数据利益受到侵犯时，有权采取自保措施。^②对数据跨境流动的管理不仅是网络空间中国家主权的行使方式，也是数据主权的重要内容。目前，各国倾向在行使数据主权时将主权原则转化为国内法，在入境方面主要是限制违法数据的进入，在出境方面会对敏感数据、重要数据的流出进行管控。数据的多样性导致数据具有多重属性。关于公民个体的单个数据主要涉及隐私等私权，但海量的经济、地理、社会等数据，就不再是私权保护所能涵盖，可能会涉及国家的经济安全，具有了国家主权的属性。为了国家安全，国家必然会行使数据管辖权，对其跨境流动进行管控。《数据安全法》第 2 条第 2 款规定，对在中国境外开展的数据处理活动，损害中国安全、公共利益或者公民、组织合法权益的，依法追究法律责任。这也突破了传统管辖权行使的地域依据。

（三）《数据安全法》中的总体国家安全观

《国家安全法》第 3 条将国家安全分成了 7 种具体的类型，即人民安全、政治安全、经济安全、军事安全、文化安全、社会安全和国际安全。该条通过列举的方式，维护各个领域的国家安全，即国家安全的体系包括但不限于这 7 种具体的类型。发展数字经济需要兼顾促进发展与安全保障，以促进国家安全为依托，同时要维护各个领域的国家安全，构建国家安全体系。《数据安全法》第 4 条点明了总体国家安全观，根据该条的规定，维护数据安全应当坚持总体国家安全观，建立健全数据安全治理体系，提高数据安全保障能力。该条明确了我国数据安全治理采取最高决策、协同治理的顶层设计，以应对数据这一非传统领域的国家安全风险。

《数据安全法》第 5 条表明，数据安全事关国家安全，从国家战略的高度，明确由中央国家安全领导机构负责国家数据安全工作的决策和议事协调，研究制定、指导实施国家数据安全战略和有关重大方针政策，统筹协调国家数据安全的重大事项和重要工作，建立国家数据安全工作协调机制，实现最高决策。同时，数据安全与网络安全具有相关性，该法延续《网络安全法》的职责授权，

---

① 杨汝玲："大数据时代的数据管辖权探究"，载《浙江万里学院学报》2021 年第 4 期。
② 刘连泰："信息技术与主权概念"，载《中外法学》2015 年第 2 期。

明确由国家网信部门负责统筹协调网络数据安全和相关监管工作，公安机关、国家安全机关在各自职责范围内承担数据安全监管职责。

二、《数据安全法》立法背景

（一）国际层面：欧美数据安全规则博弈升级

2021年《数据安全法》的出台有着深刻的国际和国内背景。从国际角度看，一是从基础设施到生态应用，当前全球与数字经济相关的竞争领域在不断扩大。二是围绕数据资源的各国立法触角在大幅延伸，从投资审查、出口管制到市场竞争等都有立法动议。三是针对数据安全的治理力度持续走强，从欧盟到美国，再到新兴市场，国家围绕数据安全的规则博弈不断升级。从国内角度看，我国数字化转型全面提速，确实面临着新的产业生态和数字生态。在政策层面，从2015年国务院《促进大数据发展行动纲要》到2021年国家"十四五"规划和2035年远景目标纲要来看，数字化转型已成为国家各项政策战略和大政方针的核心组成部分。可以说，数据活动的爆炸式发展深度重塑了当代的经济发展、社会治理和人民生活。数据安全也成为涉及国家安全和经济社会发展的一个重大问题。

（二）国内层面：需要推进数据安全的顶层制度设计

数据是国家基础性战略资源，没有数据安全就会影响国家安全。我国当前正在推进数据安全的顶层制度设计，但新时代、新业态背景下，国家层面的数据安全立法推进面临着诸多难题。[①] 首先，在涉及领域上，数据安全问题本身具有复杂性。数据安全问题跨越数据与安全两大领域，涉及个人、企业、国家多方法益，同时受区块链、人工智能、5G等新技术、新应用对传统法律规则的冲击。其次，在国际层面，数据安全立法已演变为全球范围内的利益协调与主权斗争工具。近年欧盟GDPR、美国《合法使用境外数据明确法》等境外数据安全立法相继实施，其趋势表现为争夺数据话语权，扩张本国法律的适用范围、提升执法行为的域外效力，推行符合本国利益诉求的国际社会数据规则体系。数据安全治理"中国方案"亟待突破。同时，也要避免个别国家以数据安全问题抑制我国新技术、新应用的发展，挤压我国产业的国际发展空间。最后，在基础性问题层面，在我国国家通信信息技术发展应用从量变到质变的特定时

---

① 《数据安全法（草案）》的立法背景、立法定位与制度设计"，载 http：//www.mchz.com.cn/cn/about-us/industry-news/info_366.aspx?itemid=3560&ezeip=es515pfuwaihdff3mzwbdg==，最后访问时间：2021年8月4日。

期，国家层面的立法承担了"以安全保发展、以发展促安全"的数字经济支撑使命。未来数据的流通与共享将更加常态化，需要在安全和产业发展之间找到一个平衡点。

三、与相关法律的关系与衔接

（一）与基础法律共同构建网络数据安全法律体系

《数据安全法》与《国家安全法》《网络安全法》《个人信息保护法》一起组成了我国网络信息安全的法律体系。这几部法律是相互有机联系的，几部法律以《国家安全法》确立的总体国家安全观为指引，《网络安全法》侧重"网络"及"网络数据"的安全，《数据安全法》侧重"数据"安全，该"数据"的概念比"网络数据"宽泛。《数据安全法》作为我国数据治理领域的基础性法律和首部专门立法，在现有相关法律法规的基础上补充和完善了我国数据治理基本制度框架，进一步界定了数据及数据安全的内涵，完善了数据安全监管机制，明确了数据安全治理重点制度规则。[①]《网络安全法》与《数据安全法》有一定交叉的地方，同时也有差异。对于网络安全来说，不仅涉及数据的内容，还会涉及网络设施的问题。《数据安全法》与国家安全领域的《国家安全法》《网络安全法》《中华人民共和国密码法》《中华人民共和国出口管制法》和《个人信息保护法》等衔接与协调，共同构建起我国的网络信息安全体系。

（二）《数据安全法》为该领域的基本法[②]

《数据安全法》基本法的定位及"宜粗不宜细"的立法风格，使得该法诸多规定比较原则，其落地实施有赖于配套行政法规、部门规章、国家标准等予以细化。该法虽提出数据分类分级保护、重要数据目录管理、重要数据出境安全管理等要求，但各项制度的具体内容、如何实施等均缺少规定，应当尽快推进配套行政法规、部门规章等，明确前述制度的具体内容和统一要求，并通过国家标准、行业标准等为企业合规提供细化指引。

四、《网络安全法》与《数据安全法》的主要区别

（一）《数据安全法》全维度规范数据安全

《网络安全法》主要是针对网络层面的安全规范，未能从数据信息全维度进行规范，虽然也有数据安全问题，但仍存在基本法缺位、"数据主权"地位

---

① 何波、谢祎："我国数据治理的最新进展与发展趋势"，载《中国电信业》2021年第10期。
② "《数据安全法》亮点解读及实施展望"，载 https://www.sohu.com/a/474669213_120136504，最后访问时间：2021年8月28日。

尚未确立、数据经营难有效监管等问题。《网络安全法》相关数据安全的配套政策文件法律层级低，要求较为分散，难以系统性解决数据安全保障问题。《数据安全法》则确立了数据主权、明确了《数据安全法》的管辖，对数据经营进行牌照化管理，建立数据采集、加工和利用业务的准入制度，完善数据安全监管体系和数据安全监测预警、应急处置机制等，对数据安全进行了全维度规范。

（二）《数据安全法》确立了数据管辖权

《网络安全法》的管辖权主要针对网络，规定，"在中华人民共和国境内建设、运营、维护和使用网络，以及网络安全的监督管理，适用本法"。《数据安全法》的管辖则针对数据，规定，"中华人民共和国境外的组织、个人开展数据活动，损害中华人民共和国国家安全、公共利益或者公民、组织合法权益的，依法追究法律责任"。在大数据时代，数据的收集和存储早已突破了国界的限制，《数据安全法》确立的数据管辖权也突破了地域限制，引入了"域外效力"。

（三）《数据安全法》对"数据"的概念进行了延伸

《网络安全法》并未对"数据"进行定义，而采用"网络数据"，即"通过网络收集、存储、传输、处理和产生的各种电子数据"，以及"个人信息"，即"以电子或其他方式记录的能够单独或者与其他信息结合识别自然人个人身份的各种信息"两个概念。而《数据安全法》则直接将"数据"定义为"任何以电子或非电子形式对信息的记录"，其保护范围较《网络安全法》有所扩展，该改变将电子化记录与其他方式记录的信息统一纳入数据范畴。《数据安全法》所保护的客体不仅局限于网络数据范围，还包括线下物理场所存在的数据。《数据安全法》普遍适用于所有数据，适应了数字经济时代整体信息保护和整体信息安全的新要求。

（四）《数据安全法》的数据安全评估范围更广

虽然《网络安全法》及《数据安全法》通过之前的《个人信息和重要数据出境安全评估办法（征求意见稿）》《数据安全管理办法（征求意见稿）》规定了数据出境的安全评估制度，但上述制度仅限于数据或重要数据出境过程中的评估。而《数据安全法》规定的数据安全评估范围更广，针对重要数据处理者的全部数据活动。《数据安全法》第30条规定："重要数据的处理者应当按照规定对其数据处理活动定期开展风险评估，并向有关主管部门报送风险评估报告。风险评估报告应当包括处理的重要数据的种类、数量，开展数据处理活动的情况，面临的数据安全风险及其应对措施等。"

（五）两法的主要责任主体不同

《网络安全法》与《数据安全法》都是多主体承担网络安全的责任。在网络运营与数据处理方面,《网络安全法》的主要责任主体为"网络运营者"。根据《网络安全法》第 76 条第 3 项的规定,网络运营者是指网络的所有者、管理者和网络服务提供者。实践中,责任主体主要为以下三类:①具有信息发布功能的网站及平台,如百度、今日头条、新浪微博、微信公众平台的运营者;②网络科技公司;③学校、学院及其他事业单位。而《数据安全法》的主要责任主体是"数据处理者"。《数据安全法》在第四章数据安全保护义务中,多次提到"数据处理者"的安全责任。可见,《数据安全法》适用的对象更广泛,其规范对象所涵盖范围不仅包含企业的大数据、云计算、人工智能、数据处理软件开发机构等,还包括涉及数据活动的机构、社会团体、政府部门,甚至个人。

（六）两法的主要执法机构不同

《网络安全法》的主要执法机构为国家网信办、工信部、公安部。《数据安全法》第 6 条规定,主管部门和行业监管,工业、电信、交通、金融、自然资源、卫生健康、教育、科技等主管部门承担数据安全监管职责;公安机关、国家安全机关承担数据安全监管职责;国家网信部门负责统筹协调网络数据安全和相关监管工作。《数据安全法》有更明确的监管要求,在数据安全监管方面,中央国家安全领导机构针对全国的数据安全情况进行整体指导和战略规划,各地区、各部门、各行业、线上与线下的全方位、交叉监管。

此外,在执法依据上,两法也有一些不同。《网络安全法》主要依据第 21 条的网络安全等保制度、第 59 条的网络安全保护义务、约谈制度、个人信息保护等。《数据安全法》第 44 条规定,有关主管部门在履行数据安全监管职责中,发现数据处理活动存在较大安全风险的,可以按照规定的权限和程序对有关组织、个人进行约谈。对组织和个人的处罚,《数据安全法》继承了《网络安全法》的双罚机制,个人是指直接负责的主管人员和其他直接负责人员。

五、《数据安全法》反映的数据治理趋势

《数据安全法》的出台反映了我国数据领域从"数据管理"走向"数据治理"的发展趋势。[①]首先,数据治理体现出多领域深度融合趋势。我国数据治理工作在很长一段时间内是一种"九龙治水"的管理体制,涉及工信、网信、广播电视、新闻出版等多部门。但随着数字化转型加速,信息通信技术与各领域在深度和广度上的融合推动了各类数据迅猛增长,数据治理不再只是涉及电信、互联网等某几个行业领域的问题,需要多领域、各行各业的深度融合才能

---

① 何波、谢祎:"我国数据治理的最新进展与发展趋势",载《中国电信业》2021 年第 10 期。

实现有效治理。其次，数据治理体现出兼顾安全与多维度发展趋势。从规范涵盖内容来看，《数据安全法》包含了数据安全，维护国家主权、安全和发展利益，数据处理活动，促进数据开发利用，保护个人、组织的合法权益等多个维度，力图兼顾安全与发展的平衡。最后，数据治理体现出多主体共同参与治理数据。数据治理既涉及国家安全、行业发展，又涉及人民生活，涉及主体众多，因此，需要政府、行业、企业、个人等不同主体从不同的角度发挥各自的重要作用。

　　这种治理趋势可从《数据安全法》的相关规定中略见一斑。《数据安全法》第1条规定，为了规范数据处理活动，保障数据安全，促进数据开发利用，保护个人、组织的合法权益，维护国家主权、安全和发展利益，制定本法。该条规定了《数据安全法》的立法目的：①规范数据处理活动，保障数据安全，促进数据开发利用；②保护公民、组织的合法权益；③维护国家主权、安全和发展利益。由此可以看出，《数据安全法》是以兼顾数据发展利益、社会公共利益、国家安全利益三个利益层次为立法目的的。从《数据安全法》整体内容来看，我国的数据安全与发展体系是以国家整体安全观为核心所构建的。作为数据安全与发展的基础性立法，《数据安全法》的内容主要以政治性、政策性、宣示性的条文为主，在此基础上，还有一系列相关的行政立法、部门规章及国家标准，形成了数据安全的整体立法框架。

第二节　《数据安全法》的主要内容与特点

一、适用范围

　　《数据安全法》第2条规定，在中华人民共和国境内开展数据处理活动及其安全监管，适用本法。在中华人民共和国境外开展数据处理活动，损害中华人民共和国国家安全、公共利益或者公民、组织合法权益的，依法追究法律责任。根据该条的规定，《数据安全法》在适用上采用了属地原则与保护原则相结合的立法形式。

　　（一）属地原则：境内开展数据处理活动

　　《数据安全法》第2条第1款规定，在中国境内开展数据处理活动及其安全监管，适用本法。数据处理活动是多方面的，从数据的生命周期角度，数据的处理包括数据的收集、整理、存储、加工、分类、维护、排序、检索和传输等一系列活动。

（二）保护原则：境外开展数据处理活动

《数据安全法》第2条第2款规定，在中华人民共和国境外开展数据处理活动，损害中华人民共和国国家安全、公共利益或者公民、组织合法权益的，依法追究法律责任。该款涉及的是在境外的数据处理活动，旨在维护国家安全、网络安全、数据安全和保护个人信息权益。该法在适用范围上引入了域外效力制度，中国境外的数据处理活动涉及中国利益的，也适用该法。这表明该法具有一定的域外效力，体现了保护原则。

二、数据的定义

《数据安全法》第3条规定，本法所称数据，是指任何以电子或者其他方式对信息的记录。数据处理，包括数据的收集、存储、使用、加工、传输、提供、公开等。数据安全，是指通过采取必要措施，确保数据处于有效保护和合法利用的状态，以及具备保障持续安全状态的能力。该条涉及"数据""数据处理"和"数据安全"三个定义。

（一）数据

1.《数据安全法》关于数据的界定。数据在《数据安全法》中指任何以电子或者其他方式对信息的记录。数据所包括的范围是广泛的，在目前政务、企业、事业单位向数字化转型的过程中，几乎包括生产、经营、管理各方面所产生的信息记录。在《网络安全法》中有"网络数据"的概念，《数据安全法》专门对数据进行定义，如前所述，两部法中"数据"的定义是有一定差异的。《网络安全法》第76条第4项规定，"网络数据是指通过网络收集、存储、传输、处理产生的各种电子数据"。这与《数据安全法》第3条的"数据是指任何以电子或者其他形式对信息的记录"有所不同。两个条款对"数据"定义的维度不同，前者强调通过"网络"获得的电子数据，而后者是"任何以电子……的记录"，后者"数据"的面比《网络安全法》更宽，对"数据"这一概念进行了最大范围的解释。

2.数据的种类。数据有不同的分类，《数据安全法》建立的数据分类分级保护制度根据安全保护程度将数据分为一般数据、重要数据和核心数据。后一级数据要在前一级数据的保护基础上受到更严格的管理。数据依产生的主体不同可分为：个人数据、公共数据、商业数据。个人数据指能够识别个人身份的数据。公共数据指政府在履职过程中产生的数据，例如，行政许可、法院诉讼等活动所带来的信息。公共数据从主体、获取、客体等角度又有不同的阐述：从主体方面来看，公共数据的采集主体、控制主体主要是行政机关、履行公共职能的事业单位、公用事业企业，如涉及提供水、电、煤以及公共交通等公共服务的事业单位或者企业；从公共数据获取的方面来看，公共数据是公共管理和服务机构依法履行职责过程中采集或者掌握的数据；从客体来看，公共数据是各类公共数据资源。商业数据主要指商业机构运行中获取或生产的数据。对自然人、政府和企业这三类主体的数据来说，其权利是不同的。公民的个人数据属于公民个人所有。政府数据和商业数据中涉及个人特征的数据，也属于个人数据。但个人的消费数据、行为数据经脱敏、脱密后已经进入数据分析环节，贡献于各种商业目的，此过程中产生的数据，其所有权不属于个人。公共数据基于政府和法律的强制力产生，既涉及个人利益，也涉及公众和他人的利益，又对企业和个人的生产、经营、履约有一定的影响，因此，应当公开共享。三种数据主体除均具有财产权外，个人数据还会涉及姓名权、隐私权等人格权的内容，具有人格权属性。因此，个人数据权利包括了人格权和财产权。公共数据属于公共资源，公众享有知情权、访问权和使用权。商业数据权利则包括企业的财产权、知识产权、商业秘密及其他合法权益等。

3. 政务数据的安全与开放。政务数据属于公共数据的范畴，公共数据不仅包括政务数据、政府数据，还包括具有"公共性"的社会数据。政务数据不仅包括政府数据，还包括具有行政主体资格的其他行政机构的数据。政府数据是政府及其部门的数据，在公共数据中占比最大。公共数据涵盖范围最广，不仅包括前两者，还包括"公共性"的社会数据。在《数据安全法》出台之前，政府部门在数据开放方面普遍存在着不愿开放、不敢开放、不会开放的问题。其原因与公共数据开放缺乏明确的标准、程序，以及评估、考核、奖惩等配套机制不完善有关。由于国家没有统一的数据立法，一些规定多是指向性及宣誓性条款。大数据等新技术的兴起，使得城市公共安全系统环境更为复杂，不确定性更高。① 政府信息公开与公共数据开放在理念、目的等方面均存在较大差异，信息公开的标准和程序显然难以适应公共数据开放的要求。②

《数据安全法》第五章针对政务数据的安全与开放进行了专门规定。在对政务数据的要求上，该法第 37 条规定，国家大力推进电子政务建设，提高政务数据的科学性、准确性、时效性，提升运用数据服务经济社会发展的能力。在数据的收集和使用上，该法第 38 条规定，国家机关为履行法定职责的需要

---

① 曹策俊等："大数据时代城市公共安全风险治理模式研究"，载《城市发展研究》2017 年 11 期。

② "对推进政务数据共享与公共数据开放的思考"，载 https://sls.org.cn/levelThreePage.html?id=9844，最后访问时间：2021 年 9 月 9 日。

收集、使用数据，应当在其履行法定职责的范围内依照法律、行政法规规定的条件和程序进行；对在履行职责中知悉的个人隐私、个人信息、商业秘密、保密商务信息等数据应当依法予以保密，不得泄露或者非法向他人提供。在数据安全责任上，该法第 39 条规定，国家机关应当依照法律、行政法规的规定，建立健全数据安全管理制度，落实数据安全保护责任，保障政务数据安全。该法第 40 条进一步规定，国家机关委托他人建设、维护电子政务系统，存储、加工政务数据，应当经过严格的批准程序，并应当监督受托方履行相应的数据安全保护义务。受托方应当依照法律、法规的规定和合同约定履行数据安全保护义务，不得擅自留存、使用、泄露或者向他人提供政务数据。关于数据的公开，该法第 41 条规定，国家机关应当遵循公正、公平、便民的原则，按照规定及时、准确地公开政务数据。依法不予公开的除外。该法第 42 条进一步规定，国家制定政务数据开放目录，构建统一规范、互联互通、安全可控的政务数据开放平台，推动政务数据开放利用。该法第 43 条规定，法律、法规授权的具有管理公共事务职能的组织为履行法定职责开展数据处理活动，也适用本章的规定。

（二）数据处理

《数据安全法》所称的"数据处理"包括数据的收集、存储、使用、加工、传输、提供、公开等。《数据安全法》第 53 条进一步规定，开展涉及国家秘密的数据处理活动，适用《中华人民共和国保守国家秘密法》等法律、行政法规的规定；在统计、档案工作中开展数据处理活动，开展涉及个人信息的数据处理活动，还应当遵守相关法律、行政法规的规定。因此，《数据安全法》并不适用对国家秘密的数据处理活动。但《数据安全法》适用于统计、档案工作中的数据处理活动，也适用于涉及个人信息的数据处理活动，只是这些数据处理活动还应遵守相关法律法规的要求。

（三）数据安全

《数据安全法》第 3 条对数据安全进行了定义，"数据安全"指通过采取必要措施，确保数据处于有效保护和合法利用的状态，以及具备保障持续安全状态的能力。该定义可从广义和狭义角度理解。[①] 从广义方面来看，主要依据数据在经济社会发展中的重要程度，及数据一旦遭到篡改、破坏、泄露或者非法获取、非法利用，对国家安全、公共利益或者个人、组织合法权益造成的危害程度，确定数据安全定义。广义角度涉及数据安全作为国家重要战略基础资

---

① 参见宋璟等："新时代下数据安全风险评估工作的思考"，载《中国信息安全》2021 年第 9 期。

源时的安全要义。从狭义方面来看，数据安全又涉及两个主要方面：一是指数据本身及数据处理活动的安全性，主要包括数据本身的保密性、完整性和可用性，以及围绕数据处理活动的收集、存储、使用、加工、传输、提供、公开等环节的安全性考虑；二是数据支撑环境及防护措施的安全，主要包括数据载体、防护设备、加解密算法等主动防护措施。现代信息存储手段对数据进行主动防护，[1] 例如，通过磁盘阵列、数据备份、异地容灾等手段保证数据的安全。数据本身的安全必须基于可靠的加密算法与安全体系，主要有对称算法与公开密钥密码体系两种。数据处理的安全指如何有效地防止数据在录入、处理、统计或打印过程中由于硬件故障、断电、死机、人为的误操作、程序缺陷、病毒或黑客等造成的数据库损坏或数据丢失现象。数据存储的安全指数据库在系统运行之外的可读性。在数据库被盗时，即使没有原来的系统程序，仍可另外编写程序对盗取的数据库进行查看或修改。为了保证安全数据库需要加密，安全状态既包括了数据的静态安全保障，如防止因数据泄露、篡改、灭失所导致的保密性、完整性和可用性破坏，也包括了数据的动态利用安全保障，包括但不限于加工、使用、提供、交易等环节的依法有序自由流动等。

三、数据安全监管机构与结构特点

在数据安全监管体制的设置上，我国经历了不断优化的过程。在互联网和数字经济发展前期，我国曾根据数据所涉的领域进行划分，由各行业主管部门负责本领域数据安全的监管，呈现出明显的分散化和部门区隔特征。[2]《网络安全法》《数据安全法》及一系列配套法规的出台使我国数据治理监管体系不断建立健全。《网络安全法》第 8 条规定，国家网信部门负责统筹协调网络安全工作和相关监督管理工作，同时授权国务院电信主管部门、公安部门和其他有关机关在各自职责范围内承担安全保护和监督管理职责，行业主管部门各司其职进行安全监管。《数据安全法》则进一步明确了中央国家安全领导机构对国家数据安全工作的领导地位，提出建立国家数据安全工作协调机制；并规定工业、电信、交通、金融、自然资源、卫生健康、教育、科技等主管部门承担本行业、本领域数据安全监管职责，公安机关、国家安全机关等在各自职责范围内承担数据安全监管职责，国家网信部门负责统筹协调网络数据安全和相关监

---

① "数据安全"，载 https://baike.baidu.com/item/ 数据安全 /3204964?fr=aladdin，最后访问时间：2021 年 8 月 5 日。
② 何波、谢祎："我国数据治理的最新进展与发展趋势"，载《法治天地》2021 年第 10 期。

管工作。

（一）中央国家安全领导机构负责数据安全

《数据安全法》第5条规定，中央国家安全领导机构负责国家数据安全工作的决策和议事协调，研究制定、指导实施国家数据安全战略和有关重大方针政策，统筹协调国家数据安全的重大事项和重要工作，建立国家数据安全工作协调机制。这里的中央国家安全领导机构与第6条的国家网信部门都出现了"统筹协调"的职责分工，但两者的层次不同：中央国家安全领导机构统筹协调"国家"数据安全的"重大事项和重要工作"，国家网信部门统筹协调的是"网络"数据安全和相关监管工作，由此，可以看出前者负责的事项更加宏观。

（二）国家各个层级对数据安全的职责定位

《数据安全法》第6条明确了国家各个层级对数据安全的职责定位，建立起了数据安全协同治理体系，为推动各地区、各部门开展数据安全工作奠定基础。同时，《数据安全法》明确指出，各行业监管部门、公安机关、国家安全机关、国家网信部门在各自职责范围内，承担数据安全监管职责，统筹协调网络数据安全和相关监管工作。《数据安全法》第6条规定，各地区、各部门对本地区、本部门工作中收集和产生的数据及数据安全负责。工业、电信、交通、金融、自然资源、卫生健康、教育、科技等主管部门承担本行业、本领域数据安全监管职责。公安机关、国家安全机关等依照本法和有关法律、行政法规的规定，在各自职责范围内承担数据安全监管职责。国家网信部门依照本法和有关法律、行政法规的规定，负责统筹协调网络数据安全和相关监管工作。

（三）监管结构特点："属地＋行业"监管双路径并行

从上述规定可以看出，在数据安全的监管上，形成了"属地＋行业"的双路径并行结构。在属地层面，《数据安全法》第6条规定，各地区对本地区工作中收集和产生的数据及数据安全负责。在行业层面，工业、电信、交通、金融、自然资源、卫生健康、教育、科技等主管部门承担本行业、本领域的数据安全监管职责，应根据《数据安全法》并结合本行业的业务特点、特定场景、数据处理过程中的中心和特性等，细化出行业专属的监管条例，建立起本行业的数据安全防护及监管的有效策略。例如，中国银保监会于2021年1月发布《中国银保监会监管数据安全管理办法（试行）》，明确了监管数据安全管理实行归口管理，细化了监管数据采集、存储和加工处理的具体要求；工业和信息化部于2021年1月印发《工业互联网数据安全保护要求》，规定工业互联网数据安全保护的范围及数据类型、工业互联网数据重要性分级与安全保护等级划分方法。

四、多主体的数据安全保护义务

数据安全与发展涉及政府、企业、个人等多元主体，为了保障数据安全，强化数据治理，需要对多主体的数据安全保护义务进行规定，为此，《数据安全法》第四章对多主体保护义务作了专章规定，主要包括五个方面内容：[①]

（一）数据安全保护的总体要求

《数据安全法》第 27 条是对多主体数据安全保护的总体要求，规定任何主体（政府、企业、平台、个人等）开展数据处理活动都应依照法律、法规的规定，建立健全全流程数据安全管理制度，组织开展数据安全教育培训，采取相应的技术措施和其他必要措施，保障数据安全。利用互联网等信息网络开展数据处理活动，应在网络安全等级保护制度的基础上，履行上述数据安全保护义务。重要数据的处理者应明确数据安全负责人和管理机构，落实数据安全保护责任。

（二）数据新技术应促进发展并符合伦理

《数据安全法》第 28 条对开发数据新技术提出了要求，大数据与新技术的发展使越来越多的人工智能得到应用，其产生的伦理问题也越来越成为社会关注的焦点，[②] 新技术是否会使人成为"智能机器的附庸"？[③] 是否会由于替代人的工作而导致人口失业？是否会对家庭结构和伦理产生影响？这些问题需要一定的法律规制。欧盟在 2019 年发布了《可信赖人工智能的伦理准则》，提出了企业和政府开发人工智能时的伦理应用指导方针。[④]《数据安全法》第 28 条正是关注了新技术在符合伦理与促进发展上的把控，规定开展数据处理活动以及研究开发数据新技术，应当有利于促进经济社会发展，增进人民福祉，符合社会公德和伦理。

（三）安全监测与评估义务

当前，在数据安全风险频繁发生的重负下，及时发现、评估和处置安全风险变得至关重要。为此，《数据安全法》规定了数据处理主体进行安全监测与安全评估的义务。在机制上，《数据安全法》第 22 条要求建立集中统一、高效

---

① 参见何波、谢祎："我国数据治理的最新进展与发展趋势"，载《法治天地》2021 年第 10 期。

② Seana Valentine Shiffrin，"Inducing Moral Deliberation: On the Occasional Virtues of Fog"，123 *HARV Law REV*，（2010），p.1214，1222，1244.

③ 孙伟平："人工智能导致的伦理冲突与伦理规制"，载《教学与研究》第 2018 年第 8 期。

④ Ethics Guidelines for Trustworthy AI -High-Level Expert Group on Artificial Intelligence，European Commission B-1049 Brussels，public on 8 April 2019，https://www.aepd.es/sites/default/files/2019-12/ai-ethics-guidelines.pdf.

权威的数据安全风险评估、报告、信息共享、监测预警机制。在数据处理主体的义务上，《数据安全法》第29条要求开展数据处理活动应加强风险监测，在发现数据安全缺陷、漏洞等风险时，应立即采取补救措施；在发生数据安全事件时，应立即采取处置措施，及时告知用户并向有关主管部门报告。《数据安全法》第30条规定重要数据的处理者应依规定对其数据处理活动定期开展风险评估，并向有关主管部门报送风险评估报告。风险评估报告应当包括处理的重要数据的种类、数量，开展数据处理活动的情况，面临的数据安全风险及其应对措施等。

（四）中介服务的审核与记录义务

从事数据交易中介服务的机构会经手很多数据信息，中介服务机构也是数据安全不可忽视的一个义务主体。为此，《数据安全法》第33条规定，从事数据交易中介服务的机构提供服务，应当要求数据提供方说明数据来源，审核交易双方的身份，并留存审核、交易记录。

（五）依法调取数据及配合调取的义务

《数据安全法》第34条和第35条涉及公权力机关依法调取数据，以及配合调取的义务，规定法律、行政法规规定提供数据处理相关服务应取得行政许可的，服务提供者应依法取得许可。公安机关和国家安全机关因依法维护国家安全或者侦查犯罪的需要调取数据，应依国家有关规定，经严格的批准手续，依法进行，有关组织、个人应当予以配合。

五、鼓励数据开发与利用

（一）国家大数据战略

党的十八大以来，在习近平网络强国战略思想的指导下，党中央进行了一系列超前布局，大数据产业取得突破性发展。2015年十八届五中全会首次提出"国家大数据战略"，发布《促进大数据发展行动纲要》；2016年《政务信息资源共享管理暂行办法》出台；2017年《大数据产业发展规划（2016-2020年）》实施。在2021年的服贸会，数字贸易是一大特色，为了突出数字经济和数字贸易，2021年服贸会首设数字服务专区。① 国家实施大数据战略，鼓励和支持数据在各行业、各领域的创新应用，将数字经济发展纳入国民经济和社会发展规划，并根据需要制定数字经济发展规划。

---

① "突出数字经济和数字贸易 2021年服贸会首设数字服务专区"，载 http://www.cac.gov.cn/2021-07/16/c_1628023596368403.htm，最后访问时间：2021年9月4日。

（二）数据安全与数据开发和利用的矛盾

数据安全与数据开发和利用上常常存在一定的矛盾。数据是万物互联、人工智能等的口粮，然而人们在享受互联网发展提供的便捷服务的同时，个人的数据隐私也频频被侵犯。互联网服务商被诟病的事例很多，例如，很多用户协议没有给用户选择是否可以收集其数据的权利，几乎每个人都对下载时遇到的霸王条款无可奈何，只能被迫接受类似"允许服务商获取你的位置信息、通讯录"的协议。随着互联网的发展，数据泄露事件频发，数据安全也越来越多地受到重视。例如，2017 年 2 月美国爆发的 Cloudflare 流量泄露事件，预计至少 200 万个网站受到影响，其中涉及 Uber、1password、Fast Mail 等多家知名公司。再如，150 多个国家遭受 Wanna Cry 勒索攻击、1.4 亿 Verizon 用户数据泄露。网络安全和数据安全正面临严峻的形势。[①] 我国企业在"走出去"时，也有因为不符合当地有关数据安全的法律而遭受损失的案例。例如，2017 年 5 月 4 日，微信国际版被俄罗斯监管机构、俄罗斯联邦电信信息和大众传媒监管局（Roskomnadzor）列入黑名单。依据是《联邦法律第 149 号修正案》第 15 条第 4 款关于数据本地存储的规定，即"外国通讯服务、搜索引擎和社交网站必须将俄罗斯用户的个人数据存储在俄罗斯境内，互联网服务供应商也必须在政府进行登记"。后经腾讯积极与俄罗斯监管机构沟通，一周后的 5 月 11 日，微信从被禁网站名单上删除。[②] 可见，如果企业在"走出去"的过程中不能周全地应对当地对跨境数据流动的规制，其经营与发展将受到很大影响。一方面，数字时代的移动支付、电子商务、大数据、云计算等行业发展离不开数据的开放。另一方面，规制数据安全的一系列法规出台必然会在数据的可用性、保密性，以及使用的边界上设置规则。《数据安全法》第 13 条至第 17 条的规定表明了要在规制数据安全的同时，鼓励数据的开发和利用。

（三）《数据安全法》在安全与鼓励数据开发上的平衡

《数据安全法》在关注安全的同时，也注意鼓励数据开发与利用。《数据安全法》第 13 条强调安全与数据开发的"统筹"：国家统筹发展和安全，坚持以数据开发利用和产业发展促进数据安全，以数据安全保障数据开发利用和产业

---

① "开放和安全：数字时代的新困境"，载 https://baijiahao.baidu.com/s?id=1597409947545118172&wfr=spider&for=pc，最后访问时间：2021 年 9 月 1 日。

② 刘晓春、赵世勋："亟需防范数据跨境流动中的法律风险"，载《中国对外贸易》2017 年第 10 期。

发展。第14条强调国家的大数据战略：国家实施大数据战略，推进数据基础设施建设，鼓励和支持数据在各行业、各领域的创新应用。省级以上人民政府应当将数字经济发展纳入本级国民经济和社会发展规划，并根据需要制定数字经济发展规划。第15条强调数据的公共服务：国家支持开发利用数据提升公共服务的智能化水平。提供智能化公共服务，应当充分考虑老年人、残疾人的需求，避免对老年人、残疾人的日常生活造成障碍。第16条支持数据开发与安全的技术研发：国家支持数据开发利用和数据安全技术研究，鼓励数据开发利用和数据安全等领域的技术推广和商业创新，培育、发展数据开发利用和数据安全产品、产业体系。第17条涉及数据安全标准体系的建设：国家推进数据开发利用技术和数据安全标准体系建设。国务院标准化行政主管部门和国务院有关部门根据各自的职责，组织制定并适时修订有关数据开发利用技术、产品和数据安全相关标准。国家支持企业、社会团体和教育、科研机构等参与标准制定。

第三节　数据的分类分级保护制度

一、对数据进行分类分级保护是国际趋势

《数据安全法》第21条规定了数据分类分级保护制度。为了规范数据处理活动，保护个人、组织在网络空间的合法权益，维护国家安全和公共利益，国家网信办会同相关部门起草了《网络数据安全管理条例（征求意见稿）》，并于2021年11月14日向社会公开征求意见。[①]该意见明确国家建立数据分类分级保护制度。根据数据对国家安全、公共利益或者个人、组织合法权益的影响和重要程度，将数据分为一般数据、重要数据、核心数据，不同级别的数据采取不同的保护措施。

并非只有中国对数据采取分级分类的保护，欧美亚主要数据大国均有分级分类保护的做法。例如，欧盟在GDPR中将个人数据进行了区分，对"特殊类别个人数据"进行更强的保护，其收集和处理环节采取高于其他一般个人数据

---

① "国家拟建立数据分类分级保护制度"，载 https://baijiahao.baidu.com/s?id=17165353867440060 23&wfr=spider&for=pc，最后访问时间：2022年2月2日。

的保护标准。① 美国建立了受控非密信息管理清单,将受控非密信息（Controlled Unclassified Information）分为：仅供官方使用信息、执法敏感信息、国防部受控非密核信息、限制分发信息、敏感非密信息、缉毒署敏感信息、外国政府信息和技术文件分发声明八类,② 对不同的数据采取不同的管理机制,规定了不得向境外传播、仅能在政府机构之间传播等不同要求。印度 2019 年《个人数据保护法案》是南亚地区数据保护法律中非常重要的立法。该法也将个人数据分为关键个人数据、敏感个人数据、一般个人数据等类别。③ 与欧盟的 GDPR 相比,印度的《个人数据保护法案》保护的个人敏感数据的范围更大,允许政府与数据保护机构协商,以定义敏感个人数据的其他类别。个人数据可转移到印度境外,但此类敏感的个人数据应继续存储在印度等。

二、数据分类分级保护制度的框架

《数据安全法》第 21 条确立了数据分类分级保护。2021 年《网络数据安全管理条例（征求意见稿）》将数据分类分级保护细化。《信息安全技术重要数据识别指南（征求意见稿）》以国家标准的形式对重要数据的识别进行指引。工业、证券、银行等各部门的重要数据则需要行业针对性的指引,例如,工业和信息化部 2020 年印发的《工业数据分类分级指南（试行）》,④ 中国证券监督管理委员会于 2018 年发布的《证券期货业数据分类分级指引》,⑤ 2020 年中国人民银行发布的《个人金融信息保护技术规范》⑥ 等各指引性文件及行业标准,对特定行业的数据分类分级具体标准进行了非常有益的尝试,从各行业层面进一步细化了数据的分类分级。

《数据安全法》第 21 条将数据分为一般数据、重要数据和核心数据。国家

---

① 刘耀华：“强化重要数据和核心数据保护《数据安全法》构建数据分类分级制度”,载《中国电信业》2021 年第 9 期。

② 吴沈括、崔婷婷：“美国受控非密信息管理制度研究”,载《中国信息安全》2019 年第 5 期。

③ “印度个人数据保护法案 2019 与 GDPR 主要点比较（附印度数据法案 2019 版中译本）”,载 https://www.baijingapp.com/article/28349,最后访问时间：2022 年 2 月 2 日。

④ “工业数据分类分级指南（试行）”,载 https://baijiahao.baidu.com/s?id=1660226752125973944&wfr=spider&for=pc,最后访问时间：2022 年 7 月 24 日。

⑤ “【第 28 号公告】《证券期货业数据分类分级指引》《证券期货业机构内部企业服务总线实施规范》《期货市场客户开户数据接口》《证券发行人行为信息内容格式》”,载 http://www.csrc.gov.cn/pub/zjhpublic/zjh/201809/t20180929_344804.htm,最后访问时间：2021 年 7 月 24 日。

⑥ “《个人金融信息保护技术规范》发布（附全文最全信息）”,载 https://xw.qq.com/cmsid/20200223A0ER6F00,最后访问时间：2022 年 8 月 6 日。

对个人信息和重要数据进行重点保护，对核心数据实行严格保护。各地区、各部门应当按照国家数据分类分级要求，对本地区、本部门以及相关行业、领域的数据进行分类分级管理。后一级数据要在前一级数据的保护基础上进行更严格的管理，根据数据在经济社会发展中的重要程度，以及一旦遭到篡改、破坏、泄露或者非法获取、非法利用，对国家安全、公共利益或者个人、组织合法权益造成的危害程度，对数据实行分类分级保护。数据分级分类保护制度是数据安全工作的基础制度。国家数据安全工作协调机制统筹协调有关部门制定重要数据目录，加强对重要数据的保护。

《网络数据安全管理条例（征求意见稿）》规定，不同级别的数据采取不同的保护措施。该条例规定，数据处理者利用生物特征进行个人身份认证的，应对必要性、安全性进行风险评估，不得将人脸、指纹、虹膜、步态、声纹等生物特征作为唯一的个人身份认证方式，以强制个人同意收集其个人生物特征信息。该条例规定，数据处理者应当建立便捷的数据安全投诉举报渠道，及时受理、处置数据安全投诉举报。数据处理者应当公布接受投诉、举报的联系方式、责任人信息，每年公开披露受理和收到的个人信息安全投诉数量、投诉处理情况、平均处理时间情况，接受社会监督。

三、重要数据与核心数据

（一）重要数据

在数据安全制度上，《数据安全法》采取目录方式建立重要数据保护制度，由各地区、各部门按照数据分类分级保护制度，确定本地区、本部门以及相关行业、领域的重要数据具体目录，对列入目录的数据进行重点保护。该条至少包含两方面的内容：其一，建立"重要数据保护目录"；其二，对重要数据实施重点保护。

关于重要数据具体目录，由于不同行业、不同地区数据分类分级的具体规则和考虑因素的差异，《数据安全法》将重要数据具体目录的制定权限下放到行业主管部门和各地区国家机关，平衡了法律规定的普适性和灵活性。"重要数据"的概念首次出现在2016年《网络安全法》中，该法第37条规定，关键信息基础设施运营者掌握的重要数据应境内存储、出境应进行安全评估。2017年国家标准《信息安全技术重要数据识别指南（征求意见稿）》中以规范性附录的形式给出了"重要数据识别指南"，首次提出了"重要数据"的完整定义，并列举了28个行业的重要数据类型、范围，给出了重要数据判定的准则，按数据未经授权披露、丢失、滥用、篡改或销毁、汇聚、整合、分析后可能造成的后果，列出了 9 种情况。

2022 年 1 月 13 日，全国信息安全标准化技术委员会发布了国家标准《信息安全技术 重要数据识别指南（征求意见稿）》。《信息安全技术 重要数据识别指南（征求意见稿）》与 2021 年 12 月发布的《网络数据安全管理条例（征求意见稿）》中有关重要数据的定义保持一致，即重要数据指"以电子方式存在的，一旦遭到篡改、破坏、泄露或者非法获取、非法利用，可能危害国家安全、公共利益的数据"，且明确排除了国家秘密和单独的个人信息，体现了有关重要数据的立法趋势。此外，《信息安全技术 重要数据识别指南（征求意见稿）》还明确说明"基于海量个人信息形成的统计数据、衍生数据有可能属于重要数据"。例如，基于海量用户个人信息形成的市场趋势判断、市场喜好判断等，有可能属于重要数据。上述界定首先将重要数据限定在电子数据的范畴内，并明确大量个人信息也可能构成重要数据，同时沿用了《数据安全法》将国家秘密相关数据排除在数据安全保护法律法规适用范围之外的原则，相较于此前的界定更为清晰。①

《信息安全技术 重要数据识别指南（征求意见稿）》有关识别重要数据的基本原则包括：①聚焦安全影响：从国家安全、经济运行、社会稳定、公共健康和安全等角度识别重要数据，只对组织自身而言重要或敏感的数据不属于重要数据，如企业的内部管理相关数据；②突出保护重点：通过对数据分级，明确安全保护重点，使一般数据充分流动，重要数据在满足安全保护要求前提下有序流动，释放数据价值；③衔接既有规定：充分考虑地方已有管理要求和行业特色，与地方、部门已经制定实施的有关数据管理政策和标准规范紧密衔接；④综合考虑风险：根据数据用途、面临威胁等不同因素，综合考虑数据遭到篡改、破坏、泄露或者非法获取、非法利用等风险，从保密性、完整性、可用性、真实性、准确性等多个角度识别数据的重要性；⑤定量定性结合：以定量与定性相结合的方式识别重要数据，并根据具体数据类型、特性不同采取定量或定性方法；⑥动态识别复评：随着数据用途、共享方式、重要性等发生变化，动态识别重要数据，并定期复查重要数据识别结果。上述识别基本原则确认了重要数据识别的角度为宏观层面，强调了数据应根据分级实施安全保护管理，且应与地方、部门制定实施的重要数据目录及安全管控政策实现有机衔接。

---

① 走出去智库："《重要数据识别指南（征求意见稿）》及'重要数据'立法趋势的相关影响"，载美创网，http://www.mchz.com.cn/cn/about-us/industry-news/info_366.aspx?itemid=5284&ezeip=es515pfuwaihdff3mzwbdg，最后访问时间：2022 年 9 月 14 日。

《信息安全技术 重要数据识别指南（征求意见稿）》还提供了具体的识别因素示例，主要包括：①反映国家战略储备、应急动员能力，如战略物资产能、储备量属于重要数据；②支撑关键基础设施运行或重点领域工业生产，如直接支撑关键基础设施所在行业、领域核心业务运行或重点领域工业生产的数据属于重要数据；③反映关键信息基础设施网络安全保护情况，可被利用实施对关键信息基础设施的网络攻击，如反映关键信息基础设施网络安全方案、系统配置信息、核心软硬件设计信息、系统拓扑、应急预案等情况的数据属于重要数据；④关系出口管制物项，如描述出口管制物项的设计原理、工艺流程、制作方法等的信息以及源代码、集成电路布图、技术方案、重要参数、实验数据、检测报告属于重要数据；⑤可能被其他国家或组织利用发起对我国的军事打击，如满足一定精度要求的地理信息属于重要数据；⑥反映重点目标、重要场所物理安全保护情况或未公开地理目标的位置，可能被恐怖分子、犯罪分子利用实施破坏，如反映重点安保单位、重要生产企业、国家重要资产（如铁路、输油管道）的施工图、内部结构、安防等情况的数据，以及未公开的专用公路、未公开的机场等信息属于重要数据；⑦可能被利用实施对关键设备、系统组件供应链的破坏，以发起高级持续性威胁等网络攻击，如重要客户清单、未公开的关键信息基础运营者采购产品和服务情况、未公开的重大漏洞属于重要数据；⑧反映群体健康生理状况、族群特征、遗传信息等的基础数据，如人口普查资料、人类遗传资源信息、基因测序原始数据属于重要数据；⑨国家自然资源、环境基础数据，如未公开的水情信息、水文观测数据、气象观测数据、环保监测数据属于重要数据；⑩关系科技实力、影响国际竞争力，如描述与国防、国家安全相关的知识产权的数据属于重要数据；⑪关系敏感物项生产交易以及重要装备配备、使用，可能被外国政府对我 实施制裁，如重点企业金融交易数据、重要装备生产制造信息，以及国家重大工程施工过程中的重要装备配备、使用等生产活动信息属于重要数据；⑫在向政府机关、军工企业及其他敏感重要机构提供服务过程中产生的不宜公开的信息，如军工企业较长一段时间内的用车信息；⑬未公开的政务数据、工作秘密、情报数据和执法司法数据，如未公开的统计数据；⑭其他可能影响国家政治、国土、军事、经济、文化、社会、科技、生态、资源、核设施、海外利益、生物、太空、极地、深海等安全的数据。

在重要数据的保护上，《数据安全法》对重要数据的保护要强于一般数据。其一，应明确重要数据安全的负责人和管理机构。《数据安全法》第 27 条第 2 款规定，重要数据的处理者应当明确数据安全负责人和管理机构，落实数据安全保护责任。其二，应对重要数据进行风险评估。该法第 30 条规定，重要数据的处理者应当按照规定对其数据处理活动定期开展风险评估，并向有关主管部门报送风险评估报告。风险评估报告应包括处理的重要数据的种类、数量，开展数据处理活动的情况，面临的数据安全风险及其应对措施等。其三，重要数据的跨境流动需要进行安全评估。在该问题上，《数据安全法》第31条在《网络安全法》第37条基础之上进行了补充和完善，规定：其他数据处理者在中国境内运营中收集和产生的重要数据的出境安全管理办法，由国家网信部门会同国务院有关部门制定。

（二）核心数据

"核心数据"要实行更加严格的管理制度。《数据安全法》第21条第2款规定，对"关系国家安全、国民经济命脉、重要民生、重大公共利益等"国家核心数据实行更加严格的管理制度。《数据安全法》的上位法是《国家安全法》，对"国家安全"的解读应来自于《国家安全法》。根据《国家安全法》第2条的规定，国家安全是指国家政权、主权、统一和领土完整、人民福祉、经济社会可持续发展和国家其他重大利益相对处于没有危险和不受内外威胁的状态，以及保障持续安全状态的能力。"国民经济命脉"指对社会经济发展具有重大影响的部门、企业和资源，关系国民经济命脉的行业包括涉及国家安全的行业、支柱产业和高新技术产业中的重要骨干企业、提供重要公共产品的行业、重大基础设施和重要矿产资源行业等。"民生"指民众的基本生存和生活状态，民众的发展机会、基本发展能力和基本权益保护的状况等，还包括十九大报告列举的百姓关心的民生问题，如教育、医疗、卫生、收入、社会保障等。关于"公共利益"，《宪法》虽然有"公共利益"条款，但并未对"公共利益"作出明确的界定。虽未明确界定，但实际上是采用了委托立法者加以规定的方式。例如，《宪法》第10条第3款规定："国家为了公共利益的需要，可以依照法律规定对土地实行征收或者征用并给予补偿。"其中的"依照法律规定"，可以理解为：《宪法》要求立法者在法律中对哪些属于"公共利益的需要"作出界定。学者概括了我国《宪法》文本中的"公共利益"大体具有的含义：其一，公共利益是社会共同体的基础，是社会各种利益的整合，反映宪法共同体价值体系的基本要求；其二，我国《宪法》文本中的"公共利益"强调了国家作为公共利益者的功能；其三，"公共利益"的内容上以公共秩序或社会秩序为基本价值取向。①从上述一系列解读可以看出，"核心数据"具有宏观性；判断是不是国家核心数据，要看是否给全局带来较大的风险。《数据安全法》明确建立数据分类

---

① 韩大元："宪法文本中'公共利益'的规范分析"，载《法学论坛》2005年第1期。

分级保护制度，对关系国家安全、国民经济命脉、重要民生、重大公共利益等的"核心数据"实行更为严格的管理制度；对外国司法、执法机构调取我国数据的情况进行了规定；建立数据安全审查制度，对影响或者可能影响国家安全的数据活动进行国家安全审查。《数据安全法》第45条规定，对于违反国家核心数据管理制度，危害国家主权、安全和发展利益的，有关部门最高可处1000万元的罚款，并根据情况施以责令暂停相关业务、停业整顿、吊销相关业务许可证或者吊销营业执照等处罚；构成犯罪的，依法追究刑事责任。根据《数据安全法》，"核心数据"位于数据分类分级制度的顶端，相比重要数据来说具有更高的敏感性和关键性，在重要数据保护措施之上应实行更加严格的管理制度。

第四节　数据安全检测与风险评估

为了落实《国家安全法》关于风险预防、评估和预警的要求，《数据安全法》第三章建立了集中统一、高效权威的数据安全风险评估、报告、信息共享、监测预警和数据安全应急处置机制，通过对数据安全风险信息的获取、分析、研判、预警以及数据安全事件发生后的应急处置，实现数据安全事前、事中和事后的全流程保障。

一、数据安全检测评估与认证

（一）法律对数据安全检测评估与认证的要求

《数据安全法》第18条提出了数据安全检测评估与认证的要求，规定：国家促进数据安全检测评估、认证等服务的发展，支持数据安全检测评估、认证等专业机构依法开展服务活动。国家支持有关部门、行业组织、企业、教育和科研机构、有关专业机构等在数据安全风险评估、防范、处置等方面开展协作。

（二）数据安全检测评估与认证的标准

当前，我国在数据管理领域，已经正式出台的国家标准有《数据管理能力成熟度评估模型》（GB/T 36073-2018，DCMM）；在数据安全检测评估、认证领域的国家标准有《数据安全能力成熟度模型》（GB/T 37988-2019，DSMM），团体标准有《数据安全治理能力评估方法》（T/ISC-0011-2021）。这三个标准可以成为各行业、企业开展数据治理、数据安全风险评估的参考标准。[1]《数据管

---

① "《数据安全法》解读 —— 数据安全检测评估与认证"，载 https://field.10jqka.com.cn/20210 628/c630506598.shtml，最后访问时间：2021年9月3日。

理能力成熟度评估模型》（GB/T 36073-2018）是我国数据管理领域中的第一个国家标准，该标准将企业数据管理能力成熟度水平分为初始级、受管理级、稳健级、量化管理级、优化级等五个等级。《数据安全能力成熟度模型》（GB/T 37988-2019）以数据生命周期安全为核心，规定了数据采集安全、数据传输安全、数据存储安全、数据处理安全、数据交换安全、数据销毁安全、通用安全的成熟度的等级要求。《数据安全治理能力评估方法》（T/ISC-0011-2021）为团体标准，由中国互联网协会牵头制定，该标准描述了各类数据治理活动应遵循的数据安全治理能力要求和评估方法，包括评估等级划分方法、数据安全战略、数据采集安全、数据传输安全、数据存储安全、数据使用安全、数据共享安全、数据销毁安全、基础安全等能力的具体评估等级确定原则。

二、数据安全风险评估监测预警机制

（一）国家建立集中统一的机制

随着信息技术的发展，数据安全问题日益复杂，数据信息管理存在诸多薄弱环节，传统管控注重过程，无法有效地进行事前风险预警及事后追溯。《数据安全法》规定了数据安全风险评估监测预警机制，第 22 条规定，国家建立集中统一、高效权威的数据安全风险评估、报告、信息共享、监测预警机制。国家数据安全工作协调机制统筹协调有关部门加强数据安全风险信息的获取、分析、研判、预警工作。数据安全风险评估监测预警机制有助于形成安全长效、动态的管理机制，对数据的全要素、全过程进行监督管理，提升数据安全的整体管理水平。顶层机制的建立意味着从国家到地方、从行业到企业将建立统一的数据安全大平台，从国家层面对数据安全建立交叉监管防护体系，即自下而上的数据风险评估自查及上报，自上而下的宏观数据安全风险监测、预警与监管，都有了明确的规定和约束。

（二）数据安全风险评估

《数据安全法》第 30 条规定，重要数据的处理者应依规定对其数据处理活动定期开展风险评估，并向有关主管部门报送风险评估报告。风险评估报告应当包括处理的重要数据的种类、数量，开展数据处理活动的情况，面临的数据安全风险及其应对措施等。该条规定尚存在较大的解释空间，"重要数据"有赖各地区、各行业、各部门出台相关"重要数据保护目录"，"定期开展风险评估"则需要明确时间周期，"开展数据处理活动的情况"需要掌握数据全流程的流转轨迹，并判断面临的潜在风险，"应对措施"需要有相应的技术手段去缓解风险的发生和事故的后果。如果重要数据的处理者未依规定进行数据安全风险的评估，则根据《数据安全法》第 45 条，由有关主管部门责令改正，给予警告，可以并处 5 万元以上 50 万元以下罚款，对直接负责的主管人员和其他直接责任人员可以处 1 万元以上 10 万元以下罚款；拒不改正或者造成大量数据泄露等严重后果的，处 50 万元以上 200 万元以下罚款，并可以责令暂停相关业务、停业整顿、吊销相关业务许可证或者吊销营业执照，对直接负责的主管人员和其他直接责任人员处 5 万元以上 20 万元以下罚款。

《数据安全法》第 30 条规定，重要数据的处理者还需将风险评估报告报送主管部门。对于处理重要数据的企业来说，需要自研或借助第三方建立相应的数据安全风险发现、分析、治理与防护体系。例如，网御数据防泄露系统（以下简称网御 DLP）可从敏感信息内容、敏感信息的拥有者、对敏感信息的操作行为三个角度对数据安全风险进行分析，帮助组织内部管理者了解全网敏感数据的存储种类、驻留数量，全程对敏感数据的使用、传递进行监管，保障组织内部重要数据的合规合理使用。[①]首先，在"重要数据"的分级分类上，可以通过多种内容识别检测算法对敏感信息进行定义，包含文件格式识别、数据内容识别、文档指纹、分类匹配、MD5 值匹配等，实现《工业数据分类分级指南（试行）》《电信和互联网大数据安全管控分类分级实施指南》《证券期货业数据分类分级指引》等国家标准的分级分类定义，实现重要数据的精准识别。其次，在重要数据驻留分析上，可以对组织内部所有信息存储位置进行分级分类识别，精确找到文件存储服务器、数据库、终端电脑、大数据平台的重要数据存储位置，了解重要文件分布与驻留及变化。再次，在重要数据使用管控上，可以监管各种 Web 邮箱、微博、博客、论坛、网盘、贴吧、即时通信等网络外发通道，以及 USB、打印、刻录、拍照、录屏等物理数据传输通道，对"重要数据"可能的传输途径进行全面监控，防止数据使用人员对重要数据的违规使用。最后，在重要数据传递溯源上，可以对安全事件进行完整的记录，便于事后审计追溯，在追责时提供有力证据，保证安全事件记录的完整性和准确性。

（三）数据安全风险评估的核心内容

数据安全风险评估应当包括哪些内容尚待相关规定的进一步出台。中国信息安全测评中心的研究人员正在进行相关研究，并认为由于数据是一类特殊的、具有动态性的评估对象，随着其在不同环境下的流动，面临的安全风险也

---

① "从《数据安全法》视角探析数据风险评估建设"，载 https://baijiahao.baidu.com/s?id=1688294903803022585&wfr=spider&for=pc，最后访问时间：2022 年 2 月 2 日。

会不同。数据安全风险评估不应以某个标准作为基准来设置评估项，其风险评估方法理论和模式应是多样性的，适用于不同环境和目标，但其核心内容主要包括：[①]

1. 数据识别安全评估。数据识别是数据安全评估的基础，数据识别能解决运营者对数据安全状况的摸底工作，确定数据在业务系统的内部分布、数据访问账号和授权状况及访问方法。数据识别依国家、行业的法律及标准通常包括业务流识别、数据流识别、数据安全责任识别和数据分类分级识别。

2. 数据安全法律遵从性评估。法律遵从性是数据安全评估的前提和基础。安全风险评估不能完全避免数据安全风险的发生，但可减少违法违规行为的发生。法律遵从性评估的核心在于评估运营者及其他数据处理者关于数据安全落实相关法律法规的情况，包括制度建设、数据分类分级、数据安全保障措施的落实、个人信息保护、重要数据出境安全、网络安全审查、机构人员的落实、密码技术落实，以及其他法律、政策和标准的落实情况等。其目的在于应对风险，查找差距，完善数据安全治理体系。

3. 数据处理安全评估。数据处理涉及数据活动的全环节，包括数据的收集、存储、使用、加工、传输、提供、公开等环节，主要针对数据处理过程中收集的规范性，存储、加工、提供、传输的安全性，公开的规范性等开展评估。

4. 数据环境安全评估。数据环境安全是数据全生命周期安全的环境支撑，可在多个生命周期环节内复用，包括主机、网络、操作系统、存储介质、数据库等环境基础设施。针对数据支撑环境的安全评估包括通信环境安全、存储环境安全、计算环境安全、供应链安全和平台安全等。

5. 重要数据出境安全评估。这主要评估出境数据发送方的数据出境约束力、监管情况、救济途径，以及出境数据接收方的主体资格和承诺履约情况等。如果被评估对象中包括重要数据出境的业务，则需对此部分开展专项评估。

（四）数据安全应急处置机制

《数据安全法》第 23 条规定，国家建立数据安全应急处置机制。发生数据安全事件，有关主管部门应当依法启动应急预案，采取相应的应急处置措施，防止危害扩大，消除安全隐患，并及时向社会发布与公众有关的警示信息。"数据安全事件"有：某票务公司支付信息泄露，导致大量用户的银行卡信息，包含持卡人姓名、身份证、银行卡号、信用卡安全码、密码等泄漏。因此，

---

① 宋璟等："新时代下数据安全风险评估工作的思考"，载《中国信息安全》2021 年第 9 期。

导致用户遭遇诈骗电话。其原因就是技术人员不谨慎，在对某个服务器进行系统问题排查时，留下的临时日志未及时删除，同时，用户的支付日志可被轻易下载。再如，有人通过非法手段破解银行业务系统的数据库，盗取海量信息，泄露了包括银行客户信息、客户资产信息、信用卡号和安全码等隐私信息。非法分子将盗取的信息转让给黑色产业人员，由他们通过电话、网络等方式进行销售倒卖。① 数据安全事件包括有害程序事件、网络攻击事件、信息破坏事件、信息内容安全事件等。有害程序事件又分为计算机病毒事件、蠕虫事件、特洛伊木马事件、僵尸网络事件、混合程序攻击事件、网页内嵌恶意代码事件及其他有害程序事件。发生此类事件后，有关主管部门应当依法启动应急预案，采取相应的应急处置措施，防止危害扩大，消除安全隐患，并及时向社会发布与公众有关的警示信息。

第五节　安全审查制度

　　如前所述，《网络安全法》第 35 条是关于安全审查制度的规定。由于《数据安全法》也有安全审查制度，两者的具体实施均依据《网络安全审查办法》，该《网络安全审查办法》在《数据安全法》通过之后进行了修订，因此，本节的安全审查制度既包括数据安全审查，也包括网络安全审查。

一、他国的网络安全审查制度

（一）关键信息基础设施攻击威胁国家安全

　　近年来，全球范围内针对关键信息基础设施的网络攻击行为不断发生，涉及金融、能源、工业控制、交通、医疗卫生等领域，影响范围广泛。云计算、5G、大数据中心、工业互联网等新一代数字基础设施规模化建设和应用更凸显对了关键信息基础设施和重要信息系统保护的重要性。2018 年，全球供应链网络攻击暴增 78%。2019 年，该数值仍在持续增长，2021 年，勒索软件攻击数量急剧攀升。根据威瑞森《2021 年数据泄露调查报告》，勒索软件攻击频率占全部网络安全事件的 10%。网络安全公司 Coveware 调查发现，勒索攻击动机开始从单纯追求经济利润发展为针对重要关键信息基础设施以及供应链，以期造成重大社会影响，例如，美国科洛尼尔管道的攻击导致美国东海岸近 45%

---

① "什么是数据安全？"，载 https://new.qq.com/omn/20210616/20210616A042XE00.html，最后访问时间：2021 年 9 月 1 日。

供油量的输油干线被迫关闭；美国 JBS 食品公司遭攻击，引发全球肉类短缺恐慌。[①] 这类攻击利用信息产品的安全漏洞或脆弱环节，通过入侵和感染重要系统，造成设备破坏、敏感数据丢失等后果，以实现对关键信息基础设施的破坏性打击。

（二）他国通过安全审查保护其关键信息基础设施

为确保信息产品和服务的安全性，美国、德国、英国、俄罗斯、澳大利亚等国纷纷建立网络安全审查制度，[②] 并运用于投资和采购领域。例如，2010 年美国禁止华为和中兴通讯竞标其升级蜂窝网络的数十亿美元的合同。2011 年，由于美国海外投资委员会要求华为取消收购美国服务器技术研发公司 3Leaf 特定资产，在美国海外投资委员会的压力下，华为最终放弃了对该公司特定资产的收购。[③] 2021 年 11 月，美国通过《安全设备法案》，[④] 该法案禁止美国联邦通信委员会审查或颁发新的设备许可证给该委员会"对国家安全构成威胁的通信设备和服务清单"上的公司。华为、中兴通讯等被视为安全威胁的公司很难从美国监管机构获得新设备许可证。

美国涉及安全审查的规则散见于各类涉及投资、安全、采购等的立法中，如《外国投资和国家安全法》《外国人合并、收购和接管规定》、WTO《政府采购协议》、《电信法》、《1997 年外商参与指令》、《奥姆尼伯斯贸易和竞争法》、《国防生产法》等，这些法律构成了美国信息安全审查的一整套法律法规。在机构上，外国投资委员会负责国家安全审查工作，外国投资委员会负责组织调查活动，并决定是否提请总统审议或采取一定措施；总统享有较大的自由裁量权和最终决定权，当其判断交易可能危及美国国家安全时，可中断、禁止这些交易。外国投资委员会的成员由财政部、司法部、国土安全部、商务部、国防部、能源部、美国贸易代表办公室等九部门共同组成，必要时还包括管理和预算办公室、经济顾问委员会、国家安全委员会、国民经济委员会、国土安全委员会。对于通过外国投资委员会审查的交易，外国企业必须与美国的安全部门

---

① 桂畅旖："2021 年全球网络空间安全态势回眸"，载 https://xw.qq.com/cmsid/20220110A07KKV00，最后访问时间：2022 年 2 月 4 日。

② "专家解读｜胡影：网络安全审查视角下的供应链安全风险分析"，载 http://www.cac.gov.cn/2020-05/03/c_1590051734465847.htm，最后访问时间：2022 年 2 月 4 日。

③ "美国会众议院指控华为中兴对美国家安全构成威胁"，载 http://www.cac.gov.cn/2012-10/09/c_1114991387.htm，最后访问时间：2022 年 2 月 4 日。

④ "路透社：美国拟通过《安全设备法案》以加强限制华为、中兴"，载 https://www.sohu.com/a/497992565_166680，最后访问时间：2022 年 2 月 5 日。

签署安全协议。协议包含公民隐私、数据和文件存储可靠性以及保证美国执法部门对网络实施有效监控等条款。被审查企业签署网络安全协议，协议通常包括：通信基础设施必须位于美国境内；通信数据、交易数据、用户信息等仅存储在美国境内；若外国政府要求访问通信数据，必须获得美国司法部、国防部、国土安全部的批准；配合美国政府对员工实施背景调查等。①

英国网络安全认证制度由政府通信总部实施。英国有世界上最严格的国家级安全评估中心，其网络安全审查制度具有一定的技术本位特征。只有通过政府通信总部安全认证的产品和服务，才可为英国政府机构信息系统所使用，否则被视为违法。国外设备商须自建安全认证中心，并提交源代码。②2013 年 12月 17 日，英国政府发布对中国华为公司在英运营的网络安全评估中心的审查报告，称其运营安全有效，是"政府与企业合作的典范"。不过，报告同时建议，政府仍需对该中心加强监管。③

印度的网络安全审查制度由内政部负责，其重点是加强对通信产品及"关键核心设备"运营商的管控。印度电信部对电信设备采购进行严格的安全审查，要求国外企业向第三方检查机构提交设备和网络源代码，并要求运营商制定明确的安全政策和网络安全管理措施，对整个网络安全负责。2011 年，印度出台《国家网络安全策略（草案）》，强调发展本土信息技术产品，减少进口高科技产品对国家安全可能带来的威胁。2013 年，印度通信和信息技术部公布的《国家网络安全政策》试图建立一个网络安全总体框架，为政府、企业和网络用户有效维护网络安全提供指导。④2014 年，印度国家安全委员会称，中国企业生产的 SIM 卡使印度国内电信与银行网络更容易遭受黑客攻击，印度国内将面临来自国内外的"安全威胁"，认为应确保全印度所使用的 SIM 卡均为印度国产SIM 卡，并重点确保内政部门信息安全。⑤

---

① 吴世忠："他山之石：国外在信息技术领域的安全审查制度"，载 http：//www.cac.gov.cn/2013-12/24/c_1114978513.htm，最后访问时间：2022 年 2 月 4 日。

② 申江婴："'第五空间'里的大国较量"，载 http：//www.cac.gov.cn/2014-06/05/c_1114978709.htm，最后访问时间：2022 年 2 月 4 日。

③ "专家解读|胡影：网络安全审查视角下的供应链安全风险分析"，载 http：//www.cac.gov.cn/2020-05/03/c_1590051734465847.htm，最后访问时间：2022 年 2 月 4 日。

④ "印度网络危机重重 加强网络安全不遗余力"，载 http：//www.cac.gov.cn/2014-07/04/c_1114994790.htm，最后访问时间：2022 年 2 月 4 日。

⑤ "印媒称中国制造 SIM 卡存安全隐患将推行审查制度"，载 http：//www.cac.gov.cn/2014-09/18/c_1114994881.htm，最后访问时间：2022 年 2 月 4 日。

（三）通过安全审查搭建其数字疆域

随着信息时代特别是网络时代的到来，信息空间被称为"第五空间"。"第五空间"并无现实物理的边界，国家通过对数据的控制搭建数字疆域，数据安全审查就是有效的数据控制途径。以美国为例，其通过国内立法和国际协定形成数据的汇集。在国内法方面，美国通过 2018 年的《云法案》（Cloud Act）①强化对实体和个人数据的跨境调取能力，同时，禁止受美国法管辖的实体和个人向境外政府提供关于通信内容的数据，规定只有与美国政府签署了协定的"适格国家"，才能够直接向美国的公司调取数据。《外国公司问责法案》及其配套规定则规定了对存储于境外的审计底稿的调取权力。其"确保信息和通信技术及服务（ICTS）供应链安全"的规定将来自"外国敌手"所设计、开发、制造或提供的联网软件应用程序和设备排除在美国的供应链之外，进一步避免了美国数据的"不当流出"。在国际方面，美国通过其推行的 APEC 项下的跨境隐私规则体系（Cross Border Privacy Rules，简称 CBPRs），将日本、加拿大、新加坡等盟友纳入该体系，并借美国产业界超强的实力，最终实现数据向美国企业和美国本土的汇集。②美国依其立法的"调取"将数据汇集在本国，通过"限制"措施避免数据外流，从而有效打造其"第五空间"。2020 年 8 月，美国宣布"清洁网络"计划（Clean Network Program），认为抖音、微信等中国手机应用程序收集美国公民的个人数据，称要在运营商、应用程序、应用商店、云存储、电缆等五个方面将中国企业从美国数字网络中清除。③可见，随着网络技术的发展，网络和数字在国际关系中的重要性愈发突出。美国正在通过各种安全措施搭建其数字领域。

数据安全事件也需要关注，美国最大的通信运营商——威瑞森在 2021 年发布的《2021 年数据泄露调查报告》显示，新冠肺炎疫情下远程办公的兴起和企业业务云端迁移潮加大了网络犯罪的可能性。此报告对全球 83 个主体的 5358 起数据泄露事件分析表明：① 85% 的数据泄露涉及人的因素；② 61% 的数据泄露牵涉登录凭证；③在安全事件和数据泄露中，外部云资产

---

① 美国《云法案》（Cloud Act），全称是《澄清境外合法使用数据法案》（the Claritying Lawful Overse as Use of Data Act），2018 年 3 月 23 日由国会通过。

② "专家解读 | 与时俱进筑牢国家安全的审查防线"，载 https://news.hnr.cn/rmrtt/article/1/1478899640564199426，最后访问时间：2022 年 2 月 2 日。

③ "美国宣布'清洁网络'计划，清除'不受信任的'中国应用程序"，载 https://baijiahao.baidu.com/s?id=1674578793474558014&wfr=spider&for=pc，最后访问时间：2022 年 2 月 5 日。

被盗的情况比内部资产被盗更常见。①从报告可以看出，70%的数据安全事件来自企业内部运营管理不善，而云计算时代，多设备、多厂商等复杂的资源环境更是外部云资产被盗的重要原因。因此，加强网络与数据的安全管理至关重要。

（四）网络安全审查制度的立法目的

关键信息基础设施运营者采购网络产品和服务，网络平台运营者开展数据处理活动，都有可能影响国家安全。为此，我国建立了网络安全审查制度，目的是通过网络安全审查这一举措，及早发现并避免采购产品和服务给关键信息基础设施运行以及网络平台运营者并购、境外上市等带来风险和危害，维护国家安全。网络安全审查是一项依《国家安全法》《网络安全法》《数据安全法》开展的工作。《国家安全法》第59条规定，国家建立国家安全审查和监管的制度和机制，对影响或者可能影响国家安全的网络信息技术产品和服务，以及其他重大事项和活动，进行国家安全审查。曾有疑问：网络安全审查是否会歧视或限制国外产品和服务？《网络安全审查办法》明确规定了要审查的内容，表明网络安全审查的目的是维护国家网络安全，并非限制或歧视国外产品和服务。对外开放是中国的基本国策，中国欢迎国外产品和服务进入中国市场的政策未变。②从操作层面上看，审查并无国别差异，对外国企业和中国企业一视同仁。

二、安全审查制度的构建

（一）《网络安全法》关于网络安全审查的规定

《网络安全法》第35条对网络安全审查进行了规定，首次将"关系国家安全和公共利益的系统使用的重要信息技术产品和服务"纳入安全审查范围。该条规定，"关键信息基础设施的运营者采购网络产品和服务，可能影响国家安全的，应当通过国家网信部门会同国务院有关部门组织的国家安全审查"。为了防止产品提供者借其提供的产品非法控制、干扰、中断用户系统，非法收集、存储、处理和利用用户有关信息，该条要求对进入中国市场的重要信息技术产品及提供者都将进行安全审查，重点是产品安全性和可控性，审查不合格的产品和服务均不得在中国境内使用。网络安全审查是对关系国家安全与社会稳定

---

① "数据安全事件再起！据调查，85%数据泄露涉及人的因素"，载 http://www.ctiforum.com/news/guonei/587274.html，最后访问时间：2022年2月27日。

② "《网络安全审查办法》答记者问"，载 http://www.xinhuanet.com/politics/2022-01/04/c_1128230124.htm，最后访问时间：2022年8月6日。

的信息系统中使用的信息技术产品与服务进行测试评估、检测分析、持续监督的过程。

《网络安全法》第65条规定了关键信息基础设施的运营者违反有关网络安全审查规定的处罚，规定：使用未经安全审查或者安全审查未通过的网络产品或者服务的，由有关主管部门责令停止使用，处采购金额1倍以上10倍以下罚款；对直接负责的主管人员和其他直接责任人员处1万元以上10万元以下罚款。

（二）《数据安全法》使数据成为独立的安全保护对象

如上所述，美国事实上在通过其立法打造数字疆域，最终实现其控制全球数据的整体数据战略。面对他国越来越多的数据安全、调取、限制甚至制裁立法与措施，我国必须丰富自己的工具箱，对影响国家安全的数据处理活动建立有效的安全审查等管控机制。《网络安全法》立足于技术层面的安全保障，对网络运营者施加基本的安全保障义务，对关键信息基础设施运营者施加增强式的安全保障义务。其目标是"防范对网络的攻击、侵入、干扰、破坏和非法使用以及意外事故，使网络处于稳定可靠运行的状态，以及保障网络数据的完整性、保密性、可用性"。其中"数据"的安全从属于网络的安全。《数据安全法》第24条第1款规定，国家建立数据安全审查制度，对影响或者可能影响国家安全的数据处理活动进行国家安全审查。

（三）《网络安全审查办法》及其修订

2021年11月16日，国家互联网信息办公室2021年第20次室务会议审议通过了《网络安全审查办法》。该办法自2022年2月15日起施行。[①] 此前，《网络安全审查办法》经历了2021年《关于〈网络安全审查办法（修订草案征求意见稿）〉》（以下简称《审查办法（征求意见稿）》），以及2020年《审查办法（征求意见稿）》。对比各版修改，可以看出网络安全和数据安全发展情势的变化。在2021年《数据安全法》通过后，2021年《审查办法（征求意见稿）》新增了有关数据安全审查的内容，安全审查的对象从只有"关键信息基础设施运营者"，增加了"数据处理者"，并新增《数据安全法》为安全审查的上位法。由于"数据处理者"的范围过于宽泛，2022年生效的《网络安全审查办法》又将2021年《审查办法（征求意见稿）》中的"数据处理者"改为"网络平台运营者"，并进一步明确主要针对超过100万用户个人信息的

---

① "工信部等十三部门修订发布《网络安全审查办法》"，载 https：//baijiahao.baidu.com/s?id=1721785681158254547&wfr=spider&for=pc，最后访问时间：2022年2月5日。

对象范围。在上位法上，新增《关键信息基础设施安全保护条例》。在立法目的上，新增"保障网络安全和数据安全"的描述，强调安全审查包括网络安全和数据安全的主线。

2022年生效的《网络安全审查办法》第1条规定，为了确保关键信息基础设施供应链安全，保障网络安全和数据安全，维护国家安全，依《国家安全法》《网络安全法》《数据安全法》《关键信息基础设施安全保护条例》，制定本办法。《网络安全审查办法》将《数据安全法》项下的数据安全审查纳入立法框架内，形成了以《国家安全法》为龙头，以《网络安全法》《数据安全法》《关键信息基础设施安全保护条例》为安全审查上位法，以《网络安全审查办法》为网络与数据安全审查可操作性规范保障的法律体系。

三、网络安全审查的对象

《网络安全审查办法》第2条规定，关键信息基础设施运营者采购网络产品和服务，网络平台运营者开展数据处理活动，影响或者可能影响国家安全的，应当按照本办法进行网络安全审查。可见，网络安全的审查对象主要包括：

（一）关键信息基础设施运营者

《网络安全法》第35条规定，"关键信息基础设施的运营者采购网络产品和服务，可能影响国家根据安全的，应当通过国家网信部门会同国务院有关部门组织的国家安全审查"。根据2021年《关键信息基础设施安全保护条例》的规定，关键信息基础设施是指公共通信和信息服务、能源、交通、水利、金融、公共服务、电子政务、国防科技工业等重要行业和领域的，以及其他一旦遭到破坏、丧失功能或者数据泄露，可能严重危害国家安全、国计民生、公共利益的重要网络设施、信息系统等。[①]我国通过立法规定对关键信息基础设施运营者采购活动进行审查，对部分重要产品等发起审查，这对保障关键信息基础设施供应链安全、维护国家安全发挥了重要作用。

（二）网络平台运营者

《数据安全法》第24条规定，对影响或者可能影响国家安全的数据处理活动进行国家安全审查。2021年《审查办法（征求意见稿）》将"进行数据处理活动影响或可能影响国家安全的数据处理者"列为审查主体对象范围。为了避免"数据处理者"的范围过宽的问题，2022年《网络安全审查办法》将"数据处理者"改为了"网络平台运营者"。《网络安全审查办法》第2条规定，网络

---

① 2021年9月1日生效的《关键信息基础设施安全保护条例》第2条。

平台运营者开展数据处理活动，影响或者可能影响国家安全的，应当依本办法进行网络安全审查。这涉及两种情形：

1. 网络平台运营者开展数据处理活动影响或者可能影响国家安全等情形。《数据安全法》第 3 条第 2 款规定，数据处理包括数据的收集、存储、使用、加工、传输、提供、公开等；"可能影响国家安全等情形"可参考《网络数据安全管理条例（征求意见稿）》第 13 条第 1 款中"实施合并、重组、分立，影响或者可能影响国家安全的"情形描述。

2. 对网络平台运营者的定量描述。《网络安全审查办法》第 7 条规定："掌握超过 100 万用户个人信息的网络平台运营者赴国外上市，必须向网络安全审查办公室申报网络安全审查。"《网络安全审查办法》的修订发生在滴滴等多家企业赴美上市审查期间，修订相关专家称：[①]与上市相关的条款，一是为了加强跨境监管合作，完善数据安全、跨境数据流动、涉密信息管理等相关法律法规；二是为了落实《数据安全法》第 24 条"国家建立数据安全审查制度"的要求，而赴国外上市只是可能出现数据安全风险的一种具体情形。

四、安全审查的监管主体

（一）网络安全审查办公室

《网络安全审查办法》第 4 条规定，网络安全审查办公室要在中央网络安全和信息化委员会领导下，会同发改委、工信部、公安部、国家安全部、财政部、商务部、人民银行、市场监督管理总局、广播电视总局、证监会、保密局、密码管理局建立国家网络安全审查工作机制。

网络安全审查办公室设在国家互联网信息办公室，负责制定网络安全审查相关制度规范，组织网络安全审查。网络安全审查应向网络安全审查办公室申报，具体工作委托中国网络安全审查技术与认证中心承担。中国网络安全审查技术与认证中心在网络安全审查办公室的指导下，承担接收申报材料、对申报材料进行形式审查、具体组织审查工作等任务。[②]

（二）部委联席审查工作机制

2021 年《审查办法（征求意见稿）》在 2020 年《审查办法（征求意见稿）》的基础上增加了"中国证券监督管理委员会"（以下简称证监会）为监

---

① "从《网络安全审查办法》三版对比看'审查启示'"，载 https://weibo.com/ttarticle/p/show?id=2309404724942473134749#related，最后访问时间：2022 年 2 月 5 日。

② 《网络安全审查办法》答记者问，载 http://www.xinhuanet.com/politics/2022-01-04/c_1128230124.htm，最后访问时间：2022 年 8 月 6 日。

管机构，2020年《审查办法（征求意见稿）》项下的12部委联席审查工作机制因此变更为13部委联席审查工作机制。2022年生效的《网络安全审查办法》维持了这个监管机制，根据《网络安全审查办法》第4条第1款的规定，在中央网络安全和信息化委员会领导下，国家互联网信息办公室会同中华人民共和国国家发展和改革委员会、中华人民共和国工业和信息化部、中华人民共和国公安部、中华人民共和国国家安全部、中华人民共和国财政部、中华人民共和国商务部、中国人民银行、国家市场监督管理总局、国家广播电视总局、中国证券监督管理委员会、国家保密局、国家密码管理局建立国家网络安全审查工作机制。值得注意的是，将证监会纳入联席审查工作机制可以更好地解决中概股国外上市涉及的数据合规监管问题。

五、安全审查的内容及评估的风险因素

网络安全审查主要审查哪些内容呢?《网络安全审查办法》第6条规定，对于申报网络安全审查的采购活动，关键信息基础设施运营者应当通过采购文件、协议等要求产品和服务提供者配合网络安全审查，包括承诺不利用提供产品和服务的便利条件非法获取用户数据、非法控制和操纵用户设备，无正当理由不中断产品供应或者必要的技术支持服务等。该条主要针对的是关键信息基础设施运营者的采购活动。《网络安全审查办法》第7条则主要针对的是网络平台运营者赴境外上市的活动，规定：掌握超过100万用户个人信息的网络平台运营者赴国外上市，必须向网络安全审查办公室申报网络安全审查。其审查评估的风险因素主要包括：

（一）《网络安全审查办法》规定的安全审查内容

《网络安全审查办法》第10条规定，网络安全审查重点评估相关对象或者情形的以下国家安全风险因素：①产品和服务使用后带来的关键信息基础设施被非法控制、遭受干扰或者破坏的风险；②产品和服务供应中断对关键信息基础设施业务连续性的危害；③产品和服务的安全性、开放性、透明性、来源的多样性，供应渠道的可靠性以及因为政治、外交、贸易等因素导致供应中断的风险；④产品和服务提供者遵守中国法律、行政法规、部门规章的情况；⑤核心数据、重要数据或者大量个人信息被窃取、泄露、毁损以及非法利用、非法出境的风险；⑥上市存在关键信息基础设施、核心数据、重要数据或者大量个人信息被外国政府影响、控制、恶意利用的风险，以及网络信息安全风险；⑦其他可能危害关键信息基础设施安全、网络安全和数据安全的因素。

第 10 条中的"非法控制"可能通过在供应链的任一环节对产品、服务及所包含的组件、部件、元器件、数据等进行恶意篡改、替换、植入、伪造，以嵌入包含恶意逻辑的软件或硬件的方式完成。"遭受干扰或破坏"可能由于网络产品假冒伪劣导致，如盗版、翻新机、低配充高配、未经授权的贴牌或代工等；也可能由于"违规远程控制"导致。这些安全威胁可能导致本条涉及的"产品和服务使用后带来关键信息基础设施被非法控制、遭受干扰或破坏风险"，从而影响国家安全。"产品和服务供应中断"可能由于网络产品和服务供应链分布在各地、随着异地供应商、供应商层级的增多，供应链的透明性和安全风险控制能力都在下降。供应链中断或终止的安全威胁增加了四种情形：一是战争、地震等不可抗力可能导致的供应链中断；二是贸易管制、限制销售、合规差异等国际环境影响等，可能造成产品不能及时交付；三是技术手段，限制或阻碍用户选择等不正当竞争行为导致的中断；四是供应商停止生产和维护导致的支持服务中断。① 这些安全威胁可能导致《网络安全审查办法》第 10 条所称的"采购产品和服务可能对关键信息基础设施业务连续性造成危害"，从而影响国家安全。

（二）审查内容的重点演变

关于上述评估考虑的因素，对比《网络安全审查办法》的几次修订和已被取代的 2017 年的《网络产品和服务安全审查办法（试行）》，可以看出新规定的浓缩与升华。② 首先，在安全审查的目标上，尽管两者在审查对象上均为"网络产品和服务"，但《网络产品和服务安全审查办法（试行）》安全审查的目标是"提高网络产品和服务安全可控水平"，而《网络安全审查办法》的目标更改为"为了确保关键信息基础设施供应链安全，维护国家安全"。其次，在审查的重点上，《网络产品和服务安全审查办法（试行）》首要关注的是产品和服务本身的安全，而《网络安全审查办法》重点关注的是产品和服务"使用后"给关键信息基础设施带来的风险。最后，审查因素中增加了"非技术性因素"的考量。2018 年以来，由于中美贸易摩擦加剧带来的政治、外交、贸易等非技术因素导致供应中断的可能性增强，很多国家出台的网络安全审查立法也加入了供应商的来源和供应商的可靠性等"非技术性因素"的考量。

---

① "专家解读 | 胡影：网络安全审查视角下的供应链安全风险分析"，载 https://www.cac.gov.cn/2020-05/03/c_1590051734465847.htm，最后访问时间：2022 年 2 月 4 日。

② 洪延青："网络安全审查制度利刃出鞘"，载 http://www.cac.gov.cn/2020-04/29/c_1589707146857755.htm，最后访问时间：2022 年 2 月 4 日。

（三）新增对"数据处理活动与国外上市"的审查

在涉及数据的安全审查方面，关键信息基础设施采购的网络产品和服务在使用中，可能会采集和处理重要数据、核心数据和个人信息，因此，网络产品和服务可能面临敏感数据泄露、敏感数据滥用等风险，从而影响国家安全。《网络安全审查办法》第10条在2020《审查办法（征求意见稿）》针对采购活动的基础上，增加了"数据处理活动"。其中，第5项规定，国家安全风险因素包括：核心数据、重要数据或大量个人信息被窃取、泄露、毁损以及非法利用或出境的风险。根据《数据安全法》第21条第2款的规定，"核心数据"为关系国家安全、国民经济命脉、重要民生、重大公共利益等的数据，要对其实行更加严格的管理制度。根据《数据安全法》第21条的规定，对于"重要数据"，在国家层面，由国家数据安全工作协调机制统筹协调有关部门制定重要数据目录，在各地区、各部门层面，由本地区、本部门以及相关行业、领域制定重要数据具体目录。2022年生效的《网络安全审查办法》第10条中再次修订补充了审查过程中需要评估的国家安全风险因素，规定：……⑥上市存在关键信息基础设施、核心数据、重要数据或者大量个人信息被外国政府影响、控制、恶意利用的风险，以及网络信息安全风险；⑦其他可能危害关键信息基础设施安全、网络安全和数据安全的因素。第⑥项将原来的"国外上市"改为"上市"，更具有法律调整的规范性，第⑦项兜底事项增加了"网络安全"的描述，在网络安全和数据安全方面更具有概括性。

六、安全审查的启动

《网络安全审查办法》采用了当事人申报与依职权审查双层审查启动机制，当事人申报即关键信息基础设施运营者或网络平台运营者申报审查，另一种是网络安全审查办公室依职权实施的审查。

（一）关键信息基础设施运营者的申报审查

1. 申报审查。《网络安全审查办法》第5条第1款规定，关键信息基础设施运营者采购网络产品和服务的，应当预判该产品和服务投入使用后可能带来的国家安全风险。影响或者可能影响国家安全的，应当向网络安全审查办公室申报网络安全审查。该条第2款规定，关键信息基础设施安全保护工作部门可以制定本行业、本领域预判指南。从该条规定可以看出：首先，申报安全审查的主体应为关键信息基础设施所需网络产品和服务的采购方。其次，关键信息基础设施运营者在采购时应预判该产品和服务投入使用后可能带来的国家安全风险。最后，关键信息基础设施安全保护工作部门可通过制定本行业、本领域的指南，指引关键信息基础设施运营者对国家安全风险的预判。

2. 配合审查。采购方应主动通过法律工作管理自身的供应链风险，在力所能及的范围内，主动管理和降低供应链安全风险。《网络安全审查办法》第6条规定，对于申报网络安全审查的采购活动，关键信息基础设施运营者应当通过采购文件、协议等要求产品和服务提供者配合网络安全审查，包括承诺不利用提供产品和服务的便利条件非法获取用户数据、非法控制和操纵用户设备，无正当理由不中断产品供应或者必要的技术支持服务等。

（二）网络平台运营者的申报审查

1. 网络平台运营者开展数据处理活动。《网络安全审查办法》第2条规定，关键信息基础设施运营者采购网络产品和服务，网络平台运营者开展数据处理活动，影响或者可能影响国家安全的，应当按照本办法进行网络安全审查。

根据《数据安全法》，"数据处理活动"包括数据的收集、存储、使用、加工、传输、提供、公开等活动。《网络安全审查办法》重点聚焦的是网络平台运营者开展上述数据处理活动中，影响或者可能影响国家安全的情形。

2. 网络平台运营者赴国外上市的强制申报。《网络安全审查办法》第7条规定，掌握超过100万用户个人信息的网络平台运营者赴国外上市，必须向网络安全审查办公室申报网络安全审查。从该条可以看出，其一，掌握个人信息的数量，将直接影响网络平台运营者的行为性质。"掌握超过100万用户个人信息的网络平台运营者赴国外上市"的时候，必须申报网络安全审查。可见，个人信息的定量情况将直接决定网络平台运营者的海外上市行为是否影响国家安全，是判定数据运营者在海外上市能否触发网络安全审查的先决条件。其二，个人信息在一定条件下，将直接转化为重要数据。因为二者在某些情况下存在一定的交集，如特定人物的个人信息、特定群体个人信息的汇聚等都有可能使个人信息转化为重要或核心数据。这些数据因能够反映地区或行业、设施运行情况，从而需要纳入国家安全的范围加以保护。例如，网络上曝光的对某些国家部委工作人员上下班出行情况的分析，这些出行信息具有很强的个人属性，本属于个人信息的范畴，但对这些信息进行汇聚和分类分析，就成了能够反映国家重要机构运行情况的数据，就不能再单纯将其视作个人信息了。近年来，我国网络平台社会数字基础设施对国家安全和社会公共利益影响凸显，大型网络平台运营者具有服务供给者和市场监督者双重职能的特征。网络平台不仅是服务提供者，也越来越多地具备了一定的社会治理功能，网络平台这种前所未有的影响力对传统行业监管带来了很大挑战，一定程度上弱化甚至替代了国家公共部门的监管体系。近年来，平台运营者选择赴国外上市的数量日益增多。例如，在美上市的中概股数量已达近三百家，其中，约半数为网络平台运营者。[①] 如何在促进企业发展的同时，保障国家安全和数据安全，迫切需要在制度层面明确企业的主体责任。

从申报的时间上看，网络平台运营者应在向国外证券监管机构提出上市申请之前申报网络安全审查。从审查结果上看，启动审查后，经研判不影响国家安全的，可继续赴国外上市程序；启动审查后，经研判影响国家安全的，则不允许赴国外上市。[②]

（三）网络安全审查办公室依职权实施的审查

《网络安全审查办法》第16条规定，网络安全审查工作机制成员单位认为影响或者可能影响国家安全的网络产品和服务以及数据处理活动，由网络安全审查办公室按程序报中央网络安全和信息化委员会批准后进行审查。网信办对"滴滴出行"实施的网络安全审查即是依职权实施的安全审查。[③] 滴滴于2021年6月30日在美国上市，但没有发布会或敲钟仪式，原因是滴滴在美国上市没有获得中国监管部门事先同意，绕开了监管部门。2020年12月，美国通过《外国公司问责法案》，根据该法案，外国发行人连续3年不能满足美国公众公司会计监督委员会对会计师事务所检查要求的，其证券禁止在美交易。[④] 这就要求中国公司在美国上市要向美国提供审计底稿和关键数据。而未经同意向境外提供这些数据的行为违反了《中华人民共和国证券法》。

2021年7月2日，国家网信办网络安全审查办公室决定对"滴滴出行"实施网络安全审查。滴滴所拥有的数据包括乘客主动产生的数据和被动留下的数据。在收集、存储、使用数据的过程中，滴滴积累了大量的国家级别数据，滴滴也在海量数据的更新背景下，不断收集来自城市交通、教育、医疗、行政资源分布的核心数据。滴滴除了拥有基础的出行数据和使用记录，还通过数据分析进一步研判中国的大政方针、重大措施。如果滴滴将用户数据、地图信

---

① "专家解读 | 新版《网络安全审查办法》发布实施重在压实平台运营者网络安全主体责任"，载 https: //m.thepaper.cn/baijiahao_16170530，最后访问时间：2022年2月5日。

② "专家解读 | 国家网信办：申报网络安全审查可能有三种情况"，载 https: //baijiahao.baidu.com/ s?id=1720989959769758301&wfr=spider&for=pc，最后访问时间：2022年2月5日。

③ "网信办将对'滴滴出行'实施网络安全审查"，载 https: //baijiahao.baidu.com/s?id=170422307 6859474699&wfr=spider&for=pc，最后访问时间：2022年2月5日。

④ "美国国会通过《外国公司问责法案》"，载 https: //baijiahao.baidu.com/s?id=1685027010692336 708&wfr=spider&for=pc，最后访问时间：2022年2月5日。

息以及使用过程中的国家统计数据等泄露至海外，实际上就相当于将国家的核心机密外漏，关乎国家安全。^①之后，网信办又发布消息，"运满满""货车帮""BOSS 直聘"也被审查。^②2021 年 7 月 6 日，中共中央办公厅、国务院办公厅公开发布了《关于依法从严打击证券违法活动的意见》，^③强调加强中概股监管；完善数据安全等相关法律法规。上述公司的共同特点是：都掌握了大量数据，都是互联网平台企业，都刚赴美上市。互联网平台企业、海量数据、境外上市，这三大共同点指向了数据安全。虽然这些主体并没有主动申报安全审查，但国家网信部门仍然可以依职权进行网络安全审查。

七、安全审查提交的材料及审查时限

（一）提交材料与知识产权保护

《网络安全审查办法》第 8 条规定，当事人申报网络安全审查，应当提交以下材料：①申报书；②关于影响或者可能影响国家安全的分析报告；③采购文件、协议、拟签订的合同或者拟提交的 IPO 等上市申请文件；④网络安全审查工作需要的其他材料。2022 年生效的《网络安全审查办法》新增了"拟提交的首次公开募股（IPO）等"作为申报提交材料，网络安全审查办公室可以据此对企业境外上市所涉及的数据安全、网络安全问题进行判断。

此外，《网络安全审查办法》还规定，参与网络安全审查的相关机构和人员应严格保护知识产权，对在审查工作中知悉的商业秘密、个人信息，当事人、产品和服务提供者提交的未公开材料，以及其他未公开信息承担保密义务；未经信息提供方同意，不得向无关方披露或者用于审查以外的目的。

（二）审查时限

《网络安全审查办法》规定，审查程序包括初步审查和特别审查。初步审查由网络安全审查办公室完成。网络安全审查工作机制成员单位、相关部门意见一致的，网络安全审查办公室以书面形式将审查结论通知当事人；意见不一

---

① "滴滴出行等接受网络安全审查"中国纪检监察报："数据安全关乎国家安全"，载 https：// baijiahao.baidu.com/s?id=1704622167323960881&wfr=spider&for=pc，最后访问时间：2022 年 8 月 6 日。

② "突发！'运满满''货车帮''BOSS 直聘'被网络安全审查，出什么事了"，载 https：// baijiahao.baidu.com/s?id=1704409819208119100&wfr=spider&for=pc，最后访问时间：2022 年 2 月 5 日。

③ "中办、国办印发《关于依法从严打击证券违法活动的意见》"，载 https：//baijiahao.baidu.com/ s?id=1704531859270353631&wfr=spider&for=pc，最后访问时间：2022 年 2 月 5 日。

致的，依特别审查程序处理。

1. 初步审查的审限。《网络安全审查办法》第 11 条规定，网络安全审查办公室认为需要开展网络安全审查的，应当自向当事人发出书面通知之日起 30 个工作日内完成初步审查，包括形成审查结论建议和将审查结论建议发送网络安全审查工作机制成员单位、相关部门征求意见；情况复杂的，可以延长 15 个工作日。

2. 特别审查的审限。《网络安全审查办法》第 14 条规定，特别审查程序一般应当在 90 个工作日内完成，情况复杂的可以延长；第 15 条规定，网络安全审查办公室要求提供补充材料的，当事人、产品和服务提供者应当予以配合。提交补充材料的时间不计入审查时间。2022 年生效的《网络安全审查办法》将特别审查程序从原先的 45 个工作日改为 3 个月，延长了对于网络安全特殊复杂情形的审查期限。这虽可能会对运营者的正常运营活动产生一定影响，但特别审查程序的延长有利于参与审查的各部门更深刻地审查网络安全风险，更有针对性、更科学地提出审查意见、得出审查结论，并有效地解决网络安全审查反映出的各种问题。

第六节　数据出境的安全评估制度

数据的跨境流动是经济全球化与数字化的伴生物，也是数字贸易不可或缺的部分。数据跨境流动是指通过各种技术和方法，实现数据跨越国境（地理疆域）的流动。当前，不仅互联网、金融、电信等跨境服务离不开数据跨境传输支撑，制造业、医疗健康、农业生产等传统产业也产生了大量的数据跨境需求。但数据的跨境流动也触发了各国对个人隐私、国家安全等风险的担忧。数据不受限制地流出，可能在传输、储存和应用等环节面临被截获、篡改的风险，数据应用开发也存在被滥用的风险。更严重的是，一些关键数据跨境流动，还可能威胁国家安全。[1]2013 年的"斯诺登事件"推动了各国将数据跨境流动纳入政治议题，与国家安全、网络安全、隐私保护等政策紧密挂钩，也加剧了各国政府在网络空间的战略博弈与数据资源的争夺。[2]可见，数据跨境流动在促进

---

[1] "张兆安代表：数据跨境流动可能存在风险，建议完善法律法规"，载 https://baijiahao.baidu.com/s?id=1693449515912285523&wfr=spider&for=pc，最后访问时间：2021 年 8 月 3 日。

[2] 阿里巴巴数据安全研究院："《全球数据跨境流动政策与中国战略研究报告》2019 年"，载 https://www.secrss.com/articles/13274，最后访问时间：2022 年 1 月 20 日。

产业发展的同时，也面临着个人隐私保护和国家安全维护的压力。如何实现信息流动、隐私保护和国家安全的平衡是一个值得探讨的问题。①《网络安全法》《数据安全法》及一系列行政法规和国家标准确立了数据出境的基本框架，即重要数据原则上应当在境内存储，确需向境外提供时应当进行安全评估。

一、数据跨境政策的差异

在数据跨境流动政策上，各国出于不同的价值取向采取了不同的政策。美国在数据跨境流动的政策上，主要采取以贸易利益驱动的宽松流动政策。欧美在个人数据保护路径上存在明显分歧，美国在国际上推行宽松的数据跨境流动政策，因此，在美国的一般立法中，明确禁止或者限制数据跨境流动的要求比较少见。只是在针对外国投资安全审查中，要求与外国投资者签订的安全协议里含有数据本地化的要求。监督数据本地化的执行由美国外国投资委员会指定的特定政府部门负责。②欧盟的数据跨境转移政策以个人数据保护为中心，其实施机制也依附于个人数据保护执法体系。而中国则采取以平衡安全与发展为特色的数据跨境流动政策。

二、他国的数据跨境流动立法与政策

（一）欧盟的数据跨境流动

欧盟 GDPR 确立了个人数据跨境传输的三个层次：③一是数据传输至"充分性认定"地区；二是充分保障措施；三是例外，包括用户同意，或者执行合同需要等。根据 GDPR 确立的框架，只有在满足其规定条件的情况下，数据控制者才能将个人数据转移至欧盟以外的第三国或国际组织。

1. 向安全的第三国或国际组织传输。GDPR 第 45 条规定，欧盟委员会决定第三国、第三国境内的地区或一个或多个特定行业、国际组织能够确保充分的保护程度的，可向第三国或国际组织传输个人数据。该传输无需欧盟的额外

---

① 邹军："基于欧盟《通用数据保护条例》的个人数据跨境流动规制机制研究"，载《新闻大学》2019 年第 12 期。

② The Foreign Investment Risk Review Modernization Act fo 2018（FIRRMA），available at https：//home.treasury.gov/policy-issues/international/the-committee-on-foreign-investment-in-the-united-states-cfius，last visited on Jan 9, 2022.

③ General Data Protection Regulation（GDPR），available at https：//gdpr-info.eu/，last visited on March 6, 2022.

批准和授权。^①欧盟对"充分性"的认定采用的是白名单的方法，获得认定的国家或地区包括安道尔、阿根廷、加拿大（部分）、法罗群岛（属丹麦）、格恩西、以色列、马恩岛（英国属地）、泽西、新西兰、瑞士、乌拉圭等。^②由于日益增长的全球数据流动与严格的充分性认定的不适应，欧盟也在进行相关制度的改革，包括增加充分性认定的对象类型，即除了对国家可以作出评估外，还可对一国内的特定地区、行业领域以及国际组织的保护水平作出评估判断，从而扩展通过"充分性"决定（Adequate Decision）覆盖的地区。欧盟对加拿大和美国采取部分性的保护水平认定。在加拿大，保护水平认定仅适用于受加拿大个人信息保护和电子文件法令管辖的私人实体。在美国，若不存在一个通用的数据保护法，则只有遵守隐私盾（Privacy Shield）原则的公司可进行数据传输。任何实体向获得欧盟保护水平"充分性"认定的国家或国际组织转移个人数据，不需要特别授权。

2. 通过协议。美国不属于"白名单"国家，欧美通过"安全港"采取了妥协的数据传输方式。《安全港协议》（Safe Harbor）是 2000 年 12 月美国商业部跟欧洲联盟建立的协议，用于调整美国企业出口以及处理欧洲公民的个人数据（如名字和住址）。《安全港协议》要求美国的机构为欧盟的个人提供充分的隐私权保护，但是没有完全采用 GDPR 的标准，而是欧盟和美国两种隐私权保护标准的妥协。如果自愿加入"安全港"成员的身份从事电子商务，自愿作出承诺遵守"安全港"的 7 条隐私保护原则，这些机构就被假定达到了"充分保护"的要求，可以继续接受、传输来自欧盟的个人数据。但 2015 年 10 月，欧洲法院裁定废除了《安全港协议》，^③废除后按照欧盟的数据保护法规，欧盟公民的个人数据不能传输至非欧盟国家，除非该国家能为这些数据提供有效保护。后欧美经磋商达成的《欧美隐私盾协议》（EU-U.S Privacy Shield Framework）^④成为规制双方数据跨境流动的新方案，为欧美实现数据流动提供了积极机制，

① EU 2016/679, GDPR, Article 45.

② 王瑞："欧盟《通用数据保护条例》主要内容与影响分析"，载《金融会计》2018 年第 8 期。

③ The Court of Justice declares that the Commission's US Safe Harbour Decision is invalid，Court of Justice of the European Union PRESS RELEASE No 117/15 Luxembourg，6 October 2015，https：//curia.europa.eu/jcms/upload/docs/application/pdf/2015-10/cp150117en.pdf.

④ EU-U.S. Privacy Shield Framework Principles Issued by the U.S. Department of Commerce，https：//www.privacyshield.gov/servlet/servlet.FileDownload?file=015t00000004qAg.

Google、Facebook、微软等 2500 家美国公司的跨境数据传输依赖于该机制。^①由于爱德华·斯诺登的披露，美国情报机构的大规模监听活动大白于天下，奥地利网络信息安全人士施雷姆斯为此以社交网站"脸书"的欧盟用户身份提起诉讼，希望阻止有关数据从欧盟转移至美国。^②欧盟法院于 2020 年 7 月裁定《欧美隐私盾协议》无效，认为美国的数据保护未达到欧盟标准，用于跨大西洋个人数据传输的《欧美隐私盾协议》无效。^③中欧数字协会主任克劳迪娅认为：该判决并不意味着欧美数据传输的终止，只是美国不再拥有特殊待遇。欧盟对数据向境外传输的另一种机制——"标准合约条款"仍然有效，在此条款下，如果企业无法保证隐私安全，相应监管机构将会暂停对其传输数据。^④

3. 充分保障措施。向清单以外的目的地转移个人数据，需要遵循"适当保障措施"的要求，即针对保护水平认定的替代性方案。根据 GDPR 第 46 条的规定，有若干种构成"适当保障措施"的替代性方案可供企业选择，包括约束性企业规则、标准合同条款、经批准的行为准则以及认证机制等。

（1）"标准合同文本"机制（Standard Clauses Contract，简称 SCC）。欧委会已经形成了多个合同范本，分别适用于"数据控制者到数据控制者之间的转移"以及"数据控制者到数据处理者之间的转移"。此类合同范本通过规定数据输出方和数据接收方基于合同的数据保护责任，间接提供对个人信息的保护机制。

（2）"有约束力的公司规则"机制（Binding Corporate Rule，简称 BCR）。"有约束力的公司规则"是集团型跨国企业可优先考虑的机制，集团如遵循一套完整的、经个人数据监管机构认可的数据处理机制，则该集团内部整体成为一个"安全港"，个人数据可以从集团内的一个成员合法传输给另一个成员。目前，包括埃森哲、宝马汽车、惠普、摩托罗拉等 72 家跨国公司获得了欧盟 BCR 认可。在对跨境数据流动政策的优化改革中，为了提升

---

① 阿里巴巴数据安全研究院：《全球数据跨境流动政策与中国战略研究报告》2019 年"，载 https：//www.secrss.com/articles/13274，最后访问时间：2022 年 1 月 20 日。

② Maximillian Schrems v. Data Protection Commissioner，Judgment（6 October 2015），2015 CURIA[EB/OL]（2015-10）[2019-12-07]，https：//curia.europa.eu/jcms/upload/docs/application/pdf/2015-10/cp150117en.pdf.

③ Data Protection Commissioner v Facebook Ireland Limited and Maximillian Schrems.Judgment of the Court（Grand Chamber）of 16 July 2020，https：//eur-lex.europa.eu/legal-content/en/TXT/?uri=CELEX：62018CJ0311.

④ "欧洲法院判决《欧美隐私盾牌》协定无效"，载 https：//baijiahao.baidu.com/s?id=16730455673 63378136&wfr=spider&for=pc，最后访问时间：2022 年 3 月 7 日。

政策的灵活度，欧盟也进行了几项改革：其一，除了保留已生效的 3 个标准合同范文，还扩展了"标准合同条款"，增加了成员国数据监管机构可指定其他标准合同条款的渠道，使企业有更多符合实际需求的跨境转移合同文本选择。其二，数据控制者可成立协会并提出所遵守的详细行为准则（Codes of Conduct）。该行为准则经由成员国监管机构或欧盟数据保护委员认可后，可通过有约束力的承诺方式生效。其三，经认可的市场认证标志也可作为数据跨境转移的合法机制。

4. 例外方式。对于既不满足保护水平"充分性认定"条件，又不满足"适当保障措施"条件的企业，只能在例外的特殊情况下才能跨境转移数据，即用户同意、履行合同义务等例外。GDPR 第 49 条规定，特殊情况包括：① 提示风险后数据主体仍然明确同意转移；为履行合同义务或缔约前数据主体的请求事项；为了履行对数据主体有利的协议；为了重要公共利益；是立案、起诉或应诉的必要条件；在数据主体由于生理或法律上的原因不能给予同意的情况下，为保护数据主体或他人重要利益所必需；数据转移自依欧盟或成员国法律设置的公示登记簿。

（二）美国倡导数据自由流动的政策

美国在数据跨境流动上的政策与欧盟差异较大，由于美国在信息及数字经济方面处于全球领先地位，因此，美国力主全球跨境数据的自由流动。美国政府曾在 OECD 内部推动"数据保证"（Data Pledge）项目，以确保发达国家不会对数据流动施加新的限制，并鼓励采取更加开放和宽松的跨境数据流动政策。② 美国早在 1997 年制定的《全球电子商务框架》就确立了有关跨境数据流动治理的全球准则。该框架是为了确保世界各国的不同政策不会阻碍数据的跨境流动，提出了推进电子商务发展的一般原则，即电子商务的总体战略应由民营企业主导发展；因特网的发展应主要由市场来驱动，政府也尽可能鼓励行业自行建立交易规则，少干预，少限制；政府应避免对电子商务进行不当约束等。在国际上，美国则通过谈判解决隐私问题的产业发展方案。③ 美国在与各国的贸易谈判中都主张纳入"数据跨境自由流动"的内容，以破除他国在数据跨境流动上设置的壁垒。例如，美国开始主导但后来又退出的 TPP 即有专章涉

---

① EU 2016/679, GDPR, Article 49.

② Ronald Regan, Statement on International Investment Policy, http://www.presidency.ucsb.edu/ws/index.php?pid=41814.

③ The White House, The Framework for Global Electronic Commerce, https://clintonwhitehouse4.archives.gov/WH/New/Commerce/index.html.

及《电子商务》^①，其第 11 条规定：出于商业所需时，各方应当允许数据（包括个人信息）的跨境流动。但各方为实现正当的公共政策目标，可采取限制措施，只要这样的措施不构成恣意、无正当理由的歧视，以及超过实现政策目标所需。该章的核心就是支持跨境数据自由流动，反对他国对跨境数据自由流动设限，反对他国的数据本地存储要求。

此外，APEC 部分成员国，如美国、日本、加拿大、新加坡等提出了跨境隐私规则体系（CBPRs）。^②该规则体系使参与国公司可和其他 APEC 成员通过安全的方式更加有效地交换数据，保护消费者隐私。该体系设置了一套数据保护合规判断标准以及认证方式，通过认证的企业即可在 APEC 区域内自由传输数据，使各参与经济体之间在尊重隐私基础上实现数据跨境流动。总之，各国数据跨境流动政策受到国家安全、隐私保护、产业发展等因素的影响程度将持续增加。有些国家从国家安全出发要求数据本地化，有些国家强调数据的隐私保护，有些国家力推数据的跨境自由流动，但都会不同程度地对跨境数据流动进行政策或法律法规层面的限制。^③

三、中国的数据出境的法律框架

在数据跨境传输领域，我国的法规体系日渐完善，监管部门的监管力度也日益增强。在数据出境的法律框架方面，我国已形成了以《网络安全法》《数据安全法》《个人信息保护法》为上位法，一系列行政法规、部门规章以及国家标准为支撑的法律框架。

（一）《网络安全法》相关规定

《网络安全法》第 37 条首次以国家法律形式明确了中国数据跨境流动的基本政策，明确我国数据出境安全评估要求，保障我国国家安全以及个人信息主体权益。该条规定，关键信息基础设施的运营者在中国境内运营中收集和产生的个人信息和重要数据应当在境内存储。因业务需要，确需向境外提供的，应当按照国家网信部门会同国务院有关部门制定的办法进行安全评估；法律、行政法规另有规定的，依照其规定。《网络安全法》仅规定关键信息基础设施的

① Trans-Pacific Partnership Agreement，https：//ustr.gov/trade-agreements/free-trade-agreements/trans-pacific-partnership/tpp-full-text.

② "APEC 发布跨境隐私规则体系"，载 http：//iefi.mof.gov.cn/pdlb/dbjgzz/201208/t20120801_671050.html，最后访问时间：2022 年 3 月 7 日。

③ 姜颖："全球数据跨境流动发展态势及建议"，载 https：//weibo.com/ttarticle/p/show?id=2309404566851479797939，最后访问时间：2022 年 3 月 7 日。

网络运营者对在境内收集和产生的个人信息和数据，应在境内储存并在数据出境时进行安全评估。

（二）《数据安全法》的相关规定

《数据安全法》在《网络安全法》的基础上，进一步完善了数据出境管理要求，强化了对境内数据出境的风险控制。《数据安全法》第31条对重要数据出境监管作出规定：一方面明确关键信息基础设施的运营者在境内运营中收集和产生的重要数据，仍适用《网络安全法》第37条有关数据出境安全管理的要求；另一方面对其他数据处理者在境内运营中收集和产生的重要数据增设出境安全管理办法，并授权国家网信部门会同国务院有关部门制定相应的出境安全管理办法。《数据安全法》第11条则一方面鼓励数据的交流，另一方面又强调数据跨境流动的安全。该条规定，国家积极开展数据安全治理、数据开发利用等领域的国际交流与合作，参与数据安全相关国际规则和标准的制定，促进数据跨境安全、自由流动。此外，《数据安全法》第25条增设数据出口管制，明确对"与维护国家安全和利益、履行国际义务相关的属于管制物项的数据"实施出口管制，完善我国数据出境监管制度框架。《数据安全法》第26条涉及的是反制裁措施，依该条规定，任何国家或地区在与数据和数据开发利用技术等有关的投资、贸易等方面对中国采取歧视性的禁止、限制或者其他类似措施的，中国可以根据实际情况对该国家或者地区对等采取措施。

（三）《个人信息保护法》的相关规定

《个人信息保护法》第38条第1款规定，个人信息处理者因业务等需要，确需向中国境外提供个人信息的，应当具备的条件。这些条件包括：①依照《个人信息保护法》第40条的规定通过国家网信部门组织的安全评估；②按照国家网信部门的规定经专业机构进行个人信息保护认证；③按照国家网信部门制定的标准合同与境外接收方订立合同，约定双方的权利和义务；④法律、行政法规或者国家网信部门规定的其他条件。第39条规定了个人信息处理者向境外提供个人信息的，必须取得个人的单独同意，并向个人告知境外接收方的名称或者姓名、联系方式、处理目的、处理方式、个人信息的种类以及个人向境外接收方行使《个人信息保护法》规定权利的方式和程序等事项。对于中国缔结或者参加的国际条约、协定允许一定的灵活性，其中对提供个人信息的条件等有规定的，可按照其规定执行。《个人信息保护法》还规定了几种个人信息跨境提供的特殊规则：对与境外司法执法活动有关的境内个人信息的跨境提供，由中国的主管机关根据中国法律和中国缔结或参加的国际条约、协定或平等互惠原则作出是否批准的决定。将侵害中国公民个人信息权益，危害国家安全和公共利益的境外主体列入限制或禁止个人信息提供清单，予以公告，并对向其提供个人信息采取限制或禁止性措施。对于针对中国采取歧视性的禁止、限制或者其他类似措施的国家或地区，《个人信息保护法》提供了反制的合法性基础，中国可根据实际情况对等采取措施。

（四）部分规章及配套指南

1.《数据出境安全评估办法》。2022 年 7 月 7 日，国家互联网信息办公室公布《数据出境安全评估办法》[①]，《数据出境安全评估办法》前后历经 4 个版本，系统提出了我国数据出境安全评估的具体要求。

2.《个人信息出境标准合同规定（征求意见稿）》。为了落实《个人信息保护法》第 38 条有关向中国境外提供个人信息应签订个人信息出境标准合同（简称"标准合同"）的规定，2022 年 6 月 30 日，国家互联网信息办公室公布了《个人信息出境标准合同规定（征求意见稿）》[②]，其附件为"个人信息出境标准合同"，该规定使《个人信息保护法》规定的通过"签订标准合同"实现信息出境的方式更具有可操作性，也突出了协议机制对于保护个人信息跨境流动的重要作用。

3.《数据出境安全评估申报指南（第一版）》。为指导和帮助数据处理者规范、有序申报数据出境安全评估，2022 年 9 月 1 日，国家互联网信息办公室发布了《数据出境安全评估申报指南（第一版）》[③]该指南对数据出境安全评估申报方式、申报流程、申报材料等具体要求作出了说明。数据处理者因业务需要确需向境外提供数据，符合数据出境安全评估适用情形的，应当根据《数据出境安全评估办法》规定，按照申报指南申报数据出境安全评估。

（五）国家标准

1.《网络安全标准实践指南—个人信息跨境处理活动安全认证规范》。为了落实《个人信息保护法》关于建立个人信息保护认证制度的相关要求，指导个人信息处理者规范开展个人信息跨境处理活动，全国信息安全标准化技术委

---

① "数据出境安全评估办法"，载中华人民共和国中央人民政府网，http://www.gov.cn/zhengce/zhengceku/2022-07/08/content_5699851.htm，最后访问时间：2022 年 9 月 13 日。

② "国家互联网信息办公室关于《个人信息出境标准合同规定（征求意见稿）》公开征求意见的通知"，载中共中央网络安全和信息化委员会办公室网，http://www.cac.gov.cn/2022-06/30/c_1658205969531631.htm，最后访问时间：2022 年 9 月 13 日。

③ "国家互联网信息办公室发布《数据出境安全评估申报指南（第一版）》"，载百度网，https://baijiahao.baidu.com/s?id=1742687250858141174&wfr=spider&for=pc，最后访问时间：2022 年 9 月 13 日。

员会编制了《网络安全标准实践指南—个人信息跨境处理活动安全认证规范》,[①]并于 2022 年 6 月 24 日发布。该认证规范提出了个人信息跨境处理活动安全的基本原则,规定了个人信息跨境处理活动的基本要求和个人信息主体权益保障要求等。

2.《信息安全技术 重要数据识别指南(征求意见稿)》。《网络安全法》首次提出了"重要数据"的概念,然而并未明确"重要数据"的定义和范围,2021 年实施的《数据安全法》及 2021 年国家网信办发布的《网络数据安全管理条例(征求意见稿)》也含有对重要数据的监管要求,但对"重要数据"的定义、范围和识别方法也没有定论,给相关监管要求的落实带来了一定的困难。在此背景下,2022 年 1 月 13 日,全国信息安全标准化技术委员会发布了国家标准《信息安全技术 重要数据识别指南(征求意见稿)》,该指南给出了识别重要数据的基本原则、考虑因素以及重要数据描述模式。

四、中国数据出境的安全评估制度

《网络安全法》《数据安全法》《个人信息保护法》等形成了我国数据出境安全评估的基本内容,《数据出境安全评估办法》及一系列配套指南和国家标准在操作上构建了个人信息和重要数据出境安全评估的基本框架,规定了自行评估和监管机构评估两种评估方式以及安全评估的内容。

(一)数据出境的途径

依相关规定,数据出境的途径可分为三种,即安全评估、标准合同和认证。三个途径适用的情形不同:

1. 安全评估。《数据出境安全评估办法》第 4 条规定了"安全评估"的适用情形,规定数据处理者向境外提供数据,有下列情形之一的,应当通过所在地省级网信部门向国家网信部门申报数据出境安全评估:①数据处理者向境外提供重要数据;②关键信息基础设施运营者和处理 100 万人以上个人信息的数据处理者向境外提供个人信息;③自上年 1 月 1 日起累计向境外提供 10 万人个人信息或者 1 万人敏感个人信息的数据处理者向境外提供个人信息;④国家网信部门规定的其他需要申报数据出境安全评估的情形,有关此种申报安全评估的内容较多,详解见本部分(二)至(九)。

[①] "关于发布《网络安全标准实践指南—个人信息跨境处理活动安全认证规范》的通知",载全国信息安全标准化技术委员会网,https://www.tc260.org.cn/front/postDetail.html?id=20220624175016,最后访问时间:2022 年 9 月 14 日。

2. 标准合同。依《个人信息出境标准合同规定（征求意见稿）》第2条，个人信息处理者依《个人信息保护法》第38条第1款第3项，与境外接收方订立合同向中国境外提供个人信息的，应依该规定签订个人信息出境"标准合同"。个人信息处理者与境外接收方签订与个人信息出境活动相关的其他合同，不得与标准合同相冲突。《个人信息出境标准合同规定（征求意见稿）》主要涉及下列内容：

（1）适用情形：依《个人信息出境标准合同规定（征求意见稿）》第4条的规定，个人信息处理者同时符合下列情形的，可通过签订标准合同的方式向境外提供个人信息：①非关键信息基础设施运营者；②处理个人信息不满100万人的；③自上年1月1日起累计向境外提供未达到10万人个人信息的；④自上年1月1日起累计向境外提供未达到1万人敏感个人信息的。

（2）监管对象：适用《个人信息出境标准合同规定（征求意见稿）》的监管对象主要是境内个人信息处理者。

（3）自评估内容：采取"标准合同"方式也需要开展自评估，与非"标准合同"的自评估内容相比，评估事项突出针对个人信息，不涉及国家、社会的因素。依《个人信息出境标准合同规定（征求意见稿）》第5条，个人信息处理者向境外提供个人信息前，应当事前开展个人信息保护影响评估，重点评估以下内容：①个人信息处理者和境外接收方处理个人信息的目的、范围、方式等的合法性、正当性、必要性；②出境个人信息的数量、范围、类型、敏感程度，个人信息出境可能对个人信息权益带来的风险，此项在非"标准合同"自评估的基础上增加了对国家安全、公共利益、组织合法权益带来的风险；③境外接收方承诺承担的责任义务，以及履行责任义务的管理和技术措施、能力等能否保障出境个人信息的安全；④个人信息出境后泄露、损毁、篡改、滥用等的风险，个人维护个人信息权益的渠道是否通畅等；⑤境外接收方所在国家或者地区的个人信息保护政策法规对标准合同履行的影响，此点在非"标准合同"自评估中不涉及；⑥其他可能影响个人信息出境安全的事项。

（4）标准合同的内容：依《个人信息出境标准合同规定（征求意见稿）》第6条，标准合同包括以下主要内容：①个人信息处理者和境外接收方的基本信息，包括但不限于名称、地址、联系人姓名、联系方式等；②个人信息出境的目的、范围、类型、敏感程度、数量、方式、保存期限、存储地点等；③个人信息处理者和境外接收方保护个人信息的责任与义务，以及为防范个人信息出境可能带来安全风险所采取的技术和管理措施等；④境外接收方所在国家或者地区的个人信息保护政策法规对遵守本合同条款的影响；⑤个人信息主体的权利，以及保障个人信息主体权利的途径和方式；⑥救济、合同解除、违约责任、争议解决等。《个人信息出境标准合同规定（征求意见稿）》附有"个人信息出境标准合同"。

3．认证。为落实《个人信息保护法》关于建立个人信息保护认证制度的相关要求，指导个人信息处理者规范开展个人信息跨境处理活动，全国信息安全标准化技术委员会于2022年6月24日发布了《网络安全标准实践指南—个人信息跨境处理活动安全认证规范》，其主要涉及下列内容：

（1）适用情形:《网络安全标准实践指南—个人信息跨境处理活动安全认证规范》适用于以下情形：①跨国公司或者同一经济、事业实体下属子公司或关联公司之间的个人信息跨境处理活动；②《个人信息保护法》第3条第2款适用的个人信息处理活动。[①]依该指南，数据未转移存储至本国以外的地方，但被境外的机构、组织、个人访问查看的，即只有境外收集的情况，也属于需要认证的情况。

（2）认证主体：跨国公司或者同一经济、事业实体下属子公司或关联公司之间的个人信息跨境处理活动可以由境内一方申请认证，并承担法律责任。《个人信息保护法》第3条第2款规定的境外个人信息处理者，可以由其在境内设置的专门机构或指定代表申请认证，并承担法律责任。

（3）基本原则:《网络安全标准实践指南—个人信息跨境处理活动安全认证规范》规定了合法、正当、必要和诚信原则，公开、透明原则，信息质量原则，同等保护原则，责任明确原则和自愿认证原则。个人信息跨境处理活动认证属于国家推荐的自愿性认证，鼓励符合条件的个人信息处理者和境外接收方在跨境处理个人信息时自愿申请个人信息跨境处理活动认证，充分发挥认证在加强个人信息保护、提高个人信息跨境处理效率方面的作用。

（4）基本要求:《网络安全标准实践指南—个人信息跨境处理活动安全认证规范》涉及下列要求：①有法律约束力的协议，指南规定了文件应当至少明确的内容，包括个人信息处理者和境外接收方，跨境处理个人信息的目的以及个人信息的类别、范围，个人信息主体权益保护措施，境外接收方承诺并遵

---

① 《个人信息保护法》第3条规定，在中国境内处理自然人个人信息的活动，适用该法。在中国境外处理中国境内自然人个人信息的活动，有下列情形之一的，也适用该法：①以向境内自然人提供产品或者服务为目的；②分析、评估境内自然人的行为；③法律、行政法规规定的其他情形。

守统一的个人信息跨境处理规则，境外接收方承诺接受认证机构监督等内容。②组织管理。其一，个人信息保护负责人：要求个人信息处理者和境外接收方均应指定个人信息保护负责人，并明确个人信息保护工作的主要目标、基本要求、工作任务、保护措施等。其二，个人信息保护机构：要求开展个人信息跨境处理活动的个人信息处理者和境外接收方均应设立个人信息保护机构，要依法制定并实施个人信息跨境处理活动计划，组织开展个人信息保护影响评估等。③个人信息跨境处理规则，规定开展个人信息跨境处理活动的处理者和境外接收方遵守统一的个人信息跨境处理规则，至少包括跨境处理个人信息的基本情况；跨境处理个人信息的目的、方式和范围；个人信息境外存储的起止时间及到期后的处理方式；跨境处理个人信息需要中转的国家或者地区；保障个人信息主体权益所需资源和采取的措施；个人信息安全事件的赔偿、处置规则。④个人信息保护影响评估，要事前评估向境外提供个人信息活动是否合法、正当、必要，所采取的保护措施是否与风险程度相适应并有效等，评估至少包括向境外提供个人信息是否符合法律、行政法规；对个人信息主体权益产生的影响，特别是境外国家和地区的法律环境、网络安全环境等对个人信息主体权益的影响；其他维护个人信息权益所必需的事项。

（5）个人信息主体权益保障：包括个人信息主体权利、个人信息处理者和境外接收方的责任义务两个方面。首先，在个人信息主体权利方面包括：个人信息处理者和境外接收方签订法律文件涉及的受益人，有权要求提供涉及其权益部分的副本；对其个人信息的处理享有知情权、决定权，有权撤回同意；有权限制或者拒绝对其个人信息进行处理；有权向境外接收方查阅、复制、更正、补充、删除其个人信息；有权要求对其个人信息跨境处理规则进行解释说明；有权拒绝仅通过自动化决策的方式作出决定；有权对违法个人信息处理活动进行投诉、举报；有权提起司法诉讼及其他法律、行政法规规定的权利等。其次，在个人信息处理者和境外接收方的责任义务方面，要求告知开展个人信息跨境处理活动的个人信息处理者和境外接收方的基本情况，及向境外提供个人信息的目的、类型和保存时间，并取得个人信息主体的单独同意；按照已签署的具有法律效力文件的约定跨境处理个人信息，不得超出约定跨境处理个人信息；提供查阅个人信息的途径，个人信息主体要求查阅、复制、更正、补充或者删除其个人信息时，应当及时予以响应；当出现难以保证跨境个人信息安全的情况时，应当及时中止跨境处理个人信息；发生或者可能发生个人信息泄露、篡改、丢失的，应当立即采取补救措施，并通知履行个人信息保护职责的部门和个人；应个人信息主体的请求，提供法律文本中涉及个人信息主体权益部分的副本；境内法律责任承担方承诺为个人信息主体行使权利提供便利条件，当发生个人信息跨境处理活动损害个人信息主体权益时，承担法律赔偿责任；承诺接受中国认证机构对个人信息跨境处理活动的监督；承诺遵守中国个人信息保护有关法律、行政法规，接受中国司法管辖。

（二）安全评估的监管对象

1. 关键信息基础设施的运营者。《网络安全法》第 37 条明确 "关键信息基础设施的运营者" 在中国境内收集和产生的个人信息和重要数据向境外提供的，应当进行安全评估。《数据出境安全评估办法》第 4 条第 2 项进一步明确了申报评估的机构，规定 "关键信息基础设施运营者和处理 100 万人以上个人信息的数据处理者向境外提供个人信息"，应当通过所在地省级网信部门向国家网信部门申报数据出境安全评估。

关于何为关键信息基础设施，依 2021 年发布并实施的《关键信息基础设施安全保护条例》第 2 条，关键信息基础设施是指公共通信和信息服务、能源、交通、水利、金融、公共服务、电子政务、国防科技工业等重要行业和领域的，以及其他一旦遭到破坏、丧失功能或者数据泄露，可能严重危害国家安全、国计民生、公共利益的重要网络设施、信息系统等。关于如何认定关键信息基础设施的问题，依该条例第 9 条，由保护工作部门结合本行业、本领域实际，制定关键信息基础设施认定规则，并报公安部门备案，并明确了制定认定规则应当主要考虑的因素包括网络设施、信息系统等对于本行业、本领域关键核心业务的重要程度，网络设施、信息系统等一旦遭到破坏、丧失功能或者数据泄露可能带来的危害程度，对其他行业和领域的关联性影响。如前所述，从安全与发展角度考虑，关键信息基础设施的名单不能处于完全公开的状态，因而该条例只明确了认定关键信息基础设施的主要因素，并将具体范围的认定交由行业主管部门，以应对不断出现的非传统安全风险。

2. 数据处理者。《数据出境安全评估办法》第 4 条规定了几种数据处理者应进行出境安全评估的情况。有下列情形之一的，数据处理者应通过所在地省级网信部门向国家网信部门申报数据出境安全评估：其一，数据处理者向境外提供重要数据；其二，关键信息基础设施运营者和处理 100 万人以上个人信息的数据处理者向境外提供个人信息；其三，自上年 1 月 1 日起累计向境外提供 10 万人个人信息或者 1 万人敏感个人信息的数据处理者向境外提供个人信息；其四，国家网信部门规定的其他需要申报数据出境安全评估的情形。

（三）应评估的数据

依《数据出境安全评估办法》第 2 条，数据处理者向境外提供在中国境内运营中收集和产生的重要数据和个人信息的安全评估，适用该办法。法律、行政法规另有规定的，依照其规定。根据该条规定，出境需要评估的数据有两类：

1. 重要数据。依《数据出境安全评估办法》第 19 条，该办法所称重要数据，是指一旦遭到篡改、破坏、泄露或者非法获取、非法利用等，可能危害国家安全、经济运行、社会稳定、公共健康和安全等的数据。《数据安全法》第 21 条第 3 款将确定重要数据目录的任务交给了各地区和各部门，规定各地区、各部门应当按照数据分类分级保护制度，确定本地区、本部门以及相关行业、领域的重要数据具体目录，对列入目录的数据进行重点保护。

2021 年 8 月由网信办、发改委、工信部、公安部、交通运输部发布的《汽车数据安全管理若干规定（试行）》[①] 对汽车领域的重要数据作出了回应，规定汽车领域的重要数据包括：①军事管理区、国防科工单位以及县级以上党政机关等重要敏感区域的地理信息、人员流量、车辆流量等数据；②车辆流量、物流等反映经济运行情况的数据；③汽车充电网的运行数据；④包含人脸信息、车牌信息等的车外视频、图像数据；⑤涉及个人信息主体超过 10 万人的个人信息；⑥国家部门确定的其他可能危害国家安全、公共利益或者个人、组织合法权益的数据。虽然目前为止其他领域暂未列明重要数据目录，但涉及能源、金融等重要行业的企业不可忽视其重要数据识别的必要性。

此外，国家标准为重要数据的识别提供了一定的指引，依 2022 年 1 月 13 日全国信息安全标准化技术委员会发布的国家标准《信息安全技术 重要数据识别指南（征求意见稿）》，重要数据指"以电子方式存在的，一旦遭到篡改、破坏、泄露或者非法获取、非法利用，可能危害国家安全、公共利益的数据"，该定义明确排除了国家秘密和单独的个人信息。此外，该征求意见稿还明确说明"基于海量个人信息形成的统计数据、衍生数据"有可能属于重要数据。《信息安全技术 重要数据识别指南（征求意见稿）》还提供了具体的识别因素示例，有关内容在《数据安全法》部分已有涉及，在此不再重复。

2. 个人数据。依《网络安全法》第 76 条第 5 项的规定，"个人信息"是指以电子或者其他方式记录的能够单独或者与其他信息结合识别自然人个人身份的各种信息，包括但不限于自然人的姓名、出生日期、身份证件号码、个人

---

① "《汽车数据安全管理若干规定（试行）》"，载中华人民共和国中央人民政府网，http://www.gov.cn/zhengce/zhengceku/2021-09/12/content_5640023.htm，最后访问时间：2022 年 9 月 14 日。

生物识别信息、住址、电话号码等。如前所述，该定义采用了"概括＋列举"的方式定义"个人信息"。而《个人信息保护法》和《民法典》则均采用了比较概括性的定义方式，依《个人信息保护法》第4条第1款之规定，个人信息是以电子或者其他方式记录的与已识别或者可识别的自然人有关的各种信息，不包括匿名化处理后的信息。这里突出了"个人信息"的识别性。结合《数据出境安全评估办法》第4条的规定，需要进行出境安全评估的"个人信息"有以下几类：

第一类是"关键信息基础设施的运营者"向境外提供个人信息；

第二类是处理个人信息达到100万人的个人信息处理者向境外提供"个人信息"；

第三类涉及个人信息的数据量，即从前一年起累计向境外提供超过10万人以上个人信息及1万人以上敏感个人信息。《数据出境安全评估办法》确认了关于人数的计算方式，即以人数而非个人信息条数计算。同时，10万人个人信息和1万人个人信息无需多年累计，可在一个周期内清零，这减轻了部分中小企业的合规负担。

《数据出境安全评估办法》第4条第3项涉及"敏感个人信息"，对于敏感个人信息的认定，可参照2020年全国信息安全标准化技术委员会发布的国家标准《信息安全技术 个人信息安全规则（GB/T35273-2020）》附表的内容，下表：

表5-1 个人敏感信息举例

个人财产信息	银行账户、鉴别信息（口令）、存款信息（包括资金数量、支付收款记录等）、房产信息、信贷记录、征信信息、交易和消费记录、流水记录等，以及虚拟货币、虚拟交易、游戏类兑换码等虚拟财产信息
个人健康生理信息	个人因生病医治等产生的相关记录，如病症、住院志、医嘱单、检验报告、手术及麻醉记录、护理记录、用药记录、药物食物过敏信息、生育信息、个人基因、指纹、声纹、掌纹、耳廓、虹膜、面部识别特征等
个人生物识别信息	个人基因、指纹、声纹、掌纹、耳廓、虹膜、面部识别特征等
个人身份信息	身份证、军官证、护照、驾驶证、工作证、社保卡、居住证等
其他信息	性取向、婚史、宗教信仰、未公开的违法犯罪记录、通信记录和内容、通讯录、好友列表、群组列表、行踪轨迹、网页浏览记录、住宿信息、精准定位信息等

敏感个人信息的认定应依不同场景具体分析。如个人的姓名，在涉及疫情流调的场景中，有可能被认定为敏感个人信息。实践中，可以通过改变信息颗粒度降低合规风险，例如，国外母公司如果需要国内子公司或分公司员工的体检结果，是否可以用"正常／异常"代替详细的体检结果。应尽可能减少出境敏感个人信息数量，确认其必要性，以降低企业合规成本。

（四）数据出境

关于判断数据出境在什么情况下需要评估的问题，依《数据出境安全评估办法》第2条，数据处理者向境外提供在中国境内运营中收集和产生的重要数据和个人信息的安全评估，适用该办法。此外，全国信息安全标准化技术委员会于2022年6月24日发布了《网络安全标准实践指南—个人信息跨境处理活动安全认证规范》，该文件适用于以下情形：①跨国公司或者同一经济、事业实体下属子公司或关联公司之间的个人信息跨境处理活动；②《个人信息保护法》第3条第2款适用的个人信息处理活动。① 数据未转移存储至本国以外的地方，但被境外的机构、组织、个人访问查看的，即只有境外收集的情况，也属于数据出境。

1. 数据出境的情形。根据以上规定，数据出境的情形包括：其一，境内网络运营者将数据通过网络直接传输给境外主体；其二，境外主体通过网络主动访问并读取境内的数据；其三，境内网络运营者将数据通过网络传输以外的方式（如物理携带）提供给境外主体。

实践中存在一些属于数据出境的情形，如境外镜像、远程访问；去标识化（如MD5加密）和ID转化（如openID、jdID、VIN、各种封闭ID）后的个人信息出境仍属于数据出境；员工（含外籍员工）信息出境也属于数据出境；用户根据国内公司指引（如跳转、通知）或基于对国内公司的信赖（例如购买国内产品）向境外网站或系统直接提供（如投递简历等）仍属于数据出境。当然，用户直接（国内公司没有任何参与）向境外提供（如注册、打电话、发邮件等）不属于需要评估的数据出境，依《个人信息保护法》第72条第1款之规定，自然人因个人或者家庭事务处理个人信息的，不适用该法。

---

① 《个人信息保护法》第3条规定，在中国境内处理自然人个人信息的活动，适用该法。在中国境外处理中国境内自然人个人信息的活动，有下列情形之一的，也适用该法：①以向境内自然人提供产品或者服务为目的；②分析、评估境内自然人的行为；③法律、行政法规规定的其他情形。

2. 不适用的情形。

（1）"境外"收集和产生的数据不适用。《数据出境安全评估办法》并未要求对所有的数据出境行为进行管理。从立法本意来看，主要是为了防止境内收集和产生的个人信息和重要数据在信息主体不知情，或不具有合法性和正当性的情况下被境外机构或个人获得，从而威胁到国家安全和公民利益或造成执法困难。基于该立法本意，对于非在境内运营中收集和产生的个人信息和重要数据，经由本国出境，未经任何变动或加工处理的，以及虽在境内经过存储、加工处理，但仍不涉及境内运营中收集和产生的个人信息和重要数据的，均不属于数据出境的情形。

（2）网络攻击导致向境外传输数据不属于"提供"。提供系主体的主动性行为，法律的要求充分考虑到了网络攻击及主动行为造成数据出境的特殊情形，准确地将法律所管辖的数据出境的行为界定为数据控制者的主动行为。由此可知：在网络运营者不知情的情况下，被恶意攻击者窃取数据并传至境外的情况，不属于网络运营者向境外提供数据。

（3）个人用户主动传输信息到境外不属于网络运营者"提供"。从立法本意看，要求对网络运营者向境外提供个人信息和重要数据应经过评估，是为了保障个人信息和重要数据安全，维护网络空间主权和国家安全、社会公共利益，保护公民、法人和其他组织的合法利益。因此，个人用户主动通过网络运营者提供的产品或服务将其信息传输到境外，也不属于网络运营者向境外提供数据。

（五）数据出境安全评估的时间

《数据出境安全评估办法》第3条规定了出境评估的原则和时间，规定"数据出境安全评估坚持事前评估和持续监督相结合、风险自评估与安全评估相结合，防范数据出境安全风险，保障数据依法有序自由流动"。该条体现的出境安全评估的原则为：事前评估和持续监督相结合；风险自评估与安全评估相结合；保障数据依法有序自由流动。

关于评估的时间，依该条规定，数据处理者应当在数据出境活动发生前申报并通过数据出境安全评估。实践中，数据处理者宜在与境外接收方签订数据出境相关合同或者其他具有法律效力的文件前，申报数据出境安全评估。如果在签订法律文件后申报评估，建议在法律文件中注明"此文件在通过数据出境安全评估后生效"，以避免因未通过评估而可能产生的损失。

（六）评估的内容

《数据出境安全评估办法》分别规定了申报评估和自评估的评估内容。

1. 第一类：申报评估的评估内容。《数据出境安全评估办法》第8条涉及申报评估的内容，规定数据出境安全评估重点评估数据出境活动可能对国家安全、公共利益、个人或者组织合法权益带来的风险，主要包括以下事项：

（1）数据出境的目的、范围、方式等的合法性、正当性、必要性。关于某一数据出境行为是否具有正当性的评判标准及其最终解释权的归属是目前争论的焦点，即正当性是以数据出境行为发起者的解释为准，还是以主管监管部门的判断为准的问题。从立法本意上分析这个问题，之所以关注数据出境行为的正当性，是为了防止数据出境行为的发起方超出其业务所需，为了谋取不正当利益而进行的数据出境行为。在执法层面，对数据出境行为正当性的解释说明应以出境行为的发起方为主，而主管监管部门可通过访谈、调研、技术测试等方式对其解释说明的真实性及科学性进行验证，作出数据行为是否必需的判断。必要性与最小化原则具体要求包括：向境外传输的个人信息应与出境目的相关的业务功能有直接关联（直接关联是指没有该信息的参与，相应功能无法实现）；向境外自动传输的个人信息频率应是与数据出境目的相关的业务功能所必需的频率；向境外传输的个人信息数量应是与数据出境目的相关的业务功能所必需的数量。在当前的技术体系下，很多业务功能的实现是建立在性能和效率的基础上的。如视频通话服务，在网络状况很差时，可接受的传输时延是小于1秒，只有达到这一最低标准，才可以说基本实现了视频通话功能；如果时延是5秒，虽也能实现数据的传输，但称不上实现了视频通话功能。因此，这里的最小化原则中关于"业务功能所必需的频率、数量"的提法，应将所必需的性能因素一并进行考虑。

（2）境外接收方所在国家或者地区的数据安全保护政策法规和网络安全环境对出境数据安全的影响；境外接收方的数据保护水平是否达到中国法律、行政法规的规定和强制性国家标准的要求。

（3）出境数据的规模、范围、种类、敏感程度，出境中和出境后遭到篡改、破坏、泄露、丢失、转移或者被非法获取、非法利用等风险，即通过对数据本身进行分析，确认数据的规模、范围、种类、敏感程度，出境中和出境后遭到篡改、破坏、泄露、丢失、转移或者被非法获取、非法利用等的风险。

（4）数据安全和个人信息权益是否能够得到充分有效保障。依《个人信息出境标准合同规定（征求意见稿）》的相关内容，可要求境外接收方设立专门的联系人，以确保接受国内监管机关问询以及回应个人信息主体的要求，同时国内数据处理者也要承担相应的兜底责任。

（5）数据处理者与境外接收方拟订立的法律文件中是否充分约定了数据安全保护责任义务。数据处理者与境外接收方拟订立的法律文件可参考《个人信息出境标准合同规定（征求意见稿）》的相关内容，并依企业自身情况进行修改和完善。对境外数据接收方的尽调主要针对两方面：①接收方所在地的政策环境和网络安全环境；②境外数据接收方本身的管理措施和技术保护措施等是否达到中国的相关规定。

（6）遵守中国法律、行政法规、部门规章情况。

（7）国家网信部门认为需要评估的其他事项。

2.第二类：自评估的评估内容。《数据出境安全评估办法》第5条规定，数据处理者在申报数据出境安全评估前，应当开展数据出境风险自评估，重点评估以下事项：

（1）数据出境和境外接收方处理数据的目的、范围、方式等的合法性、正当性、必要性。上述三性是数据出境所需考虑的首要因素，但却往往被忽视。企业应首先考虑是否在不影响正常业务的情况下进行数据本地存储；如确有出境必要，应充分进行合法性、正当性和必要性的论证。

（2）出境数据的规模、范围、种类、敏感程度，数据出境可能对国家安全、公共利益、个人或者组织合法权益带来的风险。

（3）境外接收方承诺承担的责任义务，以及履行责任义务的管理和技术措施、能力等能否保障出境数据的安全。

（4）数据出境中和出境后遭到篡改、破坏、泄露、丢失、转移或者被非法获取、非法利用等的风险，个人信息权益维护的渠道是否通畅等。

（5）与境外接收方拟订立的数据出境相关合同或者其他具有法律效力的文件等（以下统称法律文件）是否充分约定了数据安全保护责任义务。

（6）其他可能影响数据出境安全的事项。

（七）与接收方的合同

无论依《个人信息保护法》第38条中的哪种途径（包括安全评估、标准合同、认证）出境，个人信息处理者都需要与接收方签订合同，[1] 只是依第38条第1款第3项规定的路径出境的，需要签"按照国家网信部门制定的标准合同"；而依第38条第1款第1项规定的路径（安全评估）出境签订的合同可不采用"标准合同"，但内容需涵盖《数据出境安全评估办法》第9条的内容。

---

[1] 《个人信息保护法》第38条第1款规定，个人信息处理者因业务等需要，确需向中国境外提供个人信息的，应当具备下列条件之一：①依照该法第40条的规定通过国家网信部门组织的安全评估；②按照国家网信部门的规定经专业机构进行个人信息保护认证；③按照国家网信部门制定的标准合同与境外接收方订立合同，约定双方的权利和义务；④法律、行政法规或者国家网信部门规定的其他条件。

《数据出境安全评估办法》第9条规定，数据处理者应当在与境外接收方订立的法律文件中明确约定数据安全保护责任义务，至少包括以下内容：①数据出境的目的、方式和数据范围，境外接收方处理数据的用途、方式等；②数据在境外保存地点、期限，以及达到保存期限、完成约定目的或者法律文件终止后出境数据的处理措施；③对于境外接收方将出境数据再转移给其他组织、个人的约束性要求；④境外接收方在实际控制权或者经营范围发生实质性变化，或者所在国家、地区数据安全保护政策法规和网络安全环境发生变化以及发生其他不可抗力情形导致难以保障数据安全时，应当采取的安全措施；⑤违反法律文件约定的数据安全保护义务的补救措施、违约责任和争议解决方式；⑥出境数据遭到篡改、破坏、泄露、丢失、转移或者被非法获取、非法利用等风险时，妥善开展应急处置的要求和保障个人维护其个人信息权益的途径和方式。

（八）评估程序与主管机构

《数据出境安全评估办法》还对评估程序及主管机构进行了规定：在应当提交的材料上，依该办法第6条，申报数据出境安全评估，应当提交以下材料：①申报书；②数据出境风险自评估报告；③数据处理者与境外接收方拟订立的法律文件；④安全评估工作需要的其他材料。

在受理上，依该办法第7条，省级网信部门应当自收到申报材料之日起5个工作日内完成完备性查验。申报材料齐全的，将申报材料报送国家网信部门；申报材料不齐全的，应当退回数据处理者并一次性告知需要补充的材料。国家网信部门应当自收到申报材料之日起7个工作日内，确定是否受理并书面通知数据处理者。

在主管机构上，依该办法第10条，国家网信部门受理申报后，根据申报情况组织国务院有关部门、省级网信部门、专门机构等进行安全评估。

在受理时限上，依该办法第12条，国家网信部门应当自向数据处理者发出书面受理通知书之日起45个工作日内完成数据出境安全评估；情况复杂或者需要补充、更正材料的，可以适当延长并告知数据处理者预计延长的时间。评估结果应当书面通知数据处理者。

在保密义务上，依该办法第15条，参与安全评估工作的相关机构和人员对在履行职责中知悉的国家秘密、个人隐私、个人信息、商业秘密、保密商务信息等数据应当依法予以保密，不得泄露或者非法向他人提供、非法使用。

在投诉举报上，依该办法第16条，任何组织和个人发现数据处理者违反该办法向境外提供数据的，可以向省级以上网信部门举报。

（九）有效期和重新评估

依《数据出境安全评估办法》第14条，通过数据出境安全评估的结果有效期为2年，自评估结果出具之日起计算。在有效期内出现以下情形之一的，数据处理者应当重新申报评估：

1. 向境外提供数据的目的、方式、范围、种类和境外接收方处理数据的用途、方式发生变化影响出境数据安全的，或者延长个人信息和重要数据境外保存期限的；

2. 境外接收方所在国家或者地区数据安全保护政策法规和网络安全环境发生变化以及发生其他不可抗力情形、数据处理者或者境外接收方实际控制权发生变化、数据处理者与境外接收方法律文件变更等影响出境数据安全的；

3. 出现影响出境数据安全的其他情形。

有效期届满，需要继续开展数据出境活动的，数据处理者应当在有效期届满60个工作日前重新申报评估。如果在有效期内出现以上情形之一的，数据处理者应当重新申报评估。

（十）不再符合的处理与违法处罚

依《数据出境安全评估办法》第17条，国家网信部门发现已经通过评估的数据出境活动在实际处理过程中不再符合数据出境安全管理要求的，应当书面通知数据处理者终止数据出境活动。数据处理者需要继续开展数据出境活动的，应当按照要求整改，整改完成后重新申报评估。

关于违法处罚，依该办法第18条，违反该办法规定的，依据《网络安全法》《数据安全法》《个人信息保护法》等法律法规处理；构成犯罪的，依法追究刑事责任。

总之，网络和数据已然成为国家发展的重要战略资源，网络与数据安全的重要性不言而喻，数据主权争夺战日益激烈。美欧等均搭建了各自的安全审查制度。在我国，继《网络安全法》之后，《数据安全法》《个人信息保护法》《网络安全审查办法》及一系列配套指南、国家标准的实施标志着我国网络安全基本制度的建设又迈进了一步，维护国家网络与数据的安全有了新的抓手。

【参考文献】

1. 何波、谢玮："我国数据治理的最新进展与发展趋势"，载《中国电信业》2021年第10期。

2. 宋璟、邸丽清、杨光："新时代下数据安全风险评估工作的思考"，载《中国信息安全》2021年第9期。

3. 刘耀华："强化重要数据和核心数据保护"，载《中国电信业》2021 年第 8 期。

4. 高磊等："基于《数据安全法》的数据分类分级方法研究"，载《信息安全研究》2021 年第 10 期。

5. 李玉亮："数据分类分级的现状与发展"，载《中国信息安全》2021 年第 5 期。

6. 杨汝玲："大数据时代的数据管辖权探究"，载《浙江万里学院学报》2021 年第 4 期。

7. 魏薇等："国际数据跨境流动管理制度及对我国的启示"，载《保密科学技术》2020 年第 4 期。

8. 马兰："金融数据跨境流动规制的核心问题和中国因应"，载《国际法研究》2020 年第 3 期。

9. 张奕欣等："数据跨境流动各国立法和国际合作机制初探"，载《法制博览》2020 年第 2 期。

10. 陈兴跃："数据分级分类正式入法具有重大实践指导意义"，载《信息安全研究》2020 年第 10 期。

11. 吴卫明、吴俐："全面信息安全与数据合理利用 —— 简评《数据安全法（草案）》"，载《信息安全与通信保密》2020 年第 8 期。

12. 吴沈括、崔婷婷："美国受控非密信息管理制度研究"，载《中国信息安全》2019 年第 5 期。

13. 田晓萍："贸易壁垒视角下的欧盟《一般数据保护条例》"，载《政法论丛》2019 年第 4 期。

14. 韩伟："安全与自由的平衡 —— 数据安全立法宗旨探析"，载《科技与法律》2019 年第 6 期。

15. 付霞、付才："新时代数据安全风险的法律治理"，载《长江大学学报（社会科学版）》2019 年第 2 期。

16. 刘宇："金融科技时代数据安全治理问题与建议"，载《网络空间安全》2019 年第 4 期。

17. 张生："美国跨境数据流动的国际法规制路径与中国的因应"，载《经贸法律评论》2019 年第 4 期。

18. 王娟娟、宋恺："数据跨境流动的风险分析及对策建议"，载《信息通信技术与政策》2019 年第 7 期。

19. 阿里巴巴数据安全研究院："《全球数据跨境流动政策与中国战略研究报

告》2019 年"，载 https：//www.secrss.com/articles/13274。

20. 史宇航："主权的网络边界 —— 以规制数据跨境传输的视角"，载《情报杂志》2018 年第 9 期。

21. 刘连泰："信息技术与主权概念"，载《中外法学》2015 年第 2 期。

第六章 ·
隐私与个人信息保护相关法律制度

张丽英[1]

随着大数据、移动互联网、云计算、5G 等新一代信息技术的迅猛发展，数据应用与个人信息保护的矛盾凸显。一方面，数据的应用需要数据的支撑，另一方面，在数据的处理过程中，如不注意对个人数据信息的保护，会带来各类信息安全风险，主要涉及个人信息的获取、传播、盗卖等几个方面。从个人信息获取的角度来讲，人们在使用互联网络的同时，也在暴露着个人的信息，例如，在使用微信、微博、淘宝等过程中就会暴露个人的兴趣爱好、地理位置、联系方式等信息。[2]数据信息的处理者会对其获取的涉及隐私的信息进行处理、加以利用并传播，又由于数据海量、叠加的特点，一旦造成对隐私权的侵犯将一发不可收拾。为此，我国出台了一系列涉及数据隐私权保护的法律法规，如《民法典》《个人信息保护法》《网络安全法》《数据安全法》以及相关行政法规和部门规章。本章主要涉及《个人信息保护法》、相关司法解释与国家标准的规定，以及欧盟、美国、新加坡等国家或地区的相关立法。

第一节 数字化时代隐私权保护的法律问题

数字化转型使数字化的发展普及到了生产和生活的方方面面。数字化是把"双刃剑"，它在为社会及公众生活提供便捷的同时，也导致了个人信息泄露等现象。如何应对个人信息保护不断增长的需求成为当下的紧迫挑战。与传统形

---

① 张丽英，法学博士，中国政法大学国际法学院教授，博士生导师。

② "大数据时代的隐私保护"，载 https://www.fx361.com/page/2019/0801/5380369.shtml，最后访问时间：2021 年 8 月 7 日。

式表现的个人信息相比，数字化个人信息具有一些新的特点，这也对其法律保护提出了新要求。

一、数据共享与隐私权的冲突

数字化通过基本统一的数字信息表达方式，使人类社会的基本活动更加高效、可控。数字化需要大数据的支持，大数据是数据的集合，只有收集的个体数据越多，得到的结果才能越准确，从而逐渐发展成为大数据。

（一）大数据时代对开放数据的要求

大数据的价值在于开放数据和数据共享，数据共享的程度越高，信息发展水平越高。数据的共享可使更多人更充分地使用已有数据资源，减少数据收集、重复劳动和相应费用等。共享是大数据发展的内在要求，为实现共享就需要将数据公开，而收集来的数据可能大面积来自于私人。尽管数据开放更多涉及的是政府数据或公共数据，但是原始数据可能来自于私人数据的收集，在脱敏处理之后，公开于世。数字化时代要求数据的开放与共享，否则无法实现数字化。当然，这里的数据开放主要是针对政府数据的开放。

1. G8 峰会签署的《开放数据宪章》。数据要共享必须先将数据开放。在2013 年 G8 峰会上，8 国签署的《开放数据宪章》是开放数据的标志性事件。[①]《开放数据宪章》明确了开放数据的 5 大原则和 14 个重点开放领域，将开放数据定义为具备必要的技术和法律特性，而能被任何人在任何时间和地点进行自由使用、再利用和分发的电子数据。该定义强调了开放数据的两个要点：其一，数据是指原始的、未经处理并允许个人和企业自由利用的数据。其二，开放包括技术上的开放和法律上的开放。《开放数据宪章》规定的五大原则为：①使开放数据成为规则。希望所有的政府能以默认的方式公开发布数据，当然由于某些正当的原因也可作为例外不发布。②注重数据质量和数量。该条原则要求及时、全面、准确地发布数据。③让所有人都可以使用，指应尽可能以开放的格式免费开放数据，而不能以任何注册登记等理由设置访问数据的障碍。④改善治理发布数据，保证数据的采集、标准和发布过程的透明。⑤为激励创新发布数据，营造开放数据的文化，利用数据的组织和个人越多，产生的社会和经济效应就越大。在开放的重点领域上，《开放数据宪章》重点开放的 14 个领域（在领域之后列举了数据集实例）包括：公司（公司／企业登记）、犯罪与司法（犯罪统计、安全）、地球观测（气象／天气、农业、林业、渔业和狩猎）、教育

---

① 洪京一："从 G8 开放数据宪章看国外开放政府数据的新进展"，载《世界电信》2014 年第 Z1 期。

（学校名单、学校表现、数字技能）、能源与环境（污染程序、能源消耗、交易费用）、财政与合同（合约、招标、预算、计划和支出）、地理空间（地形、邮政编码、国家地图、本地地图）、全球发展（援助、粮食安全、采掘业、土地、政府）、政府问责与民主（联络点、选举结果、法律法规、薪金、招待/礼品）、健康（地方数据、效果数据）、科学与研究（基因组数据、研究和教育活动、实验结果）、统计（国家统计、人口普查、基础设施、财产、从业人员）、社会流动性与福利（住房、医疗保险和失业救济）、交通运输与基础设施（公共交通时间表、宽带接入点及普及率）。可以看出，上述针对的主要是政府数据和科学数据。

2. 美国的一系列数据开放的立法。近年来，各国纷纷将数据开放作为国家发展战略，开放的主要是政府数据领域。美国在政府数据领域出台过一系列的立法和政策。目前，在美国的联邦立法体系中，对个人数据隐私权尚无统一的规定，涉及数据隐私权保护的主要是州立法。政府数据很多是从私人途径收集的，因此，数据的公开也有可能产生侵犯公民隐私权的问题。美国在 2009年发布了《政府数据开放倡议》（*Open Government Initiative*），[1] 要求政府各部门发布标准化高价值数据。2013 年，美国又发布了《开放数据政策》（*Open Data Policy*）行政命令，要求政府公开财政、农业、教育、健康等七大领域数据，[2] 同时推出"开放数据项目"（Project Open Data），向社会开放更多政府数据，以便创造潜在的经济价值。2016 年，美国又通过了《开放政府数据法案》（*Open Government Data Act*），旨在扩大政府对数据的使用和管理，以提高政府管理的有效性和透明度。[3] 随着政府各项立法和计划，以及对数据进行的一系列措施的全面推进，大数据对美国政府、社会及经济的影响也逐步显现。同时，美国一些州也通过立法使个人隐私免受政府数据库的公共记录请求。[4] 美国在开放政府数据的同时，注意到了数据安全、隐私保护的问题，其《信息自由法》

---

[1] OMB Memorandum M-10-06，Open Government Directive（Dec.8，2009）[EB/OL].[2016-04-03]，http：//www.whitehouse.gov/sites/default/files/omb/assets/memoranda 2010/m10-06.pdf，last visited on Jan 9，2022.

[2] OMB Memorandum M-13-13，Open Data Policy（May.9，2013）[EB/OL].[2016-04-03]，https：//www.whitehouse.gov/sites/default/files/omb/memoranda/2013/m-13-13.pdf，last visited on Jan 9，2022.

[3] Open Government Data Act，S.2852，114th Cong.（2016）[EB/OL].[2016-07-24]，https：//www.govinfo.gov/content/pkg/BILLS-114s2852is/pdf/BILLS-114s2852is.pdf，last visited on Jan 9，2022.

[4] Brobst，J.Reverse Sunshine in the Digital Wild Frontier："Protecting Individual Privacy against Public Records Requests for Government Databases"，*Northern Kentucky Law Review*，2015（42），pp.191-549.

中规定了在特定情况下免于公开的数据类型，包括涉及国家安全的石油勘探数据、公司财务数据因涉及商业机密而不应公开的公司财务数据，以及可能涉及个人隐私的数据等。[①]

3．中国政府数据的开放。我国在 2015 年发布了《促进大数据发展行动纲要》，[②] 明确提出"推动政府数据开放共享"的整体要求，将政府数据开放提升到"国家战略"的地位。《促进大数据发展行动纲要》明确政务信息应"以共享为原则，不共享为例外"，将"形成公共数据资源合理适度开放共享的法规制度和政策体系"作为中长期目标。《促进大数据发展行动纲要》要求构建"国家基础信息资源体系""国家知识服务体系""国家宏观调控数据体系""大数据应用体系""大数据技术体系""大数据产业体系""大数据产品体系""联网信息保存和信息服务体系""大数据安全保障体系""大数据安全评估体系"等各类涉及大数据的体系。《促进大数据发展行动纲要》力推"加快政府数据开放共享，推动资源整合，提升治理能力"和"产业创新发展，培育新兴业态，助力经济转型"。在地方政府数据开放方面，《2021 年度中国地方政府数据开放报告》显示，截至 2021 年 10 月，我国已有 193 个省级和城市的地方政府上线了数据开放平台，其中省级平台 20 个，城市平台 173 个。目前，我国 71.43% 的省级（不含直辖市）政府和 51.33% 的城市政府已上线了政府数据开放平台。[③] 从整体上看，东南沿海省域的政府数据平台数据开放水平较高。

（二）不同种类数据共享的不同规则

数据依产生的主体不同可分为个人数据、政府数据和商业数据。个人数据是能够识别个人身份的数据，此类数据涉及隐私权的保护问题。政府数据又常被称为公共数据，其采集主体和控制主体主要是行政机关、履行公共职能的事业单位、公用事业企业，如水、电、公共交通等公共服务的单位等。政府数据是公共管理和服务机构依法履行职责中采集或掌握的数据。商业数据主要指商业机构运行中获取或生产的数据。

个人、政府和企业这三类主体的数据权利是不同的。个人数据属于个人所有，政府数据和商业数据中涉及个人特征的数据，也属于个人数据，但个人的

---

① 19 Solove D，*Schwartz P.Information Privacy Law*，New York：Wolters Kluwer Law & Business，2015．

② 国务院："促进大数据发展行动纲要"，载 https://zycpzs.mofcom.gov.cn/html/nyszcl/2018/9/1536891477862.html，最后访问时间：2022 年 2 月 8 日。

③ "2021 年度中国地方政府数据开放报告"，载 http://www.cbdio.com/BigData/2022-01/25/content_6167686.htm，最后访问时间：2022 年 8 月 9 日。

消费数据、行为数据经脱敏、脱密后已经进入数据分析环节并贡献于各种商业目的，此过程产生的数据，其所有权不属于个人。政府数据是因政府和法律的强制力产生的，既涉及个人利益，也涉及公众和他人利益，又对社会生产、经营、履约有一定的影响，因此应公开共享。个人数据还涉及姓名权、隐私权等人格权的内容，具有人格权属性。数据的共享对科研的发展起着至关重要的作用，特别是在大数据时代，科学数据是科研活动的基础性战略资源。近年来，我国科学数据呈现井喷式增长，为中国创新型国家建设奠定了良好基础。为了提升国家层面的制度保障，国务院于 2018 年发布了《科学数据管理办法》，[①]明确要求把握大数据时代科学数据发展趋势、把确保数据安全放在首要位置、重点突出科学数据共享利用，并提出五方面具体措施：一是明确职责分工，强调"谁拥有、谁负责""谁开放、谁受益"；二是加强科学数据交流和利用的监管；三是加强知识产权保护；四是加强数据积累，促进开放共享；五是加强科学数据管理能力建设。提升数据使用价值，开放与共享尤为重要。

（三）共享权与隐私权的冲突与平衡

数字化时代数据共享已成为一种重要的数据利用方式，数据共享程度越高，信息发展水平越高。然而，数据共享可能会造成个人数据被不当使用，造成对隐私权的侵犯。《民法典》规定，隐私权是自然人享有的对其个人的、与公共利益、群体利益无关的个人信息、私人生活和私有领域进行支配的具体人格权。自然人享有隐私权，任何组织或者个人不得以刺探、侵扰、泄露、公开等方式侵害他人的隐私权。[②]可以看出，隐私是公民依法享有的个人信息的私人生活安宁和不为他人知晓的一种基本人格权利，其保护范围包括自决隐私、空间隐私和信息隐私。隐私权代表私人利益和人格权益，而数据共享权强调数据的共享与自由流转，代表公共利益与财产利益，两者难免发生冲突。

共享权与隐私权也并不是完全对立的，其冲突可以通过立法对相关利益进行平衡来解决。为实现共享权与隐私权冲突过程中多元利益的平衡，应遵循公

---

① "国务院办公厅关于印发科学数据管理办法的通知（国办发〔2018〕17 号）"，载 http://www.gov.cn/zhengce/content/2018-04/02/content_5279272.htm，最后访问时间：2022 年 2 月 9 日。

② 《民法典》第 1032 条：自然人享有隐私权。任何组织或者个人不得以刺探、侵扰、泄露、公开等方式侵害他人的隐私权。隐私是自然人的私人生活安宁和不愿为他人知晓的私密空间、私密活动、私密信息。

益优先原则、可克减性原则、平等保护原则以及比例原则等基本准则。① 公益优先原则指必须是出于公共利益的需要而对私人利益予以一定限制。可克减性原则指当国家在社会紧急状态威胁时可克减公民的隐私权，包括暂停对私生活秘密的保护等。平等保护原则指当共享权与隐私权冲突时，可在一定范围内对两项权利进行一定的让步。我国《宪法》第 51 条规定，公民在行使自由和权利的时候，不得损害国家、社会、集体利益和其他公民合法的自由和权利。比例原则指共享应尽可能减少对公民隐私权的侵犯，共享权需遵守法定的程序，对需要共享的数据内容以必要性为标准进行选择和确定。我国《民法典》《个人信息保护法》在规定个人信息的收集、处理上也反映了这些原则，以当事人的同意为基础，并附以为"应对突发公共卫生事件，或者紧急情况下为保护自然人的生命健康和财产安全所必需"等多项例外，以此在一定范围内平衡数据共享与隐私权的冲突。

二、数字个人信息的新特点及导致的不同法律责任

在数字化时代，个人信息表现出了一些与以往相比不同的特点，例如，数字个人信息更容易获得，而且获取过程具有隐蔽性。这些特点又导致个人对其自身信息的控制力弱化，产生侵权损害的严重后果。

（一）数字个人信息具有更易获得性

数字化时代，个人信息安全问题越来越受关注。个人信息的收集在数字化的网络环境下更容易被收集。2018 年 3 月 7 日，北京市消费者协会发布的《手机 APP 个人信息安全调查报告》显示，② 有 89.62% 的人认为手机 APP 过度采集个人信息，79.23% 的人认为手机 APP 上的个人信息不安全，41.16% 的人在安装或使用手机 APP 之前从来不看授权须知。报告显示，被手机 APP 采集最多的个人信息依次是联系方式、姓名和头像；被调查者最担心被采集的个人信息是身份证号和银行账号，最担心出现的问题是个人信息被贩卖或交换给第三方以及被利用从事诈骗和窃取活动。③ 监测数据表明，手机 APP 软件过度采集

---

① 参见大数据战略重点实验室：《数权法 3.0：数权的立法前瞻》，社会科学文献出版社 2021 年版，第 198~201 页。

② "北京市消协发布手机 APP 个人信息安全调查报告"，载 http://www.bj315.org/xxyw/xfxw/201803/t20180307_18329.shtml，最后访问时间：2022 年 2 月 8 日。

③ "手机 APP 个人信息安全调查报告发布 89.62% 受访者认为过度采集个人信息"，载 https://baijiahao.baidu.com/s?id=15942692753761085557&wfr=spider&for=pc，最后访问时间：2021 年 8 月 23 日。

个人信息已经成为网络诈骗的主要源头之一。目前，有关法律法规缺乏体系化架构，保护范围模糊，重原则轻细则，自律规范多而监管规制少。2018 年和2019 年，证监会多次出手，在审核企业上市的过程中，对企业在收集个人信息中存在问题的，不予通过。例如，2019 年 10 月，墨迹科技 IPO 即因收集个人数据合规有问题而未予通过。不光墨迹科技，专项治理工作组还点名要求拉卡拉、安居客、Wi-Fi 万能钥匙、悟空理财等 40 款 APP 就收集使用个人信息中存在的问题进行整改。①

（二）主体对个人信息控制力弱化

由于数字个人信息存在于各种网络环境下，而网络又具有开放性、交互性、信息资源共享性等特点，在一定程度上削弱了权利主体对个人信息的控制能力，使得对个人信息数据的收集和处理更加普遍。网站、APP、国家机关等各类信息处理主体都可能收集到个人数据信息，这也使数字环境下个人信息的侵犯呈现泄露渠道多、窃取违法行为成本低、追查难度大的特点。在数字环境下，数字信息不存在有形的占有，个人信息一旦被收集，只需控制信息的人一点即可"发送"传播，易于交易的完成。各种 Wi-Fi 分享应用、APP 应用，在用户不知情的情况下就抓取了相关信息。为了规范 Wi-Fi 分享，保护公民的权益，2018 年 5 月，公安部网络安全保卫局、工业和信息化部网络安全管理局集中约谈了境内 119 家 Wi-Fi 分享类网络应用服务企业，提出在官网公开隐私保护和数据安全条款、建立分享信息查询和投诉渠道、建立健全用户信息保护和鉴别管理措施、对未经本人或单位授权或同意的个人用户 Wi-Fi 网络及非公开 Wi-Fi 网络停止分享服务、无法确认属于公共服务 Wi-Fi 网络的暂停分享服务器等 5 项指导性措施，要求相关企业采取措施。②工业和信息化部于 2021 年首次通报了 157 款侵权应用侵害用户权益行为的 APP，③ 其中，不乏 360 清理大师（欺骗误导用户下载 APP）、芒果 TV（违规收集个人信息）、MiHome（违规收集个人信息）、学习通（违规收集个人信息）等知名 APP。此外，在工业和信息化部组织的十批次检测中，腾讯应用宝、小米应用商店、豌豆荚、OPPO软件商店、华为应用市场发现的问题分别占比 22.3%、12.0%、10.3%、9.9%、

---

① "中国证券监督管理委员会第十八届发审委 2019 年第 142 次会议审核结果公告"，载 http://www.csrc.gov.cn/csrc/c105899/c1009848/content.shtml，最后访问时间：2022 年 2 月 7 日。

② "公安部网络安全保卫局约谈 WiFi 分享类网络应用服务企业"，载公安部，http://www.cac.gov.cn/2018-05/21/c_1122861522.htm?from=groupmessage，最后访问时间：2022 年 2 月 8 日。

③ 工业和信息化部信息通信管理局："关于侵害用户权益行为的 APP 通报（2021 年第 1 批，总第 10 批）"，载 https://www.miit.gov.cn/zwgk/wjgs/index.html，最后访问时间：2022 年 2 月 8 日。

8.8%，存在平台管理主体责任落实不到位等问题。

（三）侵权行为实施具有隐蔽性

同传统个人信息侵权相比，网络个人信息侵权更多依靠科技手段去实施，对于技术知识匮乏的普通信息主体来说，很难发现自己的个人信息被侵害。这使得侵权行为的实施具有一定的隐蔽性。在数字环境下，侵权行为人通常具备一定程度的专业知识和操作技能，否则难以达到收集他人数据信息或侵入他人系统的目的。数字化环境的特点与高科技的支撑，使侵权行为可以瞬间完成，侵权证据多存于系统、代码等无形信息中，具有易篡改性，难以固定证据。例如，证监会未通过 IPO 的博睿宏远在收集个人信息上即采取了安装 SDK 及探针的方式，[①]SDK 是手机软件中提供某种功能或服务的插件。2019 年 11 月，上海市消费者权益保护委员会委托第三方公司对一些手机的 SDK 插件进行专门测试。技术人员检测了 50 多款手机软件，其 SDK 插件都有在用户不知情的情况下，具有窃取用户隐私的嫌疑。这一问题涉及国美易卡、遥控器、最强手电、全能遥控器、91 极速购、天天回收、闪到、萝卜商城、紫金普惠等 50 多款手机软件。检测人员称，SDK 插件会读取设备的 IMEI、IMSI、运营商信息、电话号码、短信记录、通讯录、应用安装列表和传感器信息。这些 APP 里的 SDK 读取用户的隐私信息只是第一步，读取完成后，还会悄悄地将数据传送到指定的服务器存储起来。有的 SDK 甚至通过菜谱、家长帮、动态壁纸等多款软件，窃取用户更加隐私的信息；在未经用户同意的前提下，收集用户的联系人、短信、位置、设备信息等，甚至短信内容被全部传走，这是很严重的问题。[②]因为 SDK 能够收集用户的短信和应用安装信息，一旦用户网络交易的验证码被获取，极有可能造成严重的经济损失。

（四）侵权后果损害的严重性

在数字化环境下，由于网络空间的全球性和信息传输的迅捷性，一旦个人信息的收集、处理等不受法律约束、网络安全不到位，个人信息就会呈现"半透明"状态。信息一旦在网上披露，瞬间就会广泛传播，给信息主体带来严重的损害后果。首先，个人的人身财产会受到威胁，被泄露的个人信息被出卖非法获利或被犯罪分子利用，从事电信诈骗、非法讨债甚至绑架、勒索等犯罪活

---

① "中国证券监督管理委员会第十七届发审委 2018 年第 57 次会议审核结果公告"，载 http://www. csrc.gov.cn/csrc/c105899/c1010319/content.shtml，最后访问时间：2022 年 2 月 10 日。

② "SDK 暗藏玄机多款知名手机 APP 收集用户隐私"，载 https://baijiahao.baidu.com/s?id=1672387 200605755346&wfr=spider&for=pc，最后访问时间：2022 年 2 月 9 日。

动。其次，信息主体的思想容易被裹挟。例如，在著名的 Facebook 用户个人信息泄露案件中，剑桥分析从 8700 万 Facebook 个人简介中收集信息，在社交媒体上创建不同类型的心理档案，以确定在哪里传播支持特朗普的消息，向用户精准投放广告，在用户接收到的信息中加入影响总统竞选的成分，从而潜移默化地影响广大选民的思想，以达到让人们支持特朗普总统竞选的目的。剑桥分析通过俄罗斯研究员 Aleksandr Kogan 创建了名为 "This is your digital life" 的人格测验。该测验利用了 Facebook 的 API 漏洞，使得 Kogan 能够收集用户以及 Facebook 好友的数据。数据包括人们的生日、人际关系、宗教、地点、工作历史、订阅和签到等信息。该公司还可以访问用户"点赞"记录，并分析用户对哪些时尚品牌感兴趣。剑桥分析利用这些用户数据，以达到裹挟用户思想的目的。[1] 最后，个人信息的泄露还可能威胁国家和社会安全。例如，在土耳其近 5000 万公民个人信息泄露事件中，某黑客攻击土耳其存放国民身份信息的信息库，并将导出的信息泄露到公网上，包括姓名、身份证号、父母名字、住址等一连串敏感信息被黑客打包放在芬兰某 IP 地址下。为了证明被盗取数据的真实性，黑客特地公布了土耳其现任总统埃尔多安的个人信息以作示范。[2] 这对土耳其国家安全造成了严重威胁。

（五）法律责任的多样性

因数据产生的法律责任可能是多样的，从已有案例来看，涉案争议行为具体类型十分丰富，涵盖了个人信息收集、保存、使用等生命周期的全流程。其责任既有民事责任，也有刑事责任。

1. 个人信息保护方面的法律责任。不少涉案行为的背后反映的是对个人信息收集使用商业模式的问题。具体而言，典型案件的争议行为类型可概括如下：

表 6-1　个人信息保护争议类型及表现

争议行为所在环节	争议行为类型	具体的争议行为表现
收集	是否合法收集个人信息	1. 搜索引擎网站利用 cookie 技术记录和跟踪搜索过的关键词进行广告投放的行为 2. 未经同意，擅自使用应用软件筛选、调查数据主体的个人信息的行为

---

[1] "剑桥分析前员工再爆料：利用 Facebook 用户时尚偏好判断政治倾向"，载 https://baijiahao.baidu.com/s?id=1618539789350441805&wfr=spider&for=pc，最后访问时间：2021 年 8 月 17 日。

[2] "大数据 24 小时：土耳其 5000 万人隐私遭泄"，载 https://www.sohu.com/a/68005632_400678，最后访问时间：2021 年 8 月 20 日。

续表

争议行为所在环节	争议行为类型	具体的争议行为表现
保存	个人信息遭遇泄露	1. 机票信息、酒店信息泄露等 2. 网站系统漏洞导致原告信息泄露
	遗忘权	百度"相关搜索"显示出的原告曾经的职业经历对原告不利
使用	盗用身份信息开立账户	银行及其工作人员利用数据主体的身份开立账户的行为
	征信信息错误	数据主体与银行之间没有借款合同关系，但在征信中心却存有数据主体该笔借款的信用不良记录
	未经同意发送信息，侵犯生活安宁	电商服务平台利用用户在购物时留存的手机信息，向用户手机发送商业短信
		因银行录入电话号码错误，向与借款无关的原告发送催促还款短信
		银行通过格式条款约定可以向用户发送与信用卡相关的信息并实际发送
		快递经营者向快递服务过程中收集到的手机号码发送自身电商业务信息
委托处理、共享、转让、公开披露	违法查询，违法披露个人信息	违规或未经同意查询数据主体的个人信息，并且披露给第三方
	征信信息虽属真实，但是违反依法披露的规定	在中国人民银行征信中心公开原告具有不良信用记录

2. 著作权纠纷。

（1）周某海诉"苹果"案。[①]2018 年，中国摄影家协会会员周某海认为苹果北京公司经营的域名为 apple.com 的网站等未经授权传播了自己享有版权的多幅图片，涉嫌侵犯了其对涉案图片享有的版权，分两起案件将苹果北京公司等起诉至法院。2020 年 1 月，北京知识产权法院二审认定，苹果北京公司通过涉案网站传播被诉侵权图片且未进行署名的行为，侵犯了周某海对涉案作品享

---

① 苹果电子产品商贸（北京）有限公司与周某海著作权权属、侵权纠纷案，案号：(2018) 京 0101 民初 6487 号、(2018) 京 73 民辖终 518 号、(2019) 京 73 民终 3378 号。

有的署名权和信息网络传播权，需停止侵权并赔偿经济损失等，驳回了苹果北京公司的上诉，维持原判。

（2）阿里诉腾讯案。① 阿里巴巴关联公司阿里巴巴文化传媒有限公司称，腾讯关联公司腾讯科技（深圳）有限公司、深圳市腾讯计算机系统有限公司、腾讯音乐娱乐（深圳）有限公司未经其授权许可，通过分开合作的方式擅自利用涉案产品"腾讯叮当智能视听屏"（型号：TD-K01）及"腾讯叮当"APP 向用户提供涉案录音制品的网络传播服务，侵害了其作品的信息网络传播权。2020 年 1 月，广东省深圳前海合作区人民法院作出一审判决，判决腾讯科技（深圳）有限公司、深圳市腾讯计算机系统有限公司赔偿阿里巴巴文化传媒有限公司经济损失及制止侵权的合理开支，合计人民币 432 000 元。

3. 人格权纠纷。

（1）中国"人脸识别第一案"。② 2019 年 4 月，郭某支付 1360 元购买野生动物世界"畅游 365 天"双人年卡，确定以指纹识别方式入园。郭某与其妻子留存了姓名、身份证号码、电话号码等，并录入指纹、拍照。后野生动物世界将年卡客户入园方式从指纹识别调整为人脸识别，并更换了店堂告示。2019 年 7 月、10 月，野生动物世界两次向郭某发送短信，通知年卡入园识别系统更换事宜，要求激活人脸识别系统，否则将无法正常入园。此后，双方就入园方式、退卡等相关事宜协商未果。郭某遂提起诉讼，要求确认野生动物世界店堂告示、短信通知中相关内容无效，并以野生动物世界违约且存在欺诈行为为由要求赔偿年卡卡费、交通费，删除个人信息等。

杭州市富阳区人民法院经审理认为，本案双方因购买游园年卡而形成服务合同关系，后因入园方式变更引发纠纷，其争议焦点实为对经营者处理消费者个人信息，尤其是指纹和人脸等个人生物识别信息行为的评价和规范问题。双方在办理年卡时，约定采用的是以指纹识别方式入园，野生动物世界采集郭某及其妻子的照片信息，超出了法律意义上的必要原则要求，故不具有正当性。综上，一审法院判决野生动物世界赔偿郭某合同利益损失及交通费共计 1038 元，删除郭某办理指纹年卡时提交的包括照片在内的面部特征信息。

（2）美国萨默维尔市禁止面部识别案。③ 美国马萨诸塞州的萨默维尔市

---

① 阿里巴巴文化传媒有限公司诉出门问问信息科技有限公司、腾讯音乐娱乐有限公司（深圳）、深圳市腾讯计算机系统有限公司案，案号：（2020）粤 0391 民初 8059 号。

② 郭某与杭州野生动物世界有限公司服务合同纠纷案，案号：（2019）浙 0111 民初 6971 号。

③ "人脸识别技术争议不断　美国萨默维尔市禁止使用面部识别软件"，载 https://www.maigoo.com/news/542177.html，最后访问时间：2021 年 4 月 18 日。

（Somerville）议会投票禁止当地警方和市政部门使用面部识别软件，让萨默维尔成为美国第二个禁止该技术的城市。该禁令部分由美国公民自由联盟（ACLU）撰写。除了禁止市政部门使用人工智能外，该法令还禁止在刑事调查或法律诉讼中使用面部识别软件系统产生的数据或证据。当地法律没有限制州或联邦执法部门使用面部识别的范围。然而，法律将面部识别称为"等同于要求每个人随时携带和展示带有个人照片的身份证"，这引起了对女性、年轻人、移民和有色人种面部识别错误匹配的担心。

4. 涉及"人肉搜索"的案例。2007年12月29日晚，北京一位女白领写下"死亡博客"后跳楼身亡，她生前留下的"死亡博客"引出了中国"人肉搜索"第一案。① 自2008年1月开始，大旗网刊登了《从24楼跳下自杀的MM最后的日记》专题，将女白领之夫王某的照片、住址、工作单位等身份信息全部在网上非法披露，给其及家人的生活、工作、名誉造成极为恶劣而严重的影响，导致其被单位辞退。于是，王某将大旗网的开办者凌云公司诉至法院，请求判令凌云公司停止侵害、删除大旗网上有关侵权信息，并在大旗网为其恢复名誉、消除影响、赔礼道歉、赔偿精神损害抚慰金2万元。2008年12月18日，北京市朝阳区人民法院宣判，两家网站被判侵权，王某获赔精神抚慰金8000元。本案敲响了网络环境下隐私保护的警钟。② "人肉搜索"通常由网络用户实施，"人肉搜索"事件总是需要网络管理员的帮助，网络管理者有时为吸引更多网民的阅读和参与，可能会依网民的个人喜好、需求以及收获的利益等筛选信息，从而吸引更多的人参与其中，提高网站的知名度和点击率。③ 2010年7月1日施行的《侵权责任法》对"人肉搜索"的行为进行了规制，该法第36条（《民法典》第1194条）规定，网络用户、网络服务提供者利用网络侵害他人民事权益的，应当承担侵权责任。网络用户利用网络服务实施侵权行为的，被侵权人有权通知网络服务提供者采取删除、屏蔽、断开链接等必要措施。网络服务提供者接到通知后未及时采取必要措施的，对损害的扩大部分与该网络用户承担连带责任。网络服务提供者知道网络用户利用其网络服务侵害他人民事权益，未采取必要措施的，与该网络用户承担连带责任。该法首次对人肉搜索的侵权责任进行了规定。

---

① 王某诉大旗网侵犯名誉权案，案号：（2008）朝民初字第29276号。
② 徐力："论我国网络隐私权的法律保护——从'人肉搜索'第一案说起"，载《法制与社会》2016年第4期。
③ 刘雅茹："'人肉搜索'视角下的网络隐私权法律规制的思考"，载《法制与社会》2017年第11期。

5．不正当竞争纠纷。企业之间的纠纷主要集中在不正当竞争领域：

（1）淘宝"生意参谋"案。[①]淘宝开发运营的电商大数据平台"生意参谋"是在收集巨量原始数据基础上，以特定的算法深度分析过滤、提炼整合并经匿名化脱敏处理后形成的预测型、指数型、统计型等衍生数据，其呈现方式是趋势图、排行榜、占比图等，主要功能是为淘宝天猫商家的网店运营提供系统的数据化参考服务，帮助商家提高经营水平。被告美景公司以"咕咕互助平台"实质性替代了"生意参谋"数据产品，截取了原本属于淘宝的客户，导致淘宝的交易机会严重流失。美景公司的行为破坏了淘宝的商业模式，削弱了淘宝的市场竞争优势，损害了淘宝的核心竞争力，扰乱了大数据行业的竞争秩序。杭州互联网法院判定，安徽美景信息科技有限公司涉嫌不劳而获"搭便车"，对淘宝旗下零售电商大数据平台"生意参谋"构成不正当竞争，需停止侵权行为，并赔偿淘宝经济损失及合理费用共 200 万元。

（2）"百度地图"抓取"大众点评"用户评论案。[②]2013 年 4 月，有网友在微博上评论："百度地图的美食部分大量直接引用大众点评网评论和介绍，但仅允许用百度账号登录进行评论。"对此，"百度地图"官方微博回复称，双方现在是合作关系。上海汉涛公司（大众点评运营主体）认为，由于双方并不存在合作关系，此举让百度公司迅速获得用户和流量，给自己造成巨大损失。其行为违背公认的商业道德和诚实信用原则，构成不正当竞争，并诉诸法院。最终，上海市浦东新区人民法院一审判决百度公司停止不正当竞争行为，赔偿上海汉涛信息咨询有限公司经济损失 300 万元及合理费用 23 万元。

（3）"刷宝"抓取"抖音"短视频案。[③]在该案中，北京海淀法院认为：刷宝 APP 采用技术手段或人工方式获取抖音 APP 短视频及用户评论并向公众提供的行为构成不正当竞争，抖音要求刷宝赔偿经济损失 4000 万元。2019 年 1 月，海淀法院作出一审判决，要求创锐公司消除影响并赔偿微播公司经济损失 500 万元。

6．数据刑事合规案例。为了获取"流量"，获取目标客户群、企业定点推广成了销售的核心问题，由此也导致服务推广成为侵犯公民个人信息的高发环

[①] 淘宝（中国）软件有限公司与安徽美景信息科技有限公司不正当竞争纠纷案，案号：（2018）浙 01 民终 7312 号。

[②] 上海汉涛信息咨询有限公司诉百度公司案，一审案号：（2015）浦民三（知）初字第 528 号，二审案号：（2016）沪 73 民终 242 号。

[③] 北京微播世界科技有限公司诉北京创锐文化传媒有限公司案，案号：（2019）京 73 民辖终 381 号。

节。北京瑞智华胜科技股份有限公司在用户不知情的情况下，非法操控用户账号并添加关注。这家曾经拥有超过 7000 万粉丝的上市公司共窃取了 30 亿条公民信息，该案被称为"史上最大规模数据窃取案"。2019 年 10 月 29 日，绍兴市越城区人民法院公开宣判：被告单位北京瑞智华胜科技股份有限公司犯非法获取计算机信息系统数据罪，判处罚金人民币 1000 万元；7 名被告人分别判处 3 年 6 个月至 2 年不等的有期徒刑，并处罚金。[①]

三、个人信息与隐私信息的区别与分层保护

在多数场合下，个人信息与隐私信息常常通用，但随着数字化转型的进一步开展，需要平衡保护个人信息与数字经济的发展。这就要求对个人信息进行细分，例如，个人信息与隐私信息是否相同？个人一般信息与敏感信息是否有区别？其保护力度是否一样？

我国《民法典》将隐私和个人信息权益保护规定在人格权编，并对两者的界定和区分进行了规定。我国法院通过多方面的探索，对个人信息和隐私规定了不同的判断标准，也为企业做好数据方面的合规工作提出指引。

（一）个人信息与隐私信息的不同界定

个人信息的核心是"可识别性"，包括对个体身份与特征的识别，而隐私信息则具有私密性。隐私信息与个人信息存在共同点但也有区别。个人信息是指一个人的姓名、性别、年龄、生日、照片、工作学习经历、家庭成员关系等信息，是个人所独有的，具有专属性、人身依附性和"可识别性"。《个人信息保护法》第 4 条第 1 款规定，个人信息是以电子或者其他方式记录的与已识别或者可识别的自然人有关的各种信息，不包括匿名化处理后的信息。隐私是指不想被公众所熟知或者别人知悉的隐秘的、私密的事情。隐私不限于信息的形态，它还可以个人活动、个人私生活等方式体现，且并不需要记载下来。与个人隐私相比，个人信息还可能关系国家安全，例如，个人信息虽然具有私人性，但当其以集合的形式表现出来，汇集形成了成千上万人的个人信息，关系到国民的基因信息等时，就涉及国家安全。

可见，个人信息与隐私信息是有区别的，不能将所有泄露个人信息的行为均归为侵犯隐私权。在 2020 年的"微信读书"一案中，北京互联网法院作出一审判决，认定腾讯公司侵害原告黄某的个人信息权益，但没有侵犯黄某的隐

---

① 北京瑞智华胜科技股份有限公司、周某、黄某等违法运用资金案，案号：（2019）浙 0602 刑初 636 号。

私权。[①] 在个人信息方面，法院认定，微信读书中，微信好友之间的读书信息"默认"开放，构成对原告个人信息权益的侵害。微信读书、微信为两个独立应用，不能当然地进行好友关系的迁移。读书信息可能构成对用户的"人格画像"。在互联网时代，用户应享有自主建立或拒绝建立信息化"人设"的自由。个人信息的核心是"可识别性"，包括对个体身份与特征的识别。在 2020 年 7 月北京互联网法院审理的凌某诉抖音案中，法院认为，构成个人信息应满足两个要件，核心要件为可识别性，即可通过该信息识别特定自然人；形式要件为有一定的载体，即以电子或者其他方式记录。判决指出，其一，可识别性同时包括对个人身份与特征的识别；其二，对可识别性的判断应当以信息处理者处理的相关信息组合为基础，如果多个信息在经过组合后可以识别特定自然人，则这种信息组合也属于个人信息。[②]

关于隐私的界定，法院认为，需要符合社会一般理性标准，强调其"不愿为他人知晓"的"私密性"。原告的读书信息呈现方式为"原告阅读了《好妈妈胜过好老师》《所谓情商高，就是会说话》两本书籍"，尚不构成一般理性标准下的"私密性"标准，对原告主张腾讯公司侵害其隐私权，法院不予支持。[③] 判决指出，要从大数据时代下个人信息的公共价值、社会一般合理认知、互联网产品用户的差异性三个方面把握，基于合理隐私期待维度对个人信息进行三个层次划分：一是符合社会一般合理认知共识的私密信息；二是不具备私密性的一般信息，在征得主体的同意后即可正当处理；三是兼具防御性期待及积极利用期待的个人信息，此类信息的处理是否侵权，需要结合信息内容、处理场景、处理方式等，进行符合社会一般合理认知的判断。[④] 在上述凌某诉抖音案中，法院在隐私的界定上指出，隐私包括两方面内容：一方面是自然人的私人生活安宁；另一方面是自然人不愿为他人知晓的私密空间、私密活动、私密信息。法院认为，由于不同类型人群的隐私偏好不同，且互联网具有开放、互联和共享的特点，网络环境中对隐私的界定需要结合具体场景进行分析。关于该

---

① 黄某诉"微信读书 3.3.0 版本"侵害其个人信息权益及隐私权案，案号：（2019）京 0491 民初 16142 号。

② 凌某某诉北京微播视界科技有限公司隐私权、个人信息权益网络侵权责任纠纷案，案号：（2019）京 0491 民初 6694 号。

③ "北京互联网法院一审判决'微信读书'被判侵权"，载 https://baijiahao.baidu.com/s?id=1677582933402914400&wfr=spider&for=pc，最后访问时间：2021 年 8 月 23 日。

④ 刘晓春、王敏昊："从案例看隐私和个人信息的界定和区分"，载 https://baijiahao.baidu.com/s?id=1703495657662317688&wfr=spider&for=pc，最后访问时间：2021 年 8 月 24 日。

案中的社交关系是否构成隐私，法院认为，基于通讯录的社交关系不具有私密性，属于用户迁移、拓展自身社交关系的主要利用对象，且在使用相关软件时用户亦同意软件对通讯录社交关系的读取行为。本案原告未能证明涉案信息具有需要特别考虑的情形，故不属于隐私。本案原告的地理位置属于个人信息。所在城市信息一般情况下不会加以保密，不具有私密性，本案原告亦未证明对该信息进行了特别的保密，或存在特殊场景下的特殊利益，故不属于私密信息，从而不构成隐私。①

（二）个人信息权和隐私权的区别

个人信息权与隐私权既有联系也有区别，个人信息中的私密信息属于个人隐私权保护的范围，其他信息则属于个人信息权保护的范围。个人信息权与隐私权范围存在交叉部分，个人信息中的私密信息属于个人隐私权保护的范围，其他信息则属于个人信息权保护的范围。根据法律规定，个人信息可以合法、正当处理，而任何组织或者个人不得以刺探、侵扰、泄露、公开等方式侵害个人隐私。从权利属性看，隐私权是一种防御性权利，主要是精神性的人格权；信息权是一种主动性的权利，既包括了精神价值，也包括了财产价值。从保护方式看，对个人信息的保护应注重预防，而隐私的保护则应注重事后救济。②隐私权的侵害主要是非法的披露和骚扰，而个人信息权主要是指对个人信息的支配和自主决定权。

（三）隐私和个人信息分层的司法原则和趋势

大数据、互联网等技术应用促使数字经济高速增长，随之带来的是个人信息等数据被无限制获取、分析利用，导致公民的隐私得不到保障。数字经济的隐私保护与竞争问题的交织来源于数据的二元属性。其一，数据所带有的用户权利属性，即用户对个人数据所主张的隐私权和个人信息保护权利。数字经济中的数据资料十分广泛，包括不具有个人身份属性的其他数据，如天气、工业数据等。但不可否认，在移动互联网时代，所累积的数据矿藏中最有价值的部分仍然在于个人数据。其二，数据本身的竞争价值属性。数字经济不仅是经济活动本身的数字化，离开数据的支撑，产品和服务提供将难以为继；又由于竞争方式的数据化，离开数据的哺育，产品和服务无法得以优化，无法形成核心

---

① 凌某某诉北京微播视界科技有限公司隐私权、个人信息权益网络侵权责任纠纷案，案号:（2019）京 0491 民初 6694 号。

② 王利明："个人信息与隐私为何要区别保护"，载 https://m.gmw.cn/baijia/2021-12/31/35421141.html，最后访问时间：2022 年 8 月 9 日。

竞争力。保持数字经济的持续活力，隐私保护与竞争规则缺一不可。[①] 在"新浪诉脉脉案"[②] 等类似案例中，司法实践对平衡此类问题进行了有益探索，"三重授权原则"的提出兼顾了隐私与竞争，明确了平台间基于用户数据的商业利用应当各自通过用户授权，妥善解决隐私保护问题。

当前，司法实践的趋势是区分隐私和个人信息的层次，一方面，要满足用户个人信息保护的需求，另一方面，也要兼顾保护和发展，促进数据要素正常流通的规范体系。个人信息部分也有进一步分层的必要，例如，《个人信息保护法》依对个人利益侵害的风险程度，设定了一般个人信息和敏感个人信息的分层；依个人信息的保密状态，已公开的个人信息一般来说就不会再构成隐私。从发展趋势来看，随着个人信息保护的进一步完善，还应有更加细致的分层、分行业的个人信息保护标准和规范，如金融个人信息、儿童个人信息等，都有特殊的保护规范。[③] 总之，应形成更具体化、精细化的个人信息保护规则，以平衡隐私保护和数字经济的发展。

第二节　他国数据领域隐私权的保护立法

数字化时代也使许多国家逐渐关注数据隐私安全的保护，并开始了严格的监管。当然，数据隐私安全监管在各国之间还是有差异的，有些国家引入系统监管措施，另一些国家则在既有监管体系中进行变革以反映数字隐私保护的需要。欧盟的 GDPR 在隐私保护方面是系统、全面、严格的，美国没有制定综合的数据隐私安全法律，而是采用州立法的形式，还有一些国家制定了适用于特定板块的数据隐私安全立法。下面主要是涉及欧盟、美国、新加坡、日本等国家或地区的数据隐私保护立法。

一、欧盟的 GDPR

欧盟非常重视隐私权的保护，2016 年 4 月 27 日欧洲议会通过了 GDPR，[④]

① 王融："隐私与竞争：数字经济秩序的平衡之道"，载 https://xueshu.baidu.com/usercenter/paper/show?paperid=570e4763e6c88b09a1ff736e73e8f572，最后访问时间：2021 年 8 月 25 日。

② 微博诉脉脉不正当竞争案，案号：(2016) 京 73 民终 588 号判决。

③ 刘晓春、王敏昊："从案例看隐私和个人信息的界定和区分"，载 https://baijiahao.baidu.com/s?id=1703495657662317688&wfr=spider&for=pc，最后访问时间：2021 年 8 月 24 日。

④ The Regulation (EU) 2016/679 (General Data Protection Regulation), the OJ L 119, 04.05.2016; cor. OJ L 127, 23.5.2018, https://gdpr-info.eu/.

该法在欧盟数据治理规范发展历程中具有里程碑意义，GDPR 于 2018 年 5 月 25 日生效，取代了 1995 年的《数据保护指令》。①GDPR 不再是指令，并可以直接适用于欧盟各成员国。GDPR 总共包括 91 个条文，其主要内容为：

（一）GDPR 的基本原则

GDPR 的基本原则散见于各项规定之中，可以概括为：①合法公平透明原则，即数据处理应实现合法性、合理性与透明性的统一；②目的限定原则，即数据的收集应当以初始设立的具体、清晰、正当的目的为限；③最小化原则，即数据处理应当是必要、相关而适当的；④准确性原则，即应确保数据的准确，并在必要时及时更新；⑤限期储存原则，即对数据的储存实践应以实现其目的所必需的时间为限；⑥完整保密原则，即应采用一定手段确保数据的安全。

（二）该法具有一定的域外适用效力

GDPR 从两个层面确定其管辖权：其一，在"实体"标准上，依 GDPR 第 3 条第 1 款，该法适用于设立在欧盟内的控制者或处理者对个人数据的处理，无论其处理行为是否发生在欧盟内。其二，在"目标指向"标准上，依 GDPR 第 3 条第 2 款，该法适用于对欧盟内的数据主体的个人数据处理，即使控制者和处理者没有设立在欧盟内。此款规定表现了一定的域外适用效力，上述第 1 款是属地适用，GDPR 适用于在欧洲经济区内运营处理个人数据的组织。第 2 款则是向欧洲经济区公民提供商品或服务的组织，以及监控欧盟公民行为的组织。这表明即使某企业不在欧洲经济区设立，甚至不在欧洲经济区开展业务，但只要面向欧洲经济区内的数据主体（即自然人，包括但不限于用户、客户、商业联系人、雇员、求职者等）提供商品或服务，就会适用 GDPR。例如，在搜索引擎中投放面向欧盟用户的营销广告，提及欧盟境内的专用地址或专用电话号码，使用欧盟或成员国的顶级域名，如".eu"".de"等。上述特性或其组合可能会被认定为"向欧盟境内的数据主体提供商品或服务"，从而需要遵从 GDPR 要求。

（三）个人数据定义扩大解释

依 GDPR 第 4 条 1 款的规定，"个人数据"是指关于某被识别身份的或可识别身份的自然人（"数据主体"）的任何信息；可识别身份的自然人是指某可直接或间接地被识别身份的自然人，特别是通过诸如姓名、身份证号码、位

---

① Directive 95/46/EC of the European Parliament and of the Council of 24 October 1995 on the protection of individuals with regard to the processing of personal data and on the free movement of such data, Official Journal L 281，23/11/1995 P. 0031 - 0050，https：//eur-lex.europa.eu/legal-content/EN/TXT/?uri=celex%3A31995L0046.

置数据、网络标识或有关该自然人的身体、生理、基因、精神、经济、文化或社会身份的一个或多个因素予以识别。该法案将个人数据的定义进行了宽泛的解释：以个人可识别信息为核心概念，凡是可以用作识别个人身份的相关信息，均归入 GDPR 保护范围。这些信息不只是单纯的姓名、电话或是地址，同时也包括浏览器的 Cookie、IP 位置，或是足以识别个人身份的生物特征以及医疗资料。

（四）数据主体的权利

GDPR 与 1995 年的《数据保护指令》相比，数据主体的权利有所扩大：主要包括：

1. 知情权。依 GDPR 第 14 条的规定，数据控制者在收集与数据主体相关的个人数据时，应当告知数据主体，包括数据控制者的身份与详细联系方式、数据处理将涉及的个人数据的使用目的，以及处理个人数据的法律依据等。

2. 访问权。根据 GDPR 第 15 条的规定，数据主体有权从控制者处获得有关其个人数据是否被处理的确认信息，以及有权在该种情况下访问个人数据和以下信息：①处理的目的；②所涉个人数据的类别；③已经或将要向其披露个人数据的数据接收者或数据接收者类别，特别是在第三国或国际组织的数据接收者。

3. 纠正权。纠正权是指数据主体有权要求控制者无不当延误地纠正与其相关的不准确个人数据。考虑到处理的目的，数据主体应当有权使不完整的个人数据完整，包括通过提供补充声明的方式进行完善。

4. 删除权（right to erasure）和被遗忘权（right to be forgotten）。删除权指数据主体有权根据法规规定的 6 种理由的任何一种理由，要求数据控制者无不当延误删除与其有关的个人数据：①个人数据对最初收集该个人数据的目的而言不再是必需的；②数据处理系基于同意被撤回（数据处理无其他法律依据）；③数据主体反对处理，且数据处理无令人信服的正当处理理由；④个人数据系非法收集；⑤为了遵守法定义务，必须删除个人数据；⑥个人数据处理涉及向儿童提供信息社会服务（特别是在其未充分意识到处理风险的情况下，以儿童的身份作出的同意，尤应删除其在互联网上的个人数据）。

"被遗忘权"的精神也体现在 GDPR 第 17 条第 2 款，即如果控制者已将个人数据公开，并且根据第 1 款有义务删除这些个人数据，控制者在考虑现有技术及实施成本后，应当采取合理步骤，包括技术措施，通知正在处理个人数据的控制者，数据主体已经要求这些控制者删除该个人数据的任何链接、副本或复制件。也就是说，数据控制者不仅要删除自己所控制的数据，还要求数据控制者对其公开传播的数据负责，要通知其他第三方停止利用并删除。

删除权与被遗忘权的区别，简单来说，传统的删除权是一对一的，即用户个人（数据主体）对于企业（数据控制者）提出的要求，当数据主体认为数据控制者违法或违约收集、使用其个人信息的情况下，有权要求企业删除其个人数据。而"被遗忘权"是一对多的，不仅包含传统的删除权的权利要求，还包括要求数据控制者负责将其已经扩散出去的个人数据，采取必要的措施予以消除。

5. 限制处理权。限制处理权是指数据主体在特定情形发生时，有权对数据控制者或者数据处理者的数据处理行为进行限制，即使数据控制者或者数据处理者正在进行的处理行为已经事先经过了数据主体的同意。

6. 数据可携带权。GDPR 第 20 条第 1 款中对数据可携带权作了如下定义：数据主体有权获取其提供给数据控制者的相关个人数据，其所获取的个人数据形态应当是结构化的、通用的和机器可读的，且数据主体有权将此类数据无障碍地从该控制者处传输至其他控制者处。数据可携带权是数据访问权的重要补充。数据可携带权的特征之一在于它为数据主体提供了一种简便的途径，使其能够自我管理和重复使用个人数据。例如，数据主体可能想从音乐流媒体服务中导出他当前的播放列表（或者听歌的历史记录），从而知道某一曲目听过多少次，或确定出要购买的或者要在另一个平台上听的歌曲。

7. 拒绝权（right to object）与拒绝受自动化决策约束的权利（right to not be subject to automated decision-making）。后者实际上是一种非常特殊的情况下的拒绝权，因此两种权利被同置于 GDPR 第三章第四节，指数据主体在控制者为直接营销、科研等目的进行数据处理时有权反对拒绝，包括依该条款反对用户画像，此时，数据控制者须立即停止针对这部分个人数据的处理行为，除非数据控制者证明，相比数据主体的利益、权利和自由，具有压倒性的正当理由需要进行处理。

（五）数据控制者和数据处理机构

1. 数据控制者（Data Controller）。数据控制者是指为了实现商业目标而使用数据的自然人或法人，如 APP 开发者或发行商。这部法规主要对数据控制者在数据的收集和使用上进行了严格的规定，将解决包括但不限于下列问题：其一，用户协议：之前科技公司写的那些让人看不懂的用户协议将不被允许存在。按照 GDPR 的规定，所有用户协议必须采取普通用户能理解、接受的方式写清楚。如果用户在使用后不再愿意同意该协议，可随时撤回许可。其二，不得滥用数据：数据公司不得收集除提供服务必需之外的数据，收集之后不得滥用用户数据，同时还必须履行保护用户数据的义务。

2. 数据处理机构（Data Processor）。数据处理机构是指代表控制机构处理数据的自然或法人，一般为第三方服务公司，如谷歌、Hockey App 等。这些企业应当保证用户可以便利地查询和转移其信息。控制者要通过技术保护措施和信息处理记录加强信息保护，在信息泄露时需要履行报告和通知义务。

（六）惩罚力度大

依 GDPR，数据处理者或控制者违反规定的责任包括民事责任和行政责任。民事责任部分以损失为前提，数据主体可以依据损害赔偿请求权寻求救济。GDPR 的处罚比以前的指令高得多。行政罚款基本上有两种罚款：第一类罚款，可处以 1000 万欧元的罚款，或上一财政年度全球年营业额的 2%。第二类行政罚款涉及对处理基本原则的侵犯，例如，处理的合法性、同意条件、数据主体的权利等，最高可达 2000 万欧元，或上一财政年度全球年度营业额的 4%，取较高者。GDPR 适用于各类主体，处罚及罚金措施不仅适用于企业，也包括政府机构、公共事业机构等。为此，GDPR 授权成员国可以制定规则，以覆盖对国内公共机构实施行政处罚的情形。

（七）允许有条件跨境数据流动

根据 GDPR 第 44 条规定的一般原则，个人数据如果要向境外第三国或者国际组织传输，必须要符合该条例的规定。随后第 45~50 条将可以出境的情形进行了细致的规定，这些情形主要包括欧盟认可的能够提供"充分保护"和"适当保障"的国家或者地区，以及少数给予例外的非常规情形。

第一类：充分性认定（Adequacy Decision）：无需特别批准即可传输。GDPR 第五章第 45 条规定，个人数据可以向欧盟认可的已经提供"足够的数据保护水平"的第三国或国际组织进行跨境传送，且无须再获得任何进一步的批准或采取其他保障措施。目前仅有安道尔、阿根廷、加拿大（商业组织）、法罗群岛、格恩西岛、以色列、英属马恩岛、日本、泽西岛、新西兰、瑞士、乌拉圭被认为符合充分性认定。

第二类：适当保障（Appropriate Safeguards）：当向不符合"充分性认定"的国家、地区或国际组织传输数据时，若数据传输者提供了适当的保障，确保充分的数据保护，亦可合法向第三国进行数据传输。GDPR 规定的适当保障分为两种：一种无须监管机构的特别授权，一种则需要特别授权的保障，以下将分别陈述相关机制。无需监管机构的特别授权：公共机构之间的协议或行政安排（Agreements/ Administrative arrangement between public authorities）；需要监管机构的特别授权：标准合同条款或 SA 条款、有约束力的企业规则、特别条款、经批准的行为准则或认证。

为进行跨境数据传输，获得数据主体的同意是一项比较重要的例外情形。有效的同意必须符合两个条件：①将数据传输可能产生的潜在风险告知数据主体；②用户的同意必须是明确的、自愿的。除此之外，GDPR 第 4 条和第 7 条等关于用户同意的一般性规定在此全部适用。因此，数据主体有权随时撤回他的同意。

总之，欧盟的 GDPR 在治理规范发展历程中具有里程碑意义，对包括中国在内的很多国家的数据与隐私权立法都产生了影响。TikTok 因违反儿童保护的相关法律而在意大利被封杀，[①] 被要求在 2020 年 2 月 15 日之前，暂停那些个人资料中没有年龄信息的用户账户的使用。根据其条款和条件，访问 Tik Tok 的最低年龄为 13 岁。2019 年 12 月，意大利负责保护个人数据的机构就曾斥责Tik Tok 不重视对未成年人的保护，轻易规避年龄限制，以及向用户提供的信息缺乏透明度。直到一名 10 岁小女孩参加挑战身亡后，意大利负责保护个人数据的机构下令，立即封杀那些不确定其年龄是否为 13 岁以下的用户的账号。对于企业来说，由于该法有一定的域外适用效力，企业需注意数据在隐私保护方面的合规问题，否则会面临处罚。

二、美国在数字领域的隐私权保护立法

美国并没有联邦的隐私保护立法，而是由各州制定各州的隐私法。

（一）《加州消费者隐私法》（CCPA）

美国 CCPA[②] 最终版在 2019 年 9 月获得通过，于 2020 年 1 月 1 日起正式生效。CCPA 是继欧盟 GDPR 之后最重要的数据保护法律，被称为美国最严厉、最全面的个人隐私保护法案。其主要内容为：

1. 适用对象：采用属人原则。CCPA 约束的是处理加州居民个人数据的营利性实体，且要求：年度总收入超过 2500 万美元，或为商业目的购买、出售、分享超过 5 万个消费者、家庭或设备的个人信息，或通过销售消费者个人数据取得的年收入超过总收入 50%。与 GDPR 的规定类似，CCPA 也会对州外企业的违法行为产生法律效力，即使公司在加州没有办公室或雇员，但在加州进行商业活动，也可能受 CCPA 约束。

---

① 参见"意大利下令：TikTok 封杀所有年龄可疑的账户"，载 https://xw.qq.com/cmsid/20210126A0 2APT00，最后访问时间：2021 年 5 月 4 日。

② California Consumer Privacy Act of 2018 [1798.100 - 1798.199.100], California Law, 2018, Ch. 55, Sec https：//leginfo.legislature.ca.gov/faces/codes_displayText.xhtml?division=3.&part=4.&la wCode=CIV&title=1.81.5.

2. "个人信息"的定义。"个人信息"指直接或间接地识别、描述、能够相关联或可合理地联结到特定消费者或家庭的信息，包括但不限于以下内容：真实姓名、别名、邮政地址、社会安全号码、驾驶证号码、护照号码、商业信息、生物信息、电子网络活动信息、地理位置数据、音频、电子、视觉、热量、嗅觉或类似信息、职业或就业相关信息等。此外 CCPA 还特别规定"个人信息"不包含：①公开可得信息，即从联邦、州或地方政府记录中可合法获取到的信息，但需要同时满足：一是不属于在消费者不知情的情况下收集的生物特征信息；二是数据使用目的与政府记录中维护和提供数据或公开维护数据的目的一致。②去标识化的或已聚合的消费者信息。可见，CCPA 对于个人信息的定义比 GDPR 更为具体、全面，并侧重于消费者和家庭信息。

3. 主要数据权利与义务类型。CCPA 在个人权利方面，包括数据访问权、通知数据主体、被遗忘权、更正权、反对权等。与 GDPR 相比，CCPA 规定的主要数据权利与义务类型差异性较大。在个人权利方面，除了通知数据主体、数据访问权、被遗忘权都有所规定之外，CCPA 并没有直接对更正权、数据主体的反对及撤销同意权加以规定，不过赋予数据主体选择不销售个人信息权和享有平等服务与价格的权利，更体现其侧重规范数据的商业化利用的特征。在数据处理者义务方面，两部法律均要求企业采取一定的安全措施及遵守服务提供商协议，但是 CCPA 未对数据泄露通知做明确要求。此外，CCPA 对数据处理、跨境传输、公司治理等问题并未涉及。

4. 监管机制。CCPA 的主要监管机构为加州司法部。在个人救济机制方面，两部法律均赋予数据主体诉讼权利，但 CCPA 为了防止个人集体诉讼的频繁出现，给司法机关及企业造成负担，还给予企业 30 天内解决违规行为的缓冲期：企业如果在 30 天内纠正了违规行为且不会再发生此类行为，则不会产生相关的民事损害赔偿诉讼。结合 CCPA 侧重私人集体诉讼的特点来看，因数据安全事故波及人数普遍较多，企业实际损失金额依旧不容小觑。

（二）美国《儿童在线隐私保护法》（COPPA）

美国在 1998 年出台的 COPPA[①]要求包括线上网站和在线服务机构等在内的网络从业者要明确其隐私权政策并加以公告，尤其是在收集 13 岁以下儿童的个人信息数据之前要通知儿童父母，并征得其明确同意后方可进行信息收集。

---

① Children's Online Privacy Protection Act of 1998, 15 U.S.C. 6501–6505, October 2, 2018, https：//www.ftc.gov/enforcement/rules/rulemaking-regulatory-reform-proceedings/childrens-online-privacy-protection-rule.

《儿童在线隐私保护法》于 2000 年 4 月正式实施后，包括 America Online 在内的众多网络服务提供商将其之前所收集到的涉及 13 岁以下儿童的个人信息数据全部清除。此后，线上网站和在线服务提供商在涉及需获取 13 岁以下儿童个人信息数据的业务时，必须统一使用一种能够处于儿童父母监控之下的信息数据登记表，同时对儿童在网络环境下的活动范围加以合理限制，避免其接触到超出年龄段的不良信息、诱惑而遭受不法侵害。

1. 适用范围：收集 13 岁以下儿童个人信息的网站和在线服务运营商。具有以下情况之一的，必须遵守 COPPA 相关规定：①面向 13 岁以下儿童的线上网站；②面向 13 岁以下儿童的在线服务提供商；③明知对方是儿童的一般网站 / 服务提供商。COPPA 在 "儿童网站" 的认定上有很大的灵活性，相关网站的大部分特性都可以被纳入考虑范围。该法不适用于纯粹的通道提供商，所谓 "通道提供商"，是指那些本身不接触个人信息，而在收集到儿童个人信息后传向其他网站或在线服务平台的相关线上服务提供商。

2. 网站和在线服务运营商保护儿童隐私的义务。网站和在线服务运营商保护儿童隐私的义务包括：①确定公司是否为收集 13 岁以下儿童个人信息网站或在线服务商；②发布符合 COPPA 的隐私政策。该政策必须明确完整地描述如何处理在线收集的 13 岁以下儿童的个人信息。③在收集儿童个人信息之前，将信息操作惯例直接告知家长。④在收集儿童个人信息之前，获得家长的可验证同意。⑤尊重家长对已收集的有关其孩子的个人信息拥有的持续权利。⑥采取合理措施保护儿童个人信息的安全。

总之，由于儿童在社会生活中处于一种弱势群体的地位，相对于一般人的个人信息隐私保护而言，美国社会普遍认为关于儿童的个人信息隐私保护更应当放在优先地位。

三、新加坡《个人数据保护法》(PDPA)

2012 年 10 月 15 日，新加坡国会通过 PDPA。[1]该法规定，禁止向个人发送市场推广类短信、电话、传真和多媒体信息等垃圾信息，违者将被处以 100 万新元（约合 514 万元人民币）的罚款。该法还规定，民众可申请加入政府建立的 "禁发名单"，如向该名单上的手机号码发送 1 条垃圾短信，将被处以最高 1 万新元的罚款。新加坡政府还将成立个人信息保护署，专门负责该法案实

---

① Personal Data Protection Act 2012 (PDPA), Singapore Government Agency Website，https：// sso.agc.gov.sg/Act/PDPA2012.

施的相关事宜。

（一）PDPA 的配套立法框架：条例＋指引＋行业守则

新加坡 PDPA 通过补充特定行业的立法和监管框架，确保整个经济体系中个人数据的基线保护标准。这意味着机构在处理其拥有的个人数据时，必须遵守 PDPA 以及适用于其所属特定行业的普通法和其他相关法律。

（二）适用范围

一般情况下，该法适用于以电子及非电子形式储存的个人数据。例外情况为依其第 III 至 VI 部分规定，保障数据的条文一般不适用于：①以个人或家庭为基础的任何个人；②任何雇员在公司工作期间的行为；③就收集、使用或披露个人数据而代公共机构行事的任何公共机构或组织；④业务联系的信息，指个人的姓名、职位名称或头衔、工作电话号码、工作地址、工作电子邮件地址或工作传真号码以及与他人有关的任何其他类似信息，这些信息并非仅出于个人目的而提供。

值得注意的是，以上规则旨在作为新加坡基本法律的一部分。它不会取代现有法规，如银行法和保险法，但可以与它们以及普通法结合使用。

（三）机构可以询问个人身份信息的情形

机构可以询问个人身份信息的情形：其一，法律允许时。其二，如有必要证明个人身份。比如在新职工入职企业、酒店入住登记、求医、申请移动电话号码套餐、报读私人教育机构时需要使用新加坡的身份信息。

（四）机构收集、使用或披露个人数据时应遵循的义务

1. 同意义务。机构在收集、使用或披露个人信息时，必须先征得个人同意，并且在个人给予合理的通知后，允许个人撤销同意。在撤销同意后，机构必须停止收集、使用和披露个人数据。

2. 目的限制义务。机构收集、使用或披露的个人数据只可使用在适用于机构提供的产品或服务的合理范围内。

3. 通知义务。机构必须在收集、使用或披露个人数据之前向个人解释收集个人数据的原因及使用目的和范围。

4. 获取及修正义务。机构有义务要求并在合理可能的情况下尽快向个人提供关于机构拥有或控制的个人数据详情，以及如何使用或披露这些个人数据。如果个人提出要修订这些个人数据中的任何错误或遗漏，机构必须在切实可行的范围内尽快接受该要求。

5. 缜密义务。机构需要确保个人数据的准确性。

6. 保护义务。机构应该制定必要的安全措施，以保护个人数据的拥有或

控制是在安全范围内的。安全措施需要满足可以阻止任何未经授权的访问导致的个人数据被收集、使用或披露的要求。

7. 保留限制义务。机构只可在法律或业务所需的目的之下保留个人数据。

8. 转让限制义务。如果机构需要将个人数据转移到海外，例如将数据存储在云盘中，需要确保数据传送至的国家可以提供与PDPA同等级别的数据保护。

9. 公开义务。机构应在要求个人数据时说明其有关数据保护的做法、政策和投诉流程的信息。机构应至少委任一名数据保护专员负责确保该机构符合PDPA的相关规定，并可以让希望了解更多机构的数据保护政策的个人可以与该数据保护专员进行联系，同时提供该专员的联系方式。

（五）对《个人数据保护法（修订）》草案的主要修改

2020年5月14日至28日，新加坡通信和信息部与个人数据保护委员会联合发布《个人数据保护法（修订）》草案，向社会公众公开征求意见。2020年10月，新加坡通信和信息部与个人数据保护委员会结合各方意见，对《个人数据保护法（修订）》草案进行了修订：①

1. 扩大未经同意收集个人数据的范围。新加坡通信和信息部与个人数据保护委员会对收集、使用或披露个人数据前获得个人同意的要求引入了新的例外情况，提出机构可以在未经同意的情况下将个人数据用于下列目的：①改进运营效率和服务；②研发、改良产品或服务；③了解客户。新加坡通信和信息部与个人数据保护委员会还计划将此项例外情形适用于机构的子公司。

2. 引入数据可携义务。新加坡通信和信息部与个人数据保护委员会提议引入新的"数据可携义务"，充分赋予消费者对其个人数据的自主权。同时，新加坡通信和信息部与个人数据保护委员会引入数据可携义务的例外情形，并且为了保护机构的经营创新和投资，该义务不适用于机构在经营过程中从其他个人数据中获得的数据（即"衍生个人数据"）。"数据可携义务"的例外情形目前尚未在《个人数据保护法（修订）》草案中明确规定。根据所征求意见，新加坡通信和信息部与个人数据保护委员会计划在草案中继续列明数据不具备可携的类型和具体情形。

3. 增加严重不当处理个人数据罪行。新加坡通信和信息部与个人数据保护委员会提议对个人、机构或公共机构所保管的个人数据做出不当处理的行为

---

① 参见杨佳茵："新加坡发布《个人数据保护法（修订）》草案的修订意见"，载 https：//www. secrss.com/articles/26359，最后访问时间：2022年2月9日。

进行追责，包括：①明知或故意地擅自披露他人数据；②明知或故意使用他人数据谋利，或损害他人利益；③明知或故意地擅自重新从匿名数据中识别个体身份。同时，新加坡通信和信息部与个人数据保护委员会也为此罪行提供相关抗辩情形，如①个人数据已公开；或②其他法律允许的情况下；或③根据法院授权做出的；或④在合理的救济方式下；或⑤非明知或故意。

4. 该法提高了罚款的上限。新加坡通信和信息部与个人数据保护委员会提议将《个人数据保护法（修订）》草案项下"数据泄露"行为的最高罚款提高至：①机构在新加坡年营业额的 10%；或② 100 万新元，以较高者为准。调整罚款上限旨在对机构和个人起到震慑作用，并使个人数据保护委员会能够根据违法情况采取有效的执法措施。

同时，新加坡通信和信息部与个人数据保护委员会拟于《个人数据保护法（修订）》草案中增加对"重新识别匿名数据"的防范措施，以确保匿名数据的安全性和机密性。

四、日本《个人信息保护法》(APPI)

在日本，APPI[①]基本上以民间领域为对象，但 APPI 的基本理念在公共领域也必须遵守。此外，在公共领域还制定了以国家行政机关为对象的《行政机关个人信息保护法》，以独立行政法人为对象的《独立行政法人个人信息保护法》，以地方公共团体等为对象的 APPI。

（一）该法的结构

该法由总则、分则及罚则构成。总则规定基本理念，规定了国家及地方公共团体的职责、个人信息保护的措施等。分则以民间事业者为对象，规定了个人信息处理者的义务、个人信息保护委员会的设置、业务内容等。在个人信息保护相关法律的基础上，政府为确保经营者适当处理个人信息以及确保这些经营者构筑的措施能得到适当且有效的实施，制定了《关于个人信息保护的基本方针》。

（二）个人信息处理者的义务

个人信息处理者的义务包括：①在目的限定范围内处理信息；②适当地管理（确保个人数据内容的正确性及最新性等）；③向第三方提供个人信息的限制；④公开利用目的，公开对个人信息的保存具有责任的从业者的名称。

---

① Act on the Protection of Personal Information (Act No. 57 of 2003)，Act No. 119 of 2003，https://www.cas.go.jp/jp/seisaku/hourei/data/APPI.pdf.

（三）个人信息的利用

1. 获取／利用规则。在"获取／利用"个人信息时，必须注意利用目的特定且在该范围内使用及通知或公布使用目的。在获取"需注意个人信息"时也有必须遵守的事项。所谓"需注意个人信息"，是指由法律或政府命令确定，为避免造成不公正的歧视、偏见和其他不利情况而需要考虑处理的信息，例如，种族、信仰、社会地位、病史、犯罪史、犯罪被害事实和身体残疾等。

2. 保存规则。"保存"个人信息应当遵守的事项是：①安全管理以免泄露；②对从业者委托方进行彻底的安全管理。"安全管理"的方法取决于要处理的个人信息的性质和数量。例如，确定处理的基本规则，培训从业者，以纸质形式进行管理时将其保存于锁定的抽屉中，利用计算机等进行管理，给文件设置密码，导入安全对策软件，等等。

（四）"提供"个人信息应当遵守的事项

在向第三方提供时，应事先征得本人的同意。此外，信息提供给第三方时或收到第三方的提供时，也要记录一定事项。但是，也有不需要本人同意或记录的例外情况：①基于法律（如警方、法院、税务局等的查询）；②为保护人的生命、身体、财产所必要（例如向家庭、地方政府等提供有关灾害受害者的信息）；③为公共卫生、儿童健康发展所必要（如儿童拒绝去学校或虐待儿童有关的信息由相关组织分享）；④国家机关等法令规定的行政事务合作（如国家和地方政府的统计调查等的答复）；⑤委托、业务继承、共同使用等。

（五）罚则

经营者的法律遵守情况由个人信息保护委员会进行监督。若有必要，该委员会可以现场检查或要求报告，并按照实际情况进行指导、建议、劝告或命令。具体罚则为：违反国家的命令时，处以6个月以下或30万日元以下罚款；虚假报告时，处以30万日元以下的罚款；员工以非法获利为目的窃取个人信息数据库时，处以1年以下有期徒刑或50万日元以下的罚款（同时对公司科以罚款）。

（六）个人信息保护委员会的监督制度

作为确保个人信息保护的机关，个人信息保护委员会于2016年1月设立。该委员会是在考虑个人信息有用性的同时，确保妥善处理个人信息而设立的具有高度独立性的机关。具体来说，其基于APPI及《个人号码法》进行以下业务：监视、监督特定个人信息、处理投诉等相关事项、处理特定个人信息保护评价的相关事项、推进个人信息保护的相关基本方针的决策、加强国际合作和宣传等。

总之，加强数据立法逐渐成为各国关注的问题，但从整体情况来看，欧盟仍然是目前数据立法最全面、最严格的法域。欧盟直接通过 GDPR 进行个人数据的保护，而美国、新加坡、日本均有个人数据保护的单独立法。无论是欧盟，还是美国等其余国家，在国家机关及其工作人员发生个人信息侵权行为后，均需要受到法律相应的处罚。

第三节　《民法典》有关个人信息保护的规定

一、个人信息的定义

我国《民法典》第 1034 条是关于个人信息的定义。依该条规定：个人信息是以电子或者其他方式记录的能够单独或者与其他信息结合识别特定自然人的各种信息，包括自然人的姓名、出生日期、身份证件号码、生物识别信息、住址、电话号码、电子邮箱、健康信息、行踪信息等。个人信息中的私密信息，适用有关隐私权的规定；没有规定的，适用有关个人信息保护的规定。

从《民法典》该条有关个人信息的定义看，首先，该定义比《网络安全法》的定义宽，前者是"个人信息"，后者是"身份信息"，有些个人信息与身份无关。《民法典》特别强调"识别特定自然人的各种信息"，《网络安全法》则突出"识别自然人个人身份的各种信息"。《民法典》保护的内容和范围比《网络安全法》更宽泛。其次，《民法典》列举的内容比《网络安全法》多：增加了"电子邮箱、健康信息、行踪信息"。

二、《民法典》个人信息处理的原则和条件

《民法典》第 1035 条规定，处理个人信息的，应当遵循合法、正当、必要原则，不得过度处理，并符合下列条件：①征得该自然人或者其监护人同意，但是法律、行政法规另有规定的除外；②公开处理信息的规则；③明示处理信息的目的、方式和范围；④不违反法律、行政法规的规定和双方的约定。个人信息的处理包括个人信息的收集、存储、使用、加工、传输、提供、公开等。

该条由《网络安全法》第 41 条演化而来，基本继承了其主要精神，特别是个人信息处理活动中应遵循的合法、正当、必要原则。但在规制的对象上，《民法典》有所扩张：《网络安全法》针对的仅是网络运营者，而《民法典》的规定并未设置主语，有能力处理个人信息的主体已然非常广泛，均在规制之列。在数据的生命周期上，尾款"个人信息的处理包括个人信息的收集、存储、使

用、加工、传输、提供、公开等"，将数据生命周期的全过程均纳入了规制范围。依《民法典》第 17 条，18 周岁以上的自然人为成年人。不满 18 周岁的自然人为未成年人。其中对限制民事行为能力人和无民事行为能力人年龄以 8 周岁为界分点。而 2020 年由全国信息安全标准化技术委员会发布的《信息安全技术个人信息安全规范》关于收集未成年人信息需要获得监护人明示同意的年龄划分是以 14 周岁为界分点，其关于"十四岁以下儿童的个人信息属于敏感个人信息"的规定，与《中华人民共和国未成年人保护法》以及国家网信办《儿童个人信息网络保护规定》关于将 14 周岁作为加强未成年人个人信息保护临界年龄的规定保持一致，将未满 14 周岁未成年的个人数据视作敏感个人数据，适用敏感个人数据的有关规定。①

三、处理个人信息免责事由

《民法典》第 1036 条规定：处理个人信息，有下列情形之一的，行为人不承担民事责任：①在该自然人或者其监护人同意的范围内合理实施的行为；②合理处理该自然人自行公开的或者其他已经合法公开的信息，但是该自然人明确拒绝或者处理该信息侵害其重大利益的除外；③为维护公共利益或者该自然人合法权益，合理实施的其他行为。该条规定似乎与第 1035 条重复，但两者是有区别的。首先，两者的前提不同，该条是个人信息处理者违法行为的免责，而第 1035 条所列举的信息处理各条件则属于准入；其次，该条在 1035 条第 1 款需取得自然人同意的基础上增设了两项要求：一是要在同意的范围内收集；二是这种收集行为必须是合理的。

第四节　我国《个人信息保护法》

我国《个人信息保护法》于 2021 年 11 月 1 日起正式施行，该法为保护个人信息权益、规范个人信息处理活动、促进个人信息合理利用提供了明确的法律依据。该法规定处理生物识别、医疗健康、金融账户、行踪轨迹等敏感个人信息，应取得个人的单独同意；对违法处理个人信息的应用程序，责令暂停或者终止提供服务。对于商业营销中的自动化决策，该法明确：通过自动化决策方式向个人进行信息推送、商业营销，应提供不针对其个人特征的选项或提供

---

① 参见"新版〈个人信息安全规范〉正式发布 10 月 1 日起实施"，载 https://www.sppc.edu.cn/xxb/2020/1010/c2050a32830/page.htm，最后访问时间：2021 年 8 月 27 日。

便捷的拒绝方式。具体内容如下：

一、总则

（一）确定管辖范围，有条件"长臂管辖"

1. 适用范围。依《个人信息保护法》第 3 条，在中华人民共和国境内处理自然人个人信息的活动，适用该法。在中华人民共和国境外处理中华人民共和国境内自然人个人信息的活动，有下列情形之一的，也适用该法：①以向境内自然人提供产品或者服务为目的；②分析、评估境内自然人的行为；③法律、行政法规规定的其他情形。

该条明确了《个人信息保护法》的适用范围。与世界各国和地区对个人信息控制的主流实践相类似，《个人信息保护法》采取了地域范围＋公民或公民和居民相结合的适用范围，赋予了必要的域外适用效力，能够更好地维护我国境内自然人的个人信息权益。

2. 境外处理者在中国境内设立机构或代表的要求。依《个人信息保护法》第 53 条，该法第 3 条第 2 款规定的中华人民共和国境外的个人信息处理者，应当在中华人民共和国境内设立专门机构或者指定代表，负责处理个人信息保护相关事务，并将有关机构的名称或者代表的姓名、联系方式等报送履行个人信息保护职责的部门。

该条明确要求在我国境外处理境内自然人个人信息的境外个人信息处理者应设立专门机构或指定代表负责个人信息保护相关事务并报送相关监管部门。此举有助于有效实现第 3 条第 2 款的立法目的，切实达到对境外主体实施监管的效果。

（二）对"个人信息"进行了界定

《个人信息保护法》第 4 条第 1 款对何为"个人信息"进行了定义，规定个人信息是以电子或者其他方式记录的与已识别或者可识别的自然人有关的各种信息，不包括匿名化处理后的信息。现就该条进行如下解读：

1. 定义的方式。从《个人信息保护法》第 4 条关于"个人信息"定义的方式看，其采取的是概括性定义方式，而《网络安全法》采用的则是"概括性定义＋具体列举"并重的方式。在法律上首次正式明确规定"个人信息"概念的是《网络安全法》。该法第 76 条第 5 项规定："个人信息，是指以电子或者其他方式记录的能够单独或者与其他信息结合识别自然人个人身份的各种信息，包括但不限于自然人的姓名、出生日期、身份证件号码、个人生物识别信息、住址、电话号码等。"与《网络安全法》所采取的"概括＋列举"的定义方式不同,《个人信息保护法》与《民法典》均采用了比较概括性的定义方式。

2. 个人信息的识别性。在识别性上,《个人信息保护法》采用了"已识别或者可识别的自然人有关的各种信息"的描述,"识别性"即单独或者与其他信息结合识别特定自然人的特征。2017 年 5 月发布的《最高人民法院、最高人民检察院关于办理侵犯公民个人信息刑事案件适用法律若干问题的解释》将个人信息定位为两类:①识别特定自然人身份的信息;②反映特定自然人活动情况的信息,例如位置等。《民法典》和《个人信息保护法》规定只要是识别特定自然人的信息,就是个人信息,而无论是识别"身份"的信息,还是反映特定"活动"的信息。

3. 个人信息的排除。依《个人信息保护法》第 4 条规定,个人信息是以电子或者其他方式记录的与已识别或者可识别的自然人有关的各种信息,不包括匿名化处理后的信息。可见,该条排除了"匿名化处理后的信息"。匿名化(anonymization)是数据挖掘中隐私保护的一种技术手段。

4. 个人信息的匿名化和去标识化。国家市场监督管理总局和国家标准化管理委员会于 2020 年 3 月 6 日发布了《信息安全技术 个人信息安全规范》,[①]在规范个人信息处理活动过程中提到了两个技术术语,即"匿名化"和"去标识化"。

(1)匿名化与去标识化的区别。《个人信息保护法》中对匿名化以及去标识化均进行了定义。其中,去标识化指个人信息经过处理,使其在不借助额外信息的情况下无法识别特定自然人的过程;而匿名化则指个人信息经过处理无法识别特定自然人且不能复原的过程。显然,在《个人信息保护法》的定义下,匿名化与去标识化的最大区别便在于,去标识化后的信息在借助其他信息后能够产生识别特定自然人的效果;而匿名化后的信息则不能具备此效果,处理后的信息不能识别特定自然人,也不能复原。

(2)《信息安全技术 个人信息安全规范》有关匿名化的要求。依《信息安全技术 个人信息安全规范》第 3.14 条,匿名化指通过对个人信息的技术处理,使得个人信息主体无法被识别或者关联,且处理后的信息不能被复原的过程。《信息安全技术 个人信息安全规范》于该条之后特别批注,个人信息经匿名化处理后所得的信息不属于个人信息。因此匿名化处理后的信息不适用《信息安

---

① 《信息安全技术 个人信息安全规范(GB/T 35273-2020)》,载国家标准全文公开系统网,https://openstd.samr.gov.cn/bzgk/gb/newGbInfo?hcno=4568F276E0F8346EB0FBA097AA0CE05E,最后访问时间:2022 年 9 月 21 日。

全技术 个人信息安全规范》的相关原则和安全要求，例如知情同意原则、目的限制原则、最小化原则等对匿名化处理后的数据不具有约束力。并且由于匿名化处理后的信息与特定个人信息主体无关联，个人信息控制者也无需为个人信息主体的权利（如访问、更正、删除、撤回授权同意、注销账户等）的实现进行义务支撑。

（3）去标识化。《个人信息保护法》第 73 条第 3 项规定，去标识化是指"个人信息经过处理，使其在不借助额外信息的情况下无法识别特定自然人的过程"。该定义未明确"去"的是什么。国家标准《信息安全技术 个人信息安全规范》第 3.15 条特别批注，去标识化建立在个体基础之上，保留了个体颗粒度，采用假名、加密、哈希函数等技术手段替代对个人信息的标识。根据上述规定，去标识化"去"的是"标识"，即去除标识符与个人信息主体之间的关联性。标识符可以实现对个人信息主体的唯一识别。《信息安全技术 个人信息安全规范》将标识符分为直接标识符和准标识符，如下：

表 6-2 直接标识符和准标识符

直接标识符	姓名、身份证号码、护照号、驾照号、地址、电子邮件地址、电话号码、传真号码、银行卡号码、车牌号码、车辆识别号码、社会保险号码、健康卡号码、病例号码、设备标识符、生物识别码、互联网协议 (IP) 地址号和网络通用资源定位符 (UPL) 等
准标识符	性别、出生日期或年龄、事件日期 (例如入码、建筑名称、地区)、族裔血统、出生国、业、婚姻状况、受教育水平、上学年限、犯罪历史、总收入和宗家信仰等

（4）匿名化和去标识化的技术差异与应用场景。匿名化技术目前是重要的数据安全保障措施，已发展出许多成熟的技术解决方案，如泛化、压缩、分解、置换以及干扰等，根据《信息安全技术 个人信息安全规范》规定，通过匿名化技术处理后的信息必须不可能被复原为个人信息，无法识别或关联到特定个人。值得注意的是，如果过去或当前公布的匿名化处理后的数据如采用新的技术、新的模型，可以重新识别到个人（重标识 re-identification），则该类数据属于个人信息，其信息处理活动应遵循《信息安全技术 个人信息安全规范》的原则和相关安全要求。匿名化的应用场景包括超出个人信息存储期限后，个人信息控制者应对个人信息进行删除或匿名化处理；个人信息主体注销账户的过程中，个人信息控制者需收集个人敏感信息以核验身份时，应明确对所收集个人敏感信息的处理措施，如达成目的后立即删除或进行匿名化处理等；个人信息主体

注销账户后，个人信息控制者应及时删除其个人信息或进行匿名化处理；个人信息控制者停止运营其产品或服务时，应对其所持有的个人信息进行删除或匿名化处理等。

去标识化技术采用假名、加密、哈希函数等技术手段替代对个人信息的标识，《信息安全技术 个人信息安全规范》第3.15条特别批注，去标识化建立在个体基础之上，保留了个体颗粒度，其特点是保留了个体颗粒度，借助技术可能复原。即虽然去标识化技术可以让个人信息无法轻易被识别，但如果非授权第三方有其他外部信息的辅助，仍然可能对去标识化技术处理后的个人信息进行重标识。去标识化的应用场景包括个人信息控制者为学术研究机构，出于公共利益开展统计或学术研究所必要，其对外提供学术研究或描述的结果时，须对结果中所包含的个人信息进行去标识化处理；个人信息控制者将所收集的个人信息用于学术研究或得出对自然、科学等现象总体状态的描述，须对结果中所包含的个人信息进行去标识化处理；涉及通过界面展示个人信息的，须对展示的个人信息采取去标识化处理等措施；等等。

（三）处理个人信息的原则

《个人信息保护法》从法律层面较为全面地规定了处理个人信息的基本原则，主要涉及下列内容：①遵循合法、正当、必要和诚信原则。依第5条的规定，处理个人信息应当遵循合法、正当、必要和诚信原则，不得通过误导、欺诈、胁迫等方式处理个人信息。②最小范围收集原则。依第6条，处理个人信息应当具有明确、合理的目的，并应当与处理目的直接相关，采取对个人权益影响最小的方式。收集个人信息，应当限于实现处理目的的最小范围，不得过度收集个人信息。③公开、透明原则。依第7条，处理个人信息应当遵循公开、透明原则，公开个人信息处理规则，明示处理的目的、方式和范围。④保证个人信息的质量。依第8条，处理个人信息应当保证个人信息的质量，避免因个人信息不准确、不完整对个人权益造成不利影响。⑤信息安全。依第9条，个人信息处理者应当对其个人信息处理活动负责，并采取必要措施保障所处理的个人信息的安全。⑥禁止非法取得及提供。任何组织、个人不得非法收集、使用、加工、传输他人个人信息，不得非法买卖、提供或者公开他人个人信息；不得从事危害国家安全、公共利益的个人信息处理活动。相关条文为个人信息处理范围的最小化控制提供了上位法指引。

二、个人信息处理的前提条件及要求

个人信息处理者仅可在取得个人同意或法定例外情形下可处理个人信息。

个人信息处理者在处理个人信息前应履行充分告知义务，包括以显著方式、清晰易懂的语言真实、准确、完整地向个人告知处理者的名称或姓名及联系方式、处理目的、处理方式、处理的个人信息种类、保存期限、个人行使法定权利的方式和程序及其他依法应告知事项；另一方面，该法对个人同意的方式、撤回同意或拒绝权利进行了明确规定，形成了以"告知—同意—撤回同意 / 拒绝"为逻辑主线的处理规则。具体内容如下：

（一）告知的要求

个人信息处理者在处理个人信息前应履行充分告知义务。依《个人信息保护法》第 17 条，个人信息处理者在处理个人信息前，应当以显著方式、清晰易懂的语言真实、准确、完整地向个人告知下列事项：①个人信息处理者的名称或者姓名和联系方式；②个人信息的处理目的、处理方式，处理的个人信息种类、保存期限；③个人行使《个人信息保护法》规定权利的方式和程序；④法律、行政法规规定应当告知的其他事项。前款规定事项发生变更的，应当将变更部分告知个人。个人信息处理者通过制定个人信息处理规则的方式告知第 1 款规定事项的，处理规则应当公开，并且便于查阅和保存。

该条明确了处理个人信息前的告知要求。

1. 第 1 款规定的告知要求。该款包含以下几个要点：①告知时间，处理个人信息前；②告知语言要求，以显著方式、清晰易懂的语言告知，即不得使用有歧义、容易引起误解或者大量使用晦涩难懂的专业术语进行告知；③告知内容要求，具体包括：第一项，"身份和联系方式"。对于联系方式，可以是客服电话、个人信息保护专用客服电话、个人信息保护部门联系电话 / 邮箱等；第二项，"处理目的、处理方式、处理的个人信息种类、保存期限"。例如，处理目的的是服务、还是公共卫生，是直接收集还是间接收集，是生物信息还是一般其他个人信息，需要保存多长时间等。关于保存的时间，依第 19 条，除法律、行政法规另有规定外，个人信息的保存期限应当为实现处理目的所必要的最短时间。该条明确了个人信息保存期限最小化的要求和例外情形。一般来说，应当在实现处理目的所必要的最短时间内保存个人信息。但如果法律、行政法规另有规定，比如《中华人民共和国反洗钱法》第 19 条第 3 款规定"客户身份资料在业务关系结束后、客户交易信息在交易结束后，应当至少保存五年"，据此，金融机构需要将该等信息至少保存 5 年。第 17 条第 1 款第 3 项，"个人行使本法规定权利的方式和程序"。对于方式，包括自主通过 APP 等业务渠道行使权利、联系客服提出行使权利的主张等；对于程序，以自助通过 APP 行使权利为例，需要告知个人在 APP 上的具体操作路径和响应时间等；第 4 项，

"法律、行政法规规定应当告知的其他事项"，该项为兜底规定。

2．变更告知要求。第 2 款规定了变更情况下的告知要求，这里没有对告知作出详细的限制，从理解的角度，可以通过网站公告、APP 内通知、APP 弹窗、短信等方式对变更的部分进行告知。

3．规则告知的特殊要求。第 3 款规定了通过制定个人信息处理规则的方式告知的特殊要求，要求规则应该公开、便于查阅和保存，也就是需要方便个人查询到规则全文和保存规则全文。隐私政策或用户协议应当可以下载并保存。

4．不需要告知的情况。第 18 条规定了不需要告知的例外情形，依该条规定：个人信息处理者处理个人信息，有法律、行政法规规定应当保密或者不需要告知的情形的，可以不向个人告知前条第 1 款规定的事项。紧急情况下为保护自然人的生命健康和财产安全无法及时向个人告知的，个人信息处理者应当在紧急情况消除后及时告知。

该条明确了处理个人信息前需要告知的例外情形。首先，不需要向个人告知的例外的适用限制在"有法律、行政法规规定应当保密或者不需要告知"的范围内。如《中华人民共和国反恐怖主义法》第 51 条规定，"公安机关调查恐怖活动嫌疑，有权向有关单位和个人收集、调取相关信息和材料。有关单位和个人应当如实提供"。根据该条，如公安机关向某恐怖活动嫌疑人的工作单位或者亲属收集调取嫌疑人的个人信息，是无需向嫌疑人进行告知的。其次，从不需要提前向个人告知的例外情形看，与《个人信息保护法》第 13 条第 1 款第 4 项规定相关，该种紧急情况下无法及时向个人告知的，紧急情况消除后需要进行告知，而非不需要告知。

（二）同意

同意是处理个人信息的合法性基础内容，《个人信息保护法》涉及的同意包括一般同意、单独同意、书面同意、撤销同意等内容。

1．处理个人信息的一般同意。一般同意需要依据《个人信息保护法》第 7 条向个人明示个人信息处理规则，在确保个人充分知情的基础上，由个人自主作出明确的意思表示。从实践角度，对于需要用户同意才能处理用户个人信息的情形，需要通过《个人信息保护政策》等个人信息授权文本，向用户充分说明处理个人信息的规则，并由用户手动点击确认、手动勾选同意等自主同意的方式获得用户的同意。

依《个人信息保护法》第 13 条，符合下列情形之一的，个人信息处理者方可处理个人信息：取得个人的同意……从处理个人信息合法性基础的演变看，《网络安全法》第 41 条第 1 款明确了收集使用个人信息的合法性基础为"被收集者同意"。《民法典》第 1035 条第 1 款第 1 项沿用了"同意"的合法性基础，但也留下了"法律、行政法规另有规定的除外"的例外规定。

2. 单独同意或书面同意。"同意"授权原则之前一直是数据处理的核心原则，《个人信息保护法》对于单独同意和书面同意作出了新规定，为企业的合规作出了新的指示。依第 14 条第 1 款，基于个人同意处理个人信息的，该同意应当由个人在充分知情的前提下自愿、明确作出。法律、行政法规规定处理个人信息应当取得个人单独同意或者书面同意的，从其规定。

从处理个人信息的特殊同意看，其来源于法律或行政法规的规定，具体要求为"单独同意或者书面同意"。什么情形需要"单独同意或者书面同意"呢？《个人信息保护法》在其第 23 条、第 29 条、第 39 条规定了需要单独同意的 3 种情形，分别是向第三方提供其处理的个人信息、基于个人同意处理敏感个人信息的以及向中国境外提供个人信息。依第 23 条，个人信息处理者向其他个人信息处理者提供其处理的个人信息的，应当向个人告知接收方的名称或者姓名、联系方式、处理目的、处理方式和个人信息的种类，并取得个人的单独同意……依第 29 条，处理敏感个人信息应当取得个人的单独同意；法律、行政法规规定处理敏感个人信息应当取得书面同意的，从其规定。依第 39 条，个人信息处理者向中华人民共和国境外提供个人信息的，应当向个人告知境外接收方的名称或者姓名、联系方式、处理目的、处理方式、个人信息的种类以及个人向境外接收方行使本法规定权利的方式和程序等事项，并取得个人的单独同意。

3. 重新取得同意。从重新取得同意的情形看，依第 23 条规定：……接收方应当在上述处理目的、处理方式和个人信息的种类等范围内处理个人信息。接收方变更原先的处理目的、处理方式的，应当依照本法规定重新取得个人同意。鉴于原始同意时区分一般同意的情况和特殊同意的情况，重新取得同意时，需要与原始同意相对应，需要获得特殊同意的仍需获得特殊同意。

4. 监护人同意。依第 31 条，个人信息处理者处理不满 14 周岁未成年人个人信息的，应当取得未成年人的父母或者其他监护人的同意。个人信息处理者处理不满 14 周岁未成年人个人信息的，应当制定专门的个人信息处理规则。

本条规定了处理不满 14 周岁未成年人个人信息的特殊同意要求。该条参照了《儿童个人信息网络保护规定》第 9 条规定"网络运营者收集、使用、转移、披露儿童个人信息的，应当以显著、清晰的方式告知儿童监护人，并应当征得儿童监护人的同意"。为了进一步加强对未成年人的保护，还应当制定专门的规则。

5. 同意的撤销。依第 15 条，基于个人同意处理个人信息的，个人有权撤回其同意。个人信息处理者应当提供便捷的撤回同意的方式。个人撤回同意，不影响撤回前基于个人同意已进行的个人信息处理活动的效力。

该条明确了个人有权撤回同意的情形。相较于《网络安全法》和《民法典》,《个人信息保护法》首次专门从法律层面规定了个人有权撤回同意的要求。当然，该条也划定了适用的范围限制，即"基于个人同意"情形下，也就意味着，如果不是基于个人同意而是依据《个人信息保护法》第 13 条第 1 款的其他情形处理个人信息，个人是无法撤回同意的。从实践角度，如果通过《个人信息保护政策》等授权文本获得个人同意而处理个人信息，应该在 APP 等业务开展渠道或者个人可以通过联系客服的方式撤回对授权文本的同意。

6. 不应当有捆绑的同意。依第 16 条，个人信息处理者不得以个人不同意处理其个人信息或者撤回同意为由，拒绝提供产品或者服务；处理个人信息属于提供产品或者服务所必需的除外。

该条明确了不得拒绝提供产品或者服务的情形。如果个人不同意处理其个人信息或者撤回其对个人信息处理的同意，而相对应的个人信息是属于提供产品或服务所必需的，个人信息处理者可以拒绝提供产品或服务。但如果不是提供产品或服务所必需的，个人信息处理者不得拒绝提供产品或服务。举例来说，在金融借贷场景下，收集使用用户的通讯录信息一般来说不属于提供金融借贷服务所必需的信息，用户不同意提供通讯录信息或者之前同意提供通讯录信息现在想要撤回处理通讯录信息的同意，金融机构不得以此拒绝提供金融借贷服务。

（三）处理个人信息的合法性基础

依《个人信息保护法》第 13 条，符合下列情形之一的，个人信息处理者方可处理个人信息：①取得个人的同意；②为订立、履行个人作为一方当事人的合同所必需，或者按照依法制定的劳动规章制度和依法签订的集体合同实施人力资源管理所必需；③为履行法定职责或者法定义务所必需；④为应对突发公共卫生事件，或者紧急情况下为保护自然人的生命健康和财产安全所必需；⑤为公共利益实施新闻报道、舆论监督等行为，在合理的范围内处理个人信息；⑥依照本法规定在合理的范围内处理个人自行公开或者其他已经合法公开的个人信息；⑦法律、行政法规规定的其他情形。

该条在《网络安全法》的基础上，扩充了处理个人信息的合法性基础。从处理个人信息合法性基础的演变看，《网络安全法》第 41 条第 1 款明确了收集使用个人信息的合法性基础为"被收集者同意"，使得该法生效以来，同意成为唯一的合法性基础。《民法典》第1035条第1款第1项沿用了"同意"的合法性基础，但也留下了"法律、行政法规另有规定的除外"的例外规定。该条的规定包括下列情形：

1. 同意。同意不能是强迫的同意，捆绑的同意，还有重新同意和同意的撤销。

2. 为订立、履行个人作为一方当事人的合同所必需，或者按照依法制定的劳动规章制度和依法签订的集体合同实施人力资源管理所必需。例如，员工与公司建立劳动关系时需要签订劳动合同，为了识别员工身份，公司要求员工提供姓名、身份证号，这就属于订立和履行劳动合同所必需收集个人信息的情形。需要指出的是，如果想要单独适用该条处理个人信息，需要有合同关系支撑而且要有充分的依据来论证"必需"。如果缺少依据或者依据不充分，建议审慎将该种情形作为处理个人信息的合法性基础，更多是考虑作为若接受调查、遭受个人起诉侵犯个人信息权益时的抗辩选项（如适用）。

3. 为履行法定职责或者法定义务所必需。第3款规定的情形为"为履行法定职责或者法定义务所必需"，意味着要想单独适用该情形处理个人信息，背后需要有明确的法律依据进行支撑。例如，《中华人民共和国反洗钱法》第三章专章规定了金融机构的反洗钱义务，并在第16条第2款规定了"金融机构在与客户建立业务关系或者为客户提供规定金额以上的现金汇款、现钞兑换、票据兑付等一次性金融服务时，应当要求客户出示真实有效的身份证件或者其他身份证明文件，进行核对并登记"。基于此，在该等场景下，金融机构要求用户提供身份证件信息就是属于履行法定职责或者法定义务所必需。

4. 为应对突发公共卫生事件，或者紧急情况下为保护自然人的生命健康和财产安全所必需。例如，在应对新冠肺炎疫情中，大数据应用为联防联控提供了有力支持，特别是在进行流行病学调查和查找密切接触者时需要收集、使用和分析大量的个人信息。需要指出的是，如果适用"紧急情况下为保护自然人的生命健康和财产安全所必需"的情形处理个人信息，虽然个人信息处理者可以不经个人同意处理个人信息，但《个人信息保护法》第18条第2款规定了向个人告知的要求。

5. 为公共利益实施新闻报道、舆论监督等行为，在合理的范围内处理个人信息。第5项规定的情形为"为公共利益实施新闻报道、舆论监督等行为在合理的范围内处理个人信息"。该款规定的限制还是比较多的，目的是"为公共利益"，行为是"实施新闻报道、舆论监督等"，限度是"合理范围内"。如为了报道某官员的腐败事迹，收集并通过新闻向社会公众传递其腐败事迹相关的个人信息，一般可适用本情形。什么情况下会超出"合理范围"呢？在报道官员腐败事迹时，收集并对外披露了官员的详细家庭住址，这就难说明在合理范围内了。另外，实践中常见的对某新闻报道中涉及的人员进行的"人肉搜索"行为，一般来说超出了必要的限度，难以适用该款规定。

6. 依照《个人信息保护法》规定在合理的范围内处理个人自行公开或者其他已经合法公开的个人信息。关于已公开的信息，第 27 条还规定，个人信息处理者可以在合理的范围内处理个人自行公开或者其他已经合法公开的个人信息；个人明确拒绝的除外。个人信息处理者处理已公开的个人信息，对个人权益有重大影响的，应当依照该法规定取得个人同意。

该条明确了处理已公开的个人信息的要求。在《民法典》第 1036 条第 1 款第 2 项的基础上，《个人信息保护法》对于处理已公开的个人信息提出了更严格的要求。举例来说，小明想要出售房子，自行在网络上发布了房子的信息和自己的联系方式。某汽车销售商看到了小明的联系方式，与小明进行联系，但是是为了销售汽车而不是为了购买房子。在该例子中，汽车销售商的个人信息处理行为就很难被论证为是在小明公开信息用途相关的合理范围内进行的处理。

已公开个人信息使用，依《个人信息保护法》第 27 条有 3 个层次，概括如下：其一，符合公开时用途的，直接使用；其二，公开用途不明确的，合理谨慎使用；其三，超出公开用途合理范围，或利用公开信息从事对个人权益有重大影响，向个人告知并取得同意。

7. 其他。第 7 项进行了兜底规定，为"法律、行政法规规定的其他情形"留下了口子，保留了一定的弹性。当然，如果要适用本款的兜底规定，必须要有明确的法律或行政法规的规定作为依据。

三、自动化决策对数据处理的基本规则

近年，"大数据杀熟"报道屡见不鲜。[1]"大数据杀熟"是商家通过大数据建立用户画像，为同样的产品制定差异化的价格从而使商家利益最大化的行为。"大数据杀熟"指控往往很容易被搪塞，因为消费者和企业之间的信息不对称，加上法律并没有要求企业公开相关算法。这种"数据霸权"和"算法统治"亟需法律的规制。

---

① 参见"央视痛批大数据杀熟！言辞犀利：就是宰客、恃强凌弱、商业欺诈"，载 https：//news.mydrivers.com/1/777/777416.htm，最后访问时间：2021 年 8 月 7 日。

（一）"大数据杀熟"亟需法律的规制

依《个人信息保护法》第 24 条，个人信息处理者利用个人信息进行自动化决策，应当保证决策的透明度和结果公平、公正，不得对个人在交易价格等交易条件上实行不合理的差别待遇。通过自动化决策方式向个人进行信息推送、商业营销，应当同时提供不针对其个人特征的选项，或者向个人提供便捷的拒绝方式。通过自动化决策方式作出对个人权益有重大影响的决定，个人有权要求个人信息处理者予以说明，并有权拒绝个人信息处理者仅通过自动化决策的方式作出决定。

（二）自动化决策的透明度要求

自动化决策依赖机器学习，由于没人知道内部发生了什么，因此，机器学习模型常被称为是一种"黑箱"。这种情况在依赖神经网络的方法中尤为明显。尽管人们尝试从技术角度打开人工神经网络所构筑的"黑箱"，但各种努力仍然不尽如人意。《个人信息保护法》第 24 条规定了自动化决策活动应当具有透明度，但并未明确透明度应当达到的具体程度。出于知识产权和商业秘密的考量，很难要求决策者公开全部算法，而且算法解释权是一种非常被动的事后响应措施。此外，算法控制者可能会通过修改算法底层协议或采用不同编程语言来规避对算法的解释。为了实现透明度，有学者建议推行以国家机关为主体的算法评估或审计制度，并以强制信息披露的方式予以公开评计结果，提供自动化决策服务的算法主体，应尽到《民法典》第 496 条要求的特别说明的义务，[①]以实现透明度并使个人的知情权得到切实保护。

（三）自动化决策的公平原则

依《个人信息保护法》第 24 条第 1 款，个人信息处理者利用个人信息进行自动化决策，应当保证决策的透明度和结果公平、公正，不得对个人在交易价格等交易条件上实行不合理的差别待遇。利用个人信息进行自动化决策，应当保证决策结果的公平合理，不能进行大数据杀熟。在 2021 年 7 月"携程大数据杀熟"案中，[②]原告胡女士诉上海携程商务有限公司，胡女士通过携程 APP 订购了舟山希尔顿酒店的一间豪华湖景大床房，支付价款 2889 元。离开酒店时，胡女士发现，酒店的实际挂牌价仅为 1377.63 元。胡女士不仅没享受到星

---

① 参见鲁春雅："自动化决策算法的法律规制"，载 www.mzyfz.com/html/1658/2020-12-02/content-1450779.html，最后访问时间：2021 年 8 月 3 日。

② 参见"胡女士诉上海携程商务有限公司侵权纠纷案"，绍兴市柯桥区法院（2020）浙 0603 民初 9440 号。

级客户的优惠，反而多支付了一倍的房价。后胡女士将携程诉诸法院。浙江省绍兴市柯桥区人民法院审理后宣判，判决被告上海携程商务有限公司赔偿原告胡女士投诉后携程未完全赔付的差价243.37元及订房差价1511.37元的3倍支付赔偿金，共计4777.48元，且被告应在其运营的携程旅行APP中为原告增加不同意其现有"服务协议"和"隐私政策"仍可继续使用的选项，或者为原告修订携程旅行APP的"服务协议"和"隐私政策"，去除对用户非必要信息采集和使用的相关内容，修订版本需经法院审定同意。

（四）该法赋予了个人选择权

依《个人信息保护法》第24条第2、3款，"通过自动化决策方式向个人进行信息推送、商业营销，应当同时提供不针对其个人特征的选项，或者向个人提供便捷的拒绝方式""通过自动化决策方式作出对个人权益有重大影响的决定，个人有权要求个人信息处理者予以说明，并有权拒绝个人信息处理者仅通过自动化决策的方式作出决定"。该条规定在个人的选择权上迈出了重要一步，是否适用"自动化决策"用户有选择权，并应当有行使拒绝方式的途径，如在APP中应当有拒绝的选项。信息推送和商业营销还应同时提供不针对其个人特征的选项。例如，在金融借贷场景下，如果依据数据模型自动决定个人贷款额度的，个人可以要求个人信息处理者作出说明并有权拒绝仅以数据模型自动决策的方式作出决定，相对应地，在个人依据该条提出权利主张的情况下，个人信息处理者可能需要对个人的贷款额度进行人工复核。"携程大数据杀熟"案中，下载携程APP后，用户必须点击同意携程"服务协议""隐私政策"方能使用，如不同意，将直接退出携程APP，是以拒绝提供服务方式形成对用户的强制。这使得用户无法行使选择权。该条还规定，自动化决策对其权益造成重大影响的，用户有权要求个人信息处理者予以说明，并有权拒绝个人信息处理者仅通过自动化决策的方式作出决定。"重大影响"，例如，用自动化决策决定人寿保险，用户有权要求说明理由，并有权拒绝使用自动化决策方式。

四、个人在个人信息处理活动中的权利

《个人信息保护法》确立了个人对个人信息的多方面权利，包括知情权、决定权、查询权、更正权、删除权等，并要求个人信息处理者建立个人行使权利的申请受理和处理机制。

（一）知情权、决定权和拒绝权

依《个人信息保护法》第44条，个人对其个人信息的处理享有知情权、

决定权，有权限制或者拒绝他人对其个人信息进行处理；法律、行政法规另有规定的除外。该条涉及个人信息处理的知情权、决定权和拒绝权。2021 年 "特斯拉刹车失灵" 即涉及数据的知情权问题。河南安阳的特斯拉车主张女士在 2021 年 2 月遭遇驾驶事故后，要求特斯拉方提供事故发生前 30 分钟内全部行车数据，但遭到拒绝。后在监管与媒体舆论压力下，特斯拉方才对外公布了部分数据。① 而依《个人信息保护法》用户有知情权，企业如像特斯拉一样紧握着数据不给用户，将会面临法律制裁。像张女士一样的维权者，则有权依该法直接要求企业按合理诉求处理个人信息。在特斯拉案中，用户驾驶产生的时速、制动情况、实时位置等行车数据属于与已识别的自然人有关的信息，是个人信息，而记录、保存、分析行车数据的车企显然属于个人信息处理者。在以往个人信息处理活动中权利不明确的情况下，个人无法对企业拒绝交出数据的情况有效维护自身权益。《个人信息保护法》规定了用户知情权和 "最终决定权"，而企业则多了 "配合义务"。②

第 44 条还涉及拒绝权，数据主体可以限制或拒绝他人对其个人信息进行处理。近年数据处理主体常常未经同意收集个人信息，进行自动化决策，使数据主体失去了对自己数据的掌控权。平台型企业逐渐变成庞然大物的过程中，数据泄漏越来越成为困扰普通人的问题。例如在视频流媒体中，用户的每一次点选，都会变成平台进一步分析用户喜好的工具；在交友平台上，用户的每一次点选与划掉，都在帮助平台记录使用者的喜好；在购物与阅读平台上，用户都会留下喜好的痕迹等。第 44 条规定的拒绝权旨在让数据主体找回对自己数据的掌控权。不止第 44 条，第 15 条有关撤回处理个人信息同意，第 24 条有关拒绝自动化决策的规定都体现了数据主体的拒绝权。

（二）查阅权、复制权、可携带权

依《个人信息保护法》第 45 条，个人有权向个人信息处理者查阅、复制其个人信息；有该法第 18 条第 1 款、第 35 条规定情形的除外。个人请求查阅、复制其个人信息的，个人信息处理者应当及时提供。个人请求将个人信息转移至其指定的个人信息处理者，符合国家网信部门规定条件的，个人信

---

① 参见 "官方责令特斯拉立即提供行车数据，如何保障知情权？"，载 https://zhidao.baidu.com/question/527552142447868605.html，最后访问时间：2021 年 8 月 7 日。

② 参见 "个人信息保护法出炉！赋予个人'最终决定权'，破除企业'数据霸权'"，载 https://baijiahao.baidu.com/s?id=1708880321129290359&wfr=spider&for=pc，最后访问时间：2021 年 8 月 7 日。

息处理者应当提供转移的途径。

数据查阅权指数据主体有向个人信息处理者请求查阅其个人数据的权利。第 18 条涉及的是法律、行政法规规定应当保密或者不需要告知的情形。第 35 条涉及告知将妨碍国家机关履行法定职责的情形。复制权涉及数据主体要求个人信息处理者提供个人数据的副本，则信息处理者应当提供。

第 45 条最后一句涉及数据"可携带权"，个人请求将个人信息转移至其指定的个人信息处理者，符合国家网信部门规定条件的，个人信息处理者应当提供转移的途径。数据可携带权可以推动用户在他们感兴趣的各种服务中进行个人数据的传输和重复使用。数据可携带权意味着数据主体有权获取经数据处理者处理过的其个人数据，并且有权存储这些数据以供进一步的个人使用。

（三）修正权、删除权

依《个人信息保护法》第 46 条，个人发现其个人信息不准确或者不完整的，有权请求个人信息处理者更正、补充。个人请求更正、补充其个人信息的，个人信息处理者应当对其个人信息予以核实，并及时更正、补充。数据主体有权要求数据处理者及时地纠正与其相关的不准确或不完整的个人信息。考虑到处理的目的，数据主体应当有权使不完整的个人数据完整，包括通过提供补充声明的方式进行完善。

依《个人信息保护法》第 47 条，有下列情形之一的，个人信息处理者应当主动删除个人信息；个人信息处理者未删除的，个人有权请求删除：①处理目的已实现、无法实现或者为实现处理目的不再必要；②个人信息处理者停止提供产品或者服务，或者保存期限已届满；③个人撤回同意；④个人信息处理者违反法律、行政法规或者违反约定处理个人信息；⑤法律、行政法规规定的其他情形。法律、行政法规规定的保存期限未届满，或者删除个人信息从技术上难以实现的，个人信息处理者应当停止除存储和采取必要的安全保护措施之外的处理。依该条规定，个人有权要求个人信息处理者及时删除其个人相关数据的权利。当个人认为个人信息处理者违法或违约收集、使用其个人信息的情况下，有权要求个人信息处理者删除其个人数据。

五、敏感个人信息的保护

《个人信息保护法》加强了对敏感个人信息的保护，明确了敏感个人信息的定义。该法对敏感个人信息的处理规定更加严格，包括明确"特定目的和充分必要性"的处理前提条件、告知处理敏感个人信息的必要性及对个人的影响、要求取得个人的单独同意等。

（一）敏感个人信息的定义

依《个人信息保护法》第 28 条，敏感个人信息是一旦泄露或者非法使用，容易导致自然人的人格尊严受到侵害或者人身、财产安全受到危害的个人信息，包括生物识别、宗教信仰、特定身份、医疗健康、金融账户、行踪轨迹等信息，以及不满 14 周岁未成年人的个人信息。只有在具有特定的目的和充分的必要性，并采取严格保护措施的情形下，个人信息处理者方可处理敏感个人信息。

（二）需要单独同意

依《个人信息保护法》第 29 条，处理敏感个人信息应当取得个人的单独同意；法律、行政法规规定处理敏感个人信息应当取得书面同意的，从其规定。第 31 条规定了处理不满 14 周岁未成年人个人信息的，应当取得未成年人的父母或者其他监护人的同意。处理不满 14 周岁未成年人个人信息的，应当制定专门的个人信息处理规则。第 32 条规定法律、行政法规对处理敏感个人信息规定应当取得相关行政许可或者作出其他限制的，从其规定。

（三）处理敏感个人信息的特殊告知要求

依《个人信息保护法》第 30 条，个人信息处理者处理敏感个人信息的，除该法第 17 条第 1 款规定的事项外，还应当向个人告知处理敏感个人信息的必要性以及对个人权益的影响；依照该法规定可以不向个人告知的除外。该条明确了处理敏感个人信息的特殊告知要求。处理敏感个人信息，除了需要根据第 17 条向用户告知相应的事项外，还需要告知必要性以及对个人的影响，告知的要求更加严格。对于"对个人的影响"，举例来说，投保人身保险时，保险公司收集了投保人的病例等医疗健康信息，对个人的影响在于如果存在特殊疾病史等情况，可能影响是否承保以及保费的测算。

（四）公共场所安装图像采集

依《个人信息保护法》第 26 条，在公共场所安装图像采集、个人身份识别设备，应当为维护公共安全所必需，遵守国家有关规定，并设置显著的提示标识。所收集的个人图像、身份识别信息只能用于维护公共安全的目的，不得用于其他目的；取得个人单独同意的除外。

六、互联网平台等信息处理者的义务和责任

《个人信息保护法》对提供重要互联网平台服务、用户数量巨大、业务类型复杂的个人信息处理者规定了四项义务：建立健全个人信息保护合规制度体系、制定平台规则、对违法违规者停止服务、定期发布个人信息保护社会责任报告。另外,对于小型个人信息处理者、处理敏感个人信息以及人脸识别、人工智能等新技术、新应用,将由国家网信部门统筹协调有关部门依据该法推进。

（一）个人信息处理者的义务

依《个人信息保护法》第51条,个人信息处理者应当根据个人信息的处理目的、处理方式、个人信息的种类以及对个人权益的影响、可能存在的安全风险等,采取下列措施确保个人信息处理活动符合法律、行政法规的规定,并防止未经授权的访问以及个人信息泄露、篡改、丢失:①制定内部管理制度和操作规程;②对个人信息实行分类管理;③采取相应的加密、去标识化等安全技术措施;④合理确定个人信息处理的操作权限,并定期对从业人员进行安全教育和培训;⑤制定并组织实施个人信息安全事件应急预案;⑥法律、行政法规规定的其他措施。该条明确了个人信息处理者的安全保护义务。

（二）个人信息处理者的责任

1. 共同处理个人信息的连带责任。依《个人信息保护法》第20条,两个以上的个人信息处理者共同决定个人信息的处理目的和处理方式的,应当约定各自的权利和义务。但是,该约定不影响个人向其中任何一个个人信息处理者要求行使该法规定的权利。个人信息处理者共同处理个人信息,侵害个人信息权益造成损害的,应当依法承担连带责任。该条明确了个人信息处理者共同处理个人信息和连带责任。该条第2款对共同处理个人信息的处理者提出了"依法承担连带责任"的要求,这就意味着个人信息处理者在选择共同处理个人信息的其他处理者时,最好对其进行必要的尽调,了解其个人信息安全能力、制度制定与实施情况、是否存在侵犯个人信息权益的黑历史等,不能选择"猪队友",否则容易被牵连。

2. 委托责任。依《个人信息保护法》第21条,个人信息处理者委托处理个人信息的,应当与受托人约定委托处理的目的、期限、处理方式、个人信息的种类、保护措施以及双方的权利和义务等,并对受托人的个人信息处理活动进行监督。受托人应当按照约定处理个人信息,不得超出约定的处理目的、处理方式等处理个人信息;委托合同不生效、无效、被撤销或者终止的,受托人应当将个人信息返还个人信息处理者或者予以删除,不得保留。未经个人信息处理者同意,受托人不得转委托他人处理个人信息。

七、个人信息跨境提供的规则

（一）个人信息处理者向境外传输个人信息的条件

《个人信息保护法》第38条规定,个人信息处理者因业务等需要,确需向中华人民共和国境外提供个人信息的，应当具备下列条件之一：①依照该法第40条的规定通过国家网信部门组织的安全评估；②按照国家网信部门的规定经专业机构进行个人信息保护认证；③按照国家网信部门制定的标准合同与境外接收方订立合同，约定双方的权利和义务；④法律、行政法规或者国家网信部门规定的其他条件。中华人民共和国缔结或者参加的国际条约、协定对向中华人民共和国境外提供个人信息的条件等有规定的，可以按照其规定执行。个人信息处理者应当采取必要措施，保障境外接收方处理个人信息的活动达到《个人信息保护法》规定的个人信息保护标准。

该条明确了个人信息处理者向境外传输个人信息的条件，要求进行安全评估、个人信息保护认证、依网信部门制定的标准合同签订合同等。《个人信息出境安全评估办法》规定个人信息出境应当报请安全评估。相较于前述评估办法的规定，《个人信息保护法》并未明确个人信息处理者向境外传输个人信息的所有情形下均应进行安全评估。

（二）跨境提供个人信息的"告知—单独同意"要求

依《个人信息保护法》第39条，个人信息处理者向中华人民共和国境外提供个人信息的，应当向个人告知境外接收方的名称或者姓名、联系方式、处理目的、处理方式、个人信息的种类以及个人向境外接收方行使本法规定权利的方式等事项，并取得个人的单独同意。

该条明确个人信息处理者就向境外传输个人信息的"告知—单独同意"要求。

1. 单独同意：该条要求个人信息处理者向境外传输个人信息应当向个人进行充分告知，并取得个人的单独同意。

2. 告知内容：告知的内容采取了"列举＋兜底"的方式，包括"境外接收方的身份、联系方式、处理目的、处理方式、个人信息的种类以及个人向境外接收方行使《个人信息保护法》规定权利的方式"等事项。除了该条列明的几项外，是否考虑增加列示境外接收方的数据安全能力作为披露项。近年来，境外网络安全事件频发，是否向个人披露境外接收方的数据安全能力，可能对个人是否同意个人信息出境产生影响。

八、侵犯个人信息的惩罚机制和力度

在《网络安全法》《数据安全法》基础上，《个人信息保护法》加大了侵犯个人信息的惩罚力度，对个人信息处理者规定了较严格的行政处罚、计入信用档案并公示、民事赔偿责任、刑事责任等；并且对国家机关不履行个人信息保护义务，也明确了惩罚措施。进一步加强了对侵犯个人信息的立法保护。

与《网络安全法》相比，《个人信息保护法》大幅提高了处罚的力度。依《个人信息保护法》第 66 条，违反该法规定处理个人信息，或者处理个人信息未履行该法规定的个人信息保护义务的，由履行个人信息保护职责的部门责令改正，给予警告，没收违法所得，对违法处理个人信息的应用程序，责令暂停或终止提供服务；拒不改正的，并处 100 万元以下罚款；对直接负责的主管人员和其他直接责任人员处 1 万元以上 10 万元以下罚款。有前款规定的违法行为，情节严重的，由省级以上履行个人信息保护职责的部门责令改正，没收违法所得，并处 5000 万元以下或者上一年度营业额 5% 以下罚款，并可以责令暂停相关业务、停业整顿、通报有关主管部门吊销相关业务许可或者吊销营业执照；对直接负责的主管人员和其他直接责任人员处 10 万元以上 100 万元以下罚款，并可以决定禁止其在一定期限内担任相关企业的董事、监事、高级管理人员和个人信息保护负责人。

除上述之外，《个人信息保护法》在个人信息处理合规管理及保护负责人机制、统一工作协调与统筹机制等方面均有突破性规定，有利于个人信息保护机制的完善，该法对个人信息处理业务起到关键性指引作用，对隐私计算等人工智能技术商业利用的合规性操作具有重大意义。

第五节　人脸识别相关的法律问题

近年人脸识别技术已在国内外有了广泛应用，尤其中国为甚。从社区门禁、入校门禁、上班打卡，到以人脸识别便捷支付。疫情期间的人脸识别系统更是广泛适用，"门禁卡＋微信扫码＋面部识别"成为疫情期间很多区域进入管理模式。公安等政府部门利用"面部识别＋视频监控"对确诊和疑似人员的行为轨迹进行快速获取和分析。可见，人脸识别技术已经浸入了公民的日常生活当中。另一方面，由于人脸识别信息的敏感性，对此类信息的采集需要遵守比一般个人信息更强的保护规则已基本成为共识，其具体表现之一则是对处理人脸识别信息的合法性事由的限缩。《网络安全法》《个人信息保护法》等法律规制了人脸识别等敏感信息的规则，最高法院也针对人脸识别争议出台了司法解释。

一、人脸识别的定义及其特殊性

人脸识别是基于人的脸部特征信息进行身份识别的一种生物识别技术。用摄像机或摄像头采集含有人脸的图像或视频流，并自动在图像中检测和跟踪人脸，进而对检测到的人脸进行脸部识别的一系列相关技术，通常也叫做人像识别、面部识别。从该定义可以看出，人脸识别首先是一种生物识别技术，而任何技术都会有一定的局限性。其次，人脸识别涉及的人脸生物特征是人与生俱来的，其唯一性和不易被复制性为身份鉴别提供了必要的前提。最后，人脸识别必须采集人脸图像等信息，而此类信息属于敏感信息，因此，有关数据的全流程必须符合相关法律的规定。人脸识别信息具有下列特殊性：

（一）不可撤销性

在法律上，人脸识别信息作为生物识别信息的一种，属个人敏感信息。它和指纹、虹膜等一样，都是能区别人身份的组合特征，每个人的眼睛、鼻子和嘴等面部特征之间的距离、面积和角度等几何关系各不相同，具有唯一性。与其他个人数据不同，生物特征识别数据不是由第三方提供的，甚至也不由数据主体选择。生物特征识别数据是由身体本身产生的，并以不可变的方式单独指定或代表它，具有不可撤销性。

（二）收集隐蔽性

与通过生物特征识别处理的其他数据不同，人脸识别数据几乎可能在任何地点被获取。人脸识别也可以用作"非接触式"系统，即通过某些机制将设备完全从用户的视野中移开，能够在人们不知情的情况下远程处理数据。存在更大的技术滥用的潜在隐患。此外，还有并发性，即在实际应用场景下可以进行多个人脸的分拣、判断及识别。

（三）强人格属性

人脸生物特征与生俱来，其唯一性和不易被复制性为身份鉴别提供了必要的前提。面部图像带有的更强的人格属性，体现着人格利益与精神价值，从而相关使用行为更易引发侵犯自然人人格权益的顾虑，比如换脸软件的使用。

二、人脸识别技术本身尚存在局限性

（一）人脸识别技术"黑箱"导致错配与偏见

针对当前的深度神经网络在人脸识别方面的应用，存在很多隐患。人脸识别有错误匹配的问题，当某人被错误匹配为犯罪嫌疑人时，其人权就会受到侵害。2018 年 7 月，ACLU 表示其测试使用 Amazon Rekognition 将国会议员的图像与数据库中的 25 000 张公开的被捕者面部照片进行比较，结果有 28 个错误匹配。被误认的国会议员中有近 40% 为有色人种，而有色人种仅占议员总数的 20%。《纽约时报》发文称，目前已经有一些商业软件可以用来识别照片中人物的性别，当照片中的人是白人时，99% 的识别结果都是正确的，但如果照片中是黑人，错误率就比较高了。① 还有测试表明，对皮肤较黑的人和女性，人脸识别通常不太准确。虽对于整个国会来说，错误率是5.2%，但对于非白人的国会议员，错误率达到39%。对此，亚马逊用户、民间组织、股东甚至亚马逊员工在内超过15万人联名抗议。比起"误差"，说到底，人们在抗议的是人脸识别所犯的种族主义"歧视"。算法决策暗藏"偏见"，如谷歌公司的视觉算法软件曾错将黑人的照片标记为"大猩猩"。再如，研究表明，某搜索引擎中，相比搜索白人的名字，搜黑人的名字更容易出现暗示具有犯罪历史的广告等。② 人脸识别的这种"歧视"会影响到公民权利，如在招聘中，"人脸识别"带来不公平的决策结果可能会让一些偏见通过技术"黑箱"成为"常态"。

（二）反识别技术可以使人脸识别失灵

"人脸识别"所依赖的是"图像"和"算法"。人脸识别的应用包括四个步骤：人脸图像采集及检测、人脸图像预处理、人脸图像特征提取以及匹配和识别。衡量人脸识别的算法能力有几个指标：拒识率、误识率、通过率、准确率。在有色人种的人脸识别中，被误配为罪犯的比例较高被称为是一种"算法歧视"。"算法歧视"也引起了反人脸识别的研究，包括反侦查等一系列出于各种动机的反识别研究浮出水面。美国卡内基梅隆大学的研究人员研制出了一种眼镜，可以让佩戴者不被人脸识别系统认出来，甚至还能让系统误以为是另外一个人。在题为《犯罪配件：对最先进人脸识别技术真实而鬼祟的攻击》（*Accessorize to a Crime: Real and Stealthy Attacks on State-of-the-Art Face Recognition*）的研究报告中，研究者把他们的系统描述为对人脸生物特征分析系统"不起眼"的攻击。通过选择性地改变一张图像中的某些像素，它能够让一张人脸图像在人类眼中保证最大限度地不变，同时又能尽量使人脸识别系统感到困惑。研究人员发现最佳办法是戴一副大眼镜，甚至在一张真实照片中，这样做也能"改变像素"，研究者能够改变任何人脸照片像素的6.5%，③ 最后使人脸识别失灵。

（三）人脸识别技术局限导致的冒充

除了对隐私的担忧，公众对人脸识别技术的忧虑还来自于技术本身的安全。浙江小学生发现打印照片就能代替"刷脸"，将小区里的丰巢快递柜"骗过"，

---

① 参见"亚马逊面部识别系统大乌龙：将28名议员认成嫌犯"，载 https://www.sohu.com/a/244449262_772451，最后访问时间：2021年8月4日。

② "神器？黑箱？人脸识别成焦点，'刷脸时代'我们准备好了吗"，载 https://baijiahao.baidu.com/s?id=1608837378129516112&wfr=spider&for=pc，最后访问时间：2022年2月10日。

③ 参见"人脸识别定罪犯，三项研究看人脸识别技术漏洞"，载 https://www.sohu.com/a/159915741_464065，最后访问时间：2021年8月25日。

这似乎正是其"不靠谱"的写照。与对隐私的担忧相比，对"刷脸"技术本身安全性的忧虑更有恐慌之嫌。实际上快递柜能被照片蒙骗，主要是因为其中并未加入活体检测技术。[①] 从技术本身来看，目前人脸识别分为 2D 和 3D 两种技术方案，以支付宝和微信的"刷脸支付"为例，两者使用的都是 3D 人脸识别技术，会通过软硬件结合的方法开展检测，来判断采集到的人脸是否为活体，可有效防范视频、纸片等冒充情况发生。

三、人脸识别使用及相关规定

人脸识别带来的便利不可忽视，技术的发展没有边界，但技术的使用必须有边界，可这个边界是模糊的。哪些场景可以应用，哪些可以扩展，均无明显规范。逾越了边界，就要产生争议。在公权力方面，我国关于人像采集的法律法规主要集中于出入境管理、身份证办理、刑事侦查、道路交通安全管理等法规，公安机关等相关政府部门有权强制采集数据主体的人像、指纹等生物识别信息。比如，《中华人民共和国居民身份证法》第 3 条规定居民身份证登记的项目包括本人相片、指纹信息等。在其他方面，除了法律对人像采集有强制性规定的场合之外，人脸识别正在被广泛运用到火车站／飞机场的"刷脸进站"、学校的课堂监控、企事业单位的"真人打卡"等公共管理领域，以及银行等金融机构与支付宝等第三方支付的身份验证、在线美颜和 P 图等商业领域。上述行为是否符合《网络安全法》及相关信息保护法律规范的要求值得思考。

（一）《个人信息保护法》有关人脸识别的规定

《个人信息保护法》第 26 条规定，在公共场所安装图像采集、个人身份识别设备，应当为维护公共安全所必需，遵守国家有关规定，并设置显著的提示标识。所收集的个人图像、身份识别信息只能用于维护公共安全的目的，不得用于其他目的；取得个人单独同意的除外。依该条规定，在公共场所使用人脸识别的前提是"公共安全所必需"。在公共场所使用人脸识别具有"实时性"，很难取得被识别人的单独同意。在取得个人单独同意的情况下，不用于"公共安全"也可以使用人脸识别。该条还要求在使用时需要有提示标识。

（二）最高人民法院 2021 年司法解释

2021 年 7 月，最高人民院发布《关于审理使用人脸识别技术处理个人信息相关民事案件适用法律若干问题的规定》。人脸识别被运用于大到智慧城市建

---

① 参见"浙江小学生发现丰巢快递柜漏洞：一张照片就能'刷脸'取件"，载 https：//m.thepaper.cn/newsDetail_forward_4697718，最后访问时间：2021 年 8 月 4 日。

设，小到手机客户端的登录解锁，包括国境边防、公共交通、城市治安、疫情防控等领域。同时，人脸识别技术带来的个人信息保护问题也凸显出来。滥用人脸识别侵害自然人合法权益的事件频发，引发关注和担忧。依照《民法典》《网络安全法》《消费者权益保护法》《电子商务法》《民事诉讼法》等法律，吸收个人信息保护立法有关经验成果，最高人民法院在充分调研基础上制定了该司法解释，对人脸信息提供司法保护。

1. 适用范围。第 1 条第 1、2 款规定，因信息处理者违反法律、行政法规的规定或者双方的约定使用人脸识别技术处理人脸信息、处理基于人脸识别技术生成的人脸信息所引起的民事案件，适用本规定。人脸信息的处理包括人脸信息的收集、存储、使用、加工、传输、提供、公开等。

2. 侵权行为的认定。第 2 条规定，信息处理者处理人脸信息有下列情形之一的，人民法院应当认定属于侵害自然人人格权益的行为：①在宾馆、商场、银行、车站、机场、体育场馆、娱乐场所等经营场所、公共场所违反法律、行政法规的规定使用人脸识别技术进行人脸验证、辨识或者分析（这些场所一般是实时人脸识别，很难获得同意，《民法典》等要求处理自然人的人脸信息，必须征得自然人或者其监护人的单独同意）；②未公开处理人脸信息的规则或者未明示处理的目的、方式、范围；③基于个人同意处理人脸信息的，未征得自然人或者其监护人的单独同意，或者未按照法律、行政法规的规定征得自然人或者其监护人的书面同意；④违反信息处理者明示或者双方约定的处理人脸信息的目的、方式、范围等（改变同意内容）；⑤未采取应有的技术措施或者其他必要措施确保其收集、存储的人脸信息安全，致使人脸信息泄露、篡改、丢失（未确保安全）；⑥违反法律、行政法规的规定或者双方的约定，向他人提供人脸信息；⑦违背公序良俗处理人脸信息；⑧违反合法、正当、必要原则处理人脸信息的其他情形。

3. 违反同意规则的情况。第 4 条规定，有下列情形之一，信息处理者以已征得自然人或者其监护人同意为由抗辩的，人民法院不予支持：①信息处理者要求自然人同意处理其人脸信息才提供产品或者服务的，但是处理人脸信息属于提供产品或者服务所必需的除外；②信息处理者以与其他授权捆绑等方式要求自然人同意处理其人脸信息的；③强迫或者变相强迫自然人同意处理其人脸信息的其他情形。

4. 免责事项。第 5 条免责事项包括：①为应对突发公共卫生事件，或者紧急情况下为保护自然人的生命健康和财产安全所必需而处理人脸信息的；②为维护公共安全，依据国家有关规定在公共场所使用人脸识别技术的；③为公共利益实施新闻报道、舆论监督等行为在合理的范围内处理人脸信息的；④在自然人或者其监护人同意的范围内合理处理人脸信息的；⑤符合法律、行政法规规定的其他情形。

5. 物业以人脸识别作为唯一验证方式。第 10 条规定，物业服务企业或者其他建筑物管理人以人脸识别作为业主或者物业使用人出入物业服务区域的唯一验证方式，不同意的业主或者物业使用人请求其提供其他合理验证方式的，法院依法予以支持。物业服务企业或者其他建筑物管理人存在该规定第 2 条规定的情形，当事人请求物业服务企业或者其他建筑物管理人承担侵权责任的，人民法院依法支持。

6. 请求确认格式合同无效的。第 11 条规定，信息处理者采用格式条款与自然人订立合同，要求自然人授予其无期限限制、不可撤销、可任意转授权等处理人脸信息的权利，该自然人依据《民法典》第 497 条请求确认格式条款无效的，人民法院依法支持。

7. 违反约定处理人脸信息，要求删除。第 12 条规定，信息处理者违反约定处理自然人的人脸信息，该自然人请求其承担违约责任的，人民法院依法予以支持。该自然人请求信息处理者承担违约责任时，请求删除人脸信息的，人民法院依法予以支持；信息处理者以双方未对人脸信息的删除作出约定为由抗辩的，人民法院不予支持。

【参考文献】

1. 王毓："网络环境下隐私权法律保护的困境与出路 —— 以《民法典》编纂为视角"，载《山东青年政治学院学报》2020 年第 6 期。

2. CAICT 互联网法律研究中心："欧盟基本权利局发布有关面部识别技术的报告"，载 https：//www.secrss.com/articles/16253，最后访问时间：2022 年 8 月 9 日。

3. 陈冬梅："基于隐私保护的人脸识别技术应用研究"，载《电脑知识与技术》2020 年第 21 期。

4. 余一多："网络社会人权新命题：隐私权的反思"，载《理论月刊》2018 年 2 期。

5. 戚斌："大数据安全与隐私保护"，载《科技风》2018 年第 11 期。

6. 张罡："自媒体环境下隐私权的法律保护 —— 以网络直播为例"，载《青年记者》2018 年第 14 期。

7. 冯登国：《大数据安全与隐私保护》，清华大学出版社 2018 年版。

8. 林衡："大数据安全与隐私保护"，载《数码世界》2018 年第 6 期。

9. 姚艳："信息化时代高校学生隐私权保护问题研究"，载《法制与经济》2017 年第 11 期。

10. 巢立明："美国苹果解码案中的隐私权保护及其启示"，载《传媒》2017 年第 1 期。

11. 刘筱娟："大数据监管的政府责任 —— 以隐私权保护为中心"，载《中国行政管理》2017 年第 7 期。

12. 孔令学："大数据时代饭店客人隐私权保护问题探讨"，载《理论月刊》2017 年第 4 期。

13. 马春晓："大数据金融时代消费者隐私权保护研究"，载《合作经济与科技》2017 年第 14 期。

14. 王四新："网络个体隐私权保护亟待加强"，载《社会治理》2017 年第 5 期。

15. 徐梦醒："大数据时代消费者隐私权保护刍议"，载《中国市场监管研究》2017 年第 9 期。

16. 刘雅茹："'人肉搜索'视角下的网络隐私权法律规制的思考"，载《法制与社会》2017 年第 11 期。

17. 陈丽丽："大数据安全与隐私保护"，载《现代工业经济和信息化》2017 年第 4 期。

18. 徐力："论我国网络隐私权的法律保护 —— 从'人肉搜索'第一案说起"，载《法制与社会》2016 年第 2 期。

19. 姚万仞："试论大数据安全与隐私保护"，载《科学中国人》2015 年第 20 期。

20. 周江："论网络隐私权的法律保护"，载《法制博览》2014 年第 3 期。

21. 陈克非、翁健："云计算环境下数据安全与隐私保护"，载《杭州师范大学学报（自然科学版）》2014 年第 6 期。

22. 成春香、张伟、徐涛："一种基于云存储的数据安全与隐私保护系统"，载《北京信息科技大学学报（自然科学版）》2013 年第 2 期。

23. 白雪："人肉搜索中的网络隐私权法律保护研究"，载《兰州学刊》2010 年第 9 期。

24. 王丽萍等：《信息时代隐私权保护研究》，山东人民出版社 2008 年版。

25. 张新宝：《隐私权的法律保护》，群众出版社 2004 年版。

26. 谢绍华："网络环境下隐私权的法律保护"，载《求实》2004 年第 A4 期。

第七章 ·
人工智能及其法律问题

张丽英[①]

在互联网、大数据、云计算等新技术的驱动下，人工智能科技及运用加速发展，呈现出深度学习、人机协同、跨界融合、自主操控、群智开放等新特征。从简单的语音输入、路况导航、拍照识物等，到机器人护理、机器人陪伴、机器人棋手、机器人家政服务等具有一定学习能力的机器人，人工智能给人们的生活带来了巨大的变化。同时，人工智能也正在对经济发展、社会治理、国际政治等方方面面产生着重大而深远的影响。2021年12月12日，国务院印发《"十四五"数字经济发展规划》，明确了"十四五"时期推动数字经济健康发展的指导思想、基本原则、发展目标、重点任务和保障措施。该规划明确坚持创新引领、融合发展，应用牵引、数据赋能，公平竞争、安全有序，系统推进、协同高效的原则。到2025年，我国数字经济核心产业增加值占国内生产总值比重将达到10%，数字经济发展水平将位居世界前列。[②]人工智能是数据经济的重要组成部分，早在2017年国务院即印发了《新一代人工智能发展规则》，[③]提出了面向2030年中国新一代人工智能发展的指导思想、战略目标、重点任务和保障措施，部署构建中国人工智能发展的先发优势，加快建设创新型国家和世界科技强国。另一方面，人工智能的发展也提出了一系列新挑战，人工智能可能带来就业结构的改变、冲击法律与社会伦理、侵犯个人隐私、挑战国际

---

①　张丽英，法学博士，中国政法大学国际法学院教授，博士生导师。

②　"国务院关于印发'十四五'数字经济发展规划的通知"，载 https://www.gov.cn/zhengce/content/2022-01/12/content_5667817.htm，最后访问时间：2022年2月12日。

③　"国务院关于印发新一代人工智能发展规划的通知"，载 https://www.gov.cn/zhengce/content/2017-07/20/content_5211996.htm，最后访问时间：2022年2月12日。

关系准则等问题，将对政府管理、经济安全和社会稳定乃至全球治理产生深远影响。在法律上，当人工智能机器人造成人身伤亡、财产损失的情况下，应当由谁来承担民事责任？是机器人的设计者？制造者？销售者？使用者？还是机器人本身？这些都给传统民事责任理论提出了挑战。当人工智能产品或服务以跨境形式提供，其对传统的国际贸易以及监管理论带来哪些影响和挑战？这些都是本章要探讨的重要问题。

第一节　人工智能与数据的关系

人工智能与数据的联系密切，只有获取数据后，人工智能才能高效地利用这些数据创造出更大的价值来。人工智能领域会遵循数字化的发展规律，即把本是模拟的东西或抽象的东西全部用数字化的形式表现出来。人工智能在数据采集方面非常复杂，在一个人工智能产品推出后，需要纳入反馈循环，让用户协助生成更多的数据。更多的数据会使产品变得更好，然后再吸引更多的用户。这种积极的反馈循环可以不断地积累数据。因此，人工智能与数据是相互支持的伴生关系。

一、人工智能的界定

关于人工智能（Artificial Intelligence，简称 AI）的定义，欧盟《可信人工智能道德准则》将其定义为"显示智能行为的系统"，它可以分析环境，并行使一定的自主权来执行任务。[1] 腾讯研究院给人工智能的定义是研究、开发用于模拟、延伸和扩展人的智能的理论、方法、技术及应用系统的一门新的科学技术。[2] 也有学者认为人工智能是能执行本需要人来执行的智能功能的机器。[3] 例如，2022 年北京冬季奥运会期间空中技巧队即使用人工智能执行教练的智能功能，并辅助空中技巧队获得两枚奥运金牌（徐梦桃和齐广璞）。[4] 徐梦桃获得

① Ethics Guidelines for Trustworthy AI, *High-Level Expert Group on Artificial Intelligence*, European Commission B-1049 Brussels, public on 8 April 2019, https：//www.aepd.es/sites/default/files/2019-12/ai-ethics-guidelines.pdf.

② 腾讯研究院、中国信通院互联网法律研究中心：《人工智能》，中国人民大学出版社 2017 年版，第 23 页。

③ Gabriel Hallevy, *Liability for Crimes Involving Artificial Intelligence System*, Springer 2015, pp.6~7.

④ "揭秘观君黑科技：人工智能辅助空中技巧队实现'雪上飞跃'"，载 https：//baijiahao.baidu.com/s?id=1724988863087094949&wfr=spider&for=pc，最后访问时间：2022 年 2 月 19 日。

金牌是人工智能在全球顶级赛事中全程参与训练，并辅助取得金牌战绩的首个案例。作为保密项目，该人工智能教练已为自由式滑雪空中技巧运动队服务三年多。在徐梦桃夺冠之后，这套系统正式公开了其人工智能身份，起名为"观君"，它是全球第一个包含小样本冰雪运动分析模型以及生物学特征生成在内的完备的人工智能裁判与教练系统。[1] 从上述定义和举例可概括出人工智能所具有的下列特点：

（一）行为上：人工智能是类人行为

类人行为就是指像人一样思考、类人思考、理性的思考、理性的行动。像人一样思考必须具有某种办法来确定人是如何思考的，了解人的思维过程，可通过内省、心理学实验、脑成像完成，该过程涉及认识科学，不仅涉及程序是否正确解决问题，更关注程序推理步骤的轨迹与人类个体的思维轨迹之间的联系。像上述提到的"观君"人工智能教练，它通过学习裁判如何评分提升了自己的能力。2019 年它刚加入空中技巧队的时候，还只能对空中动作进行评分，还不能具体分解到起跳、空中、落地阶段，但经过随队的长期训练，数据不断积累，"观君"的评分能力快速提升，很快就拥有了起跳、空中、落地三个阶段的全流程评判能力。然后"观君"跟其所学的国际裁判知识进行比较，再对运动员哪一个动作有问题，哪一个细节有问题，应该怎么调整作出专业的判断，完美模仿教练的思维和行为。人工智能的基础是哲学、数学、经济学、神经科学、心理学、计算机工程、控制论、语言学等，应当在各学科的基础上来研究人工智能的类人行为。

（二）对象上：研究的是人类智能活动的规律

人工智能的研究对象是人类智能活动的规律，并使计算机去做过去只有人才能做的智能工作，构造具有一定智能的人工系统，通过规律的算法分析进行更高效的智能工作。例如，上述"观君"系统就是在学习了国际裁判的计分规律后，在 2021 年北京冬奥测试赛中，担任空技项目的唯一竞赛裁判，完成了个人预决赛、超级决赛、团体预决赛共 44 人次执裁。[2] 它不吃不喝不睡不怕冷，任劳任怨，这样的能力、效率是人类无法匹敌的。"观君"通过研究国际裁判的计分规则，严格判别扣分动作，对运动员每一跳进行专业判断，对起跳、

---

① "助力两金一银！揭秘冬奥冠军背后的 AI 教练观君"，载 https://cj.sina.com.cn/articles/view/1832487154/m6d3988f203300wyr6，最后访问时间：2022 年 2 月 19 日。

② "冬奥冠军徐梦桃'教练'帅出天际，真的是'非人类'，了解一下"，载 https://new.qq.com/omn/20220217/20220217A078TM00.html，最后访问时间：2022 年 2 月 20 日。

空中、落地三个阶段的全流程动作进行量化，对运动员的运动轨迹、身体姿态、出台角度、高远度等多维度指标进行分析，对每一跳进行专业判断。同时，对运动员的每一跳均可追溯，长期累积数据，构建运动档案，用于科学观察、预测运动员表现。通过数据的积累，打造可以"实时评分、量化动作、可追溯与预测"的人工智能裁判与教练系统，这些都得益于人工智能对人类智能活动规律的研究。在法律方面，人工智能学习并模拟法律系统的规则，甚至可以预测法官将如何应用标准。① 在交通管理方面，人工智能通过研究交通活动的规则，利用标志进行合理的交通自动管制。② 总之，人工智能是研究、开发用于模拟、延伸和扩展人的智能活动规律的科学，研究如何应用计算机的软硬件来模拟人类某些智能行为的基本理论、方法和技术。

（三）学科上：人工智能是一门综合学科

人工智能科学的主旨是研究和开发出智能实体，是集数门学科的综合体，涉及数学、逻辑学、伦理学、归纳学、统计学、系统学、控制学、工程学、计算机科学、哲学、法学、心理学、生物学、神经科学、认识科学、仿生学、经济学、语言学等学科，人工智能是一门综合学科。人工智能几乎涉及自然科学和社会科学的所有学科，其范围已远远超出了计算机科学的范畴。人工智能与思维科学的关系是实践和理论的关系，人工智能处于思维科学的技术应用层次，从思维角度看，人工智能不仅限于逻辑思维，还要考虑形象思维、灵感思维才能促进人工智能的突破性的发展。人工智能在法律上的运用产生了一个新兴的研究领域，其目的是建构良好的法律应用程序，生成能在计算程序中实现的模型，③ 通过人工智能模型来进行法律的推理，④ 并研究法律文件的自动化。⑤ 当然也有反对如此在法律上运用人工智能的学者，认为法律作为独立于社会系统存在的正当性在于"不学习"，机器学习技术对法律的挑战在于法律功能独特性的丧失，法律"不学习"被机器学习取代，规范性期望被算法取代，这将是法

---

① McGinnis & Steven Wasick, *Law's Algorithm*, 66 FLA. Law REV.991,（2014），pp.1033~39.

② Pierce v. Coltraro, 252 So. 2d 550, 552-53（La. Ct. App. 1971）.

③ Kevin D. Ashley, *Artificial Intelligence and Legal Analytics：New Tools for Law Practice in the Digital Age*. New York：Cambridge University Press, 2017. p 13.

④ B. G. Buchanan & T. E. Headrick, *Some Speculation anbout Artificial Intelligence and Legal Reasoning*, Stanford Law REV（1970），Vol.23, pp.40~62.

⑤ Richard Granat and Marc Lauritsen, Teaching the technology of practice：the 10 top schools, *Law Practice Magazine*,（2014），p.49.

律“死亡”的前景。[①]在法律责任的承担上，人工智能也带来了挑战，例如，在主体上，机器人导致的损害由谁来承担，机器人是否具有主体资格？是否可以通过权利能力将“生物人”的自然理性与“法律人”的规范属性直接连接？[②]这些问题的解决都需要突破传统观点。有关内容，本章后述。

二、人工智能与大数据的关系

人工智能与大数据的关注点并不相同，但却有密切的联系，在大数据的“喂养”下，人工智能体（即人工智能产品）的效能会越来越好。大数据与人工智能的关系是相辅相成的，一方面人工智能需要大量的数据作为“思考”和“决策”的基础，另一方面大数据也需要人工智能技术进行数据价值化操作，如机器学习就是数据分析的常用方式，数据应用的主要渠道之一就是智能体，为智能体提供的数据量越大，智能体运行的效果就会越好。因为智能体通常需要大量的数据进行“训练”和“验证”，从而保障运行的可靠性和稳定性。人工智能技术的四大分支——模式识别、机器学习、数据挖掘、智能算法均与大数据相关：

（一）模式识别：对事物的“数值”关系进行处理分析

模式识别是人工智能研究的重要方向，模式识别是人类的一项基本智能，人工智能中的模式识别是指采用计算机来代替人类或是帮助人类来感识外部信息，是一种对人类感知能力的仿真模拟。如手机中的指纹解锁功能、眼球识别解锁技术、手势拍照功能等，均是通过计算机系统来模拟人类感官外界信息的识别和感知，将非电信号转化为计算机可以识别的电子信号。模式识别对表征事物或现象数值的逻辑关系等各种信息进行处理分析，是对事物或现象进行描述、分析、分类、解释的过程。例如，汽车车牌号的辨识，涉及图像处理分析等技术。模式识别与统计学、心理学、语言学、计算机科学、生物学、控制论等都有关系，其与人工智能、图像处理的研究有交叉关系。

（二）机器学习：人工智能的深度学习有赖大数据分析

机器学习是一种实现人工智能的方法，从大数据中机器能够“学习”，[③]然后对真实世界中的事件作出决策和预测。机器学习是用大量的数据来“训练”

① 余成峰：“法律的‘死亡’：人工智能时代的法律功能危机”，载《华东政法大学学报》2018 年第 2 期。

② 周佑勇等：《智能时代的法律变革》，法律出版社 2020 年版，第 11 页。

③ Geoffrey E. Hinton, Simon Osindero& Yee-Whye The, "A Fast Learning Algorithm for Deep Belief Nets", 18 *Neural Computation*（2006）, p.1527.

的，通过各种算法从数据中学习如何完成任务，研究计算机怎么模拟或实现人类的学习行为，以获取新的知识或技能，重新组织已有的知识结构，不断完善自身的性能，或达到操作者的特定要求。人工智能计算机控制的机器人具有执行与智能生物相关任务的能力。自20世纪40年代数字计算机开始发展以来，通过机器学习，计算机可以借由编程来执行非常复杂的任务，例如，熟练地下棋等。①

（三）数据挖掘：通过算法挖掘出有用的信息

数据挖掘是用机器学习、统计学和数据库等方法在相对大量的数据中发现模式和知识，它涉及数据预处理、模型与推断、可视化等。通过算法搜索挖掘出有用的信息，应用于市场分析、科学探索、疾病预测等，数据挖掘对其类似的信息、潜在的更广泛的项目具有更深的效用。②数据挖掘的常见任务包括以下几类：

1. 异常检测：异常检测是对不符合预期模式的样本、事件进行识别。异常也被称为离群值、偏差和例外等。异常检测常用于入侵检测、银行欺诈、疾病检测、故障检测等。

2. 关联分析：关联规则学习是在数据库中发现变量之间的关系（强规则）。例如，在购物篮分析中，发现规则如"面包，牛奶→酸奶"，表明如果顾客同时购买了面包和牛奶，很有可能也会买酸奶，利用这些规则可以进行营销。

3. 聚类：聚类是一种探索性分析，在未知数据结构的情况下，根据相似性把样本分为不同的簇或子集，不同簇的样本具有很大的差异性，从而发现数据的类别与结构。

4. 分类：分类是根据已知样本的某些特征，判断一个新样本属于哪种类别。通过特征选择和学习，建立判别函数以对样本进行分类。

5. 回归：回归是一种统计分析方法，用于了解两个或多个变量之间的相关关系，回归的目标是找出误差最小的拟合函数作为模型，用特定的自变量来预测因变量的值。

数据挖掘在大数据相关技术的支持下，随着数据存储、分布式数据计算、数据可视化等技术的发展，数据挖掘对事务的理解能力越来越强，如此多的数

---

① B.J. Copeland: Artificial Intelligence, https://www.britannica.com/technology/artificial-intelligence.

② [美]安东尼·杰·凯西、[澳大利亚]安东尼·尼布雷特："规则与标准和消逝"，载赵万一、侯东德主编：《法律的人工智能时代》，法律出版社2019年版，第92页。

据堆积在一起，增加了对算法的要求，所以数据挖掘要尽可能获取更多、更有价值、更全面的数据，并从这些数据中提取价值。数据挖掘在商务智能方面的应用较多，如广告公司在用户的同意下可使用用户的浏览历史、访问记录、点击记录和购买信息等数据，对广告进行精准推广。利用舆情分析，特别是情感分析可以提取公众意见来驱动市场决策。

（四）智能算法：算法的优劣决定人工智能的水平高低

人工智能发展需要算法，算法的优劣直接导致了人工智能的水平高低。随着大数据的发展，数据计算与处理能力的大幅度提升，人工智能既然有"人工"两个字，说明其与人的想法思维和认知过程是不可分割的。人工智能的本质就是根据过往的经验，通过智能算法作出的判断。机器学习的算法很多。从算法类型的角度而言，人工智能算法可以分为两类：优化算法（迭代更新）和启发式算法。优化算法是信号处理智能化算法中的运用。启发式算法更像是效仿人的大脑皮层，通过神经网络来挖掘特征和处理数据。当然一个普遍存在的现象就是"算法黑箱"，指由于技术本身的复杂性及商业主体的排他性商业政策，使用户不清楚算法的目标和意图，无从获悉算法设计者、实际控制者以及机器生成内容的责任归属等信息。因此，也会出现算法歧视等问题。其解决措施是推进算法透明，包括算法要素透明、算法程序透明、算法背景透明，以便实现其进行评判和监督。

三、随着人工智能的提高而产生的新问题

人工智能依其智能的程度分为弱人工智能、强人工智能和超人工智能。也有学者将其分为弱人工智能、人工智能、强人工智能。随着科技的进步，人工智能开始由弱人工智能向人工智能的阶段靠近，曾属于人类想象的智力逐渐从科幻走进现实。[①] 无论如何分类，随着人工智能能力的增加，人工智能涉及的伦理问题、是否具体主体资格问题，以及责任问题也越来越多地受到人们的关注。

（一）弱人工智能（ANI）

人工智能依据是否能真正实现推理、思考和解决问题，可分为"弱人工智能""强人工智能"和"超人工智能"。弱人工智能指不能真正实现推理和解决问题的智能机器，此类人工智能没有自主意识。弱人工智能基本是依赖人的操

---

① 刘梦婷："机器人记者著作权问题探究"，载 https://xueshu.baidu.com/usercenter/paper/show?paperid=165b5ee46d96b6610c3e06a912c1c176&site=xueshu_se，最后访问时间：2022 年 8 月 9 日。

作，只是被人类使用的工具，即使存在伦理问题，伦理主体也在于使用弱人工智能的人本身。当前人工智能多数仍处于以特定应用领域为主的弱人工智能阶段，如图像识别、语音识别等生物识别分析，智能搜索、智能排序、智能推荐等智能算法。商业模式主要集中于应用感知智能技术，如身份认证，人脸识别、打卡及安防、语音识别、智能客服、语音助手等。无自我意识的弱人工智能属于人类使用的工具，与其他互联网技术并无本质差别。[①]在作为工具使用时，弱人工智能存在的法律、伦理问题主要是算法价值偏见问题、数据真实性问题、个人隐私安全问题等。

将人工智能分为"弱人工智能""人工智能"似乎是在"弱"和"强"之间加了一个层次，虽然这个层次很容易与一般所称的通用名称"人工智能"相混淆，但似乎确实有比身份认证，人脸识别、语音识别等"弱人工智能"更聪明的"人工智能"，但尚不能称其为有自主意识的"强人工智能"，例如，自由驾驶是属于弱人工智能还是强人工智能，自动驾驶似乎并没有那么"弱"。立足于"机器学习"，人工智能自动驾驶可能比人类更有应对路况的能力，因为算法无法涵盖所有路况，设计者必须赋予无人驾驶系统一定的自主权，避免在特殊路况下该系统不知所措。理论上，无人驾驶系统的传感器（比如Lidar）可以比人类驾驶员更早地发现违规行人，即环境感知，谷歌已证实自主驾驶汽车的安全性远远高于人类驾驶的汽车。[②]然而，这种比"弱人工智能"强一些的自动驾驶是否完全依"弱人工智能"的规则判断责任？相关事故应当由谁来承担责任？这些都给法律提出了新的挑战。

（二）强人工智能（AGI）

强人工智能是指有自我意识的真正能思维的智能机器，可分为类人与非类人两大类，前者机器的思考和推理类似人的思维，后者机器产生了和人不一样的知觉和意识，使用和人不一样的推理方式。那么如果强人工智能犯罪，应当适用怎样的惩罚机制？又应当如何避免此种犯罪行为的发生？人工智能在未来会面临更加复杂的伦理安全问题。有学者认为：强人工智能机器人承担刑事责任的根据和承受刑罚的基础与自然人、法人存在较大差异。强人工智能时代应采取新型社会责任论，强人工智能机器人承担刑事责任的基础是其对人类社会造成的威胁。在强人工智能时代，应通过删除数据、修改程序和永久销毁等契

---

① 王雪莹："技术的逻辑：强弱人工智能与伦理"，载《阴山学刊》2019年第2期。

② Sven A. Beiker, "Legal Aspects of Autonomous Driving", 52 *Santa Clara Law REV*（2012），p.1145，1149.

合强人工智能机器人特征的刑罚处罚方式来实现刑罚报应和预防的双重目的。[①]

强人工智能作为有独立意识特性的特殊法律实体，需要法律规则的发展，与传统的归责法律不同，人工智能的规制应当侧重其设计、制造、测试、销售等过程的规制。无论是弱人工智能还是强人工智能，都应当设计成为具有可责性与可验证性的实体，其中包括开发数据记录全留存以便侵权后查验、扩大人工智能相关数据披露范围、主动告知人工智能风险、大规模商用前先行测试等，应当尽可能减少人工智能造成的危害，并对在上述过程中产生的不符合规则的行为予以处罚。

（三）超人工智能（ASI）

超人工智能远远超越人类的智能，指在所有领域都比最聪明的人类大脑都聪明很多，包括科学创新、通识和社交技能的人工智能。库兹韦尔曾提出了著名的"奇点理论"（Singularity），认为科技的发展是符合幂律分布的。前期发展缓慢，后面越来越快，直到爆发。他认为到 2045 年，强人工智能终会出现。人工智能花了几十年时间达到了幼儿智力水平。然后在到达这个节点一小时后，这个强人工智能变成了超级人工智能，智能瞬间达到了普通人类的 17 万倍。这就是改变人类种族的"奇点"，智能机器人将取代人类。[②] 奇点理论分为两个阵营：乐观派认为机器最终会将人类带入永生，悲观派则认为机器可能会将人类带向毁灭。[③] 有研究发现，从理论上来看，人类不可能控制超人工智能。近几年，人工智能在国际象棋、围棋、德州扑克等游戏上都超越了人类，时不时会引起一小阵恐慌，有人担心超越人类的机器智能会在某一天让人们无所适从。[④] 由于计算本身固有的基本限制，人类可能无法控制超人工智能。

也有学者从机器人的角度将人工智能分为三类，即无智能机器人、智能机器人及生物机器人，分别称为 1.0、2.0、3.0 机器人。[⑤] 1.0 机器人主要指无智能

[①] 卢勤忠、何鑫："强人工智能时代的刑事责任与刑罚理论"，载《华南师范大学学报（社会科学版）》2018 年第 6 期。

[②] Ugo Pagallo, "What Robots Want: Autonomous Machines, Code and New Frontiers of Legal Responsibility" in Mireille Hildebrandt and Jeanne Gaakeer, eds., *Human Law and Computer Law: Comparative Perspectives*, Springer, (2013), p.47.

[③] 王雪莹："技术的逻辑：强弱人工智能与伦理"，载《阴山学刊》2019 年第 2 期。

[④] LazarosIliadis et al., eds., *Arificial intelligence Applications and Innovations*, Springer (2018). p.3.

[⑤] 封锡盛："机器人不是人，是机器，但须当人看"，载《科学与社会》2015 年第 2 期。

的工业机器人，大量存在于重复、单调、枯燥的工作岗位，如焊接、装配、搬运等。1.0 机器人从技术层面就是基于自动化技术的机械电子装置。2.0 机器人即智能机器人，包括特种机器人和服务机器人。其系统分为两层，在 1.0 机器人度层之上，增加了计算机软件实现的智能顶层。2.0 机器人系统中，人和机器对智能的贡献是机械的叠加，人与机器有一定的互动。2.0 机器人融入互联网，在网上为机器人建立公用的"大脑"，使机器人智能水平得到空前的提升。我们现在正处在 2.0 机器人时代。3.0 机器人指生物机器人，包括机械电子部件与生物部件混合构成的机器人。生物机器人正在代替失效的生物部件，如人工心脏、人工耳蜗、人工关节等。

第二节　人工智能涉及的伦理问题

近年随着人工智能相关技术的快速发展，人们在享受人工智能带来的各种福祉的同时，其产生的伦理问题也越来越成为社会关注的焦点。目前，人工智能已广泛运用于医疗诊断、交通运输、教育、执法、互联网等领域之中。人工智能一方面是一种应用前景广泛、深刻改变世界的革命性技术，另一方面也是一种开放性的、远未成熟的颠覆性技术，其研发和应用涉及对传统的人伦关系的解构，自然会引发伦理冲突，带来伦理难题。[①] 由于人工智能的行为是通过算法预先设定的，而事先的编程又不可能穷尽所有功利、道德的考量，而只能从大数据库中选取相似的案例进行类推。例如，自动驾驶人工智能汽车不得不面对的伦理难题是：在面临突发情况时是保障行人生命权，还是坚持乘客安全至上？这使得人工智能最后的选择可能并不符合人类伦理的要求。[②] 如何把控人工智能可能导致的伦理后果，需要在进行人工智能开发的同时，遵守合理的伦理原则。国务院 2017 年印发的《新一代人工智能发展规划》提出，"初步建立人工智能法律法规、伦理规范和政策体系，形成人工智能安全评估和管控能力"。[③] 可见，该规划希望通过对人工智能相关法律、伦理等问题的研究，划定人工智能的法律与伦理道德边界，以便使其安全地服务于人类社会。

---

① 孙伟平："人工智能导致的伦理冲突与伦理规制"，载《教学与研究》2018 年第 8 期。

② Seana Valentine Shiffrin, "Inducing Moral Deliberation: On the Occasional Virtues of Fog", 123 *HARV Law REV.* (2010), p1214, 1222, 1244.

③ "国务院关于印发新一代人工智能发展规划的通知"，载 https://www.gov.cn/zhengce/content/2017-07/20/content_5211996.htm，最后访问时间：2022 年 2 月 12 日。

一、人工智能引发的伦理困境

人工智能技术最突出的特点就是能让"机器学习",且在无人介入的情况下机器能够自行作出决定和执行决定。人工智能的三个支撑基础是数据、算法和算力,算法依数据进行运算后作出决定并执行决定。但算法所依据的数据可能是不完整的,可能存在偏见,或能被篡改过等。人工智能算法独特的运行逻辑导致法律赖以生成与存在的社会结构性场景发生了重大变化。[①] 数据的瑕疵会导致不确定的结果,可能引发有违人类伦理的伤害。人工智能要获得社会公众的信任,不仅要遵守法律规定,还应符合伦理原则。近年人工智能有了爆发式的增长,究其原因,在于云计算、物联网、大数据等技术的日益成熟。云计算为人工智能提供开放平台,物联网确保数据的实时分享,大数据为深度学习提供无限的资源。另外,2018 年以来区块链技术的发展,能够弥补人工智能在数据安全和数据因素方面的缺陷,为人工智能的场景应用提供可靠的保障。人工智能的发展和大规模应用极大地提高了生产效率,并推动了社会生产力的发展;但也导致了人伦关系和社会结构的变化,形成了人与人工智能的关系的新课题。

(一)人工智能带来的"新异化"

随着人工智能的广泛应用,社会智能化程度获得前所未有的提升,人工智能在改变和塑造人与社会的同时,也分裂出了自己的对立面,发展出一种新的外在的异己力量。由于人工智能加工处理的"原料"除了物质,还有主要是由人脑处理的信息和知识,人们对于人工智能可能造成的后果是难以预测的。因为人工智能有可能偏离预设的轨道,挣脱人们的控制,"技术的逻辑"有时可能背离人们的初衷,导致反主体性效应。[②] 人工智能不受约束地发展也可能会异化为束缚人、排斥人的工具。例如在高度自动化、智能化的流水生产线上,人类受限于自己的知识与技能,可能难以理解和主导生产过程,慢慢会变得越来越依赖人工智能。随着系统越来越智能、数据越来越庞杂,人的处理与人工智能相比,显得力不从心。最后,绝大多数人可能沦为"智能机器的附庸"。[③] 因此,人工智能在发展的过程中需要遵循一定的原则,来抑制人工智能与人的"新异化"。

---

① 齐延平:"论人工智能时代法律场景的变迁",载《法律科学(西北政法大学学报)》2018 年第 4 期。

② 孙伟平:"人工智能与人的'新异化'",载《中国社会科学》2020 年第 12 期。

③ 孙伟平:"人工智能导致的伦理冲突与伦理规制",载《教学与研究》2018 年第 8 期。

（二）人工智能可能导致的失业问题

人工智能的发展不可避免地在许多领域会代替人的工作，引发失业问题。人工智能导致的失业被称为"技术性失业"。[1] 每一次工业革命都给人们带来了技术性失业的困扰，人们在经历相当长的痛苦后才适应新的时代需求。这次人工智能时代的到来使得越来越多的工作由机器人来承担。与以往不同的是，以往的工业革命只是造成对某个行业的冲击，如第一次工业革命大机器生产取代工厂手工业，生产力得到突飞猛进的发展；第二次工业革命人类进入了"电气时代"，推动了社会生产力的发展，但其对行业就业的冲击仅限于某个行业。本次工业革命以原子能、电子计算机、空间技术和生物工程的发明和应用为主要标志，涉及人工智能、信息技术、新材料技术、生物技术等诸多领域的一场信息控制技术革命。这一次革命几乎是对每一个行业同时进行无情的冲击。其发展速度之快也使人们也无法像以往那样有更多的时间来进行调整，以应对技术性失业的发生。[2] 李开复认为：人工智能会改变每一个产业，且 50% 的工作都会被人工智能所取代。[3] 当然，人工智能的影响不一定是失业增加，也可能是人力资源的转移，任何规模化地采用新自动化设备都会引发人力资源的转移，例如德国的工业自动化水平最高，但其失业率在发达国家中最低就是例证。而自动化，特别是机器人化，只是推动了人力资源的重新配置。[4] 总之，人工智能在就业上的影响是全球性的、全行业的、结构性的，因此其影响也是前所未有的。在伦理层面，我们需要研判人类是情愿让人工智能做几乎所有重要的事，而人类只做相对简单的事，还是要从人工智能那里夺回控制权。如果人类复杂的工作都可以交由机器人去做，是否要重新定义人类生命的价值？

（三）人工智能对家庭伦理的挑战

人工智能的发展必然会对家庭结构和家庭伦理产生影响，社交恐惧症的男女可以通过类人机器人满足交往的需求，智能机器人父母可以缓解父母育儿的压力，机器人兄弟姐妹弥补了孩子的平辈伙伴需求。但同时，这一切也对传统的家庭伦理构成了挑战，可能导致独身主义、单亲家庭、丁克家庭等增多。"人机组合家庭"使传统家庭的关系受到致命冲击，因此，应当对"智慧"超群的

---

[1] 程永宏："技术性失业：虚构还是现实"，载《经济学家》2003 年第 5 期。

[2] "八大视角，看待人工智能时代的就业问题"，载 https://www.sohu.com/a/293695182_476872，最后访问时间：2021 年 8 月 23 日。

[3] 李开复：人工智能再智能，也还是我们的奴隶与工具，载 http://www.360doc.com/content/16/0615/05/32488356_567858352.shtml，最后访问时间 2022 年 8 月 9 日。

[4] 封锡盛："机器人不是人，是机器，但须当人看"，载《科学与社会》2015 年第 2 期。

人工智能加以规范，设置限制。[1]家庭是社会的细胞，其组成以爱情这种人类排他性的情感为基础，而人工智能进入家庭角色会侵蚀神圣的爱情及家庭领域，动摇传统的家庭结构和伦理关系，对既有的家庭伦理、道德规范和秩序构成冲击。美国有一家专门生产实体娃娃的公司叫深渊创作（Abyss Creations），该公司推出了"和谐"（Harmony）伴侣机器人，一些从深渊公司购买其产品的人对伴侣机器人发展出了强烈的依恋。专家预测，到2050年，人形智能机器人将变得和"真人"一样，令人难以区分。[2]即人形智能机器人与人类一样，在定制下会随你所愿，拥有你喜欢的外表，可以与你长情相伴，当你的助手，陪你聊天解乏，让你享受家庭的温暖，你会丧失与真实的人类组成家庭的愿望。[3]这将颠覆既有的家庭结构，也是对家庭关系法律治理结构的挑战。

我国也有学者将人工智能涉及的伦理问题概括为三个维度，在发展阶段上则涉及"专用人工智能""一般人工智能"和"超级人工智能"三个阶段，不同阶段会涉及不同的伦理问题。[4]三个维度即算法、数据和社会。算法维度的"专用人工智能"阶段涉及算法的无力、不透明和不安全，"一般人工智能"阶段则涉及人的主体性危机。在数据维度的"专用人工智能"阶段涉及过度收集、滥用个人信息（包括侵犯隐私、不当利用敏感个人信息等），在"一般人工智能"阶段则涉及隐私保护的挑战。社会维度的"专用人工智能"阶段涉及人工智能作品著作权的归属、产品的侵权责任、教育等领域的误用与滥用、算法歧视、信息茧房、大数据杀熟、家庭关系危机（性爱机器人）、人际关系危机、失业等社会问题，在"一般人工智能"阶段涉及邪恶利用、人机关系、自由问题（机器决策与社会结构）、平等问题（财富分配、个人地位）。算法、数据和社会三个维度发展到"超级人工智能"阶段的伦理问题都涉及社会关系的全面改变。

二、人工智能进化中的"奇点"

（一）机器学习产生超强能力

机器学习使机器自己形成一种不依赖于人的思考模式网络。机器学习显示了其超强的能力，"电王手双子"（Ponanza）击败佐藤慎一，"阿尔法狗"（Alpha

---

① 张之沧："人工智能对家庭伦理的冲击与解构"，载《国外社会科学前沿》2021年第1期。

② "专家大胆预测：人类与伴侣机器人将在2050年实现'婚姻自由'"，载 https://www.chinasexq.com/html/news/202107/21724925236.shtml，最后访问时间：2021年8月20日。

③ 孙伟平："人工智能导致的伦理冲突与伦理规制"，载《教学与研究》2018年第8期。

④ 郭锐：《人工智能的伦理和治理》，法律出版社2020年版，第40页。

GO）击败围棋高手，"深蓝"（Deep Blue）击败国际象棋中最好的大师，被视为人工智能历史上的三大标志性事件。[①] 从这些事件中，可以看到人工智能思维的凌厉之处，这种机器学习的思维已经让通常意义上的围棋定势丧失了威力，从而让习惯于人类思维的棋手瞬间崩溃。一个不再像人一样思维的机器，或许对于人类来说，会带来更大的恐慌。[②] 从技术角度来看，可把人工智能分为三个层次，第一层是计算智能，在该层次计算机早已超过人类；第二层是感知智能，在该层次让计算机具备视觉、听觉等；第三层是认知智能，其目标是让机器掌握人类的语言和知识体系并真正理解其内在逻辑。从感知智能到认知智能将是质的飞跃。

（二）人工智能进化的临界点——"奇点"

著名理论物理学家霍金在接受英国广播公司的采访时曾表示，人工智能会迅速演变并超过人类，他认为，"一旦经过人类的开发，人工智能将会自行发展，以加速度重新设计自己"。[③] 一些科技界大佬担忧人工智能在达到某个临界点后会突然开始进化，重新设计自己，并把人类远远甩在身后。这个临界点有个特别的名字——人工智能奇点。[④] 前述提到，未来学家库兹韦尔预言：奇点在 2045 年会来临，人工智能完全超越人类智能。他认为，由于技术发展呈现指数式的增长，机器能模拟大脑的新皮质，到 2029 年，机器将达到人类的智能水平；到 2045 年，人与机器将深度融合，那将标志着奇点时刻的到来。人工智能突飞猛进的发展使"奇点"这个概念得到了越来越多的关注。[⑤] "奇点"（Singularity）是人工智能发展会经历的一个阶段，当人工智能的发展达到奇点时，将会出现爆炸式的增长。[⑥] 为了保证人工智能服务于人类，专家们制定了一些人工智能发展的原则，使人工智能的发展不能只从技术角度考虑，还需要

---

① Ugo Pagallo，"What Robots Want：Autonomous Machines，Code and New Frontiers of Legal Responsibility" in Mireille Hildebrandt and Jeanne Gaakeer，eds.，*Human Law and Computer Law：Comparative Perspectives*，Springer，2013，p.47.

② 蓝江："人工智能的伦理挑战"，载《光明日报》2019 年 4 月 1 日，第 15 版。

③ "霍金：人工智能会导致人类灭亡"，载 https：//www.360doc.com/content/14/1205/13/20625606_430580200.shtml，最后访问时间：2021 年 8 月 22 日。

④ [美]Ray Kurzwell：《奇点临近》，李庆城、董振华、田源译，机械工业出版社 2011 年版，第 9 页。

⑤ "人工智能带来的五个奇点详解（规范 / 经典理论 / 经济 / 社会形态 / 技术）"，载 https：//www.elecfans.com/d/714354.html，最后访问时间：2021 年 8 月 22 日。

⑥ Should we Fear AI and Singularity? https：//www.rolandberger.com/en/Insights/Publications/Should-we-fear-AI-and-singularity.html.

考虑社会、伦理等因素。

（三）人工智能正在消解人的主体性[①]

有学者认为，随着人工智能通过深度学习具备了自身算法系统的反思能力和自己的万能算法语言，人的主体性将遭受更大的挑战。[②]这种主体性消解主要体现在以下方面：首先，算法使人面临客体化的危险。人工智能算法中个人逐步被数据化和被计算化。其次，算法容易将人锁定在自我编织的"信息茧房"中，指由于个人在上网浏览过程中导致的信息推送个人化，最终引致信息封闭的后果。最后，人工智能算法在语言和思维层面愈来愈迫近人类。算法的语言和思维会不断靠近智能发展的"奇点"，甚至有可能具有一定的思维能力，从而迫近人类，并对人类的主体性地位构成挑战。2019年欧盟发布的《可信赖人工智能的伦理准则》也注意到了这个问题，其提出的人工智能系统应该满足的7项要求之一"人类作用和监督"[③]就规定：人工智能不应减少或限制人类的自主性，人工智能应增强人的自由性和保障人的基本权利，而不是践踏人类的自主性。人的监督则可以确保人工智能不会削弱人的自主性或造成其他不利影响。

三、涉及人工智能与伦理的原则

（一）阿西莫夫的机器人三原则

科学技术的进步可能会引发一些人类不希望出现的问题。为了保护人类，科幻作家阿西莫夫提出了"机器人三原则"，阿西莫夫也因此被称为"机器人学之父"。机器人三原则分别是：第一条：机器人不得伤害人类，或看到人类受到伤害而袖手旁观。第二条：机器人必须服从人类的命令，除非这条命令与第一条相矛盾。第三条：机器人必须保护自己，除非这种保护与以上两条相矛盾。[④]第一条原则后来发展为"零定律"：机器人必须保护人类的整体利益不受伤害，其他定律都是在这一前提下才能成立。例如，为了维持国家或者说世界的整体秩序，制定的法律必须要执行一些人的死刑。在此情况下，机器人是否

---

① 参见郑智航："人工智能算法的伦理危机与法律规制"，载《法律科学（西北政法大学学报）》2021年第1期。

② 赵汀阳："人工智能的自我意识何以可能？"，载《自然辩证法通讯》2019年第1期。

③ Ethics Guidelines for Trustworthy AI -High-Level Expert Group on Artificial Intelligence，European Commission B-1049 Brussels，public on 8 April 2019，https：//www.aepd.es/sites/default/files/2019-12/ai-ethics-guidelines.pdf.

④ Isaac Asimov，I, Robot（Robot #0.1），https：//www.pipisu.com/booklist/wgkh16105456576513.html.

应阻止死刑的执行呢？依"零定律"是不允许的，因为这样会破坏了国家维持的秩序，也就是伤害了人类的整体利益。"机器人三原则"自提出以来就不断在科幻电影中被使用，如《太空的奥德赛》中就出现了人工智能 HAL9000 与宇航员的较量，人工智能 HAL9000 利用宇航员离开太空舱的机会，试图关闭3 名宇航员的生命保障系统，意图杀死宇航员。后来，宇航员关闭了人工智能 HAL9000 系统。[①]在类似的一些科幻电影中机器人几乎都违反了"机器人三原则"。其主要点是作品中机器人对"人类"这个词的定义不明确，有些还有种族歧视的色彩，如机器人认为只有白人是人类，可以想象在这种定义下，机器人很有可能变为种族屠杀的工具。欧盟的《可信赖人工智能的伦理准则》似乎也注意到了偏见问题，[②]规定人工智能提供的服务不应存在偏见。为此，人工智能开发商在开发过程中应组建多样化的设计团队，建立保障参与机制，以避免偏见问题。

（二）百度首席执行官李彦宏提出人工智能伦理四原则

人们享受着人工智能的同时，是否会意识到人工智能无序的发展可能最终会威胁到人类的安全？机器是没有情感的，如果一个机器程序发生了错误，就有可能对人类造成无法预估的伤害。因此，技术人员在开发人工智能时就需要遵守一定的伦理原则。百度公司创始人兼首席执行官李彦宏提出了人工智能开发需要遵守的四个人工智能伦理原则：其一，安全可控是最高原则；其二，促进人类平等地获得技术和能力是创新愿景；其三，人工智能的存在价值不是超越人、代替人，而是教人学习和成长；其四，人工智能的终极理想应该是带给我们更多的自由和可能。[③]人工智能技术的使命，是要通过学习人，再为人类服务，但人工智能的开发需要有伦理价值的指引，让科技造福人类，不能背离人的基本价值观。

（三）微软提出人工智能开发六原则

2018 年，微软在其《未来计算》（The Future Computed）一书中提出了人工智能开发的六大原则：公平、可靠和安全、隐私和保障、包容、透明、

---

① [美] 安东尼·杰·凯西、[澳大利亚] 安东尼·尼布雷特："规则与标准和消逝"，载赵万一、侯东德主编：《法律的人工智能时代》，法律出版社 2019 年版，第 56~57 页。

② Ethics Guidelines for Trustworthy AI, High-Level Expert Group on Artificial Intelligence, European Commission B-1049 Brussels, public on 8 April 2019, https：//www.aepd.es/sites/default/files/2019-12/ai-ethics-guidelines.pdf.

③ "人工智能的发展，需要遵守的四个 AI 伦理原则"，载 https：//blog.csdn.net/weixin_33775572/article/details/86752173，最后访问时间：2021 年 8 月 22 日。

责任。①

1. 公平性。公平性是指对人而言，不同区域的人、不同等级的人在 AI 面前是平等的，不应该有人被歧视。例如，大数据杀熟就是不公平的算法歧视。人工智能数据的设计均始于训练数据的选择，该环节可能由于采集的数据不够全面而产生不公平。"公平性"要求训练数据应该足以具有多样性和代表性。

2. 可靠性和安全性。这是指人工智能使用起来是安全的、可靠的、不作恶的。如司机使用人工智能汽车的自动驾驶系统，但出现了死机现象，司机又无法重启自动驾驶系统导致事故，这就是不安全、不可靠的情形。可靠性、安全性是人工智能非常需要关注的一个领域。

3. 隐私和保障。人工智能因为涉及数据，所以总是会引起个人隐私和数据安全方面的问题。例如，人们使用 APP 健身时会把自己的隐私数据暴露在平台上，军事基地的军人在使用 APP 健身时其锻炼的轨迹数据会全部上传，导致整个军事基地的地图数据暴露在平台上，使保密数据泄露。

4. 人工智能必须考虑到包容性的道德原则。要考虑到世界上各种功能障碍的人群。数据能够为人类提供很多的洞察力，但是数据本身也包含一些偏见。如何从人工智能、伦理的角度来实现包容性，即人工智能包容性的内涵。

5. 透明度。人工智能领域发展依赖的是深度学习，而深度学习往往在透明度和准确度上无法兼得，如要求更高的准确度，就要牺牲一定的透明度。准确的深度学习模型可能存在不透明的问题。如这些人工智能系统不透明，就有潜在的不安全问题。当人工智能应用于一些关键领域，如医疗领域、刑事执法领域、银行贷款领域时，需要小心是否存在"算法黑箱"，如自动画像的结果是银行应拒绝批准贷款，客户要问为什么，银行不能说是基于人工智能而拒绝回应，还是需要给出合理的理由。

6. 问责。人工智能系统采取了某个行动，或代替人来进行决策、采取行动出现了不好的结果，就应当承担相应的责任，但是由谁来承担责任？如果人工智能不具有主体资格，则不能推责于机器或者人工智能系统，人必须承担责任。

（四）"阿西洛马人工智能原则"（The Asilomar AI Principles）

2017 年 1 月在美国加州阿西洛马市举行的"有益的人工智能"（Beneficial AI）会议上，包括 844 名人工智能和机器人领域的专家在内的全球两千多人联

---

① 韩舒淋："人工智能的六大伦理原则"，载 https://www.sohu.com/a/318091146_644547，最后访问时间：2021 年 8 月 20 日。

合签署了"阿西洛马人工智能原则",呼吁全世界人工智能领域在发展人工智能的同时严格遵守三大类(共23项)原则,① 这些人工智能原则的建立旨在确保人工智能为人类利益服务,共同保障人类未来的利益和安全。"阿西洛马人工智能原则"涉及三大类:

第一类,科研问题。研究目的:人工智能研究的目标,应该是创造有益(于人类)而不是不受(人类)控制的智能。研究经费:投资人工智能应该有部分经费用于研究如何确保有益地使用人工智能,包括计算机科学、经济学、法律、伦理以及社会研究中的棘手问题,比如:如何使未来的人工智能系统高度健全,让系统按人的要求运行,而不会发生故障或遭黑客入侵?如何通过自动化提升人类的繁荣程度,同时维持人类的资源和意志?如何改进法制体系使其更公平和高效,能够跟得上人工智能的发展速度,并且能够控制人工智能带来的风险?人工智能应该归属于什么样的价值体系?它该具有何种法律和伦理地位?科学与政策的联系:在人工智能研究者和政策制定者之间应该有建设性的、有益的交流。科研文化:在人工智能研究者和开发者中应该培养一种合作、信任与透明的人文文化。避免竞争:人工智能系统开发团队之间应该积极合作,以避免安全标准上的有机可乘。

第二类,伦理和价值。安全性:人工智能系统在其整个运行过程中应该是安全和可靠的,且其可应用性和可行性应当接受验证。故障透明性:如一个人工智能系统造成了损害,则应能确定造成损害的原因。司法透明性:任何自动系统参与的司法判决都应提供令人满意的司法解释以被相关领域的专家接受。责任:高级人工智能系统的设计者和建造者,是人工智能使用、误用和行为所产生的道德影响的参与者,有责任和机会去塑造那些道德影响。价值归属:高度自主的人工智能系统的设计,应确保其目标和行为在整个运行中与人类的价值观相一致。人类价值观:人工智能系统应该被设计和操作,以使其和人类尊严、权利、自由和文化多样性的理想相一致。个人隐私:在给予人工智能系统以分析和使用数据的能力时,人们应该拥有权利去访问、管理和控制它们产生的数据。自由和隐私:人工智能在个人数据上的应用不能允许无理由地剥夺人们真实的或人们能感受到的自由。分享利益:人工智能科技应该惠及和服务尽可能多的人。共同繁荣:由人工智能创造的经济繁荣应被广泛地分享,惠及全人类。人类控制:应由人类来选择和决定是否让人工智能系统去完成人类选择的目标。非颠覆:高级人

---

① Bruce Sterling：The Asilomar AI Principles，AUG 13, 2018, https：//www.wired.com/beyond-the-beyond/2018/08/asilomar-ai-principles-2/.

工智能被授予的权力应该尊重和改进健康的社会所依赖的社会和公民秩序，而不是颠覆。人工智能军备竞赛：应避免致命的自动化武器的装备竞赛。

第三类，更长期的问题。能力警惕：应避免对未来人工智能能力上限的过高假设，但此点尚未达成共识。重要性：高级人工智能能够代表地球生命历史的一个深刻变化，人类应该有相应的关切和资源来进行计划和管理。风险：人工智能系统造成的风险，特别是灾难性的或有关人类存亡的风险，必须有针对性地计划和努力减轻可预见的冲击。递归的自我提升：被设计成可以迅速提升质量和数量的方式进行递归自我升级或自我复制的人工智能系统，必须受制于严格的安全和控制标准。公共利益：超级智能的开发是为了服务广泛认可的伦理观念，且是为了全人类的利益而不是一个国家和组织的利益。

总之，人类应该关注并有相应的方法对人工智能进行管理。超人工智能的开发必须符合广泛认可的伦理观念，必须有针对性地规划以减少可预见的冲击，更有必要对人工智能进行法律的规制。

（五）欧盟《可信赖人工智能的伦理准则》

为了阻止人工智能胡作非为，并保证政策和企业等层面不会制造出阿西莫夫所担心的问题。欧盟委员会组建的人工智能高级专家组（High-Level Expert Group on Artificial Intelligence，简称 AI HLEG）于 2018 年 12 月发布了《可信人工智能伦理指南草案》，2019 年 4 月欧盟正式发布了《可信赖人工智能的伦理准则》，以提升人们对人工智能产业的信任。欧盟委员会同时宣布启动人工智能伦理准则的试行阶段，邀请工商企业、研究机构和政府机构对该准则进行测试。[1]《可信赖人工智能的伦理准则》是企业和政府开发人工智能伦理应用的指导方针。《可信赖人工智能的伦理准则》不同于阿西莫夫的"机器人三定律"，没有直截了当地提供一个道德框架来帮助人类控制机器人的失控，[2] 而是通过一系列的指导方针使人工智能不要偏离伦理应用指导方针。

依欧盟官方解释，"可信赖的人工智能"有两个必要的组成部分：一是应尊重基本人权、规章制度、核心原则及价值观；二是应在技术上安全可靠，避免因技术不足而造成无意的伤害。例如，医疗人工智能诊断出某人患有癌症，欧盟的指导方针将确保软件不会因种族或性别而产生偏见；不会推翻人类医生

---

[1] Ethics Guidelines for Trustworthy AI, High-Level Expert Group on Artificial Intelligence, European Commission B-1049 Brussels, public on 8 April 2019, https://www.aepd.es/sites/default/files/2019-12/ai-ethics-guidelines.pdf.

[2] "欧盟发布人工智能伦理指南：AI 系统要负责任且无偏见"，载 https://www.fjii.com/kj/zx/2019/0409/211717.shtml，最后访问时间：2021 年 8 月 10 日。

的反对意见；患者有权选择听取人工智能诊断意见。① 该指导方针不具有法律约束力，但可能对欧盟未来起草的相关法律造成影响。欧盟希望成为人工智能伦理领域的领导者，并通过 GDPR 制定影响深远的法律，以保护公众的数字权利。在人工智能的投资和前沿研究方面，欧盟无法与人工智能领域的世界领先者美国和中国一争高下，因此，以伦理作为切入点，结合欧盟重视的隐私权保护，成为欧盟塑造人工智能伦理领域领导者的最佳选择。

《可信赖人工智能的伦理准则》提出了人工智能系统应该满足的七项要求。具体如下：②

1. 人类作用和监督。人工智能不应践踏人类的自主性，即在由"人机"组成的人工智能中，人仍然保持其主体性，人工智能应增强人的自由性和保障人的基本权利，而不是减少、限制人的自主性。人的监督则可以确保人工智能不会削弱人的自主性或造成其他不利影响。为此，要依人工智能及其特定应用领域，确保适度的人为控制措施。人对人工智能的监督越少，人工智能就应接受更广泛的测试和更严格的管理。

2. 技术的稳健性和安全性。首先，人工智能应该是准确的，人工智能完全能应对和处理其整个生命周期内自身发生的各种错误结果。其次，人工智能具有可靠性和安全性，它不应易受外部攻击的影响，不仅能抵御公开的网络攻击行为，也能抵御试图操控数据或算法的隐蔽行为。最后，人工智能应确保每一步都具有可验证的安全性，其运行中发生的意外后果和错误都必须进行最小化处理，在可能的情况下进行可逆性处理。同时，应充分披露其运行中可能发生的各种潜在风险，并建立相应的评估程序。

3. 隐私和数据管理。隐私和数据保护在人工智能整个生命周期均应得到保障。人工智能应确保人们对自己的数据拥有完全的控制权，并确保人们不会因为这些数据而受到伤害或歧视。此外，高质量人工智能还必须满足一些额外要求。首先，人工智能应当采用高质量的数据集，数据的误差、错误、偏见等须在训练之前予以解决。其次，人工智能必须保证数据的完整性。人工智能所用方法和数据集的步骤都必须进行测试和如实记录。最后，高质量人工智能必须严格管控其数据访问。

---

① Ethics Guidelines for Trustworthy AI, High-Level Expert Group on Artificial Intelligence, European Commission B-1049 Brussels, public on 8 April 2019, https://www.aepd.es/sites/default/files/2019-12/ai-ethics-guidelines.pdf.

② 参见宋建宝："欧盟人工智能伦理准则概要"，载《人民法院报》2019 年 4 月 19 日，第 8 版。

4.透明性。人工智能所作的决定应"由人类理解和跟踪"。首先，人工智能应具有可追溯性。人工智能要如实记录系统生成决定的整个过程及所作的决定，包括数据收集描述、数据标记描述及所用算法描述。其次，人工智能应提供其决策过程、系统设计选择的理由及相应的应用理由，不仅要确保其数据和系统的透明度，还要确保其业务模型的透明度。再次，应向利益相关者以适当方式充分披露人工智能的能力与局限。最后，人工智能应是可识别的，以确保使用者知道其与哪个人工智能进行交互，并知道谁对该人工智能负责。

5.多样性、非歧视和公平性。人工智能提供的服务不应存在偏见。人工智能所用数据集可能存在不完整性、偏见等影响，其中一些问题也可能是人工智能开发商、制造商、供应商，甚至使用者，利用偏见或者从事不公平竞争造成的，此类问题应在人工智能开发之初就应予以解决。为此，人工智能开发商在开发过程中应建立多样化的设计团队，建立保障参与机制，这有助于避免这些问题。另外，人工智能开发商应全面考虑不同人群的能力和需求，确保人工智能具有易用性，并尽力确保残疾人也能便利、平等地使用人工智能。

6.环境和社会福祉。人工智能系统应是可持续的并"促进积极的社会变革"，应从整个社会的角度来考虑人工智能的影响。人工智能可以提高人们的社会技能，但也会导致人们社会技能的退化，因此也应充分考虑人工智能对人们社会技能的影响。人类受益于生物多样性和适宜居住的环境，所以人工智能的解决方案应具有可持续性，还必须考虑人工智能对人类和其他生物的环境影响。因此，应当鼓励人工智能的可持续性和生态保护责任。

7.问责制。人工智能系统应具有可追责性，应建立责任机制，确保人们能够对人工智能及其结果进行追责。人工智能应具有可审核性并确保人们能容易地获得相关评估报告。评估报告由人工智能的内外部审核人员在评估后出具，这是保障人们能对人工智能追责的关键。对于人工智能的潜在负面影响，应事先予以识别、评估、记录并进行最小化处理。对不可避免的权衡应以合理的方式解决并说明。对于影响人们基本权利的人工智能应用程序，应确保其具有外部可审计性。对于人工智能应用过程中可能发生的不公平的不利影响，应提供可预期的、便利的、充分的补偿机制。具有可追责性的人工智能能有力提升人们对人工智能的信任。

如前所述，为了确保《可信赖人工智能的伦理准则》的实施，欧盟委员会将在欧盟内部启动有针对性的试点工作，目的在于获得利益相关者的反馈。试点工作主要包括两部分：一是针对人工智能利益相关者以及公共管理部门开展评估和反馈；二是组织欧盟成员国和不同利益相关群体之间开展持续协商和加深认识。同时，考虑到人工智能在数据流通、算法开发和产业投资方面的国际性，欧盟委员会将努力将《可信赖人工智能的伦理准则》推向国际，以促进国际社会就"可信任 AI"达成共识。

第三节　关于机器人是否具有民事主体资格的争论

如前文所述，在弱人工智能和强人工智能之间，还有一种，既不是那么弱，又没实现完全自主决策状态的人工智能，有一定自主性的智能驾驶就是一个最典型的例子。智能驾驶是一种"新事物"，可能产生的经济和社会效益十分显著，但其造成的人身伤亡事件及责任承担也不能忽视。能评测当前责任规则是否合理的自主人工智能设备可能是无人驾驶汽车。[①]谷歌的无人驾驶汽车已在公共道路上测试多年并行驶了上千英里。[②]虽然也有人坐在车内，但其并不主导驾驶，驾驶完全由自动驾驶系统完成，系统使用一系列雷达和激光传感器、相机、全球定位设备，以及复杂的分析程序和算法，通过观察道路、注意其他汽车、行人、障碍物等，依交通规则、天气及影响车辆安全运行的各类因素调整车速和方向。[③]谷歌的经验证实了自主驾驶汽车的安全性是远高于人类驾驶汽车的。因为人类导致风险的因素可被智能机器消除，或大大降低，因为系统可以看到附近的一切，会在人类来不及反应的情况下迅速做出反应，此外系统也不会疲劳，不会酒后驾驶等。[④]当然系统也可能遇到无法探测到的突发情况，造成人身伤害，这就会涉及归责问题。

无人驾驶第一命案发生于 2016 年 5 月 7 日，美国佛罗里达州一辆特斯拉电动汽车在"自动驾驶"模式下与一辆大货车尾部的拖车相撞，导致特斯拉电

---

① Gary Marcus, Moral Machines, New Yorker（Nov. 27, 2012）, http://www. newyorker. com/online/blog/newsdesk/2012/11/google-driverless-car-morality. html.

② Kevin Funkhouser, "Paving the Road Ahead: Autonomous Vehicles, Products Liability, and the Need for a New Approach", 2013 Utah Law REV. pp.437–38.

③ Andrew P. Garza, " Look Me No Hands! Wrinkles and Wrecks in the Age of Autonomous Vehicles", 46 New Eng. Law REV.（2012）, pp.587–88.

④ Sven A. Beiker, "Legal Aspects of Autonomous Driving", 52 *Santa Clara Law REV*（2012）, p.1145, 1149.

动汽车的司机不幸身亡。①经查，车辆是在处于自动驾驶开启状态下相撞的。数据表明，当时车辆的时速为 119 公里 / 时，而路段限速为 105 公里 / 时，车辆处于超速驾驶状态。由于受到强光干扰，系统误将卡车判定为路标，刹车功能没有及时启动，车主也没有采取刹车、转向或其他动作避免撞车，最后导致碰撞事故发生。调查重点分析了特斯拉自动驾驶系统的四个方面：①该款特斯拉车型中的自动紧急制动系统和其他汽车的设计和性能对比；②与自动驾驶操作模式相关的人机交互界面；③与发生事故的特斯拉自动驾驶和紧急制动系统相关的数据；④特斯拉在自动驾驶和紧急制动系统中进行的改变。调查结果没有发现涉事车辆自动驾驶系统的设计和性能有安全隐患，最后，综合判断事故原因，特斯拉没有责任。目前，全球已有近二十家企业涉足无人驾驶汽车领域，包括奔驰、宝马、奥迪等传统汽车厂商，也有谷歌、百度等互联网巨头。②自动驾驶的诞生会减少人类的驾驶压力、提高交通安全，并为节能减排、摆脱城市拥堵找到新的解决途径，但其并不能避免交通事故的发生。自动驾驶或无人驾驶状态下交通事故的法律责任如何划分，到底是由汽车所有人或实际管理人、汽车制造商来承担事故的责任，还是软件开发商来承担事故的责任，现行法律并没有明确规定。

一、机器人发生事故的原因

面对机器人带来的威胁，日本有关部门曾组织了一个研究小组，对相关事故进行研究。专家认为，机器人发生事故的原因主要有三种，即电磁波的干扰、硬件系统故障、软件系统故障。③

（一）电磁波干扰造成的机器人杀人事件

电磁波干扰导致机器人伤人时常发生，例如，在马来西亚有家日本风味的机器人主题餐厅即发生了高频电磁波干扰的事故。一日，炒菜机器人将虾仁炒煳，当愤怒的老板夫妻到厨房查看时，该机器人突然向老板打了一巴掌，又

① Highway Accident Report：Collision Between a Car Operating With Automated Vehicle Control Systems and a Tractor-Semitrailer Truck Near Williston，Florida May 7，2016，NTSB/HAR-17/02，PB2017-102600Notation 56955，Adopted September 12，2017，https：//www.ntsb.gov/Pages.
② "百度谷歌无人驾驶项目大 PK 谁更胜一筹"，载 https://www.eepw.com.cn/article/201608/294811.htm，最后访问时间：2021 年 8 月 22 日。
③ 蓝精灵编："机器人世界"，载 https://wenku.baidu.com/view/ef56b5c94028915f804dc272.html，最后访问时间：2019 年 7 月 28 日。

给了老板娘一巴掌。后查明：该机器人是受厨房附近的高频电磁波干扰才失手的。①1989年，前苏联国际象棋冠军古德科夫和机器人对弈，古德科夫连胜三局，看起来气愤的机器人突然向金属棋盘释放强大的电流，将该大师击毙。后查明是因外来的电磁波干扰了电脑中已经编好的程序，以致机器人动作失误而突然放出强电流，造成悲剧。②上述均为电磁波干扰导致的机器人伤人事件，电脑等各种电子电器设备在使用过程中，都会发出各种不同波长和频率的电磁波，这种电磁波充斥的空间会形成"电子雾"的污染源，由于它看不见、闻不到，很容易被忽视，但其对机器人的干扰正在构成对人类生存环境的新威胁。因此，在技术上应当防止这种情况的发生，但由其造成的损失仍然可能会由机器人的生产者、设计者等承担。

（二）机器人硬件故障导致损失的事件

作为工业产品的机器人，其硬件自然也有出现故障的时候，如电机可能温度过高导致事故，机器人电源模块短路板出现短路故障，带电插拔装板卡及插头时用力不当造成对接口、芯片等的损害，从而导致机器人电路板损坏等。机器人工作异常导致人类伤亡事件也不是空穴来风，如1978年9月6日，日本广岛一家工厂的切割机器人在切钢板时突然发生异常，将一名值班工人当作钢板操作，这是世界上第一宗机器人"杀人"事件。③不光是人身伤亡，机器人也带来了许多财产的损失，如奥地利的哈克尔购买的由美国iRobot公司生产的家务机器人，它每天的工作就是倒垃圾，一天在完工后，它竟自己"启动"爬到炉子上（机器人出现故障），成为全球首个"自杀"机器人。由于机器人自焚导致的浓烟毁坏了房子，哈克尔一家已经无处居住，于是向iRobot公司申请赔偿。④

（三）软件系统故障导致损害事件

机器人出现故障也可能因为软件系统出问题，如意大利米兰一屠宰场经理阿巴多购买了一台专门用来做面和洗碟的家务机器人。阿巴多某日觉得所吃的

---

① "从'机器人伤人事件'看人工智能是否值得警惕"，载 https://www.sohu.com/a/119482435_112986，最后访问时间：2019年7月26日。

② 张海涛："机器·人·艺术·时代——平等地建构未来……"，载 https://www.douban.com/group/topic/84435299/，最后访问时间：2019年8月1日。

③ 百家号一个工业机器人原创提供："机器人'杀'人事件，深入分析"，载 https://baijiahao.baidu.com/s?id=1598180553475425006&wfr=spider&for=pc，最后访问时间：2019年8月5日。

④ "奥地利一机器人自焚 为全球首例'自杀'机器人"，载 https://www.mnw.cn/news/world/695327.html，最后访问时间：2022年8月9日。

意大利面味道不对，次日他到厨房查看，发现机器人是拿含有洗洁精的洗碟水来煮面。他一怒之下拧断了机器人的脖子。后查明机器人是因软件系统出故障，误将洗碟水当作自来水使用。[①] 美国一位 25 岁的福特工厂装配线工人 Robert Williams，在福特铸造厂被工业机器人手臂击中身亡，因存在工业机器人生产安全上的缺失，法院判福特铸造厂赔偿 Williams 家人 1000 万美元。[②] 这是第一例被裁决的工业机器人杀死人并判赔偿的案件。

机器人伤人事故如果是由于设计、制造的原因而导致的，则应由生产者承担责任。但使用智能机器人不当，也会造成对人类本身的误伤。由于人类的认识有限，在机器人的设计上可能存在漏洞，或者不能有效防止高频电磁波干扰，导致伤人和损坏财产的事件发生。那么相关的死伤和财物损失事件，应当由谁来承担相关民事赔偿责任？中国首例机器人"伤人"事件就涉及使用不当，该事件发生在 2016 年深圳举办的第 18 届中国国际高新技术成果交易会上，当时名叫"小胖"的机器人突然发生故障，在无指令的前提下，自行打砸展台玻璃，导致部分展台破坏，该机器人还砸伤了路人。销售人员解释，"小胖"主要有两种操控方式，一种是语音操控模式，另一种是手动操控模式。如是语音操控模式，那么机器人有避障功能。如果是手动操控模式，就没有避障功能，这次工作人员在使用时就是手动操控模式，所以才会撞上玻璃。但是手动操控时会有儿童锁，所以会起到一定的保障作用。[③] 针对此事销售人员的解释是"小胖"机器人是安全的，其移动速度固定而缓慢，已考虑了安全问题，不会出现突然快速冲过来的现象。本次事件属于操作人员操作不当引起的损坏财物和伤人的事件，但销售方仍然有赔偿责任的承担问题。

二、关于人工智能是否具有法律人格的争论

机器人及智能驾驶伤人事件引起了人们对相关责任承担的思考。事故如果是由于设计、制造的原因导致的，现在的法律框架下由生产者承担责任，或是由设计者、制造者、销售者等来分摊责任。美国即有在无人驾驶汽车发生伤害事故无法确定故障原因时，判由制造商、设计者对受害人承担连带赔偿责任的

---

① "机器人的三大定律，对后世的创造有一定的指导意义！"，载 https://www.pinggu.org/index.php?m=content&c=index&a=show&id=4403630&page=xy，最后访问时间：2019 年 7 月 26 日。

② Williams v. Litton Systems，Docket No. 87885.Decided November 2，1987，https://casetext.com/case/williams-v-litton-systems-1.

③ "深圳高交会小胖机器人伤人事件调查！"，载 https://www.sohu.com/a/119328367_152586，最后访问时间：2019 年 7 月 30 日。

案例。① 另一个问题即是否要追究有一定自主能力的智能汽车本身的责任，这就涉及是否赋予人工智能法律上的"人格"的问题。法律人格是指作为权利享有者和义务承担者的法律地位和资格。关于是否可以赋予人工智能法律人格，在理论界是有争议的：

（一）否定说认为人工智能不具有法律人格

否定说认为受自然人、法人等民事主体控制的机器人，尚不足以取得独立的主体地位。机器人无论以何种方式承担责任，最终的责任承担者都是人，只有人类才可以理解"权利"与"责任"的含义，机器只能被设计成遵守规则，却不能理解规则。② 否定说否认人工智能具有法律人格所依据的理由各不相同，一种立足于现有的以自然人概念为中心的法律体系，认为人工智能尚未达到"自然人"的要求。生物人作为有生命的自然人，是法律世界中的主体，具有人格和权利能力，其意识、理性及其伦理性决定了其作为法律主体的标准。而人工智能不具备人类的"心性和灵性"，显然不是拥有自然人身份的生物人，因而不是法律主体，不具有法律人格。另外，区别于具有自己独立意志并作为自然人集合体的法人，将人工智能作为拟制之人以享有法律主体资格，在法理上尚有商榷之处。③ 人工智能机器人是受民事主体控制的，并不具有人类独有的内在人性和生命特征。因此人工智能机器人不应具有法律主体资格。在否定人工智能具有法律人格的观点中，"工具说"④ 认为人工智能是人类为生产生活应用而创设的技术，其本质是为人类服务的工具，认为人工智能无独立的意思表示能力，并不承认人工智能具有独立的法律人格。人工智能表现出的智能是人类知识的处理结果，人工智能技术仍然是一种工具，这种工具和其他工具一样，是人类发现和利用自然规律的结果，其进步所遵循的规律和人类进化的规律并不相同。人工智能只是工具，没有任何证据表明工具的进步是以具有人性作为最高目标的。⑤

（二）肯定说主张应赋予人工智能法律人格

"肯定说"主张应赋予人工智能法律人格，人工智能在未来将更多地

---

① FTC v. Network Servs. Depot, Inc., 617 F. 3d 1127, pp. 1142-43（9th Cir. 2010）.

② 吴习彧："论人工智能的法律主体资格"，载《浙江社会科学》2018年第6期。

③ 吴汉东："人工智能时代的制度安排与法律规制"，载《法律科学（西北政法大学学报）》2017年第5期。

④ Kalin Hristov: Artificial Intelligence and The Copyright Dilemma[C].2016—201（57）：442.

⑤ 人工智能法律研究："人工智能工具论"，载 https://cloud.tencent.com/developer/news/305115，最后访问时间：2021年8月5日。

以"类人主体"的方式出现，人工智能是能够表现人类独特性征的拟人化物体。虽然机器人不是人，但需要当"人"看。[①]西方有学者类比公司法人的做法，[②]认为人工智能应具有某种形式的法律人格，即当人工智能系统接近人类或与人类无法区分时，其应有权享有与自然人相当的地位。肯定说认为可以创造一个新的法人类别适用于人工智能。[③]还有学者使用了人工智能"拟人化"（Anthropomorphisation）的说法，认为可将人工智能理解为通过"拟人化"转换的法律实体。[④]人工智能可以通过数据主体获得与人类属性相一致的转换。总之，人工智能时代对构造权利主体基础的冲击是以往任何时代都不可比拟的。法律主体具有向其他存在物拓展的可能，即法律主体资格具有开放性。当然，类似人的这些智能机器人，即使可以成为法律主体，它也应该是一种特殊的受制于伦理章程与法律规范的主体，不像自然人那样其主体地位可以先于法律地位存在。人工智能获得主体地位的前提是对现有的法律体系作出变革，人工智能的演进路径与自然人不同，未来需要对"人"的主体概念进行"重构"，使人工智能也包括在"人"的概念内。[⑤]

（三）"折中说"认为人工智能只具有"有限法律人格"

"折中说"认为人工智能具有有限的法律人格，认为虽然人工智能不能具备完全的法律人格，但是赋予人工智能以有限的法律人格可为人工智能的技术进步提供法律规制。"折中说"又有不同的观点：袁曾认为人工智能可以享有权利、承担义务，只是在法律责任的承担上不同于传统的法律主体，所以只具有有限的法律人格。[⑥]该观点认为人工智能拥有一定的"决策能力"，但因为人工智能的行为能力是有限的，不能保障其每次做出的行为均具有合理合法的价值判断，因此，人工智能仍是一种"工具"。这就决定了在责任承担上，人工

---

① 封锡盛："机器人不是人，是机器，但须当人看"，载《科学与社会》2015 年第 2 期。

② Paulius Čerka, Jurgita Grigienė, Gintarė Sirbikytė, Is it possible to grant legal personality to artificial intelligence software systems? https：//www.sciencedirect.com/science/article/abs/pii/S0267364916301777.

③ Simon Chesterman, Artificial Intelligence and the Limits of Legal Personality, https：//www.researchgate.net/publication/346719980.

④ Abhivardhan, The Ethos of Artificial Intelligence as a Legal Personality in a Globalized Space：Examining the Overhaul of the Post-liberal Technological Order, https：//link.springer.com/chapter/10.1007/978-3-030-49186-4_1.

⑤ 王勇："人工智能时代的法律主体理论构造：以智能机器人为切入点"，载《理论导刊》2018 年第 2 期。

⑥ 袁曾："人工智能有限法律人格审视"，载《东方法学》2017 年第 5 期。

智能不同于自然人，但由于其部分符合法律人格的要求，可辅以相应的责任承担机制，赋予其有限的法律人格。杨立新认为人工智能是物，但具有人工类人格。人工类人格指人工智能具有类似于自然人的法律地位，是权利的客体。[①]因为一方面人工智能拥有"意识能力和意志"；另一方面，法律主体除了意识能力和意志之外，还应具有人体、人脑等生理要素以及社会角色要素。因此，人工智能只具有人工类人格。许中缘认为人工智能可以拥有工具人格，认为其人格赋予应遵从人类中心和以人为本等价值取向，鉴于人工智能具备了"智力"和"意志"，其物的属性退化，向着主体的角度进化，因而在"以人为本"的价值取向下，可赋予人工智能以"工具人格"。[②]

总之，上述认为人工智能具有有限的法律人格的主张，认为人工智能可获得法律人格的基础之一在于其具有一定的"理性"，人工智能的核心算法是"深度强化学习"和"蒙特卡罗树搜索"，两算法的结合使人工智能不仅具备了基于所收集数据进行学习的能力，也有依习得的经验选择和判断的能力。因此，从理解能力和执行方面来说，人工智能具备了一定成为法律人格的基础。赋予人工智能以有限的法律人格之后就会涉及法律责任的承担问题。学者认为借助已有的责任承担体系，即可解决人工智能承担法律责任的问题。无民事行为能力人和限制民事行为能力人均具有法律人格，但在权利的享有和义务的承担方面却受限制。因生理、病理原因，无民事行为能力人和限制民事行为能力人在理解能力上不能达到法律要求的完全民事行为能力人的标准。公司人格也具有独立性，认定公司的行为的直接责任人会引向法人代表或股东。[③]人工智能法律责任制度可借鉴已有法律主体的责任承担制度来构建，包括财产责任制度、公司法人人格否认制度、公司犯罪两罚制等。

国外也有类似"折中说"的主张，既不肯定人工智能具有法律人格，也不否定其具有法律人格。一些代表学说有"电子奴隶说""代理说"等。[④]"电子奴隶说"认为人工智能不具有人类特殊的情感与肉体特征，在工作时无休息等现实需要，可以认作不知疲倦的机器，有行为能力但没有权利能力。代理说认为人工智能的所有行为均是为人类所控制，其作出的行为与引起的后果最终必须

---

① 杨立新："人工类人格：智能机器人的民法地位 —— 兼论智能机器人致人损害的民事责任"，载《求是学刊》2018年第4期。

② 许中缘："论智能机器人的工具性人格"，载《法学评论》2018年第5期。

③ 朱程斌："论人工智能电子人格"，载《天津大学学服（社会科学版）》2019年第4期。

④ Kalin Hristov: Artificial Intelligence and The Copyright Dilemma[C].2016—201（57），p.442.

由被代理的主体承担。代理说的理论似乎被欧盟所采纳，[①]欧盟 2017 年通过的《欧盟机器人民事责任法律规则》提出了"非人类的代理人"的概念，实质上也是将人工智能作为一个有目的性的系统，并在实质上将工人智能体作为民事主体。[②]当人工智能通过其系统的启发式编程算法（HAL）作出违反规则的决策行为时，应当终止其"代理人"的身份。HAL 被赋予了独立思考和行为的能力，可以依自身获取和分析的信息，独立于人类的直接指令，并可能在无法预料的情况下作出非常重要的决定，在自动驾驶汽车或飞机的"自动驾驶仪"上已出现了这样的情况，[③]如出现人与"自动驾驶仪"争夺主导权的情形。学者认为，在人工智能的决定违反机器人技术的第一个规则，即"机器必须不会对人类造成伤害"时，应当终止 HAL 作为代理人的身份。[④]"折中说"认为在现行法律框架下，机器人不应因其对第三方造成损害的行为而承担责任；在责任保险的现行规定中，机器人的作为或不作为的原因可以追溯到某一特定的人类代理，如制造商、经营者、所有者或使用者。

（四）赋予人工智能有限主体资格的尝试

随着人工智能科技水平的迅速发展，从趋势上看，机器人从原来的机械手臂到仿生机器人，人工智能的自主性、学习能力和社会性越来越接近人类，法律资格主体不应受限于单纯的物种和生理差异。人工智能生产的效率与进化水平正渐渐高于人类，可以看看人工智能的超凡表现，特别是在机器人与人类进行对抗性游戏方面，1996 年机器人深蓝首次击败国际象棋冠军，[⑤]2011 年 2 月 17 日人工智能 Watson 在电视智力问答比赛中击败人类天才选手，[⑥]2017 年人工智能新算法 Deep Stack 击败人类职业扑克玩家，完美"碾压"人类智商。[⑦]2016

---

① European Civil Law Rules in Robotics，https：//www.europarl.europa.eu/RegData/etudes/STUD/2016/571379/IPOL_STU (2016) 571379_EN.pdf.

② 彭诚信、陈吉栋："论人工智能体法律人格的考量要素"，载《当代法学》2019 年第 2 期。

③ Dylan LeValley，"Autonomous Vehicle Liability-Application of Common Carrier Liability"，36 Seattle U. Law REV.（2013）.p.5.

④ [美] 安东尼·杰·凯西、[澳大利亚] 安东尼·尼布雷特："规则与标准和消逝"，载赵万一、侯东德主编：《法律的人工智能时代》，法律出版社 2019 年版，第 59~60 页。

⑤ Bruce Pandolfini，*Kasparov and Deep Blue. The Historic Chess Match Between Man and Machine*（1997）.

⑥ John Markoff，"Computer Wins on 'Jeopardy，Trivial，It's Not"，N.Y. Times（Feb.16, 2011，https：//www.Nytimes.com/2011/02/17/science/ 17jeopardy-watson.html [https：//perma.cc/CM9S-7CQ4].

⑦ LazarosIliadis et al.，eds.，*Arificial intelligence Applications and Innovations*，Springer，2018. P3.

年 Alpha Go 和世界围棋第一棋手对阵，结果围棋这个被称为人类在游戏上保持优势的最后堡垒也被机器人攻破了。[①] 再如，2016 年一位日本女性身患重病，在医生束手无策的情况下，机器人 Watson 花了十几分钟就读完了 2000 万页的医疗文献，并给出医疗建议，救了该日本女性。[②] 2000 万页的书人是不可能在十几分钟读完的。此例可以看出人工智能所具有的明显特征，即超强的学习能力。当人工智能的行动范围脱离人类控制时，不能只将其视为物而将其产生的责任全部归责于所有人。世界上第一个拥有身份的智能机器人是由香港的汉森机器人技术公司（Hanson Robotics）开发的类人机器人索菲亚，索菲亚看起来就像人类女性，拥有橡胶皮肤，能够表现出超过 62 种面部表情。索菲亚"大脑"中的计算机算法能够识别面部，并与人进行眼神接触。2017 年 10 月 26 日，沙特阿拉伯授予香港汉森机器人技术公司生产的机器人索菲亚公民身份。也有人认为赋予索菲亚公民身份只是一种包装，类似于她这样的人形机器人在国际上还有很多，[③] 即索菲亚并非具有了真正意义上的"人格权"。

欧盟委员会法律事务委员会于 2016 年 5 月 31 日提交一项动议，要求欧盟委员会至少把最先进的自动化机器人的身份定位为"电子人"（electronic persons），并赋予这些机器人"特定的权利与义务"。[④] 当然这一动议引发了相当大的争议。谢菲尔德大学的人工智能和机器人名誉教授诺尔·沙吉认为：通过寻求机器人的法人地位，制造商们只是试图免除自己的机器行为的责任。欧盟委员会在 2017 年初发布的一份报告，又提到了应考虑机器人的法律地位，以便让机器人对造成的损害担负起责任。156 位人工智能专家以公开信的方式表示反对，他们认为如果真正赋予机器人"人格权"的话，制造机器人的企业的责任就被豁免了，这会非常危险。[⑤] 可见，"电子人"法律人格的概念又引发了机器人背后制造者豁免责任的担心。实际上，法律规则无法对机器本身的行为产生影响，更现实的途径是

① Ugo Pagallo，"What Robots Want：Autonomous Machines，Code and New Frontiers of Legal Responsibility" in Mireille Hildebrandt and Jeanne Gaakeer，eds.，*Human Law and Computer Law：Comparative Perspectives*，Springer，2013，p.47

② "'可怕'的人工智能来了，谁能继续'生存'？"，载 https：//www.sohu.com/a/194236706_392588，最后访问时间：2019 年 7 月 28 日。

③ Michael Callier and Harly Calllier，"Blame it on the Machine：A Socio-legal Analysis of Liability in and AI World"，14 *Wash. J. L. Tecj. & Arts*，2018.p59.

④ European Civil Law Rules in Robotics，https：//www.europarl.europa.eu/RegData/etudes/STUD/2016/571379/IPOL_STU（2016）571379_EN.pdf.

⑤ "156 位人工智能专家反对欧盟赋予机器人人格"，载 https：//baijiahao.baidu.com/s?id=1597677823933131128&wfr=spider&for=pc，最后访问时间：2021 年 8 月 7 日。

如何通过法律去影响机器背后的人，如人工智能的设计者、制造商、使用者等的行为层面，以解决人工智能所带来的风险以及责任的承担。

第四节　人工智能产品造成损害的责任承担

人工智能的快速发展使人机交互的情况增多，具有一定自主性人工智能产品造成人身或财产损害的情况也越来越多，有关责任的承担也成了不得不面对的法律问题。由于人工智能具有的深度学习能力，使人们在判断其造成的损害责任时不能完全套用传统的方法。人工智能造成的损害更确切地说是人工智能产品造成的损害，关于产品责任的规定，应适用涉及产品质量、消费者权益等的法律，但依传统的产品责任法规定，如产品致人损害的，受害者需要证明产品有缺陷、损害事实的存在，以及两者之间的因果关系才能获得救济。而人工智能产品的缺陷、因果关系等难以举证。其责任承担也应当有别于传统的责任承担规则。

一、人工智能产品合同内责任

（一）人工智能产品运用的场景

人工智能产品是基于数字技术，通过主动学习，能独立于人类思考和决策，并完成相应任务的工具。人工智能产品广泛应用于各个领域，包括计算机科学、医药、诊断、金融贸易、远程通信、重工业、运输、在线和电话服务、法律、科学发现、玩具和游戏、音乐等诸多方面。在计算机科学领域，AI 提出了许多方法来解决计算机科学最困难的问题。在医药和临床领域，可用人工智能系统组织病床计划，并提供医学信息。人工智能可以用来做临床诊断决策支持系统，帮助解析医学图像发现疾病，典型应用是发现肿块等。在金融领域，银行用 AI 系统组织运作，金融投资和管理财产。总之，人工智能的运用十分广泛，工业、运输、运程通讯、玩具和游戏、音乐等各领域都会看到人工智能的身影。

人工智能具有深度学习的能力，这使得人工智能产品造成的损害与普通产品不同，如依传统产品责任的承担需要考查主观过错、因果关系、举证等问题，而人工智能的主观过错难以判断，因果关系难以证明，举证难度高等，这也使得人工智能产品造成损害的合同内责任与侵权责任可能与传统的责任承担不同，进而发展出了针对人工智能产品侵权责任分配，归责原则等问题。

（二）人工智能产品合同及其特殊性

人工智能产品的运用需要通过涉及人工智能的合同，包括人工智能产品的买卖合同、租赁合同、服务合同等。因此就形成了人工智能产品的销售合同关系、租赁合同关系、技术服务关系、中介服务关系等。人工智能产品合同与传统合同相比具有不同的特点，人工智能产品合同除了传统合同中交付产品时的功能和质量等条款外，还有使用后这些产品会自动学习新知识和增加新功能的情形，这些情形应当写进合同。产品自动增加新功能是人工智能产品买卖合同（包括其他服务合同）与传统合同的重要区别。

1. 人工智能产品的功能具有"可变性"。传统产品的买卖合同中，有形物产品的功能是出厂前就固定了的，其功能只会衰减不会增加，而人工智能产品会随其自我学习使其功能不断增强。因此，人工智能产品买卖合同的主要条款除了出厂功能的质量要求外，还有其学习导致可能增加的功能，以及增加的功能可能给使用人带来的负面影响。[①]人工智能产品买卖合同中应对人工智能产品通过主动学习、自动增加的功能进行规制。

2. 人工智能产品合同具有"持续性"。人工智能产品是依赖数字技术生成的，其交易、服务等都会依赖网络，也使整个交易表现出持续性的特征。例如，智能汽车系统的更新、智能手机系统的更新均增加了新的服务内容。电子书的新增内容，人工智能产品的维修保养、软件升级、远程服务等都具有持续性，而不是传统产品买卖一手交钱，一手交货即完成了。因此，人工智能产品合同也应考虑到其持续性。

3. 人工智能产品合同的标的具有"多样性"。人工智能产品出售的不光是单一的产品，其合同的标的具有多样性，更多的是后续的各类服务，包括使用产品的培训服务，持续的线上服务，制造商和服务商对人工智能产品的矫正服务等。[②]因此，人工智能产品的买卖合同不限于产品本身，还包括多样的各类服务，合同中应当包括相关多样性的服务不到位的救济路径。

（三）合同内责任的承担：合同约定风险的分配

由于人工智能产品合同具有上述可变性、持续性、多样性的特点，人工智能产品合同也必须加入一般传统合同不包括的内容。例如，人工智能产品的可变性使其可以通过深度学习发展出了超出交付时的功能，则产品应当有恢复到初始状态的开关，如果没有这种简易控制开关，则当超出功能造成使用人损失时，制造商应当承担相应的赔偿责任。责任的承担应与其给予人工智能的指令

---

① 管晓峰："人工智能与合同及人格权的关系"，载《法学杂志》2018年第9期。
② 管晓峰："人工智能与合同及人格权的关系"，载《法学杂志》2018年第9期。

及人工智能的自主性程度相称。[①] 通过合同将使用人、制造商、服务商等的权利义务固定下来，以免日后产生争议。

日本东北大学学者森田果认为可以采用双方事前合意达成合同的方式，分配人工智能导致的潜在风险，采用合同分配风险的方式符合"激励机制"，可以促进风险的合理分配。[②] 欧盟则强调在合同责任领域内，当事人在协商合同的条款时，应注意有一些传统的规则是不适用的，应加入新的、有效的规则，应符合技术的发展。[③] 可见，欧日在人工智能产品的合同责任上，均强调合同的约定，并考虑人工智能合同与传统合同的不同条款。

二、人工智能产品涉及的侵权责任

（一）人工智能侵权与一般侵权的不同点

构成一般侵权责任所必须具备的条件，在过错责任原则下，需要行为人有过错，在无过错责任原则下，则不考虑行为人是否存在过错。无论在哪种归责原则下，都需要有行为、损害事实及二者之间的因果关系这三个构成要件。行为是指侵犯他人权利或者合法利益的加害行为本身。损害事实指他人财产或者人身权益所遭受的不利影响，包括财产损害、非财产损害，非财产损害又包括人身损害、精神损害。因果关系指各种现象之间引起与被引起的关系。在过错责任原则下，要确定行为人应受责难的主观状态，过错分为故意和过失两种形式。而人工智能产品的侵权是否也要考虑主观的过错、因果关系等要件呢？

1. 人工智能产品的侵权行为具有自主性。人工智能产品是依设计者设定的算法作出的判断。自动驾驶汽车即采用的是一种自主的人工智能技术，自动驾驶模式会针对路况自主作出决策。当自动驾驶汽车发生交通事故时，未参加驾驶的无过错的司机不能被追究责任。如果考虑主观的过错，显然"司机"是无过错的。多数人工智能产品正在逐步实现全自动化，经过自主学习的人工智能可实施行为或作出判断，无需使用者过多的干预。在这种情况下，人工智能的判断有误并造成他人的损害，如何来判断主观过错就成了问题。

---

① 司晓、曹建峰："论人工智能的民事责任：以自动驾驶汽车和智能机器人为切入点"，载《法律科学（西北政法大学学报）》2017年第5期。

② 森田果：《AIの法規整をめぐる基本的な考え方》，PRIETI Discussion Paper Series 17-J-011.

③ European Civil Law Rules in Robotics, https: //www.europarl.europa.eu/RegData/etudes/ STUD/2016/571379/IPOL_STU (2016) 571379_EN.pdf.

2. 人工智能产品开发、销售等环节涉及主体的多样性。人工智能的设计、开发、制作、完成、交易、服务等流程，涉及主体众多。人工智能产品导致损害的环节也复杂，可能是由于编程问题、算法的瑕疵、生产过程、使用过程等。由于人工智能产品的技术性强，例如，让普通的消费者去证明设计阶段的编程有错误，显然加重了消费者的举证负担；在制造阶段，让普通消费者去发现关键芯片的制造缺陷，则更不可能。可见，由于人工智能产品的高技术性，在发生问题时，常人是很难发现在哪一环节出现的问题，责任主体也不易定位。

3. 人工智能产品造成损害的因果关系难于确定。如依传统侵权责任在因果关系上的要求，因果关系的确认一般应由受害人举证，受害人举证使用或者消费缺陷产品导致了损害的发生。而人工智能产品通过海量数据会形成自主学习能力，人工智能在自主学习后会脱离设计者原来的决策模式和逻辑，人工智能产品的研发者、操控者可能都无法预见到人工智能产品的决策，这种不确定性会使解决问题的难度不断增加。加上人工智能产品涉及环节多、人员多，让不具备专业知识的一般消费者证明这一因果关系更是难上加难。

（二）人工智能产品涉及的众多主体侵权责任的承担

1. 多主体侵权的"不真正连带责任"。如上所述，人工智能侵权不同于一般侵权，人工智能产品涉及设计、生产、销售、使用等诸多环节，主体众多，因此，其侵权责任主体也具有多样性，可能是产品设计者、研发者、制造者、销售者、使用者等。在因产品存在缺陷造成他人损害的责任承担上，我国《民法典》第 1203 条采用的是"不真正连带责任"，即当多数行为人对一个受害人实施加害行为时，各个行为人就产生同一内容的侵权责任，各负全部赔偿责任，并因行为人之一的履行而使全体责任人的责任归于消灭的侵权责任形态。依第 1203 条的规定，因产品存在缺陷造成他人损害的，被侵权人可以向产品的生产者请求赔偿，也可以向产品的销售者请求赔偿。产品缺陷由生产者造成的，销售者赔偿后，有权向生产者追偿。因销售者的过错使产品存在缺陷的，生产者赔偿后，有权向销售者追偿。此外，虽然法律没有明确规定，也还会涉及使用者、运营者的责任。随着人工智能的发展，还会不断有新问题、新的主体出现，由于立法的滞后性，法律的漏洞常常需要以类推适用进行弥补。

2. 严格责任与过失责任之争。在人工智能侵权责任上是否应采取严格责任，日欧学者有不同的看法。日本学者在人工智能的侵权责任方面主张不采用严格责任，而是通过相关人的合理注意义务加强制保险进行规制。该学者认为应发挥"激励机制"的作用，能更好地防止人工智能侵权的发生，而侵权责任最好的分配方式并不是采用严格责任，而是根据情况的不同，为人工智能开发者、制造者、销售者以及用户设置不同的注意义务，并设定强制保险等，以保障责任分配的合理性。① 而欧盟在有关人工智能非合同责任上则建议采取严格责任，认为机器人不应因其对第三方造成损害的行为而承担责任，机器人的作为或不作为的原因可以追溯到某一特定的人类代理人，如制造商、经营者、所有者或使用者，② 应由这些制造商、经营者、业主或用户对机器人的行为或不作为承担严格责任。当然其严格责任是与问责制连在一起的，欧盟《可信赖人工智能的伦理准则》要求人工智能系统应具有可追责性，应建立责任机制，确保人们能够对人工智能及其结果进行追责。③ 为保证人工智能整体环节的可被问责性，准则要求所有开发、制作、生产人工智能系统所产生的数据应妥善记录和保存，在完成可追溯性记录的情况下采取过错责任，不能完成可追溯性记录的则采取严格责任。④

三、域外以责任分配为基础的人工智能法律责任的尝试

（一）多主体分担安全责任

联合国教科文组织《关于机器人伦理的初步草案报告》提出对机器人的责任采取分担解决途径。报告认为机器人不仅需要尊重人类社会的伦理规范，而且需要将特定伦理准则编写进机器人中。⑤ 在人工智能造成损害的承担、分担上，应让所有参与机器人发明、授权和使用过程的主体分担责任。这种制度设计是迫使人工智能系统的设计者和生产者将人工智能侵权成本内部化，督促系统的设计者、参与者、生产者自觉履行安全性义务，保证受害者能够寻找到主体并获得补偿。⑥ 基于人工智能法律人格的有限性，将人工智能系统的外部性安全成本内部化，强化人工智能产品责任。依侵权法分配的监管方式应用于人

---

① ［日］森田果：《AI の法規整をめぐる基本的な考え方》，PRIETI Discussion Paper Series 17-J-011.

② European Civil Law Rules in Robotics, https：//www.europarl.europa.eu/RegData/etudes/STUD/2016/571379/IPOL_STU (2016) 571379_EN.pdf.

③ Ethics Guidelines for Trustworthy AI, High-Level Expert Group on Artificial Intelligence, European Commission B-1049 Brussels, public on 8 April 2019, https：//www.aepd.es/sites/default/files/2019-12/ai-ethics-guidelines.pdf.

④ 袁曾：“人工智能有限法律人格审视”，载《东方法学》2017 年第 5 期。

⑤ UNESCO：Preliminary Draft Report of Comest on Robotics Ethics, SHS/YES/COMEST-9EXT/16/3, Paris, 5 August 2016, https：//unesdoc.unesco.org/ark：/48223/pf0000245532?posInSet=1&queryId=14489143-ec25-4e15-8b42-df47b396942e.

⑥ 袁曾：“人工智能有限法律人格审视”，载《东方法学》2017 年第 5 期。

工智能，使人工智能的销售商、零售商、设计者、使用者、监管者等履行人工智能的安全责任，确保产业上下游不会随意更改人工智能系统。

（二）多主体承担民事责任

人工智能产品致人损害会涉及一系列复杂的责任认定。例如，现行道路交通安全法是基于司机人工驾驶的模式设立的，而无人驾驶汽车的发展，是否需要改变规则？2016 年 5 月 7 日的特斯拉自动驾驶模式撞车事件，最终造成车毁人亡。该事故既然是在自动驾驶系统（HAL，启发式编程算法）状态下发生的，发生事故后应由谁来承担相应的法律责任呢？是否可对人工智能的自主系统问责呢？如 HAL 违反指令的行为是由制造缺陷、设计缺陷或编程不良造成的，则依现有的法律规范，应由 HAL 的生产者承担责任，但如 HAL 的不当行为不是制造、设计、编程上的缺陷导致的，而是机器"决策"带来的不可预见的不良反应导致的，则传统的代理人只对雇佣范围内行事的行为承担责任的理论就会变得模糊了。科学家、伦理学家等一直担心给予人工智能的"自主思考"等于给予其违反既定规则的能力。[1] 在有人为介入的情况下，也需要判定是属于产品的技术漏洞还是驾驶人员的不当使用，事故是由算法引起的控制问题，还是人工智能系统超越原控制方案的"自主行为"。可以看出，人工智能由于涉及多方的主体，以单一主体承担民事责任是不现实也是不公平的。诸如无人驾驶汽车的人工智能损害赔偿责任，会涉及产品设计者、制造者，平台责任，保险类型，数据安全等多个方面，其风险和责任的分配尚待于法律作出明确规范。

（三）人工智能的登记制度与可追溯性

如上所述，人工智能产生的损害涉及的主体可能是多方面的，为了确保人工智能是可以被问责的，人工智能的整个系统应具有程序层面的可责依据，以证明其运作方式。为此，欧盟建议设立人工智能的登记制度，其目的在于实现可追溯性。登记制度的监管对象是智能自主机器人。对于智能自主机器人，欧盟委员会法律事务委员会提出了四大特征：①通过传感器和/或借助与其环境交换数据获得自主性的能力，以及分析那些数据；②从经历和交互中学习的能力；③机器人的物质支撑形式；④因其环境而调整其行为和行动的能力。[2] 由

---

① Nick Bostrom, "The Superintelligent Will: Motivation and Instrumental Rationality in Advanced Artificial Agents", *22 Minds & Machines*（2012）, pp. 71~84.

② European Civil Law Rules in Robotics, https://www.europarl.europa.eu/RegData/etudes/STUD/2016/571379/IPOL_STU (2016) 571379_EN.pdf.

于人工智能研发具有高度的秘密性、分散性、不连续性、不透明性，任何一个拥有电脑或智能手机的个体都可能参与到人工智能的开发中去。又由于人工智能系统的专业性和复杂性，普通人甚至主管机关的人员都可能无法了解其所有的缺陷，因此在发生事故后追寻原始数据将成为最有力的定责与索赔依据。[①]为了保证人工智能整体环节的可被问责性，应制定法律要求所有开发、制作、生产人工智能系统所产生的数据应妥善记录和保存，以便在事中授权、事后问责时向监管、司法部门提供。在人工智能开发者、制造者等相关主体无法提供完整的数据记录时，则应当承担无过错责任并进行赔偿。

（四）强制保险与赔偿基金

人工智能如果利用不当，其给个体和社会带来的危害将极大。由于人工智能具有一定的自主学习能力，自主机器人的一些行为可能并不是设计、制造、销售它的主体的初衷。因此，需要重构其造成的损害赔偿责任制度，以分散风险，平衡各方利益。对此，欧盟提出了强制保险与赔偿基金的方式，[②]认为诸如自动驾驶汽车、工业机器人、护理机器人等类型的人工智能产品可能完全或者部分脱离人类的控制，当此类具有自主学习、判断和完善的能力的人工智能产品一旦对人类和财产造成损害，让其设计者和开发者承担责任，在因果关系和可预见性上是有难题的，这对既有的民事侵权责任规则是个挑战。为此，法律事务委员会建议：其一，对机器人适用强制保险机制，类似于针对机动车的强制保险，由机器人的生产者或者所有者购买，以便对机器人造成的损害进行责任分配。其二，设立赔偿基金，基金可对强制险未予覆盖的损害进行赔偿，基金的来源为人工智能的投资人、生产者、消费者等多方主体，从而形成赔偿基金。强制保险要求在人工智能产品投入商用之前，必须为其强制投保责任险，这样可以以较小的经济付出，获得保险共担风险的机会。保险将减少人工智能侵权事件发生时的经济赔偿纠纷，以促进人工智能行业的良性发展。赔偿基金则可以在另一个层面分散风险，以平衡人工智能产业与被侵害人的利益，并保障人工智能产业可以应对因机器人的行为而引致的巨额索赔。

综上所述，人工智能造成的损害会涉及多方主体，因此，相关赔偿责任的承担也不是单一的，而应当由人工智能的设计者、使用者、销售商、监管者等履行人工智能的安全责任。合同内责任应以约定的方式确定，同时要考虑其条

---

① 袁曾："人工智能有限法律人格审视"，载《东方法学》2017年第5期。

② European Civil Law Rules in Robotics，https://www.europarl.europa.eu/RegData/etudes/STUD/2016/571379/IPOL_STU (2016) 571379_EN.pdf.

款与传统合同的不同。非合同责任方式，包括为人工智能的开发者、制造者、销售者，以及用户设置不同的注意义务，并设定强制保险和赔偿基金等，以保障责任分配的合理性。人工智能随着科技的发展，具有了高度的智慧性和独立的行为决策能力，其性质已不同于传统的工具或代理人。在这样的条件下，不妨考虑赋予具有自主学习能力的人工智能以有限主体资格。在数据网络分散化、平民化时代，单一主体无法独自应对人工智能带来的责任风险。人工智能的开发与研究一般是分散的，任何人均可在网络时代获得制造人工智能的机会，在人工智能形成危险结果之前，外部监管人员很难发现存在的风险。因此，有必要建立新的法律机制，诸如登记制度、强制保险与赔偿基金，以规制人工智能带来的责任风险。

【参考文献】

1. 孙伟平："人工智能与人的'新异化'"，载《中国社会科学》2020年第12期。

2. 郭锐：《人工智能的伦理和治理》，法律出版社2020年版。

3. 赵万一、侯东德主编：《法律的人工智能时代》，法律出版社2019年版。

4. 周佑勇等：《智能时代的法律变革》，法律出版社2020年版。

5. 蓝江："人工智能的伦理挑战"，载《光明日报》2019年4月1日，第15版。

6. 宋建宝："欧盟人工智能伦理准则概要"，载《人民法院报》2019年4月19日，第8版。

7. 朱程斌："论人工智能电子人格"，载《天津大学学报（社会科学版）》2019年第4期。

8. 王雪莹："技术的逻辑：强弱人工智能与伦理"，载《阴山学刊》2019年第2期。

9. 王勇："人工智能时代的法律主体理论构造：以智能机器人为切入点"，载《理论导刊》2018年第2期。

10. 杨立新："人工类人格：智能机器人的民法地位——兼论智能机器人致人损害的民事责任"，载《求是学刊》2018年第4期。

11. 管晓峰："人工智能与合同及人格权的关系"，载《法学杂志》2018年第9期。

12. 腾讯研究院、中国信通院互联网法律研究中心：《人工智能》，中国人民大学出版社2017年版。

13. 孙伟平："人工智能导致的伦理冲突与伦理规制"，载《教学与研究》2018 年第 8 期。

14. 吴汉东："人工智能时代的制度安排与法律规制"，载《法律科学（西北政法大学学报）》2017 年第 5 期。

15. 袁曾："人工智能有限法律人格审视"，载《东方法学》2017 年第 5 期。

16. 司晓、曹建峰："论人工智能的民事责任：以自动驾驶汽车和智能机器人为切入点"，载《法律科学（西北政法大学学报）》2017 年第 5 期。

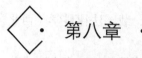

第八章
数字贸易中的知识产权保护

陶　乾①

数字经济席卷全球，数字贸易如火如荼。自 2019 年《中共中央、国务院关于推进贸易高质量发展的指导意见》正式提出"加快数字贸易发展"以来，我国逐步提升对数字贸易发展的关注度，并于 2021 年 3 月发布的《中华人民共和国国民经济和社会发展第十四个五年规划和 2035 年远景目标纲要》中明确要求"提升贸易数字化水平"。2021 年 11 月，我国申请加入《数字经济伙伴关系协定》（DEPA），这将增强我国在数字贸易中的竞争力和影响力。由此，如何使我国数字贸易更健康、持续地发展成为我们应当关注的议题。

数字贸易范围极广，大数据、云计算、物联网、区块链、人工智能等新兴技术是贸易得以发生的基石，依托信息网络和新兴数字技术，货物贸易、服务贸易甚至跨境数据流动贸易得以快速进行。显而易见的是，知识与信息是其中的核心要素。对知识和信息的保护能够促进科技不断创新、发展，合理的知识产权制度能为新兴科技保驾护航、保障数字贸易的健康发展。从全球视角来看，各国家、地区发展情况不一，目前并无一套统一的国际规则对数字贸易进行管理，较为普遍的情况是各国家、地区通过单边、多边贸易协定制定数字贸易知识产权规则。我国自加入 WTO 以来一直积极推进知识产权规则的制定，恰逢数字贸易规则形成阶段，广泛参与各区域数字贸易协定不仅能够提升我国知识产权治理水平，更能获得在国际知识产权规则制定中的主导权。因此，数字贸易中的知识产权问题应当重点关注。

本章将由国际经贸合作与竞争的背景引入，通览数字贸易为知识产权法带来的挑战与各国家、区域所作的努力。其后，从著作权、商标权、专利权与商业秘密保护角度，对各领域出现的、具有新特点的主题进行研究。同时，网络

---

① 陶乾，法学博士，中国政法大学法律硕士学院副教授，知识产权硕士生导师。

服务提供者侵权规则构建与责任认定也是重要主题。

第一节　国际经贸合作与竞争并存态势下数字贸易中的知识产权问题

一、数字贸易给知识产权法带来的挑战

数字贸易联动了国与国之间的经济和技术往来，与此同时，传统的知识产权制度在数字贸易环境下面临着更多挑战。全球化数字贸易对知识产权地域性制度产生较大冲击，数字信息化对知识产权制度的依赖性也变得更强。

（一）数字贸易对知识产权地域性的冲击

知识产权的地域性是指，除非有国际条约、双边或多边协定的特别规定，否则知识产权的效力只限于本国境内。[①] 在处理国际贸易发展带来的法律问题时，不同国家间知识产权制度的差异是需要面对的难题。随着贸易全球化的加深，不同地域间的贸易联系愈发紧密，知识产权制度的地域性冲突只增不减。而数字贸易作为传统贸易发展后的模式，将这种制度间的冲突表现得更加明显。国家间的制度差异会导致各国知识产权的保护水平参差不齐。发达国家因制度起步早且更加依赖以知识产权为核心的高附加值产业，所以是知识产权保护的高地。而发展中国家知识产权制度起步晚，更多依赖自然资源、廉价劳动力以及广阔的具有经济活力的国内市场发展经济，所以对知识产权的保护力度稍弱于发达国家。在贸易全球化的今天，知识产权制度的构建需要国家间通过国际协调而做出努力。

在数字贸易时代来临之后，由于高附加值产业的优势，发达国家会继续推进知识产权的强保护，以此巩固自己的竞争优势，其方式主要是通过区域性的协定来推行高于 TRIPs 协定的保护标准，从《反假冒贸易协定》（ACTA）到《跨太平洋伙伴关系协定》(TPP)，再到《全面进步跨太平洋伙伴协定》（CPTPP），高标准的知识产权保护要求涵盖了以上立法到执法全部过程，并限制《和贸易有关的知识产权协定》（TRIPs）中的弹性要求。这种通过多边协定提高知识产权保护的趋势被称为 TRIPs-plus 趋势。[②] 在数字贸易发展的今天，

---

① 王迁：《知识产权法教程》，中国人民大学出版社 2019 年版，第 9 页。

② 尚妍："数字知识产权保护的新发展——从《反假冒贸易协定》到《跨太平洋伙伴关系协定》"，载《暨南学报（哲学社会科学版）》2015 年第 6 期。

以及在 TRIPs-plus 趋势下，知识产权保护水平的提高只会加快速度，而发展中国家如何在融入的同时又兼顾本国利益，是需要认真考虑的。

（二）数字信息化对知识产权制度的依赖性

相较于传统贸易，数字贸易与数字信息结合得更加紧密，这让以"无形性"为特点的知识产权制度在调节数字贸易方面具有更加显著的作用。以数字艺术品为例，一件数字艺术品的诞生很可能与现实的物质创作无关，其仅仅需要已有的数字化信息便可完成创作。实践中，也有将实体艺术品数字化后形成的数字作品在区块链上发售的情况，这些都带有数字信息化的特征。随后的艺术品交易过程也在互联网平台上完成，不再需要传统的拍卖机构介入，电子支付手段更加快捷。在这样一个过程中，知识产权制度的规制比传统的艺术品交易规则更加有力。无论是数字贸易中的数字产品与服务，还是与信息技术结合的传统贸易，亦或是其他新型数字贸易，产业中已经占领高地的互联网平台因其拥有海量的用户数据而具备市场竞争优势。对数据的保护模式、平台在知识产权保护方面的责任、软件源代码的保护、数字产品的版权交易等问题，都是数字贸易中重要的知识产权问题。

二、区域性贸易协定与知识产权保护

从欧洲的"数字贸易限制指数"（DTRI）及 OECD"数字服务贸易限制指数"（DSTRI）的评估方面来看，知识产权相关政策是影响评价指数的非关税壁垒限制政策。诉求相矛盾的知识产权政策之间会形成数字贸易壁垒，进而影响自由贸易。发展中国家的知识产权保护水平不够将影响知识产权附加于商品的效益，并带来经济损失，发达国家视其为贸易壁垒；而发达国家滥用知识产权阻碍贸易，歧视进口产品，以及过高保护水平的措施和程序带来的贸易阻碍效果，则是非关税壁垒。当前，针对数字贸易中的知识产权规制，国际上分别形成了美国与欧盟两种模式，体现在其各自主导的区域性贸易协定中。

（一）数据及源代码本土化审查与知识产权保护

不同的国家对于数据问题持不同的态度，以美式贸易规则为例，其重点关注跨境数据自由流动和数据存储的非强制本地化。"数据本地化并不等于禁止数据跨境传输，但是数据本地化措施可能阻碍数据跨境传输"。[①] 在美式贸易规则中，USMCA 规定"成员方仅可为实现公共政策目的而对数据信息采取跨境

---

① 数据治理观察："数据本地化与数据跨境传输 —— 概念区分及其在自由贸易协定和我国法律中的映射"，载微信公众号"下一代互联网广州创新中心"，最后访问时间：2022 年 1 月 15 日。

限制"，且须符合"不得歧视或限制贸易"及"不得超过必要限度"①的条件。

我国《数据安全法》第 11 条规定："国家积极开展数据安全治理、数据开发利用等领域的国际交流与合作，参与数据安全相关国际规则和标准的制定，促进数据跨境安全、自由流动。"对于数据跨境，出于国家安全需要，要求数据处理活动符合政府监管要求，包括对数据存储、处理等不同程度的本地化要求，例如，从数据副本本地存储而不限制境外访问，到本地化处理之后限制境外访问等。但数据本地化存在侵犯企业和组织数据权益的风险。当前，关于数据权益的保护和规制，主要存在财产权保护模式和反不正当竞争法行为规制模式两种路径。虽然数据集合在满足独创性要求后，能够构成著作权法意义上的汇编作品，但在数字贸易中，原始的、不具有独创性的海量数据难以通过著作权法获得保护。

数字贸易高度依赖计算机信息技术，所以企业在贸易中的竞争力很多时候要依靠软件支撑，而编写软件的源代码则是核心资产的组成部分：在软件生成过程中，算法是设计图，而源代码是产出，二者进一步编译成二进制代码，即软件。强制披露源代码有两种模式：一种以披露源代码作为市场准入的条件，另一种只在特别情况下要求披露，而不以此为市场准入条件。然而不管何种模式，开放源代码审查并不等于强制披露源代码。美式贸易规则中的"源代码非强制本地化"预防的是知识产权被侵犯的风险，比如，此前大疆公司就曾因源代码被软件工程师泄露而蒙受损失，最终这位前员工被判侵犯商业秘密罪。

（二）个人信息安全与平台内容审查义务

同样重视知识产权保护的欧洲，即便没有像美国那样强硬地输出自己的贸易规则，但在全球范围来看，其依然在作为知识产权强势地区输出自己的诉求，也期待利用自由贸易协定来提高区域内的知识产权保护标准，并以此巩固自己在数字贸易中的优势地位。例如，欧盟与韩国签订的自由贸易协定中将版权作者权益由 WTO 规定的 50 年延长至 70 年，并列举地理标志保护。②相较于 TRIPs，ACTA 更加倾向于保护权利人③，并且增加了"数字环境下的知识产权执法"一节。此外，ACTA 极具特色的一点是非常重视个人隐私保护以及消费者权益保护，其虽然为网络平台赋予了数字环境下打击网络侵权的救济权限，

① USMCA Article 19.11: Cross-Border Transfer of Information by Electronic Means.

② 朱颖、王玮："解析欧盟韩国自由贸易协定"，载《世界贸易组织动态与研究》2012 年第 1 期。

③ 左玉茹："ACTA 的飞跃　基于 ACTA 与 TRIPS 协定的比较研究"，载《电子知识产权》2010 年第 11 期。

使网络平台拥有一定程度的侵权审查权利的合法性基础，但相关权限又将会受到个人信息安全保护的桎梏，不得与个人信息和隐私保护产生冲突。

（三）CPTPP 与 RCEP 中的知识产权条款

我国已正式提出申请加入 CPTPP，与 TPP 相比，CPTPP 知识产权规则的严格程度有所下降，其第十八章第 3 条第 2 款规定，"可能需要采取适当措施以防止权利持有人滥用知识产权或防止采取不合理限制贸易或对国际技术转让造成不利影响的做法，只要此类措施与本章的规定相一致"，该原则性条款指明，无论是滥用权利还是知识产权限制政策，都有可能产生知识产权壁垒，从而影响技术的转让或者数字贸易的流通。关于商标类条款，CPTPP 第十八章 C 节 "商标"（18.18-18.28）规定 "商标中每一缔约方应尽最大努力注册气味商标"。虽然我国在 2013 年《商标法》修订之后已不仅局限于可视性商标的商标注册，但也未正式在立法中承认气味商标。此外，CPTPP 文本第十八章第 22 条提到 "缔约方不得在确定商标属驰名的条件中要求商标已注册"，我国虽也保护未注册驰名商标，但对未注册和已注册驰名商标的保护范围与力度有不同，如商标法所规定的赔偿责任是针对注册商标的专用权，而与未注册驰名商标无关；[①]《最高人民法院关于审理商标民事纠纷案件适用法律若干问题的解释》第 2 条对于侵害未注册驰名商标的民事法律责任只提到了停止侵害，而未言及赔偿损失。[②] 而关于著作权和邻接权，CPTPP 规定 "版权和相关权部分中复制权包含了电子形式"，在数字贸易的环境下，复制权包含电子形式将有助于对网络侵权的打击。关于知识产权侵权救济方面，CPTPP 强调 "执行中缔约方给予数字环境中的商标、版权侵权与传统模式侵权以执行程序上的同等力度"。

《区域全面经济伙伴关系协定》(RCEP) 在历经多阶段谈判历程与漫长的签署、核准过程之后，最终于 2022 年 1 月 1 日生效。协定中知识产权部分共包含 83 个条款和 2 个附件，电子商务部分也对跨境信息传输、信息存储等问题达成了共识。我国深度参与和引导了条文规范的制定，代表了我国在数字贸易时代参与知识产权国际治理规则构建的大国姿态。在具体条文上，第 17 条要求缔约方承诺中央政府使用非侵权计算机软件，鼓励地方政府使用非侵权软件，这就要求从政府官方层面引导非侵权地使用数字产品。同时，第五小节数字环境下的执法部分，强调民事救济和刑事救济规定的实施程序在数字环境下同样

---

① 参见王迁：《知识产权法教程》，中国人民大学出版社 2021 年版，第 667 页。

② 参见王迁：《知识产权法教程》，中国人民大学出版社 2021 年版，第 667 页。

适用，这对数字贸易中的侵权救济来说是有力的推动。

三、数字贸易中知识产权侵权案件管辖规则

（一）国际电子商务平台知识产权侵权案件的管辖

知识产权保护具有地域性，而跨境电子商务平台则打破了地域限制，这就导致国家间的管辖问题成为跨境电子商务平台知识产权纠纷首先需要解决的难题。当前各国多以属地管辖为基本原则，且保持司法独立，但知识产权领域的侵权行为和侵权结果却往往突破地域限制。与传统知识产权争议相较而言，在实现涉网知识产权案件场所化进而确定管辖权的过程中，因为案件当事人身份地位及行为地点之认定上的困难而面临着更多的疑问，侵权行为地及知识产权权利来源的判断在网络技术背景下的适用不可避免地存在着某种程度的或然性。[①]

以匹克（PEAK）案[②]为例，一方是福建泉州匹克体育用品有限公司，其在我国享有"PEAK"商标的注册商标专有权，另一方是伊萨克莫里斯有限公司，其在美国注册 PEAK SEASON 商标并委托我国无锡市振宇国际贸易有限公司贴牌加工，消费者可以通过亚马逊购买其商品。该案除了涉及定牌加工的商标侵权问题，另一个值得关注的是我国法院管辖权来源问题。侵害商标权作为侵权行为，一般情形下侵权行为地是判断管辖权法院的重要依据。本案中，在不增设案件其他事实条件的情况下，我国法院是否可以基于伊萨克莫里斯有限公司在亚马逊平台销售 PEAK SEASON 商品而行使管辖权？虽然电商环境下侵害商标权行为的表现方式与传统商标侵权不同，但是围绕商标侵权的法律关系没有改变，仍可援引侵权行为地规则确定管辖法院。侵权行为地包括侵权行为实施地和侵权结果发生地，"公约解释规则在涉网背景下依然有效，但因承载相应信息内容或标识的网络的跨国性特征，与知识产权权利的属地性之间所存在的矛盾，使涉网知识产权侵权行为地的确定具有不可避免的或然性"。[③]"现代企业的生产经营已经离不开互联网，商标的使用同样也离不开互联网，不能仅凭在某一电商平台上能够购买到国外涉诉商品就认定该法院拥有适当的管辖权，

---

① 孙尚鸿："涉网知识产权案件管辖权的确定"，载《法律科学（西北政法大学学报）》2010 年第 1 期。

② 参见上海知识产权法院（2016）沪 73 民终 37 号民事判决书。

③ 孙尚鸿："试析欧盟《布鲁塞尔民商事管辖权规则》有关涉网知识产权案件管辖权问题的实践"，载《比较法研究》2009 年第 5 期。

而是要寻求一种本质上的、真实的联系"。[①] 侵权行为地的判断归根结底要回到商标法立法本意上——保护商标识别功能的实现，防止消费者混淆。原则上讲，跨境电商平台交易活动中，针对域外商家的商标使用行为，只有真正对我国商标的基本功能造成影响，并对我国相关用户造成混淆时，才有成为侵权行为地的可能。但考虑到电子商务平台具有跨境特征，如果我国消费者可以通过域外电子商务平台购买商品，那么，我国法院相应地则具有管辖权。

（二）商业秘密领域的长臂管辖问题

伴随着各国间经济实体贸易往来的不断增多，为了本国企业的商业秘密在国内外均能获得有效的法律保护，一些国家对境外发生的商业秘密侵权案件制定了管辖规定。美国 1996 年的《反经济间谍法》、2013 年的《外国经济间谍惩罚加重法》规定美国法院对于在美国境外实施的商业秘密犯罪行为有管辖权。在摩托罗拉公司诉海能达公司一案[②] 中，虽然被告不当获取商业秘密的行为发生在美国境外，但法院认为被告产品在美国销售、许诺销售、维修等行为是境外侵权行为后果在美国本土的延伸，因此美国法院有管辖权。在天瑞公司诉美国国际贸易委员会一案[③] 中，美国联邦巡回上诉法院认为，虽然天瑞公司侵害商业秘密的行为发生在美国境外，但如果允许其利用该商业秘密生产的产品进口到美国，会对美国相关产业造成威胁或者损害，并且美国有必要对该产业进行保护，因此，美国国际贸易委员会可以适用《1930 年关税法》第 337 节禁止侵权产品的进口。这实际上使得美国对商业秘密的管辖权从刑事领域一定程度上被扩展到了民事领域。

除美国之外，日本在 2012 年修订《不正当竞争防止法》时，增加了日本法院对于在日本境外实施的恶意获取、披露或使用他人商业秘密的行为的刑事管辖权。《欧盟商业秘密保护指令》规定，故意制造、提供或进行侵权产品的销售、进口、出口或为此目的的产品存储，均属于商业秘密侵权行为。其中对于进出口行为的规制，能够一定程度产生欧盟商业秘密保护规则域外适用的效果。

而在数字贸易中，商业秘密保护也遭受了更严峻的挑战。由于大量商业秘

---

① 徐伟功、郝泽愚："互联网时代涉外商标侵权管辖法律问题研究"，载《吉首大学学报（社会科学版）》2018 年第 5 期。

② Motorola Solutions Incet al. v. Hytera Communications Corp.Ltdetal，436 F. Supp. 3d 1150（N.D. Ill. 2020）．

③ 参见张广良："侵犯商业秘密纠纷的境外风险——评美国'天瑞'案"，载《中国对外贸易》2012 年第 12 期。

密以数字形式存放在网络环境中，不仅易被窃取，且侵权方式难以觉察，诉讼中也难以举证，导致商业秘密领域的网络安全事故频发。美国于 2016 年颁布的《保卫商业秘密法案》与欧盟颁布的《商业秘密保护指令》，皆对传统环境中的商业秘密认定、管辖与侵权救济进行了规定，这些规定对数字贸易中的商业秘密案件效果仍待观察。①

不可忽视的是，数字环境中商业秘密保护呈现出新的特点：其一，商业秘密的边界更加模糊。数字环境中搜索与获得信息极为容易，而围绕用户信息的争议多发，何种范围的用户信息属于商业秘密难以把握。实践中，部分法院认为"网站数据库中的五十多万个注册用户名、注册密码和注册时间等信息形成的综合的海量用户信息却不容易为相关领域的人员普遍知悉和容易获得"，因而存在秘密性。②此外，一些储存在"云盘"等空间的商业秘密对于大众而言具有秘密性，但对于空间提供商却几近公开，这对使用该类空间的企业的商业秘密保护并不友好。其二，相关证据获得与证明极难。商业秘密诉讼中的"举证难"是长期困扰权利人的问题，在数字环境中相关侵权行为的证据几乎全以电子形式存在，具有易受攻击、篡改等风险，证明效力也不高，这也引发了极大的关注。③

伴随着我国企业技术创新能力的不断提高和参与国际贸易活动的日益频繁，我国亦需考虑商业秘密保护立法的域外适用范围问题。我国已于 2021 年 9 月正式递交了加入 CPTPP 的申请。CPTPP 规定缔约方根据具体情况，可以对与国际贸易中的产品或者服务相关，或者由外国经济实体所主导、为其利益或者与其利益有关的行为施加刑事处罚。虽然该项条款系选择性，而非强制性适用于所有缔约方，但是我国作为世界第二大经济体，在本国科技水平、研发实力、国际话语权稳步提升的情况下，伴随着我国商业秘密权保护水平的提升以及我国向其他国家投资力度的加大，有必要考虑如何利用法律手段来保护本土科技安全。

所以，我国需要在合适的时机，构建商业秘密的域外保护规则。根据对于侵害商业秘密的产品禁止进口，应将该权利纳入到商业秘密所有人的权利控制范围中，其以此作出的诉讼请求应获得支持。此外，还需要"强化商业秘密行政管理部门与其他部门的联动执法，对涉及商业秘密泄密案件的相关情况进行

---

① 李薇薇、郑友德："欧美商业秘密保护立法新进展及对我国的启示"，载《法学》2017 年第 7 期。
② 参见上海市高级人民法院（2011）沪高民三（知）终字第 100 号民事判决书。
③ 张怀印："区块链技术与数字环境下的商业秘密保护"，载《电子知识产权》2019 年第 3 期。

汇总分析，这些情况包括相关外国政府或机构的数量与名单、经济间谍锁定的信息和技术类型、窃密惯用手段、商业秘密泄密现状以及所造成的影响等"。[①]针对数字贸易中出现的新型问题，也可探索由新兴技术加以应对的可能性，如正在实践中的区块链等。

第二节　数字内容线上交易中的著作权问题

一、著作权法视阈下的数字作品与数字商品

随着网络的普及和数字化技术的不断发展，包括电子书、电脑游戏、数字音乐、照片、视频、计算机软件、数字美术作品在内的数字作品大量涌现，而以这些数字作品为交易内容的网络交易市场也随之蓬勃发展。

（一）数字作品与数字商品

根据产生的初始形态，数字作品可以分为两类：一类是利用数字技术对传统的在物理载体上创作的作品进行数字化处理后使其成为数字作品，通过互联网进行传播，并可通过计算机、移动设备等进行编辑或浏览；另一类是利用计算机、移动设备等数字设备以数字形式进行创作，直接以数字化形式为载体的作品。对于数字作品而言，由于其原件与每个复制件在形式与内容上没有差别，所以无法像依附于纸张、光盘等有形载体的作品那样，在物权载体方面具有稀缺性。

数字作品属于具有财产价值的虚拟财产，可以成为交易的对象，即数字商品。数字商品是以数据代码形式存在于虚拟空间且具备财产属性的现实事物的模拟物，[②]其具有虚拟性、依附性、行使方式的特殊性，但它也具备物的独立性、特定性和支配性。[③]我国《民法典》在总则编第五章"民事权利"中明确提及了"虚拟财产"，这意味着民事主体对一项虚拟财产享有权益，虽不是传统意义上的所有权，但也应受到民事法律保护。虚拟财产体现了人类劳动和金钱的付出，"虚拟财产是权利客体，是毫无疑问的正确结论"。[④]当数字作品的复制件进入到流通领域并作为商品出售时，其既是作品又是商品。

---

① 李薇薇、郑友德："欧美商业秘密保护立法新进展及对我国的启示"，载《法学》2017年第7期。

② 瞿灵敏："虚拟财产的概念共识与法律属性——兼论《民法总则》第127条的理解与适用"，载《东方法学》2017年第6期；林旭霞："虚拟财产权性质论"，载《中国法学》2009年第1期。

③ 高郦梅："网络虚拟财产保护的解释路径"，载《清华法学》2021年第3期。

④ 杨立新："民法总则规定网络虚拟财产的含义及重要价值"，载《东方法学》2017年第3期。

（二）所有权与著作权的交叉

成为交易对象的数字作品，其既有作为作品的著作权，又有作为商品的财产权。从理论上讲，就一部作品的交易而言，既可以是以著作权本身为交易内容的法律关系，也可以是以作品载体为交易内容的法律关系。如果是前者，在交易主体之间形成的是就著作财产权的许可与被许可关系；如果是后者，又分为两种情形：一种是以载体的所有权转移为基础的买卖关系，另一种是以载体的使用权授权为基础的法律关系。

在数字环境背景下，数字作品的著作权人基于其数字作品的传播，享有版权及其相关权，即数字版权。因数字商品成本低廉、流通迅速、没有折旧等特点，其线上交易的版权保护面临着诸多问题，如数字作品的版权人难以确定侵权人，无法控制作品的二次交易等。因此，有必要厘清数字贸易中以数字作品为交易对象的法律关系，解析其应适用的法律规则，有效平衡数字版权人、传播者以及社会公众的利益关系。

二、数字贸易中的数字作品样态

数字作品作为虚拟财产，具有多种不同的样态。在当下的数字版权贸易中，主要有数字音乐、电子书、视听内容以及 NFT 艺术品等，不同的数字作品样态在线上交易中各具特点。

（一）数字音乐付费收听、转售与转赠

随着数字化技术的飞速发展，音乐市场的商业模式不断创新。数字音乐专辑是一种新型的音乐专辑发行模式，其制作、发行、消费都只依托互联网完成。在数字音乐购买逐渐流行并且可能成为未来数字版权产业发展主流的大背景下，技术开发者开始思考"如何让线上无形商品交易产生与实体商品消费同样的效果"。在数字音乐领域，国外已经产生了专门的音乐交易平台。早在 2008 年，美国二手数字音乐交易网站 Bopaboo 曾试运行，网站要求用户保证自己所上传的文件是通过合法渠道获取的，并且保证在上传到网站上之后，自行删除电脑中的该音乐文件。Bopaboo 网站的技术能够防止同一个音乐文件被多次上传。随着技术的进步，专门的软件被应用到二手数字商品的销售中。Ridigi 网站是专门的二手数字音乐交易网站。Ridigi 网站要求用户欲转售的数字音乐是从苹果公司 iTunes 上购买的音乐。二手数字音乐交易双方均需要下载一款音乐管理软件，卖方将欲售音乐上传到管理软件的"云存储空间"中，这个"云存储空间"实质上就是 Ridigi 公司的服务器里的一个硬盘区域。当有买方支付对价购买该音乐时，管理软件会扫描卖方的计算机硬盘并将该音乐复制件自动删除，这项技术被称为"发送即删除"技术。受让方就可以通过他的音乐管理软件来下载和播放其买到的音乐了。在我国，一些大型的互联网音乐平台已经成功地转变为付费模式，虽然尚无像 Ridigi 这样的二手数字音乐交易平台，但是一些互联网企业已经在试水数字音乐收费下载和转赠模式。①

（二）依附于软件进行阅读的电子书

电子书的内容，即电子书所承载的作者的创作，是以保存在服务器上的一串字符和数据所表达出来的文字形式体现，这与纸质书印刷出来的文字形式所实现的效果是相同的。因此，单从内容上看，电子书与纸质书没有差别，类似于音乐光盘与数字音乐、存储在 CD 光盘里的软件与通过互联网下载的软件的关系。电子书具有价值和使用价值，以商品的形式发布在互联网中供用户挑选。与网络游戏装备等虚拟财产一样，电子书所承载的内容具有价值，进而可成为交易的对象，即成为财产权的客体。购买一本纸质书后，实体书便成为持有人的财产；而购买一本电子书后，该电子书即是购买人的虚拟财产，区别仅在于对其的占有并非通过物理意义上的持有，而是通过账户名称和密码的形式在存储设备上的可获取权来实现实际占有的效果。

现有技术条件下，电子书的交易方式主要包括两种：其一，可下载的电子文档，网络用户通过支付货币或者虚拟货币，比如以积分、经验值等为对价，获得一本以 PDF、TXT 等格式存在的电子书的下载权限，进而将电子书下载到手机、计算机、移动存储、磁盘等设备中。这种电子书多存在于"自出版"的情形下，目前该交易形式已比较少见。其二，支付对价后，仅可通过内容提供商的软件应用（APP）或专门的阅读硬件设备（比如 Kindle）才可以打开电子书阅读，在此情况下，复制和转让行为从技术上将受到限制，这种电子书多存在于"纸制书的数字化"。该类情形属于目前的主流模式。

---

① 以腾讯音乐为例，在 QQ 音乐终端的数字专辑销售中，购买数字音乐专辑的用户，可以将其购买的音乐进行线上转赠。具体以苏打绿创作的《空气中的视听与幻觉》数字音乐专辑为例，用户通过 QQ 音乐客户端成功支付 20 元之后，获得了腾讯公司称作的"专属专辑铭牌"，即一个几位数字组成的编号。然后，购买人可以将该专属专辑通过 QQ、微信、朋友圈、新浪微博的方式直接"赠送"给好友，但只能赠送一次，即如果该专属专辑在朋友圈中被一次点击打开后，其他人点击时会提示已经抢完。此外，用户也可以选择自己拆开专辑，此时会出现一个提醒"你确定要拆封专辑编号：No.XXX 的专辑礼盒吗？拆封后无法赠送好友"，点击拆封，即可在线播放专辑里的音乐或者将专辑中的音乐文件下载到计算机、平板、手机等本地磁盘中。利用 QQ 音乐播放器，虽然可以收听和下载，但是"点击分享"按钮不能使用。

与纸质书相比，电子书交易的特殊性在于载体是存储介质，比如终端服务器硬盘、计算机、移动存储机存储等。电子书的传递过程是一种复制，不以载体的传递为必要，通过互联网技术、蓝牙技术、存储媒介、信息软件技术等，电子书可发生脱离原载体的效果，并同时依附于新载体形成复制件。所以，虽然电子书交易与纸质书交易的本质都是作品复制件的交易，但前者不再是由获得著作权授权的出版商来复制，而是通过信息技术由网络用户从获得作者著作财产权授权的电子书交易网站的服务器中来复制。

我国当前已有电子出版物借阅平台的交易模式出现。比如，厦门市简帛图书馆运营的藏书馆 APP，便可开展电子出版物的借阅业务。它从技术上实现了如同纸质书一样的电子书借阅模式，通过电子书的"同步复制—删除技术"实现电子书的单一文本流转，即用户上传电子书（可以上传的电子书只能是 EPUB/PDF/TXT 文本格式）到藏书馆平台后，可以选择私藏 / 公开，若选择私藏则只有上传用户可以阅读，若选择公开即表示上传用户同意将该电子书借阅给其他用户。其他用户借阅后，要将电子书下载到手机后才能阅读。特别说明的是，电子书被其他用户借阅后，任何用户（包括上传用户）都无法在电子书借阅期间进行阅读。但是下载到手机的电子书即使在离线状态下也可以阅读，这一点与网页内容提供有很大区别，即藏书馆 APP 提供的是电子书复制件一对一的控制流转。但对于藏书馆 APP，在用户进行电子书借阅以及归还的时候，也不可避免地在不同终端上产生了不同的复制件。

（三）数字化视听作品与电子游戏

视听作品，是指通过机械装置能直接为人的视觉和听觉所感知的作品。视听作品虽常表现音乐、戏剧、曲艺、舞蹈、美术、摄影、讲演和其他表演内容，但和这些作品不同，其必须借助适当的装置才能反映作品形式和内容。视听作品包括有声电影、电视、录像作品和其他录制在磁带、唱片或类似这一方面上的配音图像作品等。[①]数字时代下，数字技术被广泛应用于各种作品之上，包括视听内容。根据数字视听作品产生的不同途径，其可分为两种，一种是指将传统的模拟视听作品数字化以后得到的视听作品，即把模拟信号变化为一系列能够被计算机所识别和处理的二进制数字代码。另一种是指用数字摄录设备直接获得的或由计算机软件生成的数字视听作品，此种为原创性的数字视听作品。数字视听作品的出现从本质上改变了声音和图像的记录方式和发展过程，为视听作品处理带来了革命性的变化。其最主要的特征就是将声音或图像转化为数

---

① 参见邹瑜、顾明总主编：《法学大辞典》，中国政法大学出版社 1991 年版，第 50 页。

字信号，记录到数字介质上，或是上传到网络服务器上。①

数字化视听作品与电子游戏有着密切联系。电子游戏画面具有独创性，并能够以某种形式复制，满足作品的构成要件。有学者提出，将电子游戏画面认定为类电作品的障碍在于对"摄制"和"介质"的理解，但是从文义解释和体系解释的角度有解释的空间。②当前，将电子游戏画面认定为视听作品已基本成为司法共识。很长一段时期，我国电子游戏产业的发展势头迅猛，类型多样的电子游戏在发展中竞争、竞争中发展。近两年，国内游戏用户规模渐趋饱和，国内市场竞争激烈，国产游戏厂商开始把目光投向国际市场，将国产游戏发行海外，即所谓的"游戏出海"。

电子游戏发展和获得国内外重点关注的同时，围绕电子游戏产生的知识产权纠纷也在不断增加。例如，网络游戏直播，是近些年知识产权学界、司法界和实务界广泛讨论的热点问题。当前，对于网络游戏直播行为的认定、网络游戏直播画面的属性等问题存在多个观点，难以统一，不仅难以有效保护游戏权利人的利益，同时也阻碍了网络直播产业的发展。在广州网易计算机系统有限公司诉广州华多网络科技有限公司著作权侵权及不正当竞争案③中，主播在华多公司经营的直播平台"YY直播"上直播网易公司享有著作权的《梦幻西游》网络游戏，网易公司认为该网络直播行为侵害其著作权。该案二审判决中法院对网络游戏直播画面的性质进行了认定，认为"游戏画面整体以类似摄制电影的方法制作和表现，且玩家操作并未超出游戏画面表达的预设范围，故将网络游戏画面认定为本案适用的2010年《著作权法》规定的类电作品"。除此之外，该判决还认定"网络游戏直播行为并未产生新的作品，网络游戏直播行为亦不构成合理使用"，因此对网络游戏画面进行直播侵犯游戏画面的著作权。但其并未厘清网络游戏直播行为中的法律关系，对于直播者、游戏玩家等角色的权利义务没有给出解答，对网络游戏直播今后的发展缺乏适用意义。有学者提出，将游戏玩家和直播者认定为游戏画面的表演者，通过表演者权规范网络游戏直播产业的发展，或许可以作为一种解决之道。④

（四）借助区块链交易的 NFT 艺术品

NFT 的全称是"Non-Fungible Tokens"，可翻译为非同质化权益凭证、非

---

① 郝振省主编：《2008 中国数字版权保护研究报告》，中国书籍出版社 2008 年版，第 42 页。

② 参见来小鹏、贺文奕："论电子游戏画面的作品属性"，载《电子知识产权》2019 年第 11 期。

③ 参见广东省高级人民法院（2018）粤民终字第 137 号民事判决书。

④ 参见刘银良："网络游戏直播的法律关系解析"，载《知识产权》2020 年第 3 期。

同质化代币或者非同质化通证，是区块链的一个条目。NFT 具有不可替代的特性，虽然比特币（BTC）、以太币（ETH）等主流加密资产也记录在区块链中，但 NFT 和它们的不同之处在于：任何一枚 NFT 代币都是不可替代且不可分割的。购买一枚 NFT 代币就代表获得了它不可抹除的所有权记录和实际资产的使用权。NFT 是数字世界中"独一无二"的资产，它可以被买卖、被用来代表现实世界中的一些商品，但它存在的方式是无形的。NFT 虽然也是基于区块链构建，但价值依托是其唯一指向的、特定的、具有交换价值的知识产品、权利等客体，因此，具有较强的稳定性。目前，NFT 大多数是数字艺术作品或集换式卡片，有些是虚拟商品，有些则以 JPEG、PDF 这样常见的格式包装，只有少数的 NFT 代币是一个实物所有权的数字记录。人们收藏 NFT 作品的一个原因是，这种收藏行为可以帮助他们彰显自己在数字领域的地位。在粉丝经济时代，NFT 数字作品的社交属性更为明显，具有身份象征和群体认同的特殊意义。虽然目前无法准确预估 NFT 的市场规模，但可以预测会进一步扩大，未来增长亦是大势所趋。

　　根据 NFT 所指代的交易客体的性质，可以将其分为资产型 NFT 和权利型 NFT 两种样态。资产型 NFT 是指代各种实物或数字化资产的 NFT。权利型 NFT 是持有人拥有股权债券等权利、享有使用特定商品或享受特定服务的权利，比如演出的入场资格、网络游戏的登录资格等。NFT 数字作品交易在网络平台上进行，具体而言，可以将 NFT 交易平台分为两类。第一类是著作权人自己运行的官方发行平台，比如体育公司、游戏公司等在其官方网站上或者官方移动应用上出售 NFT 数字作品。第二类是第三方交易服务平台。著作权人或经其授权的主体在该交易平台上发行 NFT 数字作品，平台将从交易额中提取一定比例的服务费。一些第三方交易平台不仅允许买受人转售或转赠其购买的 NFT 数字作品，也允许通过其他渠道购买了 NFT 数字作品的主体在其平台上转售。多数的交易平台借助于以太坊这一全球性的公共区块链网络，区块链技术为交易平台之间的互联互通以及交易的互认奠定了技术基础。

　　当下，在第三方交易服务平台上进行 NFT 数字作品买售是主要模式。网络用户需要注册登录一个 NFT 交易平台，多数交易平台允许用户通过数字钱包账户来登录。数字钱包是类似于支付宝钱包的用于网络支付的账户。域外一些平台使用的是存储虚拟货币的以太坊钱包，用户将其加密货币钱包账户与 NFT 交易平台账户相关联。登录 NFT 交易平台之后，就可以在其账户下添加欲出售的作品了。

　　一般来说，该交易模式的第一步是上链，即将电脑中存储的数字作品上传到 NFT 交易平台。平台支持图片、动图、音视频等多种文档格式，对文件大小有上限要求，上传后可预览。接着，填写作品名称、描述信息、分类属性等基础性信息。一些平台有附加功能，比如，可设定文件密码、兑换码和链接，可设定仅于交易成功后方对买家可见的信息。不同的交易平台，对于被交易的 NFT 数字内容经用户上传之后存储的位置有不同的安排。比如，部分平台上交易主体会将待交易的数字内容上传至区块链（上链）。虽然上链能够保证数字内容的不受篡改，但由于存储成本较高，当前大多数平台都不采用这种模式。从著作权法的角度看，若上传行为未经著作权人许可，则落入著作权人复制权的控制范围，即使上传者上传的数字作品是其合法下载并存储于终端的数字作品。①

第二步是设定交易条件，选择是"单个"还是对同一个作品的"多个"出售。如果是单个，那么则只有一件数字作品出售；如果是多个，则需要设定其欲出售的具体副本数量，而这些副本都是同一个数字作品，不区分原件和复制件。此外，也可就账户下的多个 NFT 数字作品以文件夹打包的方式出售。由于"多个"出售可能会稀释一部作品的市场价值，所以，为了保留作品的稀缺性价值，对于美术作品、摄影作品这一类视觉艺术作品，出售方倾向于进行"单个"出售；而对于音乐作品、视听作品这一类听觉艺术或者综合性艺术作品，出售方倾向于通过"多个"出售的方式进行限量发售。下一步，设定交易价格和出售方式，可以选择竞价拍卖还是固定价格，还可以设定出售时间段和浮动价格，有的平台还允许卖家设定二次销售版税率，即在该数字作品售出之后，在下一次流转时，初始卖家能够收到的价款比例。从著作权法的角度看，出售的过程实际上落入了发行权的控制范围，因为发行权的核心特征在于"作品原件或复制件的所有权转让，无关乎作品载体有形还是无形"。② 当网络上的数字作品买售与线下有形作品买售实现相同法律效果时，有必要扩张发行一词的法律内涵。同时，若存在许诺销售情况时，未经他人许可呈现作品会侵犯著作权人的信息网络传播权，若作品尚未发表，还会侵犯发表权。

第三步是选择本交易的底层智能合约。通常来说，多数 NFT 交易平台采用的是以太网 ERC721 标准的智能合约。智能合约是由底层代码构成的可被自动执行的程序。智能合约的功能是作为承载交易双方合意的工具，"蕴含当事人一致之意思表示或要约承诺"。然后通过数字钱包支付 NFT "铸造"服务费，

---

① 陶乾："论数字作品非同质代币化交易的法律意涵"，载《东方法学》2022 年第 2 期。
② 陶乾："论数字作品非同质代币化交易的法律意涵"，载《东方法学》2022 年第 2 期。

在数字钱包的弹出窗口点击确认。此时，一个 NFT 就"铸造"完成，并被自动写入区块链上的智能合约中。每个 NFT 均有一个编号，该编号指代的是其在区块链平台智能合约中的编码。通过编号可以在区块链平台上找到该 NFT 的合约网络地址，打开该地址即可看到与这个 NFT 对应的智能合约底层代码。在合约的可查询函数中，可查询该 NFT 的元数据。对于 NFT 交易平台上的买家来说，其发现自己感兴趣的数字作品之后，通过数字钱包支付对价和服务费，买家便即刻成为平台上公开显示的该数字作品的所有者，并且，智能合约中嵌入的"自动执行"代码也被触发，在区块链上生成新的所有者信息。

三、数字化作品线上交易的性质

（一）数字内容许可和数字内容买售

知识产权法上的许可与被许可关系，是数字化作品交易的一般性法律效果。但是，一些互联网公司和高科技公司已经研发了数字作品转售交易的技术，试图通过"发送即删除"的方式，使得数字化内容在交易时产生像有形载体转移占有一样的效果，从而试图将数字内容的线上交易从"许可关系"改变为"买卖关系"，以求摆脱著作权人的权利控制。

在上文所述的数字音乐和电子书二次交易模式中，虽然"发送即删除"技术被应用于防止出卖人仍然保有转售的数字化作品的复制件，但即使可以用技术手段检验转售者的使用终端，其仍然可以通过提前复制转移的方式保存更多版本的复制件。而卖方也可以在交易前将数字内容在不同终端设备或网络存储空间进行备份，这使得即便其已"转售"了特定的数字内容，仍可以通过备份的复制件阅览该数字内容。另外，转售以数字形式存储的作品会在接收者的电子设备上产生该作品的另一个复制件，而不是发送者在其电子设备上拥有并意图转售的那个作品复制件。这一模式不是真正意义上的财产权转移，没有真正解决交易特定对象的唯一性。因此，数字化作品转售不仅仅涉及发行权，还涉及复制权，而这不是传统的权利穷竭原则所能覆盖的。

在 2018 年美国联邦第二巡回上诉法院关于 *Capitol Records*, *LLCv. ReDigi*, *Inc.* 案（以下简称 ReDigi 案）中，法院不同意 ReDigi 的辩解，认为 ReDigi 的用户在将数字音乐上传至平台转售时会在平台的服务器上保存一段时间，当购买成功后，又将其从平台转移至买家的电脑，在这两处转移过程中，音乐赖以依托的物理载体已经发生变化，产生了"新"的复制行为。所以，在平台上转售的副本并非用户在原本个人电脑下载的副本，并未通过著作权人授权合法获得。法院特别指出，复制是指在另一个新的载体上重复再现作品。这个过程并

数字贸易法通论 •

未经过原告同意，因此侵犯原告的复制权。至于产生新的复制物的同时，原来的副本是否删除，作品的数量是否增加，与是否构成复制行为无关。由此可见，对于数字商品的二次交易，美国法院通常认定发行行为伴随着复制行为，因此排除首次销售原则的适用。美国第九巡回法院在审理 *Vernor v. Autodesk* 案时，参考了几个先前的判例，最早的是 1977 年的 *United States v.Wise* 案，另外 3 个是关于计算机软件著作权侵权的系列案，合称为 "MAItrio" 案，最后的判决所确定的考量因素对于我们判断数字商品二次交易的行为性质属于销售还是许可，即转移的是所有权还是使用权具有重要借鉴意义。"第一，考虑著作权人是否明确表示出软件使用人获得的是一项许可（而非所有权）；第二，考虑著作权人是否在很大程度上限制了使用人转让软件的能力；第三，考虑著作权人是否施加了显著的使用限制"，若这 3 个问题的回答都是肯定的，那么，该软件交易是著作权的许可使用，而不是复制件的所有权转移。

2019 年 12 月 19 日，欧盟法院对 *Tom Kabinet* 案（C-263/18）作出了判决。该案的被告 Tom Kabinet Internet 是一家荷兰公司，在网上经营电子书二手市场。被告从个人或官方发行商处购买电子书，然后以较低的价格通过向其网站会员提供二手书链接的方式转售给客户，客户可以永久性获得涉案电子书。原告是两家代表荷兰出版商的协会，其向荷兰地方法院提出了禁止被告提供电子书的禁令，主张被告在网络平台上提供电子书的行为侵犯了作者根据 2001/29/EC 指令规定其享有的 "向公众传播权"，并且认为电子书是无形的商品，因此不能转售。被告辩称其活动属于 2001/29/EC 指令规制的 "发行行为"，由于涉案电子书是被告支付合理价格合法购买而得，因此原权利人的发行权已经用尽。一审法院认为电子书的所有者支付了一定的价款，获得了无限次使用该电子书的权利，这反映着该作品复印件的经济价值。所以，二手电子书是可以转售的。而根据欧盟法院的裁决，通过在线下载提供电子书（数字音乐作品、有声读物等数字作品）的行为属于 "向公众传播"（right of communication to the public），而非属于转移作品所有权的 "发行" 行为（distribution），因此不适用权利穷竭原则。发行权用尽原则仅适用于线下环境，未经权利人许可，电子书的线上转售行为构成 "向公众传播权" 的侵犯。向公众传播权包括两个条件：一是传播作品的行为，二是该行为必须是向公众进行传播。在该案中，被告向其俱乐部的注册会员提供电子书，使得会员可以在其个人选定的时间和地点获得该电子书。法院认为该行为可以被认定为向公众传播行为。该被告网站对于会员没有在平台中采取任何技术措施以确保其在使用作品时仅有一个复制件可以下载，并保证在该期限过后，该下载版本也不能再被用户所使用。只有作者可以控制的作品的接触人数和范围才是合法的，否则就构成对"向公众传播权"的侵犯。该案涉及未经著作权人事先授权而在二级市场上出售电子书是否侵权的问题，其不仅影响电子书，更影响游戏、数字音乐等的传播。通过该案判决可以看出，就电子书而言，欧盟法院认为著作权人拥有控制其电子书的每次转让权利，即便购买者是通过合法渠道购买或其他合法途径获取，该电子书转售时也必须取得著作权人的授权，否则构成侵权。

此外，关于数字商品二次交易的性质为销售还是许可的问题，欧盟法院（Court of justice of the European Union）在 2012 年审理的 *UsedSoft GmbH v. Oracle International Corp* [①] 案中认为，"销售是指合同一方收到对方的付款，将属于他的一项有形或无形财产的所有权转让给另一方；若著作权人给用户提供的是软件的复制件，且与用户之间的软件许可协议中写明给用户的是无限期的使用权，用户亦进行了付款，那么不管是以有形还是无形的方式提供，该交易的性质都是著作权人向用户出售软件复制件，结果是软件复制件所有权的转移"。"只要允许买方无限期地使用计算机程序复制件，用以换取与其作品经济价值相称的回报，这种行为就是销售行为"。该案中，欧盟法院将满足特定条件的软件使用许可视为"销售"，认为如果存在经版权人同意的复制件销售行为，则可产生发行权用尽的效果。在该案中，法院认为权利人是否通过"有形载体"（如 CD）来销售软件的行为并不重要。根据欧盟"计算机指令"序言第7 条和第 1 条的规定，欧盟立法并未对以有形载体呈现的程序与以无线传输方式展现的程序作分别对待。法院认为，"计算机指令"第 4 条第 2 款并未对软件复制件的定义做出有形或无形的区分，也未规定发行权用尽原则仅限于固定在有形载体中的计算机软件。尽管根据"版权指令"第 4 条第 2 款及其序言的内容，可以确定该指令规定发行权用尽原则仅适用于有形载体，但这并不影响对"计算机指令"第 4 条第 2 款的解释，因为该指令是关于计算机软件保护的特别法。[②] 此外，欧盟法院指出，虽然买方下载的复制件与原先授权的复制件不同，但该复制行为不侵权，属于为合理使用授权软件的必要步骤。由此可见，欧盟法院在对电子书和计算机软件二次交易是否可以适用权利穷竭原则的问题上态度是截然不同的。

从上述欧盟法院和美国法院的判决可见，欧盟法院认为，发行权仅适用于

---

① EU Court of Justice Case C–128/11.
② 孙那："论数字作品发行权用尽原则的最新发展 —— 以 Tom Kabinet 案为研究对象"，载《出版发行研究》2021 年第 1 期。

有形载体承载的作品，不适用于电子书、数字音乐等数字作品的网络传播。对于这些数字作品的传播，欧盟单独规定了"向公众传播权"，而传播权不存在权利用尽的问题。但是，如果是销售计算机软件（或以类似销售的方式进行一次性永久许可），则计算机软件发行权权利用尽，得以自由进入二手市场。美国著作权法未单独规定网络传播权，而认为发行权不仅仅包括有形载体的作品传播，还包括数字作品在网络上的流通，允许网络发行权利用尽。但是，值得注意的是，美国法院对发行行为的认定较为严格，只要是在新载体上产生重现即属复制，排除权利用尽的适用。因此，我们分析得出，实现对权利穷竭原则的扩展适用，要解决的问题是使数字商品二次交易以销售的方式转移其所有权，且保证在交易过程中，不会存在新的复制行为。

（二）区块链应用下数字化作品交易的效果

NFT 数字作品交易改变了网络环境下数字作品交易的一贯规则。以往的数字作品交易是以著作权本身为交易内容，用户通过向著作权人支付费用得到了访问一部作品的权限，比如，在网络视频平台购买一部电影、在音乐平台上购买一首音乐、在网络文学平台上购买一部小说等，用户得到的并不是电影、音乐或者小说的财产权，而是一项基于合同关系而产生的访问特定作品的权利。知识产权法上的许可与被许可关系，是数字化作品交易的一般性法律效果。[①]即便使用"复制—删除技术"，看似实现了数字商品的所有权转移，但实际上仍然无法避免转售过程中复制行为的产生，从而无法适用权利穷竭原则。时至今日，借助于区块链的代币化交易模式成功突破了以往转售商业模式绕不开复制权的障碍，区块链扮演着近乎不动产交易登记机构的角色。从著作权人手中合法获得 NFT 数字作品的受让人，不必上传该数字作品即可在同一交易平台或者其他合作交易平台将其转售；而"二手"NFT 数字作品的买受人，也无需下载该数字作品即可成为该 NFT 数字作品的所有人。没有了复制权的问题，考虑创设数字环境下著作权的权利穷竭问题则是正当其时。

四、数字贸易背景下版权穷竭原则的扩展适用

（一）版权穷竭原则扩展至数字环境的探讨

著作权法中的发行权权利穷竭原则，又称发行权一次用尽原则，即合法制作的作品复制件经著作权人同意投放市场后，其便无权控制该作品复制件的再

---

① See Aaron Perzanowskiand Chris Hoofnagle, What we buy when we "Buy Now". University of Pennsylvania Law Review 315, 165（2017）.

次流转，而合法获取该作品复制件的消费者则可在无需征得著作权人许可的情况下，任意处分该作品复制件。在作品复制件被出售之后，著作权人对该作品复制件的所有权即"穷竭"。该制度解决的是同一客体之上的知识产权与物权相冲突的问题，对知识产权中的发行权与所有权的界限进行澄清，以保证作品复制件的自由流通。权利穷竭原则对著作权人的权利进行限制，以实现知识产权立法的另一价值，即降低社会公众获取文化产品的成本，提高作品的利用效率，促进社会文化繁荣。

著作权法的权利穷竭原则是在作品载体的有形性的基础上发展和建构的。适用权利穷竭原则时，要求特定的作品复制件是经著作权人许可而被复制的，并且是经著作权人同意而发生的所有权转移。因此，权利穷竭原则适用的对象是作品或者作品的某个特定的复制件，比如，一本承载文字作品的书，一张承载音乐作品的唱片。所以，合法持有该复制件的人可以将其进行转售，但转售权不适用于复制件的持有人未获得该特定复制件的所有权的情形。也就是说，如果数字商品的购买者仅仅是通过支付对价获得了被许可使用权，权利穷竭原则就无法适用。

那么，权利穷竭原则是否适用于数字内容呢？早在 1995 年美国知识产权工作组的报告中就曾讨论过"数字传输应不应该受到权利穷竭原则的保护"这一问题，报告发布后曾一度引发对"数字首次销售原则"和"发送—删除规则"的讨论。美国版权局在 2001 年的报告中称"首次销售原则在网络传输的情况下不适用"，建议"不修改版权法中的首次销售原则"，原因在于"首次销售原则并未因技术保护措施在作品上的广泛使用而受到较大影响"。欧盟 2001 年颁发的《信息社会指令》的第 28 条写明，"著作权保护以有形载体承载的作品的发行权，此时，该作品或作品复制件在著作权人或经其授权首次出售之后，著作人控制该作品或作品复制件再次被出售的权利已用尽"。由此可见，各国在修改著作权法律制度以适应信息技术时代时，曾有"权利穷竭原则是否应该扩展适用于网络环境"的讨论，但当时认为还为时过早。随着数字作品二手市场的兴起，对原本稳固的出版产业利益格局造成了冲击，引发了发行权用尽能否适用于网络环境的巨大争议。①

部分持反对意见的学者认为，将权利穷竭原则适用于网络环境缺乏适用的基础。比如，有观点提出，权利穷竭原则是为了澄清"发行权"与"所有权"之间的界限，通过网络传输作品复制件并不涉及有形载体所有权的转移，因此

---

① 陈全真："数字作品发行权用尽的解释立场及制度协调"，载《出版发行研究》2021 年第 9 期。

在网络环境中适用该原则的物质基础并不存在。① 也有学者提出，数字作品转售行为在性质上属于网络传输行为，而该行为包括传统的发行行为和复制行为，因此发行权概念无法涵盖网络环境下的数字商品的交易。② 而支持将"权利穷竭原则扩展适用于网络环境"的学者认为，将数字作品上传至互联网供不特定公众进行浏览的行为属于网络传播行为，而一方通过支付对价获得数字作品的所有权然后将数字作品的复制件转让给社会公众的行为，则纳入发行范畴，适用权利穷竭原则。③ 也有支持的学者认为，以互联网传播方式向公众提供数字作品属于"向公众提供作品的原件或复制件"，从而符合发行行为的第一要义；公众在线随意浏览和付费下载数字作品，可以分别视为"赠予"和"出售"，从而符合发行行为的第二要义，因此数字作品网络传播行为应当归属于发行行为。④ 此外，有学者从行业角度认为，如果权利穷竭原则仅仅适用于实体发行行为，不利于数字产业的发展，不利于维护和协调各方的利益。

为了调和两种观点长期争论的局面，近年来部分学者不再将目光局限于数字作品能否适用发行权用尽，而是将视线转移至传统发行权在数字时代所面临的挑战，并在此基础上思考传统发行权是否需要做出调整，以及怎样进行调整。以此为基础，他们提出了一种折中路径——数字发行权有限用尽。⑤ 该观点主张，在数字网络环境下，根据数字作品的不同类别、不同特性以及不同创作成本，允许著作权人在一定次数或范围内继续控制数字作品的二次传播，即允许发行权在一定次数或范围内暂时不用尽，超过次数或范围的限制则发行权用尽仍然适用，以此来实现著作权人私益与社会公共利益之间的平衡。⑥

在"数字发行权有限用尽"的观点下，也有部分观点支持将传统发行权用尽适用于网络环境，但不同之处在于，规定数字作品可阅读设备的数量，给予读者一定的赠予或销售权限，包括在权限内自由转让数字作品或者转让剩余权限。读者权限用尽后，著作权人的发行权益恢复如初，依然

---

① 王迁："论网络环境中的'首次销售原则'"，载《法学杂志》2006年第3期。
② 黄玉烨、何蓉："数字环境下首次销售原则的适用困境与出路"，载《浙江大学学报（人文社会科学版）》2018年第6期。
③ 何怀文："二手数字出版物与发行权用尽——兼评美国'ReDigi案'与欧盟'UsedSoft案'"，载《出版发行研究》2013年第6期。
④ 焦和平、马治国："信息网络传播权与发行权的冲突与协调"，载《法学杂志》2010年第9期；武光太："试论电子图书数字首次销售原则的构建"，载《中国出版》2013年第13期。
⑤ 陈全真："数字作品发行权用尽的解释立场及制度协调"，载《出版发行研究》2021年第9期。
⑥ 何炼红、邓欣欣："数字作品转售行为的著作权法规制——兼论数字发行权有限用尽原则的确立"，载《法商研究》2014年第5期。

可以继续控制数字作品二次销售行为，这样在保障知识传播的同时也不至于过多地减损著作权人的经济利益。与前者相比，此种适用原则的立足点和具体限制对象完全不同，其站在著作权人的角度，主张著作权人享有数字发行权，只不过应当受到一定的限制，但著作权人的发行权不应在网络环境下用尽。虽然适当照顾了公众利益，给予买受人或受赠人一定限度内的转售自由，但由于著作权人仅仅放弃了少部分权限，后续的销售还是由著作权人控制。因此，此种适用原则最终还是站在著作权人的立场，希望发行权不用尽，以维护著作权人的利益。虽然上述两种发行权用尽的适用原则和适用方式相对，但这种对传统发行权分割式的做法，在一定程度上可以视为利益平衡的杠杆。

综合学界不同观点，可以发现，发行权用尽原则是否可扩张至数字网络环境的分歧较大，表面上看是由于对相关法律规则的不同解释所造成，实则是不同产业群体之间利益博弈的结果。因此有必要对数字环境下发行权用尽的适用进行理论上的证成，而这种证成应当在充分衡量著作权人、社会公众之间的利益以及市场主体之间的利益后展开。[①]

（二）版权穷竭原则扩展适用的条件

在跨境电子商务环境中，跨境电商贸易突破了作品交易的地域性、极大加强了作品的可获性。如果将发行权一次用尽原则扩展适用于数字作品之上，则需要满足严格的条件。其一，该交易产生了特定作品复制件财产权转移的法律效果；其二，交易对象是从著作权人或者经其授权已被以出售方式发行至网络空间的数字作品复制件；其三，交易未造成新的作品复制件的产生；其四，一件作品复制件的平行持有者数量没有增加。代币化交易模式[②]符合这4个条件，因此，从 NFT 铸造者手中支付对价，购买了 NFT 数字作品的买受人，可以转售、转赠其购买的 NFT 数字作品，同时不会侵犯著作权人的发行权。一个 NFT 数字作品无论经过多少手的交易，在交易平台上展示的始终是铸造者最初上传至服务器的那个复制件。举例而言，著作权人将其美术作品交由一个美术馆来保管和代为出售，并同意美术馆为收藏和出售目的来展览作品。买受人获得这件美术作品的所有权时，根据双方合意，需要接受该美术作品必须永久地在这个展览馆保管和展览这一条件。NFT 交易平台就类似于美术馆，其通过与存储特定数字作品复制件的服务器建立链接，向平台用户呈现 NFT 数字作

---

① 陈全真："数字作品发行权用尽的解释立场及制度协调"，载《出版发行研究》2021 年第 9 期。

② 即上文提到的 NFT 交易模式："上链""设定交易条件""选择交易底层智能合约"。

品，该呈现行为是最初著作权人在铸造 NFT 时已经许可同意的信息网络传播行
为。NFT 数字作品的买受人，不会因为交易之后 NFT 交易平台上的作品呈现
承担侵权责任，但是，其不能将作品复制之后，在其他互联网平台上传播，除
非具备合理使用的情形。"随着区块链技术市场潜能的发挥，它对数字环境下
的版权带来了变革性的重大影响"。[1]将权利穷竭原则扩展适用于数字作品之上，
不仅是对当下网络产业的商业模式创新的回应，亦是数字艺术品交易市场发展
的内在需求。代币化交易模式的出现，会给创作者和收藏家们利用数字技术和
web3.0 时代的互联网带来前所未有的机会。[2]

欧盟与我国都采取《世界知识产权组织版权条约》（WCT）框架下发行权
与向公众传播权相区分的立法模式，由此数字作品的转售将会受到向公众传播
权，即我国《著作权法》语境下信息网络传播权的控制，故而也难以适用首次
销售原则进行抗辩。

第三节　数字贸易中的商标权保护

一、商标权的地域性与数字贸易的全球化

随着互联网终端普及率急速提升，互联网通过商业模式融合的方式实现了
商品贸易形式的多样化。数字贸易源于数字经济的发展和全球化分工，数字全
球化改变着贸易的方式，打开新的国际贸易市场。具体而言，包括两个层面：
第一层为货物贸易，可以等同于电子商务，即数字对贸易方式赋能；第二层为
数字产品、云计算、大数据等数字经济时代的新兴产业，即数字对服务赋能。[3]
在这两个层面里，均涉及了注册商标专用权的保护。

商标作为商品贸易中区分商家产品和服务的标志，在数字贸易中面临着新
的权利保护问题。商标对于消费者的主要作用在于识别和区分相关商品或者服
务，数字贸易对商标的影响主要体现在第一层面，即电子商务领域商标的使用、
许可和侵权问题；而对于第二层面，即数字产品层面，由于商标本身由文字或
者图片构成，具有可数字性的特性和易于突破空间的"扩张性"，因此，"产品

---

① Bodó B, Gervais D, and Quintais JP, Blockchain and Smart Contracts: The Missing Link in CopyrightLicensing? International Journal of Law and Information Technology 26, 336（2018）.

② Tonya M.Evans, Cryptokitties, Cryptography and Copyright, AIPLA Quarterly Journal47, 266（2019）.

③ 参见《数字贸易发展与影响白皮书》，中国信息通信研究院 2019 年版。

可数字化"对于商标的使用和许可影响不大。

（一）商标权的地域性与驰名商标的特殊保护

商标的识别商品或者服务的功能是商标最基本的功能，基于商家长期的经营，商标进而演化出广告功能，尤其是互联网时代，"商标本身具有的销售吸引力的价值远远超过了商品提供者的其他资产。商标的价值随着商标吸引力的增加而不断提升，商标的广告功能发展到了极致"。[①] 商标权是知识产权的重要一类，且知识产权与其他法律的不同之处在于知识产权是法律赋予的垄断性权利，关于其权利内容包括什么，权利人能够控制的权利范围有哪些等问题全部依赖于一国的知识产权立法，因此，知识产权权利的内涵更加丰富、复杂。知识产权中的商标权，权利人可以通过普通许可使用的方式"拆分"商标权，这使得商标权的使用更加容易突破空间限制。

根据《保护工业产权巴黎公约》第 6 条，商标的申请和注册条件，在本联盟各国由其本国法律决定，商标的注册制度在联盟国家之间应当是独立的。由于注册商标专用权作为知识产权的一种，具有一定程度的垄断性，而商标的核准注册条件由各国国内法进行规定，所以，商标的地域性体现在权利人的商标专有权效力仅存在于其所注册的国家，商标注册专用权人可以禁止或者控制的行为地域范围也仅限于其被核准注册的国家。例如，某人在中国注册获得商标权，其商标权无法当然在域外获得保护，因为其"注册商标权系依我国商标法产生，因此和权利保留有关的商标使用行为，都应当以我国境内为纽带和连接点"。[②] 然而，商标需要依附于商品或者服务来发挥效能。在贸易全球化背景下，商标的注册、使用和保护涉及了跨境因素。

如果说商标凝聚着商家的商誉，则驰名商标凝聚着更多的商誉，其代表着一定品质的商品和优良的服务，对消费者而言具有更强的吸引力，对于商家而言是一种天然的广告招牌。"商标权权利或者说商标权权能内容具有地域性，但是商标的商誉价值和广告价值没有地域性，在经济全球化背景下，'商誉溢出'现象已经成为驰名商标的另一特征"。[③] 驰名商标是指经过经营者长期大量的使用和宣传，对相关公众而言具有较高知名度的"耳熟能详"的商标。提到驰名商标，相关公众就能联想到其相对应的商品或者服务。我国商标法一般只承认已注册商标的商标权权利，予以同类别的禁止混淆保护，但针对驰名商标

---

① 杜颖："商标淡化理论及其应用"，载《法学研究》2007 年第 6 期。
② 黄汇："商标使用地域性原理的理解立场及适用逻辑"，载《中国法学》2019 年第 5 期。
③ 黄武双、刘榕："驰名商标地域性认定标准的突破"，载《科技与法律》2020 年第 5 期。

有一些特别的保护制度——对未注册驰名商标予以同类商品上的禁止混淆保护，对已注册驰名商标予以跨类商品的禁止混淆保护。伴随着各国间贸易往来的增多，一些国际知名品牌在非商标注册国也有可能作为未注册的驰名商标获得保护。

（二）跨境电子商务对商标地域性保护的突破

由于商标可数字化的特性，数字贸易环境对商标权保护的影响集中在电子商务贸易领域。近几年，除了传统的跨境电子商务平台（如亚马逊、E-bay 等海外电子商务平台）快速发展外，国内的淘宝、京东等电商平台也有海外商家店铺入驻，具有了跨境电子商务平台的属性。电子商务环境下，商家销售模式和消费者行为发生重构，商标原来的识别功能分化出广告功能，线上"贴标"方式多种多样且基本无成本，商标在销售过程中的吸引力价值在电商环境中发挥极大作用，商标侵权行为也因此更加隐蔽。当下消费者可以通过电子商务平台直接购买境外的商品，商家可以通过电子商务平台直接出口自己的商品，这对商标权地域性最直接的冲击便是境外品牌在国内的保护问题。

以"无印良品"案为例。日本株式会社某公司的"无印良品"品牌在日本一直有较大的影响力和一定的知名度，其于 2005 年入驻中国，但是在此前"无印良品"商标就已被中国商家注册在指定类别的商品上。法院认为日本无印良品品牌在中国宣传使用及知名度没有达到驰名的标准，维持了中国商家无印良品注册商标的有效性。随后，日本株式会社某公司在其电商网页内的宣传行为被北京市高级人民法院终审判决认定为侵犯中国注册商标专用权人权利的行为。①

发生在我国境内的商标使用和商标侵权问题，应当适用我国的商标法及相关法规。对于未在中国境内获得注册的商标，在个案中考察是否需要给予其法律保护时，需要按照我国商标法的规定来评判其能否作为有一定影响的未注册商标从而禁止他人抢注，评判是否是代表人、代理人或者有合同关系的人进行的抢注。就相同或者类似商品申请注册的商标是复制、摹仿或者翻译他人未在中国注册的驰名商标，容易导致混淆的，不予注册并禁止使用。考虑到数字全球化和贸易全球化背景下消费者获取信息方式的变化，在认定商标是否具有一定影响、是否驰名时，需要考虑到电商环境中商品或者服务的商标广告宣传作用于消费者的影响。在电子商务环境，涉及跨境商标使用和商标侵权的判定时，应当充分考虑"商誉溢出"现象。在衡量商标的价值时，考虑企业营销活动带

---

① 参见北京市高级人民法院（2018）京民终 172 号。

来的影响应当以我国消费者的认知程度为准，而非受国境之限制，[①]从而对商标地域性原则予以调整并赋予新的理解。

二、数字环境下商品的平行进口

（一）产品的网络平行进口

平行进口（Parallel Importation）与权利穷竭原则紧密相关，平行进口涉及受知识产权保护的产品在一个国家或地区被首次合法投放市场之后，能否再被该产品也受相同知识产权保护的其他国家进口。当权利人自己或者经权利人同意在一个国家或地区已经将贴附商标或者包含专利技术的产品合法投放到市场之后，其他国家的进口商未经其所在国家的享有相同商标或已获得相同技术专利的权利人的授权，将上述产品进口至该国，就构成了平行进口。由于知识产权具有地域性，一个市场主体可以将其商标在不同的国家进行注册或者将其技术在不同国家申请专利并许可给不同主体使用。所以，平行进口也会涉及同一个主体在不同国家或地区的市场布局和定价策略。平行进口涵盖专利、商标和版权等领域。平行进口行为较为复杂，其行为范围往往涉及两个法域，其中包含有购买、进口、销售等多个法律关系。[②]按照传统国别概念来划分，产品的网络平行进口可能存在以下两种：一是产品的网络返销，二是在一国境内和境外均取得商标权授权的产品通过网络的进口。其中，网络返销是指产品输出后又被返销回本国的行为。

根据进口所通过的渠道划分，可以将产品的平行进口划分为传统意义下的平行进口和网络平行进口。随着互联网和高科技技术的发展，电子商务在国际贸易领域发挥着越来越重要的作用，通过网络发生的平行进口贸易也日益增多。

网络平行进口不仅仅是法律问题，而且同时涉及一个国家或地区的贸易利益与经济利益，因此，TRIPs 对平行进口问题并未作出明确规定，而是留给各成员国自己去解决。但随着一个国家或地区贸易、经济等在世界上的地位变动，各国在处理数字环境下平行进口问题时的应对策略日趋一致。对平行进口问题的处理，最直接相关的即为各国对于商标权用尽采取的是国际用尽还是国内用尽。如果是后者，那么平行进口构成侵权。如果是前者，那么平行进口不构成侵权。目前学界对于平行进口问题的研究，多从权利用尽原则或知识产权的地

---

① 参见黄武双、刘榕："驰名商标地域性认定标准的突破"，载《科技与法律》2020 年第 5 期。

② Christopher Heath, Parallel Importsand International Trade[J].I.I.C, 1997（28）: pp.623-630.

域性出发，得出支持或反对平行进口的结论。^①对于版权、专利和商标领域，平行进口问题的处理并不能一概而论，而数字贸易中商标平行进口问题较为突出，值得重点研究。

（二）跨境电子商务中商标权用尽原则的适用

商标权用尽原则，又被称为首次销售原则，是知识产权法领域权利用尽原则在商标法上的体现，即受商标权保护的产品经注册商标专用权人本人或其同意售出后，权利人不得再就该产品后续的使用或流转主张商标权。商标权用尽原则的理论依据在于，知识产权是用来回报权利人的投资，在经其同意首次投放市场之后，权利人已经回收了这一投资，包含该知识产权的产品在全国乃至全球的流通，就不应继续受到权利人的控制。^②该原则是侵犯商标权案件中被告的一个抗辩事由，主张商标权用尽应当满足以下条件：首先，附有商标的商品本身来源合法，由商标权人或者经其许可授权的人生产制造；其次，使得商品进入流通领域的销售行为合法，未经授权的销售行为仍可由权利人禁止；最后，商标权用尽仅限于商标首次销售后的、于流通领域转售及再销售行为。

目前，国际上对商标权用尽原则存在商标"国内权利穷尽"和"国际权利穷尽"的争议，TPP 鼓励成员国建立商标国际权利用尽规则，TPP 的规定代表着各个国家对商标权穷尽立法的趋势。我国于 2020 年签订的 RCEP 知识产权章节的第 6 条规定，"每一缔约方应当有权建立各自的知识产权权利用尽原则"。我国目前对于商标权用尽原则没有明确规定，学界对于商标权用尽原则也有两派观点，支持者认为商标权用尽是"解决商标平行进口问题的制度解药"，支持商标权用尽原则的学者也普遍支持商标权国际穷竭原则；^③反对者则认为知识产权是主权国家干预的结果，在本国取得保护的商业标识是否在他国获得保护得依他国法律确定。^④

在实际适用中，涉及相关跨境电商商标权用尽的案件，过去虽呈现出不

---

① 韩磊："权利国际用尽原则与平行进口的法律规制"，载《河北法学》2017 年第 10 期。

② 黄晖：《商标法》，法律出版社 2016 年版，第 178 页。

③ 持该类观点的代表学者包括：莫纪平、谈建俊："商标权领域中的平行进口问题探析"，载《当代法学》2000 年第 2 期；冯琴："商标产品平行进口问题辨析"，载《法律适用》2008 年第 8 期；袁泽清："从进口汽车市场看我国商标平行进口立法"，载《贵州社会科学》2008 年第 6 期；严桂珍："论我国对商标平行进口的法律对策——兼评长沙 MICHELIN 牌轮胎平行进口案"，载《同济大学学报（社会科学版）》2012 年第 3 期；等等。

④ 李玉璧："平行进口的法理分析与立法选择"，载《西北师大学报（社会科学版）》2010 年第 4 期。

同的处理结果，现在逐渐形成相对统一的裁判标准，即允许平行进口、同时关注平行进口商品与销售商品是否存在实质差异。如法国大酒库股份公司与慕醒国际贸易（天津）有限公司商标侵权纠纷案中，法院认为，平行进口商品未被二次加工，没有改变商品的品质，不会造成消费者混淆，也不会损害原公司的商誉，因此不构成对国内商标权的侵害。[①] 在不二家（杭州）食品有限公司诉钱海良、浙江淘宝网络有限公司侵害商标权案中，法院认为，若平行进口的商品进行重新包装，不仅不能达到美化商品、提升商品价值的作用，反而会降低相关公众对商标所指向的商誉，损害商标的承载商誉功能，则构成商标侵权。[②] 在联合多梅克白酒和葡萄酒有限公司、保乐力加（中国）贸易有限公司与长沙市雨花区百加得酒业商行侵害商标权纠纷案中，法院也指出，进口商未经授权擅自在平行进口的商品上加贴原公司的中文商标，并磨掉产品识别码，该行为构成对国内商标权的侵害。[③] 上述案件都表明，对于相关案件存在较为清晰的裁判规则，但也应注意，在个案中"实质性差异"仍存在自由裁量的空间，[④] 此外，附有商标的商品权利用尽后，在我国境内进行销售、使用的行为也需要符合市场的通常认知和商业习惯，不应存在损害商标权人商誉的情形。[⑤]

第四节　数字贸易中的专利与商业秘密保护

一、数字贸易中云计算与人工智能领域的专利保护

企业之间数字贸易往来的实现，离不开大数据的背景基础，而大数据得以发挥"数字赋能服务"[⑥]的作用，离不开的两个关键性技术——云计算技术和人工智能计算技术。云计算技术和人工智能计算技术中的"计算"不同于传统的专利法中的"技术方案"，其是否具有可专利性，如何进行专利侵权判定等问题，值得探讨。

---

① 参见天津市高级人民法院（2013）津高民三终字第 24 号民事判决书。
② 参见浙江省杭州市余杭区人民法院（2015）杭余知初字第 416 号民事判决书。
③ 参见湖南省长沙市中级人民法院（2016）湘 01 民初 1463 号民事判决书。
④ 秦元明、周波："浅析平行进口商标侵权法律问题"，载《人民司法（案例）》2020 年第 26 期。
⑤ 陶钧："商标侵权纠纷中'权利用尽'规则与'平行进口'的法律规制"，载《中国市场监管研究》2018 年第 7 期。
⑥ 参见《数字贸易发展与影响白皮书》，中国信息通信研究院 2019 年版。

（一）云计算技术跨境化引发的专利保护问题

探寻云计算技术的专利保护路径，需要先梳理云计算技术的概念和类型，以便后续探讨其可专利性。中国云计算委员会认为，云计算是通过整合、管理、调配分布在网络各处的计算资源，并以统一的界面同时向大量用户提供服务。云计算位于数字贸易商品类别的第三个层次——"数字赋能服务"。为了方便理解，此处以亚马逊服务为例。云计算通过互联网按需提供 IT 资源，并采用按使用量付费的定价方式，企业或个人可以根据需要从亚马逊的云提供商获得技术服务，例如计算能力、存储和数据库，而无需再斥巨资购买相关服务器。云计算包括三种类型：IaaS（一般提供网络、计算机或数据存储空间）、PaaS（一般指硬件和操作系统）、SaaS（一般指最终用户应用程序）。如果一个企业想要在网站上运行某种应用，在具有 IT 资源的前提下，可以租用 IaaS 服务，即可使用和控制基础网络、存储和服务器；在拥有了基础设施服务后，如果需要一个操作系统来安装各类软件，可以购买阿里云、腾讯云等 PaaS 平台云服务，来开发各种应用和软件；最后的便是用户端能接触到的各类软件，如苹果手机的 iCloud 云服务。跨境交易 APP 如亚马逊就可以理解为一个 SaaS 云服务软件。

根据云计算的概念，云计算具有先分散后集成的特点，以云计算技术为基础的云计算专利有两类：一是由一整套操作方式构成的方法专利，其权利要求用来描述这些设备在系统内中如何相互作用的过程步骤；二是由一系列装置、设备、产品集合构成的系统专利。[①] 云计算的特点是打破了地域信息和物理信息的界限，整合物理上相对分散的网络资源提供计算服务，其使用的网络资源完全可以分布在世界各地。[②] 这同时带来了云计算专利技术侵权判定问题：专利方法要素跨境和产品组件要素跨境。而 IaaS、PaaS、SaaS 的服务提供方式不可避免地带来了多方跨境参与的问题。国际上专利侵权判定规则大多要求"全面覆盖"原则。根据我国现行专利法，判定专利侵权应当将被控侵权的产品或者方法和权利人专利权利要求书中所记载的技术特征一一比对，只有在被控侵权产品或者方法技术方案的技术特征与权利要求记载的全部技术特征相比，缺少权利要求记载的一个以上的技术特征，或者有一个以上技术特征不相同也不等同，才能认定为没有落入专利权保护范围。

---

① 参见刘友华、张妙："云计算专利跨境侵权认定问题研究——美国的经验与借鉴"，载《知识产权》2016 年第 9 期。

② 参见刘强："技术网络化背景下的专利侵权判定——以云计算技术专利权为视角"，载《北方法学》2014 年第 44 期。

为了更直观地叙述云计算技术专利问题，我们将权利人的云计算技术专利的技术特征用 A、B、C、D、E 描述。例如，一项 IaaS 服务专利的技术特征为 A、B、C、D、E，而被控侵权人提供了 PaaS 服务实施了 A、B、C、D 步骤，并未实施 E 步骤，但是被控侵权人服务的跨境客户（To B 端服务）或者跨境用户（To C 端服务）往往可以通过操作指引自行实施最后一步 E 步骤，这种情况下被控侵权的方案缺少权利要求记载的一个技术特征，没有落入专利权保护范围。但是如果不保护涉案专利权，由于云计算专利技术分散性、整合性的特点，被控侵权行为实际上产生了替代原专利权人的产品或者技术方案的效果，在全球范围内造成较大的损害后果，侵害权利人商业利益。这种教条的形式专利技术特征比对方法似乎不尽合理，例如美国的 Akamai 案[①]引发的云计算专利保护难题，"解决云计算多方参与方法专利侵权认定难题的可能路径是放宽这种情形下直接侵权的判定标准"。[②]在云计算跨境侵权多主体配合成为常态的情形下，不能囿于全面覆盖原则而让跨境侵权行为躲藏于专利法制度夹缝之中不予规制。回到专利法保护专利权的目的上来，如果侵权行为对专利权人在其本国的生产、销售造成了实质上的阻碍或者起到实质上的替代作用，而仅侵权的最后一步行为（步骤 E）在国外，则仍不能脱离其专利权可以控制的行为范围。实践中，应当综合考虑跨境贸易云计算技术的出现对现行专利法制度框架带来的冲击，采用实质性侵权认定标准适度调节各方主体在大数据网络贸易下的利益，以更好地实现专利法制度的目标。

（二）人工智能算法技术的专利保护

人工智能由三部分构成，数据、算法和计算能力。为方便理解，此处为简化的人工智能算法场景，以互联网产品的自动化运行决策过程为例：输入初始数据库，经过算法的训练，输出训练模型，即实现了产品所需要的基础功能。衍生数据即是经过人工智能算法技术训练后的产出数据，在满足一定条件下，这部分数据可以作为商业秘密给予保护。那么，人工智能算法技术本身是否可以受到专利权的保护？当前因为人工智能算法开发的难度大、成本高，该问题研究的焦点仍在理论阶段，即人工智能算法技术的可专利性，此时需要先区分人工智能生成发明和人工智能算法。人工智能生成发明是指人工智能技术的生成物根据其作用类型和作用程度不同，形成不同的人工智能生成物，在专利法

---

① Limelight Networks，Inc. v. Akamai Technologies，Inc.

② 参见王晓燕："Akamai 案审理对云计算方法专利侵权判定的启示"，载《重庆邮电大学学报（社会科学版）》2016 年第 6 期。

中即为发明。① 而人工智能算法是人工智能最基础的技术，核心就是大数据，数据库的数量越庞大，经过人工智能算法的训练，人工智能输出结果越准确。人工智能算法技术的生成物——人工智能生成发明可以成为专利法客体予以保护，那么人工智能算法是否具有可专利性？在科技变革更迭速度极快的数据时代，探究一项新的技术能否受到知识产权法的保护，更多的是要回到法律法规保护的法益本质及立法目的上。

1. 要解决人工智能算法专利法保护的"符合性"问题，即探寻其是否属于专利法保护的客体。根据我国《专利法》的规定，专利保护的客体为新的技术方案或新技术，专利审查判定技术方案时一般采用"三要素"法：该方案是否实质上采用了技术手段，是否解决了技术问题，是否获得了技术效果。如果人工智能算法具有特定而明确的技术应用领域，并且算法设计受到技术性条件约束，应当就具备可专利性。②

2. 解决人工智能算法专利法保护的"应当性"问题，即探寻给予人工智能算法以专利法保护是否符合专利法鼓励新的技术方案发展的立法目的。当前人工智能算法技术还处在初期发展阶段，面临着企业开发成本大、可投入的人力资源有限、相关领域人才较少等诸多难题，且人工智能算法属于最底层、最基础的算法类型，数量更是凤毛麟角，若授予这部分人工智能算法以专利权显然不利于在后的企业及发明人探究新的人工智能算法及人工智能技术发展。而针对非基础性人工智能算法，如果其能够通过技术方案"三要素"审查，即从权利要求中涉及算法的各个步骤体现出与所要解决的技术问题密切相关，如算法处理的数据是技术领域中具有确切技术含义的数据，算法的执行能直接体现出利用自然规律解决某一技术问题的过程，并且获得了技术效果，则通常该权利要求限定的解决方案属于我国专利法所保护的技术方案，可以受到专利法的保护，③ 从而实现鼓励该领域企业及技术人员开发新的人工智能算法，丰富人工智能发明市场，最终实现促进人工智能技术发展的目的。

二、数字贸易中衍生数据与源代码的商业秘密保护

（一）衍生数据的商业秘密属性

在数字贸易时代，商家的推广、销售行为，用户的浏览、消费行为，商家

---

① 参见吴汉东："人工智能生成发明的专利法之问"，载《当代法学》2019 年第 4 期。
② 参见刘强："人工智能算法发明可专利性问题研究"，载《时代法学》2019 年第 4 期。
③ 参见王翀："人工智能算法可专利性研究"，载《政治与法律》2020 年第 11 期。

针对用户的浏览、消费行为分析消费者偏好而进行新一轮的推广、销售行为等，上述系列流程均可数字化，且可将贸易交易数字化后的数据分为两种类型：一种是原始数据，如用户的浏览、收藏、购买记录及用户发表的评论等信息。另一种是衍生数据，即原生数据被记录、存储后，经过算法加工、计算、聚合而成的系统的、可读取、有使用价值的数据，例如购物偏好数据、信用记录数据等，而能够建立知识产权的数据正是衍生数据。[①]

随着我国对个人信息保护的重视及《数据安全法》《个人信息保护法》的相继出台，如果企业之间的合作涉及获取、传输、使用能定位到特定人的一些信息，则企业需要对这些信息进行加密、脱敏或者混淆处理。而在另一方面，数字贸易环境下的企业合作不论是对接接口亦或是文档传输，都很容易接触到对方企业搜集和整理的个人信息及相关衍生数据，且通常这些衍生数据是由企业利用其自身技术方案、特定的逻辑和算法整理并分析形成的个性化决策方案及优化方案，从而实现优化用户体验，提升用户转化率、提高广告触达率最终转化为企业盈利，具有一定的商业价值。

根据我国《反不正当竞争法》第 9 条的规定，"本法所称的商业秘密，是指不为公众所知悉、具有商业价值并经权利人采取相应保密措施的技术信息、经营信息等商业信息"。在数字贸易环境下，企业之间的合作不可避免都会获取对方的一些商业信息，例如，联合营销活动需要双方对接某种接口以完成活动权益的传输，技术提供服务需要技术需求方嵌入技术供给方的软件开发工具包以完成某种功能的实现等，通常在合作合同中会约定单独的保密条款以防止相关信息的泄露。而关于双方间接获取到的对方的用户行为统计、用户画像等衍生数据，则能够作为商业秘密获得保护。

同样，《反不正当竞争法》规定的商业秘密主要有三个构成要件：一是权利人需要采取相应的保密措施处理该商业信息，二是商业信息处于未公开的状态，三是信息需要具有价值性。在 2020 年 9 月 10 日出台的《最高人民法院关于审理侵犯商业秘密民事案件适用法律若干问题的规定》中，数据被明确地写入到第 1 条列举的技术信息和经营信息中。在个案中，将衍生数据认定为商业秘密的客体时，应该严格把握其是否符合商业秘密的构成要件。有观点指出，在数字贸易时代，企业和企业之间、企业平台与其用户之间交易行为愈发公开，加之区块链技术这种共享数据库的兴起，各个互联网企业之间的合作往往只对

---

① 杨立新、陈小江："衍生数据是数据专有权的客体"，载《中国社会科学报》2016 年 7 月 13 日，第 5 版。

原始数据加密和脱敏处理，对于已经加工、整理过非代码、编码类衍生数据很难给予二次保密的技术措施。在这种特定经济贸易背景下，对于商业秘密应当做扩大解释，即只要数据所有人的企业不想被收集的数据都应当被认定为具有"秘密性"，经过其技术加工、处理过的数据应当认定为采取了相关的保密措施。① 对于数据产业而言，数据共享和流动是产业发展的原生动力，所以数据本身并不适宜以商业秘密进行保护。但对于基于基础数据而产生的不为公众所知悉的具有商业价值的衍生数据则不同，如果数据持有者采取了保密措施以限制知悉人员的范围，通过保密合同、劳动合同保密条款、数据交易合同中的保密条款等方式确定知悉人员的保密义务，那么，其符合商业秘密的构成要件，应被纳入到商业秘密保护制度的规制范畴。

（二）源代码的商业秘密保护

源代码，或源程序，是指未经编译的依照程序语言编写的文本，经过程序编译后，计算机即可执行文本命令。② 过去计算机软件的源代码是以磁盘、光盘或者硬盘为载体，软件的转让主要通过载体的转让，用户需驱动磁盘等载体并安装软件实现。后随着互联网的普及和应用，用户可以通过互联网下载客户端安装包，经过密钥的授权而获取软件的使用权。而当前大数据和云计算的应用为软件的许可形式带来了新变革，数字时代软件贸易性质从转让软件服务转型为提供软件服务。软件开发者或软件源代码的权利人将软件预先存储在云端，用户通过去云端获取相应软件实现软件的贸易。

相比于传统的源代码，数字贸易中的源代码呈现出"开源化"的趋势，即企业开放源代码（Open Source），让用户可以接触到源代码，从而开发自己需要的服务。其中较为著名的是 Chrome 浏览器和 Android 操作系统。③ 此外，云计算整合网边端操作系统，对端到端算力提供全局化管理，算力服务由以云为基础的全局化操作系统在端、边、云多节点上独立运行，完成自身功能后通过网络进行交互和协同，完成算力的全部处理目标。例如微软将终端 Windows 操作系统以云服务形式提供，使用户可以更容易从更广泛的设备上访问商业应用。④ 可以看出，通过分解算力单元，经过服务编排重组后，再通过算力供给提供给客户，软件的供给形势日趋基础化及服务化。

---

① 参见聂洪涛、李宁："大数据下金融交易商业秘密的保护：困境与对策"，载《科技与法律》2020 年第 1 期。

② 参见应明、孙彦：《计算机软件的知识产权保护》，知识产权出版社 2009 年版，第 53 页。

③ 参见王拓："软件贸易发展新趋势、影响及我国的应对"，载《湖北社会科学》2019 年第 3 期。

④ 参见《云计算白皮书》中国信息通信研究院 2021 年版。

针对源代码保护的问题，CPTPP 和 USMCA 设置了专门的条款保护源代码这类数据信息。这类协定主要体现了美国以本国数据库利益保护为基点主导订立相关条款，以保护本国具有商业利益性质的数据，尽量减少数据流通或者说流出，以最大限度保护本国利益。在我国现有的法律框架下，如果将源代码文件作为文字作品给予著作权法意义上的保护、将源代码文件作为作者独创性思想的表达未免牵强，而源代码文件在尚未根据一定的程序编译出软件时，似乎又不可以作为计算机软件或者专利法意义上的技术方案给予保护。在不符合著作权法和专利法保护的条件，但同时具有一定商业价值需要保护的权益，一般从反不正当竞争法中寻找相关条款，其中与源代码形态最接近的便是商业秘密。在源代码开源性、软件平台基础性、贸易交易开放性的趋势下，数据已经成为重要的市场要素，成为经营者重要的商业资源和竞争优势，而在数据权属不明的情形下，通过商业秘密条款来保护企业数据具有一定的科学性。但是数字经济时代商业秘密存在认定难的困境，[①] 有必要通过法律解释的方式，重新界定商业秘密的范围，以保护数字贸易时代有价值的数据信息。

TRIPs 建立了关于商业秘密保护规定的国际最低标准，只有具备一定的品质的信息才能成为商业秘密，这些品质包括秘密性、价值性的内在品质以及持有人采取了合理的保密措施的外在条件。[②] 通常情况下，传统商业秘密的秘密性是指信息是处于未公开状态，价值性指的是商业信息能够为企业带来商业价值，保密措施指的是企业采取了一定的加密和混淆设定防止源代码或者算法被反向工程破译。在大数据贸易时代，诚如上文所述，源代码文件处在一个可被用户获取的开源状态，以便用户修改成自己需要的软件而使用。可以推断，随着未来互联网络、云计算、大数据等技术的成熟，数据信息只会越来越公开化，此时商业秘密的最低保护标准应当根据数据技术特征予以调整。

回到保护商业秘密的目的上来探讨商业秘密的保护条件。商业秘密和知识产权的不同之处在于，知识产权（如著作权和专利权）属于用公开换保护，可通过许可实现盈利，而商业秘密属于未公开的商业信息，企业通过一定的技术措施和经营成本维护商业秘密的秘密性，通过签署技术服务合同等合作方式允许对方通过自己的商业信息来获取一定的技术服务。在开源化、公开化的数据

---

① 参见邓社民、侯燕玲："企业数据竞争法保护的现实困境及其出路"，载《科技与法律（中英文）》2021 年第 5 期。

② 参见谢晓尧："商业秘密保护的国际最低标准——对 TRIPS 第 39 条的解析"，载《国际贸易问题》2002 年第 5 期。

时代，应当从企业主观上愿意公开以及客观上企业开放平台的服务协议等线上协议界定商业秘密的范围。此时，商业秘密应当具有的秘密性、价值性两个内在品质体现在企业通过未公开的算法或者技术整合形成的数据成果，例如，开源性源代码服务的应用。已经公之于用户的开放性源代码不属于商业秘密的范畴，但是企业通过云计算服务和特定的算法整合多节点独立运行的基础算力服务、提供全局化联动管理，最终输出给用户所需要的服务等算法技术，仍属于其商业秘密的范畴。另一方面，企业无论提供的是基础类服务或者是具体的业务类服务，如果软件服务是面向企业端软件产品的企业类用户，双方一般会签订单独的保密协议限定商业秘密的范围；如果软件服务是面向消费者端的个人用户，企业一般会通过平台的用户协议来限定用户使用软件及技术需要遵守的规则，及专门的禁止反编译、反编码条文规范用户可以实现的功能范围。这部分线下和线上协议均体现了企业对商业秘密范围的明确，在企业的相关商业信息能带来商业价值的前提下，考察商业秘密的秘密性及企业是否采取保密措施时，应当着重从企业主客观对其商业信息的划定及愿意公开的范围来考察。

（三）商业秘密的权利限制问题

数字贸易时代的商业秘密往往混同着用户的个人信息，对商业秘密享有的相关权益应当以获取用户个人信息时披露的目的和范围为限。例如，上文论述提及企业在通过一些云计算、大数据技术处理平台内原始数据后得到的衍生数据用于平台个性化决策，这些处理后得到的衍生数据属于平台的商业秘密，其他企业未经同意不得随意获取、分析、使用这些衍生数据，否则涉嫌侵犯衍生数据权益人的商业秘密。

我国《民法典》第 1034 条第 1、3 款规定，"自然人的个人信息受法律保护"。"个人信息中的私密信息，适用有关隐私权的规定；没有规定的，适用有关个人信息保护的规定"。《个人信息保护法》第 2 条规定，"自然人的个人信息受法律保护，任何组织、个人不得侵害自然人的个人信息权益"。平台获取个人信息是通过事先和用户签署隐私条款等线上协议，取得用户授权后收集、存储、使用用户的个人信息，从而形成原始数据。平台虽然对基于原始数据处理而形成的衍生数据享有权益，但不能超过用户当初授权平台使用个人信息时的目的和范围，即平台不能以享有处理用户信息形成的衍生数据权益为由，将这些信息提供给其他企业或者平台，只能在用户授权的目的范围内处理和使用原始数据。简单而言，处理用户原始信息时，不能侵犯用户对个人信息的隐私权或个人信息权益，仅能以用户授权同意的信息处理目的和范围为限使用相关衍生数据权益。

第五节 知识产权侵权网络服务提供者规则的一体化

一、网络服务提供者的版权侵权责任

英美法系将侵害著作权的行为区分为直接侵权行为与间接侵权行为。间接侵权行为是指行为人的行为系他人侵权行为的继续或预备，即其行为帮助和导致了直接侵权行为的发生，如为他人出售、出租、展出之目的而保存侵权复制品的行为，为侵权表演提供设施、场地的行为等。相对于直接侵权行为，间接侵权行为是直接侵权行为的帮助或教唆行为。在网络用户利用网络服务实施侵权行为的情况下，网络服务提供者依法所承担的责任是根据间接责任规则，即基于他人直接侵权行为所产生的责任。[①] 在大陆法系中，网络服务提供者对于网络用户利用其服务实施的侵权行为没有履行相应的注意义务，作为帮助者，承担的是共同侵权责任。要求网络服务提供者就其用户实施的版权侵权行为承担间接侵权责任或者共同侵权责任，其目的是加强对著作权的保护，既可以避免权利人因无法追究直接侵权人的责任而蒙受损害，也可以防止直接侵权行为发生并抑制损害后果扩大。围绕网络服务提供者的责任，各国不断发展出"避风港原则""通知删除规则""红旗标准"等处理规则。这几项规则起源自美国《数字千禧年版权法》。

（一）美国《数字千禧年版权法》（DMCA）第 512 条避风港条款

1998 年颁布的 DMCA 为网络服务提供者提供了一系列"安全港"条款，使其能够在某些情况下，承担有限的责任（无论是直接侵权责任还是帮助侵权或替代侵权责任）。[②] 但是，在确定网络服务提供者是否以及何时是版权侵权人时，已有判例法确定的和在未来案件中发展的普通法规则仍然很重要。DMCA 第 512 条免除了在线服务提供者对其用户侵犯版权行为承担的责任；同时，它增加了一套相当复杂的新程序和条件作为免责的先决条件：服务提供者（A）（i）并不实际知道系统或网络上存在侵权内容或存在使用侵权内容的行为；（ii）在不实际知道的情况下，也不知悉可以明显显示侵权存在的事实或情形；（iii）知道或知悉后，迅速采取行动以删除或禁止访问该内容；（B）

---

① 吴汉东："论网络服务提供者的著作权侵权责任"，载《中国法学》2011 年第 2 期。

② See H.R. REP. NO. 105-796, at 73（1998）.

在有权且有能力控制涉案侵权行为的情况下，并未从该侵权行为中直接获得经济利益；（C）收到侵权通知后，迅速作出回应，删除或禁止访问被声称侵权的内容。

该条款中的（A）（ii）被称为"红旗"测试，而（C）被称为"通知和删除"程序，有条件的免责被称为"安全港"原则（又称"避风港"原则）。通过检验服务提供者是否"知道"侵权内容的存在，该条文将普通法的帮助侵权责任规则纳入了DMCA，而替代侵权责任规则则通过判断服务提供者对内容的控制和经济获益这一因素被纳入其中。而通知加删除程序则是为数字环境建立的一项新规则。此外，服务提供者还应合理地执行"重复侵权者政策"并指定代理人接受侵权通知。CDA（即《通信规范法案》，Communication Decency Ace）中没有这些制度。"《数字千禧年版权法》代表了无责任（根据CDA）的极端情况与严格责任之间的某种中间立场。"①

理解基本版权法理论与DMCA之间的相互影响是法院需要面临的一项挑战。②"理想情况下，原告必须举出证据以表明被告应承担帮助侵权责任，然后法院将判断被告是否能基于避风港原则抗辩。但是，避风港原则提供的赔偿责任免除与帮助侵权责任下的责任边界并不完全一致。"③因此，从某种意义上说，只要该网络平台就其避风港抗辩能够获得即席判决，那么，其他所有与共同侵权损害赔偿责任有关的问题都将变得无关紧要。

（二）欧盟《电子商务指令》与成员国法对指令的实施

欧洲国家最初倾向于以传统的侵权法规则来处理网络服务提供者的责任问题，直至2000年欧盟出台《电子商务指令》以期协调成员国立法。《电子商务指令》（*Directive on Electronic Commerce*）④沿用了美国的DMCA的规则，但是不再局限在著作权领域，而是扩展到了互联网上所有侵权行为。

《电子商务指令》为互联网中间平台的责任建立了法律框架，以求能够消除内部市场中跨境提供在线服务的障碍，并为企业和个人提供法律的确定性。指令第14条主要适用于属于平台型互联网企业的（宿主）托管服务提供商。

---

① Mark A. Lemley, "Rationalizing Internet Safe Harbors", （2007）6 J. Telecomm&High Tech L., pp.101-120, 113.

② Christopher Wolf, "The Digital Millennium Copyright Act: text, history, and case law", （Pike and Fischer, 2003）, p.803.

③ Costar Group Inc. v. Loopnet, Inc.164 F.Supp.2d 688（2001）.

④ 全称为《2000年6月8日欧洲议会与欧盟理事会关于共同体内部市场的信息社会服务，尤其是电子商务的若干法律方面的第2000/31/EC号指令》，2000/31/EC。

要想免除责任，平台必须满足三个条件。该条采用了美国 DMCA 第 512 条的基本规定。但是，尽管《电子商务指令》中为服务提供商提供了保护，但权利人仍可以申请法院颁布禁令。

第 14 条的规定是："宿主服务：（1）若提供的信息服务包括存储由服务接受者提供的信息，成员国应当确保服务提供商不因根据接受服务者的要求存储信息而承担责任，条件是：（a）服务提供商确实不知违法活动或违法信息的存在，并且就损害赔偿之诉请而言，未意识到能从中明显推出违法活动或违法信息的事实或情况或者（b）提供者一旦获得或者知晓相关信息，马上就移除了信息或者阻止他人获得此种信息。（2）如果服务接受者是在提供者的授权或控制之下进行活动，则本条第 1 款不适用。（3）本条不应当影响法院或行政机关根据成员国的法律制度，要求服务提供者终止或者预防侵权行为的可能性。本条也不影响成员国制定管理移除信息或者阻止他人获得信息的规定的可能性。"

《电子商务指令》还规定，网络平台没有对用户信息是否侵权的概括性监督义务。平台的知悉可能来自于其自身发起的调查。《电子商务指令》第 15 条允许成员国为平台创设义务使其向相关权力机关告知违法行为，与执法机关合作识别用户身份。在欧盟法院裁决的案例中，免责适用于网络平台没有扮演积极的角色以使得对其存储的数据知悉或控制这种情形。责任的免除只适用于具有仅仅是技术性的自动化的被动特征的网络平台，该责任的免除与服务是否收费无关。

欧盟的商务指令具有横向适用性。该条款不仅适用于民事责任，也适用于刑事责任。在服务提供商"明知"违法信息这一"故意"之下，不仅可以引发民事责任，而且严重的情况下，也可以引发刑事责任。但是，对于"没有意识到能从中明显推出违法活动或违法信息的事实和情况"这一"过失"而言，只可以引发民事责任，却不能引发刑事责任，因此（a）项后半句的"未意识到能从中明显推出违法活动或违法信息的事实或情况"之前附加了"针对损害赔偿诉请而言"这一限定条件。

《电子商务指令》旨在消除成员国立法和判例法对于平台责任的规则差异。但是，与美国不同的是，美国 DMCA 仅处理网络版权侵权，《电子商务指令》规定的责任限制则是适用于各类网络侵权情形，例如著作权保护、消费者保护、商标权保护、误导性广告、个人数据保护、产品责任、淫秽内容、仇恨言论等。《电子商务指令》这一做法的理由是"无论所涉及的内容类型如何，服务提供商都在从事相同的技术活动，无论是传输、缓存还是托管第三方内容。由于平台实施的是完全相同的活动，并且就其平台上的内容，其是完全中立且被动的，因此建立涵盖所有领域的单一规则是合理的"。① 平台商支持这种立法方式，因为他们将无需去检查其存储的内容的情况，而只需考虑是否负有责任。因此，这种方式提供了法律的确定性。但批评意见指出："该指令为互联网服务提供商提供了过大的自行决策权来处理在线侵权行为，并且没有为服务提供商执法提供明确的程序。"② 著作权人和管理组织并不喜欢这种立法方式，他们认为版权法具有某些独有的特征，需要不同的法律和技术处理，如果不区分对待侵犯不同类型权利的责任规则，则会使得责任门槛过低。很难说美国的区分对待方式更好还是欧盟的统一对待方式更好。即便在美国，也有学者提议应采取统一对待的方式。③ 最重要的是具体的规则设计是否具有逻辑自洽性，能够符合立法宗旨。《电子商务指令》所提供的是基础的责任规则，成员国可以在满足指令的基础规则的前提下，选择采取区分对待方式分别就知识产权网络侵权和其他网络侵权情形单独立法。

（三）我国平台经济发展的平台责任认定

我国为了跟上有关在线版权保护的国际立法趋势并遵循世界知识产权组织条约的规定，在加入世界知识产权组织的 WCT 和《世界知识产权组织表演和录音制品条约》（WPPT）半年之后，国务院发布了《信息网络传播权保护条例》，自 2006 年 7 月 1 日起施行。条例有关网络服务提供者责任的大多数规定都是从美国 DMCA 移植而来的。第 1 条规定了条例的宗旨："为保护著作权人、表演者、录音录像制作者（以下统称权利人）的信息网络传播权，鼓励有益于社会主义精神文明、物质文明建设的作品的创作和传播，根据《中华人民共和国著作权法》制定本条例。"

该条例第 20、21、22 和 23 条分别为网络自动接入、系统缓存、信息存储、搜索或者链接服务提供了安全港规则。其中，第 22 条规定："网络服务提供者为服务对象提供信息存储空间，供服务对象通过信息网络向公众提供作品、表

---

① Miquel Peguera, "the DMCA Safe Harbors and Their European Counterparts: A Comparative Analysis of Some Common Problems", 32 Colum. J.L. & Arts, 481-512, 482; see also Emmanuel Crabit, La Directive sur le commerce électronique. Le projet "Méditerranée", (2000) 4 Revue du Droit de l'Union européenne, 749.

② Yijun Tian, "Re-thinking intellectual property: the political economy of copyright protection in the digital era", Routledge, New York, 2009, p.192.

③ Mark A. Lemley, "Rationalizing Internet Safe Harbors", 6 J. Telecomm. & High Tech. L., 113-14 (2007).

演、录音录像制品，并具备下列条件的，不承担赔偿责任：（一）明确标示该信息存储空间是为服务对象所提供，并公开网络服务提供者的名称、联系人、网络地址；（二）未改变服务对象所提供的作品、表演、录音录像制品；（三）不知道也没有合理的理由应当知道服务对象提供的作品、表演、录音录像制品侵权；（四）未从服务对象提供作品、表演、录音录像制品中直接获得经济利益；（五）在接到权利人的通知书后，根据本条例规定删除权利人认为侵权的作品、表演、录音录像制品。"

根据第 22 条，寻求安全港责任限制的网络平台，必须证明其向服务对象提供的服务是信息存储空间，此外，还需要具备两个前提条件，即平台没有更改服务对象提供的内容，也没有从服务对象提供的内容中直接获得经济利益。自该条例之后，网络服务提供者版权侵权责任的判定有了相对明确的规则。不过，对于该条款，也存在一些争议，主要争议在于对免除责任的两个前提条件的理解。

在《信息网络传播权保护条例》通过之后，避风港规则有助于促进互联网平台型服务和内容共享的巨大增长。2012 年最高人民法院发布《关于审理侵害信息网络传播权民事纠纷案件适用法律若干问题的规定》（法释〔2012〕20 号），自 2013 年 1 月 1 日起施行。该解释要求人民法院审理侵害信息网络传播权民事纠纷案件，在依法行使裁量权时，应当兼顾权利人、网络服务提供者和社会公众的利益。该解释的颁布，为网络著作权侵权案件的审理提供了更为详尽的细则。2013 年国务院修订了《信息网络传播权保护条例》。通知和删除规则不仅在著作权侵权案件中被适用，而且在其他民事侵权案件中也被考虑在内。该规则随后亦被《侵权责任法》（已失效）采用，并纳入《民法典》中。用户与网络服务提供者的关系，在平台经济时代更复杂。平台与作者签约，平台参与广告收入的分成，平台不再仅仅是服务提供者。平台与内容协助发布者的界限模糊，避风港规则面临改革。《民法典》第 1195 条到 1197 条，在避风港原则的基础上又增加了转通知和反通知条款。

从司法裁判的角度看平台责任，应当把握以下几点：其一，应该区分平台提供的具体服务类型和性质；因平台提供的某项服务而产生了第三方侵权行为，平台享受责任限制的前提是相关服务的中立性。其二，在判断平台的注意义务程度上，应结合个案的具体情形予以认定，比如，平台采用的技术过滤措施和人工监控措施、平台对特定内容设置的阅读数或商品价格等方面的阈值、被诉侵权内容的重复性等因素。其三，通知加删除规则下的"删除"，是网络服务提供者需要采取的必要措施之一。具体什么样的措施，需要综合考量网络服务提供者提供服务的性质、形式、种类，侵权行为的表现形式、特点、严重程度等具体因素，以技术上能够实现，合理且不超必要限度为宜，以期能够更好地实现权利人、网络服务提供者、网络用户之间的利益平衡。其四，为网络著作权侵权量身设计的通知删除规则，经由《民法典》扩展至互联网上的所有侵权样态。通知删除规则在面对著作权侵权、商标侵权、专利侵权、不正当竞争、人身权益受侵害等不同情形时，其具体的适用应当有所不同。因为不同的权利，对其侵权判断的难易程度和救济的急迫程度是不同的。因此，在制度设计上对于一些细节问题，比如，接到通知后多久采取措施、采取何种必要措施、接到反通知后多久恢复，不应当给与过于刚硬的规定，应为司法裁量留有必要余地；至于接到通知后是否删除或者接到反通知后是否恢复，应由平台经营者自主决定，并在决定错误时承担法律风险。

二、过滤技术的发展与平台注意义务的提高

（一）平台预防版权侵权的过滤义务与注意义务

一般认为，网络平台不负有对网络用户发布的内容进行事先审查、监控的义务，但不意味着平台对用户的侵权行为可不加任何干预和限制。避风港原则的技术前提是：权利人和社会公众之间合理地分配侵权预防的成本。重大的技术进步常常会彻底改变侵权法所预设的前提，导致权利人和相关公众在预防侵权方面的相对成本发生变化。[①]

近年来，互联网平台通过引入过滤技术来实现对用户上传内容的快速审查。所谓过滤技术，是指通过计算机算法程序对版权内容进行侵权审核，其基本原理是通过将版权侵权标准算法化，形成一套内容过滤系统；同时平台将海量正版作品进行整合形成版权数据库，当用户上传内容或者作品时，网络平台就会利用过滤系统来将上传内容与正版数据库的作品进行比对，如果比对中发现存在相似的内容而具有侵权风险，系统就会阻止该作品的上传。除在算法设定时需要人工参与外，整个过滤过程都是由算法来完成。此类过滤技术源自 2007 年 YouTube 首次加入 Content ID 系统来过滤侵权内容，快速发展至今已经成为各内容平台审核中不可或缺的算法。但随之而来的问题是，平台过滤技术的发展是否必然导致其版权注意义务的提高？欧盟的立法经验或许值得探讨。

2019 年欧盟批准通过《数字化单一市场版权指令》(*Directive on Copyright*

---

① 崔国斌：“论网络服务商版权内容过滤义务”，载《中国法学》2017 年第 2 期。

in the Digital Single Market）[1]，因其诸多开创性的规定而备受关注，其中第 17 条直接规定了平台需要承担主动审查的"过滤义务"，与传统版权理论中平台"通知—删除"的被动注意义务截然不同。具体而言，该义务要求平台在运行过程中，有采取必要技术方式对其上存在的内容是否侵权进行主动审查的义务，实际上使得过滤技术被立法正当化。从立法价值看，这样的制度安排具有以下好处：其一，利于维护版权权利人的合法权益。"通知—删除"规则的被动性注定其对权利人的保护不够全面，而随着平台的审查技术不断提升，侵权行为也更好监测，此种客观情况下，对平台课以主动审查义务并不过分。其二，形成良好的版权秩序，并有利于平台内容保护与责任分配的利益平衡。实践中平台侵权事件多发，通过增加审查义务、提升平台注意义务，利于引导形成平台版权内容的良好秩序；同时，若作为版权内容主要受益人的平台仅承担极低的被动注意义务，而版权权利人却需要整日监测侵权行为，在收益与责任的分配上并不平衡。[2]但是，过滤义务的设置也引发了大量的反对声音，部分学者认为这对内容平台和自由市场的负面影响过大，而以 YouTubee 为首的平台也表达了反对意见。[3]

我国《民法典》第 1195、1197 条中"通知加删除""知道加删除"是对注意义务的间接规定。《信息网络传播权司法解释》虽然在第 8 条中坚持平台无须承担主动审查义务，但也在第 9 条第 1 款中，规定平台管理信息的能力可作为认定其是否构成应知的因素之一。"管理信息的能力"虽未明确指向过滤技术，但平台通过过滤技术对平台中的内容进行管理已是行业中的普遍做法，司法实践中也有法院暗示平台采取过滤措施阻止用户的侵权行为是其合理义务。[4]并且，国家版权局也于 2015 年、2016 年提出网盘服务、网络文学作品提供者应"建立必要管理机制""运用有效技术措施""主动屏蔽、移除侵权作品"，其中蕴含的对平台注意义务的提升可见一斑。[5]许多学者也都认为随着过滤技

---

① 2016/0280（COD）.

② 张晓君、上官鹏："中国在线内容分享平台版权责任的配置路径——兼评《数字化单一市场版权指令》第 17 条平台承担'过滤义务'的观照"，载《出版发行研究》2021 年第 7 期。

③ 曾俊："论《欧盟版权改革指令》第 17 条对中国在线内容分享平台责任的启示"，载《德国研究》2020 年第 3 期。

④ 如上海市浦东新区人民法院（2010）浦民三（知）初字第 789 号，"沈阳莎梦文化发展有限公司诉上海全土豆网络科技有限公司案"。

⑤ 参见国家版权局《关于规范网盘服务版权秩序的通知》（2015）第 2 条、《关于加强网络文学作品版权管理的通知》（2016）第 10 条。

术发展至今已然成熟，其注意义务提升也是必然的。^①但应当注意的是，在互联网领域，过滤技术的过度或不当运用，会造成知识产权的不合理膨胀和公有领域的被侵占。

（二）技术驱动下平台注意义务的合理界定

我们在对网络平台加以规范时，需要寻求一种平衡，既能促进文化产业的繁荣和鼓励原创、丰富人们的精神文化生活、避免加重网站经营者在人力和财力上的负担因而阻碍互联网行业的发展，也能保护著作权人及相关权利人的利益。这种平衡既需要立法者和司法者的深思熟虑，更需要行业本身的自律和规范化。在讨论平台责任时，应该具有多元化的视野。对于平台注意义务扩大或者限缩到何种程度，应该考量以下几点因素：其一，经济政策。平台责任扩大或限缩的程度是否会对产业创新带来不良影响。其二，利益平衡。这涉及了平台方、网络用户和社会公众以及权利受侵害者等不同主体之间利益的衡量。从平台方的角度来看，要考虑比例原则，对其施加的责任不能限制其经营自由；从用户和社会公众的角度来看，网络言论自由和获得信息的自由不能受到不当的干涉和影响；从权利人的角度来看，保护其权利的同时也要防止权利的滥用。其三，技术机制。当信息过滤技术发展到一定程度时，平台的注意义务应当有所提高。另外，由于技术的进步，通知与反通知机制也可以更加成熟，将更多的假设情形包含在通知机制上，使得权利人、被控侵权人和平台三者之间信息的交换更加全面。而且，技术的发展也使得平台与权利人之间的合作机制更容易实现。

在当今用户导向性的网络环境下，著作权法律制度应考虑如何最大化地利用信息技术来解决侵权问题，而不是与网络作战。^②技术手段为解决数字作品版权的保护与开发提供了一种多元化的思维路径。^③网络环境的有序治理，需要网络服务提供者与知识产权权利人的协作与配合，不应要求网络服务提供者采取全面技术过滤措施进行预防和监控，而应当将技术过滤措施的适用限定在合理的范畴之内。一方面，技术措施确实能够防止侵权的产生；但另一方面，

---

① 持此观念的学者如崔国斌、张吉豫等。参见崔国斌："论网络服务商版权内容过滤义务"，载《中国法学》2017 年第 2 期；张吉豫："智能社会法律的算法实施及其规制的法理基础——以著作权领域在线内容分享平台的自动侵权检测为例"，载《法制与社会发展》2019 年第 6 期。

② Dinusha K.Mendis, "Back to the drawing board: pods, blogs and fair dealing-making sense of copyright exceptions in an online world", *European Intellectual Property Review*, vol 32（11），2010, p.580.

③ 杨琳瑜："视频网站版权保护的现实之困与解决之道"，载《电子知识产权》2010 年第 10 期。

技术措施的适用不当会架空知识产权法中的权利限制制度，造成权利的滥用。对知识产权的保护，不能以妨碍市场的自由竞争与商业自由以及有损社会公共利益为代价。

三、国际电子商务平台商标侵权认定规则趋同化

（一）国际条约与区域贸易协定对规则趋同的促进作用

当人类贸易生活由经济全球化来到了数字贸易全球化时代，为了调整跨境贸易交易规范，势必迎来商标侵权规则全球化浪潮，"其最直接的效应就是将各国独立的市场联系起来，国与国之间贸易的边界开始逐渐模糊。随着法律全球化的展开，随之而来的是各国在不同方面法律规制的趋同化"。[1]

国际上涉及商标权保护的协定最初成型的是 TRIPs，随后 10 年~20 年为了应对日益变化的国际经济局面、促进跨境贸易交易，亚太经合组织（APEC）、欧盟、美国等国家和组织陆续商定多边或双边自由贸易协定，如 ACTA、TPP，现已改组为 CPTPP、《跨大西洋贸易与投资伙伴协议》（TTIP）。虽然部分协定的文本尚未全面达成一致，但总体趋势上看，提高了 TRIPs 的知识产权保护标准，逐渐加强商标权的保护，明确商标权侵权规则并增强了相关法条的可移植性，对成员国提出更为细化的保护要求，这些都为跨境电商交易中涉及商标权案件侵权认定规则统一化提供了法理基础。比如，关于驰名商标的认定，既然商标权可以"溢出"国界，则商标权所搭载的良好声誉当然可以"溢出"国界，只要可以在销售地被相关公众所熟知，就不应该排除"驰名商标"的认定，从而拒绝境外驰名但未注册商标的保护。TRIPs 关于商标侵权最基本的认定——混淆可能性（likelihood of confusion）已经被我国立法及司法转化为"容易导致混淆"，并将其作为商标侵权的重要考量标准。这在跨境电商交易商标侵权纠纷中的启示在于，考虑平台内使用他人 / 他国商标是否构成侵权，不能仅以实际混淆的结果作为侵权依据，如果商标在同类商品上的相同或者近似、驰名商标在同类或跨类商品上的相同或者近似已经足以使一般消费者产生了混淆，则存在商标侵权的可能性。

值得一提的是，虽然大部分多边协定以欧盟、美国等西方国家为主，且主要为了保护发达国家的利益，但我们也不能忽略商标法保护的国际趋势。随着数字贸易全球化，势必面临法律制度趋同化。因此，对于已经成为国际

① 马旭霞："论全球化背景下法律趋同化与差异化"，载《新疆师范大学学报（哲学社会科学版）》2017 年第 6 期。

通行的贸易规则，可以鼓励国内法院在审理针对跨境贸易产生的新型法律问题时，在遵从我国商标法基本原则的前提下，解释法律时适当适用国际贸易通行规则，以促使本国司法行为和国际通行行为一致，且在产生良好司法效果的前提下，可再考虑将其转化为司法解释，进而转化为本国立法。2021年9月16日，中国正式提出申请加入CPTPP，此举标示着我国知识产权保护与国际标准保持一致性的趋势，也标示着国际电子商务平台商标侵权法律规则将走向趋同化。

（二）电子商务平台的知识产权保护义务

随着数据和信息技术的发展成熟，以5G、人工智能、大数据、云计算等数字技术为基础的数字贸易迅速兴起，深刻影响着国际贸易全球化进程，国际贸易步入数字贸易时代，贸易内容、贸易形式和贸易结构都在发生着变化。2021年4月，国家互联网信息办公室在中国数字建设峰会上发布《数字中国发展报告（2020年）》，报告显示2020年我国数字经济总量跃居世界第二，数字经济核心产业增加值占GDP比重达到7.8%。在我国数字经济蓬勃发展的背景下，电子商务成为数字贸易的主要表现形式，引起我国的高度重视。在电子商务中，如何保护其中涉及的知识产权，也是知识产权学界关注的重点。

2018年，我国《电子商务法》正式颁布，相较于其他国家，我国于电子商务领域专门规定了平台经营者的知识产权保护制度。美国DMCA规定了网络服务提供者的版权保护义务，但仅限于版权领域且未针对电子商务平台的知识产权保护，在保护范围和保护力度上弱于我国。欧盟跟随数字贸易发展的脚步，于2019年实施了《数字化单一市场版权指令》，规定大型的网络内容分享平台在一定条件下应为平台内的版权侵权行为直接负责。

我国《电子商务法》在"电子商务平台经营者"一节中专门规定了针对电子商务平台的知识产权保护制度，在第41条规定："电子商务平台经营者应当建立知识产权保护规则，与知识产权权利人加强合作，依法保护知识产权。"为电子商务平台知识产权保护规则的制订提供了法律依据和基础。除此之外，《电子商务法》第42~45条均为电子商务平台的知识产权保护条款。首先，《电子商务法》第42条为"通知删除规则"，规定"知识产权权利人认为其知识产权受到侵害的，有权通知电子商务平台经营者采取删除、屏蔽、断开链接、终止交易和服务等必要措施""电子商务平台经营者接到通知后，应当及时采取必要措施，并将该通知转送平台内经营者"。该条对于电子商务平台经营者采取了同网络服务提供者相同的通知规则，表明电子商务平台经营者应归于网络服务提供者中的一类。通知规则可以帮助权利人实现高效率的维权，同时第 42 条也规定了知识产权权利人恶意通知责任，对电子商务平台经营者的利益进行保护。其次，第 43 条规定了反通知规则，规定"平台内经营者接到转送的通知后，可以向电子商务平台经营者提交不存在侵权行为的声明""电子商务平台经营者接到声明后，应当将该声明转送发出通知的知识产权权利人，并告知其可以向有关主管部门投诉或者向人民法院起诉"。在该条款下，平台内经营者处于弱势地位，其提交反通知后电子商务平台经营者并不立即采取恢复措施。但实践中，电子商务平台经营者并不会机械适用"通知与反通知规则"，而是对通知与反通知采取相同的审查标准，判断是否存在知识产权侵权行为后再采取相应措施，平衡了电子商务平台经营者、平台内经营者和知识产权权利人三者的利益。最后，《电子商务法》第 44 条和第 45 条分别规定了电子商务平台经营者的公示义务和应知义务。

正如有学者所言，电子商务平台经营者不同于一般性的网络服务提供者的特殊治理权力与地位，体现了法律规范不断从粗放到精细、从笼统到精准的发展方向。[①] 随着数字贸易的持续发展，电子商务平台经营者并不仅仅是《信息网络传播权保护条例》中所指的网络服务提供者，其拥有电商领域独有的内涵和外延，在电商领域制定专门立法规定电商平台的知识产权保护义务是数字贸易持续发展的需要。

【参考文献】

（一）著作类

1. 王迁:《知识产权法教程》，中国人民大学出版社 2021 年版。

2. 邹瑜、顾明主编:《法学大辞典》，中国政法大学出版社 1991 年版。

3. 郝振省主编:《2008 中国数字版权保护研究报告》，中国书籍出版社 2008 年版。

4. 黄晖:《商标法》，法律出版社 2016 年版。

5. 应明、孙彦:《计算机软件的知识产权保护》，知识产权出版社 2009 年版。

（二）中文期刊类

1. 尚妍:"数字知识产权保护的新发展——从《反假冒贸易协定》到《跨太

---

① 参见薛虹:"中国电子商务平台知识产权保护制度深度剖析与国际比较"，载《法学杂志》2020 年第 9 期。

平洋伙伴关系协定》",载《暨南学报（哲学社会科学版）》2015年第6期。

2. 朱颖、王玮："解析欧盟韩国自由贸易协定",载《世界贸易组织动态与研究》2012年第1期。

3. 左玉茹："ACTA的飞跃　基于ACTA与TRIPS协定的比较研究",载《电子知识产权》2010年第11期。

4. 孙尚鸿："涉网知识产权案件管辖权的确定",载《法律科学（西北政法大学学报）》2010年第1期。

5. 孙尚鸿："试析欧盟《布鲁塞尔民商事管辖权规则》有关涉网知识产权案件管辖权问题的实践",载《比较法研究》2009年第5期。

6. 徐伟功、郝泽愚："互联网时代涉外商标侵权管辖法律问题研究",载《吉首大学学报（社会科学版）》2018年第5期。

7. 张广良："侵犯商业秘密纠纷的境外风险——评美国'天瑞'案",载《中国对外贸易》2012年第12期。

8. 李薇薇、郑友德："欧美商业秘密保护立法新进展及对我国的启示",载《法学》2017年第7期。

9. 张怀印："区块链技术与数字环境下的商业秘密保护",载《电子知识产权》2019年第3期。

10. 瞿灵敏："虚拟财产的概念共识与法律属性——兼论《民法总则》第127条的理解与适用",载《东方法学》2017年第6期。

11. 林旭霞："虚拟财产权性质论",载《中国法学》2009年第1期。

12. 高郦梅："网络虚拟财产保护的解释路径",载《清华法学》2021年第3期。

13. 杨立新："民法总则规定网络虚拟财产的含义及重要价值",载《东方法学》2017年第3期。

14. 来小鹏、贺文奕："论电子游戏画面的作品属性",载《电子知识产权》2019年第11期。

15. 刘银良："网络游戏直播的法律关系解析",载《知识产权》2020年第3期。

16. 陶乾："论数字作品非同质代币化交易的法律意涵",载《东方法学》2022年第2期。

17. 何怀文："网络环境下的发行权",载《浙江大学学报（人文社会科学版）》2013年第5期。

18. 郭少飞："区块链智能合约的合同法分析",载《东方法学》2019年第

3 期。

19. 孙那："论数字作品发行权用尽原则的最新发展 —— 以 Tom Kabinet 案为研究对象"，载《出版发行研究》2021 年第 1 期。

20. 陈全真："数字作品发行权用尽的解释立场及制度协调"，载《出版发行研究》2021 年第 9 期。

21. 王迁："论网络环境中的'首次销售原则'"，载《法学杂志》2006 年第 3 期。

22. 黄玉烨、何蓉："数字环境下首次销售原则的适用困境与出路"，载《浙江大学学报（人文社会科学版）》2008 年第 6 期。

23. 何怀文："二手数字出版物与发行权用尽 —— 兼评美国'ReDigi 案'与欧盟'UsedSoft 案'"，载《出版发行研究》2013 年第 6 期。

24. 焦和平、马治国："信息网络传播权与发行权的冲突与协调"，载《法学杂志》2010 年第 9 期。

25. 武光太："试论电子图书数字首次销售原则的构建"，载《中国出版》2013 年第 13 期。

26. 何炼红、邓欣欣："数字作品转售行为的著作权法规制 —— 兼论数字发行权有限用尽原则的确立"，载《法商研究》2014 年第 5 期。

27. 杜颖："商标淡化理论及其应用"，载《法学研究》2007 年第 6 期。

28. 黄汇："商标使用地域性原理的理解立场及适用逻辑"，载《中国法学》2019 年第 5 期。

29. 黄武双、刘榕："驰名商标地域性认定标准的突破"，载《科技与法律》2020 年第 5 期。

30. 管敏正："试论平行进口的合法性及其趋势"，载《山东法学》1997 年第 3 期。

31. 徐飞："经济一体化下的知识产权平行进口的法律规制"，载《电子知识产权》2003 年第 1 期。

32. 韩磊："权利国际用尽原则与平行进口的法律规制"，载《河北法学》2017 年第 10 期。

33. 李玉璧："平行进口的法理分析与立法选择"，载《西北师大学报（社会科学版）》2010 年第 4 期。

34. 秦元明、周波："浅析平行进口商标侵权法律问题"，载《人民司法》2020 年第 26 期。

35. 陶钧："商标侵权纠纷中'权利用尽'规则与'平行进口'的法律规

制"，载《中国市场监管研究》2018 年第 7 期。

36. 刘友华、张妙："云计算专利跨境侵权认定问题研究 —— 美国的经验与借鉴"，载《知识产权》2016 年第 9 期。

37. 刘强："技术网络化背景下的专利侵权判定 —— 以云计算技术专利权为视角"，载《北方法学》2014 年第 2 期。

38. 王晓燕："Akamai 案审理对云计算方法专利侵权判定的启示"，载《重庆邮电大学学报（社会科学版）》2016 年第 6 期。

39. 吴汉东："人工智能生成发明的专利法之问"，载《当代法学》2019 年第 4 期。

40. 刘强："人工智能算法发明可专利性问题研究"，载《时代法学》2019 年第 4 期。

41. 王翀："人工智能算法可专利性研究"，载《政治与法律》2020 年第 11 期。

42. 聂洪涛、李宁："大数据下金融交易商业秘密的保护：困境与对策"，载《科技与法律》2020 年第 1 期。

43. 王拓："软件贸易发展新趋势、影响及我国的应对"，载《湖北社会科学》2019 年第 3 期。

44. 邓社民，侯燕玲："企业数据竞争法保护的现实困境及其出路"，载《科技与法律（中英文）》2021 第 5 期。

45. 谢晓尧："商业秘密保护的国际最低标准 —— 对 TRIPS 第 39 条的解析"，载《国际贸易问题》2002 年第 5 期。

46. 吴汉东："论网络服务提供者的著作权侵权责任"，载《中国法学》2011 年第 2 期。

47. 崔国斌："论网络服务商版权内容过滤义务"，载《中国法学》2017 年第 2 期。

48. 张晓君、上官鹏："中国在线内容分享平台版权责任的配置路径 —— 兼评《数字化单一市场版权指令》第 17 条平台承担'过滤义务'的观照"，载《出版发行研究》2021 年第 7 期。

49. 曾俊："论《欧盟版权改革指令》第 17 条对中国在线内容分享平台责任的启示"，载《德国研究》2020 年第 3 期。

50. 杨琳瑜："视频网站版权保护的现实之困与解决之道"，载《电子知识产权》2010 年第 10 期。

51. 马旭霞："论全球化背景下法律趋同化与差异化"，载《新疆师范大学学报（哲学社会科学版）》2017 年第 6 期。

52. 薛虹："中国电子商务平台知识产权保护制度深度剖析与国际比较"，载《法学杂志》2020 年第 9 期。

（三）英文期刊类

1.AaronPerzanowskiandChrisHoofnagle，"What we buy when we 'Buy Now'". *University of Pennsylvania Law Review*，315（2017），165.

2.Bodó B，Gervais D，and Quintais JP，"Blockchain and Smart Contracts：The Missing Link in CopyrightLicensing?"，*International Journal of Law and Information Technology* 26，336（2018）.

3.Tonya M. Evans，"Cryptokitties, Cryptography and Copyright"，*AIPLA Quarterly Journal*，47（2019），266.

4.Mark A. Lemley，"Rationalizing Internet Safe Harbors"，6 J. *Telecomm. & High Tech. L.*，113-14（2007）.

5. Miquel Peguera，"the DMCA Safe Harbors and Their European Counterparts：A Comparative Analysis of Some Common Problems"，32 Colum. *J.L. & Arts*，481-512，482.

6.Yijun Tian，"Re-thinking intellectual property：the political economy of copyright protection in the digital era"，Routledge, New York, 2009，p.192.

7.Dinusha K. Mendis，"Back to the drawing board：pods, blogs and fair dealing-making sense of copyright exceptions in an online world"，*European Intellectual Property Review*，vol 32（11），2010，p.580.

（四）裁判文书类

1. 上海知识产权法院（2016）沪 73 民终 37 号。

2. 上海市高级人民法院（2011）沪高民三（知）终字第 100 号。

3. 广东省高级人民法院（2018）粤民终字第 137 号。

4. 北京市高级人民法院（2018）京民终 172 号。

5. 天津市高级人民法院（2013）津高民三终字第 24 号。

6. 浙江省杭州市余杭区人民法院（2015）杭余知初字第 416 号

7. 湖南省长沙市中级人民法院（2016）湘 01 民初 1463 号。

8. 上海市浦东新区人民法院（2010）浦民三（知）初字第 789 号。

9.Motorola Solutions Incet al. v. Hytera Communications Corp. Ltdetal，436 F. Supp. 3d 1150（N.D. Ill. 2020）.

10.EU Court of Justice Case C–128/11.

11.Costar Group Inc. v. Loopnet, Inc.164 F.Supp.2d 688（2001）.

数字贸易法通论 •

（五）网站及其他

数据治理观察："数据本地化与数据跨境传输 — 概念区分及其在自由贸易协定和我国法律中的映射"，载"下一代互联网广州创新中心"公众号。

· 第九章 ·

数字金融法专题研究

张西峰[1]

我们所处的时代是由工业文明迈向信息文明的时代，是人类进入数字地球和数字经济的时代。随着世界日益变得数字化，人类必将置身于一个数字地球、数字经济和数字货币建构的多层平行的复杂网络世界之中。随着数字金融时代的到来和数字货币的诞生，数字金融法必然成为金融法与国际金融法的重要组成部分。

在认识论上，法的本质是人类社会共同的基本价值追求。一个完整的法学体系必须包括价值目标、基本原则和法学规范三项基本要素。价值目标是总体价值追求，基本原则是分支价值追求，法学规范是具体价值追求。法学规范体系可划分为本体法体系、责任法体系和程序法体系，它们分别具有相对独立的法哲学追求。本体法追求的是社会关系的应然状态，它的核心是界定合法与非法的标准；责任法追求的是违法责任的类型和程度的应然状态，以及责任要达到的社会效果；程序法追求的是如何找出案件事实，并合理确定违法的责任。责任法的核心价值目标是从主体的责任承担上保障本体法的实施，程序法的核心价值目标是从主体责任的确认上保障本体法的实施。在本体法上，应以"主体—客体—行为"作为基本结构，法的主体和客体是它的静态规定性，法的行为是它的动态规定性。从本体法规范的内容上来看，一个完整的本体法体系应由主体规范、客体规范和行为规范构成。[2]

数字货币的诞生，必将深刻影响国际支付体系与方式，亦必将对国际货币体系产生深刻的影响。金融监管是监管机关或其授权的机构通过实施货币流通

---

① 张西峰，法学博士，中国政法大学国际法学院副教授，硕士生导师。

② 刘少军：《法边际均衡论：经济法哲学》，中国政法大学出版社 2017 年版，修订版前言。

监管、金融机构监管和金融行为监管，维护整体金融效率、秩序和安全，以及金融业务特征和当事人权益的行为。金融监管行为法是金融法中相对独立的行为法。考虑到数字金融法并不引起责任法和程序法的实质变革，以及金融监管法的相对独立性，本章将以法边际均衡论和货币财产权论为理论指导，[①]围绕数字金融主体法、数字金融客体法、法定数字货币跨境流通法、数字金融监管法展开研究探索。

第一节 数字金融法的界定

一、金融与金融法的概念及沿革

（一）金融的概念及沿革

金融是货币、货币流通、货币融通、风险分配、金融调控和金融监管等活动的统称，也有人称之为货币流通和信用活动以及与之相关的经济活动的总称。[②]金融首先是货币与货币流通活动，其核心是货币融通，其辅助形式是风险的分配。金融活动的主导是货币流通与融通的调节、控制和监督管理。

金融活动是随着经济活动的产生而产生，并伴随着社会经济的发展而发展的。从社会经济的发展历程来看，可以将其划分为个体经济和整体经济两个基本阶段。其中个体经济又可分为家庭经济和企业经济两个主要阶段。[③]当前的整体经济阶段，又以数字经济为表征。

在家庭经济阶段，金融活动只是有限的和个别的经济活动，而非社会的主要经济活动，不可能形成占社会重要地位的金融产业。在企业经济阶段，金融活动逐渐成为社会的重要经济活动，货币的流通和融通开始成为社会的重要产业部门，逐渐形成了多种货币流通方式和多样化的货币融通工具。在整体经济阶段，金融活动逐渐成为社会的主导性活动。这时，各经济主体之间的货币流通主要由金融部门经营完成，形成了以金融部门为核心的整个社会统一的货币流通体系。同时，各经济体之间需要融通的货币资金也主要来自于金融部门，或者必须通过金融部门融通，形成了以金融部门为核心的整个社会统一的货币

---

① 关于法边际均衡论和货币财产权论的论述，参见刘少军：《法边际均衡论：经济法哲学》，中国政法大学出版社 2017 年版；刘少军、王一轲：《货币财产（权）论》，中国政法大学出版社 2009 年版。

② 参见黄达等主编：《中国金融百科全书》，经济管理出版社 1991 年版，第 198 页。

③ 刘少军等：《经济本体法论——经济法律思想体系研究》，中国商业出版社 2000 年版，第 2~6 页。

融通体系。

随着整体经济逐渐由国内向国际化发展，又形成了全球性整体经济环境。这时，一个国家的统一货币开始逐渐走出国门，形成了多个国家平等互利地使用同一种法定货币的局面。货币流通变成全球化的货币流通体系。由于金融机构已经实现了国际化，金融市场也实现了国际化，货币融通也必然实现国际化。[①]

（二）金融法的概念及沿革

金融活动必然产生金融关系，金融关系需要金融法调整和规范。金融法是在金融活动发展到整体金融阶段之后产生的法规体系和法学体系。金融法规是以维护整体金融利益为首要目标，以确定金融业务规范为直接形式，以保护各方主体利益为最终目标的法规文件体系的总和。金融法学是以金融的价值追求为目标，以金融法规为基本依据，评价和判断各种金融行为合法性并最终将其结果付诸实施的学问。金融法学的核心是以金融法规为基本依据，具体找到现实生活中实际的金融司法裁判标准，即找到现实生活中实际产生直接效力的金融法。

由于金融关系的发展基本上经历了家庭经济、企业经济和整体经济三个阶段，因此，金融法的发展亦经历了这三个阶段。在家庭经济阶段，金融活动非常有限，此时，对社会有较大影响的金融关系主要是货币关系。因此，世界上首先出现的金融法是货币法。比如，我国秦朝颁布的《金布律》。在企业经济阶段，社会的主要经济形式是商品经济，它以向他人提供产品为基本特征。这一阶段，金融活动得到了极大的发展，银行券法、票据法等相继出现。这些法律规范的指导思想是调整个体之间的金融关系，具有明显的私法属性，基本上属于商法。在整体经济阶段，金融部门发展成为经济运行和增长的重要调节、控制部门。此时，金融法主要调整整个社会的金融关系，中央银行法和金融业监督管理法相继诞生。[②]

二、数字金融的内涵及数字金融法治

（一）数字金融法产生的背景

当今世界，数字产业化和产业数字化推动了数字经济蓬勃发展。数字经济是全球经济增长日益重要的驱动力，正在高速增长、快速创新，在各个经济领

---

① 刘少军:《金融法学》，中国政法大学出版社 2016 年版，第 2~5 页。

② 刘少军:《金融法学》，中国政法大学出版社 2016 年版，第 5~9 页。

域中广泛应用。发展数字经济已经成为世界各国转型发展的共同选择。G20 杭州峰会通过的《G20 数字经济发展与合作倡议》明确指出，数字经济是指以使用数字化的知识和信息作为关键生产要素、以现代信息网络作为重要载体、以信息通信技术的有效使用作为效率提升和经济结构优化的重要推动力的一系列经济活动。数字贸易已成为国际贸易的新增长点。

　　数字经济事关国家发展大局。发展数字经济是把握新一轮科技革命和产业变革新机遇的战略选择。数字经济健康发展，有利于推动构建新发展格局，有利于推动建设现代化经济体系，有利于推动构筑国家竞争新优势。近年来，数字经济发展速度之快、辐射范围之广、影响程度之深前所未有，正在成为重组全球要素资源、重塑全球经济结构、改变全球竞争格局的关键力量。面向未来，我们要推动数字经济和实体经济融合发展，推进重点领域数字产业发展，规范数字经济发展，完善数字经济治理体系，积极参与数字经济国际合作；要结合我国发展需要和可能，做好我国数字经济发展顶层设计和体制机制建设；要促进数字技术和实体经济深度融合，赋能传统产业转型升级，催生新产业新业态新模式，不断做强做优做大我国数字经济。

　　党的十八大以来，党中央高度重视发展数字经济，将其上升为国家战略，从国家层面部署推动数字经济发展。这些年来，我国数字经济发展较快、成就显著。同时，我们要看到，同世界数字经济大国、强国相比，我国数字经济大而不强、快而不优。还要看到，我国数字经济在快速发展中也出现了一些不健康、不规范的苗头和趋势，这些问题不仅影响数字经济健康发展，而且违反法律法规、对国家经济金融安全构成威胁，必须坚决纠正和治理。[①]

　　从欧盟的 GDPR 到一些国家开征"数字服务税"，我们要看到国与国之间数字经济的竞争与博弈日益激烈。在数字市场体量巨大的美国、欧盟和中国等经济体，针对互联网平台无序扩张和"赢者通吃"行为，监管者出台了一系列反垄断和反不正当竞争的法律法规以及政策举措，强调公平竞争，保护数据安全和个人隐私信息，维护消费者权益和社会公共利益。数字经济突飞猛进的发展、数字货币的诞生以及全球数字治理对规则的需求，是数字金融法产生的背景。

　　（二）数字金融的内涵

　　经济是躯体，金融是血脉，资产是核心。金融的未来是数字化：投资者和企业越来越多地以数字化方式获取金融服务，创新的市场参与者正在研发新技

术，现有的商业模式正在改变。① 我们可从金融工具的数字化和金融交易的数字化来理解数字金融。数字金融（Digital Finance）是互联网及信息技术与传统金融服务相结合而产生的新型金融服务，其借助数据技术优势，从掌握商品流、资金流、信息流数据，延伸至支付、融资、投资等金融核心业务领域，用数字系统改造金融业。数字金融可以将许多瞬息万变的金融信息转化为可度量的数字、数据，并据此建立起相对应的数字化模型，用以应对不断增长且超过预期的用户需求，使金融机构运行更敏捷，竞争更有力。

亦有学者认为，数字金融泛指传统金融企业与互联网公司利用数字技术实现融资、支付、投资和其他新型金融业务模式。② 作为一个由科技与数据双轴驱动的新金融业态，数字金融极大改变了传统的银行和金融服务方式，涵盖了从金融产品到应用程序，再到金融业务流程和业务模型的全链条，呈现出与人工智能、社交网络、机器学习、移动应用、分布式记账、云计算和大数据分析的深度融合。③

数字金融代表数字经济下金融领域的一系列变革，其发展会改变现有的宏观经济和金融格局。数字金融作为新兴的金融模式，必将给传统金融系统带来深刻的影响。数字金融或将重构金融运行方式、服务模式乃至整个生态系统。数字金融简洁明快，超越时空和物理界限，打破国家疆界，自由而开放，尊重市场参与者的自主和自愿。在科技驱动下，它不用依赖传统的金融中介，即可让资产在保留原生全量信息的条件下流通起来。以资产数字化为特征的数字金融必将推动金融法的变革，数字金融法必将应运而生。数字经济时代产生的数字金融相当于在传统金融体系之外创造出一个全新的领域，必将给金融客体法与行为法带来巨大变化。

2017 年，中国人民银行金融科技委员会成立，明确声明"强化监管科技应用实践，积极利用大数据、人工智能、云计算等技术丰富金融监管手段，提升跨行业、跨市场交叉性金融风险的甄别、防范和化解能力"。2022 年 1 月，中国人民银行印发的《金融科技发展规划（2022-2025 年）》强调，高质量推进金融数字化转型，健全适应数字经济发展的现代金融体系；以加快金融机构数字化转型、强化金融科技审慎监管为主线，将数字元素注入金融服务全流程，将

---

① A Digital Finance Strategy for the EU, https://eur-lex.europa.eu/legal-content/EN/TXT/?uri=CELEX: 52020DC0591.

② 黄益平、黄卓："中国的数字金融发展：现在与未来"，载《经济学（季刊）》2018 年第 4 期。

③ EU.Digital Finance, https://ec.europa.eu/info/business-economy-euro/banking-and-finance/digital-finance_en.

数字思维贯穿业务运营全链条，注重金融创新的科技驱动和数据赋能；全面加强数据能力建设；加快监管科技的全方位应用，强化数字化监管能力建设，对金融科技创新实施穿透式监管，筑牢金融与科技的风险防火墙。

（三）数字金融法治

在数字金融时代，虽然流通中的货币还是由国家法定货币发行机关发行，并以法律强制保证流通的价值符号，但其表现形式既有实物货币，同时也有法定数字货币。此时，金融法也必将对数字金融关系进行调整，数字金融法的时代已经到来。数字金融法规指的是以维护整体金融利益为首要目标，以确定数字金融业务规范为直接形式，以保护数字金融业务各方主体利益为最终目标的法规文件的总和。以整体金融利益为价值追求，以数字金融法规为基本依据，评价和判断各种数字金融行为合法性并最终将其结果付诸实施的学问，即为数字金融法学。

我国正在加速推进数字金融法治建设工作，立法层面，中央和地方都在逐步推进数字金融立法工作。目前，我国相继出台的《中国人民银行金融消费者权益保护实施办法》①《银行业金融机构数据治理指引》《个人金融信息保护技术规范》《中国银保监会办公厅关于银行业保险业数字化转型的指导意见》等规范性文件，为数字金融法治建设提供了有力的制度支撑。

数字金融法治要为数字金融的发展营造良好的法治环境，要维护整体金融利益。数字金融业务具有复杂和严格的内在客观运行机制，具有独特的技术特征和操作特征，为了使数字金融业正常运行，金融机构必须遵循业务特征原则开展数字金融业务。数字金融法治要防范和治理数字金融风险，保障数字金融

---

① 这里需要指出的是，"金融消费者"的概念起源于美国，它主要是指银行的个人客户（包括家庭），或者代表个人实施该行为的代理人或受托人；在英国还包括小型企业。此概念并不是指所有金融机构的客户。并且，在英美国家的法律中，消费者、投资人和客户的概念往往是通用的，并不是如同成文法国家那样的专业性法学概念。因为金融行为不是《中华人民共和国消费者权益保护法》意义上的消费行为，且还要包括信托业、证券业和保险业的客户，还是统称为"投资人"更加符合社会现实。从消费者权利的角度来看，有些权利也适用于投资人，如知情权、选择权、结社权、教育权、监督权等。有些权利则完全不能适用于投资人，如安全权、公平权、索赔权等，这些权利与投资的本质是相违背的。因此，即使是对普通投资人也难以适用普通消费者保护方面的法律。并且，普通消费者保护法律对消费者的界定是非常明确的，它仅适用于"为生活消费需要购买、使用商品或接受服务"，金融机构经营的货币流通、货币融通和风险分配等业务都不属于生活消费的内容。同时，它们在保护目标、保护内容、保护程度、侵权认定、归责原则、赔偿责任、资金来源、支付方式等方面，都与消费者权益保护法律有本质的区别。参见刘少军：《金融法学》，中国政法大学出版社 2016 年版，第 366~367 页。

安全稳定，保护金融机构和数字金融业务相对人的利益，促进数字金融行业持续健康发展，提升数字经济发展核心力量。

第二节　数字金融主体法

一、法哲学视野下的主体理论

研究法的具体规范必须从主体开始，法的主体规范是它的起点也是其终点，没有特殊的主体就不可能形成特殊的关系。在现实生活中，构成主体的条件主要应包括：存在上的独立实体、意识上的独立利益、行为上的独立目标、结果上的独立责任和形式上能够得到法的承认。法的主体是在意识上有独立的利益要求的，能够自主地实施其利益目标和承担行为责任的，在现实生活中实际存在的得到法承认的客观存在。

法上的主体是一种法定的人格体，是权利义务或权力职责关系的统一体，本质是一种法的关系而不是其他关系。[①]法的主体不仅是一个存在体，还必须是享有法上的权利或权力，承担法上的义务或职责的存在体。权利义务或权力职责是主体存在的基础，因此研究法的主体必须研究主体的权利义务关系。没有主体只享有权利不承担义务，也不会有主体只负担职责不享有权力，只有它们同时形成才能确定一个现实的主体。

传统法学理论认为，所有个体的地位都是平等的，"法律面前人人平等"成为一个公理。历史地看，传统法学理论确实具有进步意义，也反映了当时的社会基本状况。从当代社会的角度来看，这种理论却是严重背离社会现实的，也不能称之为正义的。现实中个体能力是严重不平等的，这种不平等至少包括生理上的、知识上的和机遇上的三个方面。个体能力的严重不平等，使得每个人利用法律的能力严重不平衡，使"法律面前人人平等"的公理成为一种谬论。

按照传统法学理论，不仅自然人个体的地位是平等的，而且自然人个体与各种经济活动主体的地位也是平等的。无论主体的实际经济能力如何，在法律上都将其作为平等的主体来看待。这种形式上的平等保护了实质上的不平等，

[①] 由于法不同于法律文件，因此法的关系也不同于法律文件所规定的法律关系。法的关系由主体、客体和行为构成，法律关系由主体、内容和客体构成。在司法实践中，最终起作用的是法的关系；对于初学者来讲，应首先以法律关系来解读法律文本，然后再进一步考虑法的价值目标、原则等法理学的内容，最终对当事人的行为作出综合的法学判断。参见刘少军：《法边际均衡论：经济法哲学》，中国政法大学出版社 2017 年版。

法律上的平等成了经济强权手段。在法人与法人之间，也同样存在着地位的不平等，不同经济实力的法人具有不同的社会控制能力，最终必然导致各种类型的垄断。

传统法学理论已无法解释现实，在现实生活中，主体是有地位差别的。这种差别既可以来自法的直接规定，也可以来自该规定的实施结果，还可以来自社会主体的自由发展状态。但是，在当代社会中主体的实际地位主要还是取决于法的规定。某主体在现实生活中的实际地位，直接决定其权利义务或权力职责，以及权利或权力的维护能力，并最终决定着法的价值目标的实现程度。"凡在人类历史领域中是现实的，随着时间的推移，都会变成不合理的，因而按其本性来说已经是不合理的，一开始就包含着不合理性。"① 传统主体地位理论是个体社会和工业文明的产物。在人类已经进入整体社会和信息文明的当代，这种理论已经不符合社会现实，当然无法反映时代的需要。

在当代多元价值和多元主体的整体与混合的社会条件下，法律中的任何主体都是一种混合主体，它们都既有平等的一面也有不平等的一面。当代社会的法律中既没有绝对的平等主体，也没有绝对的不平等主体，这已经成为具体法律的现实。法主体的实际地位理论表明，任何主体都是一种权利义务或权力职责关系的混合体，主体之间的关系不是简单的平等或不平等主体之间的关系。我们不可能事先对主体地位进行简单的统一规定，而只能在具体的行为中进行具体的权衡，以充分保护各方主体的应有利益，实现不同主体之间权利义务或权力职责的边际均衡。②

二、金融法主体实际地位论

传统金融法律关系的主体主要包括四种基本类型：一是执行国家金融管理职能的金融监管机关；二是金融业的自律管理主体；三是金融企业；四是实施金融活动的普通主体，即金融企业的业务经营相对人或称金融投资人。

金融法律关系这四种主体，在金融业务活动中会形成三种基本法律关系。一是金融监管机关与其他主体之间的法定监管关系。其中，金融监管机关是监督管理主体，其他金融法律关系主体则是被监管主体。金融监管机关不能界定为行政机关，而是一种新型的国家机构。③ 我国关于监管机关性质的立法也将

① [德] 马克思、恩格斯：《马克思恩格斯全集》第 21 卷，中央编译局编译，人民出版社 1965 年版，第 307 页。
② 刘少军：《法边际均衡论：经济法哲学》，中国政法大学出版社 2017 年版，第 151~171 页。
③ 参见郭向军：《经济监管机构的法律地位》，中国金融出版社 2013 年版。

其作为一种特殊的法律主体，金融监管法律关系并不是行政关系。二是金融业自律管理主体与其他主体之间的自律管理关系，它们之间进行自律管理的法律基础是自律管理契约。三是金融机构之间以及金融机构与实施金融活动的普通单位和个人之间的金融业务关系，这种业务关系是最基本的金融法律关系。在我国，金融业务属于授权经营业务，法律、法规严格禁止非金融机构经营具有系统性风险的金融业务，即使金融机构经营某类金融业务也需要有监管机关的授权或者法律法规的直接规定，并需要取得经营许可证。①

按照当代法学理论，任何主体都是一种权利义务或权力职责关系的混合体，传统的绝对平等和绝对不平等主体已经不存在了，社会是一个平等与不平等交织的混合世界。金融法学在主体上强调的是金融法律关系主体的实际地位，它不是简单的平等与不平等，而是强调平等与不平等的程度，强调金融主体作为一种特殊的社会主体所应享有的权利（权力）和所应承担的义务（职责）。②

三、数字金融法主体演变论

数字时代的到来变革着传统金融机构的业务模式，也为科技公司切入金融领域提供了契机。互联网巨头通过开展第三方支付、网络贷款、数字保险以及数字货币等业务成为数字金融公司。大量的数字金融公司走进金融法的视野，成为事实上的金融企业，从事金融业务。阿里巴巴的支付宝和腾讯的财付通，在第三方支付市场上占据绝对统治地位。两家支付机构凭借寡头市场地位，系统重要性特征日益明显，尤其是它们各自背后的互联网巨头均持有银行、证券、保险、征信、支付、财富管理等各类金融牌照，依靠用户流量和先进技术，已形成自己独有的金融生态圈。《中国区域金融运行报告（2017）》表示，将探索把规模较大、具有系统重要性特征的互联网金融业务纳入宏观审慎管理框架，对其进行宏观审慎评估，防范系统性风险。③再如腾讯微众银行、蚂蚁金服的网上银行、四川新网银行等，这些银行成为所有业务都可以在线上办理的"网络银行"，扩展了金融法的主体。"金融科技公司主要是立足于向金融行业输出技术服务，若其自身开展金融营业则需要通过获取相应的金融业务许可，从而

---

① 刘少军：《金融法学》，中国政法大学出版社 2016 年版，第 9~14 页。
② 刘少军："金融法学科地位的几点思考"，载郭锋主编：《金融服务法评论》第 1 卷，法律出版社 2010 年版，第 412 页。
③ 姚前："法定数字货币对现行货币体制的优化及其发行设计"，载《国际金融研究》2018 年第 4 期。

转型成为持牌金融机构。"①

不同于工商业，金融业在法律上是相对独立的行业。金融企业所具有的高负债性、高流动性、高信用性、高传染性和高影响性等特征，导致其不仅要受普通企业制度的约束，还要受到特殊的金融制度的约束，这些约束主要表现在其设立、经营和危机处置上。金融企业的设立要件主要包括企业名称条件、资本限额条件、出资资格条件、从业人员条件、组织管理条件和营业场所条件等。

在金融企业名称规范中，核心强调的是其行业名，它需要监管机关的专门认定，非经法定程序认定而使用属于违法行为。以从事数字金融业务的支付宝"借呗"为例，由于支付宝"借呗"实质上从事消费信贷金融业务，2021年4月，人民银行、银保监会、证监会、外汇局等金融管理部门联合约谈蚂蚁集团，同年11月，支付宝"借呗"名称变更为"信用贷"，且明确提示由银行提供服务。"借呗"将推进品牌隔离工作，包括蚂蚁消费金融公司在内的多家持牌金融机构将共同为用户提供更便捷优质的小额消费信贷服务。银保监会要求蚂蚁集团采取有效方式，保证金融消费者在申请消费信贷服务时能够充分了解信贷服务提供者的名称，其主体名称已变更为符合监管要求的消费金融有限公司。

关于资本限额条件，金融企业资本不得实行认缴制，必须实行实缴制，同时还有严格的最低资本限额限制。金融企业在主要出资人资格上也有特殊要求，主要包括严格的国籍限制、财产实力限制、经营范围限制和出资比例限制。另外，金融企业的从业人员标准、组织管理标准要远高于工商企业。② 新设立的从事数字金融业务的金融企业，以及现有科技公司从事数字金融业务，需满足这些条件。

以互联网巨头为代表的数字金融公司富可敌国，在具体法律行为中与相对人的地位关系显然不是简单的平等与不平等。在设计数字金融本体法时，必须根据实际法律地位，进行倾斜立法，保护弱者，对于弱势一方进行倾斜保护或对于强势一方进行倾斜限制，以实现当事人之间的权利义务达成边际均衡。

数字金融法的设计，既要坚持形式上的平等保护也要坚持实质上的倾斜保护。在具体的数字金融业务中，数字金融公司与业务相对人之间的法律地位在形式上是平等的，以此为基础，二者才能建立数字金融关系。因此，数字金融法对于数字金融公司与业务相对人须从形式上给予同等的保护。在事实上，数字金融公司与业务相对人之间的实际地位是有巨大差别的，数字金融公司通常

---

① 袁康、唐峰："金融科技公司的风险防范与监管对策"，载《山东大学学报（哲学社会科学版）》2021年第5期。

② 刘少军：《金融法学》，中国政法大学出版社2016年版，第47~53页。

在控制力上处于强者的地位，而其业务相对人则处于弱者地位。在实际的数字金融业务中，数字金融公司往往会利用自己的优势地位，迫使业务相对人接受一些实质上不平等的条件，形成它们之间在实质上的不平等。如果基于传统法学理论，认为数字金融公司与业务相对人具有平等的法律地位，进而平等保护，显然违反公平正义原则。因此，数字金融法必须给予业务相对人以倾斜性的法律保护，在同等条件下作出有利于业务相对人的法律规定，或者在司法实践中作出有利于业务相对人的司法解释，从实质上平衡数字金融公司与业务相对人的数字金融关系。同时，我们也要认识到，数字金融公司作为金融机构与业务相对人之间的主体地位也是相对的，并不是在任何情况下金融机构都是强势主体。

第三节　数字金融客体法

一、法哲学视野下的客体理论

在静态的法关系上，同法的主体相对应的只能是客体即财产，只有财产才是主体的客体，财产是独立于主体之外的客体。要成为财产必须具备效用性、稀缺性和可控性等客观条件，同时具备权责性、法定性和本源性等主观条件。

按照财产是否具有自然属性，可以将其分为客观财产和主观财产。客观财产是指具有客观的、独立于主体意志之外而存在的财产客体的财产。客观财产通常不具有地域性或只具有相对地域性，具有价值时效性、财产债权转让的客观性和客体责任性。主观财产是指不具有客观自然属性的财产客体，仅具有主体的客观状态评价，并通过法律的拟制而形成的财产。主观财产具有严格的地域性、转让上的观念性，不具有价值时效性，亦不具有客体责任。

主观财产的核心代表形式是货币财产和虚拟财产。当代社会的货币性质已经发生了本质的变化。首先，货币本身已不再有现实的财产客体，它的财产性质直接来源于法律的规定。其次，货币的职能也已经发生了重要变化，它不仅是财产的一般代表和财产流通的媒介，同时还是宏观经济调控的基本工具。最后，它的数量完全取决于发行银行宏观经济政策的需要，而不需要以任何其他财产为依据。货币在当代社会已成为法律拟制发行出来的主观财产。当代信用货币体现的是发行主体的信用，在金属货币时代，则是货币金属的物的信用。

按照财产的静态与动态关系，可将其分为原生财产和衍生财产。原生财产是指财产体系中最基本的直接与主体相对应的，非由财产行为或在原有财产基础上进行进一步规范而形成的基础性财产。原生财产的本质特征是它所形成的关系是直接的主体与客体之间的静态关系。原生财产是一种社会处于静止状态时的主体与客体之间的关系，它是社会运行的起始状态或终结状态，是起点或终点而不是过程。通常，原生财产主要包括三类，即有形财产、无形财产和主观财产，其他财产都是在它们的基础上衍化而来的，它的典型代表形式是物质财产、知识财产和货币财产。虚拟财产是随着网络技术的发展正在形成的、只存在于网络上的主观财产。

衍生财产是指财产体系中以原生财产为基础，通过主体之间的财产行为或其他法的规定，衍化而来的社会运行过程中的财产。衍生财产的本质特征在于它所形成的关系是主体与客体的关系，以及主体与主体关系的混合关系。衍生财产是社会运行状态中的财产，是现实生活中财产的主要形式。衍生财产的具体类型是不确定的，它可以根据社会需要衍化出无限多种具体的类型。①

二、数字金融法客体演变论

金融科技创新催生了数字货币，广义的数字货币包括电子货币、虚拟货币、加密稳定币和法定数字货币等。②电子货币是法定货币的电子信息形式，其法律性质与功能和法定货币基本相同，其本质是以法定货币表示的电子化支付工具。虚拟货币分为两大类：一类是有发行主体，用于购买网络虚拟产品的支付媒介，即网络社区虚拟货币，以腾讯的 Q 币为代表；另一类是基于区块链技术，没有发行主体、去中心化的虚拟货币，以比特币（BTC）为代表。③加密稳定币是通过与法定货币、大宗商品或者主流数字货币等资产锚定，或通过第三方主体调控数字货币供应量，以实现价值相对稳定的区块链数字加密货币。法定数字货币是以国家主权为保障，由中央银行负责发行，以数字信息为表现形式的法定信用货币。④本节将从法客体的角度研究虚拟货币、加密稳定币、法定数字货币。

---

① 刘少军：《法边际均衡论：经济法哲学》，中国政法大学出版社 2017 年版，第 186~211 页。

② David Lee Kuo Cheun（Edited），*Handbook of Digital Currency*：*Bitcoin*，*Innovation*，*Financial Instruments*，*and Big Data*，Academic Press，2015，p.5.

③ 祁明、肖林："虚拟货币：运行机制、交易体系与治理策略"，载《中国工业经济》2014 年第 4 期。

④ 参见《中国金融》2016 年第 17 期"央行数字货币研究与探讨"专题系列文章，范一飞："中国法定数字货币的理论依据和架构选择"；姚前："中国法定数字货币原型构想"；张正鑫、赵岳："央行探索法定数字货币的国际经验"；等等。

（一）虚拟货币

货币形态先后有实物（商品）货币、金属货币、信用纸币、数字货币。2008 年 11 月，中本聪（Satoshi Nakamoto）设计并发布了一种点对点的去中心化数字货币——比特币。[1] 数字加密代币基于密码学和网络 P2P 技术，由计算机程序产生，并在互联网上发行和流通，没有发行机构，具有交易的匿名性等特征。"比特币是一种去中心化的、点对点的网络虚拟货币，这种虚拟货币可在线交易以及兑换成美元和其他货币。"[2] "比特币已经成为了一种不受政府控制，不依赖金融机构、总量固定、可实时兑换法定货币且价格由供求决定、被认为有可能彻底改变全球金融行业格局的数字货币。"[3]

虚拟货币的法律性质引起广泛关注和争论，争论的焦点是虚拟货币是不是货币。只有明确虚拟货币的法律性质，才能厘清虚拟货币涉及哪些法律问题。

欧洲银行业管理局（European Banking Authority，简称 EBA）称此种货币为"虚拟货币"（Virtual Currencies），并将其定义为"价值的数字化表示，非由中央银行或公共当局发行，也不必然与法定货币相联系，但被自然人或法人作为支付手段而接受，可通过电子形式转移、存储或交易"。[4] 国际货币基金组织（International Monetary Fund，简称 IMF）在一份报告中认为，虚拟货币是价值的数字化表征，由私人机构发行并且使用自有的记账单位。诸如比特币这样的数字加密货币即是虚拟货币的一种。虚拟货币可以通过电子化的方式获取、存储、估值、交易。[5] 美国金融犯罪执法局（US Financial Crimes Enforcement Network，简称 Fin CEN）在其发布的文件中，认为虚拟货币不同于法定货币，仅在一些环境中像法定货币一样充当交易媒介，但不具有法定货币的所有特

① Satoshi Nakamoto, Bitcoin: A Peer-to-Peer Electronic Cash System, BITCOIN.ORG, 1–2, 4（2008）, https://bitcoin.org/bitcoin.pdf.

② U.S. Federal Bureau of Investigation, Bitcoin Virtual Currency: Unique Features Present Distinct Challenges for Deterring Illicit Activity, 24 April 2012, https://www.wired.com/images_blogs/threatlevel/2012/05/Bitcoin-FBI.pdf.

③ 吴洪、方引青、张莹："疯狂的数字化货币——比特币的性质与启示"，载《北京邮电大学学报（社会科学版）》2013 年第 3 期。

④ EBA OPINION ON 'VIRTUAL CURRENCIES', https://www.eba.europa.eu/documents/10180/657547/EBA-Op-2014-08+Opinion+on+Virtual+Currencies.pdf.

⑤ An IMF Staff Team: Virtual Currencies and Beyond: Initial Considerations, January 2016. The IMF staff team comprised Dong He, Karl Habermeier, Ross Leckow, Vikram Haksar, Yasmin Almeida, Mikari Kashima, Nadim Kyriakos-Saad, Hiroko Oura, Tahsin Saadi Sedik, Natalia Stetsenko, and Concepcion Verdugo-Yepes.

征。事实上，在任何法域，虚拟货币均没有法定货币的地位。[①]澳大利亚税务局（Australian Taxation Office，简称 ATO）认为比特币既非本币亦非外币，不具有货币的属性，比特币属于金融资产。

代币或"虚拟货币"不由货币当局发行，不具有法偿性与强制性等货币属性，不具有与货币等同的法律地位，不能也不应作为货币在市场上流通使用。[②]依据现行法律规定以及法学理论对数字加密代币进行分析，其法律性质可以概括为非主权货币、约定货币、信用货币，数字加密代币具有法财产属性。[③]

1. 虚拟货币是非主权货币。在金属货币时代，"物的信用"是货币价值基础的唯一来源，人们基于金属币材所代表购买力的普遍信用，信赖金属货币的购买力。[④]随着国家信用在货币的稳定性和有效性方面的增强，国家信用超越了"物的信用"，铸币的垄断权渐渐被集中到了国家的手中，最终被法律所确认。"人们基于公益的要求而承认国家对铸币的垄断权，而国家则基于取得铸币税收入和扩张政治经济影响力的需要而乐于承担铸币义务。"[⑤]

当代法定信用货币是以国家信用为价值基础，由法律直接拟制和保障，用于交易和支付的通用财产。从价值基础来看，当代法定信用货币具有现实购买力的根本原因是作为发行主体的国家具有信用。从价值保障来看，国家以法治为基石，严格控制货币供给，为货币所具有的购买力提供保证。从法律地位来看，当代法定信用货币直接由法律创制，货币形式和货币单位直接由法律规定，其无限清偿效力由法律保障。从基本职能来看，当代法定信用货币的基本职能是交易媒介和支付手段，并在有限范围内承担储藏手段职能。[⑥]

主权货币是指由主权国家或主权国家的中央银行发行的，至少在本货币区域内具有法偿效力的法定货币。非主权货币是指非由国家中央银行统一发行和流通的法定货币，它通常是由私主体发行和流通的私人货币，如网络虚拟货币

① The Financial Crimes Enforcement Network（"Fin CEN"），Guidance：Application of Fin CEN's Regulations to Persons Administering，Exchanging，or Using Virtual Currencies. FIN-2013-G001，Issued：March 18，2013.
② 详见中国人民银行、中央网信办、工业和信息化部、工商总局、银监会、证监会、保监会《关于防范代币发行融资风险的公告》。
③ 关于虚拟货币的论述，参见张西峰："代币发行融资的法律分析"，载王卫国主编：《金融法学家》第 9 辑，中国政法大学出版社 2018 年版，第 289~302 页。
④ 刘少军、王一柯：《货币财产（权）论》，中国政法大学出版社 2009 年版，第 46 页。
⑤ 汪圣铎：《两宋货币史》，社会科学文献出版社 2003 年版，第 47 页。
⑥ 刘少军、王一轲：《货币财产（权）论》，中国政法大学出版社 2009 年版，第 76 页。

等。[①] 以比特币为代表的数字加密代币，其价值基础与国家信用无关，政府的作用被排除在外；其价值保障并非以法治为基础；其法律地位并非由法律创制；其清偿效力也缺少法律保障。尽管比特币、莱特币、以太币等虚拟货币被称为货币，亦引起各国央行的高度重视，但基于法律分析，种类繁多的虚拟货币并非主权货币。

2. 虚拟货币是约定货币。约定货币是与法定货币相对应的概念。约定货币由于不是国家法律直接规定的。约定货币（或称习惯货币）"是指一定范围内的交易主体，通过商品交易习惯逐渐形成的能够被该范围内的各交易主体共同承认的货币。……其货币地位没有得到法律的承认，也不具有法律强制力，其他交易主体可以承认它是货币，也可以不承认其货币地位"。[②] 约定货币的价值基础是特定的主体对货币购买力自发形成的普遍信任，不与国家发生联系，不依赖于国家主权存在。比特币、莱特币、以太币等虚拟货币在互联网中出现，由相关主体自发使用，其法律性质属于约定货币，而非法定货币。比特币等虽然名义上叫"币"（coin），但实质上只是一种非货币数字资产。区块链技术无法解决约定货币资产价值信任问题。价值的剧烈波动决定了此类约定货币无法成为真正的货币。

3. 虚拟货币是信用货币。货币的核心是信用，信用本身是在竞争中优胜劣汰的结果。货币体系的演进，更多是较优信用不断扩展、淘汰和替代较劣信用的进程。在相当长久的未来，国家信用尤其是大国信用作为货币发行基础仍然是不可或缺的。[③] 货币是一种以信用为价值基础，并不当然依赖于特定物质形式的财产形态。信用货币是与金属货币相对应的概念。1971 年 8 月 15 日，美国总统尼克松宣布关闭黄金窗口之后，纸币与贵金属彻底脱钩，自此纸币的价值高低完完全全在于发行者的信用良否，而其支付效力则完全依赖法律的规定。

"当纸币出现，直至完全不能兑换等值的黄金的时候，货币已经完全丧失了内在价值，其作为交易媒介的信用保证也完完全全地依赖于其发行者的信用了。"[④] "信用纸币的本质是货币化的信用，是记录发行者信用价值量的货币化票据。当信用变成其他商品交换的媒介、价值衡量标准、财富储藏手段时，就成为真正的信用货币。"[⑤] 当代信用货币可以被认为是货币发行国中央银行对货币

①　刘少军："国际化背景下人民币基础法规完善研究"，载《北方法学》2015 年第 5 期。

②　刘少军："国际化背景下人民币基础法规完善研究"，载《北方法学》2015 年第 5 期。

③　钟伟等：《数字货币：金融科技与货币重构》，中信出版社 2018 年版，第 3 页。

④　赵智锋、郑飞："论货币的本质是价值信用关系"，载《当代经济研究》2008 年第 10 期。

⑤　黄伟：《货币突围——拯救"纸"醉金迷的世界货币体系》，企业管理出版社 2012 年版，第 120 页。

持有主体的负债,这种负债是用国家信用作为担保的。"强大的国家政府通过法律为货币流通提供了信誉支撑。"① "在信用货币时代,货币本身已不具有真实价值,而是作为一种反映债权债务关系的凭证,即货币发行人对持币人的一种负债、持币人对发行人的债权。货币本身就是一种契约、隐性契约。"②

稳定的信用价值来源和完善的法律体系保障是现代信用货币的重要支撑。在"信用货币本位制度"取代"金属货币本位制度"的当今社会,货币发行国的国家信用也取代了货币在"金属货币本位制度"条件下,由黄金白银等贵金属所体现的信用。当代信用货币,已经成为以国家信用为基础,以货币发行国法律为货币权利(力)来源的"主权信用货币"。

"数字货币本身不具有价值,本质上是一种财富价值的序列符号。数字货币的发展并没有脱离信用货币的范畴,作为一种信用货币,数字货币本质上仍是货币符号。信用货币时代,货币本身不具有价值,其背后是发行者的信用问题。"③ "事实上,由于好声誉可以产生好声誉,假如大家都相信信用基础的存在,即使它本身已经不存在,好声誉仍能得到维持。"④

虚拟货币本身并没有实物支撑,不具有自然属性的价值。"虚拟货币是一种无形资产或电子化商品,其价值依赖于使用者对其代表的价值形成共识。"⑤ 虚拟货币从本质上与法定货币没有关系。虚拟货币的价值基础,是使用主体的信任。虚拟货币是信用货币,不像法定货币现金代表发行机构的信用并最终体现为国家信用,虚拟货币的信用仅是个人信用。

4.虚拟货币具有法财产属性。虚拟货币是独立于主体之外的客体,具备法财产的效用性。对于主体而言,虚拟货币是有使用价值的,能够满足主体的需要。同时,虚拟货币基于密码学和网络 P2P 技术,由计算机程序产生,数量是固定的,具有法财产的稀缺性,其价格与其稀缺程度相关。正因为虚拟货币具有稀缺性,才能成为财产法调整的对象。虚拟货币具有法财产的可控性。区块链技术采用先进的加密技术,以确保交易安全,区块链的块信息、账本信息是通过加密算法实现的。以比特币为例,公钥(a public key)、私钥(a private

---

① 李义奇:"货币信用属性演化的历史与逻辑",载《广东金融学院学报》2010 年第 1 期。
② 邱崇明、张兰:"货币契约与信贷契约 —— 兼论货币中性与信贷非中性问题",载《生产力研究》2009 年第 21 期。
③ 庄雷、赵成国:"区块链技术创新下数字货币的演化研究:理论与框架",载《经济学家》2017 年第 5 期。
④ [英] 马歇尔:《货币、信用与商业》,叶元龙、郭家麟译,商务印书馆 1997 年版,第 303 页。
⑤ 王信、任哲:"虚拟货币及其监管应对",载《中国金融》2016 年第 17 期。

key）密码原理被用来确保主体之间的交易安全。因此，数字加密代币具有效用性、稀缺性、可控性等法财产的客观条件。①

虚拟货币同时具备权义性、法定性、本源性等法财产的主观条件。法财产的权义性，是指财产是一种主体与客体之间的权利（权力）义务（职责）关系。虚拟货币的所有人，必须保证不能用其所有的代币侵害他人利益，必须承担相应的社会义务。因此，虚拟货币具有法财产的权义性。

法财产的法定性，是指主体对财产的权利（权力）义务（职责）都是法定的，只有法律承认某物品是财产，它才是现实的财产，否则它就不是实际的财产。《中华人民共和国民法总则》规定，"法律对数据、网络虚拟财产的保护有规定的，依照其规定"。②该条文是关于数据和网络虚拟财产保护的规定。本条在一审稿中以数据信息的形式，作为知识产权的一种进行规定。在二审、三审稿中，将之与知识产权区别开来，并最终得以通过。③2021 年 1 月 1 日施行的《民法典》中第 127 条规定："法律对数据、网络虚拟财产的保护有规定的，依照其规定。"可见，立法者已经承认虚拟财产与知识财产是性质不同的财产形态。这一规定从民事基本法的角度对虚拟财产保护进行了确认，并为虚拟财产的立法预留了空间，也是虚拟货币等虚拟财产具有法定性的依据。

从公共经济学视角看，比特币等私人类数字货币不具备提供"清偿服务"和"核算单位价值稳定化服务"等公共产品服务的能力，在交易费用上亦不具有明显优势，这些缺陷决定了其难以成为真正的货币。在日益复杂的信用经济时代，若以比特币为货币，无疑是一场灾难。④我国现行规范性文件明确规定，比特币不是由货币当局发行，不具有法偿性与强制性等货币属性，并不是真正意义的货币。从性质上看，比特币是一种特定的虚拟商品，不具有与货币等同的法律地位，不能且不应作为货币在市场上流通使用。但是，比特币交易作为一种互联网上的商品买卖行为，普通民众在自担风险的前提下拥有参与的自由。金融机构和支付机构不得以比特币为产品或者定价单位，不得直接从事比特币的买卖服务，同时也不得为比特币交易提供清算、结算等服务。⑤实践中我国

---

① 关于法财产的客观条件与主观条件的构成，参见刘少军："法财产基本类型与本质属性"，载《政法论坛》2006 年第 1 期。

② 参见《中华人民共和国民法总则》第 127 条的规定，该法已于 2021 年 1 月 1 日失效。

③ 参见杜万华主编：《中华人民共和国民法总则实务指南》，中国法制出版社 2017 年版，第 493 页。

④ 姚前："理解央行数字货币：一个系统性框架"，载《中国科学：信息科学》2017 年第 11 期。

⑤ 参见中国人民银行、工业和信息化部、中国银行业监督管理委员会、中国证券监督管理委员会、中国保险监督管理委员会印发的《关于防范比特币风险的通知》（银发〔2013〕289 号）。

不仅早已承认虚拟财产可如其他财产一样能够转让、销售，而且还为交易规定了相应的财产转让税率并予以征收，这实际已经承认虚拟货币是公民可以合法买卖的财产。①

法财产的本源性是指主体的财产权利（权力）必须具有合法的来源。以比特币的来源为例，用户在计算机上进行复杂的运算，俗称"挖矿"，完成运算的用户将获得系统奖励的比特币，此外一方当事人亦可用法定货币或者商品、服务与比特币的持有主体进行交易来获取比特币。因此，比特币具有合法来源，符合法财产的本源性条件。

虚拟货币具有法财产的客观条件与主观条件，属于虚拟财产的范畴。虚拟财产与有体财产、知识财产、货币财产共同构成了当代社会的基础性财产。财产是财产客体与财产权的统一。虚拟货币具有法财产的特征，其所有权人理应对其享有财产权。因此，虚拟货币具有法财产属性。

（二）加密稳定币

尽管以比特币为代表的虚拟货币引起了巨大关注，但由于它们的交易模式不受限制且单日交易价格波动较大，经常处于失控状态，导致比特币脱离了"支付手段"的范畴。由于以比特币为代表的虚拟货币天生具有"虚无"本质，其价格暴涨暴跌，无法具备价值尺度、流通手段、价值储藏、支付手段等货币职能。因此，致力于维持币值稳定的加密稳定币应运而生，加密稳定币具有维持对法定货币的汇率稳定、兼顾隐私性等特点。

1. 加密稳定币的稳定机理。稳定代币普遍选择的目标是维持与法币的汇率平价，本质上是希望"锚定"法定货币体系，以求获得代币价值的稳定。当前市值最高、使用范围最广泛的稳定代币是 Tether 公司发行的以 1∶1 比率锚定美元的 USDT。USDT，也被称为泰达币，是 2015 年由 Tether 引入的一种锚定在美元上的加密代币。理论上，1USDT＝1 美元。在发行过程中，对手方以美元从 Tether 公司平价兑换 USDT，Tether 公司承诺流通中的 USDT 由 100% 美元存款为发行储备，从而保证 USDT 与美元的平价锚定。为保证持有者的信心，Tether 公司声称通过第三方审计证明自己拥有与 USDT 流通量对等的美元存款。在技术实现上，USDT 借助比特币的 Omni Layer 协议在区块链网络上流通，流通数量在区块链上公开透明。由于 USDT 的发行端由 Tether 公司控制，流通端

---

① 参见和丽军："虚拟财产继承问题研究"，载《国家检察官学院学报》2017 年第 4 期；以及《国家税务总局关于个人通过网络买卖虚拟货币取得收入征收个人所得税问题的批复》（国税函〔2008〕818 号）。

与普通虚拟货币无异，因此具有发行中心化、流通去中心化的特点。[①] 由于大部分 USDT 是使用 Omni Layer 协议并存储在区块链上，其继承了比特币具有的开源、匿名、不可篡改、数据可追溯等特性。实际的市场数据显示，USDT 已经形成了一种围绕 1∶1 美元价值动态波动的态势，吻合了货币动态自稳定机制（Dynatic Homeostatis）的理论，表明了至少自 USDT 发行以来的这段时间内，这种模式的加密稳定币机制是可靠的。

2019 年 6 月 18 日，拥有全球最大用户数的社交平台脸书（Facebook）通过下属独立公司 Calibra，发布加密稳定币——Libra 项目白皮书，正式公布基于区块链技术的全球数字加密稳定币 Libra 发行计划。Libra 项目白皮书正文开宗明义，阐明了 Libra 的使命：“建立一套简单的、无国界的货币和为数十亿人服务的金融基础设施。”Libra 要打造一个新的去中心区块链、一种低波动性加密货币和一个智能合约平台的计划，以期为负责任的金融服务开创新的机遇。2019 年 6 月，Libra 第一版白皮书（可以称为 Libra 1.0）提出的愿景是：Libra 是基于一篮子货币的合成货币单位，Libra 价格与这一篮子货币的加权平均汇率挂钩。2019 年 9 月，脸书公布 Libra 货币篮子的构成是：美元（USD）50%、欧元（EUR）18%、日元（JPY）14%、英镑（GBP）11% 和新加坡元（SGD）7%。按 Libra 1.0 的愿景，Libra 作为一篮子货币稳定币，是一个超主权货币，将在全球范围内使用，是为数十亿人赋能的金融基础设施。中国人民银行数字货币研究所所长穆长春曾表示，“没有哪一种数字货币像 Libra 这样，能够引起整个货币和金融世界的紧张”。[②]

2020 年 4 月，Libra 第二版白皮书[③]（可以称为 Libra 2.0）提出重大修订：一是增加单一货币稳定币比如 LibraUSD、LibraEUR、LibraGBP 和 LibraSGD 等，仍保留一篮子货币稳定币 Libra Coin；二是通过稳定合规框架提高 Libra 支付系统的安全性，包括反洗钱（Anti-Money Laundering，简称 AML）、反恐怖融资（Counter-Terrorist Financing，简称 CTF）、制裁措施合规和防范非法活动等；三是放弃未来向无许可系统过渡的计划，但保留其主要经济特征，并通过市场驱动的、开放竞争性网络来实现；四是在 Libra 法定货币储备池的设计中引入强有力的保护措施。

① 姚前、孙浩：“数字稳定代币的试验与启示”，载《中国金融》2018 年第 19 期。

② 穆长春：“穆长春谈央行数字货币：研究了五年，正‘呼之欲出’”，载《第一财经日报》2019 年 8 月 12 日，第 A07 版。

③ White Paper · v2.0 · From the Libra Association Members，https：//www.diem.com/en-us/white-paper/.

Libra 从 1.0 到 2.0 的最大转向在超主权货币定位上。Libra 2.0 尽管包含超主权货币计划 Libra Coin，但重要性已显著下降。Libra 2.0 将由单一货币稳定币主导，超主权货币 Libra Coin 仅是补充。Libra 2.0 作出的重大修订，主要是为了缓解 Libra 项目面临的监管和商业阻力。Facebook 支持的加密货币 Libra 已于 2020 年 12 月更名为 Diem，旨在通过强调项目的独立性来重新获得监管部门的批准。该项目的目标是推出单一美元支持的数字货币。数字货币在价值维度上是信用货币，在技术维度上是加密货币，在实现维度上是算法货币，在应用维度上是智能货币。[①]

根据其背后的代币稳定机理，主要的稳定代币产品大致可分为三类。按照币值"稳定"机制，稳定数字货币大致可分为链下抵押型、链上抵押型、算法型。[②]

第一类是以法定货币或黄金、石油等大宗商品为发行储备的稳定代币，这类稳定代币与法定货币的传统发行方式相类似，是通过足额发行储备和保证兑付来获取市场信心，通过增减货币供应量来维持加密稳定币价值的基本稳定。

第二类是以数字资产为发行储备的稳定代币。此类产品允许用户使用数字资产进行超额抵押来产生稳定代币。这类稳定代币，以"去中心化"的模式发行、以超额抵押加密资产来获取稳定性、以智能合约完成流通并减少价值波动。Dai 项目是加密资产抵押型稳定币中的典型代表。Dai 项目是以"以太币"（ETH）为抵押资产进行超额抵押，其发行整个流程都依靠智能合约完成。在发行环节，用户向智能合约抵押一定数量的以太币，并收到按对应质押率获得的 Dai 币。在流通环节，若智能合约观测到被抵押资产价值不足，将会使对应的 Dai 币触及警戒线时，便会通过从发布警示到强制清仓等一系列手段来维持稳定。此外，智能合约被允许在系统性风险降临时采取全局清算的方式，冻结市场上的 Dai 币并退回质押品，以维护最不理想情况下用户的合法利益。

第三类是无发行储备的稳定代币。这类产品没有任何资产作为发行储备，而是利用算法根据当前稳定代币价格自动增发或回收稳定代币，调控供需平衡，从而保持稳定代币的汇率稳定。算法规则型稳定币是以用户激励为中心，通过算法来实现货币供给理论的设计模型，在算法调整货币市场供应量的基础上减

① 姚前："理解央行数字货币：一个系统性框架"，载《中国科学：信息科学》2017 年第 11 期。
② 邓集彦、邓建鹏："稳定币 Libra 与中国未来监管应对"，载《团结》2019 年第 4 期。邓建鹏、张夏明："稳定币的内涵、风险与监管应对"，载《陕西师范大学学报（哲学社会科学版）》2021年第 5 期。

小这种加密稳定币的价值波动,以实现算法规则型稳定币的动态自稳定(Dynatic Homeostatis)。这种类型的加密稳定币建立在经济学理论之上,规则公开,无需抵押物,也无中心化信任问题,目前之所以很难在较大范围取得受众的信任,是由于此类代币无任何资产作为支撑,近似庞氏骗局。

2.加密稳定币的法律属性。金属货币时代是贵金属冶炼技术推动的,信用货币时代是纸币印刷和防伪技术奠基的。如今,区块链技术和去中心化共识又为货币无纸化的迈进提供了可能性。这再次证明了只有信用是货币价值的最终来源,货币本质上不需要依赖任何外部形态,只需要满足其购买力可控的条件。[①] 因此,货币最终能够成为一种符号、一种"观念上的东西",不断地走向虚拟化。[②]

从法律角度看,目前的加密稳定币显然不属于法定货币的范畴。它不具有法偿效力,与传统法律意义上的货币定义相去甚远。判断加密稳定币是否具有货币属性,除了考察其是否具有信用的本质特征以外,还存在五项主要标准,即财产性、通用性、工具性、稳定性、区域性五个方面。[③]

加密稳定币从外部形态上来看,通常表现为不可捉摸的区块链上的信息资源;从内在价值上来看,在一定范围的社区内可以和所有财产客体相交换;从效用性来看,加密稳定币与传统货币在一定范围内没有太大区别,对个体用户而言,两者均可以在一定范围内作为财产置换、交易流转或价值储藏的手段;从稀缺性来看,加密稳定币也存在着与法定货币相似的发行控制机制;从可控性上看,加密稳定币是一种源生于去中心化的区块链技术的加密货币,通过链上技术能实现有效控制。因此,加密稳定币具有法客体的财产属性。

通用性方面,加密稳定币是否具有通用性,在于这种加密稳定币能够多大程度、多大范围内成为某一群体共同认可的流通媒介。若它的价值在特定范围内得到广泛的认可,能够在这个范围内的群体间进行价值交换,甚至可以通过一定渠道重新兑换为法定货币,这种通用性便成立了。由此观之,加密稳定币在一定范围内具有通用性。

---

① Pernice, I.G.A., Henningsen, S., Proskalovich, R., Florian, M., Elendner, H., Scheuermann, B.. Monetary stabilization in cryptocurrencies - design approaches and open questions. In: 2019 IEEE Crypto Valley Conference on Blockchain Technology (CVCBT)(2019), https://arxiv.org/pdf/1905.11905.pdf.

② 黄正新:"货币虚拟化发展趋势及其功能变异",载《经济学家》2001年第5期。

③ 刘少军:"'法定数字货币'流通的主要问题与立法完善",载《新疆师范大学学报(哲学社会科学版)》2021年第4期。

工具性方面，货币的工具性是指货币本身并没有使用价值，其不可替代的职能只是价值尺度和交换媒介。信用货币就是由货币发行方运用其权力所创制的一种信用工具和价值符号，其本身并不具有实际使用价值。加密稳定币的货币权利人并不能直接消费加密稳定币本身而获得任何使用价值，只能通过加密稳定币与其他商品的交换获得个体的满足。

稳定性方面，货币价值的稳定性集中体现在货币购买力的相对稳定上，因此，只要加密稳定币能在买卖之间的较短时间差内保持这种购买力的平衡，那么就可以相信这种加密稳定币是具有稳定性的。加密稳定币在继承早期加密货币匿名性和不可逆转等特性的同时，克服了原先价格波动的缺陷。① 锚定法定货币或者具有资产支撑的加密稳定币，其以稳定资产作为发行储备的特性更满足了对债权凭证的定义，并在一定程度上满足了广义货币有关交换价值、价值尺度与价值存储的三项基本需求。

区域性方面，加密稳定币也具有一定的效力空间，如果加密稳定币流通超过了这个空间的范畴，那么货币权利就会发生演化。

加密稳定币成为事实上的约定货币。约定货币，是一种非由国家发行，不具有法偿效力的货币类型。将加密稳定币视为约定货币的原因有二：首先，就目前而言，加密稳定币通常承诺与一种或几种法定货币锚定，或承诺与具有相应价值的基础资产相锚定，可以理解为二者之间存在相对稳定的双向兑换通道。其次，加密稳定币承诺与法定货币之间存在稳定的价值联系。加密稳定币以某种特定设计方式，来谋划自身在去中心化模型和价值稳定之间平衡的蓝图，从而扩大其流通的范围，在一定群体的实际生活中起到了部分替代或补充法定货币功能的作用，因此可以认为是一种约定货币。

加密稳定币有可能成为真正意义上的数字货币，因为它们设立有发行准备基金、兑换准备基金等，同时还同重要的法定货币保持稳定的价值对比关系。如果它们能够保证价值的基本稳定，又能够广泛被受约人接受，未来有可能成为继虚拟货币后重要的约定货币，在受约人之间发行和流通。

货币是在社会一定范围内被普遍接受的，能够作为支付结算工具使用的通用信用财产。② 正如前文关于虚拟货币法律性质的论述，加密稳定币同样是非

---

① ClarkJeremy, Demirag Didem, Moosavi Seyedehmahsa. Demystifying Stablecoins (2020). Communications of the ACM 63（7）: 40-46, https：//www.researchgate.net/publication/342296565_Demystifying_stablecoins.

② 刘少军："'法定数字货币'流通的主要问题与立法完善"，载《新疆师范大学学报（哲学社会科学版）》2021年第4期。

主权货币、约定货币、信用货币，具有法财产属性。

（三）法定数字货币

货币是一个非常复杂的体系。货币本身的发展越来越摆脱货币载体的具体形态，从商品货币到金属货币，从纸币到信用卡，再到已成为趋势的法定数字货币，安全、高效、低成本的货币体系不断进化。货币体系的演进分为两个维度：一个是信用的演进，另一个是载体的演进。所谓信用演进，是指货币代表着人类社会最高的信用。信用演进的结果是大国的主权信用胜出。在演进中，信用由预期固化为信仰。所谓载体演进，是指货币体系从商品货币向贵金属货币，最终向纸币、电子货币和数字货币演进。载体的演进意味着货币体系运行成本更低、更安全、更有效率。①

"法定数字货币"（CBDC）是网络技术发展的必然产物和结果，是数字经济发展的基石。央行发行的数字货币，是指中央银行发行的，以代表具体金额的加密数字串为表现形式的法定货币。它本身不是物理实体，也不以物理实体为载体，而是用于网络投资、交易和储存，代表一定量价值的数字化信息。②由金属货币到信用货币再到法定数字货币，货币的形式发生了颠覆性变化，货币形式的变化必将导致货币法理论的演进，货币关系中各方主体的权力（利）义务也面临重新分配，最终将引起货币法律规范的修改与完善。

CBDC是以数字货币形式存在的法定货币，或者说是由中央银行发行的数字货币。它既不是目前已经存在的电子货币的法定化也不是虚拟货币或者加密稳定币的法定化，而是由中央银行直接向社会发行的以电磁符号形式存在于电子设备中的法定货币。它在法律性质上是目前法定现钞或硬币的替代形式，同法定现钞或硬币具有共同的法律属性。CBDC是采用特定数字密码技术实现的货币形态，以加密数字符号的形式存在。发行CBDC既要吸收借鉴先进成熟的数字技术，又要继承传统货币长期演进过程中的合理内涵。与实物法币相比，CBDC变的是货币形态数字化，不变的是内在价值。CBDC作为中央银行发行的数字货币，本身依然是法定货币。CBDC以纯价值符号代替传统的信用现钞，充当普通财产交换的法定价值符号，是货币发展的法经济规律之必然趋势。本质上，它仍是中央银行对公众发行的债务，体现为主权信用。

传统的法定货币是一个法学概念，而CBDC则不是一个法学概念，它只是对这种货币进行技术性描述，不能体现任何法学属性和法律关系。从法学属

---

① 参见钟伟等：《数字货币：金融科技与货币重构》，中信出版社2018年版。

② 刘向民："央行发行数字货币的法律问题"，载《中国金融》2016年第17期。

性和法律关系的角度看，应将传统的法定货币称为法定证券货币，将目前公众所称的 CBDC 称为法定记账货币。法定证券货币反映的是该法定货币的证券属性和证券关系，法定记账货币反映的是该法定货币的记账属性和记账关系。CBDC 只是对货币的技术性表达，并不是法学上的性质界定。从法学角度看，一国央行发行的 CBDC 应被称为"法定记账货币"。记账货币是指以货币管理或经营机构账户登记的记录形式存在的货币，以账户的登记记录作为货币财产归属权利的依据。① 本章中，CBDC、央行数字货币和法定记账货币内涵相同。CBDC 的发行与流通会带来许多法律问题，主要包括法律地位、法律关系、财产权利、权责边界等，未来需要在法律的修订过程中不断完善。

1. 中美欧 CBDC 的研发进程。全球范围内，主要中央银行都在积极研发 CBDC。2020 年是全球央行数字货币加速发展的一年。国际清算银行报告显示，全球至少有 36 家央行发布了央行数字货币计划。其中尤为引人注目的是美元、欧元、日元等主流国际货币先后发布数字化计划。②

中国人民银行高度重视 CBDC 的研究开发。2014 年，时任中国人民银行行长周小川曾提出 CBDC 替代信用现钞的想法。同年，中国人民银行启动了数字货币前瞻性研究，成立了 CBDC 研究小组，开始对发行框架、关键技术、发行流通环境及相关国际经验等进行专项研究。2015 年，中国人民银行深入研究数字货币的关键技术及相关国际经验等，完成了发行 CBDC 的原型方案，并进行了两轮修改。2016 年 1 月，中国人民银行召开数字货币研讨会，分别就数字货币发行的总体框架、货币演进中的国家数字货币、国家发行的加密电子货币等专题进行了研讨和交流，并在会上明确了发行 CBDC 的战略目标，提出我国发行 CBDC 的基本原则：一是提供便利性和安全性；二是做到保护隐私与维护社会秩序、打击违法犯罪行为的平衡；三是要有利于货币政策的有效运行和传导；四是要保留货币主权的控制力。③ 2016 年，中国人民银行数字货币研究所成立，CBDC 第一代原型系统搭建完成。2017 年末，经国务院批准，中国人民银行开始组织商业机构共同开展法定数字货币（字母缩写按照国际使用惯例暂定为"e-CNY"）研发试验。2021 年 7 月，我国的法定数字货币研发试验已基本完成顶层设计、功能研发、系统调试等工作，正遵循稳步、安全、可控、创

---

① 刘少军："'法定数字货币'流通的主要问题与立法完善"，载《新疆师范大学学报（哲学社会科学版）》2021 年第 4 期。

② 姚前："全球央行数字货币研发的基本态势与特征"，载《中国经济报告》2021 年第 1 期。

③ "中国人民银行数字货币研讨会在京召开"，载 https://www.pbc.gov.cn/goutongjiaoliu/113456/113469/3008070/index.html，最后访问时间：2021 年 11 月 23 日。

新、实用的原则，选择部分有代表性的地区开展试验性流通。①

我国 CBDC 的初步界定是：由央行主导，在保持实物现金发行的同时发行以加密算法为基础的数字货币，即 M0 的一部分由数字货币构成。目标是构建一个兼具安全性与灵活性的简明、高效、符合国情的数字货币发行流通体系。所以设计过程中尤其注重技术手段、机制设计和法律法规这三个层次的协调统一：在技术路线上，充分吸收和改造现有信息技术，确保数字货币信息基础设施的安全性与效率性；在机制设计上，要在现行人民币发行流通机制的基础上保持机制上的灵活性和可拓展性，探索符合数字货币规律的发行流通机制与政策工具体系；在法律法规上，要实行均一化管理原则，遵循与传统人民币一体化管理的思路。中国人民银行数字货币研究所率先开展了二元模式下中央银行到商业银行的 CBDC 全生命周期闭环机制的设计和系统实现，构建了中央银行和商业银行实际参与的 CBDC 原型系统，包括发行、转移、回笼全过程。②

我国的 CBDC 是中国人民银行发行的数字形式的法定货币，由指定运营机构参与运营，以广义账户体系为基础，支持银行账户松耦合功能，与实物人民币等价，具有价值特征和法偿性。数字人民币是央行发行的法定货币，是法定货币的数字形式，是央行对公众的负债，以国家信用为支撑，具有法偿性。数字人民币采取中心化管理、双层运营。数字人民币发行权属于国家，中国人民银行在数字人民币运营体系中处于中心地位，负责向作为指定运营机构的商业银行发行数字人民币并进行全生命周期管理，指定运营机构及相关商业机构负责向社会公众提供数字人民币兑换和流通服务。数字人民币主要定位于现金类支付凭证（M0），将与实物人民币长期并存。③

2020 年 5 月 29 日，数字美元基金会（Digital Dollar Foundation）与全球咨询公司埃森哲（Accenture）联合发布数字美元项目（Digital Dollar Project）白皮书。④出于维护美元霸权地位等目的，美国正在推进数字美元项目。白皮

---

① 参见中国人民银行数字人民币研发工作组：《中国数字人民币的研发进展白皮书》，载 https://www.pbc.gov.cn/goutongjiaoliu/113456/113469/4293590/202107161420 0022055.pdf，最后访问时间：2022 年 1 月 15 日。

② 姚前："中央银行数字货币原型系统实验研究"，载《软件学报》2018 年第 9 期。

③ 参见中国人民银行数字人民币研发工作组："中国数字人民币的研发进展白皮书"，载 https://www. pbc.gov.cn/goutongjiaoliu/113456/113469/4293590/2021071614200022055.pdf，最后访问时间：2022 年 1 月 15 日。

④ See The Digital Dollar Project：Exploring a US CBDC，https://digitaldollarproject.org/exploring-a-us-cbdc/.

书指出，"如果国际支付系统可以绕开在经济和地缘政治上与美元储备紧密联系的西方银行，那么作为我们外交政策的核心和统一工具，经济制裁的有效性将受到严重威胁。这意味着美国的全球领导地位，特别是在行使软实力方面，将面临风险。此外，如果外国中央银行不再需要美元，就不会维持高规模的美元储备，那么购买美国政府债券的国际资金将减少，从而限制美国财政政策，提高政府和消费者的利率"，因此，"要使美元保持储备货币地位，数字美元必须将美国经济稳定、个人自由和隐私、自由企业和法治的长期价值观带入数字时代"，"美国应该而且必须在这一新的数字创新浪潮中发挥领导作用"，"数字美元项目白皮书提议参考实物现金的投放方式，采用双层银行体系进行数字美元投放"，即商业银行用准备金换取美联储发行的数字美元，然后再将数字美元按需分发给客户。

2020 年 10 月，欧洲中央银行发布《数字欧元报告》。该报告指出，尽管目前现金仍然是主要的支付手段，但随着新技术的出现以及消费者对即时性的日渐需求，欧洲公民的支付方式正在发生改变。因此，为了确保消费者能够继续不受限制地获取央行货币并且满足其在数字时代的需求，欧洲央行理事会决定推进有关数字欧元的发行工作，确保欧元适应数字时代的需求。报告基于一系列的可能情景分析了发行数字欧元的理由，并提出不同情境下，要实现既定目标时数字欧元所应满足的条件主要有：一是促进经济数字化，二是应对去现金化，三是应对货币竞争，四是提升货币政策有效性，五是后备支付系统，六是增强欧元国际地位，七是改善货币支付系统。[①]

2.CBDC 的发行。数字货币技术在金融业的应用将可能引发整个金融运行模式的重构，从而深刻改变中央银行的履职环境，这对中央银行的宏观管理和审慎监管能力提出了新的要求。[②]理想的法定数字货币具备不可重复花费性、可控匿名性、不可伪造性、系统无关性、安全性、可传递性、可追踪性、可分性、可编程性、公平性等特征。数字货币以数学理论为基础，运用密码学原理来保证这些特性。

CBDC 体系的设计原则包括：一是管控中心化，技术架构分布式；二是易于携带和快捷支付；三是匿名性；四是安全性。CBDC 体系的核心要素主要有

---

① See Report on a digital euro, https：//www.ecb.europa.eu/pub/pdf/other/Report_on_a_digital_ euro~4d7268b458.en.pdf.

② 姚前：《数字资产与数字金融：数字新时代的货币金融变革》，人民日报出版社 2019 年版，第 202 页。

三点，即"一币、两库、三中心"。"一币"即由央行负责数字货币的"币"本身的设计要素和数据结构。从表现形态上来看数字货币是央行担保并签名发行的代表具体金额的加密数字串，不是电子货币表示的账户余额，而是携带全量信息的密码货币。"两库"即数字货币发行库和数字货币商业银行库。数字货币发行库指央行在央行数字货币私有云上存放央行数字货币发行基金的数据库。数字货币商业银行库指商业银行存放央行数字货币的数据库（金库），可以在本地也可以在央行数字货币私有云上。"三中心"包括认证中心：央行对央行数字货币机构及用户身份信息进行集中管理，它是系统安全的基础组件，也是可控匿名设计的重要环节；登记中心：记录央行数字货币及对应用户身份，完成权属登记，记录流水，完成央行数字货币产生、流通、清点核对及消亡全过程登记；大数据分析中心：进行反洗钱、支付行为分析、监管调控指标分析等。[①]

目前，二元模式下的发行方案，中央银行直接向银行业金融机构运营的法定记账货币收付系统发行货币，银行业金融机构需要通过向中央银行缴存同等价值额的发行准备基金获取法定记账货币，实质上等同于法定货币兑换基金。它在实质上相当于银行业金融机构以这些货币向中央银行兑换客户需要的法定记账货币。

我国的 CBDC——数字人民币体系设计坚持"安全普惠、创新易用、长期演进"的设计理念，综合考虑货币功能、市场需求、供应模式、技术支撑和成本收益确定设计原则，在货币特征、运营模式、钱包生态建设、合规责任、技术路线选择、监管体系等方面反复论证、不断优化，形成适合中国国情、开放包容、稳健可靠的数字人民币体系设计方案。其主要设计原则有：坚持依法合规、坚持安全便捷、坚持开放包容。数字人民币设计兼顾实物人民币和电子支付工具的优势，既具有实物人民币的支付即结算、匿名性等特点，又具有电子支付工具成本低、便携性强、效率高、不易伪造等特点。主要考虑以下特性：兼具账户和价值特征、采用可变面额设计，以加密币串形式实现价值转移；不计付利息，数字人民币定位于 M0，与同属 M0 范畴的实物人民币一致，不对其计付利息；低成本、支付即结算、匿名性（可控匿名）、安全性、可编程性。

就我国而言，需要修改完善《中华人民共和国中国人民银行法》和《中华人民共和国人民币管理条例》等法律法规，将 CBDC 的发行权、发行收益权、系统管理权、授权经营权、规章制定权和监督管理权等权力赋予中国人民银行。法律法规在赋予人民银行权力的同时，亦需规定中国人民银行承担的系统维护义务、费用支付义务、币值稳定义务、损失赔偿义务和隐私保护义务等相应的

---

① 姚前、汤莹玮："关于央行法定数字货币的若干思考"，载《金融研究》2017 年第 7 期。

义务。[1]

3.CBDC 的流通。传统法定货币一般被认为是"普遍接受的无论在何处都可用以交换商品和服务的东西"。[2] 有学者认为"货币本身是交割后可以清付债务契约和价目契约的东西，也是储藏一般购买力的形式"。[3] 法定数字货币表现为加密数字串，在形式上与传统的法定货币迥异，法定数字货币持有人无法直接持有加密数字串。CBDC 只能存储于特定的电子账户或特定的电子数据存储设备中，并通过账户流通支付。法定记账货币并非特指它使用的是银行业账户，有学者为将其同银行业账户相区别而将其称为"数字钱包"，但数字钱包只是一个形象化的技术性描述，而非其法律关系的严谨的法学概念界定。从法学性质上讲，它应属于一定特殊的分布式账户。[4]

传统的法定货币，即法定证券货币，在本货币区域内具有绝对的法偿效力。实物货币的交付在主体之间的支付结算中不具有任何行为上的障碍。CBDC 收付时要求双方须具有相应的数据信息工具，否则将无法完成款项的收付，这一特点导致法定数字货币仅具有相对的法偿效力。

CBDC 既具有法定货币属性又具有记账货币属性，它的主要关系主体包括发行主体、登记主体、监管主体、管理主体、认证主体和分析主体。由登记主体记录法定记账货币的发行、归属、转移、回笼的全部情况，由银行业金融机构具体管理该支付结算系统的日常运行，由认证主体和分析主体分别进行收付款客户的身份认证，同时对收付款客户的异常支付结算行为进行数据分析。传统货币价值的归属权，以实际持有货币证券作为绝对依据，其他依据都不具有货币法上的效力。CBDC 既以直接的收付款信息作为归属权的认定依据，也以中央银行的登记信息作为认定依据，在收付款确认信息与登记信息不一致的情况下，应以中央银行的登记信息作为最终的认定依据。

CBDC 的发行与流通会面临传统货币的货币主权、跨境流通业务经营权、监督管理权、汇率调控权、纠纷裁判权等问题，[5] 同时也会面临信息权与监管权的冲突与协调等新问题。监管机关几乎不直接掌握传统货币现金持有人的任

① 刘少军："法定数字货币的法理与权义分配研究"，载《中国政法大学学报》2018 年第 3 期。
② ［美］米尔顿·弗里德曼：《货币的祸害——货币史片段》，安佳译，商务印书馆 2006 年版，第 20 页。
③ ［英］J.M. 凯恩斯：《货币论》，蔡谦等译，商务印书馆 1986 年版，第 1 页。
④ 刘少军："'法定数字货币'流通的主要问题与立法完善"，载《新疆师范大学学报（哲学社会科学版）》2021 年第 4 期。
⑤ 参见张西峰：《主权货币国际流通法论》，中国政法大学出版社 2015 年版。

何有关其所持有货币的信息，也基本上不存在个人隐私权和单位商业秘密保护问题，只是在结算货币和存款货币中才存在相关问题。由于法定数字货币也是记账货币，银行业金融机构和中央银行认证机构、登记机构、分析机构都掌握较多的相关信息，这就需要在个体权利保护与货币流通秩序维护之间实现合理的均衡。它的基本原则应该是非主体自身需要，或者不涉及有权机关的违法犯罪执法调查，相关机构不得向任何国家机关、单位、个人提供相关信息。否则，如果因故意或过失泄露了相关信息，该机构需承担相应的侵权责任。[①]

CBDC 必定存储于账户之中。CBDC 账户，应该理解为中央银行向使用人提供的保管、储存和支付数字货币的工具。存储于账户或存储设备内数字货币的财产权属于该账户的使用人，权利人对该数字货币享有独立的财产归属权、间接的支配权、绝对的支付权和支付的优先权。如果权利人没有将其所有的 CBDC 转化为存款货币，即使在双层模式的发行体制下，权利人在商业银行账户上的数字货币也并非存款货币，此时 CBDC 的性质为中央银行信用，权利人无权获得相应的存款利息。如果商业银行破产，账户上的 CBDC 并不转化为破产债权，权利人所享有的货币权利并不转化为请求权。同时，商业银行无权使用权利人账户上的货币。因此，法律应规定银行业金融机构承担 CBDC 与存款货币的兑换义务，只要符合法定条件必须无条件地按照客户的指令，实现 CBDC 与存款货币之间的兑换。CBDC 流通必须借助账户或者存储设备，该流通系统的最终管理权应属于中央银行。[②]

在 CBDC 流通的条件下，货币权利人可能因系统故障、系统受到恶意侵害、系统经营人存在过失、身份签章泄露，甚至存储设备损坏等原因而受到损失。这些损失往往都是可以证明或追踪的。因此，在 CBDC 流通条件下，只要货币权利人主张其货币财产受到损失，中央银行或经营机构就必须承担证明责任，只要不能证明权利人的主张不成立就必须承担赔偿责任，这既是中央银行应对货币权利人承担的义务，也是数字货币经营人应承担的义务。

银行业金融机构的 CBDC 权利应主要包括代理经营权、身份审核权、兑换经营权和单向收费权。代理经营权是指中央银行应赋予银行业金融机构，代理经营部分 CBDC 发行与流通业务的权利。银行业金融机构主要经营的是存款货

---

① 刘少军："'法定数字货币'流通的主要问题与立法完善"，载《新疆师范大学学报（哲学社会科学版）》2021 年第 4 期。

② 刘少军："法定数字货币的法理与权义分配研究"，载《中国政法大学学报》2018 年第 3 期。

币，但存款货币与法定货币之间必须是能够自由或相对自由兑换的。在数字货币流通时代，需要依法赋予银行业金融机构数字货币代理经营权与身份审核权。CBDC 经营管理业务属于法定货币业务，社会公众不能因使用国家法定货币而支付费用。银行业金融机构在代理中央银行经营数字货币业务时，所支出的合理费用，央行应给予补偿，即银行业金融机构对央行享有的单向收费权。银行业金融机构在享有权利的同时，应承担代理维护义务、审核认证义务、违法审查义务和货币兑换义务。

作为货币财产权核心享有主体的社会公众，所应当享有的 CBDC 权利，在普通法定货币权利基础上又具有特殊性，这些特殊性主要表现在它的货币选择权、货币兑换权、绝对支付权、支付确认权和赔偿请求权上。社会公众对于流通中的 CBDC 和传统货币在归属和使用方面享有选择权。社会公众享有在传统法定货币、CBDC 和存款货币三者之间自由兑换的权利。

CBDC 存在于金融机构支付结算电子网络之中，如果因网络故障、网络受到恶意攻击、网络设备损坏、网络安全缺陷等不可归责于社会公众的原因而导致账户中的货币财产受到损失，应由网络经营和维护机构承担责任。法律应将其规定为严格责任，只要社会公众提出财产赔偿的主张，网络经营和维护机构不能证明是由于其自身过失而导致的损失，就应该承担先行赔付的责任，以保证网络货币流通体系的正常运行。

社会公众有义务遵守 CBDC 支付规则，承担诚实信用付款的义务，不得恶意利用认证和支付系统的漏洞实施支付行为，否则必须承担相应的法律责任。社会公众应妥善保管自己的数字货币存储设备，以及货币支付网络中代表自己身份的电子签章或"私钥"，尽到合理注意义务。

第四节　法定数字货币跨境流通及其对国际货币体系变革的影响

一、法定数字货币跨境流通法

当前，各主要经济体均在积极考虑或推进央行数字货币研发。国际清算银行 2021 年调查报告显示，65 个国家或经济体的中央银行中约 86% 已开展数字货币研究，正在进行实验或概念验证的央行从 2019 年的 42% 增加到 2020 年的 60%。2021 年 7 月，中国人民银行发布的《中国数字人民币的研发进展白皮书》中提到，研究数字人民币的目标和愿景之一即是积极响应国际社会倡议，探索改善跨境支付。2020 年 6 月，国际清算银行下属的支付和市场基础设施委员会（Committee on Payments and Market Infrastructures，简称 CPMI）向 G20 提交了报告《加强跨境支付：全球路线图的构成要素》，该报告指出 G20 已将加强跨境支付作为优先事项。[①]

CBDC 的跨境支付和流通，涉及各国间对数字货币的互认、兑换以及发行标准、运行架构、技术路线的区别，地区技术条件的限制等，也面临各国政府对货币主权的考虑、经济安全的质疑、跨境资金的管控、反洗钱监管等一系列问题，还涉及数字货币流通机制和技术模式与标准的统一等。[②]世界主要经济体应共同制定 CBDC 跨境支付标准与规则，并将其纳入全球金融监管体系。

从法理上讲，在货币发行区之外，信用货币不可能成为其他国家（或地区）的法定货币。这是由于法律具有非常严格的国别性和地域性，理论上讲任何立法者制定的法律，都不应该超越其管辖范围而发挥其法律效力。"本质上，世界上所有的国家都把保持其国家货币和维护其在相应的司法管辖权内的使用视作享有和展现其主权权威的标志。货币犹如一面旗帜，每个国家都有自己的旗帜。"[③] 传统的法定货币是法律直接规定的货币，是法定货币发行机关对外发行的货币，其基本表现形式是货币现金，其性质是由货币发行国的法律所具体规定的，其货币权利（力）来源于发行国的法律规定。货币的主权属性决定了一国的货币仅在发行国主权所及范围内具有当然的货币效力。缺乏发行国的主权作为依托，它便无法当然地具有"货币"的法律地位。尽管一些国家的货币在世界范围内得到了广泛承认，但从法律角度看，一国没有任何国际法上的义务去承认和保护他国货币的效力。各国政府均有权准许或禁止他国货币在本国境内流通。一国的法定信用货币仅仅依据其发行国的国内法具有普遍支付的效力。[④]

本质上，法定货币的国际流通意味着货币发行国的法律具有一定域外效力。就此而言，主权货币国际流通不仅是一个金融问题也是一个法律问题。[⑤]与传

[①] See Committee on Payments and Market Infrastructures: Enhancing cross-border payments: building blocks of a global roadmap（Stage 2 report to the G20-technical background report）.

[②] 孟于群："法定数字货币跨境支付的法律问题与规则构建"，载《政法论丛》2021 年第 4 期。

[③] MussaMichale，"One Money for How Money?"，in Peter B. Kenean ed.，*Understanding Interdependence*：*The Macroeconomics of the Open Economy*，Princeton University.，1995. p.313.

[④] 张西峰："货币主权对人民币国际化的影响"，载《河北学刊》2014 年第 6 期。

[⑤] 刘少军："人民币国际化的基本法律问题研究"，载岳彩申、盛学军主编：《经济法论坛》第 24 卷，法律出版社 2020 年版，第 67 页。

统法定货币相比，CBDC 作为一个数字化的价值符号，其跨境流通更容易突破地理、物理、文化与习俗、规则和制度等限制，同时可有效促进经济资源的优化配置。①

在世界经济、金融不断一体化的当代社会，各国或各货币区域之间的经济往来不可避免，在不存在世界统一货币的条件下，必须支付某种主权货币或由其衍生的结算货币或存款货币。在此条件下，就必然存在货币的跨国或跨区域流通的问题。法定证券货币的跨国或跨区域流通，需要东道国或区域适度放弃自己的部分货币主权，并要求发行国或区域与东道国或区域监管机关之间具有良好的监管合作。否则，传统法定证券货币的跨境流通必然面临许多困难。法定记账货币与证券货币不同，它主要依据无线网络流通，在网络能够覆盖的区域，且收付款双方都具有支付结算的相应工具，就可以实现在不同境域、不同国籍主体之间的流通，或者通过支付结算工具"碰一碰"②完成转账或者支付，东道国监管机关很难进行直接的监管和干预，它不再具有绝对的难以逾越的主权货币属性。③

二、法定数字货币跨境流通对国际货币体系变革的影响

国际货币体系的内容包括国际本位货币、汇率制度的确定、资金融通机制的确定、各国货币的可兑换性以及国际收支的调节方式、国际货币金融事务的协调机制等。国际货币体系的发展大致可以分为四个阶段：第一个阶段是 1880 年~1914 年的国际金本位制；第二个阶段是 1925 年~1933 年的国际金汇兑本位制；第三个阶段是 1944 年~1971 年的布雷顿森林体系；第四个阶段是 1976 年以来的牙买加体系或称浮动汇率制。④ 有学者这样描述："货币制度的发展过程似乎可以划分为两个阶段：①金本位及其前期；②金本位退出历史舞台之后。也可以简单地称之为金属货币时代和信用货币时代。"⑤

1971 年 8 月 15 日美国总统尼克松宣布美国实行"新经济政策"，终止了美元与黄金的兑换，即所谓的"关闭黄金窗口"。尼克松总统最终终止了货币与稀

---

① 保建云："主权数字货币、金融科技创新与国际货币体系改革 —— 兼论数字人民币发行、流通及国际化"，载《人民论坛·学术前沿》2020 年第 2 期。
② "碰一碰"转账或者支付，是一种形象的说法，是将装载有数字货币钱包 APP 的移动终端碰一下，通过近场通信功能，即可完成转账或者支付。
③ 刘少军："'法定数字货币'流通的主要问题与立法完善"，载《新疆师范大学学报（哲学社会科学版）》2021 年第 4 期。
④ 李若谷：《国际货币体系改革与人民币国际化》，中国金融出版社 2009 年版，第 2 页。
⑤ 韩文秀：《人民币迈向国际货币》，经济科学出版社 2011 年版，第 2 页。

有贵金属脆弱但却连绵不断的联系。本身没有任何价值的纯粹的纸币登上了世界经济史的大舞台。从此，每个主要国家都采用了不兑现纸币或曰信用货币本位制度。信用货币本位制度，并非权宜之计，而是一种永久性的制度。这样一种世界范围内的不兑现货币体系是史无前例的。"尼克松总统的声明，意味着整个世界的货币开始掉进了无止境的债务的黑洞，在这里没有任何一个国家和个人可以脱离这个黑洞，只有再一次重建世界货币体系，世界货币才能够获得新生。"① "自那以后，再没有哪一种主要货币与商品有任何联系。虽然各国央行包括美国联邦储备体系，仍然在其会计账簿上以一个固定的名义价格为黄金保留了一个账上名目，但它只是已消失的咧嘴傻笑的柴郡猫的微笑而已。"②

美国关闭黄金窗口，终止美元与黄金的兑换，这是美国在国际货币事务上第一次采取极端的单边主义行动，违背了国际货币基金组织规则。从法律的角度看，美国终止了其在布雷顿森林体系下的法定义务，是美国单方面违约。美国单方面改写了世界贸易规则之后，美国前财长约翰·康纳利曾霸道地说："美元是我们的货币，却是你们的问题。"③ 美元终于成为美国在世界范围内参与超级经济大国竞争的最有力武器，同时它也成为美国保护自己的盾牌。对于美国政府来说，布雷顿森林体系的解体是一种自由和解放，而取消黄金与美元挂钩的货币标准，也可以让美国政府在内外政策方面获得更多的自由空间。④

美元本身并没有任何内在价值，不过是信用货币的一种而已，但是美元同时承担着国际货币职能，换言之，美元同时具有主权国家货币和国际货币双重身份。⑤ 美国不会也没有法定义务为了全球整体经济利益维持美元币值的稳定，约束美元的发行行为，相反美国一直都在利用美元的国际货币地位，不停地转嫁国内各种危机。可以说美元享受着三大"超级霸权"，即在国际货币中的垄断权、不受监控的美元货币发行权以及对美元铸币税的独享权。这三大"超级霸权"与浮动汇率制相结合，致使全球货币不断扩张，流动性泛滥，加剧了世界经济的波动。另外，现行的国际货币体系还存在着汇率制度不稳定、危机救

---

① 寇玉琪编著：《货币——统治世界的终极武器》，中国华侨出版社 2013 年版，第 27 页。
② [美] 米尔顿·弗里德曼：《货币的祸害——货币史片段》，安佳译，商务印书馆 2006 年版，第 19 页。柴郡猫源出英国文学作品《艾丽丝漫游奇境记》。
③ 转引自陈思进、金蓓蕾：《看懂货币》，东方出版社 2013 年版，第 166 页。
④ [德] 丹尼尔·艾克特：《钱的战争》，许文敏、李卡宁译，国际文化出版公司 2011 年版，第 21、87 页。
⑤ 张纯威："美元本位、美元环流与美元陷阱"，载《国际金融研究》2008 年第 6 期。

助机制不完善等弊端。①

现行的牙买加体系，默认布雷顿森林体系崩溃后一系列的变通措施和安排，是一种没有体系的体系，又称"无秩序的体系"或"无体系的体系"（International Monetary Non-system）。"牙买加体系最大的规则就是没有规则"。②牙买加体系下，全球没有统一的汇率安排，各国尤其是货币中心国可以自行其是。国际货币体系的运转完全依赖于信用货币的稳定状态，而这取决于充当国际货币体系的主权货币国宏观经济政策。美元完全可以根据自己的利益采取自由浮动。"自由浮动的汇率是内在不稳定的；而且，这种不稳定性是不断积累的，因此完全可以断定，自由浮动的汇率体系会逐渐崩溃。"③

"当前国际货币体系的法律属性实际上是美元本位制，美国根据其国家金融战略的不断变化主导国际货币体制框架的变迁"，④美国的货币政策主要是根据本国的利益和宏观经济的状态进行调节的，其货币政策的影响要远远超出本国范围，但美国并不考虑其他国家的利益，美国央行的货币政策与美元作为全球货币所应该承担的职责相冲突，国家利益凌驾于世界利益之上，通过其货币政策将美国经济面临的问题转嫁给其他国家，这才是国际金融危机的根源。牙买加体系缺少法律强制力的约束，"现行国际货币制度的本质特征是无约束的信用货币本位"。⑤

美元霸权的肆意横行造成当代国际货币体系下主要储备货币发行国的法定义务、责任与利益之间严重失衡，引发国际社会的普遍质疑与强烈不满。⑥"现行国际货币体系最根本的问题是国际货币权利和国际货币责任的失衡。"⑦美国前财政部部长劳伦斯·萨默斯甚至把这种国际货币体系格局下的世界经济称为

---

① 陈雨露、马勇：《中国金融体系大趋势》，中国金融出版社 2011 年版，第 191~193 页。

② 陈雨露、杨栋：《世界是部金融史》，北京联合出版公司 2013 年版，第 245 页。

③ [匈]乔治·索罗斯：《金融炼金术：理解市场的情绪》，伦敦苇登菲尔德和尼克尔森出版社 1988 年版，第 69 页，转引自 [美]贝尔纳德·列特尔：《货币的未来》，林罡、刘姝颖译，新华出版社 2003 年版，第 388 页。

④ 贺小勇、管荣：《WTO 与 IMF 框架下人民币汇率机制的法律问题》，法律出版社 2010 年版，第 5 页。

⑤ 张兰："国际货币体系的属性——基于国际货币契约的研究"，载《世界经济研究》2010 年第 1 期。

⑥ 李仁真、杨心怡："中欧货币互换协议的法律分析与政策思考"，载《武汉大学学报（哲学社会科学版）》2014 年第 4 期。

⑦ 范晓波："2020 的国际金融法：中国的作用和影响"，载《武大国际法评论》2012 年第 1 期。

"金融恐怖平衡"（Balance of Financial Terror）。① 国际货币体系的形成与发展是一个历史的选择过程，现行的国际货币体系是有缺陷的，金融危机凸显了国际货币体系的缺陷，改革和完善国际货币体系已越来越成为世界各国的共识。②

数字货币全球兴起的一个重要背景在于，现行国际货币体系的隐性危机正渐行渐近。当前国际货币及其背后的经济基础已形成不对称和不平衡格局。美元作为全球范围内最核心的世界货币，通过大宗商品定价权、货币政策制定权和全球支付清算权，建立起一套十分坚固的世界霸权体系，成为包括人民币在内的其他货币提高国际化水平的重要障碍。③ 美元一币独大，占外汇储备货币的 61.82%。在美元一币独大且越来越不堪承载全球储备货币重任的背景下，人民币国际化可帮助美元减压，并促进稳定的多元国际储备货币体系的形成。④ 国际清算银行在其报告中指出，在经济全球化背景下，CBDC 的国际化是现行货币国际化的逻辑延伸，并可补齐现有支付体系的短板，更好满足后疫情时代支付需求。⑤

---

① 劳伦斯·萨默斯，1954 年 11 月 30 日生于康涅狄格州的纽黑文，美国著名经济学家，美国国家经济委员会主任。在克林顿时期担任第 71 任美国财政部部长。2004 年，时任哈佛大学校长的萨默斯提出了"金融恐怖平衡"的概念。恐怖平衡（balance of terror）是指"冷战时期形成于美国和前苏联之间的核恐怖平衡；在冷战时期，美苏双方都拥有大量的可以摧毁对方的核武器，为了防止对方摧毁自身，双方都不敢率先使用核武器攻击对方。在特定条件下，为了改变对方的意志，威胁要用核力量毁灭对方是理性的；实际毁灭对方从而招致自我毁灭则是非理性的。"因为如果受到威胁的国家能够回答"假如你用核武器毁灭我，我也会以牙还牙毁灭你"，那双方的威胁就可以抵消了，因而这是一种不可以使用的权力。详见 [美] 汉斯·摩根索：《国家间政治：权力斗争与和平》，徐昕、郝望、李保平译，北京大学出版社 2006 年版，第 57~58 页。从"确保相互毁灭"的角度看来，金融恐怖平衡与核恐怖平衡有相同之处。但从权力使用角度来看，两者有不同之处。核威胁下的美国与前苏联地位平等，核武器是一种不可使用的权力。而在金融恐怖平衡下，美元与其他货币的地位不平等。美国处于国际货币体系的核心位置，债权国处于国际货币体系的外围，国际货币体系的制度设计保证了处于核心地位的美元拥有高于其他货币的特权，使得美国可以利用货币权力剥削他国财富，胁迫他国采取有利于美国的行动。由于几乎所有国家都对美国拥有债权，债务俨然成为美国逼迫其他国就范的"人质"。在金融恐怖平衡下，美国有"绑架"其他国家的权力，而其他国家却没有毁灭美国的权力。详见梁亚滨：《称霸密码：美国霸权的金融逻辑》，新华出版社 2011 年版，第 196 页。
② 参见张西峰：《主权货币国际流通法论》，中国政法大学出版社 2015 年版，第 77~91 页。
③ 季晓南、陈珊："法定数字货币影响人民币国际化的机制与对策探讨"，载《理论探讨》2021 年第 1 期。
④ 潘英丽："作为'拐杖'的数字货币——货币的内在矛盾与国际货币竞争"，载《探索与争鸣》2019 年第 11 期。
⑤ SeeBIS Annual Economic Report 2020：Central banks and payments in the digital era.

2020 年 11 月 3 日，中共十九届五中全会审议通过的《中共中央关于制定国民经济和社会发展第十四个五年规划和二〇三五年远景目标的建议》指出，"稳妥推进数字货币研发……稳慎推进人民币国际化，坚持市场驱动和企业自主选择，营造以人民币自由使用为基础的新型互利合作关系"。2021 年 7 月，中国人民银行发布的《中国数字人民币的研发进展白皮书》中指出，法定数字货币的跨境流通涉及货币主权、外汇管理、汇兑制度安排和监管等法律问题，也与本币国际化相关联。货币国际化是一个自然的市场选择过程，国际货币地位根本上由经济基本面以及货币金融市场的深度、效率、开放性等因素决定。

传统跨境支付体系过度依赖美元体系，跨境支付体系权利义务不均衡。环球同业银行金融电讯协会（Society for Worldwide Interbank Financial Telecommunication，简称 SWIFT）和纽约清算所银行同业支付系统（Clearing House Interbank Payment System，简称 CHIPS）是国际上应用最为广泛的跨境支付体系。其中，SWIFT 是全球最大的跨境报文传输系统，CHIPS 则是全球最大的美元大额结算系统。两者都属于以美元为主导的国际清结算体系的附庸，与美国为首的西方发达国家的政治、经济利益联系紧密，难以做到专业公正和公平独立，近年屡屡曝出中立性问题，成为西方打压新兴经济体或持不同意见国家的工具。传统支付结算方式导致了跨境支付体系的陈旧和不便利。[①]

数字货币支付，不受时空限制且无限可分，支付即结算，能在广域、高速的网络中建立零时差、零距离的认证工具。基于数字货币的跨境支付体系可以实现点对点的价值转移，并基于资金流和信息流的天然合一有利于打破当前国际清算体系的信息梗阻，有效提高一国货币在境外的流通广度。但是，数字货币并未从本质上改变国际货币体系的演化逻辑，而是加速多元化发展的进程，通过技术赋能缓解货币市场失灵现象。

国际货币的网络外部性是一种强大的惯性力量，具有边际收益递增特征。人们在经贸往来中倾向于使用大家共同使用的货币，这就是在位货币的网络外部性，也是当前美元最强大的优势，新兴货币很难替代它。数字货币的技术属性能够有效缓解网络外部性，尤其对于新兴经济体来说，金融创新为货币国际化的发展提供了全新机遇。数字货币的推出能够打破当前国际货币的网络外部性，同时数字货币区又能以低廉的成本强化本国货币的网络效应。CBDC 具备法偿性，是未来多元国际货币体系的关键主导者。CBDC 能够实现跨境支付货

---

① 张乐、王淑敏："法定数字货币：重构跨境支付体系及中国因应"，载《财经问题研究》2021 年第 7 期。

币多元化，打破跨境支付体系对美元的依赖；能够降低跨境支付交易成本，提升跨境支付全球链条的运转效率。

CBDC 在跨境支付领域具备独特优势，能够借助金融基础设施的完备性从而保障跨境支付体系的稳定，构建健康、可持续的新型跨境支付体系，保证了法定数字货币继续坚持在反洗钱、反恐怖融资、反逃税等方面的基本原则。重构跨境支付体系不是对原有国际清算支付系统的颠覆，未来跨境支付体系可能是建立在美元、欧元、人民币，其至包括数字美元、数字欧元、数字人民币等多种类、多元化国际支付结算货币基础上的，是更为公正、专业、合理的新型跨境支付体系，将会具有支付系统现代化、支付手段便利化等优点。数字货币为推动人民币国际化带来了全新机遇。先进的支付结算系统和完善的金融服务体系是数字人民币国际职能扩展的关键支撑。在新型的金融基础设施的条件下，应扩展数字人民币在国际贸易的应用场景，充分发挥数字货币在跨境资本流动中的监管功能，强化数字人民币在跨境交易中的安全性与稳定性。①

第五节　数字金融监管法

一、金融监管的概念

金融行为在法律约束上明显区别于工商行为。在现实的法律规定中，对金融行为的约束比工商行为更加严格。金融监管行为是当整体金融利益出现之后，为维护整体金融利益的法律、法规不断出现后的必然结果。金融监管行为是当代社会新出现的金融行为，监管行为的核心权力是对金融企业行为的执法监督权，是一种新的权力形式。金融监管是国家金融监管机关及其授权的机构，依法对金融机构和金融行为从维护整体金融利益的角度出发进行的监督与管理的行为。金融监管的内容既包括对金融机构的监管，也包括对金融行为的监管。它是从整体金融利益的角度依法实施的监管，监管的范围取决于是否会对整体金融利益构成影响，监管的依据是法律、法规的授权。监管行为方式包括执法监督和风险管理两个方面。

金融监管的本质是为维护整体金融利益、保障金融法的实施而进行的监督管理行为。金融监管的本质包括执法监督和依法管理两个方面。从执法监督的

---

① 戚聿东、刘欢欢、肖旭："数字货币与国际货币体系变革及人民币国际化新机遇"，载《武汉大学学报（哲学社会科学版）》2021 年第 5 期。

角度讲，金融监督机关主要负责金融法的专业执法监督。从依法管理的角度讲，金融监管机关还要在授权范围内对金融机构和金融行为进行适当的管理。金融监管权中的监督权是本质性的，管理权是附属性的。金融监管权在本质上是执法监督权，它的基本职责是保障金融法中涉及整体金融利益内容的实施。[①]

二、数字金融监管目标

金融监管的首要基本目标是合法监管，它要求监管机关首先要监督金融机构和金融行为的合法性。在当前的时代背景下，数字金融监管开始迈向常态化，科技监管变得更加重要。从事数字金融业务的主体及其行为，首先要满足合法性要求。经营数字金融业务的主体要经过合法审核并取得相应资质，没有取得授权的主体不得经营相关数字金融业务。任何数字金融业务经营行为都必须符合法定经营规范的要求。

从事数字金融业务的主体，其资本状况还须满足监管主体的要求，符合资本标准、资本控制和资本检查制度，其资本规模标准和资本充足率必须达到法定标准，否则不得从事数字金融业务。另外，监管机关还需要防止从事数字金融业务的金融机构出现资本弱化等现象，并对其资本状况监督检查。

整体经济利益是当代法律的重要价值目标之一，它是整体经济关系对法律的客观要求。金融监管的具体目标是维护整体金融利益。整体金融利益主要包括整体金融效率、整体金融秩序和整体金融安全三个方面。[②]在进行数字金融监管时，应以维护整体金融利益为目标。

效率是金融的生命，没有整体金融产业效率的提高，就难有整个社会经济效率的提高。数字金融监管的目标首先必须有利于促进我国整体金融效率的提高。经济秩序是当代法律所追求的又一重要价值目标，没有良好的经济秩序就难有较高的经济效率。因此，数字金融监管的目标还必须有利于维护我国的整体金融秩序。经济安全是当代法律所追求的重要价值目标，它要求必须保证金融活动中不出现突发的严重影响整体金融秩序的事件。在当代社会经济安全目标的追求过程中，最突出的就是金融安全问题。党的十九大报告明确提出："健全金融监管体系，守住不发生系统性金融风险的底线。"第五次全国金融工作会议确定的金融工作的"三大任务"之一就是防控金融风险，突出强调加强金融监管协调。数字金融监管的目标还必须有利于防控金融风险，

---

① 刘少军:《金融法学》，中国政法大学出版社 2016 年版，第 344~348 页。
② 刘少军:《金融法学》，中国政法大学出版社 2016 年版，第 9~10 页。

维护金融安全。

为了加强数字金融交易安全、数据安全、个人隐私保护、投资者和借款人的权益保护，我国需及时完善相应的法律和管理条例。从机构监管的角度，对金融科技企业从事数字金融业务规定准入门槛和业务牌照要求，同时要对其运行及危机处置进行监管，对不符合监管要求的数字金融企业明确整改要求。

任何相关法律、法规的制定和执行，任何数字金融服务的提供和数字金融业务的经营，都必须有利于维护整体金融利益，有利于促进整体金融利益的提高，至少不得有损于整体金融利益。凡是维护和促进整体金融利益的数字金融行为，法律法规都认为它是应当被鼓励和肯定的合法行为，凡是阻碍和影响整体金融利益的数字金融行为，法律都认为它是应当受到限制和约束的行为。保持金融市场繁荣是维护整体金融利益的具体表现。如果能够保持金融市场的持续、稳定繁荣，保持投资人对金融市场的信心，也就能够保持金融市场的整体效率、秩序和安全；否则，就必然出现整体金融风险。[①]

所有金融交易都需要受到监管。鉴于金融产业的高风险性、高传染性，监管主体要及时、准确地判断风险的来源、强度及其传导网络，并采取合理有效措施化解金融风险。就数字金融监管而言，监管机关可建立数字金融行业统一的监管规则和长效监管机制，实现金融风险监管的全覆盖，避免监管空白。

中国数字金融行业的主导公司，如蚂蚁金服、京东金融、百度和腾讯均拥有多个金融业务的许可证，这会产生金融业务交叉所带来的风险传染与转变。统合监管体系已经成为国际监管改革的重心。美国通过建立"金融稳定委员会"来改进多头监管下的监管碎片化，而英国则通过改进型的"双峰模式"来应对当前的金融发展趋势。中国应该继续推动监管协调方面的改革，统合当前碎片化的监管体系，设计新的监管框架以应对数字金融趋势下金融风险跨行业传递而可能引发的系统性风险，提高监管的覆盖率与有效性。

监管机构需要通过增强监管科技来监测和监管金融风险。数字金融支持下的金融服务在被复杂结构化处理及技术编程后，其风险变得更加隐蔽，给监管的及时性与准确性带来了挑战，此外，数字金融的开放性与延展性也使得信用风险、操作风险、市场风险等金融风险会存在显著的外溢性与传染性。[②]

英国金融行为监管局于 2015 年创造并推出的"监管沙盒"对于监管科技

① 刘少军：《金融法学》，中国政法大学出版社 2016 年版，第 342~350 页。

② 黄益平、陶坤玉："中国的数字金融革命：发展、影响与监管启示"，载《国际经济评论》2019 年第 6 期。

（Reg Tech）的开展具有典型意义。它指的是通过提供一个"缩小版"的真实市场和"宽松版"的监管环境，在保障金融投资者权益的前提下，鼓励数字金融初创企业对创新的产品、服务、商业模式和交付机制进行大胆操作，通过减少时间和成本以及使创新者有更多的融资渠道，从而有助于开展更有效的行业竞争。金融科技、金融创新、金融产品可以在监管沙盒内运行，不用受到目前监管规则的约束。这是为了避免金融监管制度滞后性对金融创新造成阻碍的一种方式，旨在提供一个"安全空间"，实现金融创新和金融安全的双赢。我国亦可借鉴监管沙盒制度来合理地评估数字金融行业创新的成本和收益，平衡金融创新健康发展与监管合理到位的关系，在适度监管、包容性监管的框架下，保证数字金融行业的合理有序发展。

三、数字金融监管内容

数字金融业务经营主体的经营自主权与监管机关的监管权，必然存在冲突与对抗。对数字金融业务实施监管，既要防范系统性金融风险的发生，又要将对金融创新的影响控制在最小限度内，在金融创新与金融稳定之间形成动态平衡关系。从被监管的对象角度看，金融法规范和监管指向的对象是可能影响整体金融利益，可能引发系统性金融风险的主体。如果某主体所从事的数字金融行为有可能引发系统性金融风险，该主体就必须接受金融监管。否则，就没有必要对其实施监督，应允许其自由经营。

对数字金融业务经营主体进行监管的同时，还要对数字金融行为监管。相关主体从事的数字金融行为，如果对整体金融利益存在巨大影响，或具有显著的系统性金融风险，金融法须将其列为被监管的金融行为。

（一）代币发行融资监管

2017年，代币发行融资呈现井喷式爆发增长，代币市场疯狂暴涨，已经产生"郁金香效应"，市场和投资主体的狂热难以掩盖背后的风险。代币发行融资信息披露无统一规范，完全视平台要求而定，透明度差异较大，投资者无法有效识别风险。代币发行融资存在短线交易风险、虚拟货币价格波动风险、技术风险、信息安全风险、平台破产风险等。赚钱效应让投资主体忽略了风险，投资主体一旦发生损失，救济途径有限。代币发行融资往往通过互联网进行，投资主体和平台可以轻易越过本国（地区）法律的管辖，在一定程度上诱发了金融违法违规甚至犯罪行为的发生，加速了风险累积与扩散，容易造成金融系统性风险。

代币发行融资所募集的通常为流动性较高的比特币、以太币等数字货币，而这些数字货币的流向具有难以监控的特点，虚拟货币账户加密且交易匿名。代币发行融资成为洗钱和逃税工具的风险较大。由于虚拟货币的交易和转让通常受国境和外汇管理限制较小，在境内外均能兑换法定货币，资金来源和流向难以确切追踪和监控，不法分子容易利用代币发行融资进行洗钱。此外，以虚拟账户持有、交易虚拟资产，存在规避纳税义务的可能。因此，应将代币发行融资纳入监管范畴。

如果代币发行融资演变成投机者的游戏，将会增加金融系统性风险，损害整体金融利益，因此法律应严格规制代币发行融资。国内通过发行代币形式包括首次代币发行（ICO）进行融资的活动大量涌现，投机炒作盛行，涉嫌从事非法金融活动，严重扰乱了经济金融秩序。为此，相关监管部门发布公告，明确代币发行融资活动的本质属性。代币发行融资是指融资主体通过代币的违规发售、流通，向投资者筹集比特币、以太币等所谓"虚拟货币"，本质上是一种未经批准非法公开融资的行为，涉嫌非法发售代币票券、非法发行证券以及非法集资、金融诈骗、传销等违法犯罪活动。为了保护投资者合法权益，防范化解金融风险，监管部门已经停止各类代币发行融资活动，并要求已完成代币发行融资的组织和个人应当作出清退等安排。监管部门将依法严肃查处拒不停止的代币发行融资活动以及已完成的代币发行融资项目中的违法违规行为。任何所谓的代币融资交易平台不得从事法定货币与代币、"虚拟货币"相互之间的兑换业务，不得买卖或作为中央对手方买卖代币或"虚拟货币"，不得为代币或"虚拟货币"提供定价、信息中介等服务。对于存在违法违规问题的代币融资交易平台，金融管理部门将严肃处理。各金融机构和非银行支付机构不得直接或间接为代币发行融资和"虚拟货币"提供账户开立、登记、交易、清算、结算等产品或服务，不得承保与代币和"虚拟货币"相关的保险业务或将代币和"虚拟货币"纳入保险责任范围。[①]

金融监管的本质是为维护整体金融利益、保障金融法的实施而进行的监督管理行为。由于代币发行融资出现了异化，演变成了非法公开融资的行为，监管部门采取了严厉的监管措施，停止了一切代币发行融资行为。长远看，应当对代币发行融资进行适当的、综合性的监管。

异化的代币发行融资，本质上是绕开监管向不特定社会主体募集资金。当代币发行融资对应某个企业的股权或具有股权特征的财产性权利时，实质上构

---

① 详见中国人民银行、中央网信办、工业和信息化部、工商总局、银监会、证监会、保监会《关于防范代币发行融资风险的公告》。

成非法公开发行证券。① 代币发行融资行为，其形式是用一种虚拟货币交换其他虚拟货币，表面上看募集的是虚拟货币而非法定货币，并不是"吸收资金的行为"。然而，代币发行融资所募集的虚拟货币，可在各类代币交易所进行流通转让，从而获取法定货币。如果发行主体未经批准、公开宣传及面对不特定主体募集虚拟货币，并没有将所募集的虚拟货币投入到项目的开发，而是将募集的虚拟货币通过转让获得法定货币，符合非法吸收公众存款罪的构成要件，应依非法吸收公众存款罪定罪处罚。如果发行主体伪造代币发行融资设定骗局，欺诈投资者，主观上具有非法占有他人财产的目的，骗取他人财产，应以集资诈骗罪定罪处罚。②

《防范和处置非法集资条例》规定，以从事虚拟货币业务名义吸收资金，涉嫌非法集资的，处置非法集资牵头部门应当及时组织有关行业主管部门、监管部门以及国务院金融管理部门分支机构、派出机构进行调查认定。③ 可见，以虚拟代币发行融资为形式进行非法集资的行为，已引起监管层的注意。凡是以代币发行融资为形式进行的非法集资行为，都应认定为非法并予以相应惩处。司法层面，已有相关判例，比如张某某等人以打造成互联网数字货币"华强币"为幌子，对外宣称"华强币世界流通，吸纳世界主流货币"，被判处组织、领导传销活动罪和非法吸收公众存款罪。④

鉴于虚拟代币发行融资的金融创新性与高风险性，监管思路应是防止不能够承受风险的投资主体进入市场，且不阻碍金融创新，并有利于社会主体进行更高效的投融资活动，进而促进资源的合理配置。对于以代币发行融资为形式进行非法集资、诈骗、洗钱等违法犯罪，监管部门应严肃查处。《防范和处置非法集资条例》确立了"投资者风险自担原则"。⑤ 该原则能够对投资者进行警示，并能够分配投资主体的损害。投资主体应该对自己的财产安全承担责任，对于所投资的代币的风险与安全进行合理评估，而非盲目、盲从地进行投资。如果投资主体明知所投资的项目没有价值，期望通过炒作代币，在代币交易所交易获利，由此所遭受的损失，应按"投资者风险自担原则"处理。"代币发行融资与交易存在多重风险，包括虚假资产风险、经营失败风险、投资炒作风

---

① 杨东："ICO 的监管政策制定迫在眉睫"，载《上海证券报》2017 年 8 月 4 日，第 012 版。
② 详见《中华人民共和国刑法》第 176 条、第 192 条的规定，以及《最高人民法院关于审理非法集资刑事案件具体应用法律若干问题的解释》（法释〔2022〕5 号）。
③ 详见《防范和处置非法集资条例》，该条例自 2021 年 5 月 1 日起施行。
④ 详见北京市第二中级人民法院（2017）京 02 刑终 349 号刑事裁定书。
⑤ 详见《防范和处置非法集资条例》第 25 条规定。

险等，投资者须自行承担投资风险。"[1]

（二）加密稳定币监管

由于虚拟代币价值的不稳定性与货币币值的稳定性之间具有不可调和的矛盾，加密稳定币应运而生。目前加密稳定币已经成为加密社区和现实世界连接的一座桥梁，受到了各国和国际组织的关注。作为加密货币与基础资产相结合的产物，加密稳定币代表了加密社区的一种可能性。同时，加密稳定币的价值基础也是"信用"，由于满足了货币财产性、通用性、工具性、稳定性、区域性等特征，发展到一定阶段时，很有可能成为一种事实上的"约定货币"，从而在一定领域内得到广泛应用。此时就构成了实质意义上的货币，甚至有可能在一定程度上和一定范围内代替法定货币，可能会产生类似于外币的效果，需要引起监管机构的重视。[2] 加密稳定币的发行和流通是一个非常复杂的工程，涉及货币发行和流通市场的方方面面，蕴含着信用风险、市场风险、操作风险、合规风险、声誉风险等传统金融风险。[3]

加密稳定币的快速发展和扩张的潜在可能性，要求我们对加密稳定币的风险和监管问题进行合理观测。一方面，加密稳定币根据不同的设计机制存在中心化节点问题、抵押模式问题等；另一方面，各种加密稳定币都可能存在技术安全风险、投资者安全风险、加密货币犯罪风险、数据安全与隐私泄露风险等问题，使得加密稳定币的应用前景受到质疑。

以促进国际金融稳定为使命的国际机构——金融稳定委员会（The Financial Stability Board，简称 FSB）针对加密稳定币安排带来的监管挑战提出了十项高标准建议：监管当局应拥有并利用必要的权力和工具以及充足的资源，全面监管、监督全球加密稳定币的安排及其多功能活动，并有效执行相关法律法规；应在功能和风险比例的基础上对全球加密稳定币实施监管；应当实施全方位的跨境监管和交流合作机制；应当对加密稳定币实施全方位的跨境监管和交流合作机制；应确保有一个全面的治理框架明确分配加密稳定币职能和活动的责任；应确保加密稳定币具有有效的风险管理框架，特别是在储备管理、运营弹性、网络安全保障和反洗钱/打击恐怖主义融资措施等方面；应确保加密稳定币有健全的数据保护、收集、存储和管理系统；应确

---

① 详见中国人民银行、中央网信办、工业和信息化部、工商总局、银监会、证监会、保监会《关于防范代币发行融资风险的公告》。

② 邓建鹏、邓集彦："稳定币 Libra 的风险与规制路径"，载《重庆大学学报（社会科学版）》2020年第 2 期。

③ 杨东："防范金融科技带来的金融风险"，载《红旗文稿》2017 年第 16 期。

保加密稳定币安排有适当的恢复和处置计划；应确保向加密稳定币用户和利益相关者提供其运作所需的全面和透明的信息，包括其稳定机制方面的信息；应确保为用户提供有关任何赎回权的性质和可执行性以及赎回流程的确定性法律。[①]

由于加密稳定币所涉国家和法域众多，各地区对于金融投资者安全保护的方式和力度多有不同。就必要信息披露而言，可以建立一个加密稳定币信息公示平台，将加密稳定币发行者及运营者的资质、准入信息进行公示，并对加密稳定币项目进行分类管理，督促加密稳定币发行者公布并按时更新设计模式说明、流通异常情况、项目重大变化等信息，监管者也可利用该平台公开监管动向和执法信息，以保护加密稳定币投资者的知情权。

从加密稳定币跨境流通的角度来看，多国、多法域合作势在必行，因此，谅解备忘录和多边谅解备忘录的方案将是可行的，能在更短时间内达成重要领域的合作共识，进一步达成和推动各国主管当局之间交流，并促成合作机制的构建。[②]在市场成熟并达成共识的情况下，国际标准和最佳做法的指南也能成为各司法辖区协调的产物。这些标准还可以为各国在更广泛的信息共享、跨境追捕、税收征管等问题上达成进一步合作提供平台。

美国议员提交的《稳定币网络共享和银行执照执行法》(the Stablecoin Tethering and Bank Licensing Enforcement Act)提案，主要针对当前市场稳定币的发行问题。该提案要求所有美元稳定币的发行方要在稳定币流通之前，需要有银行执照并受到一系列的监管。该提案要求稳定币的发行商必须获得银行执照；必须获得美联储、美国联邦存款保险公司和银行监管机构的批准才能发行稳定币；必须对所有系统性风险进行持续分析；必须购买美国联邦存款保险公司的保险，并保留足够的准备金以便轻松兑换美元。[③]该法案释放了加密稳定币合法化的信号，并对加密稳定币中心化倾向的关键节点作出了准入层面的要求，大大提高了对加密稳定币新发行方的监管要求。

（三）法定数字货币监管

CBDC 是对法定货币的技术创新，是一项制度安排，在网络系统中运行，

---

① FSB. The Regulatory, Supervisory and Oversight Challenges of "Global Stablecoin" Arrangements, https: //www.fsb.org/wp-content/uploads/P131020-3.pdf. p.4.

② FSB.The Regulatory, Supervisory and Oversight Challenges of "Global Stablecoin" Arrangements, https: //www.fsb.org/wp-content/uploads/P131020-3.pdf. p.25.

③ See Crypto Industry Votes No to Stablecoin Bill in Congress-Decrypt, https: //decrypt.co/50222/crypto-industry-votes-no-to-stablecoin-bill-in-congress.

不具有实物形式，是密码货币。CBDC 的产生、调拨、清点、核对、流通及销毁等将均依赖于网络系统。监管主体应主动调整传统法定货币的监管模式，对既有的货币监管规则进行优化和调整，针对 CBDC 的新金融技术特点，形成一套契合 CBDC 监管的具体规范体系，以备现实中 CBDC 监管实践所需要。修改后的《中华人民共和国中国人民银行法》，应赋予中国人民银行对于 CBDC 发行和运行流通的监管权限；赋予中国人民银行拥有对于承载 CBDC 发行和运行流通的网络系统的组织建设权限和管理权；赋予中国人民银行相应的数据收集、统计、分析、运用的权利以及相应的执法权和处罚权；赋予商业银行等机构代理经营管理 CBDC 系统过程中的客户身份审核权。①

CBDC 须依附于系统才能转移，甚至需要中央银行对 CBDC 转移进行最终确认等，这样所有的交易路径、交易痕迹在系统中均可查询、可追溯。CBDC 属于现金范畴，具有可控匿名性，在微观主体交易上如信用现钞一样具有匿名性，但在追查打击金融犯罪等方面，有权机关可依据法律规定进行查询。在 CBDC 流通条件下，任何流通行为都有账户记载，区块链技术能够使每项货币流通都有共享的完整记载，这会使伪造、变造法定货币的行为变得非常困难，甚至几乎难以实现，还会使许多利用法定货币独立性实施的违法犯罪行为无从实现。CBDC 流通会为货币流通的监管提供许多方便条件，有利于国家提高货币流通监管效率、维护货币流通秩序、预防货币流通领域违法犯罪行为的发生。②

对于央行数字货币而言，网络安全问题尤其重要，一旦不法分子攻破安全系统，就有可能瞬间转移大量数字货币，造成巨大损失。因此，金融监管部门应审慎建立和完善针对网络安全风险的缓释方法和预警机制，加强央行数字货币系统的安全性防备，提高系统可信度。另外，要强化对 CBDC 账户持有人审查，通过嵌入关键节点，优化反洗钱监管流程。根据央行数字货币系统的特性及我国反洗钱领域相关法律规范和制度要求，对于存储 CBDC 的账户应通过分级授权的方式进行审查，更好地"了解你的客户"，并进行相应限额。在央行数字货币系统中，应在客户交易的基础层面设置客户身份识别制度、大额和可疑交易报告制度，并收集和保存相关数据。③

① 余雪扬："法定数字货币法经济逻辑与制度规则研究"，江西财经大学 2021 年博士学位论文。
② 刘少军："法定数字货币的法理与权义分配研究"，载《中国政法大学学报》2018 年第 3 期。
③ 陈燕红、于建忠、李真："中国央行数字货币：系统架构、影响机制与治理路径"，载《浙江社会科学》2020 年第 10 期。

对数字人民币的监管应以确保法定货币属性、严守风险底线、支持创新发展为原则，目标是确立数字人民币业务管理制度，明确对指定运营机构提出监管要求，落实反洗钱、反恐怖融资等法律法规，强化用户个人信息保护，营造数字人民币安全、便利、规范的使用环境。

数字人民币是法定货币，适用现有反洗钱、反恐怖融资国际标准及国内法律要求，负责兑换流通的指定运营机构和其他商业机构是履行反洗钱义务的主体，承担相应的反洗钱义务，包括客户尽职调查、客户身份资料和交易记录保存、大额及可疑交易报告等。指定运营机构和其他商业机构在履行反洗钱义务的同时应当依法保护商业秘密、个人隐私及个人信息，不得泄露客户身份信息和交易记录。①

第六节 结 论

经济是躯体，金融是血脉，资产是核心。金融的未来是数字化：投资者和企业越来越多地以数字化方式获取金融服务，创新的市场参与者正在研发新技术，现有的商业模式正在改变。数字金融泛指传统金融企业与互联网公司利用数字技术实现融资、支付、投资和其他新型金融业务模式。数字经济时代产生的数字金融相当于在传统金融体系之外创造出一个全新的领域，必将给金融客体法与行为法带来巨大变化。数字金融时代呼唤数字货币。

数字时代的到来，变革着传统金融机构的业务模式，也为科技公司切入金融领域提供了契机。互联网巨头通过开展第三方支付、网络贷款、数字保险以及数字货币等业务成为数字金融公司，大量的数字金融公司走进金融法的视野，成为事实上的金融企业，拓宽了金融法的主体。

金融业不同于工商业，在法律上是相对独立的行业。金融企业所具有的高负债性、高流动性、高信用性、高传染性和高影响性等特征，导致金融企业不仅要受普通企业制度的约束，还要受到特殊的金融制度的约束，这些约束主要表现在其设立、经营和危机处置上。新设立的从事数字金融业务的金融企业，以及从事数字金融业务的科技公司，在其设立、经营和危机处置上需满足法律的专门要求。

---

① 参见中国人民银行数字人民币研发工作组：《中国数字人民币的研发进展白皮书》，载 https://www.pbc.gov.cn/goutongjiaoliu/113456/113469/4293590/20210716142000022055.pdf，最后访问时间：2022 年 1 月 15 日。

以互联网巨头为代表的数字金融公司富可敌国，在具体法律行为中与相对人的地位关系显然不是简单的平等与不平等。在设计数字金融本体法时，必须根据实际法律地位，进行倾斜立法，保护弱者，对于弱势一方进行倾斜保护或对于强势一方进行倾斜限制，以实现当事人之间的权利义务达成边际均衡。

金融科技创新催生了数字货币，广义的数字货币包括电子货币、虚拟货币、加密稳定币和 CBDC 等。依据现行法律规定以及法学理论对虚拟代币和加密稳定币进行分析，其法律性质可以概括为非主权货币、约定货币、信用货币，虚拟代币和加密稳定币具有法财产属性。CBDC 是网络技术发展的必然产物和结果，是数字经济发展的基石。央行发行的数字货币，是指中央银行发行的，以代表具体金额的加密数字串为表现形式的法定货币。它本身不是物理实体，也不以物理实体为载体，而是用于网络投资、交易和储存，代表一定量价值的数字化信息。由金属货币到信用货币再到 CBDC，货币的形式发生了颠覆性变化，货币形式的变化必将导致货币法理论的演进，货币关系中各方主体的权力（利）义务也面临重新分配，最终将引起货币法律规范的修改与完善。

CBDC 的国际化是现行货币国际化的逻辑延伸，并可补齐现有支付体系的短板。传统跨境支付体系过度依赖美元体系，跨境支付体系权利义务不均衡。数字货币的跨境支付体系可以实现点对点的价值转移，能有效提高一国货币在境外的流通广度。但是，数字货币并未从本质上改变国际货币体系的演化逻辑，而是加速多元化发展的进程，通过技术赋能缓解货币市场失灵现象。数字货币的技术属性能够有效缓解网络外部性，尤其对于新兴经济体来说，金融创新为货币国际化的发展提供了全新机遇。法定数字能够实现跨境支付货币多元化，打破跨境支付体系对美元的依赖。数字货币为推动人民币国际化带来了全新机遇。先进的支付结算系统和完善的金融服务体系是数字人民币国际职能扩展的关键支撑。在新型的金融基础设施的条件下，应扩展数字人民币在国际贸易的应用场景，充分发挥数字货币在跨境资本流动中的监管功能，强化数字人民币在跨境交易中的安全性与稳定性。

金融监管行为是当整体金融利益出现之后，为维护整体金融利益的法律、法规不断出现后的必然结果。金融监管行为是当代社会新出现的金融行为，监管行为的核心权力是对金融企业行为的执法监督权，是一种新的权力形式。金融监管是国家金融监管机关及其授权的机构，依法对金融机构和金融行为从维护整体金融利益的角度出发进行的监督与管理的行为。

数字金融业务经营主体的经营自主权与监管机关的监管权，必然存在冲突与对抗。对数字金融业务实施监管行为既要防范系统性金融风险的发生，又要将对金融创新的影响控制在最小限度内，在金融创新与金融稳定之间形成动态平衡关系。从被监管的对象角度看，金融法规范和监管指向的对象是可能影响整体金融利益，可能引发系统性金融风险的主体。如果某主体所从事的数字金融行为有可能引发系统性金融风险，该主体就必须接受金融监管。否则，就没有必要对其实施监督，应允许其自由经营。

在对数字金融业务经营主体进行监管的同时，还要对数字金融行为监管。相关主体从事的数字金融行为，如果对整体金融利益存在巨大影响，或具有显著的系统性金融风险，金融法须将其列为被监管的金融行为。

【参考文献】

（一）中文著作

1. 刘少军等：《经济本体法论——经济法律思想体系研究》，中国商业出版社 2000 年版。

2. 刘少军、王一轲：《货币财产（权）论》，中国政法大学出版社 2009 年版。

3. 刘少军：《金融法学》，中国政法大学出版社 2016 年版。

4. 刘少军：《法边际均衡论：经济法哲学》，中国政法大学出版社 2017 年版。

5. 郭向军：《经济监管机构的法律地位》，中国金融出版社 2013 年版。

6. 张西峰：《主权货币国际流通法论》，中国政法大学出版社 2015 年版。

7. 汪圣铎：《两宋货币史》，社会科学文献出版社 2003 年版。

8. 钟伟等：《数字货币：金融科技与货币重构》，中信出版社 2018 年版。

9. 黄伟：《货币突围——拯救"纸"醉金迷的世界货币体系》，企业管理出版社 2012 年版。

10. [英] 马歇尔：《货币、信用与商业》，叶元龙、郭家麟译，商务印书馆 1997 年版。

11. 杜万华主编：《中华人民共和国民法总则实务指南》，中国法制出版社 2017 年版。

12. 李若谷：《国际货币体系改革与人民币国际化》，中国金融出版社 2009 年版。

13. 韩文秀：《人民币迈向国际货币》，经济科学出版社 2011 年版。

14. 寇玉琪编著：《货币：统治世界的终极武器》，中国华侨出版社 2013 年版。

15. [美] 米尔顿·弗里德曼：《货币的祸害——货币史片段》，安佳译，商务印书馆 2006 年版。

16.[德] 丹尼尔·艾克特:《钱的战争》,许文敏、李卡宁译,国际文化出版公司 2011 年版。

17. 陈雨露、马勇:《中国金融体系大趋势》,中国金融出版社 2011 年版。

18. 陈雨露、杨栋:《世界是部金融史》,北京联合出版公司 2013 年版。

19. 贺小勇、管荣:《WTO 与 IMF 框架下人民币汇率机制的法律问题》,法律出版社 2010 年版。

20. 姚前:"数字资产与数字金融:数字新时代的货币金融变革",人民日报出版社 2019 年版。

（二）中文论文

1. 习近平:"不断做强做优做大我国数字经济",载《求是》2022 年第 2 期。

2. 刘少军:"法财产基本类型与本质属性",载《政法论坛》2006 年第 1 期。

3. 刘少军:"金融法学科地位的几点思考",载郭锋主编:《金融服务法评论》第 1 卷,法律出版社 2010 年版。

4. 刘少军:"国际化背景下人民币基础法规完善研究",载《北方法学》2015 年第 5 期。

5. 刘少军:"法定数字货币的法理与权义分配研究",载《中国政法大学学报》2018 年第 3 期。

6. 刘少军:"人民币国际化的基本法律问题研究",载岳彩申、盛学军主编:《经济法论坛》第 24 卷,法律出版社 2020 年版。

7. 刘少军:"'法定数字货币'流通的主要问题与立法完善",载《新疆师范大学学报（哲学社会科学版）》2021 年第 4 期。

8. 张西峰:"代币发行融资的法律分析",载王卫国主编:《金融法学家》第 9 辑,中国政法大学出版社 2018 年版。

9. 张西峰:"货币主权对人民币国际化的影响",载《河北学刊》2014 年第 6 期。

10. 黄益平、黄卓:"中国的数字金融发展:现在与未来",载《经济学（季刊）》2018 年第 4 期。

11. 姚前:"中国法定数字货币原型构想",载《中国金融》2016 年第 17 期。

12. 姚前:"理解央行数字货币:一个系统性框架",载《中国科学:信息科学》2017 年第 11 期。

13. 姚前、汤莹玮："关于央行法定数字货币的若干思考"，载《金融研究》2017 年第 7 期。

14. 姚前："法定数字货币对现行货币体制的优化及其发行设计"，载《国际金融研究》2018 年第 4 期。

15. 姚前、孙浩："数字稳定代币的试验与启示"，载《中国金融》2018 年第 19 期。

16. 姚前："全球央行数字货币研发的基本态势与特征"，载《中国经济报告》2021 年第 1 期。

17. 姚前："中央银行数字货币原型系统实验研究"，载《软件学报》2018 年第 9 期。

18. 王信、任哲："虚拟货币及其监管应对"，载《中国金融》2016 年第 17 期。

19. 李义奇："货币信用属性演化的历史与逻辑"，载《广东金融学院学报》2010 年第 1 期。

20. 邱崇明、张兰："货币契约与信贷契约 —— 兼论货币中性与信贷非中性问题"，载《生产力研究》2009 年第 21 期。

21. 庄雷、赵成国："区块链技术创新下数字货币的演化研究：理论与框架"，载《经济学家》2017 年第 5 期。

22. 袁康、唐峰："金融科技公司的风险防范与监管对策"，载《山东大学学报（哲学社会科学版）》2021 年第 5 期。

23. 祁明、肖林："虚拟货币：运行机制、交易体系与治理策略"，载《中国工业经济》2014 年第 4 期。

24. 刘向民："央行发行数字货币的法律问题"，载《中国金融》2016 年第 17 期。

25. 范一飞："中国法定数字货币的理论依据和架构选择"，载《中国金融》2016 年第 17 期。

26. 张正鑫、赵岳："央行探索法定数字货币的国际经验"等，载《中国金融》2016 年第 17 期。

27. 吴洪、方引青、张莹："疯狂的数字化货币 —— 比特币的性质与启示"，载《北京邮电大学学报（社会科学版）》2013 年第 3 期。

28. 和丽军："虚拟财产继承问题研究"，载《国家检察官学院学报》2017 年第 4 期。

29. 邓集彦、邓建鹏："稳定币 Libra 与中国未来监管应对"，载《团结》

2019 年第 4 期。

30. 邓建鹏、张夏明："稳定币的内涵、风险与监管应对"，载《陕西师范大学学报（哲学社会科学版）》2021 年第 5 期。

31. 黄正新："货币虚拟化发展趋势及其功能变异"，载《经济学家》2001年第 5 期。

32. 赵智锋、郑飞："论货币的本质是价值信用关系"，载《当代经济研究》2008 年第 10 期。

33. 黄益平、陶坤玉："中国的数字金融革命：发展、影响与监管启示"，载《国际经济评论》2019 年第 6 期。

34. 杨东："防范金融科技带来的金融风险"，载《红旗文稿》2017 年第16 期。

35. 余雪扬："法定数字货币法经济逻辑与制度规则研究"，江西财经大学2021 年博士学位论文。

36. 陈燕红、于建忠、李真："中国央行数字货币：系统架构、影响机制与治理路径"，载《浙江社会科学》2020 年第 10 期。

37. 保建云："主权数字货币、金融科技创新与国际货币体系改革 —— 兼论数字人民币发行、流通及国际化"，载《人民论坛·学术前沿》2020 年第 2 期。

38. 孟于群："法定数字货币跨境支付的法律问题与规则构建"，载《政法论丛》2021 年第 4 期。

39. 张纯威："美元本位、美元环流与美元陷阱"，载《国际金融研究》2008年第 6 期。

40. 张兰："国际货币体系的属性 —— 基于国际货币契约的研究"，载《世界经济研究》2010 年第 1 期。

41. 李仁真、杨心怡："中欧货币互换协议的法律分析与政策思考"，载《武汉大学学报（哲学社会科学版）》2014 年第 4 期。

42. 范晓波："2020 的国际金融法：中国的作用和影响"，载《武大国际法评论》2012 年第 1 期。

43. 张乐、王淑敏："法定数字货币：重构跨境支付体系及中国因应"，载《财经问题研究》2021 年第 7 期。

44. 戚聿东、刘欢欢、肖旭："数字货币与国际货币体系变革及人民币国际化新机遇"，载《武汉大学学报（哲学社会科学版）》2021 年第 5 期。

45. 潘英丽："作为'拐杖'的数字货币 —— 货币的内在矛盾与国际货币竞争"，载《探索与争鸣》2019 年第 11 期。

（三）英文文献

1.Paul De Grauwe, *International Money*. London: Oxford University Press, 1999.

2.Charles Proctor, *Mann on the Legal of Money*（*7th edition*）. London: Oxford University Press, 2012.

3.Mussa Michale, "One Money for How Money?", in Peter B. Kenean ed. , *Understanding Interdependence*: *The Macroeconomics of the Open Economy*, Princeton University. 1995.

4.David Lee Kuo Cheun（Edited）, *Handbook of Digital Currency*: *Bitcoin*, *Innovation*, *Financial Instruments*, *and Big Data*, Academic Press, 2015.

（四）其他

1.A Digital Finance Strategy for the EU, https://eur-lex.europa.eu/legal-content/EN/TXT/?uri=CELEX:52020DC0591.

2.EU. Digital Finance, https://ec.europa.eu/info/business-economy-euro/banking-and-finance/digital-finance_en.

3.Satoshi Nakamoto, Bitcoin: A Peer-to-Peer Electronic Cash System, BITCOIN.ORG, 1–2, 4（2008）, http：//bitcoin.org/bitcoin.pdf.

4.U.S. Federal Bureau of Investigation, Bitcoin Virtual Currency: Unique Features PresentDistinct Challenges forDeterring Illicit Activity, 24 April 2012, https：//www.wired.com/images_blogs/threatlevel/2012/05/Bitcoin-FBI.pdf.

5.EBA OPINION ON 'VIRTUAL CURRENCIES', https://www.eba.europa.eu/documents/10180/657547/EBA-Op-2014-08+Opinion+on+Virtual+Currencies.pdf.

6.An IMF Staff Team: Virtual Currencies and Beyond: Initial Considerations, January 2016.The IMF staff team comprised Dong He, Karl Habermeier, Ross Leckow, Vikram Haksar, Yasmin Almeida, Mikari Kashima, Nadim Kyriakos-Saad, Hiroko Oura, Tahsin Saadi Sedik, Natalia Stetsenko, and Concepcion Verdugo-Yepes.

7.The Financial Crimes Enforcement Network（"Fin CEN"）, Guidance: Application of Fin CEN's Regulations to Persons Administering, Exchanging, or Using Virtual Currencies. FIN-2013-G001, Issued: March 18, 2013.

8.Tax treatmentof crypto-currencies in Australia – specifically bitcoin, https://www.ato.gov.au/general/gen/tax-treatment-of-crypto-currencies-in-australia---

specifically-bitcoin.

9.BIS，Central bank digital currencies：foundational principles and core features，October 2020.

10.BIS Committee on Payments and Market Infrastructures，Enhancing cross-border payments：building blocks of a global roadmap，Stage 2 reportto the G20，July 2020.

11.BIS Annual Economic Report 2020：Central banks and payments in the digital era.

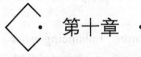

·第十章·
数字贸易税收法律制度

余　丽[①]　李玉惠子[②]

　　为应对数字经济对现行国际税收秩序的挑战，特别是应对数字企业利润转移和税基侵蚀，以及税收利润征收地与价值创造地的错位，全球以法国、英国等为代表的国家和欧盟以"用户参与创造价值"为理论创新，实施或提出数字服务税制度。数字服务税作为临时的单边措施，在理论和实践层面一直面临美国等国的各种争议甚至报复。有两类争议直接关系到数字服务税在现行国际法秩序下的正当性和合法性：一是数字服务税是否符合 OECD "税基侵蚀与利润转移"行动计划中确定的"价值创造"原则；二是数字服务税是否违反了国际税法和国际贸易法等国际法规则。应对数字经济的税收挑战应从单边主义回归多边主义的轨道上。联合国税收范本修改和 OECD "双支柱"下新的利润分配规则与连结度规则，以及全球最低税率规则构建了国际税收新秩序，"税基侵蚀与利润转移 2.0"为数字经济时代国际税收规则规划了全球治理的方向和路径。作为百年来国际税收体系的一次重要变革，国际税收新规则将对中国企业带来深刻的影响。尽管"双支柱"的规则会导致企业税负以及遵从成本的增加，但也会带来税收确定性及良好营商环境。中国企业应当充分了解国际税收制度，强化合规管理，并评估自身实际情况有效作出提前应对。

---

　　① 余丽，法学博士，中国政法大学国际法学院副教授。
　　② 李玉惠子，中国政法大学国际法学院研究生。

第一节 数字经济对国际税收规则的挑战

一、税法视野下的数字经济和数字企业

（一）数字经济和数字企业

广义上，数字经济可以定义为"使用数字化数据的所有活动"，这种定义实质上涵盖整个现代经济。狭义层面上，数字经济是指"线上平台，以及依赖平台存在的活动"。[①]

数字经济下的数字企业最普遍的三个特点是"'小规模跨辖区运营''高度依赖无形资产'以及'数据、用户参与和网络效应的重要性'"[②]。具体而言：①"小规模跨辖区经营"是指数字技术让一些高度数字化企业能够在没有实体存在或没有显著实体存在的情况下广泛且深入参与某管辖区的经济活动；②"高度依赖无形资产"是指数字企业投资无形资产，例如具有维持线上平台、网站运营等重要功能的软件和算法，并对此类知识产权持续大量地使用。这种对知识产权类产品的投资和使用是数字化商业模式的重要内容；③"数据、用户参与和网络效应"也是高度数字化商业模式的核心。事实上，如果没有高水平的用户参与程度，社交媒体等网络数字业务将不会存在。这三个特征并非数字贸易独有，但在数字贸易中更为普遍，有助于在税法背景下理解数字贸易的特点。

（二）数字企业商业模式

描述传统企业经营状态的一种常用方法是描述其商业模式，尤其是关于其如何实现盈利。因为现有税收制度的原则就是在利润产生地对利润进行征税，了解数字企业的盈利模式与传统企业盈利模式的不同，将有助于在税收目的概念下理解数字企业。数字经济尤其是狭义数字经济下的数字企业一般采取三种不同的业务模式：价值网络、价值商店和价值链。[③]

1. 价值网络商业模式。高度数字化的企业通常采取价值网络的商业模式。在价值网络模式中，企业通过为用户提供线上交流的中介技术平台来创造利润。此种商业模式实现盈利的路径不同于非数字行业的模式。价值网络模式的盈利可以通过订阅费（例如，LinkedIn Premium）或对客户所使用的服务进行按需

---

① Katherine E. Karnosh:COMMENT: The Application of International Tax Treaties to Digital Services Taxes, 21 Chi. J. Int'l L., p.534.

② Id. p.535.

③ Id，p.535.

收费（如爱彼迎）来产生。例如 Instagram、Facebook、Twitter 和微博，此类业务在某些国家可能被视为一种易货交易：平台方为用户提供对平台的访问权，且用户不需要为此支付费用。相应地，用户需要为平台提供一些有价值的信息，可能是关于用户的个人兴趣和信息，平台可以此投放定向广告等获得收益。[①] 这些信息内容也可以成为其他用户访问的内容，这能够增加平台的实用性和价值。

2. 价值商店模式。数字企业中常见的第二种商业模式是价值商店。在价值商店模式中，企业使用其技术来解决特定的客户需求或问题，例如专业数据分析、软件开发或云计算等。[②]

3. 价值链商业模式。数字企业的最后一种商业模式价值链，在数字企业中不太常见。在价值链模式中，企业设计、生产、营销、运输和运营其产品。价值链模式常应用于生产有形商品的传统企业，但也可以适用于生产无形商品或服务业的企业，包括对电影、游戏、音乐或软件等无形资产的制作与销售。

随着商业环境和全球经济的复杂性不断增加，许多数字业务企业会兼具这三种一般商业模式中的几种。例如，亚马逊的零售业务被认为是一条价值链，而连接买家和卖家以便他们进行交易的亚马逊商城被认为是一个价值网络，而亚马逊网站服务被认为是价值商店。[③]

二、数字企业对国际税收规则的挑战

（一）税基侵蚀和利润转移

数字企业小规模"跨辖区经营"使得越来越多的企业可以在某一管辖区没有实体而进行经济活动。而根据现行国际税收协定，没有实体物理存在（即传统常设机构）可能导致税收辖区内的税收机关无法对此类企业的收入进行征税；此外，数字企业"重度依赖无形资产"则意味着企业控制或管理无形资产的地点会决定企业在何处被征税，而不是这些知识产权类无形资产生盈利的地点。同时，"对无形资产的高度依赖"也使企业更容易构建自身架构以实现纳税义务最小化，并使税务机关更难以识别、评估和分配跨国公司集团中不同部分的资产

---

① Katherine E. Karnosh：COMMENT：The Application of International Tax Treaties to Digital Services Taxes，21 Chi. J. Int' l L.，p.536.

② See：OECD："Tax Challenges Arising from Digitalisation – Interim Report 2018"，March.16. 2018，https：//www.oecd-ilibrary.org/sites/9789264293083-en/index.html?itemId=/content/publication/9789264293083-en .

③ Id，p.42

收入。一些学者认为，这种做法导致了数字企业和传统企业实际税率的差异——数字企业支付的实际税率为 9.5%，而传统企业支付的实际税率为 23.2%。[①]

以谷歌为例，多年来，谷歌一直通过其位于爱尔兰都柏林的爱尔兰子公司在欧洲发布广告合同，谷歌在其他欧洲国家销售广告的收入由其爱尔兰子公司收取。但爱尔兰子公司在其他欧洲国家并没有常设机构，这使得这些广告的利润可以由爱尔兰征税。而爱尔兰的企业所得税税率为 12.5%，通过在爱尔兰就其利润纳税，谷歌得以减少其整体纳税义务。[②]

此外，谷歌通过将收入从第一家爱尔兰子公司转移到位于百慕大，但在爱尔兰注册成立的第二家子公司，使得其整体负债进一步减少。谷歌通过将其技术和知识产权出售给位于百慕大的第二家子公司，并将该子公司的技术许可给第一家爱尔兰子公司，实现收入转移。第一家爱尔兰子公司随后向位于百慕大的子公司支付特许权使用费，这大大降低了第一家爱尔兰子公司的利润，甚至导致爱尔兰子公司几乎不产生利润，而位于百慕大的子公司几乎拥有在欧洲投放广告产生的所有收入。根据爱尔兰和百慕大税法的规定，百慕大税务局将第二个子公司视为位于爱尔兰，因为它是在爱尔兰注册成立的，而爱尔兰税务局将其视为位于百慕大，因为其管理和控制权位于百慕大——目前位于百慕大第二家子公司的收入在爱尔兰或百慕大均无需纳税。2017 年，巴黎行政法院裁定，谷歌使用的这种被称为"双重爱尔兰税收三明治"或简单地称为"双重爱尔兰"的策略并不违法。[③]

（二）价值创造地和利润征收地错位

在当下的数字业务领域，用户创造的内容和用户数据收集已成为数字业务核心内容和价值来源。尤其对于通过在线平台进行市场运作的数字企业来说，平台的用户（可能与企业的消费者相同，也可能不相同）在创收方面发挥着更加不可或缺的作用，并通过他们的持续和积极的参与为企业创造物质价值。

[①]　Laurel Wamsley, France Approves Tax on Big Tech, and U.S. Threatens to Retaliate, NPR, July 11, 2019, https：//www.npr.org/2019/07/11/740688073/france-approves-tax-on-big-tech-and-u-s-threatens-to-retaliate

[②]　Katherine E. Karnosh：COMMENT：*The Application of International Tax Treaties to Digital Services Taxes*, 21 Chi. J. Int'l L., p.523.

[③]　Katherine E. Karnosh：COMMENT：*The Application of International Tax Treaties to Digital Services Taxes*, 21 Chi. J. Int'l L., pp.523-524；Gaspard Sebag, Google Spared $ 1.3 Billion Tax Bill with Victory in French Court, BLOOMBERG TECH.（July 12, 2017）, http：//perma.cc/32KN-Z26G

　　以一个社交媒体平台为例，该平台通过向使用免费在线平台的用户投放广告来创收。该业务的成功依赖于庞大的用户群的发展，依赖于用户的参与和对内容的贡献。它还依赖于从对这种参与和贡献的密集监测中收集用户数据，这些数据可以出售给第三方，或用于通过更精确地针对目标投放广告来增加收入。同样，以一个在线市场为例，该市场通过匹配商品的供应商和购买者并收取佣金来获得收入，或者一个合作平台通过将个人拥有的资产的供需结合起来收取佣金。这些企业的成功有赖于每一方中介市场用户的积极参与，以及用户群的扩大，使企业能够从网络效应、规模经济和市场中获益。①

　　一个社交媒体商业平台产生了一系列复杂的关系。运营社交媒体平台的总部公司位于 W 国，区域分部位于 X 国，而位于 Y 国的平台用户开设社交媒体账户，社交媒体平台收集这些用户的信息以及需要的广告。位于 Z 国的公司的服装销售公司向位于 X 国的区域分部购买广告位。社交媒体平台定向投放广告，为服装公司带来了品牌知名度与收益。总的来说，在这个模式中，用户在为社交媒体公司创造价值方面发挥着重要作用，他们提供数据和相关信息，使其能够更好地定向投放广告并增加收入。

　　下文图 10-1 和图 10-2 说明了用户参与对这两种类型的数字商业的作用。

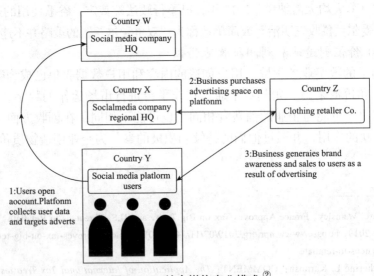

图 10-1　社会媒体商业模式 ②

①　HM Treasury, "Corporate tax and the digital economy: position paper", November 2017, paras 3.14-18.

②　Antony Seely, "Digital Services Tax", July 2.2021, https: //commonslibrary.parliament.uk/.

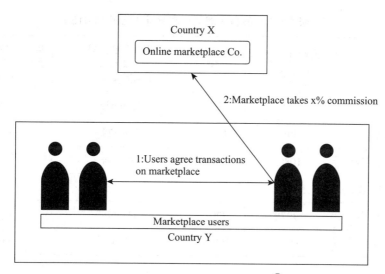

图 10-2 在线市场的商业模式[①]

在这个例子中，一个在线市场为两组不同的消费者之间的互动提供了便利，例如，希望临时租赁或出租房产的消费者。位于 Y 国的买卖双方在 X 国的在线市场公司运营的平台上达成了交易，在线市场运营方从中收取一定百分比的佣金。在线市场这一模式不要求市场在消费者之间发生交易的国家拥有商业实体或实际存在。[②]

然而，现有国际税收框架在确定公司税的利润分配时只关注企业本身的实际活动，对于用于参与创造价值并没有给予相应的关注。例如，2015 年，全球 1/3 以上的互联网用户在东亚和东南亚，而信息产业创造的价值有 20% 来自那里。与此相反，2015 年只有 11% 的互联网用户居住在北美，而 37% 的信息产业创造的价值来自于北美（见表 10-1 用户和数字价值创造之间的地理不匹配）。[③] 国际税收规则在数字经济中的应用可能导致利润征税地与价值创造地之间的错位，有可能破坏企业税收制度的公平性、可持续性和公众的接受度。

① Antony Seely, "Digital Services Tax", July 2.2021, https：//commonslibrary.parliament.uk/.

② Antony Seely, "Digital Services Tax", July 2.2021, https：//commonslibrary.parliament.uk/.pp.

③ Daniel Bunn, Elke Asen, Cristina Enache, "Digital Taxation around the World", *Tax Foundation*, p.4.

表 10-1 世界各大洲信息产业所占比例（2015）①

地区	互联网用户数量（百万）	比例	信息产业贸易收入（百万美元）	信息产业贸易增加值占总收入的比例
北美洲	343	11%	1179 632	37%
欧洲	508	16%	818 529	26%
东亚和东南亚	1080	34%	625 194	20%
南美洲和中美洲	206	7%	99 675	3%
其他地区	997	32%	432 448	14%
世界	3133	100%	3 155 478	100%

三、应对数字经济税收挑战：多边主义还是单边主义

应对数字经济化下税收挑战成为 OECD 近年来的重要任务。2015 年 10 月，OECD 发布了《应对数字经济的税收挑战》②，该报告结合税基侵蚀和利润转移③问题，论述了数字化经济发展对现行国际税收制度带来的挑战，但未能提出达成各国共识的解决与应对方案。2018 年 3 月，OECD 公布了《应对数字化经济税收挑战的中期报告》（以下简称《中期报告》），④ 阐释了该问题的复杂性，各国难以在短时间内探索出国际税收改革的具体方案，以及建议采用临时措施进行规制。"然而遗憾的是，尽管《中期报告》第六章专门讨论了临时措施的问题，但由于各国对于临时措施的必要性和合理性无法达成一致意见，《中期报告》并未提出

---

① Id, p.4.
② OECD, "Addressing the Tax Challenges of the Digital Economy, Action 1 - 2015 Final Report", October. 05.2015, https://read.oecd-ilibrary.org/taxation/addressing-the-tax-challenges-of-the-digital-economy-action-1-2015-final-report_9789264241046-en#page1.
③ 税基侵蚀和利润转移（Base Erosion and Profit Shifting，简称 BEPS）是 G20 领导人在 2013 年圣彼得堡峰会委托 OECD 启动实施的国际税收改革项目，旨在修改国际税收规则、遏制跨国企业规避全球纳税义务、侵蚀各国税基的行为。BEPS 项目包含 15 项行动计划，如《应对数字化税收挑战》《消除混合错配安排的影响》等，向各国提供了规则范本及建议以解决税基侵蚀问题。
④ OECD, "Tax Challenges Arising from Digitalisation – Interim Report 2018", March.16.2018, https://www.oecd-ilibrary.org/docserver/9789264293083-en.pdf?expires=1646191105&id=id&accname=guest&checksum=C903C0E4AAF3B05C0F027925AEDEC8A7.

作为临时措施的方案。"①

在此情况下，2017年10月，"欧洲经济及财政事务理事会强调了设置'适用于数字时代的、有效且公平的税收制度'……并提出为避免各国采取单边措施，破坏欧盟单一市场，该理事会于同年12月提到引入临时措施的必要性问题。"②2018年，欧盟委员会通过《关于对提供某些数字服务产生的收入征收数字服务税的提案》（以下简称《欧盟数字服务税指令》）的提案，③建议各国在欧盟层面上采取临时措施以应对挑战。然而，欧盟成员国之间对采用临时措施的方案存在严重分歧：德法认为"临时措施的适用范围应当仅限于线上广告，且仅能在国际社会于2021年仍未就国际税收改革方案达成共识时适用"④；而爱尔兰、丹麦等成员国则对数字服务税表示反对，因为该制度对于税收较少的国家而言，可能会损害传统企业活动，阻碍创新发展，对本国大型互联网企业产生不利影响；且征收数字服务税收益可能小于修改国家制度带来的立法及执法成本，还有的国家认为欧盟的改革应与OECD全球数字服务税改革相结合，不应在国际税法协议达成前草率行动⑤。各方一直没有就此问题达成一致意见。由于财税政策关乎国家主权，欧盟税改暂时无法取得各成员国的共识，统一推行数字服务税的计划被搁置至今。⑥欧盟在推行临时措施的问题上很难达成各方一致，由此，各国纷纷开始采用单边立法措施等方式来应对数字化带来的税收挑战。如法国于2019年7月开始对特定范围的企业征收数字服务税。之后，奥地利、匈牙利、葡萄牙、土耳其和英国等也实施征收数字服务税。比利时、捷克等国已经公布了制定数字服务税的建议，拉脱维亚、挪威和斯洛文尼亚已经

① 管彤彤："数字服务税：政策源起、理论争议与实践差异"，载《国际税收》2019年第11期。

② 参见管彤彤："数字服务税：政策源起、理论争议与实践差异"，载《国际税收》2019年第11期。

③ European Commission, "Proposal for a COUNCIL DIRECTIVE on the common system of a digital services tax on revenues resulting from the provision of certain digital services", March 21.2018, https://ec.europa.eu/taxation_customs/system/files/2018-03/proposal_common_system_digital_services_tax_21032018_en.pdf.

④ See: European Council, "Franco-German Joint Declaration on the Taxation of Digital Companies and Minimum Taxation", March.9.2018, https://www.consilium.europa.eu/media/37276/fr-de-joint-declaration-on-the-taxation- of-digital-companies-final.pdf.

⑤ 参见岳云嵩、齐彬露："欧盟数字服务税推进现状及对我国的启示"，载《税务与经济》2009年第4期。

⑥ 参见岳云嵩、齐彬露："欧盟数字服务税推进现状及对我国的启示"，载《税务与经济》2009年第4期。

正式宣布或表示打算实施这种税收。①

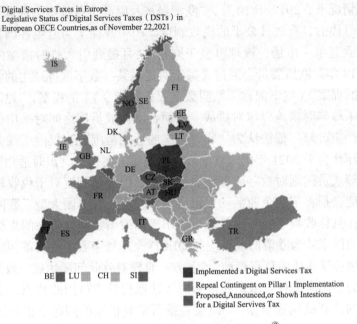

图 10-3　欧洲国家数字服务税立法图 ②

第二节　全球数字服务税的立法实践

一、全球数字服务税典型立法

（一）欧盟数字服务税提案

2018 年 3 月，欧盟委员会提出了一项提案即《欧盟数字服务税指令》，允许对具有"显著数字存在"的企业征收公司税。③虽然这是该提案的长期目标，但它也提出了出台"显著数字存在"的规则之前，以数字服务税作为临时措施

---

① See: Daniel Bunn, Elke Asen, Cristina Enache, "Digital Taxation around the World", *Tax Foundation*, p.10.

② Id, p.19.

③ European Commission, "Proposal for a COUNCIL DIRECTIVE on the common system of a digital services tax on revenues resulting from the provision of certain digital services", March 2.2018, https：//ec.europa.eu/taxation_customs/system/files/2018-03/proposal_common_system_digital_services_tax_21032018_en.pdf.

实施。欧盟的数字服务税拟将对来自数字广告、在线市场和在欧盟产生的用户数据销售的收入征收 3% 的税。如果企业的全球年收入超过 7.5 亿欧元（8.4 亿美元），并且欧盟的收入超过 5000 万欧元（5600 万美元），就属于征税范围。该税种估计每年将为欧盟成员国提供 50 亿欧元（56 亿美元），占欧盟总税收收入的 0.08%。①

1. 征税范围。欧盟委员会将数字服务税的征税对象"数字服务"定义为"通过互联网或电子网络提供的服务。该服务的供应基本上能实现自动化，涉及最少的人工干预，并且无法离开信息技术的支持"。

其提出的征税范围包括：在数字界面上投放针对该界面用户的广告的服务，以及向他人传输从这些用户在数字界面上的活动中收集到的关于用户的数据。还有向用户提供多方数字界面组成的服务，这种服务也可称为"中介服务"，既使用户能够找到其他用户并与之互动，还可促进提供潜在的商品或服务供应商直接在用户之间进行交易。②

欧盟数字服务税指令第 3 条第 1 款 a 项对提供广告服务进行了广义的定义，即在数字界面上针对用户投放定向的广告。在数字界面上投放广告的公司通常会对用户流量和用户数据非常重视。然而，如果广告服务的提供者和数字界面的拥有者是不同的实体，后者不被视为提供了纳税服务。这样做是为了避免可能的连带效应或对相同的收入进行双重征税，因为广告服务提供者获得的部分收入将支付给数字界面的所有者。

而对于涉及多边数字接口的情况，促进接口用户之间的基本商品或服务供应的平台用户之间直接提供货物或服务，用户从这些交易中获得的收入仍然不在税收范围之内。同样，从零售业获得的收入构成的商品或服务销售的零售活动也不在其范围之内。因为零售商的价值创造在于所提供的商品或服务，而数字界面只是被用作一种沟通的手段。

对于数字服务的这种定义似乎承认并解释了真正的数字业务与仅在某些方面涉及数字化的传统业务之间的差异。该定义排除了许多仅在某些方面涉及数

① European Commission, "Digital Taxation: Commission Proposes New Measures to Ensure That All Companies Pay Fair Tax in the EU," Apr 27, 2020, https://ec.europa.eu/commission/presscorner/detail/en/IP_18_2041.

② European Commission, "Proposal for a COUNCIL DIRECTIVE on the common system of a digital services tax on revenues resulting from the provision of certain digital services", March 2.2018, https://ec.europa.eu/taxation_customs/system/files/2018-03/proposal_common_system_digital_services_tax_21032018_en.pdf.

字化或数字服务的企业（如拥有线上网店的制造商）等，因为这种传统商业模式不会带来与数字化相同的税收挑战。

2. 纳税主体。根据欧盟数字服务税指令建议，只有在相关财政年度的全球应税收入总额超过7.5亿欧元，且在欧盟境内获得的应纳税收入总额超过5000万欧元的企业才需要缴纳数字服务税。这个条件将应纳税人限制在具有较高市场地位的大型企业，防止对小企业或亏损企业造成不成比例的影响。这个条件将应纳税人限制为在欧盟拥有"重大数字足迹"（Significant Digital Footprint）的企业。

3. 税基及税率。欧盟在制定数字服务税税率时经过了多方考量，为保持与其他产业税收之间的适当平衡，并考虑到不同利润率企业在面对数字服务税时的差异，最终将该税率确定为3%。[1]其应税所得是应纳税人提供某些数字服务的收入扣除增值税和其他税费后的净值，应税所得与应纳税人的整体损益情况以及其实际利润率无关。[2]

在同一纳税期间，如果应税收入来源于一个以上的税收管辖区，则应税收入需要进行分摊，分配时的原则如下：①在涉及为基础交易提供便利的情况下，分配原则是在该税收期间使用该成员国的设备达成此类交易的用户数量，这是因为此类情况通常是为提供平台的实体创造收入的行为；②对提供平台的企业收入的征税权被分配给完成基本交易的用户所在的成员国，这是因为他们都通过参与为多边数字界面创造价值，因为界面的作用是匹配供需；然而，若中介服务不涉及为基础交易提供便利化，收入通常是通过注册或开立账户后的定期付款获得的。在数字界面上注册或开立账户后，通常通过定期付款获得收入。因此，在该纳税期持有使用该成员国的设备开立的账户的用户数量应当成为判断依据，无论是在该纳税年度还是在更早的年度开设的账户，都要考虑在内。

（二）法国数字服务税立法

法国于2019年7月颁布《建立数字服务税法案》[3]，该法案追溯至2019年1月1日征收数字服务税，规定对数字接口服务、定向在线广告和销售收集的有关数据产生的总收入征收3%的税。如果公司的全球收入超过7.5亿欧元（8.4亿美元），法国收入超过2500万欧元（2800万美元），就会被纳入征税范围。"该税种估计每年可产生5亿欧元（5.6亿美元），占法国企业所得税的

---

① 陈佳："欧盟数字服务税指令的规则分析及制度启示"，载《南方金融》2020年第4期。

② 陈佳："欧盟数字服务税指令的规则分析及制度启示"，载《南方金融》2020年第4期。

③ France: LOI n° 2019-759 du 24 juillet 2019 portant création d'une taxe sur les services numériques et modification de la trajectoire de baisse de l'impôt sur les sociétés; July. 24.2019, https://www.impots.gouv.fr/sites/default/files/media/2_actu/professionnel/2019/fiche_tsn_fr.pdf.

1.01%，占法国总税收的 0.05%。"[1] 具体而言：

1. 纳税范围。根据《建立数字服务税法案》，数字服务税的征税范围包括：①提供数字平台服务，使得某一用户可以与另一用户联系和互动，并提供其进行商品或服务的交易的平台与便利，或是直接进行交付；②面向广告商方提供广告服务，包括收集用户信息而定向投放广告，即管理和传输与用户相关的数据，广告的控制，购买、储存和播放相关广告的服务等。

但是，该法案也将纳税人仅提供数字平台这一行为排除在纳税范围之外，具体包括"提供数字接口的纳税人将该接口作为向用户提供数字内容、通信服务，以及符合相应法律规定的支付服务；将该数字接口用于应受监管的金融系统和金融服务，如银行间支付系统或金融工具支付等；以及纳税人提供该数字接口的目的，仅是为了使购买或出售投放广告的服务成为可能。"[2] 此外，集团之间相互提供服务也不在纳税范围之中。

2. 纳税主体。根据《建立数字服务税法案》，提供相关服务的纳税人，若其在上一个年度中在全球范围内提供应税服务所获得的年收入超过 7.5 亿欧元，且在法国境内提供应税服务所获得的年收入超过 2500 万欧元需要缴纳数字服务税，无需考虑其注册地为何。其中，用户利用的设备是确定境内收入的基础，即若用户登录所使用的设备位于法国境内，则该笔收入应当属于法国境内提供的服务，"该法案也规定了一些标准，用以确定相关'设备'位于法国，如该设备的 IP 地址是否符合用户处理其个人资料等规则。……在确定法国市场收入份额时，可使用法国活跃用户数量占全球用户的比重作为计算标准。"[3]

3. 税基及税率。数字服务税采用的税率为 3%，"纳税基础是纳税人通过销售针对个人的数字广告与提供中介服务所获得的收入"。[4]《建立数字服务税法案》中规定在具体核算应税服务中与法国相关的部分时采用的是按比例的方法，该比例应当按照不同类型的应税服务进行确认与计算。

---

① Daniel Bunn, Elke Asen, Cristina Enache, "Digital Taxation around the World", *Tax Foundation*, p.18, See OECD, "Global Revenue Statistics Database," https://stats.oecd.org/Index.aspx?DataSetCode.

② 张春燕："法国数字服务税法案的出台背景及影响分析"，载《国际税收》2020 年第 1 期。

③ See Ruth Mason and Leopoldo Parada: "INTERNATIONAL SPOTLIGHT: THE LEGALITY OF DIGITAL TAXES IN EUROPE", 40 Va. Tax Rev. 175, p.182.; 张春燕："法国数字服务税法案的出台背景及影响分析"，载《国际税收》2020 年第 1 期。

④ Julien Pellefigue: "The French Digital Service Tax- An Economic Impact Assessment", *Deloitte*, March.22.2019, p.4.

（三）英国数字服务税立法

2018 年 11 月 7 日，英国公布了《数字服务税：咨询稿》，经过多轮修改，数字服务税措施于 2020 年 4 月开始生效，第一次支付税款的实践为 2021 年 4 月。"该税种对来自提供社交媒体平台、搜索引擎和在线市场服务的收入征收 2% 的税。"[①] 与其他提案不同的是，该税种包括对应税所得不超过 2500 万英镑的豁免纳税，并根据"安全港"范围内的低利润率的企业提供替代的数字服务税计算。根据《英国数字服务税立法草案》，纳入征税范围的企业收入门槛被设定为全球 5 亿英镑和国内 2500 万英镑。[②]

1. 纳税主体。英国数字服务税的纳税主体需要满足全球收入额达到 5 亿英镑，且在英国用户参与的活动所产生的收入达到 2500 万英镑以上两项标准。"两项标准同时满足才需缴纳数字服务税。满足条件的企业将获得首笔 2500 万英镑免税的优惠。"[③] 对于小规模或亏损企业，可以有效避免给中小企业带来不合理的税收负担。

2. 纳税范围。《数字服务税：咨询稿》规定需要缴纳数字服务税的应税服务主要有三种类型：①提供社交媒体平台企业，即通过网站或其他基于互联网的应用程序提供的服务，并允许用户与其他用户互动、发布或分享个人详细资料、媒体内容或其他信息等而取得的收入；②提供搜索引擎服务，即通过网站或其他基于互联网的应用程序提供的服务，且以查看平台本身所提供的网页以外的内容搜索和获得信息、服务和其他感兴趣的事项为核心的服务而取得的收入；该服务还涵盖搜索引擎通过广告盈利的情况；③在线市场服务，其核心是平台的用户向其他用户宣传、列出或出售商品和服务，目的是寻求促进商品或服务的交换，但是不包括销售该企业自己的产品。

《数字服务税：咨询稿》的征税范围还排除了一些服务，如"提供金融或者支付活动、在线销售自有商品、提供在线内容产生的收入，如在线订阅电视或者音乐节目、在线阅读电子期刊等、提供无线增值业务和广播服务活动。"[④] 这些活动未被纳入征税范围的原因是适用其他的法律进行规制，或者用户参与

---

① HM Treasury: Policy paper Budget 2020, https://www.gov.uk/government/publications/budget-2020-documents/budget-2020.

② HM Revenue, "Introduction of the New Digital Services Tax: Draft Legislation." 2019, https://assets.publishing.service.gov.uk/government/uploads/system/uploads/attachment_data/file/816361/Digital_services_tax.pdf.

③ 廖益新、宫廷："英国数字服务税：规则分析与制度反思"，载《税务研究》2019 年第 5 期。

④ 廖益新、宫廷："英国数字服务税：规则分析与制度反思"，载《税务研究》2019 年第 5 期。

并不是主要的价值来源，不符合数字服务税的征税目的。

3. 税基的确定。英国数字服务税采取的税率为 2%，应税所得仅针对英国用户参与为企业创造的毛收入，并且没有税前扣除项目。[①] 确认英国用户参与所创造的价值时，应当利用剩余利润来分析。剩余利润是指集团公司总部在依据公平交易原则支付所有日常职能费用之后所剩余的利润。至于如何确定该百分比，《数字服务税：咨询稿》并没有阐明具体方法。英国试图通过使用间接指标，如企业愿意运营免费平台所花费的成本，以及在平台上招揽和维持用户数量的成本等因素，测算用户参与所形成的价值。但是这些间接指标获取难度较大，且具有一定的随意性，会给纳税人带来诸多的不确定性。[②] 此外，《数字服务税：咨询稿》还提出了"安全港"，满足条件的企业可以按照该方案计算应纳税额，由此确保在企业向英国用户提供相应活动的经营利润较低的情况下，不会对企业的可持续性产生不成比例的负面影响。[③]

二、全球数字服务税的进展

世界各国和地区实施的数字服务税一般被认为是在 OECD "双支柱" 方案达成全球共识之前的临时单边措施。对于这种征收单边数字服务税的举措，美国贸易代表办公室认定该举措对美国公司具有 "歧视性"，违背了现行国际税收基本原则，并对部分征收数字服务税的国家，如法国等国采取 301 调查并采取报复性关税反制。此外，为推动的本轮国际税改协议生效实施，解决数字服务税的争端，美国与欧洲各国积极参与谈判，并就数字服务税的争端达成妥协。据不完全统计，各国就未来是否征收数字服务税与美方谈判或公开表态的情况如下表：

表 10-2 各国就征收数字服务税（DST）的主要态度 [④]

区域	序号	国家	本国声明	美方信息	是否承诺取消 DST
欧洲	1	奥地利	在双支柱方案生效时将完全撤销数字服务税的单边税收措施。	美国将放弃针对这五国数字服务税的关税报复措施。	是

---

① 卢艺："数字服务税：理论、政策与分析"，载《税务研究》2019 年第 6 期。

② 廖益新、宫廷："英国数字服务税：规则分析与制度反思"，载《税务研究》2019 年第 5 期。

③ See Antony Seely, "Digital Services Tax", July 2.2021, https://commonslibrary.parliament.uk/. p.39.

④ 参见思迈特财税国际税收服务团队："应'双支柱'方案要求，多国已经承诺在支柱一生效后将取消征收数字服务税以及其他相关类似单边措施"，载 https://www.sohu.com/a/506279379_121123909.

区域	序号	国家	本国声明	美方信息	是否承诺取消 DST
欧洲	2	法国	在双支柱方案生效时将完全撤销数字服务税的单边税收措施。	美国将放弃针对这五国数字服务税的关税报复措施。	是
	3	西班牙			
	4	意大利			
	5	英国			
	6	德国	希望继续与 OECD 就数字服务税进行谈判。	无	未明确
	7	比利时	无	无	暂未
	8	捷克	无	无	暂未
	9	丹麦	全球一致性的方案未能达成的情况下，将支持欧盟范围内的数字服务税方案。	无	未明确
	10	匈牙利	无	无	暂未
	11	波兰	无	无	暂未
	12	挪威	无	无	暂未
	13	罗马尼亚	无	无	暂未
	14	拉脱维亚	无	无	暂未
	15	斯洛伐克	无	无	暂未
	16	乌克兰	无	无	暂未
	17	俄罗斯	无	无	暂未
	18	塞尔维亚	无	无	是
	19	土耳其	在双支柱方案生效时将完全撤销数字服务税的单边税收措施。	美国同意不采取报复性贸易行动。	是
亚洲	20	印度	将对电子商务用品征收数字服务税作为过渡方式，在双支柱方案生效时将完全撤销数字服务税的单边税收措施。	美国贸易代表戴琪：对与印度达成数字服务税协议表示欢迎。	是
	21	日本	无	无	暂未
	22	韩国	无	无	暂未
	23	新加坡	无	无	暂未

续表

区域	序号	国家	本国声明	美方信息	是否承诺取消 DST
亚洲	24	印度尼西亚	无	无	暂未
	25	泰国	无	无	暂未
	26	菲律宾	无	无	暂未
	27	约旦	无	无	暂未
	28	马来西亚	无	无	暂未
大洋洲	29	新西兰	如果未达成国际共识,新西兰工党承诺征收数字服务税。	无	暂未
	30	澳大利亚	无	无	暂未
美洲	31	加拿大	加拿大官员:处分达成全球税收协议,否则他们计划在 2022 年征收数字服务税。	无	暂未
	32	乌拉圭	无	无	暂未
	33	哥伦比亚	无	无	暂未
	34	哥斯达黎加	无	无	暂未
	35	多米尼加	无	无	暂未
	36	墨西哥	无	无	暂未
	37	巴西	无	无	暂未
	38	智利	无	无	暂未
非洲	39	南非	无	无	暂未
	40	津巴布韦	无	无	暂未
	41	突尼斯	无	无	暂未
	42	安哥拉	无	无	暂未
	43	尼日利亚	无	无	暂未
	44	肯尼亚	无	无	暂未

2021 年 10 月 8 日,OECD 发布《关于应对经济数字化税收挑战双支柱方

案的声明》（以下简称《声明》）①，OECD/G20 主导的税基侵蚀和利润转移包容性框架（OECD/G20 Inclusive Framework on BEPS，以下简称包容性框架）②下140 个成员中的 136 个国家（地区）就"双支柱"解决方案达成共识，要求所有缔约方撤销对所有企业的所有数字服务税以及其他相关类似单边措施，并承诺未来不再引入类似措施。《声明》还要求，自 2021 年 10 月 8 日起，至 2023年 12 月 31 日或多边公约生效日中较早一日，各辖区不得对任何企业实施新立法的数字服务税或者其他相关类似单边措施，并将妥善协调撤销现行数字服务税以及其他相关类似措施的方式。如何监督和督促现有的数字服务税实施国家和地区履行该承诺是下一步工作的重点。

表 10-3　OECD 实施数字服务税国家数字服务税履行情况（截至 2020 年 5 月）③

国家	税率	范围	全球收入阈值（百万美元）	国内收入阈值（百万美元）	状况
奥地利（AT）	5%	在线广告	840	28	已实施（2020 年 1 月）；已加入《声明》，将依 OECD 支柱一的实施情况放弃实施数字服务税。
比利时（BE）	3%	出售用户数据	840	5.6	建议（2019 年 1 月首次提出数字服务税法案，但在 2019 年 3 月被否决；2020 年 6 月再次提出调整后的数字服务税建议；然而新政府已于 2020 年宣布将等待全球解决方案。）

① OECD: Statement on a Two-Pillar Solution to Address the Tax Challenges Arising from the Digitalisation of the Economy, October.8.2021, https://www.oecd.org/tax/beps/statement-on-a-two-pillar-solution-to-address-the-tax-challenges-arising-from-the-digitalisation-of-the-economy-october-2021.pdf.

② OECD/G20 主导的税基侵蚀和利润转移包容性框架（OECD/G20 Inclusive Framework on BEPS）成立于 2013 年，用以解决自从 2008 年金融危机之后产生的税基侵蚀与利润转移问题，并借此机会重构国际税收体系，使其更符合现代全球化的经济格局。目前共有 141 个国家和地区加入了包容性框架之中。

③ Daniel Bunn, Elke Asen, Cristina Enache, "Digital Taxation around the World", *Tax Foundation*, pp.51-53.

续表

国家	税率	范围	全球收入阈值（百万美元）	国内收入阈值（百万美元）	状况
捷克共和国（CZ）	5%	• 有针对性的线上广告 • 多边线上平台的适用 • 提供用户数据（适用额外的门槛）	840	4	未实施（由于新冠肺炎疫情的影响，对数字服务税问题的讨论被推迟；拟议将修正案税率自 7% 降至 5%。）
法国（FR）	3%	• 提供数字接口 • 基于用户数据的广告服务	840	28	已实施（从 2019 年 1 月起追溯适用；已加入《声明》，将依 OECD 支柱一实施情况放弃实施数字服务税。）
匈牙利（HU）	7.5%	广告收入	0.34	不适用	已实施（作为一项临时措施，广告税率已降至 0%，有效期自从 2019 年 7 月 1 日至 2022 年 12 月 31 日）
意大利（IT）	3%	• 线上平台的广告 • 允许用户购买 / 出售商品的数字平台 • 使用数字平台产生的用户数据	840	6	已实施（2020 年 1 月；已加入《声明》，将依 OECD 支柱一的实施情况放弃实施数字服务税。）
拉脱维亚（LV）					已宣布 / 计划实施（拉脱维亚政府进行了一项研究，以确定基于该国征收 3% 的数字服务税所带来的税收增长。）
挪威（NO）					已宣布 / 计划实施（挪威计划在 2021 年推出一项单项措施，但尚未实施。）
波兰（PL）	1.5%	线上流媒体服务			已实施（自 2020 年 7 月生效，对广播公司、科技公司和出版商的广告收入的征税有不同的提案。）
葡国（PT）	4%、1%	视频共享平台上的视听商业传播（4%），订阅视频点播服务			计划实施（从 2021 年 2 月起生效）

续表

国家	税率	范围	全球收入阈值（百万美元）	国内收入阈值（百万美元）	状况
斯洛伐克（SK）					未实施（财政部就对征收数字服务税的建议进行了磋商；但是，尚未采取进一步的措施。）
斯洛文尼亚（SI）					已宣布并有意图实施（财政部宣布了一项政府提案，即在 2020 年 4 月出的台数字服务税的立法草案；但尚未有进展。）
西班牙（ES）	3%	• 在线广告服务 • 出售用户数据 • 网上广告的销售	840	3	已实施（从 2021 年 1 月起生效；已加入《声明》，将依 OECD 双支柱计划的实施情况放弃实施数字服务税。）
土耳其（TR）	7.5%	在线服务，包括广告、内容销售和社交媒体网站上的付费服务	840	4	已实施（从 2020 年 3 月起生效；总统可将消费税率降低至 1%，或提高至 15%；已加入《声明》，将依 OECD 双支柱计划的实施情况放弃实施数字服务税。）
英国（GB）	2%	• 社会媒体平台 • 互联网搜索引擎 • 在线市场	638	32	已实施（可追溯至 2020 年 4 月 1 日；已加入《声明》，将依 OECD 双支柱计划的实施情况放弃实施数字服务税。）

第三节　数字服务税的合理和合法性质疑

一、数字服务税的合理性质疑

（一）数字服务税的理论创新："用户参与创造价值"

综观各国有关数字服务税的讨论和论证，可以发现，以法国、英国和欧盟委员会的数字服务税方案多以"用户参与创造价值"作为理论基础，[①]认为用户在数字化经济活动中以提供数据的方式创造了价值，因此用户所在国有权对这部分价值征税。需要指出的是，虽然各国多以"用户参与"作为数字服务税的理论依据，但国际社会对于"用户参与"价值创造机理的认识尚不完全一致。例如，欧盟委员会的数字服务税提案和英国的数字服务税咨询文件，均阐释了"用户参与"在特定数字商业模式下的价值创造，但两者在认定"用户参与"如何创造价值时存在差异。[②]

　　欧盟委员会认为，"用户参与"可以通过两种途径创造价值：①用户在数字界面上的活动所产生的数据，通常被用于向相关用户定向发送广告，或者被用于有偿传输给第三方；②用户在多边数字界面上的积极、持续参与也会创造价值，例如从平台下载信息或向平台传输信息，或者通过平台开展直接或间接的货物贸易或服务贸易[③]。而英国认为，"用户参与"主要通过四种渠道创造价值：①上传数字内容；②深度参与平台建设；③互联网效应和外部性；④品牌建设。[④]近年来，国际税收政策改革呈现出将跨国企业通过跨境数字活动获取的利润，向市场国倾斜分配的趋势。"用户参与创造价值"理论符合这一趋势，因此受到越来越多国家（地区）的青睐。OECD 在 2019 年 5 月发布的《工作计划—制定应对经济数字化税收挑战的全球共识方案》（以下简称《工作计划》）[⑤]中，沿袭了 OECD 此前的工作成果，区分应对经济数字化税收挑战的两大支柱，即"修订的联结度和利润归属规则"与"全球反税基侵蚀提案"。其中，第一支柱纳入了英国对征税权划分规则提出的"用户参与"提案，认为高度数字化企业通过用户的积极参与以及贡献的数据和内容创造了价值，而该部

①　OECD："Public Consultation Document Addressing The Tax Challenges Of The Digitalisation Of The Economy"，13 February – 6 March. 2019，https：//www.oecd.org/tax/beps/public-consultation-document-addressing-the-tax-challenges-of-the-digitalisation-of-the-economy.pdf.

②　管彤彤："数字服务税：政策源起、理论争议与实践差异"，载《国际税收》2019 年第 11 期。

③　European Commission, "Proposal for a COUNCIL DIRECTIVE on the common system of a digital services tax on revenues resulting from the provision of certain digital services"，March 21.2018, p.7.

④　HM Treasury, "Digital Services Tax：Consultation" November. 2018，https：//www.gov.uk/government/consultations/digital-services-tax-consultation, pp.6-7.

⑤　OECD："Programme of Work to Develop a Consensus Solution to the Tax Challenges Arising from the Digitalisation of the Economy"，May.31.2019，https：//www.oecd.org/tax/beps/programme-of-work-to-develop-a-consensus-solution-to-the-tax-challenges-arising-from-the-digitalisation-of-the-economy.htm.

分价值在现行国际税收规则并没有向用户所在国分配，应修改利润分配规则以及征税联结度规则，以使得用户所在国对"用户参与"创造的价值部分，向经营社交媒体平台、搜索引擎和线上市场的企业征税。目前该《工作计划》已成为未来经济数字化税收统一方案的基础，即"用户参与"作为数字服务税的理论基础，将对国际社会最终的数字化税收方案产生深远的影响。①

（二）数字服务税的理论质疑：是否符合"价值创造"原则

在 OECD《中期报告》中，OECD 明确了"价值创造"规则在应对数字经济化税收挑战的重要性，并在之后致力于在用户参与创造价值为基础上达成全球共识。但问题在于，尽管"价值创造"规则目前已得到了广泛的认同，由于其概念过于含糊，各国尚未对其达成共识。②

以上述欧盟数字服务税提案为例，欧盟数字服务税指令中指出，"在严重依赖用户参与的商业模式，现有的规则导致了征税地与价值来源之间的矛盾。从税收角度看，这带来了双重挑战。首先，企业从用户那里获得的投入，实际上构成了公司的价值创造，而该价值可能位于开展数字活动的公司并没有实际设立常设机构的税收管辖区，因此不能对这种活动产生的利润征税。其次，即使公司在用户所在的司法管辖区有一个常设机构，在决定在每个国家应支付多少税款时，用户参与所创造的价值并不是考虑因素。这造成了数字市场参与者之间竞争的扭曲，并对收入产生了负面影响。"③"目前推出数字服务税的国家或地区，均强调用户在价值创造中的贡献，因此用户所在地的国家有权征税。然而，对于用户通过"用户参与"的方式提供的数据本身，是否创造了价值、如何创造价值，以及创造了多少价值，目前并无共识。"④还有学者认为，"数据只是加工成产成品的原材料，其本身并不产生主要价值，是企业分析和加工数据的活动，赋予了这些数据价值"。⑤除此之外，还包括其他问题，如用户参与并不总为企业带来积极效应，如何排除消极效应的影响？以及如何对单一使用网络平台等服务的用户，尤其是免费使用的用户进行定价？可见，用户参与过程中是否创造了价值，以及此类价值如何认定，都会

---

① 管彤彤："数字服务税：政策源起、理论争议与实践差异"，载《国际税收》2019 年第 11 期。
② 管彤彤："数字服务税：政策源起、理论争议与实践差异"，载《国际税收》2019 年第 11 期。
③ European Commission, "Proposal for a COUNCIL DIRECTIVE on the common system of a digital services tax on revenues resulting from the provision of certain digital services", March 21.2018, pp.2-3.
④ 管彤彤："数字服务税：政策源起、理论争议与实践差异"，载《国际税收》2019 年第 11 期。
⑤ 许海燕："论云计算交易所得的国际税收管辖权"，载《国际税收》2021 年第 1 期。

对数字服务税的合理性产生怀疑。

二、数字服务税的合法性质疑

（一）数字服务税是否符合国际税法

国际税法主要由主权国家之间缔结的双边所得税条约组成。因此，为了分析数字服务税，必须首先考虑的一个基础问题是，应该适用哪一个税收条约。以法国数字服务税为例，法国的数字服务税规定，该税种应在公司集团层面进行评估，公司集团包括由母公司直接或间接拥有或控制的所有公司。这意味着，数字服务税是对集团内每一个产生数字服务税所定义的收入的公司征收的。因此，公司集团内每一家在法国提供相关服务的公司都可以对该措施提出质疑，而这些质疑所依据的条约取决于质疑公司的税务居住地。[①] 此外，考虑到法国数字服务税所针对的大多数美国"科技巨头"，例如谷歌欧洲总部都在爱尔兰，谷歌爱尔兰公司可以根据法国和爱尔兰缔结的双边税收条约提出质疑，因为根据《爱尔兰－法国双边所得税条约》第2条的规定，谷歌爱尔兰公司是爱尔兰的税收居民，有权享受该条约规定的保护[②]。此外，谷歌公司还可以根据美国和法国缔结的双边税收协定提出质疑。考虑到以 OECD 所得税示范法订立的上述双边税收条约都包括实质上类似的语言和条款，以下分析将以《美国－法国双边税收协定》和《爱尔兰－法国双边税收协定》为例，讨论数字服务税所引起的国际税收问题。这项分析涉及两个问题：①法国的数字服务税是否属于税收条约所涵盖的税种；②法国的数字服务税是否违反了税收条约的非歧视条款。

1. 数字服务税是否属于税收条约所涵盖的税种。为了确定数字服务税是否是双边税收条约所涵盖的税种，必须进行两项调查：一是数字服务税是否是对收入或收入要素征税；二是数字服务税是否与条约列举的所得税税种相同或基本相似，即数字服务税是否可以归属于直接税所得税。

《美国－法国双边税收协定》第2条[③]和《爱尔兰－法国双边税收协定》规

[①] CHRIS FORSGREN, SIXIAN (SUZIE) SONG, AND DORA HORVÁTH："Digital Services Taxes：Do They Comply with International Tax, Trade, and EU Law?" *Tax Foundation*, p.3.

[②] "Double Taxation Treaty between Ireland and France"，March 21,1968,p.3，https：//www.revenue.ie/en/tax-professionals/tax-agreements/double-taxation-treaties/F/france.aspx.

[③] "Convention between the government of the United States of America and the government of the French Republic for the Avoidance ofDouble Taxation and the Prevention of Fiscal Evasion with respectto Taxes on Income and Capital"，August 31, 1994, p.1 ，https：//www.irs.gov/businesses/international-businesses/france-tax-treaty-documents.

定，"所有代表国家征收的税款，无论其征收对象为总收入、总资本或利润或资本要素"，均适用本条约。若总营业额作为一个整体可以被视为收入的一个组成部分，因为收入等于总营业额减去支出。这意味着对总营业额征税将受条约约束。然而，基于 OECD 示范双边税收协定，应根据示范公约的评注来解释双边税收协定相关术语。1992 年经合组织税收协定范本（1996 年《美国－法国双边税收协定》签署和批准时生效的范本）的评注多次提到"收入项目"，但从未将总营业额称为"收入项目"。税收协定范本注释明确承认"股息""利息""特许权使用费""工资"和"薪水"是受条约约束的收入项目。这些项目中的每一项都是收入的一个要素，从某种意义上说，每个项目都是收入计算中的一个组成部分。然而，这些项目中的每一项都比广义的"收入"要窄得多。[1]如果税收协定范本的起草者打算将收入税视为对"收入要素"征税并因此受条约约束，那么评注似乎很可能在列出其他项目和类别时列出了"收入"受条约约束的收入。

由此可以推断，尽管收入的计算涉及总营业额，在技术上可以将总营业额视为收入的一个要素或项目，但条约缔约方并不打算将总营业额视为收入的一个要素。因此，法国数字服务税似乎有可能超出条约的范围。[2]

此外，法国数字服务税可能不是对企业利润征税的直接税，而属于销售税等间接税范畴。

《美国－法国双边税收协定》并没有对于何为"利润"进行确定定义。该协定第 3 条规定，当美国或法国适用该条约时，未定义的术语将"根据其在该国税法中的含义"进行解释[3]。对"利润"的典型理解是总收入减去赚取该收入所花费的成本。收入是指"企业因为其提供的产品和服务而获得的收入……"净收入（或称利润）是指从总收入中扣除成本费用后的剩余部分。这种理解也反映在法国的公司税法中，该法针对企业在法国赚取的利润（les bénéfices）进行征税，并允许扣除正常的业务成本费用。这种对利润的理解也反映在《美国－法国双边税收协定》第 7 条中，该条指出，各国应允许扣除"与此类利润

---

① Katherine E. Karnosh：COMMENT：*The Application of International Tax Treaties to Digital Services Taxes*, 21 Chi. J. Int'l L., p.520.

② CHRIS FORSGREN, SIXIAN (SUZIE) SONG, AND DORA HORVÁTH："Digital Services Taxes：Do They Comply with International Tax, Trade, and EU Law?" *Tax Foundation*, p.3，https：//taxfoundation.org/france-digital-tax-international-tax-law-trade-law-eu-law/.

③ Id, p.2

相关的合理费用"①。法国数字服务税不允许扣除此类费用。鉴于对收入和利润的理解上的差异，法国数字服务税中的"收入税"不太可能被视为对"商业利润"征税。为了进一步论证法国的数字服务税不是对企业利润征税，需要说明的是，销售税通常是对商品或服务的总销售价格征收的，相当于总营业额，因此销售税被归类为消费税而不是所得税。法国的收入税似乎更像是一种销售税，而不是所得税。考虑到在法国宣布其数字服务税后不久，亚马逊宣布将向卖家收取的亚马逊商城费用提高 3%（亚马逊随后预计会提高销售价格以将成本转嫁给消费者），这种将税收最终转嫁给个人消费者的方法是消费税（而不是所得税）的标志。②基于这些考虑，似乎可以推断法国数字服务税不是条约税。③

　　综上，数字服务税与双边税收协定所列举的税种不完全相同或实质上相似，因为它是针对数字服务的供应而征收的，不考虑供应商的经济状况，尽管该税种仍由公司承担。它不同于法国的公司税或其他会根据目标公司的盈利能力或其他因素而变化的税种。

　　2. 数字服务税的征收是否违反非歧视条款。即使数字服务税不属于双边税收协定条约所得税的范围，法国数字服务税可能违反双边税收协定中的非歧视条款。例如《爱尔兰－法国税收协定》非歧视条款（第 22 条），其范围广泛包括了"各种类型的税收"，且允许对数字服务税违反非歧视义务的行为提出质疑。④根据该协定第 22 条，质疑数字服务税的公司可以根据情况提出三种要求。

　　以谷歌为例，谷歌爱尔兰公司可以根据上述协定第 22 条第 1 款提出"国籍歧视"。对于谷歌爱尔兰公司在法国设立的分支机构或任何其他常设机构，它可以根据第 4 款主张"常设机构歧视"。此外，第 22 条第 5 款允许谷歌法国作为谷歌爱尔兰公司的子公司，就数字服务税方面的任何差别待遇提出"外国所有权歧视"。

---

① "Convention between the government of the United States of America and the government of the French Republic for the Avoidance ofDouble Taxation and the Prevention of Fiscal Evasion with respectto Taxes on Income and Capital", August 31, 1994, p.6, https：//www.irs.gov/businesses/international-businesses/france-tax-treaty-documents.

② Katherine E. Karnosh：COMMENT：*The Application of International Tax Treaties to Digital Services Taxes*, 21 Chi. J. Int'l L., p.536.

③ Katherine E. Karnosh：COMMENT：*The Application of International Tax Treaties to Digital Services Taxes*, 21 Chi. J. Int'l L., p.519.

④ CHRIS FORSGREN, SIXIAN (SUZIE) SONG, AND DORA HORVÁTH："Digital Services Taxes：Do They Comply with International Tax, Trade, and EU Law?" Tax Foundation, p.3., https：//taxfoundation.org/france-digital-tax-international-tax-law-trade-law-eu-law/.

谷歌爱尔兰公司和其他类似的爱尔兰技术公司可以成功主张"国籍歧视"，因为数字服务税利用全球收入门槛对其进行了歧视。全球收入门槛旨在排除那些集团的全球收入达不到一定标准的公司，其中大多数是法国公司。①

虽然可以说，引入全球收入门槛是为了实现数字服务税只针对大公司的目标，但实际上是没有必要的，因为法国收入门槛本身就可以实现这一目标。②因此，全球收入门槛本质上是一个无关紧要的因素，仅仅是为了区分法国公司和爱尔兰公司，即使没有明确提到它们的国籍。因此，由于排除了除集团全球收入外与爱尔兰公司相同的法国公司，数字服务税歧视了谷歌爱尔兰公司和其他类似的爱尔兰技术公司。

同样，谷歌法国公司和爱尔兰公司在法国的类似子公司，如果被征收数字服务税，与它们在法国拥有的同类公司相比，也会受到歧视，它们很可能在"外国所有权歧视"的索赔中胜出。然而，爱尔兰公司在法国设立的常设机构很可能无法主张"常设机构歧视"，因为作为对总收入的征税，数字服务税并不是协定第 4 条所定义的、第 22 条第 4 款所涵盖的常设机构税，因此不构成常设机构的歧视。③

总之，尽管法国的数字服务税不是条约所涵盖的税种，但目标"科技巨头"的爱尔兰总部及其法国子公司仍有可能根据《爱尔兰 - 法国双边所得税协定》的非歧视条款成功挑战数字服务税。

（二）数字服务税是否符合国际贸易法

在国际贸易法方面，有三个法律协定与数字服务税的分析有关：WTO 关于电子传输关税的暂停令（以下简称暂停令）；GATS；以及双边或诸边自由贸易协定。

1. WTO 暂停征收电子传输的关税与数字服务税。1998 年，在 WTO 规则下如何对待电子商务的问题上出现了僵局，成员们同意"不对电子传输征收关税"。④WTO 对电子传输的暂停关税可能不包括法国的数字服务税，因为它特别限于正式的"关税"。而法国数字服务税是否构成事实上的"关税"尚存争

---

① CHRIS FORSGREN, SIXIAN (SUZIE) SONG, AND DORA HORVÁTH: "Digital Services Taxes: Do They Comply with International Tax, Trade, and EU Law?" Tax Foundation, p.14, https://taxfoundation.org/france-digital-tax-international-tax-law-trade-law-eu-law/.

② Id, p.15.

③ Id, p.16.

④ WTO: "Webinar on the Moratorium on Customs Duties on Electronic Transmissions", https://www.wto.org/english/tratop_e/ecom_e/ecom_webinar_13jul2020_e.htm.

议。此外，该关税禁令不受 WTO 争端解决机制的约束，因此该法律协定不能被用作质疑法国数字服务税违反国际贸易法的有力依据。①

2.GATS 与数字服务税。根据 GATS 第 1.2 条的定义，虽然各国数字服务税征税范围都有所不同，但基本都涵盖在 GATS 的定义之中。因此，WTO 成员若是实施数字服务税将有可能违反该法的规定。"而服务贸易壁垒的最终确定需要考察该歧视是否违反最惠国待遇及国民待遇的要求，以及这种违反能否适用一般性例外规定予以排除。"②

（1）最惠国待遇、国民待遇规则与数字服务税。GATS 第 2 条规定了最惠国待遇。③最惠国待遇规则的核心特征在于，一国给另一国的服务或服务提供者的待遇不能低于其他国家服务或服务提供者的待遇。而各国典型数字服务税立法的纳税主体都是提供特定服务的且符合特定收入门槛的大型企业，并没有针对特定国家，因此数字服务税没有违反 GATS 之下的最惠国待遇原则。

GATS 第 17 条规定了国民待遇原则。④国民待遇原则要求，一国向另一国的服务或服务提供者提供的待遇不能低于本国提供相同或类似服务的服务或服务提供者的待遇。若要利用国民待遇挑战数字服务税的合法性，需要"证明两国服务供应商和其提供的服务之间具有相似性，并确认外国供应商受到了较差的待遇"⑤，以及"两国的数字服务供应商是否需要缴纳数字服务税之间唯一有意义的区别是国家"⑥。从待遇标准上来判断，当一国采取数字服务税作为单边措施时，很有可能使得外国公司相较于本国相同或类似产品的服务或服务提供者处于不利的待遇，构成对国民待遇的违反。"数字服务税会很有可能构成对外国服务商的双重征税问题，这既需要双边、多边的持续谈判，也需要其他国家推出相对应的制度。一旦其他成员国无法及时推出相应制度时，也会对这些服务提供者造成重大影响。同时从实践来看，本国企业往往会享受诸多财政

① CHRIS FORSGREN, SIXIAN (SUZIE) SONG, AND DORA HORVÁTH: " Digital Services Taxes：Do TheyComply with International Tax, Trade, and EU Law?" *Tax Foundation*, p.6.

② 茅孝军："新型服务贸易壁垒：'数字税'的风险、反思与启示"，载《国际经贸探索》2020 年第 7 期。

③ WTO：" General Agreement on Trade in Services"，p.286, https://www.wto.org/english/docs_e/legal_e/26-gats_01_e.htm.

④ Id, p.298.

⑤ CHRIS FORSGREN, SIXIAN (SUZIE) SONG, AND DORA HORVÁTH: " Digital Services Taxes: Do They Comply with International Tax, Trade, and EU Law?" *Tax Foundation*, p.8.

⑥ CHRIS FORSGREN, SIXIAN (SUZIE) SONG, AND DORA HORVÁTH: " Digital Services Taxes: Do They Comply with International Tax, Trade, and EU Law?" *Tax Foundation*, p.8.

补贴、税收优惠等内容。在这种前提下强调'数字服务税'的统一适用，似乎无法令人信服。"① 因此，采取单边措施形式的数字服务税立法很有可能构成对GATS下国民待遇的违反。

（2）数字服务税与一般性例外抗辩。GATS第14条规定了一般性例外规定。具体而言，"数字服务税"的歧视适用一般例外性规定需满足以下几个要件：存在差别待遇、该差别待遇具有合理性、不得形成歧视或隐藏的限制（合法性）。② 按GATS第14条是关于一般例外条款的规定。实施数字服务税的国家可能想利用该条款来抗辩这种单边措施行为的合法性。但若要用一般例外抗辩来证明数字服务税的合法性仍存在问题。以法国为例，其数字服务税的征税对象是提供相应服务的收入，是一种典型的间接税，而"适用一般性例外规定要求采取措施应当限于稽征措施或所得税中的相关制度；……将数字服务税设计成为一种直接税，数字服务税难以发挥作用。"③因此，作为间接税，数字服务税不能适用一般例外抗辩，而直接税形式的单边措施又无法应对数字经济化的挑战，相关国家无法利用一般性例外抗辩来为数字服务税辩护。

因此，采取数字服务税很可能违反国民待遇原则，且无法适用该法第14条的一般例外抗辩，最终可能构成一种新的服务贸易壁垒，甚至可能为各国重新采用"贸易保护主义"提供机会。"虽然这并不意味着所有开征数字服务税的国家均带有此目的，但这无法否认数字服务税成为一种服务贸易壁垒的风险。"④

3. 自由贸易协定与数字服务税。虽然目前美国和法国之间没有自由贸易协定，但随着数字服务税扩散到更多的国家，自由贸易协定将有可能作为适用于这些措施的另一种法律制度发挥作用。因此，根据美国和欧洲贸易协定中的标准条款，评估像法国的数字服务税这样的措施是否符合规定是很重要的。

---

① 茅孝军："新型服务贸易壁垒：'数字税'的风险、反思与启示"，载《国际经贸探索》2020年第7期。

② WTO："General Agreement on Trade in Services"，p.295，https：//www.wto.org/english/docs_e/legal_e/26-gats_01_e.htm.

③ 茅孝军："新型服务贸易壁垒：'数字税'的风险、反思与启示"，载《国际经贸探索》2020年第7期。

④ 茅孝军："新型服务贸易壁垒：'数字税'的风险、反思与启示"，载《国际经贸探索》2020年第7期。

根据被誉为数字贸易规则的"黄金标准"的 UJDTA① 美国可以成功质疑法国数字服务税这样的措施。这是因为法国式的数字服务税可能违反了该协议中关于国内税收的非歧视义务。此外，法国式的数字服务税并不符合协议中的任何例外情况 —— 这些例外情况反映了 GATS 第 14 条。

另一方面，如果该协议反映了 CETA②，那么对法国类似数字服务税措施的质疑可能很难成功。法国式的数字服务税将与 CETA 禁止对电子交付征收关税的规定相一致，因为这些规定明确排除了类似数字服务税的内部税收。即使假设数字服务税违反了 CETA 服务贸易章节中的国民待遇和最惠国待遇条款，其根据该协议的例外条款也能认定是合法的，CETA 下的例外条款要比 GATS 第 14 条宽松得多。③ 最后，值得注意的是，在自由贸易协定下，质疑数字服务税的效力取决于有关协定是否有一个有约束力的执行机制。如果没有这样的机制，提出质疑的国家也无法迫使实施数字服务税的一方取消或改变该措施。

第四节　数字经济税收挑战的全球治理

在经济数字化的背景下，数字经济对于现有的国际税收制度产生了很大的冲击与挑战，且随着这种挑战带来的经济后果持续加剧，如何改进现有的国际税收制度以应对此类威胁已经引起了各国际组织的广泛关注与重视，各国也都致力于能够在税收方面改变现有规则，设置新的利润分配规则，使得国家间对利润的征税权分配更加的公平合理。其中，以联合国及 OECD 为首的国际组织致力于通过协商谈判以及出台协定范本等方式追求达成各国共识，目前，OECD 双支柱计划中，已经有 136 个国家加入了《声明》，并且已经公布支柱二的规则范本，支柱一的范本也将于 2022 年公布；联合国层面上，联合国税收委员会于 2020 年开始探索对《联合国关于发达国家与发展中国家间双重征税的协定范本》（以下简称《联合国税收协定范本》）第 12 条的修改，并已经过两轮的讨论。下一步，各方将继续努力，达成全球

---

① U.S.-Japan Digital Trade Agreement；October 7, 2019, https：//ustr.gov/sites/default/files/files/agreements/japan/Agreement_between_the_United_States_and_Japan_concerning_Digital_Trade.pdf.

② EU-Canada Comprehensive and Economic Trade Agreement；October. 30, 2016, https：//ec.europa.eu/trade/policy/in-focus/ceta/.

③ CHRIS FORSGREN, SIXIAN (SUZIE) SONG, AND DORA HORVÁTH：" Digital Services Taxes：Do They Comply with International Tax, Trade, and EU Law?" *Tax Foundation*, p.8.

共识，针对征税权的分配问题尽早出台全球方案，在保障税收公平，解决税基侵蚀问题，保障各国税收利益的同时，防止各国实施单边措施对市场与创新造成阻碍。

一、联合国税收协定范本"自动化服务收入"税收改革

2020 年 8 月 6 日，联合国税收委员会提出了一种数字服务税改革方案，提出对《联合国税收协定范本》中第 12B 条（自动化数字服务收入）的讨论，以调整国家间的数字经济征税权分配问题。随后，根据各方反馈意见，联合国对第 12B 条进行了修订，并于 2020 年 10 月发布了修订草案。[①]

"《联合国税收协定范本》更新小组委员会的工作涉及修订第 12 条中'特许权使用费'的定义，将增加使用'计算机软件'或有权使用'计算机软件'而收取的任意形式的款项相关内容。"[②] 根据第 12B 条款，来自一缔约国的自动数字服务的收入，如果支付给另一缔约国的居民，可以由另一缔约国征税。该方案的实质是将自动化数字服务收入纳入特许权使用费范畴，利用现行的预提税机制对其进行征税。"其中，自动化数字服务是指在因特网或电子网络上提供的、需要服务提供者最少人工参与的服务，包括在线广告服务、出售或转让用户数据、在线搜索引擎、在线中介平台服务、社交媒体服务、数字内容服务、在线游戏、云计算服务以及标准化在线教学服务。"[③]

考虑到发展中国家的能力有限，且防止其承受较高的行政成本，该条款规定的税基是缔约国对非居民提供的自动化数字服务的总收入，该方案较为简单，不涉及过多的执法成本。但是税收协定范本也提供了一定的选择权，"纳税人有权选择按照年度净利润纳税，可以要求来源国对其合格利润征税，其中合格利润是按照纳税人自动化数字服务利润率与在来源国获取的自动化数字服务年收入总额计算所得金额的 30%。"[④] 同时，《联合国税收协定范本》中第 12B 条没有直接规定税率，但是联合国建议税率应当采用 3% 或 4%，采取这样的税率不

---

① 中国信息通信研究院政策与经济研究所：《数字经济对税收制度的挑战与应对研究报告（2020 年）》2020 年 12 月。

② "联合国修订税收协定范本，特许权使用费定义取得新进展"，载于贸法通，https://www.ctils.com/articles/1421，最后访问时间：2022 年 8 月 10 日。

③ 中国信息通信研究院政策与经济研究所："数字经济对税收制度的挑战与应对研究报告（2020 年）"，载 https://pdf.dfcfw.com/pdf/H3_AP202012111439194874_1.pdf?1607695812000.pdf.

④ 中国信息通信研究院政策与经济研究所："数字经济对税收制度的挑战与应对研究报告（2020 年）"，载 https://pdf.dfcfw.com/pdf/H3_AP202012111439194874_1.pdf?1607695812000.pdf.

会对企业造成过度的负担。

"值得注意的是，联合国的提案是基于'付款'的溯源规则而非'用户所在地'。这是由于联合国认为数字服务税所倚靠的价值创造的概念过于主观和模糊，在管理上非常困难，因此有意识地将提案与'支付'挂钩。"① 该方案更为简单，直接依据付款来给予来源国的征税权，同时规避了 OECD 中在征税权划分上需要对金额 A 的判断以及具体利润分配的不便。

然而尽管联合国的提案更为简单，可操作性较强，很大程度上为某些发展中国家不具备强大的行政能力以及无法负担过高的执法成本等因素都考虑在内，"但基于'付款'而非'用户所在地'的规则意味着该方案忽略了数字经济的一个重要特征—— 用户成为价值创造的重要主体，这导致联合国的提案相较于 OECD 支柱一方案与数字经济的匹配度还不够充分，对于解决数字经济税收挑战而言可能仍不够彻底。"②

2021 年 3 月，联合国税收协定范本更新小组委员会发布了一份新的讨论稿，继续针对方案中 12B 的最新进展情况进行审议，并于 2021 年 4 月向专家委员会汇报。下一步，联合国将进一步对该方案进行完善，最终制定出一套适用于当前数字问题并达成国际共识的新规则。

二、OECD"双支柱"国际税收新秩序（BEPS2.0）

（一）OECD 数字化税收政策说明框架下"双支柱"的提出

2019 年 2 月，OECD 为在数字服务税收方面达成全球共识，就其建议发布了公众咨询③，并该建议分为两个支柱。2019 年 5 月 31 日，OECD 在公众咨询文件的基础上，综合各方意见，发布了《工作计划—— 制定应对经济数字化税收挑战的全球共识方案》（以下简称《工作计划》）④，对双支柱方案可能造成的经济影响与问题进行分析，并承诺将在 2020 年年底向 G20 提交相应报告。

① 中国信息通信研究院政策与经济研究所："数字经济对税收制度的挑战与应对研究报告（2020年）"，载 https://pdf.dfcfw.com/pdf/H3_AP202012111439194874_1.pdf?1607695812000.pdf.

② 中国信息通信研究院政策与经济研究所："数字经济对税收制度的挑战与应对研究报告（2020年）"，载 https://pdf.dfcfw.com/pdf/H3_AP202012111439194874_1.pdf?1607695812000.pdf.

③ OECD: "Public consultation on the tax challenges of digitalization", March 13-14.2019, https://www.oecd.org/tax/beps/public-consultation-tax-challenges-of-digitalisation-13-14-march-2019.htm.

④ OECD: "Programme of Work to Develop a Consensus Solution to the Tax Challenges Arising from the Digitalisation of the Economy", May.31.2019, https://www.oecd.org/tax/beps/programme-of-work-to-develop-a-consensus-solution-to-the-tax-challenges-arising-from-the-digitalisation-of-the-economy.htm.

支柱一主要解决数字化时代对企业跨境数字经济活动的收入征税权如何划分的问题。公众咨询文件与《工作计划》中提出三个建议：①用户参与建议，即对某些特殊领域内的企业的利润征税；②营销型无形资产，即对可能包含对用户价值创造的某种认可无形资产征税，它提供了一个更普遍的且不限于高度数字化产业的方法，可能适用于所有数据、关系或促销活动；③关于建立数字化常设机构的建议。[1]"这三个建议虽然在侧重点和范围方面有所不同，但针对的都是由营销、分销或用户相关活动创造的价值、因没有物理存在而无法课税的现实，认为需要进行'课税权的重新分配'，或形成'新课税权'，将更多的课税权分配给消费者和/或用户所在的辖区。"[2]

　　在《工作计划》中，OECD 进一步完善了针对支柱一的建议，将其概括为新的利润分配规则与新的联结度规则两个方面，并明确了下一步的工作重点。利润分配规则主要解决如何将利润额分配给消费者和/或用户所在的辖区；而联结度规则使得不同的税收辖区对分配的利润额有权进行征税。此外，包容性框架"基本认同，支柱一新联结度和利润分配规则的适用对象不应仅局限于'高度数字化的商业模式'，也需要将对'营销型无形资产'依赖程度较低的跨国企业排除出第一支柱规则的适用对象范围。"[3]

　　支柱二被称为"全球反税基侵蚀建议"（Global anti-base erosion proposal，以下简称 GloBE），主要解决税基侵蚀问题。支柱二下包含了两个规则：收入纳入规则旨在对目标企业进行最低限度的征税，当跨国公司的海外分支机构或实体所得税的有效税率低于某一税率时，应当由其股东或母公司对该所得补足税款。该规则的实施可以形成一种"全球最低税"。而税基侵蚀支付课税规则针对外国公司在本国的分支机构或其他实体的支付。这两个规则相辅相成，"当跨国公司在国外所得税率低于一定标准时，前者可以保障居民国的税收权益；而后者可以有效保护来源国的利益"[4]。

　　2019 年 9 月与 11 月，OECD 先后发布有关支柱一与支柱二的提案，并

---

① See Antony Seely, "Digital Services Tax", *House of Commons Library*, July 2.2021, pp.71-72.
② 韩霖："OECD 应对经济数字化税收挑战的工作计划：简介与观察"，载《国际税收》2019 年第 8 期。
③ 霍军："跨境经济数字化与国际税收规则变局"，载《税务研究》2021 年第 9 期。
④ 韩霖："OECD 应对经济数字化税收挑战的工作计划：简介与观察"，载《国际税收》2019 年第 8 期。

发起公众咨询。《秘书处关于支柱一的统一方案提案》①中涉及税收管辖权分配问题，将适用范围进一步扩大，并且征税权不再基于实体存在，而是基于销售，以应对跨国数字企业在利润产生地不设有实体常设机构而无法向其征税的缺陷，同时新规则也尝试增加税收的确定性。而在《支柱二全球反税基侵蚀建议》②中包含四项规则以应对税基侵蚀问题，即收入纳入规则、低税支付规则、税款补足规则以及税收方法转换规则。

（二）"双支柱"蓝图报告的突破性进展

2020年1月，OECD发布《解决数字化经济税收挑战的双支柱方案的声明》，③指出将于同年年底出台全球共识的税收规则。2020年10月12日，OECD发布了《数字化经济税收挑战——支柱一蓝图报告》（以下简称《支柱一蓝图报告》）④《数字化经济税收挑战——支柱二蓝图报告》（以下简称《支柱二蓝图报告》）⑤以及相应的经济影响分析等系列文件，进一步完善了支柱一与支柱二项下的税收规则。在蓝图报告中，OECD与包容性框架都认可了双支柱方案。尽管各方并未完全达成一致，但仍然体现了各方对未来协议的关键方向、整体策略框架等的共识。

《支柱一蓝图报告》将跨境数字交易产生的收入在全球各税收管辖区之间重新公平合理地分配。该蓝图报告的适用范围采取了2019年9月公众咨询文件中的建议，将面向消费者的企业也纳入适用范围。支柱一蓝图报告主要分为三部分：①金额A：将给予市场国新的征税权，将一部分剩余利润分配至市场

① OECD: "Public Consultation - Secretariat Proposal for a 'Unified Approach' under Pillar One", November.15.2019. , https: //www.oecd.org/tax/beps/oecd-invites-public-input-on-the-secretariat-proposal-for-a-unified-approach-under-pillar-one.htm.

② OECD: "Global Anti-Base Erosion (GloBE) Proposal under Pillar Two", December.3.2019. , https: //www.oecd.org/tax/beps/oecd-secretariat-invites-public-input-on-the-global-anti-base-erosion-proposal-pillar-two.htm.

③ OECD: " Statement by the OECD/G20 Inclusive Framework on BEPS on the Two-Pillar Approach to Address the Tax Challenges Arising from the Digitalisation of the Economy", January 2020., https: //www.oecd.org/tax/beps/statement-by-the-oecd-g20-inclusive-framework-on-beps-january-2020.pdf.

④ OECD: "Tax Challenges Arising from Digitalisation – Report on Pillar One Blueprint", October.14.2020, https://www.oecd-ilibrary.org/sites/beba0634-en/index.html?itemId=/content/publication/beba0634-en.

⑤ OECD: "Tax Challenges Arising from Digitalisation – Report on Pillar Two Blueprint", October.14.2020, https://www.oecd-ilibrary.org/sites/abb4c3d1-en/index.html?itemId=/content/publication/abb4c3d1-en.

管辖区。金额 A 拟以国别报告的收入门槛 7.5 亿欧元为标准，新的联结度规则"明确了市场国能够重新分配作为 A 类金额的利润，以及具体的来源地规则和利润分配要素，并纳入安全港条款来避免当剩余利润已经按照现行独立交易原则分配的情况下被重复计算，在多个市场国中按合理比例计算金额 A 的抵免额，对金额 A 申报及缴纳简化监管流程等"①。②金额 B：不同于金额 A 与物理存在无关，金额 B 仅通过传统的物理联系适用。"金额 B 在市场管辖范围内的常规营销和分销功能下能够保证带来固定的回报。金额 B 增加了税收确定性，减少了重复征税的风险。"②③建立争议预防机制及有强制力的争议解决机制。为了加强税收确定性，包容性框架拟建立审查小组机制以避免金额 A 的争议；同时包容性框架也将探索其他具有约束力的强制性工具，以解决金额 A 以外的税收争议。

《支柱二蓝图报告》致力于设计全球最低所得税规则。该报告在以前文件的基础上提出的四种规则框架：收入纳入规则、转换规则、低税支付规则以及应税规则。这四种规则分别从不同角度共同确立了全球最低税率的制度。《支柱二蓝图报告》也提出了一系列简化征管的建议，也明确各规则适用顺序，防止造成重复征税，同时将一定的实体（包括投资基金、养老基金等）排除出适用范围等。至于全球最低税率的确定，《支柱二蓝图报告》尚未达成一致，有待各方的进一步磋商。

相比于 2019 年《工作计划》中的框架，《支柱一蓝图报告》与《支柱二蓝图报告》中提出了较为详细的税收征管细节以及流程，对于企业而言，能够较快地理解并评估现有的企业架构与商业模式带来的影响，并提前为合规做好准备。然而国家层面的影响将更为深远，"双支柱计划的此次修订引发国际税收规则的重大变化。双支柱的本次修改虽然始于经济数字化，但其国际税收规则架构发生了重大变化，实际适用范围已经超越了数字化企业。经济数字化不仅给数字企业进入那些它们没有或几乎没有商业实体的国家市场提供便利，也同时给非数字企业采用数字化商业模式提供了可能。"③蓝图报告下双支柱方案的适用范围的扩大也正是顺应数字化与经济不断融合的趋势，将在税收治理方面对国家与企业都产生深刻的影响。

---

① 参见普华永道："经合组织发布数字经济征税方案蓝图报告"，载《国际税务新知》2020 年第 5 期。

② Assaf Harpaz: "Taxation of the Digital Economy: Adapting a Twentieth-Century Tax System to a Twenty-First-Century Economy", 46 Yale J. Int'l L. 57., p.74.

③ 霍军："跨境经济数字化与国际税收规则变局"，载《税务研究》2021 年第 9 期。

（三）全球数字化税收 BEPS2.0 时代

OECD 于 2021 年 7 月 1 日发布的《解决经济数字化带来的税收挑战的"双支柱"解决方案声明》，[①]并于 2021 年 10 月 8 日对该文件进行了更新，发布了《声明》[②]，共有 136 个包容性框架成员签署《声明》，且世界上主要的经济大国都参与其中，由此，现行国际税收规则正式进入 BEPS2.0 时代。

根据《声明》，支柱一"旨在解决超大型跨国企业集团利润重新分配的问题，核心是利将跨国企业集团剩余利润的一部分作为金额 A 分配给市场辖区，以承认市场辖区消费者或用户的参与对数字经济商业模式价值创造的贡献。"[③]

从有关金额 A 的具体规则上看，首先，支柱一的适用范围包括"全球年收入超过 200 亿欧元且利润率超过 10% 的大型跨国公司，相关门槛按平均值计算。而采掘业和受监管的金融服务业不适用金额 A 规则。"[④]当符合上述条件的企业在某一税收辖区获得了超过 100 万欧元的收入时，可以参与征税权的分配。同时 OECD 也考虑到各税收管辖区市场之间的差异，对于国内生产总值小于 400 亿欧元的辖区，该联结度门槛为 25 万欧元。

在税基确定与利润分配问题上，收入超过 10% 的利润部分的 25% 当成是金额 A 分配给有权参与分配的市场辖区。同时，"金额 A 将作为收入为分配因子（即跨国公司在市场管辖区的收入占全球总收入的比例）参与分配。收入来源于产品或者服务被使用或者消费的最终市场辖区。为实现该原则，将针对不同交易类型制定具体的收入来源地规则。跨国企业应基于自身具体事实和情况，

---

① OECD, "Statement on a Two-Pillar Solution to Address the Tax Challenges Arising from the Digitalisation of the Economy", July.1. 2021, https：//www.oecd.org/tax/beps/statement-on-a-two-pillar-solution-to-address-the-tax-challenges-arising-from-the-digitalisation-of-the-economy-july-2021.htm.

② OECD, "Statement on a Two-Pillar Solution to Address the Tax Challenges Arising from the Digitalisation of the Economy", October.8. 2021, https：//www.oecd.org/tax/beps/statement-on-a-two-pillar-solution-to-address-the-tax-challenges-arising-from-the-digitalisation-of-the-economy-october-2021.htm.

③ 励贺林、骆亭安："收入来源规则：支柱一方案可行性的基石"，载《税务研究》2021 年第 10 期。

④ OECD, "Statement on a Two-Pillar Solution to Address the Tax Challenges Arising from the Digitalisation of the Economy", October.8. 2021, p.1, https：//www.oecd.org/tax/beps/statement-on-a-two-pillar-solution-to-address-the-tax-challenges-arising-from-the-digitalisation-of-the-economy-october-2021.htm.

使用可靠的方法执行收入来源地规则"①。

《声明》还建立了较完备的争议预防措施与强制性争议解决措施，其"可适用于所有与金额 A 有关的事项，对于判断某事项是否与金额 A 有关的争议也包含其中。具有推迟 BEPS 第 14 项行动计划资格，且没有或很少有相互协商程序争议案件的发展中经济体有资格选择适用有约束力的争议解决机制，但仅限于与金额 A 有关事项的争议。OECD 将对这一资格进行定期审议。"② 支柱一的金额 A 规则将设计为多边公约的形式，争取在 2022 年完成签署并于 2023 年生效。金额 A 将致力于将跨国大型公司从事特定业务所获得的收入在全球范围内更合理地分摊，保障税收利益分配的公平。

对于金额 B，《声明》中并未过多提及，只是承诺有关金额 B 的工作将在 2022 年年底完成，原因是"为特别关注低征管能力国家的需求，将通过金额 B 对在某一辖区内从事基本营销和分销活动适用独立交易原则进行简化和优化。"③

"支柱一"金额 A 分配测试：金额 A 确定纳税义务的六项测试④（图 10-4）

测试 1：总收入。只有全球收入超过设定阈值的企业才会被纳入 A 金额。

测试 2：商业活动。只有自动化数字服务（ADS）和面向消费者的活动包括在金额 A 中。

测试 3：ADS 和面向消费者的收入门槛。ADS 和面向消费者的收入必须超过一个设定的门槛，才能适用 A 金额。

测试 4：ADS 和面向消费者的盈利能力门槛。范围内活动的利润率必须超过一个设定的门槛，才能适用 A 金额；超过这个门槛的利润被视为"剩余利润"。

测试 5：总的剩余利润测试。超过利润率阈值的利润应进行汇总，以确定剩余利润的金额是否达到 A 金额的货币阈值

测试 6：新国家税收关系测试。在企业通过当地的门槛分配推定的剩余利

---

① Id, p.2.；参见国家税务总局："G20/OECD 税基侵蚀和利润转移行动计划：关于应对经济数字化税收挑战双支柱方案的声明"，载 https://www.chinatax.gov.cn/chinatax/，最后访问时间：2021 年 10 月 8 日。

② 国家税务总局："G20/OECD 税基侵蚀和利润转移行动计划：关于应对经济数字化税收挑战双支柱方案的声明"，载 https://www.chinatax.gov.cn/chinatax/，最后访问时间：2021 年 10 月 8 日。

③ Id, p.3. 参见国家税务总局："G20/OECD 税基侵蚀和利润转移行动计划：关于应对经济数字化税收挑战双支柱方案的声明"，https://www.chinatax.gov.cn/chinatax/n810219/，最后访问时间：2021 年 10 月 8 日。

④ Daniel Bunn, Elke Asen, Cristina Enache, "Digital Taxation around the World", *Tax Foundation*, p.36.

润进行征税，如当地的收入或其他因素。

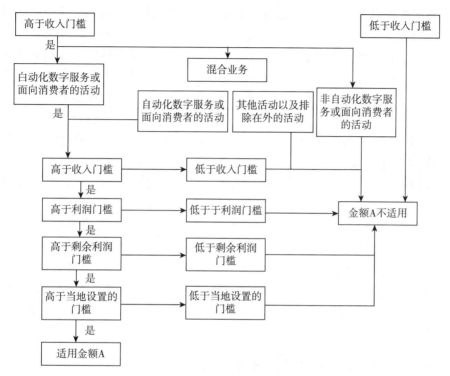

图 10-4　"支柱一"金额 A 分配测试

根据《声明》，支柱二仍顺应之前文件采取的路径，致力于设计全球最低税规则。从框架设计看，支柱二由两项规则构成：一是全球反税基侵蚀规则（GLoBE 规则），包括收入纳入规则和低税支付规则，"前者设置了全球最低税率，在跨国公司的有效税率未达到一定标准时进行补交，后者可在组成实体的收入低于前者的标准且未补交的情况下，集团内其他实体通过限制扣除或调整的方式补足至全球最低税水平。"[①] 二是应税规则，该规则适用于对有效税率未达到最低标准时的关联支付的征税。在该规则下缴纳的税款可以计入有效税率的计算之中。

《声明》的附件详细勾勒了"双支柱"改革实施的具体时间表。整体来看，

---

① OECD, "Statement on a Two-Pillar Solution to Address the Tax Challenges Arising from the Digitalisation of the Economy", October.8. 2021, p.5., https：//www.oecd.org/tax/beps/statement-on-a-two-pillar-solution-to-address-the-tax-challenges-arising-from-the-digitalisation-of-the-economy-october-2021.htm.

支柱二落地时间先于支柱一。包容性框架已于 2021 年 12 月制定《实施 GloBE 规则的示范规则》①。该示范规则共分为十章，分别规定了 GloBE 规则的适用范围、征税规定（包括 IIR 与 UTPR 的适用）、GloBE 所得或亏损的计算、有效税额的计算、有效税率及补足税的计算、公司重组与控股结构、税收中性和分配制度、征管、过度规则，及对相关术语的定义。超过 135 个包容性框架成员加入了双支柱方案共识，相关经济体 GDP 占全球 GDP 的 95% 以上。

而目前由于各方仍对某些问题存在分歧，支柱一的实施进程相对较缓。根据《声明》，金额 A 将通过多边公约的方式实施，必要时通过对国内法进行相关修改，并寻求在 2022 年初之前完成该多边公约及其相关解释及附件的文本，以便该多边公约能够迅速开放签署，并在 2022 年年中组织高级别签署仪式。OECD 期望各税收管辖区在签署后尽快批准该多边公约，争取使金额 A 规则在 2023 年生效。而对于金额 B 而言，OECD 正努力寻求各方合作，在 2022 年底前能够完成金额 B 的设计工作。双支柱方案将对国际税收改革规则产生深远的影响，其通过限制各方采取单边措施，推动全球共识的方法，将确保各税收管辖权之间公平合理地划分征税权，也能保障跨国企业在当今数字化和全球化的世界经济背景下，无论在哪里运营获利都需缴纳公平份额的税款。

三、我国企业对 OECD 新双支柱方案的应对

随着对外开放步伐的加快，中国参与全球经济治理的程度不断加深，国际税收制度改革对中国的影响将日益增强。我国作为包容性框架成员之一，也已经认可了此次国际税收制度重大改革。过去几年在国际社会各方共同努力下，国际税收新规则已初步达成全球共识，这是 100 多年来国际税收体系的一次重要变革，将对相关企业的经营发展带来深刻影响。

对于我国企业来说，双支柱计划的落实可能会带来海外税负和合规成本的增加。② 支柱一的实施会将大型跨国公司的一部分应税利润重新分配，由此，预计多家大型跨国集团将要通过采用新的利润分配方法，在其经营的所有市场管辖区缴纳一定的企业所得税，而"随着中国企业经营规模、盈利水平和国际化程度

---

① OECD," Global Anti-Base Erosion Model Rules (Pillar Two)", December.20. 2021., https://www.oecd.org/tax/beps/tax-challenges-arising-from-the-digitalisation-of-the-economy-global-anti-base-erosion-model-rules-pillar-two.pdf.

② 孙红梅："'双支柱'方案将启全球税收治理新篇章"，载《经济参考报》2021 年 10 月 12 日，第 A08 版。

进一步提高，以及支柱一适用门槛的下调，纳入范围的企业预计将有所增多。"① 这无疑会造成税负的增加。同时，该方案的推行，"对我国'走出去'的企业架构及会计处理等合规性提出了更高要求，无形中增加了税收的税收合规成本。"②

而在支柱二下，由于引入了全球最低税，我国符合支柱二范围内的中资企业在有效税率不达标准时有可能需要补缴税款。"尤其在签署双边税收协定的国家，我国企业将无法切实享受到来源国的税收优惠。"③ 同时，《应对经济数字化税收挑战—— 支柱二全球反税基侵蚀规则立法模板》④ 中也规定了较高标准的信息报告义务及审计要求，企业的管理系统与遵从成本也进一步增加。在这种有强制效力的争议解决措施的保护下，中国企业在海外投资经营时将获得更为公平的待遇，同时还能避免各方采取单边措施对其造成的不利影响。"双支柱方案可减少单边措施引发的双重征税和贸易摩擦，其要求各参与方撤销一切国内单边措施，使得跨国企业可以免遭双重征税之苦和贸易战之危。"⑤

然而双支柱方案也为中国企业带来了好处。支柱一的规则将带给中国企业更大的税收确定性。争议预防与解决机制的设立，也会给中国"走出去"企业带来一定好处—如果支柱一范围内的中国企业在境外管辖区发生转让定价或常设机构争议，则可利用新的强制且有约束力的争议预防与解决机制，获得关于这些问题的税收确定性。⑥ 此外，各国就"双支柱"方案达成共识有利于全球营商环境优化；到了 BEPS 2.0 阶段，因为国际税改的内容已涉及纳税人的税收核算、分配与协调，特别是形成了强制性、有约束力的争议解决机制，意味着国际税法已经朝着多边法律实体化的方向发展，国内税法在某些方面需要服

---

① 孙红梅："'双支柱'方案将启全球税收治理新篇章"，载《经济参考报》2021 年 10 月 12 日，第 A08 版。

② 刘丽、陈高桦："OECD'双支柱'改革方案研究及其对中国的影响分析"，载《国际税收》2020 年第 8 期。

③ 崔晓静、刘渊："OECD 支柱二方案：挑战与应对"，载《国际税收》2021 年第 9 期。

④ OECD: Tax Challenges Arising from the Digitalisation of the Economy - Global Anti-Base Erosion Model Rules (Pillar Two) 2021.12.20，https://www.oecd.org/tax/beps/tax-challenges-arising-from-the-digitalisation-of-the-economy-global-anti-base-erosion-model-rules-pillar-two.pdf.

⑤ 孙红梅："'双支柱'方案将启全球税收治理新篇章"，载《经济参考报》2021 年 10 月 12 日，第 A08 版。

⑥ 梁新彦、〔美〕康拉德·特雷："'双支柱'对'走出去'企业影响几何"，载《中国税务报》2021 年 8 月 13 日，第 8 版。

从国际税法。[1]这种强制性、有约束力的争议预防和解决机制的保护，会使得中国企业享受到更加公平的待遇与便利，免受单边措施的威胁。双支柱方案可减少单边措施引发的双重征税和贸易摩擦，其要求各参与方撤销一切国内单边措施，使得跨国企业可以免遭双重征税之苦和贸易战之危。[2]

因此，随着双支柱适用范围的逐步扩大，越来越多的企业会受到该制度的影响。双支柱方案对于我国企业来说，既是机遇也是挑战。企业应当积极主动应对双支柱方案带来的影响。

1. 从规则层面来说，我国企业应当积极关注双支柱方案带来的变化及未来的税收规则，深入了解豁免规则的具体内容及适用范围、如何消除双重征税等。《声明》提出两种所得可以适用豁免规则，一种是基于实质计算的所得额，另一种则是国际海运所得。企业可以充分利用豁免规则作出适当的业务安排，促进企业实现更好的发展。"[3]此外，支柱一方案设计较为复杂，其中为了避免双重征税等问题，涉及了一系列有关利润与征税权划分的规则。企业应当提前理解相应规则，必要时可以与相关税务机关进行沟通，防止造成损失。同时，相关企业需要学习如何准确适用收入来源规则，对收入来源地的规则做进一步的了解。"收入来源规则专门用于确定跨国企业集团从市场辖区取得的收入，从而确定企业需要在哪些国家纳税申报及缴税，以及具体的缴税数额。不过，不同的商业模式适用的收入来源规则不同，企业在具体适用该规则时需要全面、准确地汇集相关数据。"[4]如此，企业才能更好地应对税收方面的大变革所带来的遵从成本与管理规则的改变。

2. 从企业自身层面来说，一方面可以提前建设内部相关信息化系统，以便后续能及时应对国际税收改革带来的汇算与申报时的执法要求；另一方面，企业应当及时审阅现有的运营架构，尤其是跨国公司在境外的分支机构等，"对现有的集团架构和关联交易作出评估，预判在未来的国际税收新规则下，是

---

① 韩霖、高阳、邓汝宇："数字经济国际税改'双支柱'方案的历史意义与现实应对——专访中国国际税收研究会会长张志勇及国家各务总局国际税务司司长蒙玉英"，载《国际税收》2022年第2期。

② 孙红梅："'双支柱'方案将启全球税收治理新篇章"，载《经济参考报》2021年10月12日，第A08版。

③ 梁新彦："'双支柱'方案落地在即，'走出去'企业可有应对之策？"，载 https://www.sohu.com/a/484170220_121123683，最后访问时间：2022年8月10日。

④ 梁新彦："'双支柱'方案落地在即，'走出去'企业可有应对之策？"，载 https://www.sohu.com/a/484170220_121123683，最后访问时间：2022年8月10日。

否需要进行供应链调整安排或集团架构及业务重组等，并提前准备相关预案。"① "未来，中国企业在适用不同国家投资的优惠税制，以及不同税收协定优惠待遇时，也需要提前考虑双支柱方案可能对于优惠税制及优惠协定待遇产生的影响，综合考虑海外投资的架构和成本。"②

"在经济全球化与数字化交织、新旧国际税收规则交替、经济实质与法律形式交融的背景下，中国企业应抓住双支柱方案实施的时间窗口，充分了解最新国际税收规则，提早做好应对双支柱方案的规划与准备。"③BEPS 2.0 时代对我国企业而言，既有税负与管理遵从成本的增加，也会享受到各国共识带来的营商环境优化与单边措施的减少。然而，由于双支柱方案仍未完全落实，有许多内容需要进一步讨论，因此未来我国应当积极参与谈判，主动维护我国的税收权益。并以此次国际税收改革为契机，进一步优化我国的市场与环境，同时也需要帮助企业更好地应对其面临的税收挑战。

【参考文献】

1. 管彤彤："数字服务税：政策源起、理论争议与实践差异"，载《国际税收》2019 年第 11 期。

2. 崔晓静、刘渊："OECD 支柱二方案：挑战与应对"，载《国际税收》2021 年第 9 期。

3. 韩霖："OECD 应对经济数字化税收挑战的工作计划：简介与观察"，载《国际税收》2019 年第 8 期。

4. 许恒瑞："跨国数字平台企业避税机制研究 —— 兼论经合组织'双支柱'共识的意义"，载《电子知识产权》2021 年第 12 期。

5. 刘丽、陈高桦："OECD'双支柱'改革方案研究及其对中国的影响分析"，载《国际税收》2020 年第 8 期。

6. 朱青："OECD 第二支柱中的 IIR 规则与美国 GILTI 税制的差异"，载《税务研究》2021 年第 1 期。

7. 朱晓丹、曹港珊："论《双支柱框架协议》立法目的之变动与影响"，载

---

① 包兴安："'双支柱'方案对中国企业的影响"，载 https://page.om.qq.com/page/Ob-HwPwjyZgx1nVPhiyKSOHQ0，最后访问时间：2022 年 8 月 10 日。

② 赵爱玲："中企海外投资如何应对 BEPS 2.0 下的税收挑战？"，载 https://view.inews.qq.com/a/20211122A03A1E00，最后访问时间：2022 年 8 月 10 日。

③ 孙红梅："'双支柱'方案将启全球税收治理新篇章"，载《经济参考报》2021 年 10 月 12 日，第 A08 版。

《国际税收》2021 年第 9 期。

8. 韩霖、高阳、邓汝宇："数字经济国际税改'双支柱'方案的历史意义与现实应对——专访中国国际税收研究会会长张志勇及国家税务总局国际税务司司长蒙玉英"，载《国际税收》2022 年第 2 期。

9. 樊轶侠、王卿："经济数字化背景下国际税收规则发展——对 OECD '统一方法'的解读与研究"，载《税务研究》2020 年第 6 期。

10. 霍军："跨境经济数字化与国际税收规则变局"，载《税务研究》2021 年第 8 期。

11. 张春燕："法国数字服务税法案的出台背景及影响分析"，载《国际税收》2020 年第 1 期。

12. 岳云嵩、齐彬露："欧盟数字服务税推进现状及对我国的启示"，载《税务与经济》2019 年第 4 期。

13. 廖益新、宫廷："英国数字服务税：规则分析与制度反思"，载《税务研究》2019 年第 5 期。

14. 茅孝军："新型服务贸易壁垒：'数字服务税'的风险、反思与启示"，载《国际经贸探索》2020 年第 7 期。

15. 中国信息通信研究院政策与经济研究所：《数字经济对税收制度的挑战与应对研究报告（2020 年）》，载 https://pdf.dfcfw.com/pdf/H3_AP202012111439194874_1.pdf?1607695812000.pdf.

16. 梁新彦等："'双支柱'方案落地在即，'走出去'企业可有应对之策？"，载 https://www.sohu.com/a/484170220_121123683.

17. 孙红梅："'双支柱'方案将启全球税收治理新篇章"，载《经济参考报》2021 年 10 月 12 日，第 A08 版。

18. Katherine E. Karnosh："COMMENT: The Application of International Tax Treaties to Digital Services Taxes"，21 Chi. J. Int'l L.

19. HM Treasury，"Corporate tax and the digital economy: position paper"，November 2017.

20. Antony Seely，"Digital Services Tax"，*House of Commons Library*，July 2.2021.

21. Daniel Bunn, Elke Asen, Cristina Enache，"Digital Taxation around the World"，*Tax Foundation*，2020.

22. Assaf Harpaz："Taxation of the Digital Economy: Adapting a Twentieth-Century Tax System to a Twenty-First-Century Economy"，46 Yale J. Int'l L. 57.

23.CHRIS FORSGREN，SIXIAN（SUZIE）SONG，AND DORA HORVÁTH："Digital Services Taxes：Do They Comply with International Tax，Trade，and EU Law?" *Tax Foundation*.

24.Laurel Wamsley："France Approves Tax on Big Tech，and U.S. Threatens to Retaliate"，NPR，July 11，2019.，https：//www.npr.org/2019/07/11/740688073/france-approves-tax-on-big-tech-and-u-s-threatens-to-retaliate.

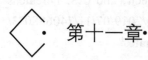

第十一章

数字贸易中的竞争与垄断规制

戴　龙①

数字贸易中的竞争与垄断规制问题主要体现在数字平台企业利用数据、算法和技术优势从事各种新型反竞争行为，形成不同于工业经济时代的竞争特点。数字平台企业的竞争与垄断问题对传统竞争理论和法律规制构成严峻挑战，近年来世界主要经济体均加大对这一问题的研究力度，通过立法或强化执法加强对互联网头部企业的监管。我国涉及竞争监管的法律包括《反垄断法》《反不正当竞争法》《电子商务法》和国务院反垄断委员会颁布的指南与其他部门规章等，但是现有的法律法规在适用于数字贸易中的竞争和垄断问题时存在难以适用的问题。对于数字贸易中的竞争与垄断问题，应秉持包容审慎和依法监管的原则，在鼓励数字经济创新发展的同时，发挥平台行业自律和社会协同监管的作用，提高竞争执法机关的执法能力和水平，在维护公平竞争的同时，需要把促进公平交易作为数字平台监管的新增理念，加快制定平台竞争行为治理的国际规则。

第一节　数字平台竞争的经济学理论

一、数字平台竞争的经济学特征

数字经济的蓬勃发展给人类社会的生产、生活和交往方式带来巨大的

---

① 戴龙，中国政法大学国际法学院教授、博士生导师。

改变，也改变了既往的企业运营和竞争方式。数字平台企业之间的激烈竞争，一方面激发互联网公司的技术创新和经营模式创新，催生了众多数字产品和数字服务，另一方面也产生了诸如"算法合谋""二选一""大数据杀熟""扼杀式收购"等新问题。经济学家最早对数字市场的平台竞争行为展开经济分析，给我们提供了一幅完全不同于传统工业经济时代的市场竞争图景。研究数字经济中的竞争和垄断规制问题需要先从数字平台的经济学特征入手，认识其不同于传统市场交易的典型特征。概括而言，数字平台企业的运营具有双边市场、规模经济、多重归属和交叉网络外部性等特征，这些特征给传统的竞争规制理论带来诸多挑战，也给基于传统法律的竞争治理带来新的难题。

（一）双边市场

所谓双边市场，一般来说，是指在数字经济领域，基于平台的网络外部性，在一个平台的双边存在着能够通过相互作用而共同获益的不同各方。[①]一方面，数字平台的一边因为汇集大量的消费者（用户）而对各种商品的供应商产生强大的吸引力；另一方面，平台的一边因为拥有海量商品的供应者而使消费者的不同需求得到满足。平台双边的各方都通过平台寻找自己的潜在客户或商品，各方又能够通过平台提供的海量信息或商品满足自己的需求。在数字经济时代以前，政府的角色主要是通过线下市场监督企业的合法运营，确保市场公平竞争，保护社会公共利益和消费者利益不受侵害。在数字经济时代，市场交易通过虚拟的网络空间进行，政府的角色由监管市场转变为监管平台，监管对象也由线下市场转变为网络虚拟市场。所谓"双边市场"仅针对特定的交易双方而言，事实上在平台市场上存在多方经营者（企业）和消费者（用户），加上作为监管者的政府，平台市场整体上呈现出四方主体互动的特征（如图11-1）。因此，双边市场也被称为"多边市场"[②]或"多边平台"。[③]

① Jean-Charles Rochet and Jean Tirole, " Platform Competition in Two-Sided Market", *Journal of the European Economic Association* 1, No. 4(2003), pp.990-1209.

② [法]让·夏尔·罗歇、让·梯若尔："双边市场：关于研究进展的报告"，载[法]让·梯若尔：《创新、竞争与平台经济——诺贝尔经济学奖得主论文集》，寇宗来、张艳华译，法律出版社2017年版，第74页。

③ [美]戴维·S.埃文斯：《平台经济学：多边平台产业论文集》，周勤、赵驰、侯赞慧译，经济科学出版社2016年版，前言第1页。

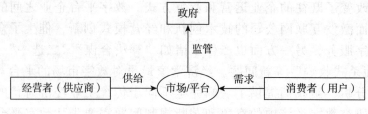

图 11-1 数字经济和贸易中的四方主体

从上图可以看出，平台成为各方进行市场交易和监管的核心。就经营者（供应商）和消费者（用户）而言，在一般的线下市场交易中，经营者在大型超市或小型集市上提供商品，消费者（用户）挑选出自己中意的商品，只要完成了支付手续，交易就告完成。这是一种典型的单边市场模式，大型超市或小型集市只提供了交易的场所，买卖双方直接进行交易，各方之间的权利义务关系非常明确，只要不出现假冒伪劣或欺诈等涉嫌违法行为，并不需要政府的过多干预。现实生活中绝大多数的商品交易都属于这种形式，由于线下市场范围狭窄，交易双方的信用和信息比较透明，即便出现纠纷，交易方也可以按照合同法、产品质量法以及消费者权益保护法等相关法律法规解决争议。但是，在数字经济时代，交易方通过一个虚拟的网络市场完成商品选购，而网络市场完全突破了地域限制，交易方无法了解对方的信用和信息，也无法了解网络商品的真实性，一旦发生假冒伪劣或者欺诈等行为，很难根据线下市场的交易规则进行救济或追责。而且，由于网络的跨地域性和网络产品的多样性，在这个虚拟市场上，各方按照不同目的寻找自己需要的东西，并不仅限于发生交易关系。例如，供应商可以在网络上兜售自己的产品，广告商希望在网络上推出自己的商标、商号以吸引眼球，网络游戏开发商推出各种线上消费的游戏项目，网络视频开发商在网络上推销各种影视产品，新闻媒体直接向用户推送各种报道和信息等等。因此，在虚拟网络上发生的可能是需要线下交易才能完成的传统商品买卖，也可能是脱离线下交易的线上数字产品或服务，还可能是完全免费的各类新闻报道、信息等媒介服务。

（二）规模经济

"规模经济"是微观经济学上的一个术语，是指在具有自然垄断属性的某些产业，因为初期投入成本巨大，后期收益取决于用户达到一定的规模，其边际成本才会随着用户规模的扩大而逐渐递减。这些行业过去主要集中于供水、供电、交通、通讯、邮政、航空、海运等公共设施领域，因其初期投入的成本太大而收益周期较长，私人企业缺乏投资能力或动机，需要政府聚集公共资金进行投资建设。数字经济虽然属于私营企业占据主导地位并且竞争激烈的行业领域，但是也具有明显的规模经济特征。这体现在网络平台的创建需要相当的固定成本，而开发、创建和维护这些网络的成本在某种程度上和产量无关，但是如果网络平台的任何一边不能汇集海量的用户或供应商，即达到临界规模，平台对于双边市场上的经营者和消费者都因缺乏吸引力而无法维持。

临界规模是指平台能够通过双边市场各方之间的相互依赖效应（正反馈效应）实现自身长期均衡发展所需的最低需求量，即各边的最低参与人数。临界规模是自然垄断行业维持持续运营的最低规模，在数字经济中体现为平台一端能否吸引足够的用户，以此为基础吸引另一端的供应商付费支持平台的运营。在达到临界规模之后，平台运营的正反馈效应才会出现。由于数字平台因用户数量的增加而多支出的边际成本几乎可以忽略不计，因而平台双边市场的正反馈效应比普通的自然垄断行业更为明显。

（三）交叉网络外部性

数字平台的规模经济特征牵引出其具有的交叉网络外部性特征。凯慈和夏皮罗教授早在 1985 年的研究中就提出电信网络存在外部性，即一方用户的效益取决于加入该电信网络的其他用户的数量。[1] 在后续的研究中，学者进一步将网络外部性分为直接网络外部性和间接网络外部性。[2] 直接网络外部性，即直接网络效应，是指消费者因为其他具有类似需求的用户都在使用某个商品而认为该商品价值更大，进而自己也使用该商品。直接网络效应会加速催化反应，使得产品扩散更为迅速。例如，腾讯公司推出性能优越的微信产品后，立即吸引大量用户使用微信，而因微信汇集了大量的用户群，更多的非微信用户也转移到微信群，就是直接网络效应发挥催化作用的结果。由于微信用户的朋友圈都使用微信进行即时聊天，用户只有通过微信才能与其朋友圈进行交流，这使得微信本身价值更大，从而汇集越来越多的用户。

间接网络外部性，即间接网络效应，是相对于直接网络外部性而言的，是指在一方主体更多地使用某种产品的前提下，另一方主体将会赋予该种产品更高的价值。一方面，在数字经济领域，网络平台的一边因汇集更多的消费者（用户），而对另一边市场的经营者（供应商）更具有吸引力，诱使其提供更多

---

① Michael L. Katz and Carl Shapiro, "Network Externalities, Competition, and Compatibility", *The American Review*, Vol.75, No. 3, 1985, pp.424-440.

② See Carl Shapiro and Hal. Varian, *Information Rules, A Strategic Guide to Network Economics*, Harvard Business School Press, 1998.

的商品；另一方面，网络平台因为拥有海量商品能够满足不同用户的需求而聚集越来越多的消费者，消费者的聚集进而引诱更多的供应商提供商品，形成正反馈效应。在网络平台达不到临界规模的情况下，这种正反馈效应也可能转化为负反馈效应，即如果网络平台不能吸引足够的用户就会对另一边的供应商失去吸引力，而商品供应的不足又会加速用户离开该网络平台，使得该平台自身价值降低，最终可能被迫退出市场。

（四）多重归属

多重归属是网络平台不同于传统线下市场的又一特征。在传统线下市场，消费者从一个交易场所寻找不到自己想要的商品时，转移到另一个交易场所需要花费一定的时间或交通成本。但是在数字经济背景下，消费者（用户）可以同时使用多个网络平台，经营者（供应商）也会同时在多个网络平台供应自己的商品。从消费者角度来说，从一个网络平台转换到另一个网络平台几乎不需要花费成本，只需要在电脑或移动终端上点击几下就完成了交易平台的选择。例如，消费者可能会同时使用天猫、京东商城或亚马逊等网购平台选择购物，用户可能同时拥有多张银行卡，收单平台也能同时刷多个银行卡或信用卡，消费者（用户）几乎不需要花费成本，就能够完成交易平台或支付工具的变更。消费者（用户）可以同时选择不同平台或支付工具的网络特征就是平台的"多重归属"属性，平台也因为用户的这种多重归属特征，不得不构思自身的横向差异化或纵向差异化竞争策略。①

综上，数字平台因具有双边市场、规模经济、多重归属和交叉网络外部性的特点而不同于传统的线下市场，成为数字贸易的核心场所。数字经济正是以网络平台为轴心，形成各类经营者（供应商）通过平台发布信息或兜售商品，消费者（用户）通过平台搜寻自己感兴趣的商品或资讯，各类主体都通过平台来满足自己需求的平台生态圈。网络平台不仅成为经营者和消费者进行交易的虚拟市场，其本身也成为汇集越来越多的功能的平台生态系统。数字平台企业既因其网络外部性而具有传统自然垄断行业的规模效应，又因消费者（用户）的多重归属特征而倾向于打造日趋复杂、功能多元的平台生态系统，以强化平台的竞争力。数字平台之间的竞争使得平台企业不断地通过横向或纵向扩张，汇集越来越多的功能、数据与用户，进一步推动平台经营向头部企业集中，形成了数字平台特有的"赢者通吃"或"一家独大"的市场结构特征。

---

① ［美］戴维·S.埃文斯：《平台经济学：多边平台产业论文集》，周勤、赵驰、侯赟慧译，经济科学出版社2016年版，第15页。

二、大型数字平台的创新与竞争

现代微观经济学在讨论市场结构时，一般都从竞争或垄断程度上把市场分成完全竞争、垄断竞争、寡头垄断和完全垄断四种基本的市场结构模型。在这种理论框架下，不同时期的经济学家依据不同的分析方法，从市场结构（market structure）、市场行为 (market conduct)、市场绩效 (market performance)，即通说的 SCP 分析范式，来分析市场结构、行为合理化与国家政策干预之间的关系。概括而论，哈佛学派以垄断竞争理论为基础，采用静态的实证研究方法，以市场结构为重点，提出竞争干预的"结构主义"政策主张；芝加哥学派以"可竞争市场"理论为依据，重点分析企业的市场绩效问题，提出了竞争干预的"绩效主义"政策主张；新产业组织理论以交易费用理论为基础，采用演绎推理为主的研究方法，提出竞争干预的"行为主义"政策主张。[1]

应当说，传统的产业组织理论和经济学分析方法很好地诠释了工业经济时代的经济发展问题，为政府在一定情况下进行政策干预提供了相应的理论依据。但是，自 20 世纪 90 年代以来，以互联网为代表的信息科技快速发展，给企业行为和经济生活带来巨大变化。特别是自 2007 年苹果公司推出智能手机上市以来，世界各国都从借助 PC 端的固定网络转移至以智能终端为代表的移动互联时代，人们的工作、出行、购物和消费方式受到强烈冲击，一场以数字革命和智能互联为特征的新时代拉开帷幕。在这场全新的技术变革和创新驱动之下，企业的经营管理和行为模式都呈现出变化，旧有的经济理论和法律规制受到很大的挑战。事实上，早在数字经济出现之前，已经有少数学者发现，由于信息产品的特征和高度的技术竞争，信息经济领域出现了竞争和垄断被双双强化的态势，即市场的开放度越高，竞争就越激烈，技术创新的速度也就越快，所形成的行业垄断性就越强。行业垄断性增强导致市场集中度提高，但市场集中度的提高并没有压制竞争，反而引发更加激烈的市场竞争，在竞争和垄断双强态势的作用下，竞争和垄断这种二律背反的共生现象演化出一种新的市场结构——寡头垄断市场结构。[2]

寡头垄断市场结构不仅克服了完全竞争市场中因厂商规模过小而导致创新能力不足的弊端，也克服了完全垄断市场中因排斥了竞争而导致的缺乏效率和创新不足的问题，还有效地平衡了垄断竞争市场和传统工业寡头垄断市场中无

---

① 牛晓帆："西方产业组织理论的演化与新发展"，载《经济研究》2004 年第 3 期。
② 李怀、高良谋："新经济的冲击与竞争性垄断市场结构的出现——观察微软案例的一个理论框架"，载《经济研究》2001 年第 10 期。

法同时推动高度竞争和技术创新的问题。在新型寡头垄断市场结构下，垄断既是竞争的结果，又是进一步竞争的起点，由于信息经济背景下除了技术之外几乎不存在其他妨碍有效竞争的障碍，使得垄断不仅无法遏制竞争，反而会使竞争程度加剧。

当技术竞争成为唯一起决定性作用的竞争形式时，高额垄断利润的刺激会使企业长期保持对垄断地位的高度激烈的竞争。在高度竞争条件下形成的垄断态势会推动企业向上下游纵向延伸，通过并购等形式在横向上把企业规模做大，而高度竞争和垄断态势又刺激企业进行技术创新，形成了源源不断的创新动力和社会氛围。而这样奇特的市场结构和竞争机制，是由数字经济时代技术的不相容性定理和信息产品标准化的要求决定的。一方面，互联网企业每多提供单位信息产品的边际成本为零，企业几乎可以无限制地扩大规模，这必然会导致拥有技术竞争优势的企业得益于正反馈机制，加速获得"一家独大"的市场效果；另一方面，信息产品标准化的要求只能容忍一种技术的存在，但某种技术的垄断并不是竞争的最后结果，仅仅是新一轮更激烈竞争的开始，竞争—垄断—竞争的不断循环，使得信息产业里的垄断地位的取得和失去都越来越快。

寡头垄断市场结构加速了单寡头垄断市场的出现，这一点在数字经济领域里得到验证。[①] 基于互联网平台的交叉网络外部性特征，达到用户基数临界值的网络平台会形成正反馈效应，产生用户锁定或商品锁定效果，锁定效果进一步增加用户的转移成本，最终形成互联网平台竞争的"赢者通吃"结果。但是，单寡头垄断不同于完全垄断市场，完全垄断市场中只存在一家企业，而单寡头垄断市场是指单寡头企业遥遥领先于其他企业，形成主流市场的垄断地位。而在各个细分市场，由于存在不同的个性化需求，借助互联网信息获取的便利性和市场的全球性，这种细分市场也能形成一定的规模，满足个性化需求的厂商也能实现规模经济。由于个性化需求的种类多，数量庞大，相应的厂商数量也多，市场规模总量并不亚于主流市场，因此在互联网行业领域会形成"一超多强"的长尾效应。目前，在数字经济领域，形成了以某个行业中一家互联网平台企业独大，其后尾随多个同业竞争的互联网平台企业的现象，这些同业竞争的互联网企业维持潜在的"颠覆者"态势，证实了互联网平台的竞争性垄断市场状况。

---

① 傅瑜、隋广军、赵子乐："单寡头竞争性垄断：新型市场结构理论构建 —— 基于互联网平台企业的考察"，载《中国工业经济》2014 年第 1 期。

第二节 数字平台企业的新型竞争与垄断问题

自2007年苹果公司推出第一款智能手机以来,以PC端为技术集成的第一次信息技术革命快速向移动互联网转移,形成了以移动智能终端为核心的新经济业态,开启了所谓"第二次信息技术革命"。其突出特点就是各种信息技术产品开发和数字平台竞争都围绕移动终端进行,开创了以智能平台为中心的技术创新和商业模式创新与竞争并行的新时代。

一、数字平台的新型竞争与运营模式

在数字经济时代,以网络平台为轴心的互联网经营模式对传统的工业、农业与服务业产生重大冲击,形成了不同传统理论关于竞争发展在同业经营者之间的非对称性竞争模式。例如,网约车平台改变了人们的出行方式,不仅让客户和出租车司机实现了精准的信息匹配,催生了顺风车、快车和专车等新型经营方式,而且迅速取代了传统的叫车服务和巡游出租模式。以微信、支付宝为代表的电子支付平台极大地改变了人们的支付习惯,在中国农村,普通农民可能不知道信用卡为何物,却很快学会了用支付宝或微信支付购物或转账,这对传统的银行卡支付方式产生了巨大冲击。外卖平台为上班族提高了就餐便利性,提高了可选择数量和餐饮质量,但是对传统的方便面和快餐行业产生了强大的冲击和替代作用。人们走在公园拐角甚至在地铁或公交车上,都可以看到埋头阅读手机新闻或玩网络游戏的用户,这对传统的纸质媒体和PC游戏厂家产生了重大的冲击。在数字经济新时代,看似没有关系的商品之间因为网络形成了跨界竞争,所谓"羊毛出在猪身上",比较形象地标绘出两个不同领域之间发生了竞争关系。

因此,探索数字经济领域的市场竞争特征,关注数字经济赖以存在的平台经济模式,重视数字平台的经济学特征以及平台经济运营的特殊性,显得至关重要。在上述平台竞争的经济学特征中,最为核心的是平台在双边市场上发挥的作用。在传统的线下市场,商品的供应商和需求方在有限的市场范围内发现对方,因对方能够满足自己的需要而发生交易,交易主要围绕商品质量和价格展开,整个交易过程只要不发生恶意欺诈和商品质量问题,一切都在"看不见的手"的指引下自发完成,并不需要政府或第三方的介入。在平台经济模式下,由于供需双方互不见面,传统线下市场建立在商品信息和价格透明基础上的信用机制无法自动形成,网络交易的虚拟性和跨限制性也使得一旦发生纠纷很难通过政府介入而及时解决纠纷。在这一背景下,网络平台不仅承担起市场交易功能,即通过匹配供需双方的信息进而促成交易之外,而且还承担起为商品卖家提供广告宣传，为买卖双方提供支付转账，通过第三方或者自营物流进行商品配送，发生争议时协助解决纠纷等一系列功能。也就是说，在平台经济领域，数字平台既承担了"看不见的手"的市场功能，也承担了"看得见的手"的交易监管功能。平台的这种双重功能身份加强了网络平台在数字贸易中的重要地位，同时也使得如何监管平台成为一个新的问题。

数字经济发展形成了以数字平台为核心的新型经济形态，这本身既是信息科技发展的结果，也是市场推动的结果。数字经济因其快速的技术变革和不断创新，使得政府或者受政府控制的国有经济主体无法承担主役，促成了以私有企业为数字经济主体的结构性特征。而数字平台企业无论怎样推动了技术变革和产品创新，其原动力仍然是以逐利为核心，这使得即便平台企业基于自身发展壮大和提升竞争实力而承担了交易监管和争议解决的部分"政府"职能，其本意并不是基于维护公共利益或消费者利益的最大化，而是基于平台自身的利益最大化。数字平台企业的这种双重功能身份和追求自身利益最大化的动机错配，既是平台经济领域市场竞争的新特征，也是推动数字平台企业技术和经营模式创新的动力源泉，同时还构成新形势下对平台进行监管的巨大挑战。

从数字经济运营模式（表 11-1）可以看出，新型的信息、交易、支付和操作平台有效地匹配供需双方信息，满足市场各方的需求，成为平台经济运营的核心。平台借助不同的媒介实现匹配各方供需的目的，实现了媒介和平台、平台和市场的合二为一。例如交易平台和操作平台，其本身作为媒介既提供了供需双方所需要的信息，同时也是供需双方实现交易和完成支付的平台。有的平台本身只提供了信息媒介，但是通过平台自身巨大的流量支持，成功吸引商家投放广告，虽然其本身并不直接参与交易，仍然可以实现双方甚至多方的共赢。有的平台既为供需双方提供信息匹配，同时也通过提供支付和物流配送而参与交易，形成了依托于平台的上下游经济关系。不管哪种方式，数字平台都是多方使用、获取信息和开展竞争的核心，是整个平台经济运行的轴心。

平台在成为整个平台经济运行的核心的同时，也承担了在线下市场原本属于政府的部分监管职能。例如，交易平台上普遍设有让用户评价商家的信息反馈机制，支付平台在买家点击接受商品或经过一段时间后才将保管的商品款项转账给商家，一些综合性平台要求入驻商家或用户支付一定数额的保证金等等，这些都是平台自己构建的确保交易顺利进行以及对违约违规商家或用户进行相应惩戒的做法。[①] 可以说，基于数字经济领域发生的交易的特殊性，平台代行了原属于政府监管职能的部分功能，是数字经济自身运行的结果，具有一定的合理性。政府或第三方基于信息的不对称性和监管的滞后性，让平台履行发生于平台上的违规行为的监管功能，既有利于平台用户快捷、有效地解决争议，维护消费者权益，也有利于平台经济的健康与可持续发展。政府从传统监管线下市场转变为监管平台，也是顺应数字经济发展的需要，既有利于发挥平台自身的监管优势，也降低了政府监管成本。如果两相结合并能够有机互补，理论上确实能够发挥政府和平台各自的优势，形成对平台经济运行的有效监管。然而，问题在于，这种政府管平台、平台管市场的监管模式是否能够公平、有效、合理地配置数字经济运营的行政监管职能？是否还存在监管的空白地带？作为私主体的平台企业是否能够公正地行使自身的平台监管功能？

表 11-1　互联网平台的运营模式

平台	媒介	参与方	代表例
信息	网络检索	用户、商家、广告商	百度、Google、Yahoo、必应
	数字媒体	读者、广告商	新浪、搜狐、今日头条
	网络视听	观众、节目制作者、广告商	腾讯视频、网易云音乐、抖音、快手、Bilibili
	社交软件	用户、商品供应商	微信、Facebook、微博、QQ
交易	证券交易所	券商—股民	上交所、港交所、纽交所
	电子商务	网店—消费者	天猫、京东商城、Amazon
	快餐外卖	客户—饭店	美团外卖、饿了么
	网约车	客户—出租车	滴滴出行、神州租车、Uber
支付	银联卡	持卡人—银行、收单 POS 店铺	银联、Visa、Master Card
	电子支付	电商—消费者	微信支付、支付宝、PayPal

---

① 本书第十二章"数字贸易纠纷解决"部分探讨了独立平台、半独立平台和非独立平台构建的纠纷解决机制，事实上就是平台在某种程度上替代政府履行监管平台上发生的交易的职能体现。

平台	媒介	参与方	代表例
操作	网络游戏	游戏开发商—玩家	腾讯游戏、网易游戏
	移动终端	软件开发商—用户	微软、安卓、iOS
	电脑	软件开发商—用户	Windows、Mac、Linux

二、数字平台企业的新型反竞争行为

由于数字行业的市场进入门槛较低，最近数年来数字平台企业发展呈现出喷发态势，一大批依托自身独特的技术研发和经营模式的新兴科技企业进入市场。在数字经济时代，跨界经营和竞争成为常态，不同平台之间的经营界限开始模糊，所谓同业竞争已经不适用于平台经济领域的经营者。传统法律关于竞争关系的界定也不适用于平台竞争，因为在平台竞争中各大平台关注的并不是竞争对手和自己竞争的商品，而是如何吸引更多用户，用户的时间和精力由于有限反而成了稀缺资源。平台经营者为了获得用户的关注，不得不构思差异化竞争策略，甚至不惜用各种补贴来吸引用户。在这种竞争态势下，能够成功获取用户注意力的平台就能产生网络数据流量，汇集大量网络流量的平台就拥有市场竞争优势。网络数据流量就是用户浏览网络时留下的行为踪迹，这在原来数据存储和计算能力有限的情况下无足轻重，但是在当前云储备和云计算高度发展的技术背景下已经不是问题。基于用户数据的收集、汇集、加工、聚合、处理形成的大数据，成为数字平台企业实力和竞争优势的象征，成为数字经济时代的新型生产要素。数字经济又被称为"平台经济""流量经济"和"大数据经济"，都说明了数据流量正在成为数字平台企业争夺的新型资源。

当前，数字平台企业争夺用户注意力的竞争行为形式多样，既有大型互联网平台之间的合纵连横的竞争策略，又有平台商家通过价格、补贴等进行的激烈竞争。形形色色的竞争行为既伴随着经营模式创新和技术进步，也具有无序和混乱的一面。发生在数字经济领域的平台竞争行为已经远远超出了工业经济时代的线下竞争模式，呈现出既要争夺用户的注意力，又要打击竞争对手，既要通过双边或多边市场获取自身经济利益，又要维护消费者（用户）利益的新型竞争局面。概括而言，互联网平台经营者的新型竞争行为有：①流量劫持；②网络商业抄袭；③强制搭售或捆绑插件；④屏蔽、恶意影响用户端其他服务或产品；⑤恶意干扰、修改或欺骗、诱导、误导、强迫用户修改参数；⑥恶意抢注或使用他人域名；⑦软件恶意不兼容、恶意卸载；⑧对搜索结果进行人工干预；⑨未经许可商业性使用他人网络产品或服务；⑩垂直搜索超过必要限度；⑪违背通用技术协议恶意抓取数据；⑫利用优势地位，推荐或优待自家产品；⑬掠夺性定价或交叉补贴；⑭垂直挤压，强迫用户和商家进行"二选一"；⑮利用算法实施价格歧视，"大数据杀熟"；⑯滥用知识产权和标准必要专利（SEP）；⑰对初创企业进行扼杀式收购、掐尖并购；等等。

以下列举几种数字经济领域的反竞争行为，基本上代表互联网平台实施不正当竞争或垄断行为的典型体现，也是当前世界各国竞争法实施面临的最主要的挑战。

（一）轴辐协议

近年来，大型互联网平台企业利用大数据分析和其在交易中的核心地位，组织实施垄断协议、价格歧视或排他性交易等行为，已经频频被诉或被各国反垄断当局调查甚至处罚。大型互联网平台企业组织、帮助平台内经营者从事排除限制竞争行为最为典型的就是"组织帮助型垄断协议"，常见的说法就是"轴辐协议"。①

所谓轴辐协议，来源于美国司法案例中针对横向和纵向协议交叉的混合型垄断协议的形象描述。轴辐协议除了由一个位于核心的"轴心"(hub) 经营者和多个位于边缘的"辐条"(spoke) 经营者达成的纵向协议之外，辐条经营者相互之间还存在一个潜在的"辐缘"（rim）合谋，两者构成一个有机的整体，形成排除或限制辐条经营者之间竞争的混合型垄断协议。基于平台经营者在交易中的核心地位，轴心经营者和辐条经营者组成了一个命运共同体，具有避开本应利用质量和价格来争取客户的辐条经营者相互竞争的目的，通过这种混合性协议保障自身的固定货源或销售圈，实现独家销售和高价销售的利益最大化效果。在此过程中，受到侵害的是市场经济体制下的自由竞争和公平竞争秩序，以及最终购买商品的消费者利益。就此而言，轴辐协议的排除限制竞争的目的和效果不言而喻，其破坏市场竞争秩序的社会危害性和造成消费者福利损失的个体危害性也非常明显，这是反垄断法基于保护社会公共利益和消费者权益进行干预的理论前提。

---

① 戴龙："论组织帮助型垄断协议的规制——兼议我国《反垄断法》的修订"，载《法学评论》2021 年第 1 期。

虽然我国当前尚没有发生诸如互联网平台企业组织、帮助平台内经营者从事轴辐协议的实际案例，但这一问题在我国互联网经济快速发展过程中是客观存在的。在医药、保险和汽车销售等民生领域，供应商和销售商以类似轴辐协议的新型销售方式，实施固定或提高销售价格等种种反竞争行为，已经被我国反垄断执法机构进行了多次查处。① 我国自2018年以来开始探讨修订《反垄断法》，2022年第十三届全国人大常委会第三十五次会议通过对《反垄断法》的修订，从最初修订草案到最后通过的新《反垄断法》，都明确地引入轴辐协议规制。互联网平台企业在组织、帮助平台内经营者进行经营和竞争方面具有天然的优势，其发挥的作用和轴心经营者非常类似。但是，针对互联网平台企业从事的组织帮助型垄断协议是否构成违法，仍然需要结合轴辐协议的构成要件，根据个案进行具体分析。

从结构上看，构成轴辐协议应当具备三个核心条件：其一，轴心经营者和辐条经营者之间存在一组排除限制竞争的纵向协议；其二，辐条经营者之间具有一个潜在的横向垄断协议（即辐缘合谋）；其三，轴心经营者对于潜在横向垄断协议的达成和实施发挥了组织、帮助的作用。

对于第一个要件，构成轴辐协议的多个纵向协议是明面上的，这在实践中并不难取证，只要找到轴心经营者和一组辐条经营者之间签署的纵向协议即可。实践中，这种纵向协议既可以体现为一个生产商和多个销售商签署的代理或销售合同，也可以体现为多个生产商和一个销售商签署的独家代理或销售合同，还可以表现为一个供应商和多个零售商签署的许可合同。② 这一组纵向协议彼此独立但内容大致相同，可能包含大致相同的限制转售价格条款、供货条件、销售区域或客户安排等。要证明一组纵向协议的排除限制竞争效果也不难，因为纵向协议限制本身就具有排除上游或下游生产商或销售商之间竞争的目的，不过实践中更多是将其融入纵向协议具有的排除限制竞争效果进行综合考虑，而不以其具有排除限制竞争效果而作为违法性判断的唯一标准。

对于第二个要件，由于辐条经营者之间虽有合谋意图，并不存在真实的横向合谋的证据，要证明其达成或实施潜在的横向垄断协议（辐缘合谋）并不容

---

① 例如，2012年湖南省价格监督检查与反垄断局查处的湖南省娄底保险业垄断协议案、2017年湖北省工商行政管理局查处的武汉新兴精英医药公司滥用市场支配地位案、2017年国家发改委查处的浙江新赛科和天津汉德威药业公司滥用共同市场支配地位案等，所查处的对象行为实则都是轴辐协议行为，只是寓于我国现行《反垄断法》缺乏相关轴辐协议规制的规定，故而执法机关转而适用横向垄断协议或滥用市场支配地位规制。

② 刘继峰："'中心辐射型'卡特尔认定中的问题"，载《价格理论与实践》2016年第6期。

易，但这恰恰是证明构成组织帮助型垄断协议的关键所在。因为一组彼此独立的纵向协议如果不能证明是为了实现一个横向共谋，只能视为是纵向合同安排。一般认为，横向共谋可以分为明示的合谋与默示的合谋两种。[1]默示合谋的认定比较困难，原则上可以借助反垄断法关于协同行为的证成理论。也就是说，不仅需要证明辐条经营者之间存在一致性行为，还要证明其具有意思联络。意思联络不一定要求每个经营者真正见面，只要它们彼此之间知道共谋的计划即可。[2]

　　对于第三个要件，本质上是要证明轴心经营者对于辐条经营者达成横向合谋起到了组织、帮助的作用。没有轴心经营者的组织帮助，辐条经营者很难就辐缘合谋达成一致，或者即便达成合谋也很难实施。经济学研究证明，横向垄断协议具有非稳定性，合谋的成员基于自身利益最大化的考虑和信任危机，往往导致横向合谋走向瓦解。因此，为了避免合谋的瓦解，合谋成员需要一个第三者来监督合谋的实施并对违约者进行惩罚。实践中，具有竞争关系的经营者，将合谋的组织和监督职能委托给一个共同的上下游企业，既可以有效实现横向合谋，又可借助纵向合同掩盖横向合谋的意图。[3]在平台经济领域，能够发挥这种组织和监督职能的最佳角色是数字平台企业，这也是在应对平台经济领域的竞争和垄断问题时导入轴辐协议规制的主要原因。

　　互联网平台企业实施轴辐协议的典型案例是美国苹果电子书案。[4]在美国苹果电子书案中，苹果公司利用图书出版商对亚马逊公司批发电子书模式的不满，成功地协调了具有竞争关系的出版商之间的价格（通过"最惠待遇条款"），实现了排除下游零售商市场竞争者（亚马逊）的混合目的。法院认为当每个出版商都在与苹果公司签订的代销协议中约定了相同的"分层式最高价格"条款时，该"最高价格"便成为了出版商之间对可接受的电子书零售价格的"共识"，苹果公司通过分别与出版商签订代销协议的方式参与并促成了出版商之间关于固定电子书售价的共谋。最终，法院认为苹果组织从事出版商达成电子书零售价格合谋，构成违法的轴辐协议，依据"本身违法原则"做出判决。

（二）算法与合谋

　　随着大数据和人工智能技术的快速兴起，以计算机算法为代表的新型

---

① 侯利阳："轴辐协议的违法性辨析"，载《中外法学》2019 年第 9 期。

② 刘继峰："'中心辐射型'卡特尔认定中的问题"，载《价格理论与实践》2016 年第 6 期。

③ 张晨颖："垄断协议二分法检讨与禁止规则再造——从轴辐协议谈起"，载《法商研究》2018 年第 2 期。

④ 吴韬、何晴："美国'苹果电子书价格垄断案'争点释疑"，载《法学》2017 年第 2 期。

经营行为进入人们的生产与生活，在带给人们生产和生活便利的同时，也引发了计算机动态加价和算法合谋等新型竞争问题。2015年12月16日，美国康涅狄格州的一名居民斯宾塞·迈尔，以Uber利用计算机算法和司机达成合谋，违反了美国《谢尔曼法》为由，在美国纽约南区联邦地区法院起诉Uber联合创始人兼前任CEO的特拉维斯·卡兰尼克，揭开了数字经济时代计算机算法涉嫌违法的序幕。①2015年，美国司法部启动了两起涉及计算机算法的案件，都涉及计算机算法被用于实施竞争者之间事前已经确定的协议。2017年2月，欧盟委员会针对限制销售家用电器、笔记本电脑等产品的在线零售商自行定价能力的算法案件展开调查。②在我国，也出现滴滴出行用户使用软件叫车时出现同地不同价现象，引发社会关注。③事实上，通过计算机算法实施歧视性定价已经成为互联网行业的普遍行为，在通过网络订票、住宿预约中，均出现了针对不同用户的同地不同价、同店不同价，即所谓"大数据杀熟"的现象。

在数字经济时代，互联网平台企业基于算法开发新产品，降低生产和交易成本，改进质量和资源利用效率，优化产品流程，这无疑是促进生产发展和提高经济效益的举措。在消费需求方面，算法也可以帮助消费者比较价格与质量，预测市场发展趋势，降低搜索和交易成本，做出合理的消费选择，具有一定的正面效应。但是，算法是计算机运用人工输入甚至机器自主学习收集的数据，按照一定的程序和指令，通过复杂运算和数据处理，最终输出有助于企业决策和消费者选择的数据结果。其本身的高难技术性和不透明性既超出了普通生产商和消费者的认知水平，也为互联网平台企业人工操控算法，进而使算法产生对自己有利的数据结果埋下了可能。众所周知，以谷歌和百度为代表的搜索引擎平台，其主要的盈利模式就是向广告商收取费用，而竞价排名是搜索平台通过"计算机算法+人工干预"决定广告商排名顺序的经营惯例。但是，否定以

---

① 该案中，原告起诉被告通过计算机算法所设定的车费，消除了Uber司机之间的价格竞争，实际上相当于Uber和其司机通过纵向协议安排，达成了维持高价的横向垄断协议。该案目前还在审理之中，具体可参见韩伟、胡铁："美国Uber反垄断争点：算法合谋"，载"数字市场竞争政策研究"公众号，最后访问时间：2017年12月19日。

② 参见韩伟："算法合谋反垄断初探——OECD《算法与合谋》报告介评（上）"，载《竞争政策研究》2017年第5期。

③ 参见中国政法大学副校长时建中教授在"2018大数据产业峰会——数据流通的政策与法律论坛"上的发言"数据交易中构建法律制度的主要原则"，载于"大数据发展促进委员会"公众号，2018年5月30日。

用户需求和利益为中心，转而以数字平台企业利益为目的的竞价排名，必然导致供应市场中以价格和质量取胜的市场法则不再有效，也必然影响到消费者的选择。2017 年的谷歌比价购物案中，欧盟委员会向谷歌作出 24.2 亿的高额罚款决定，就是基于谷歌滥用其在搜索引擎市场的支配地位在搜索结果中有组织地偏向自家比价购物产品，损害了市场公平竞争程序和消费者利益。[①]

2017 年 9 月，OECD 发布了题为《算法与合谋：数据时代的竞争政策》的报告书，比较全面地梳理了数字经济时代通过计算机实施的算法合谋给竞争政策带来的挑战。[②] 报告书分析了计算机算法对行业结构、市场供需的影响，指出算法可能会改变结构性市场条件以及供给方面的因素，对合谋会产生积极或消极的影响。报告书重点分析了四种计算机算法，指出其可能促成合谋的风险。

1. 监督算法（monitoring algorithms）。监督算法是指算法可能被企业用于收集竞争对手商业决策的信息、观察筛选潜在的有关背离合谋行为的数据，以及设计快速报复方案，这有利于企业避免打价格战，便利企业进行更有效率的合谋协议。

2. 平行算法（parallel algorithms）。平行算法是指随着企业决策过程被移入通过计算机算法实行的自动运营，当不同的企业均采用相同的定价算法时，会促使企业之间达成有意识的平行行为，进而导致合谋风险。事实上，目前部分企业在机票、酒店预订服务以及新型的网约车软件已经开始采用计算机的动态定价系统，这一定价系统可以自动反馈市场变化，在不同企业之间创造"轴辐协议"，已经引发理论和实务界的关注。

3. 信号算法（signalling algorithms）。信号算法是指企业为了避免明示沟通，通过设置消费者无法察觉但竞争对手可以感知的自动算法信号，披露自己调价与意图合谋的目的，实现达成合谋的复杂策略。

4. 自我学习算法（self-learning algorithms）。自我学习算法是指完全通过计算机的深度学习能力，对市场主体的行为进行反复测试，在不需要人类干预的情况下达成竞争者之间利益最大化的合谋算法。

通过计算机算法实现企业利润最大化的经营策略，达成避免竞争和损害

① EU Commission, "Commission fines Google € 2.42 billion for abusing dominance as search engine by giving illegal advantage to own comparison shopping service", https://ec.europa.eu/cyprus/news/20170627_en.

② OECD (2017), Algorithms and Collusion，"Competition Policy in the Digital Age"，https://www.oecd.org/competition/algorithms-collusion-competition-policy-in-the-digital-age.htm. Last visite Jun9,2018.

消费者利益的合谋价格，是各国竞争执法机构面临的全新挑战。这不仅表现在计算机算法是通过高度复杂的技术实施，实践中很难被竞争执法机构察觉和评估，还表现在通过计算机算法实施的合谋可能已经超出现有法律的管辖范围，需要重新界定承担法律责任的主体是否适格的问题。事实上，当计算机算法和机器取代了传统市场参与者的角色，从事超出传统共谋的违法行为时，是让机器还是让机器背后的人类承担责任，在当前的法律框架下还没有形成共识。

从目前的研究来看，对于第一类通过监督算法实施的合谋协议，算法被作为人类实现达成合谋的工具，如果因此提高了商品价格，限制了应有的市场竞争，损害了消费者的利益，适用传统反垄断法的垄断协议规制，应该没有太大的争议。对于第二类通过平行算法实施的"轴辐协议"，如果这种算法被设计用来促进使用者之间的共谋，并且执法机构能够获得达成协议的意图证据，经过适用横向或者纵向协议的合理评估，也可以在现有反垄断法律框架下追究经营者的责任。第三类通过信号算法实施的共谋对于竞争执法来说挑战更大，因为这类计算机算法承担着预测市场动态，监督及惩罚市场背离行为的"智能体"（agents）角色，而计算机对市场动态做出理性反应本身并不违法。当不同企业均采用这一算法，在缺乏沟通和合谋的证据情况下达成维持行为一致的市场平衡，很难因此引发反垄断法的干预。虽然计算机算法能够轻易地觉察到竞争对手的市场行为，预测到竞争对手的算法对不同的竞争性反应可能如何回应，然后选择一种能最大化利润的竞争性反应方式，最终导致某种有意识的平行行为，但是据此要求经营者承担法律责任仍然缺乏足够的证据与说服力。[①] 第四类通过自我学习算法而实现的共谋，在目前的反垄断法律框架下基本上缺乏可以规制的理论基础。因为通过这种算法实现的共谋已经完全脱离了人类的主观意图，在计算机被设置要求利润最大化或市场行为优化的目标前提下，通过自主学习和自主执行，与其他类似机器达成的默示共谋。即便这类共谋最终限制了市场竞争，依据现有的反垄断制度框架，很难让机器承担违法后果，也很难找到证据让机器背后的人类承担相应的法律责任。

（三）掠夺性定价

掠夺性定价是当前互联网平台企业广泛运用的一种竞争方式。在传统的反

① [英] 阿里尔·扎拉奇、[美] 莫里斯·E. 斯图克："人工智能与合谋：当计算机抑制了竞争"，载韩伟主编：《数字市场竞争政策研究》，法律出版社 2017 年版，第 340~376 页。

·476·

垄断法规制中，掠夺性定价是指经营者为了打击竞争对手，以低于成本的价格长期销售产品，待到将竞争对手驱逐出市场后再提高价格，不仅将先前低于成本销售的损失填补，还可以进一步获取垄断利润的竞争行为。掠夺性定价在反垄断法中受到负面评价并作为违法行为进行规制，是基于经营者：①为了打击或驱逐竞争对手；②在一定时期内以低于成本的价格销售商品；③待到将竞争对手驱逐出市场后再度提高价格挽回损失并获取垄断利益。这也成为判断掠夺性定价的三个构成要件。

在这三个条件中，①为了打击或驱逐竞争对手，本身无可厚非，因为市场竞争的都是以打击和驱逐竞争对手而获益为目的，这一点比较容易证明。②在一定时期内以低于成本的价格销售商品，如果具有合理理由，可以排除其不符合一般商业常识的经营行为的违法性；[1]如果就是以打击或驱逐竞争对手为目的而降价，还需要结合下一个条件进行违法性认定。③待到将竞争对手驱逐出市场后再度提高价格挽回损失并获取垄断利益，这在实践中是很难实施并很难进行违法认定。原因在于，如果经营者进行实施了②而没有实施③，只会造成经营者受损而消费者获益，这样的行为不具有可惩罚性；如果经营者不仅实施了②，而且实施了③，理论上具备了反垄断法意义上的可惩罚性，但实践证明经营者要想成功地实现③通常要承担很大的风险。理论上，欧美等国参照"阿里达—特纳"标准，即经营者如果以低于平均可变成本销售并符合其他必要条件，可以认定其不合法，然而实践中平均可变成本的边界很难认定，学术上争议也很大，欧美等国家的司法实践中很少根据掠夺性定价判定经营者违法的案例。[2]

在互联网平台的竞争行为中，传统的基于成本测试掠夺性定价的分析方法对于多边平台是不适用的。即便按照"阿里达—特纳"标准，也是基于经营者在单边市场上以不低于平均可变成本的定价实现利润最大化，而这一现象在双边/多边平台背景下是完全可能的。事实上许多双边平台的定价都具有明显倾斜性，在某一边的定价完全可以低于边际成本，甚至还会实施补贴以吸引足够的客户，在促使平台的使用者达到临界规模之后，可以通过对另一边用户的收费来弥补亏损一边的经济损失。我们已经看到，在滴滴打车和快的打车两个叫

---

① 例如，《中华人民共和国价格法》第 14 条第 2 项针对掠夺性定价的规定中，排除了经营者处理鲜活商品、季节性商品或积压商品而依法降价的违法性。

② [美] 赫伯特·霍温坎普：《联邦反托拉斯政策：竞争法律及其实践》，许光耀、江山、王晨译，法律出版社 2009 年版，第 372~406 页；王晓晔：《反垄断法》，法律出版社 2011 年版，第 208~212 页。

车软件相互竞争时，双方依托背后强大的财力支持，对使用叫车软件的司机和乘客实行双向补贴，这在一般的单边市场上肯定是亏本的，但是在吸引了大量乘客和司机注册并绑定支付工具的网约车市场，这一策略成为网约车平台企业不可避免的经营战略。

如果单凭双边平台企业向一边客户收取低于边际成本的价格就认为其实施了掠夺性定价，显然是不合理的。双边平台的定价策略的改变主要是基于各双边市场需求的相互依赖性，而平台企业实施的掠夺性定价策略是否一定会阻碍竞争则需要进一步评估。如果定价策略的改变导致了价格总水平低于盈亏平衡点，并且无法用价格外的因素来解释时，可以基本认定平台采用了掠夺性定价。[①] 如前所述，倾斜性定价是平台经营达到临界规模的经营策略，平台可以通过无利可图的低价甚至实施补贴，使得竞争性平台实现临界规模的难度大大增加。因此，平台企业想要盈利需要达到一定的规模经济效果，而实施掠夺性定价策略在平台企业之间可能具有促进竞争的效果。

（四）搭售

搭售是企业经营行为中常见的销售方式，其之所以引发关注，是因为拥有市场支配地位的经营者可能通过捆绑销售的方式获取被搭售商品市场的竞争优势，或者强迫消费者购买其不需要的产品，这样就阻碍了被搭售商品市场的公平竞争，妨碍了消费者的自由选择权。搭售的理论分析起源于"杠杆原理"，即经营者以垄断商品为支点获取非垄断商品的支配地位，但对于搭售在多大程度上具有限制竞争效果，是否真正损害了消费者福利，理论界和实务界观点各异。经营者进行搭售的动机一般出于提高定价效率，或者是基于排除竞争对手的策略性动机，或是两者兼而有之。[②] 如果搭售商品和被搭售商品是互补产品，以对搭售产品为杠杆实现对被搭售商品的垄断是困难的，而且这样的搭售也未必损害消费者的利益。[③] 如果搭售商品和被搭售商品是相互独立的商品，经营者实施搭售可能是基于提高定价效率，延伸在被搭售商品市场竞争力的目的，或是为了实行价格歧视。

20 世纪 80 年代以来，受芝加哥学派影响，对搭售行为基于本身违法原则进行判断的规制立场趋于弱化，辅之以经济分析的合理原则开始在搭

---

① [美]戴维·S.埃文斯：《平台经济学：多边平台产业论文集》，周勤、赵驰、侯赟慧译，经济科学出版社 2016 年版，第 520 页。

② 吴汉洪、钟洲："论搭售的反垄断争议"，载《中国人民大学学报》2016 年第 4 期。

③ [美]理查德·A.波斯纳：《反托拉斯法》，孙秋宁译，中国政法大学出版社 2003 年版，第 232 页。

售案件中适用。以 *Jefferson Parish Hospital* 案[①]为代表，美国最高法院端出了判断搭售行为违法的三要件标准，即①卖方在搭售商品市场中具有市场支配力；②卖方通过搭售有获得被搭售商品之市场支配力的重大威胁；③搭售商品与被搭售商品是两个独立的可分开使用的商品。除了这三要件分析之外，搭售案件中适用合理分析原则，还必须证明在被搭售商品市场上产生了排他性效果。

在以互联网平台竞争为特征的数字经济领域，经营者实施搭售的策略性动机更加难以实现。由于平台的双边市场特征和消费者一边存在多重归属性，如果被搭售商品市场的规模经济并不明显，垄断企业通过搭售挑起价格战的威胁无法将新进入者排除出被搭售商品市场，消费者亦将因此获益。[②]就策略性搭售而言，在欧美的司法与行政执法实践中，要求证明"垄断企业通过搭售封锁市场份额"，与"对竞争对手实施反竞争侵害"。在我国司法实践中，最高人民法院在"3Q 大战"案中指出，搭售既可能带来积极效果，也可能带来消极效果，判定搭售违法要求证明"搭售对竞争具有消极影响"。[③]

从搭售的行为动机和效果来看，真正值得关注的应该是具有市场支配地位的经营者实施具有价格歧视效果的搭售行为，即那种导致市场价格提高到竞争水平之上的排他行为。作为一种价格歧视手段而实行的搭售，既不是蓄意提高被搭售产品的市场价格水平，也不可能提高被搭售产品的市场价格水平，相反，搭售的目的是帮助垄断者从在一个独立市场的垄断中攫取更高的利润。搭售的意义在于，它使垄断者能够就被搭售产品向其顾客单独收取一个高于该产品市场价格的价格。[④]例如，我国发改委查处高通公司滥用市场支配地位一案中，认为高通公司通过将无线通信标准必要专利和非无线通信标准必要专利进行搭售，进而提高了整体的专利许可费，就属于利用搭售实施的价格歧视策略。[⑤]在苹果公司诉高通公司专利权及垄断纠纷案中，也涉及对高通公司通过捆绑芯片市场和蜂窝标准技术专利，加强其在两个市场的垄断地位，榨取过高的专利

① Jefferson Parish Hosp. Dist. No.2 v Hyde,466 U.S. 2,7, 104S.Ct.(1984).
② Choi Jay Pil, Tying in Two Sided Markets with Multi-Homing, Net Institute Working paper No.06-04, Cesifo Working Paper No.2073 (August 2007).
③ 中华人民共和国最高人民法院（2003）民三终字第 4 号民事判决书。
④ [美]理查德·A. 波斯纳：《反托拉斯法》，孙秋宁译，中国政法大学出版社 2003 年版，第 234 页。
⑤ 国家发改委行政处罚决定书："我委对高通公司垄断行为责令整改并罚款 60 亿元"，发改办价监处罚【2015】1 号。

许可费的指控。[1]

（五）独家协议

以独家协议而言，在不存在交叉网络外部性的单边市场上，经营者和交易对方签署的独家协议排除了交易方选择其他经营者的竞争产品，限制了相关产品市场上的竞争，可能构成反垄断法意义上的限定交易行为。但是经营者能够实施这样的行为，前提在于其在相关市场上拥有市场支配地位，并且其实施这样的限定交易行为不具有正当的理由。一般而言，如果交易相对方具有充分的选择自由，经营者通过独家协议限制交易相对方选择其竞争对手产品不会产生排他效果，因为交易相对方可以在任何时候选择一个新的供货商。只有一个例外，就是在分销中存在非常大的规模经济，或者在同一个销售渠道中分销多种产品有非常高的效率，以至于只有供货商坚持要签订独家协议，迫使分销商在只经销当前供货商的产品或只经销其他供货商的产品之间进行"二选一"时，分销商才会选择独家协议形式。[2] 这种现象在知名品牌商品的独家销售合同，汽车产业的 4S 代理模式，或者诸如大型连锁超市的独家供货合同中普遍存在。但这种独家协议更接近于纵向一体化限制，只要市场上存在其他的供货或销售渠道，这种独家代理合同多半是有效率的，并且是促进市场竞争和有利于消费者福利的。

在存在交叉网络外部性的数字经济领域，平台经营者在双边市场上为了达到临界规模的客户数量，有充分的动机通过独家协议将客户排他性地绑定在自家平台上。但是，基于平台经济本身的多重归属特征，平台经营者希望"锁定"双边客户的努力多半是无效的，因为客户可以不用支付太高成本就能切换到其他平台。当然，由于平台直接网络效应的存在，客户也可能因为切换平台面临机会成本和学习成本的增加，使得平台用户不得不留在旧平台上，这就是所谓网络平台的"锁定"问题。例如，在微信已经成为多数人共同选用的即时通信平台时，某用户如果选择其他即时通信工具，就会发现不仅需要重新学习和掌握新平台的使用方法，而且面临因其朋友圈都在微信平台，自己选择了其他平台后无法与其朋友圈进行即时聊天的问题。其他情况下，例如知名品牌代理商可能会因为品牌本身的巨大经济利益而愿意接受独家协议。网络零售平台供应

---

① 吴韬等译："苹果与高通违约、专利权、垄断纠纷案诉状选择"，载"互联网竞争"公众号，最后访问时间：2022 年 10 月 18 日。

② ［美］理查德·A. 波斯纳：《反托拉斯法》，孙秋宁译，中国政法大学出版社 2003 年版，第 269 页。

商，特别是中小型供应商也会因为切换平台所导致的大量商业机会的丧失而被迫接受独家协议。

经济学研究表明，如果消费者没有明显的偏好，而且经营的固定成本很高，那么独家经营模式的引入会提升社会福利。互为竞争对手的双边平台参与主体一边具有同质性，而另一边用户具有异质性，独家协议的运用还可以有效避免同质客户多重归属现象的发生，虽然也排斥了竞争对手，但这样的垄断均衡也可能是有效率的。[①] 在具有规模经济效应的单边情形下，独家经营模式会严重制约新进入企业获取足够顾客实现发展的可能性，而在多边平台下，独家协议可能会剥夺新进入者获取另一边客户的可能性，但这种独家经营模式是促进了竞争还是抑制了竞争，对新进入者是正面效应还是负面效应，并没有形成统一的结论。新进入者并不一定很虚弱，它可以是本身就很强大的多边平台。例如，在支付宝已经形成数字支付压倒性优势的情况下，微信凭借自身强大的即时通信市场优势，进入数字支付市场后很快就扩大了市场份额，和支付宝成为并驾齐驱的两大数字金融支付平台。无论是单边还是多边平台，在位企业实行独家协议其实并没有必要锁定所有顾客，它要做的只是让新进入者无利可图。因此，对于互联网平台实行独家协议的排他效果应该根据不同行业的具体情况进行具体分析。

（六）扼杀式并购

扼杀式并购（killer acquisition）是近年来在数字经济领域被热议的话题。其背景是，无论是在国内还是国外，都出现了大型互联网平台通过收购进行扩张，进入众多原本没有从事的行业，或者通过融资、入股将互联网平台的经营拓展到一个新兴领域的现象。互联网平台的经营扩张，只要没有消灭横向市场上的竞争对手，造成市场过度集中，或者没有产生明显的排除、限制市场竞争效果，作为一种市场行为的收购或融资入股，本来不应当被法律禁止。但是，扼杀式并购之所以成为一个竞争法框架下的议题，在于主要经济体的执法部门和理论界认识到，互联网平台企业正在以消灭潜在竞争对手或削弱市场创新动力的方式，把存在科技创新的新兴企业扼杀在摇篮之中。例如，美国众议院在2020年公布的《数字市场竞争状况调查报告》中，就把扼杀式并购视为GAFA（即以谷歌、亚马逊、脸书和苹果为代表的互联网巨头企业）巩固、传导和滥

---

① [美] 戴维·S. 埃文斯:《平台经济学:多边平台产业论文集》，周勤、赵驰、侯赟慧译，经济科学出版社2016年版，第516页。

用自身市场力量的一个手段。①

　　"扼杀式并购"并不是一个法学意义上的规范性提法，只是应对数字经济领域出现的新现象和新问题而被使用的一个比较形象的概念。对于扼杀式并购的关注，最早出现在制药行业，主要是指一些在位的制药公司通过并购手段来直接消灭那些从事新药研发的企业。从狭义上看，扼杀式并购是指"以停止目标公司的创新项目，以规避未来竞争为目的"的并购；从广义上看，扼杀式并购还包括那些虽然没有在并购后就扼杀目标项目，但是却让其不能充分发挥其潜力的并购行为。②在更多的文献综述中，扼杀式并购被用来泛指那些针对新创企业或者潜在竞争对手的并购。近年来，数字经济领域发生大量大型数字平台企业收购中小型科创企业的现象，让人们有理由质疑，相比于制药行业，数字经济领域的扼杀式并购发生的概率或许更高。

　　我国学者通过大量比较研究指出，相比于通常的收购，扼杀式并购具有很多独有的特征：①从并购的目的看，扼杀式并购的主要目的并不是做大自己，而是通过直接消灭潜在竞争对手来巩固自身的地位；②从并购对象的规模看，扼杀式并购的目标企业主要是那些创立时间不长、尚未构建成熟盈利模式，但具有某些潜在核心竞争力的初创企业；③从并购形式看，扼杀式并购未必以传统的控股或完全控制的方式实施；④在选择并购目标时，收购方经常会借助大数据和其他技术手段的辅助；⑤从并购过程看，收购方通常会用"胡萝卜加大棒"的方法来迫使目标企业就范；⑥在并购完成之后，收购方经常会消灭目标企业正在进行的创新项目。③

　　对于扼杀式并购可能产生的危害，学界的研究呈现出巨大争议。既有关于扼杀式并购对市场造成损害潜在竞争缺失和市场力量的跨行业传导的竞争损害的观点，也有认为这种损害在日新月异的互联网动态竞争中很难实现，对潜在竞争的影响也很难验证的观点。既有扼杀式并购可能对目标企业的创新和收购方的创新都造成很大负面影响的研究，也有认为即使扼杀式并购存在负面效应，但整体上产生的正面影响足以抵消这些负面影响的研究。既有认为扼杀式并购会减少消费者的选择，对消费者福利造成损害，并引起市场竞争环境恶化的观点，也有扼杀式并购本身带来效率提升，产生降价和提质等效应，并不存在降

---

① Subcommittee on Antitrust Commercial and Administrative Law of the Committee on the Judiciary, Investigation of Competition in Digital Markets, Majority Staff Report and Recommendation, United States, 2020, https://judiciary.house.gov/uploadedfiles/competition_in_digital_markets.pdf.

② 陈永伟："扼杀式并购：争议和对策"，载《东北财经大学学报》2022年第1期。

③ 陈永伟："扼杀式并购：争议和对策"，载《东北财经大学学报》2022年第1期。

低消费者福利的观点。概而言之，对于扼杀式并购是否真正产生竞争损害，遏制创新，降低消费者福利，现有研究还未有定论。

在这种背景下，对于扼杀式并购的反垄断监管到底应持有何种立场，实则是一个仁者见仁智者见智的问题。基于传统用于评估经营者集中的经济效率和损害竞争效果的市场集中度（HHI 指数）理论，主要聚焦于规制大型竞争对手之间的横向并购效果和采取漫长而不确定的事先集中审查程序等在数字经济行业适用的困境，数字经济领域的扼杀式并购对现有反垄断法的集中审查制度构成挑战是显而易见的。经济学研究表明，在驱使互联网平台走向集中的各种动因中，既存在供给侧和需求侧规模经济、正向组间网络效应、市场容量与规模、知识产权和专营牌照制度等助推因素，也存在诸如反向组内网络效应、用户多归属性与转移成本、平台交叉兼容性或连通性、研发创新动态性和定价结构倾斜性等刹车因素。[①] 正因如此，如何避免出现把一个数字经济领域的合法并购误以为损害竞争而加以禁止的"假阳性错误"，以及把一个真实存在竞争损害的并购却认为合法而加以允许的"假阴性错误"，成为主要经济体竞争监管机关审查数字经济领域的扼杀式并购时面临的一个全新难题。

第三节　国际社会关于数字平台竞争问题的应对

数字经济领域反垄断问题是世界各国同时面对的新型竞争监管问题，一些国际组织（如 OECD、WTO、UNCTAD、WB 等）和主要经济体开展了大量研究，提出了一系列应对数字平台反垄断问题的政策建议。少数国家则启动相应的立法或修法程序，应对日益显现的平台反垄断问题。主要经济体也加大了竞争执法力度，针对跨国互联网平台企业的反垄断案例日趋增多。概括而言，体现在以下几个方面：

一、平台经济领域反垄断规制面临的挑战

（一）理论挑战：传统反垄断理论的滞后与不足

反垄断法的理论可以追溯到从自由资本主义发展到垄断资本主义阶段所产生的社会经济问题。资本主义国家经历工业革命之后，在社会经济各个领域都产生了独霸一方的工业巨头，这些工业巨头垄断了国家的经济命脉，对内欺压中小企业，剥削消费者，对外实行兼并扩张，阻碍技术进步，已经动摇了资本

---

① 方燕："互联网平台集中中的助推剂和刹车器"，载《竞争政策研究》2019 年第 6 期。

主义赖以生存的经济民主和自由竞争。为了拯救资本主义制度，发达资本主义国家开创了利用反垄断法来规制大型工业企业，维护中小企业和消费者的利益。1890 年，世界上最早的反垄断法，即美国《谢尔曼反托拉斯法》，就是在这种背景下通过的。后来，美国国会又通过制定《克莱顿法》和《联邦贸易委员会法》，构筑起一整套完整的反垄断法律制度。可以说，美国反垄断法律制度就是为了应对垄断资本主义时期的工业垄断问题，通过法治手段来维护公平竞争的市场秩序和追求民主、自由的资本主义制度。

美国反垄断法诞生以后，先是以哈佛学派为代表的结构主义规制学说长期指导了法律实施，形成了反垄断法以重点规制大企业垄断行为、肢解垄断企业为主的做法。20 世纪 70 年代后芝加哥学派兴起，主张不以市场结构而以市场行为作为判断企业行为是否违法的主要标准，并逐渐成为指导反垄断法实施的经济理论。后芝加哥学派进一步完善反垄断法的分析方法，形成了延续至今的以经济效率和消费者福利作为评价行为反竞争效果的经济分析理论。当前，世界主要国家大都学习借鉴美国反垄断法的理论分析和实践经验，形成了比较完备的反垄断法学和经济学分析理论。

进入 21 世纪以来，世界经济发展进入到以平台竞争、数字技术和人工智能为代表的数字经济时代。数字经济对人类以往形成的理论体系和法律规范产生全方位挑战，世界各国都面临着调整现有制度以适应数字经济发展带来的诸多挑战的问题。但是，数字经济的快速发展使得人类社会来不及深入思考就被迫作出回应，以解决数字革命产生的技术不透明、歧视与公平正义等问题。在数字经济时代，市场创新瞬息万变，动态竞争特征明显，经营者即便占据很高的市场份额也不能高枕无忧，反而时刻面临新技术和新商业模式创新带来的高强度竞争。数字平台企业的低成本扩张、免费服务甚至反向补贴，也使得传统反垄断法以价格、成本分析为特征的诸如"阿里达—特纳"测试、"假定的垄断者（SSNIP）"测试、赫芬达尔市场集中度指数（HHI）分析不再有效。而数字经济时代特有的以互联网平台为核心的双边市场、垂直挤压、自我优待以及对潜在竞争对手实施扼杀式并购或封禁行为等，都难以在现有理论框架内得到合理解释。

因此，数字经济时代的技术革新和动态竞争对于传统反垄断法的基础理论提出了严峻挑战，固守于工业经济时代的政治经济理论和法律规范已经不足以解决数字经济发展中出现的新问题。在国际上，以美国学者为代表，发起了反托拉斯法需要重返结构主义规制，维护竞争法制多元价值追求的新布兰代斯运动。[1] 在国内，我国学者中也有人提出需要重构反垄断法的分析范式和制度架构的主张。[2] 数字经济时代提出了全新挑战的同时，也带来了超越传统反垄断法与发达国家知识理论的历史机遇。平台经济发展中的新问题，需要我们重新审视现有的政治经济与法律理论，重新思考反垄断法在新时期的定位与使命。为此，我国理论界应当不固守任何传统理论和教条，响应时代的号召与要求，勇于探索新的知识领域，寻求平台经济可持续发展的治理体系和法治理论。[3]

（二）制度挑战：适应平台经济动态竞争与创新的制度匮乏

反垄断法构筑了以规制垄断协议、滥用市场支配地位和经营者集中控制为核心的制度框架。传统反垄断法律制度建立在以市场结构和效率分析的理论基础之上，对垄断行为进行行为合理性与符合消费者福利的综合评估。然而，传统反垄断法的"三大支柱"，在应对数字经济时代的平台竞争新问题时显得捉襟见肘。随着平台经济的崛起，平台在组织、帮助经营者达成和实施垄断协议中的作用越来越大，但平台和达成并实施垄断协议的经营者之间并不明显表现为横向或纵向关系，不能简单地套用横向或纵向垄断协议的规范。在苹果电子书案中，美国法院就这种所谓"轴辐协议"，启用了本身违法原则进行违法认定。我国近年来也出现了大量涉及轴辐协议的案例，但是囿于《反垄断法》的结构性缺陷，我国行政执法机关只能转用滥用共同支配地位等规制或者只对达成协议的某一方实施处罚，这显然无法对实施垄断行为的各方进行有效、合理的规制。

滥用市场支配地位规制最能反映传统反垄断法结构性规制的特征，其确立的以市场份额为核心的支配地位认定标准，对于工业经济时代企业需要经过较长时间竞争才能建立起稳定的市场支配地位是适合的，但是在市场瞬息万变的数字经济时代，仅凭市场份额来推定企业具有支配地位已经越来越不符合市场竞争的现实。正因如此，在奇虎诉腾讯滥用市场支配地位案（3Q 大战）中，即便腾讯 QQ 在即时通信市场的份额高达 80% 以上，最高人民法院仍然认为，在整个即时通信领域平台化竞争仍然日趋白热化，因此驳回了奇虎公司关于腾讯公司滥用市场支配地位行为的指控。在数字平台竞争中，平台之间为争夺用户注意力和广告主的相互竞争完全跨越了由产品或者服务所划定的界限，给经

---

① Lina M. Khan, "Amazon's Antitrust Paradox", *The Yale Law Journal*, Vol. 126, No.3, January 2017, pp.710-805.

② 杨东："论反垄断法的重构：应对数字经济的挑战"，载《中国法学》2020 年第 3 期。

③ 戴龙："论组织帮助型垄断协议的规制——兼议我国《反垄断法》的修订"，载《法学评论》2021 年第 1 期。

营者施加了足够强大的竞争约束，数据流量和用户数量正在成为平台企业竞争力的源泉。以数据、算法为特征的新型竞争行为，正在取代传统工业企业建立在市场份额基础上的结构性竞争优势，成为评估平台企业市场支配力量的新型考虑要素。①

传统反垄断法建立了以营业额规模和横向并购为主要对象的经营者集中规制，这在互联网平台的跨界并购中也遭遇挑战。首先，营业额规模反映了工业经济时代大企业实施并购交易时改变市场结构的竞争影响，但却未必能够反映平台企业收购中小型创新企业的真实意图。在数字经济时代，大型平台企业收购的重点并非是能够改变市场结构的其他大型平台，反而是当前并不具有很大规模但却掌握了某一核心技术和新商业模式的创新企业，收购的目的在于掌握未来技术发展和商业经营的制高点，或者是消灭潜在的竞争对手。收购这类创新企业并不会改变当下的市场竞争结构，也看不出会产生明显的排除、限制相关市场的竞争效果。其次，数字平台发起的所谓"扼杀式并购"的营业额基本上达不到现有《反垄断法》的经营者集中申报标准，使其能够轻易逃避依法申报和接受审查的义务。在我国已经发生的平台企业并购案中，被收购企业多是初创企业，被收购时大多面临"要么被收购，要么被消灭"的局面。这种所谓扼杀式并购不属于横向并购，反而是传统反垄断法并不关注的混合并购，但这类并购却让未来可能的竞争对手成为大型平台企业的囊中之物。

（三）实践挑战：反垄断执法机构的执法能力不足

面临数字经济时代平台竞争出现的新问题，反垄断执法机构进行调查执法时显示出能力不足的问题。

1. 互联网平台之间的竞争大多在网络虚拟空间展开，行为具有转瞬即逝与很难取证的特点，这对于习惯于留取有形物体的执法机关来说是一个全新挑战。虽然执法机构可以通过截屏、复制软件材料以及扣押手机、电脑等物质载体获取初步的证据材料，但如何分析在虚拟空间展开的竞争行为，如何提取和解构虚拟竞争行为的数据凭证，都成为反垄断执法遭遇的新型问题。

2. 平台企业开展竞争时采用的算法具有很强的技术性和隐蔽性，反垄断执法人员并不一定是熟悉计算机行业的专家，而熟悉计算技术的专家未必熟悉法律，怎样识别算法技术的合法与否，如何在算法与法律之间建立违法行为的

---

① 戴龙："论我国《电子商务法》竞争规制条款的适用"，载《法治研究》2021年第2期。

逻辑分析框架，是一个崭新的技术与法律问题。例如，当前学界讨论较多的"算法合谋"与"大数据杀熟"，本质上是利用算法实行的协同或歧视行为，在对其进行违法性认定时，并不能仅凭形式就判断其符合《反垄断法》的协议或滥用行为，还需要判断算法技术上的不合理性与非效率性，要考量技术本身超出市场主体主观预期等因素，而这些工作显然已经超出传统反垄断法执法的考虑因素。[①]

3. 当前各国反垄断法实施都非常注重经济分析，进行行为的反竞争效果和经济效率的综合评估，决定是否对企业竞争行为进行反垄断监管，防范出现牺牲经济效率的过度执法（假阳性错误）和执法不足（假阴性错误）。[②]在平台经济领域，基于平台竞争的双边市场、多重归属、交叉网络外部性以及动态创新等特征，对平台竞争行为的分析更加复杂和多样，对竞争执法人员的能力要求更为高阶和多元。而反垄断执法人员一般以法学专业见长，并不具有专业的经济分析能力，这也显示了反垄断执法机构应对平台竞争评估的能力不足问题。

二、国际社会关于平台竞争与反垄断问题的应对措施

（一）深入研究，加强对平台经济领域垄断问题的认识

近年来，数字经济领域的平台竞争与垄断问题引发世界各国的广泛重视，一些国际组织启动了针对数字经济领域垄断问题的调查和研究。例如，OECD很早就启动关于竞争政策和研究，发布了大量的报告和论文集，其中不乏有很多涉及数字经济领域竞争政策分析的成果。[③]世界银行在其 2016 年年度世界发展报告中聚焦数字经济发展，分析了数字经济给世界各国带来的机遇，同时也分析了数字经济给各国带来的包括垄断问题在内的各项监管挑战。[④]WTO 在其2018 年年度报告中，详细分析了世界贸易发展的未来，特别是分析了数字技术改变全球商业的逻辑及其给各国带来的挑战。[⑤]联合国贸易发展会议长期重视竞争政策方面的研究，2019 年针对数字经济产生的数据价值链和发展机会，分

---

① 丁国峰："大数据时代下算法共谋行为的法律规制"，载《社会科学辑刊》2021 年第 3 期。

② ［美］戴维·S. 埃文斯《平台经济学：多边平台产业论文集》，周勤、赵驰、侯赟慧译，经济科学出版社 2016 年版，第 507 页。

③ 参见韩伟主编：《OECD 竞争政策圆桌论坛报告选择》，法律出版社 2015 年版。

④ World Bank, World Development Report 2016: Digital Dividends, https://openknowledge. worldbank.org/.

⑤ WTO, World Trade Report 2018: The Future of World trade, How Digital Technologies are Transforming Global Commerce, https://www.wto.org/english/news_e/news18_e/wtr_03oct18_ e.htm.

析了其给不同国家带来的不平等和权力失衡，呼吁各国需要调整现有的政策、法律和法规。①

世界主要经济体也早就开始关注数字经济带来的竞争监管方面的挑战，开展了大量涉及数字平台竞争、大数据、人工智能等方面的研究。2020 年 10 月，美国众议院司法委员会发布了《数字市场竞争状况调查报告》，对以脸书、亚马逊、谷歌、苹果为代表的数字平台企业滥用市场力量从事垄断行为进行分析，建议加强反垄断法立法，恢复对平台企业的反垄断执法。②欧盟委员会于 2015 年 7 月发布了《数字经济中竞争政策面临的挑战》，分析了数字经济引发的竞争问题，解释了欧盟可能采取的相应政策工具。③欧盟成员国中的德国、法国等也都发布和数字平台竞争相关的调研报告，阐述了各国应对数字竞争的挑战及应对思考。④2021 年 3 月，日本公正交易委员会公布了由数字市场竞争政策研究会提交的《算法 /AI 与竞争政策》的报告书，反映了日本政府以及理论界对数字竞争挑战的最新思考。⑤

和西方发达国家相比，虽然我国理论界关于数字经济竞争问题研究成果众多，但是由政府组织的关于数字经济竞争与垄断问题的调研报告并不多见。这可能是因为我国反垄断执法机构面临大量的执法实务工作，又由于人员编制有限，很难有时间来从事专门的研究工作。另一方面，我国以信息通讯研究院（CAICT）和互联网络信息中心（CNNIC）为代表，近年来从事了大量与数字经济发展有关的研究报告，其中不乏涉及平台经济反垄断问题的相关研究成果。⑥

---

① UNCTAD, Digital Economy Report 2019: Value Creation and Capture, Implications for Developing Countries, https://unctad.org/en/pages/PublicationWebflyer.aspx?publicationid=2466.

② Subcommittee on Antitrust, Commercial and Administrative Law of The Committee on the Judiciary, Investigation of Competition in Digital Market, 2020, https://judiciary.house.gov/news/documentsingle.aspx?DocumentID=3429.

③ EU Commission, Challenges for Competition Policy in a Digitalized Economy, https://www.ceps.eu/wp-content/uploads/2016/05/Nicolai%20van%20Gorp%20CEPS%201_06_2016.pdf.

④ 韩伟主编：《数字市场竞争政策研究》，法律出版社 2017 年版，第 54~95、132~150、192~214 页。

⑤ 日本公正交易委员会："アルゴリズム /AI と競争政策"，载 https://www.jftc.go.jp/houdou/pressrelease/2021/mar/210331_digital/210331digital_hokokusho.pdf，最后访问时间：2022 年 10 月 18 日。

⑥ 例如，中国互联网络信息中心（CNNIC）连续发布中国互联网发展状况统计报告，最新一次是 2021 年 2 月 3 日发布的第 47 次《中国互联网发展状况统计报告》；中国信息通信研究院（CAICT）也多次发布中国数字经济发展白皮书，在 2021 年 5 月还发布了《平台经济与竞争政策观察》的专题报告。

（二）完善立法，增设应对平台经济领域垄断问题的条款

世界主要国家中，德国是最早通过立法对于平台经济领域的竞争与垄断问题作出回应的国家。德国于 2017 年 6 月和 2021 年 1 月通过《反限制竞争法》第 9 次和第 10 次修订，在事前规制和事后规制两个层面作出对数字平台企业加强竞争监管的规制立法。在事前规制方面，主要是通过提高经营者集中申报门槛的方式，降低德国联邦卡特尔局需要审查的经营者集中案件的申报数量，扭转当前德国执法机关不堪重负的局面。在事后规制层面，主要体现在修改滥用市场支配地位规制条款，以更加有效地规制数字平台企业的新型滥用行为。具体而言，首先，在平台经济领域，将控制"与竞争相关的数据"获取渠道界定为企业具有市场支配地位的参考依据之一，并补充设定滥用市场支配地位行为的认定标准；其次，在滥用相对优势地位行为的规制层面，拓展现行竞争规则的适用范围，以防范与遏制平台企业滥用相对优势地位的行为；最后，对"具有显著跨市场竞争影响的企业"启用更加符合数字平台市场的界定标准，禁止其从事价格歧视、限制交易、自我优待以及其他滥用数据优势的行为。[1]

欧盟长期以来高度关注平台经济领域的新型竞争问题，比其他司法辖区表现出更加激进的规制立法倾向。2020 年 12 月底，欧盟委员会公布了关于《数字服务法》（DSA）[2] 和《数字市场法》（DMA）[3] 两个法案，引入针对大型平台企业的"看门人"义务，可以视为欧盟应对平台经济竞争与垄断问题的立法回应。《数字服务法》着重于为数字平台提供的服务整体设置义务，适用于几乎所有提供互联网服务的企业（原则上不包括电信业等负责单纯传输数据的企业）。而《数字市场法》则明确规定适用于向欧盟用户提供"核心平台服务的看门人"企业，看门人企业需要承担一系列义务，并且禁止进行特定行为。[4] 一旦看门人企业违反《数字市场法》规定，欧盟委员会可以不经竞争法上市场支配地位

---

① 参见翟巍："《德国反限制竞争法》数字化改革的缘起、目标与路径——《德国反限制竞争法》第十次修订述评"，载《竞争法律与政策评论》第 6 卷，法律出版社 2020 年版，第 25~37 页。

② Proposal for a Regulation of the European Parliament and of the Council on a Single Market for Digital Services (Digital Services Act) and amending Directive 2000/31/EC, 2020/0361(COD).

③ Proposal for a Regulation of the European Parliament and of the Council on Contestable and Fair Markets in the Digital Sector (Digital Markets Act), Brussels , 2020/0374(COD).

④ 根据 DMA 法案，"核心平台服务"包括搜索、社交媒体、视频播放、操作系统、云服务以及广告等几乎所有互联网平台企业，认定企业是否属于看门人需要从在欧盟市场的销售额、用户数量以及持续性从事上述服务，这三个要件进行判断。

等方面的论证，直接对该企业进行处罚。处罚措施除了罚款之外，特定情况下还包括拆分企业等结构性救济措施。

日本于 2020 年 2 月 1 日发布了《特定数字平台交易透明化法》。①该法规定综合网络商城达到年销售额 3000 亿日元以及应用商城国内年销售额达到 2000 亿日元的数字平台企业需要承当特定义务。但是与 DMA 不同的是，这部法律仅适用于综合网络商城与应用商城企业，不包括搜索引擎、社交平台等服务在内。而且，法律仅规定被认定为特定平台的企业有义务确保与商户和用户间的交易透明度、需要定期向日本经济产业大臣提交报告，而把竞争方面的问题仍然委托给竞争执法机构日本公正交易委员会进行处理。

在亚太地区，应对平台经济领域新型竞争问题走在前沿的其实是我国。作为新兴的数字经济大国，我国平台经济领域的新型竞争问题也很突出，甚至出现了一些在欧美发达国家尚不显著的不正当竞争与垄断问题。对此，我国相关政府部门积极应对，出台了相应的法规、规章与指南等制度，2020 年 2 月 7 日，国家市场监督管理总局公布的《国务院反垄断委员会关于平台经济领域反垄断指南》就是例证。我国的立法推进工作也颇具效率，2017 年《反不正当竞争法》修订，新增专门规范网络新型不正当竞争行为的所谓"互联网专条"。2018 年 8 月 31 日，第十三届全国人大常委会第五次会议通过《电子商务法》，规范电子商务领域的竞争与交易行为。2022 年 6 月 24 日我国第十三届全国人大常委会第三十五次会议通过对《反垄断法》的修订，把"鼓励创新"列入新增的立法目的，在具体制度方面也增加了应对数字经济领域的垄断问题的新规定。这都表明，我国在应对数字经济时代的竞争与平台监管方面，一直保持着与时俱进，在某些方面甚至走在世界前列。

（三）加强执法，增加对平台反竞争行为的威慑力

近年来，全球主要国家加强对平台经济领域的竞争监管，出现针对跨国数字巨头的比较密集、罚款数额巨大、监管严厉化的趋势。欧盟作为世界上最有影响力的经济体之一，对美国互联网巨头的监管具有代表性。在 2017 年~2019 年，欧盟委员会对谷歌作出三次反垄断处罚，总计罚款达 82.5 亿欧元。②2019

---

① 日本「特定デジタルプラットフォームの透明性及び公正性の向上に関する法律」2021 年 1 月 26 日，https://www.meti.go.jp/press/2020/01/20210126002/20210126002.html.

② See EU Commission Website, Competition Cases, https://ec.europa.eu/competition/elojade/isef/index.cfm?fuseaction=dsp_result&policy_area_id=1,2,3.

年 2 月，德国联邦卡特尔局针对脸书通过用户协议条款，迫使脸书用户同意收集和使用在其他平台数据，按滥用市场支配地位行为作出处罚。自 2017 年开始，日本公平交易委员会开始对亚马逊在日本网络销售中实行最惠待遇条款（MFN）问题展开调查，后来在亚马逊公司取消相应措施并作出保证的情况下，日本 JFTC 做出终止调查的决定。①此外，英国、意大利，加拿大、韩国、新加坡等国家，也都对谷歌、亚马逊、eBay、PayPal、Airbnb、Uber 等美国数字巨头企业启动了反垄断调查。

和世界各国对互联网巨头的反垄断调查相比，美国针对互联网平台企业的竞争监管整体上较为谨慎。但自 2020 年 10 月起，美国联邦司法部（DOJ）联合 11 个州政府正式对谷歌提起反垄断诉讼，指控其通过签订搭售等排他性协议，非法维持其在搜索引擎和广告市场的垄断地位。2020 年 11 月，美国联邦贸易委员会（FTC）以及其他 48 个州的总检察长联合，对脸书发起反垄断诉讼，指控其滥用社交网络媒体市场的支配地位收购潜在竞争企业。这些案件虽然目前尚未出结论，但已经显示出美国反托拉斯执法机关转变态度，释放出对互联网平台企业加强竞争监管的信号。

在这一轮加强互联网平台竞争监管的全球浪潮中，我国市场监督管理部门也毫不逊色，积极落实中央经济工作会议作出的"强化反垄断，防止资本的无序扩张"的工作部署。2020 年 12 月 14 日，国家市场监督管理总局针对阿里巴巴、阅文集团、丰巢快递三家互联网企业未依法申报实施的经营者集中行为，分别作出 50 万元的行政罚款。②2020 年 12 月 25 日，上海市监局针对上海食派士商贸发展有限公司滥用市场支配地位作出行政处罚决定。③2020 年 12 月 24 日，国家市场监督管理总局宣布对阿里巴巴集团公司实施"二选一"行为涉嫌垄断进行立案调查，并于 2021 年 4 月 10 日，正式作出 182.28 亿人民币的巨额罚款行政处罚决定。④2021 年 4 月 28 日，国家市场监督管理总局对腾讯公司未依法申报而实施的收购易车股权、途虎股权以及和大连万达设立合营企业各作出罚款 50 万元的行政处罚决定。⑤2021 年 10 月 8 日，国家市场监督管理总局

---

① 日本公正交易委员会 2017 年 6 月 1 日决定，参见日本 JFTC 官网"（平成 29 年 6 月 1 日）アマゾンジャパン合同会社に対する独占禁止法違反被疑事件の処理について"，最后阅览日 2021 年 6 月 10 日。

② 国家市场监督管理总局行政处罚决定书，国市监处 [2020]26、27、28 号。

③ 沪市监反垄处 [2020]06201901001 号。

④ 国家市场监督管理总局行政处罚决定书，国市监处 [2021]28 号。

⑤ 国家市场监督管理总局行政处罚决定书，国市监处 [2021]30 号、31 号、32 号。

对美团从事"二选一"涉嫌垄断行为作出 34.42 亿元行政处罚决定。^①可以认为，今后我国国家市场监督管理总局和地方市场监督局的竞争执法案件会越来越多，对互联网平台会呈现常态化的监管态势。

第四节 我国数字经济领域的竞争与垄断问题

一、现有竞争法律适用于数字平台竞争的问题

我国现有竞争法律主要由《反垄断法》《反不正当竞争》《电子商务法》以及与其配套的法规、规章、指南和司法解释等构成。现有的《反垄断法》《反不正当竞争》和《电子商务法》虽然不断地修改，但是针对日新月异的数字经济时代的技术变革与市场竞争行为变化，仍然呈现出不能有效规制数字经济领域反竞争行为的问题。

（一）《反垄断法》适用于平台反竞争行为的问题

我国《反垄断法》确立了由垄断协议、滥用市场支配地位和经营者集中构成的"三驾马车"规制，在过去的十余年实施期间，已经显示了维护市场竞争秩序的巨大威力，但也暴露出其不适合现代数字经济发展和垄断规制的诸多问题。

1.《反垄断法》确立了横纵区分的垄断协议规制模式，不适合数字经济领域的混合型垄断协议规制需要。我国作为国际竞争法大家族中比较后来的一员，在制定《反垄断法》时充分借鉴了包括发达国家、发展中国家以及经济转型国家的经验，确立了以垄断协议、滥用市场支配地位和经营者集中为核心的"三大支柱"规制体系。在垄断协议规制中，我国《反垄断法》区分横向垄断协议和纵向垄断协议，分别规定了不同的条款和重点规制行为。将垄断协议区分为横向和纵向两种，能够使反垄断执法机关针对具体垄断协议行为进行对号入座，建立起比较快捷和有效的法律分析框架。但是，这种简单的"二分法"在执法实践中也饱受争议，即其难以应对经济业态中新出现的混合型垄断协议问题。

例如，在 2012 年的湖南省娄底保险业垄断协议案^②中，湖南省娄底市保险行业协会组织 10 家保险公司组建娄底市新车保险服务中心，共同实施固定价

---

① 国家市场监督管理总局行政处罚决定书，国市监处 [2021]74 号。

② 湖南省价格监督检查与反垄断局："娄底保险行业垄断行为被查处"，载《中国价格监督检查》2013 年第 3 期。

格及划分市场的垄断协议行为，省物价局针对娄底保险行业协会和 7 家主要保险公司适用横向垄断协议规制进行处罚，却没有对发挥重要作用的新车保险服务中心进行处罚。2013 年，湖南省工商局针对湖南省常德市、郴州市、张家界市和永州市保险行业协会设立相同性质的新车保险服务中心，组织各大保险公司共同从事市场分割的横向垄断协议行为，对涉案保险行业协会进行处罚，但是对主要保险公司和新车保险服务中心仍然免于处罚。[①]2018 年 11 月，湖北省工商行政管理局针对湖北联兴民爆器材经营股份有限公司通过公司章程、代理合同、委托合同以及协议书等形式，建立起省内所有民爆企业统一的生产、销售和流通体系的行为，在进行垄断行为调查后接受当事人承诺，发布了终止调查决定书进行结案，却没有对当事企业进行处罚。[②]在武汉新兴精英医药公司案[③] 中，国内市场仅有两家从事水杨酸甲酯生产的锦前程公司和中南药化厂，而武汉新兴精英医药公司取得两家公司的独家经销权，其后多次提高水杨酸甲酯原料药价格。湖北省工商行政管理局根据反垄断法的滥用市场支配地位规制对武汉新兴精英医药公司进行处罚，但是对于锦前程公司和中南药化厂授权同一家公司独家经销权的行为却没有进行任何违法认定。在浙江新赛科和天津汉德威药业公司案[④] 中，两家公司在全国异烟肼原料药市场的份额合计超过 2/3 且具有较强的市场控制能力，在无正当理由的情况下大幅上调原料药销售价格，并通过和潍坊隆舜和医药有限公司达成独家包销协议，拒绝向隆舜和及其指定的制剂企业、商业公司之外的其他制剂企业出售异烟肼原料药，导致其他制剂企业无法获得异烟肼原料药。国家发展和改革委员会对新赛科公司和汉德威公司适用滥用共同市场支配地位规制进行了处罚，但是潍坊隆舜和医药有限公司却能免于处罚。

　　上述案件具有一个共同特征，即同业竞争对手通过设立一家共同的销售中心或者向同一家销售企业授权独家销售，经过上下游企业之间的共同运作，同业竞争对手之间避免了竞争，并都大幅提高价格。虽然案情相似，但是各地的反垄断执法却显示出不同的执法态度和法律适用，并且漏掉了对于某一当事方企业的处罚。之所以如此，正是源于这种发生在保险、医药领域的排除、限制竞争行为，代表着企业达成垄断协议的一种新路径，即通过某一轴心经营者实施排除、限制竞争的行为，而这一新型反竞争行为在我国现有《反垄断法》框

---

①　国家工商总局竞争执法公告 2013 年第 7 号。

②　鄂市监终止字〔2018〕1 号。

③　鄂工商处字〔2017〕201 号。

④　国家发展和改革委员会行政处罚决定书〔2017〕1 号、〔2017〕2 号。

架下缺乏对应的法律适用条款。事实上，不仅传统的保险、医药行业，在新兴互联网行业领域中，大型数字平台企业在组织、帮助平台内经营者从事排除限制竞争行为方面也具有相似的轴心经营者的作用，本章前文分析的"轴辐协议"概念在我国已经被广泛运用。受困于我国《反垄断法》当下的规制体系，反垄断执法机构只能按照横向垄断协议、滥用市场支配地位或者滥用共同市场支配地位的规定，对一部分当事方经营者进行处罚。显然，我国《反垄断法》采取的垄断协议"二分法"规制体系，无法应对传统经济领域中出现的新型混合型垄断协议，也无法适应数字经济时代新型反竞争行为规制的需要。因此，在我国《反垄断法》修订过程中，在横向、纵向垄断协议规制的基础之上，增加了一条关于"组织帮助型垄断协议"（轴辐协议）的规制，正是为了解决现行法律规制的漏洞，应对数字经济时代反垄断规制的需要。

2.《反垄断法》滥用市场支配地位规制，在数字经济领域面临难以适用的困境。《反垄断法》滥用市场支配地位规制的实施，一般遵循着"三步走"的执法程序。首先，要对经营者从事竞争的相关市场进行界定，主要体现在界定相关商品市场或相关地域市场，必要时还要考虑经营者从事竞争的时间市场和技术市场。其次，在界定了相关市场后，根据经营者在相关市场的市场份额、竞争对手的数量和竞争状况、经营者的财力和技术条件、其他经营者对该经营者的交易依赖程度以及市场准入难度等因素，判断经营者是否具有市场支配地位。最后，对于具有市场支配地位的经营者，判断其是否从事了不公平的高价销售或低价购买、低于成本价格销售、拒绝交易、限定交易、搭售或附加不合理条件、差别待遇等滥用行为，并且不能证明其行为具有正当理由。在上述条件都成立的情况下，反垄断执法机构基本可以认定具有市场支配地位的经营者从事了滥用市场支配地位行为，可以责令其停止违法行为，并处以罚款。

但是，《反垄断法》的滥用市场支配地位规制在适用于数字经济领域的垄断行为时遭遇严峻挑战。具体体现在：《反垄断法》的相关市场界定主要适用于传统工业经济时代的单边市场，对于数字经济领域广泛存在的双边或多边市场很难适用。在传统的单边市场，一方的需求与另一方的供给存在正相关关系，市场供需决定了价格结构，只要经营者的边际成本低于边际效益，经营者就能够实现利益最大化，因而追求边际成本低于边际效益，就成为驱动经营者市场进入和经营创新的动力源泉。但是在存在双边市场的数字经济领域，平台双边的经营者以及客户之间相互依赖，只是这种依赖并不完全基于价格和成本，而是基于另一边给自己带来的潜在交易机会和价值。① 由此，在以网络平台为特征的数字经济领域，平台双边的价格结构和成本结构发生偏离，一般适用于单边市场的需求弹性难以反映双边市场上各方的替代分析。② 由于双边市场下的相关市场界定面临诸多不确定的因素，各种相关市场界定方法过于依赖模型设定和前提假设，对于数字经济领域的相关市场界定而言，目前还没有比较公信的方法。

在没有确立一套有效的市场界定方法之前，要判断数字平台企业是否具有支配地位就更加困难。由于数字经济领域的竞争基本上围绕网络平台展开，网络平台具有的间接网络效应使得需求方面出现了规模经济效应，很容易导致数字经济领域垄断势力的出现。虽然《反垄断法》关于市场支配地位的判断因素对于互联网平台企业仍然适用，但数字平台具有的交叉网络外部性决定了平台对于一边的定价高于边际成本，而对另一边定价低于边际成本几乎成为一种普遍模式。即便平台经营者在一边的定价低于边际成本，仍然可以通过对另一边的高于边际成本的定价弥补亏损一边的边际损失，获取远远高于竞争状态下的利润水平。因此，传统依赖价格变化来测试经营者是否具有市场支配地位的做法很难适用于数字经济时代的平台企业，容易出现所谓"假阴性错误"，即平台经营者实际存在的支配力被忽略了；或者出现"假阳性错误"，即平台并没有获得市场支配力，但却被视为拥有市场支配力。③

由此可见，传统反垄断法依据市场份额或者价格结构、替代分析等测试难以全面、客观地反映平台市场竞争的特征。互联网平台竞争中的任何一方的价格和边际成本之间没有必然的关系，市场一方的价格可能远高于边际成本，而另一方的价格有可能低于边际成本。另一方面，由于平台用户的多重归属效应，即便平台经营者拥有很高的市场份额，用户或消费者选择替换不同平台并不需要花费太多的成本，看起来由单一主体主导的市场也可能存在着充分的竞争。基于这一原因，我国《电子商务法》第 22 条规定："电子商务经营者因其技术优势、用户数量、对相关行业的控制能力以及其他经营者对该电子商务经营者在交易上的依赖程度等因素而具有市场支配地位的，不得滥用市场支配地位，排除、限制竞争。"该条将电子商务经营者拥有的技术优势、用户数量、对相关行业的控制能力、其他经营者对该电子商务经营者在交易上的依赖程度，作为

---

① Jean Charles Rochet & Jean Tirole, *"Platform Competition in Two-sided Markets"*, *Journal of the European Economic Association*, June 2003 1(4):990-1029.

② 岳中刚："双边市场的定价策略及反垄断问题研究"，载《财经问题研究》2006 年第 8 期。

③ [美]戴维·S. 埃文斯：《平台经济学：多边平台产业论文集》，周勤、赵驰、侯赟慧译，经济科学出版社 2016 年版，第 507 页。

判断其是否拥有市场支配地位的全新评估要素，意图成为替代《反垄断法》评估平台经营者市场支配地位的新标准。

3. 我国经营者集中申报标准与申报范围规定，没有反映出数字经济领域经营者集中监管的特殊需要。我国《反垄断法》颁布实施后，国务院于 2008 年 8 月 3 日出台了《国务院关于经营者集中申报标准的规定》(已被修改)，确立了以全球范围和中国境内的营业额为核心的申报标准。[①] 这种以营业额为标准的统一模式，虽然为经营者确立了比较明确的申报门槛，但也存在固有的缺陷。具体而言，其一，这种统一模式没有区分不同行业的不同情形，难免出现让不同行业部门"同服一种药"的"一刀切"问题。[②] 其二，以营业额为唯一标准，难以适应数字经济时代发生的大型数字平台企业收购中小型科创企业的现实需要。这是因为处于初创时期的科技型企业大都属于中小型企业，可能没有营业额或只有很少的营业额，而大型平台企业对这类初创型企业的"扼杀式收购""掐尖并购"，可能并不满足经营者集中申报的营业额标准。虽然该规定也规定了"经营者集中未达到本规定第三条规定的申报标准，但按照规定程序收集的事实和证据表明该经营者集中具有或者可能具有排除、限制竞争效果的，国务院反垄断执法机构应当依法进行调查。"但这种模糊性规定，实践中给经营者集中申报增加了很多的不确定性。

在经营者集中申报标准方面，比较值得借鉴的是美国《反托拉斯法》的合并审查机制。美国于 1976 年制定了《哈特—斯科特—罗蒂诺反托拉斯修订法》(HSR 法)，自 1978 年开始实施。根据 HSR 法，实施合并的企业只要其经营规模以及交易规模达到法律规定的门槛，不管是通过股票收购还是资产收购，合并各方应当向反托拉斯执法机关提前申报。而且 HSR 法确立的申报门槛并非一成不变，反托拉斯执法机关根据国民生产总值的变化，会不定时地修改申报标准。美国 HSR 法确立合并申报依据营业额和交易额的双重标准，并且

---

① 《国务院关于经营者集中申报标准的规定》(已被修改) 第 2 条规定：经营者集中达到下列标准之一的，经营者应当事先向国务院商务主管部门申报，未申报的不得实施集中：①参与集中的所有经营者上一会计年度在全球范围内的营业额合计超过 100 亿元人民币，并且其中至少两个经营者上一会计年度在中国境内的营业额均超过 4 亿元人民币；②参与集中的所有经营者上一会计年度在中国境内的营业额合计超过 20 亿元人民币，并且其中至少两个经营者上一会计年度在中国境内的营业额均超过 4 亿元人民币。

② 《国务院关于经营者集中申报标准的规定》只对银行、保险、证券、期货等特殊行业领域，规定可根据实际情况由国务院商务主管部门会同国务院有关部门制定具体标准。但特殊行业领域是指哪些领域，至今没有进一步的说明。

随着 GDP 变化不定时地修改申报标准的做法，放在今天的数字经济时代背景下仍然具有先进性和前瞻性，对于我国经营者集中申报制度的修改具有重要的参照意义。

除了申报标准，我国反垄断法对于集中申报范围的模糊规定，实践中也给经营者集中申报增加了困惑与不确定性。《反垄断法》第 25 条规定了经营者集中包括下列情形：①经营者合并；②经营者通过取得股权或者资产的方式取得对其他经营者的控制权；③经营者通过合同等方式取得对其他经营者的控制权或者能够对其他经营者施加决定性影响。对于"经营者合并"一般不会发生歧义，但是如何判断"经营者取得对其他经营者的控制权或者能够对其他经营者施加决定性影响"，是在理论和实践中至今都没有明确的一个问题。从国际上看，经营者之间通过①经营者合并，②取得股权或资产，③设立合营企业，④订立知识产权或技术转让合同，⑤兼任管理层，都有可能成为反垄断法意义上经营者集中审查的对象，但是反垄断执法机构既没有必要也不可能对上述经营者的集中行为都进行审查。因而，各国反垄断法都采取设立需要申报的经营者集中门槛，执法机构只对于通过集中取得对其他经营者的控制权或决定性影响，实践中可能产生实质性排除、限制竞争效果的集中进行审查，以决定是否同意或者附条件同意经营者集中。

我国《反垄断法》对于经营者集中情形的宽泛界定，没有清晰地厘清需要进行申报的经营者集中的具体范围，给经营者在从事相关集中行为时是否需要进行申报增添很大的困惑。虽然对于经营者集中的模糊规定有利于反垄断执法机构在具体个案中行使裁量权，应对实践中可能无法明确列举或规定但可能需要审查的各种潜在情形，但这种模糊规定必然会给市场和经营者从事相应集中行为时增添巨大的不确定性。例如，针对我国互联网行业广泛存在的"协议控制架构"（VIE），是否属于反垄断法意义上的经营者集中，长期以来既没有明确法律规定，反垄断执法机构也没有做出清晰说明，形成反垄断法规制的"真空"地带。直到 2021 年 2 月 7 日国务院反垄断委员会颁布了《关于平台经济领域的反垄断指南》，才明确规定了涉及 VIE 的经营者集中，属于经营者集中反垄断法审查范围。

4. 我国现行《反垄断法》的行政罚款制度失衡，难以达到反垄断威慑效果。我国现行《反垄断法》针对经营者实施垄断行为规定了两种救济渠道，一种是以行政执法为主，即由反垄断执法机构对涉嫌垄断行为进行查处，可以责令经营者停止违法行为并进行罚款；另一种是垄断行为造成他人损害的情况下，受害人可以向司法机关提起民事赔偿诉讼。就行政执法而言，《反垄断法》规定了针对垄断协议、滥用市场支配地位和违法实施经营者集中的行政罚款制度，即针对达成并实施垄断协议以及滥用市场支配地位行为可以处经营者上一年度营业额 1%~10% 的行政罚款；尚未实施所达成的垄断协议的，可以处 50 万元以下的罚款；对于违法实施经营者集中行为，由国务院反垄断执法机构责令停止实施集中、限期处分股份或者资产、限期转让营业以及采取其他必要措施恢复到集中前的状态，处上一年度销售额 10% 以下的罚款；不具有排除、限制竞争效果的，处 500 万元以下的罚款。

这看似比较完备的反垄断行政罚款制度，实则蕴含着较大的不合理性。以违法实施经营者集中为例，由于我国规定了经营者集中的统一申报标准，同时又规定了即便不符合这一标准国务院反垄断执法机构必要时也可以审查，这为经营者从事集中是否申报增加了巨大的不确定性。特别是在相关经营者营业额达不到规定申报门槛，或者是在数字经济行业发生的收购初创企业的情况下，表明上看来似乎并不需要申报，经营者一般也倾向于认为不符合集中申报标准就不用申报，但是现行的集中申报制度又留有达不到申报门槛也可能需要申报的广泛行政裁量性。另一方面，由于法律规定对于违法实施经营者集中可以处 50 万元以下罚款，这一明显过低的罚款数额更加助长了经营者的侥幸心理，使经营者宁愿承担被事后处罚也不愿意事先进行集中申报。自 2020 年底中央经济工作会议上作出"强化反垄断、防止资本的无序扩张"工作部署以来，我国反垄断执法机构大力强化反垄断法实施，重新追查以前互联网行业发生的经营者集中行为，并对数十起集中行为处以 50 万元以下不等的罚款。这不能不说是我国《反垄断法》针对经营者集中制度设计的不合理所致。

我国《反垄断法》针对垄断协议和滥用市场支配地位的行政罚款，确立了以上一年度销售额的 1%~10% 为准的处罚标准，这本身应该是不低的。但是，我国法律并没有确定该标准是依据涉案企业的全部销售额还是仅仅限于涉案商品或服务的销售额，是涉案经营者全国范围内的销售额还是全球或者某一地区的销售额。反垄断执法机构的负责人曾经表示倾向于对"上一年度的销售额"作严格解释，大量的实践研究也表明执法机构在实际执法中将"销售额"作限制解释，仅指涉案商品在相关地域市场中的销售额。我国学者指出，以"销售额"的限制解释作为罚款的计算基准对于那些违法持续时间长、大幅度提价的企业来说处罚力度和威慑力是不足的，已经处罚的案件中罚款幅度普遍偏低，致使经营者违法利得通常大于罚款数额，反而助长了该类违法行为的滋生。[①]

---

① 王健、张靖："威慑理论与我国反垄断罚款制度的完善 —— 法经济学的研究进路"，载《法律科学（西北政法大学学报）》2016 年第 4 期。

（二）《反不正当竞争法》适用于平台反竞争行为的问题

为了适应我国数字经济快速发展带来的市场变化，处理平台竞争出现的新型反竞争行为，我国《反不正当竞争法》于 2017 年 11 月 4 日第十二届全国人大常委会第三十次会议上通过了立法 24 年来的首次修订，其后又于 2019 年 4 月 23 日第十三届全国人大常委会第十次会议修正。2017 年修订的一大特色是在《反不正当竞争法》中新增了第 12 条，即互联网不正当竞争行为条款（或称"互联网专条"）。

《反不正当竞争法》第 12 条第 2 款规定："经营者不得利用技术手段，通过影响用户选择或其他方式，实施下列妨碍、破坏其他经营者合法提供的网络产品或者服务正常运行的行为：（一）未经其他经营者同意，在其合法提供的网络产品或者服务中，插入链接、强制进行目标跳转；（二）误导、欺骗、强迫用户修改、关闭、卸载其他经营者合法提供的网络产品或者服务；（三）恶意对其他经营者合法提供的网络产品或者服务实施不兼容；（四）其他妨碍、破坏其他经营者合法提供的网络产品或者服务正常运行的行为。"

《反不正当竞争法》第 12 条立法的主旨在于规制利用技术手段，通过影响用户选择或其他方式，妨碍、破坏其他经营者合法提供的网络产品或者服务正常运行的新型不正当竞争行为，该行为具有"利用技术手段"和"具有不当性"两个重要特征。[①] 至于通过网络进行虚假宣传、商业诋毁等不正当竞争行为，只是实施场域向网络领域发生转移，本质上仍然是传统的不正当竞争行为，可以适用《反不正当竞争法》其他相关条款进行规制。

《反不正当竞争法》第 12 条列举了三种具体的妨碍、破坏其他经营者合法提供的网络商品或者服务正常运行的行为，这三类行为均是《反不正当竞争法》2017 年修订之前对网络不正当竞争纠纷的实践总结。第 12 条最后还采用一个兜底性规定，对应将来可能出现的互联网新型不正当竞争行为。但不论是典型行为的列举，还是概括性的兜底性规定，都无法穷尽变化多端的数字经济领域的新型不正当竞争行为。因为法律的制定总是滞后的，而行业的发展和变化是永恒的，当立法对一种市场行为作出禁止性规定后，该行为就会成为企业经营活动的禁区，该法律规定也相应地成为一项滞后的条文。企业总会想方设法规避法律的禁止性规定，创造出层出不穷的新型竞争行为，试图通过《反不正当

---

① 国家市场监督管理总局反垄断与反不正当竞争执法局：《〈反不正当竞争法〉理解与适用》，中国工商出版社 2018 年版，第 178~182 页。

竞争》修订和新增互联网不正当竞争行为条款就能规范互联网行业的反竞争行为是不现实的。[①]何况数字经济领域的平台竞争呈现出动态竞争特点，各种新兴商业模式和竞争方法层出不穷，互联网专条具有适用范围的限制，并不能适用于非通过技术手段但可能会产生妨碍、破坏市场公平竞争的行为。

在司法实践中，事实上早在《反不正当竞争法》2017年修订之前，我国法院运用"一般条款"来认定互联网新型不正当竞争行为已经成为惯例，"一般条款"也因其高度的灵活性不断地适应变化的市场竞争需求，与时俱进地适应数字经济时代的新情况与新问题。[②]可以预见，即便是在《反不正当竞争法》修订后引入第12条，也无法对应数字经济领域今后可能出现的新型反竞争行为，因此，修订后的《反不正当竞争法》第2条，即所谓"一般条款"，仍将继续发挥重要的兜底作用。

（三）《电子商务法》适用于平台反竞争行为规制的问题

我国《电子商务法》立法时，针对电子商务领域的竞争行为规制，引入了第22条（不得滥用市场支配地位）和第35条（禁止滥用优势地位），用于维护电子商务市场竞争和交易秩序。根据《电子商务法》第9条规定，电子商务经营者包括电子商务平台经营者、平台内经营者、通过自建网站销售商品（即传统商务活动的在线销售），以及通过其他网络服务销售商品或者提供服务的电子商务经营者（即社交电商等），是一个统括整部法律的核心概念。第22条和第35条对电子商务经营者和电子商务平台经营者规定了既有联系又有区别的行为规范，弥补了我国现有竞争法律的规制空白。《电子商务法》第22条将电子商务经营者拥有①技术优势，②用户数量，③对相关行业的控制能力，④其他经营者对该电子商务经营者在交易上的依赖程度，作为替代《反垄断法》规定的相关市场支配地位认定因素，成为判断电子商务经营者是否拥有市场支配地位的新标准。[③]但是，电子商务经营者滥用市场支配地位的行为，第22条又回归到《反垄断法》的框架下，适用《反垄断法》关于滥用市场支配地位的规制，契合了数字经济时代电子商务市场竞争规制的需要。

《电子商务法》第35条引入了滥用相对优势地位条款。第35条规定："电

① 参见孔祥俊："论反不正当竞争法修订的若干问题——评《中华人民共和国反不正当竞争法（修订草案）》"，载《东方法学》2017年第3期。

② 王艳芳："《反不正当竞争法》在互联网不正当竞争案件中的适用"，载《法律适用》2014年第7期。

③ 全国人大财经委电子商务法起草工作小组编著：《中华人民共和国电子商务法解读》，中国法制出版社2018年版，第115~122页。

子商务平台经营者不得利用服务协议、交易规则以及技术等手段，对平台内经营者在平台内的交易、交易价格以及与其他经营者的交易等进行不合理限制或者附加不合理条件，或者向平台内经营者收取不合理费用。"本条是针对电子商务平台经营者的义务规定，而电子商务平台经营者，即第三方平台经营者，是电子商务经营者下面的子概念。由于通过第三方平台达成的交易占目前网络零售市场规模的九成，而第三方平台经营者往往又是拥有大量数据资源和服务项目的大型互联网公司，为了保护平台内经营者和消费者的权益，《电子商务法》重点对第三方平台经营者规定了较多的义务。①

从第 35 条规定的内容来看，其和第 22 条以及《反不正当竞争法》的"互联网专条"之间既有区别，又有联系（参见表 11-2）。

从适用对象上看，"互联网专条"规制的网络经营者可以涵盖电子商务经营者和电子商务平台经营者，三者呈现出"网络经营者＞电子商务经营者＞电子商品平台经营者"的范围逐渐缩小的态势。这也表明，从《反不正当竞争法》到《电子商务法》，从网络经营者到电子商务经营者再到电子商务平台经营者，法律对第三方平台经营者的义务规定呈现出越来越严格的趋势。

表 11-2 《电子商务法》第 22 条、第 35 条和《反不正当竞争法》第 12 条的比较

类别	第 22 条	第 35 条	第 12 条
适用对象	电子商务经营者	电子商务平台经营者	网络经营者
规制关系	公平竞争关系	纵向交易关系	横向竞争关系
适用条件	具有市场支配地位，并且滥用市场支配地位，排除限制竞争	具有相对优势地位，利用服务协议、交易规则及技术等手段，行为具有不合理性	利用技术手段，妨碍、破坏其他经营者合法提供的网络产品或服务正常运行
行为特征	垄断价格、掠夺性定价、强制交易、搭售、差别待遇及其他滥用行为	不合理限制、附加不合理交易条件、收取不合理费用	插入链接、强制跳转、误导修改、欺骗关闭、强迫卸载等
法律责任	适用《反垄断法》，责令停止违法行为、没收违法所得，并处上一年度销售额 1%~10% 罚款	责令改正，处 5 万~50 万罚款，情节严重的处 50 万~200 万罚款	责令停止违法行为，处 10 万~50 万罚款，情节严重的处 50 万~300 万罚款

---

① 全国人大财经委电子商务法起草工作小组编著：《中华人民共和国电子商务法解读》，中国法制出版社 2018 年版，前言第 14 页。

从规制关系上看,《电子商务法》第 22 条禁止电子商务经营者滥用市场支配地位行为,和《反不正当竞争法》的互联网专条禁止网络经营者实施的不正当竞争行为,都属于竞争法框架下针对经营者实施的反竞争行为的规制,是对限制、妨碍公平竞争关系的行为规制;而由于电子商务平台经营者是在电子商务中为交易双方或多方提供网络经营场所、交易撮合、信息发布的第三方平台,其和平台内经营者并不是竞争关系,因而《电子商务法》第 35 条规制的法律关系体现为第三方平台经营者和平台内经营者之间的纵向交易关系。从规范竞争主体之间的竞争关系转向规范经营者之间的纵向交易关系,显然《电子商务法》第 35 条已经突破了本属于企业意思自治的合同行为范围,对电子商务平台经营者施加了更为严苛的义务。

　　从适用条件来看,《电子商务法》第 22 条的适用门槛最高,要求电子商务经营者具有市场支配地位,而第 35 条原则上要求第三方平台经营者具有相对优势地位。[①] 相比较而言,《反不正当竞争法》互联网专条并没有这种前提条件,只要网络经营者"利用技术手段"并且其实施的不正当竞争行为"具有不合理性",就构成违法。从实施手段来看,第 35 条和《反不正当竞争法》互联网专条都涵盖了"利用技术条件",但第 35 条还包括第三方平台经营者"利用服务协议、交易规则",比互联网专条规定的手段更为广泛,体现了第 35 条对第三方平台经营者施加了更为严格的交易义务。

　　因此,《电子商务法》对于第三方平台经营者的义务规定,从适用对象、规制关系和适用条件上相较于一般电子商务经营者和网络经营者都更加严格。正如立法者所言,由于网络技术的发达,在追求自身利益最大化的过程中,平台制定、发布和执行着大量针对内部市场的规则,网络平台利用其技术的便利,规则的制定与发布具有先天的优势,事实上享有类似于其他市场规制主体的"立法权""执法权"与"司法权",并创制了各种新型的规制措施。[②] 但是,平台经营者制定和实施管理平台和平台内经营者的规则既是市场推动的结果,本身也具有维护网络平台正常运营的合理性及必要性,反映了数字经济时代由政

---

① 虽然《电子商务法》第 35 条本身并没有出现"相对优势地位"字样,但从该条立法过程来看明显是借鉴了《反不正当竞争》2017 年修订草案的"滥用相对优势地位条款"。从电子商务法起草组编著的《中华人民共和国电子商务法解读》(中国法制出版社 2018 年版)对第 35 条的解读来看,也明确采用了"滥用优势地位"的题标。

② 全国人大财经委电子商务法起草工作小组编著:《中华人民共和国电子商务法解读》,中国法制出版社 2018 年版,第 177 页。

府治理转向企业自治及社会共治的发展趋势。第三方平台经营者并不能因其掌握着管理平台的规则制定权而受到否定性评价，只有其制定和实施的管理措施具有明显的不合理性，才应当受到法律的干预。

《电子商务法》第35条的适用有两个关键性要素：一是第三方平台经营者具有市场优势地位；二是第三方平台经营者从事的限制行为具有不合理性。这两个条件是必须同时具备、缺一不可的。而第35条既没有明确规定电子商务平台经营者要具有相对优势地位，也没有规定其所从事的限制行为"不合理性"的内涵。由于缺乏对第三方平台经营者相对优势地位的衡量因素和标准设定，该条款实践中可能沦为公权力机关任意干预电子商务市场行为的法律依据，也有可能因不具有可操作性变得无法实施。同时，第35条并未限定原告的资格，在司法层面，该条还可能被不法的经营者滥用，提起恶意诉讼以干扰第三方平台经营者正常营业活动的法律依据。[①]

目前《电子商务法》竞争规制条款的主要问题是：第三方平台经营者作为电子商务经营者的一部分，依据第22条规定的四个考虑因素，如果能够证实其具有市场支配地位，对于其实施的滥用市场支配地位行为，适用《反垄断法》进行规制，这本身是没有问题的。但是，即便无法证实其具有市场支配地位，如果适用《电子商务法》第35条，对于其实施的限制交易、附加条件交易以及收取费用的行为，同样可以进行规制，就具有无限扩大其责任与法律义务的问题。虽然第35条也预设了平台经营者"利用服务协议、交易规则以及技术等手段"，以及所实施限制行为的"不合理性"为条件，但是并没有规定其行为违法性的理论前提，也没有对行为"不合理性"的内涵做出清晰界定，这客观上增加了行政执法的不确定性甚至任意干预电子商务市场活动的可能性。

二、我国应对数字平台竞争与垄断规制的原则

（一）鼓励数字经济创新发展，秉持包容审慎和依法监管的原则

我国数字经济这些年来获得快速发展，一个公认的原因是作为新兴产业，各方对其发展和产生的问题都没有足够清晰的认识，监管制度和环境比较宽松，反而造就了平台企业的野蛮式增长。互联网行业进入门槛较低，平台企业的成长依赖于技术创新和经营模式创新，在宽松的政策环境下，任何一个技术突破或经营创新都能带动一个独角兽企业获得快速发展。而独角兽企业的技术和经营模式创新会引发其他企业的模仿，获得先前发展的创新型企业一旦停止创新，

---

① 戴龙："论我国《电子商务法》竞争规制条款的适用"，载《法治研究》2021年第2期。

很快就会被新的创新型企业超越。因此，在数字经济发展初期，能够看到各种创新一浪超过一浪，技术和经营模式的更迭非常迅速，任何获得暂时竞争优势的企业都不敢掉以轻心，这进一步推动了整个行业的创新迭代和快速发展。

但是，当一波又一波的技术革新和经营模式创新之后，基于互联网行业发展的自然垄断效应，在各个经营领域都出现了一个巨无霸式的数字巨头。由于互联网行业的跨界经营并不需要传统工业经济时代的巨大转换成本，各行业领域领先的数字巨头企业开始横向和纵向扩张，并且依赖其积累起来的数据、资本和技术优势，快速地收割其他新兴企业，改造传统行业的既有企业。而拥有巨大财力和竞争优势的领先企业在追求利润的动力驱使下，也开始采用各种技术措施，打击竞争对手，扼杀潜在技术创新势力，甚至利用大数据计算和信息不对称的优势，进行用户画像，针对不同用户实行所谓"大数据杀熟""二选一"等反竞争行为。因此，在互联网行业发展的第二阶段，虽然技术创新和经营模式创新仍然很旺盛，但是各种利用已建立起来的竞争优势从事算法合谋、排他性交易、歧视性交易、扼杀式收购等新型反竞争已经成为阻碍创新和排除市场公平竞争的重大问题。

毫无疑问，对互联网行业发展中出现的问题加强竞争监管已经成为世界各国的共识，主要经济体加强对互联网巨头的反垄断执法正是在这一背景下发生的。我国反垄断执法机构近年也加强了对于互联网行业的反垄断调查与执法，但是，必须看到，在互联网行业领域创新与发展仍然是数字经济今后较长时期内发展的主轴，数字技术运用产生的社会、经济甚至政治、军事效益已经成为21世纪国际竞争的新起点。我国数字经济发展取得了巨大的成就，但是和世界第一数字经济大国美国相比，无论是在企业规模还是在技术创新上仍然存在较大差距。对于数字经济发展产生的新问题，现有的监管法律制度需要不断改进以适应新形势下的监管需要，在对问题没有深入了解和足够客观的认识条件下，包容审慎的监管原则仍然是必不可少的。同时，要建立对互联网行业的常态监管和依法监管，防止政策监管被一时的舆论和意识形态所绑架。鼓励创新发展，坚持包容审慎和依法监管应当成为我国今后支持数字经济发展的一项重要原则。

（二）加强协同监管，提高竞争执法能力和水平

在数字经济时代，互联网企业作为推动数字技术创新发展主力的同时，也承担着互联网行业内部的部分监管职能，改变了传统工业经济时代政府作为唯一监管主体的社会形态。互联网企业成为行业内部的监管力量是市场推动的结果，反映了数字经济发展的时代需求。在由互联网企业领衔的全球数字产业化

和产业数字化发展浪潮中，互联网头部企业市场面临着缺乏相应的法律规范，但产业发展又需要建立相应市场规则的困境。在立法存在滞后性和政府监管不到位的前提下，互联网头部企业依赖自身实力，建立起行业内部的经营规范和监管规则，履行行业发展的部分监管职责，有其必要性和必然性。例如，淘宝购物平台建立起平台商家注册、经营、支付和售后服务相关规则，并对存在售假、质量问题和其他侵犯消费者权益的商家提供维权救济和责任追究途径，已经部分行使了传统的政府监管职责。微信平台建立起实名认证、不良言论或音像图片的删帖处理、侵权投诉及隐私保护规则等，也在部分履行即时通信市场的监管职能。这种由互联网企业自行建立的网络运营和纠纷解决机制，具有替代性在线争端解决性质，能够弥补数字经济时代立法滞后和公力救济不到位的问题，对于数字经济的健康发展具有一定的积极作用。

顺应数字经济时代的现实需要，发挥互联网企业的行业内监管作用，已经成为数字经济领域协同监管的时代特色。对此，我国应当保持鼓励、支持互联网企业建立起行业自律，引导其正确履行行业内部分监管职责。而政府监管也不能放松，但应当转变为推动互联网企业进行自身合规建设，加快符合互联网行业发展规律的法律法规的出台，推动政府监管、企业监管和第三方监管的协同监管机制建设。特别值得一提的是，基于政府与企业之间的信息不对称，引入第三方专业法律、经济和技术分析，发挥第三方评估机构的中间角色，不仅能够大大降低行政执法成本，而且能够及时、准确地把握行业动态，发挥第三方的专业经济、法律和技术优势，达到事半功倍的协同监管效果。

目前，我国中央政府已经充分认识到第三方机构在协助治理中的作用，第十三届全国人大常委会工作报告中专门强调了第三方机构评估对提高执法检查的科学性、客观性、权威性所起到的作用，地方政府已经在诸如公平竞争审查和反垄断审查中设立第三方专家机构评估机制。但是，目前我国第三方专家评估的政策法律和机制建设都还没有确立，各级政府在发挥第三方机构评估时存在不规范和任意性等问题。[①]今后，应当大力支持第三方评估机构的建设，发挥第三方法律、经济和技术分析机构的作用，加强政府自身执法水平和能力建设，强化数字经济领域的协同监管效果，引领平台治理的国际规则制定。

（三）加强理论研究和立法创新，增设维护公平交易的法律制度

我国《反不正当竞争法》《电子商务法》以及《反垄断法》都把解决数字

---

① 周汉华：“全面依法治国与第三方评估制度的完善”，载《法学研究》2021年第3期。

经济领域的新型反竞争行为作为重要任务。但是，现有竞争法律发端于工业经济时代的竞争与反垄断问题，把维护公平竞争作为重要的立法目的，在面临数字经济时代的市场竞争环境与新型反竞争行为时，呈现出明显落伍和不能发挥有效监管的问题。

数字经济时代市场竞争环境的一大特点，就是数字平台企业不仅成为技术创新和市场竞争的主体，还承担着行业内的规则制定和交易监管的功能。在数字经济时代背景下，这本来是市场推动的产物，具有一定的合理性与必要性。问题在于，现有竞争法律的功能定位是规制具有竞争关系的经营者之间通过合谋、并购来排除或限制竞争，维护公平竞争的市场结构，对于单个主体的垄断行为只有在其具有市场支配地位并且从事滥用该市场支配地位的剥削性或排他性行为时才进行干预。如前所述，数字经济发展天然具有自然垄断的趋势，即便在一家独大的情况下也不会完全消灭市场竞争，甚至会激发更多竞争。数字平台企业的反竞争问题集中体现在因数字平台企业行使了原属于政府的部分行业内监管功能，而数字企业作为私主体的商业逐利本性使其在行使行业内监管功能时偏向于自身利益最大化，利用平台规则或合同条款限制和其具有上下游关系的供应商或消费者（用户）的合法权益。具体体现在，一方面数字平台企业通过诸如"二选一"或排他性协议限制其他竞争对手的公平竞争，另一方面其上下游企业或用户因为对无法摆脱对平台的依赖而只能接受不公平交易。传统的竞争法律主要关注维护平等主体之间的公平竞争，对于实质上不平等主体之间的交易行为缺乏关注，甚至将其视为合同行为交由民法、合同法等私法规范予以调整。只有当经营者具有市场支配地位时，这种实质上不公平的交易行为才可能转化为反垄断法框架下的剥削性滥用或排他性滥用行为，此种情况下，被诉经营者具有市场支配地位和滥用行为不合理性的举证责任仍然要由原告承担。在数字经济背景下，依据传统反垄断法建立的考虑因素和分析框架，要证明数字平台企业具有市场支配地位多数情况下是不可能的。

因此，数字经济时代平台竞争监管的问题就体现在传统竞争法律过度关注维护公平竞争，而忽略了公平交易问题。市场经济体制下，交易行为本来受到合同自由、意思自治的私法规范调整，并不是具有公法性质的竞争法的调整对象。但是，数字经济发展中出现的诸多问题已经表明，仅凭私法主体依据民法或合同法来进行权利救济是远远不够的。经济法的产生本来就是基于市场经济发展存在自然垄断、信息不对称、公共产品供给短缺等"市场失灵"现象，用"看得见的手"介入市场，弥补私法主导下的实质公平的缺失。数字技术的快速发展使得现代社会各个领域都产生广泛的信息不对称性，建立在"市场失灵"

基础上的政府干预已然具备了广泛的基础。对于数字技术革命带来的社会主体之间日益扩大的"数字鸿沟"，竞争法律既不能抱残守缺，也不能坐视不理，反而应该积极转变，顺应数字经济发展的需要，填补法律监管的漏洞，补齐在维护公平交易方面的制度短板。

事实上，世界主要经济体中已经有越来越多的国家开始反思过去竞争监管的空白，通过出台法律或修改法律扩大对于数字平台企业有违公平交易的行为监管。欧洲议会和欧盟理事会于 2019 年出台《关于促进在线中介服务商业用户的公平与透明的指令》[①]，就是对在线中介服务平台有违公平交易的合同行为进行干预的最新法规。我国《电子商务法》第 35 条引入对电子商务平台经营者的更为宽泛和严格的义务，也是基于电子商务平台经营者可能利用服务协议、交易规则以及技术等手段，针对具有上下游关系的平台内经营者从事有违公平交易的不合理价格或其他限制行为进行干预。日本与韩国基于其历史发展和产业经济结构的特殊性，可能是最早意识到维护公平交易重要性的国家，在其反垄断法律制度中把规制不公平交易方法作为一项主要的立法目的，并通过后续细化立法与法律实施介入上下游企业之间的不公平交易行为监管之中。

我国《电子商务法》第 35 条加大对于电子商务平台经营者的交易义务具有一定的合理性、必要性，但现在的法律规定并未明确法律介入平台交易行为的理论依据，也未提供公权力干预平台交易时具有可操作性的对策措施。第 35 条的立法原意是想引入滥用优势地位规制，但滥用相对优势地位理论本身在实践中存在重大争议。滥用相对优势地位规制的理论前提是存在具有依赖性的市场经济结构，导致市场交易中具有优势地位的一方利用其交易优势，不合理地压制另一方的交易自由和公平竞争权利。就此而言，第 35 条最后审议通过时没有将"滥用相对优势地位"规定在法律条文中是明智的，因为相对优势地位规制凭借的"依赖性"理论和行为"不合理性"在实践中同样很难证明，而且能够阻碍公平交易的行为也不限于滥用相对优势地位。

基于数字经济时代的市场竞争新特点以及我国现有立法的规制空白，我国应当对数字经济和贸易中有违公平竞争和公平交易的行为加强研究。"公平交易"较之于"公平竞争"更为广泛，不仅包括竞争手段或方法公平，而且包括交易内容和交易条件的公平，甚至为了交易进行谈判及提供信息时妨碍交易

① REGULATION (EU) 2019/1150 OF THE EUROPEAN PARLIAMENT AND OF THE COUNCIL of 20 June 2019 on promoting fairness and transparency for business users of online intermediation services，Official Journal of the European Union, L 186/57-79.Nov. 7, 2019.

相对人的合理选择行为都可能构成不公平交易行为。[①] 我国数字经济发展迅猛，各种新型反竞争行为和不公平交易行为花样繁多，远非通过抽象概括或立法列举所能穷尽。上述欧盟理事会的 2019 年指令以及日韩的不公平交易规制立法，都值得我国认真研究，但更重要的是要结合我国数字经济发展水平和限制交易行为的特点，加强立法创新。在理论研究比较成熟和立法条件具备的情况下，可以考虑通过新型立法或修改现有法律，增设维护公平交易的法律制度，弥补当前对数字平台企业履行平台内监管功能的政府监管缺位，满足数字经济时代强化平台公平交易监管的现实需要。

第五节 我国新《反垄断法》的平台竞争与反垄断规制

2022 年 6 月 24 日，第十三届全国人大常委会第三十五次会议通过了对《反垄断法》的修订，使得这部实施了将近十四年的《反垄断法》以全新的面貌出现在世人面前。新《反垄断法》力图解决过去十余年间法律实施过程中出现的问题，回应数字经济时代竞争与垄断问题的挑战，在维持了反垄断法律制度基本架构的前提下，立法确认了"强化竞争政策的基础性地位"，并把"建立公平竞争审查制度"写入总则。新《反垄断法》还引入针对垄断协议的"双罚制"以及"安全港"制度，新增"经营者集中审查停表制度和分级分类审查制度"、增设"人民检察院提起反垄断民事公益诉讼"和"反垄断刑事责任制度"等，开创了反垄断法走向本土化和超越发达反垄断法律制度的新篇章。[②]以下，仅就新《反垄断法》应对数字经济竞争监管的对策和制度创新进行分析。

一、增设"鼓励创新"的立法目的

在数字经济和贸易发展中，技术创新和商业模式创新一直是推动数字经济快速发展壮大的主要动因。以平台、数据、算法和人工智能为特征的数字革命，不断推动着数字经济领域的技术革新与经营模式创新，印证了熊彼特式"创造性破坏"的创新引领经济效应，而且催生了大量独角兽企业的出现。[③]例如，根据胡润研究院发布的《2021 年全球独角兽榜》，截止到 2021 年全球共

---

① ［韩］权五乘：《韩国经济法》，崔吉子译，北京大学出版社 2009 年版，第 196 页。

② 关于新《反垄断法》的立法创新和制度特点，本人归纳了《新反垄断法十大特点整理》，刊登在"三见道智库"2022 年 6 月 27 日公众号上。

③ "独角兽"一般是指估值超过 10 亿美元、尚未上市的初创企业，该概念最早是由美国 Cowboy Venture 投资人 Aileen Lee 在 2013 年提出。

有 1058 家独角兽企业，美国以 487 家排名第一，比去年增加 254 家，中国以 301 家排名第二，比去年增加 74 家，独角兽企业大都集中在人工智能、金融科技、软件服务和电子商务等新兴数字经济领域。中美占全球独角兽企业总数的 74%，字节跳动成为全球最大的独角兽企业，估值 2.3 万亿元，蚂蚁集团则以 1 万亿元估值排名第二，超过估值超过 6400 亿元、排名第三的马斯克 SpaceX 公司。[①]

我国经济发展已从过去的高速增长迈向高质量增长的新时代，如何发挥我国数字经济发展积累的数据和竞争优势，在加强对于数字平台规范发展的同时，推动数字技术革新和创新引领的经济发动机作用，对于当前经济全球化遭遇到西方国家抵制、国际社会在科技前沿领域竞争加剧和分化严重的大背景下，具有重大的意义。这次《反垄断法》的修订，将"鼓励创新"写入第一条的立法目的，有助于强化社会各界对数字经济和技术创新重要性的认识，澄清社会上一些媒体与非专业人士对"平台垄断"和"数据垄断"的片面误导，在立法层面发出国家鼓励创新、重视数字经济发展和数字技术革新的政策立场。

在我国《反垄断法》修订阶段，也有学界观点认为把"鼓励创新"写入反垄断法的立法目的并不符合传统反垄断法的价值目标，还会加重反垄断法的多元价值冲突。从最终立法来看，我国选择在第一条立法目的中增加"鼓励创新"，表明立法机关重视和支持技术创新在经济发展中的重要作用的鲜明立场。当然，仅靠增加"鼓励创新"四个字并不足以支撑《反垄断法》推动数字经济和技术发展的立法宗旨，新《反垄断法》在后续垄断协议的禁止〔第 17 条第 1 款第 4 项〕及其豁免（第 20 条第 1 款第 1 项）、滥用市场支配地位规制（第 22 条第 2 款）、经营者集中审查考虑因素（第 33 条）等部分，都有鼓励技术创新、禁止利用技术手段实施垄断行为的具体制度措施。

二、增加针对平台实施垄断行为的规制

反垄断法是市场经济国家维持市场公平竞争秩序的基础性法律，在发达国家素有"经济宪法""自由经济的大宪章"和"经济基本法"的美誉。反垄断法作为一般法，并不适合对特定行业领域进行专门规定。但是，数字经济的蓬勃发展和数字竞争中层出不穷的新型竞争和商业行为模式，对建立在传统工业经济基础上的反垄断规制确实构成了尖锐的挑战。为了破解这一时代难题，主

---

① 参见胡润百富："2021 年胡润全球独角兽榜"，载 https://www.hurun.net/zh-CN/Rank/HsRank Details?pagetype=unicorn，最后访问时间：2022 年 7 月 2 日。

要经济体都在探索适应数字经济时代竞争监管的新规则和新法律工具。这次《反垄断法》的修订秉承了我国改革开放以来勇于创新和锐意进取的国家意志，在很多地方都超越了发达经济体对于市场监管法律的传统认知。

如前所述，当前我国数字经济竞争中已经出现了大量反竞争行为，并不局限在反垄断法的专属管辖范围。《反垄断法》的任务是处理那些影响市场竞争秩序，具有严重排除、限制竞争效果的垄断行为。此次修法新增第9条，把"经营者不得利用数据、算法、技术、资本优势以及平台规则等从事本法禁止的垄断行为"列入总则的原则性规定，表明我国政府把既要推动数字经济的创新发展，又要加强对平台竞争行为法律的规范和引导，这是立法上进行"规范与发展"并重的立场选择。

除了第9条关于数字经济竞争规制条款之外，在滥用市场支配地位规制部分增设了第22条第2款：具有市场支配地位的经营者，不得利用数据和算法、技术以及平台规则等从事滥用市场支配地位的行为。这一规定和总则第9条形成呼应，表明数字经济竞争监管的主要问题体现在滥用市场支配地位规制领域。但总则的原则性规定范围更加宽泛，除了涵盖滥用市场支配地位的行为规制之外，还包括垄断协议规制和经营者集中规制的相关问题。从实践层面来看，本章第二节分析的算法合谋其实就是数字平台企业利用数据、算法和技术实行垄断协议的表现形式，而所谓"掐尖收购"或"扼杀式并购"问题，可以归类于利用"资本优势"实施排除、限制竞争的经营者集中行为。

三、增设"组织帮助型垄断协议"规制

在《反垄断法》修订之前，诸如汽车销售、保险、药品销售和互联网竞争中已经大量出现了具有"轴辐协议"特征的混合型垄断协议行为，在已经查处的违法行为中由于缺乏法律明确规定而无法进行有效又全面的规制。新《反垄断法》第19条规定："经营者不得组织其他经营者达成垄断协议或者为其他经营者达成垄断协议提供实质性帮助。"这是对学术界讨论的"组织帮助型垄断协议"或"轴辐协议"的正式立法确认。[①]从立法语言上看，第19条禁止两类垄断协议行为：一是经营者组织其他经营者达成垄断协议，二是经营者为其他经营者达成垄断协议提供实质性帮助。

从对组织帮助型垄断协议的行为认知来看，我国学者中有观点认为其是一

---

① 戴龙："论组织帮助型垄断协议规制——兼议我国《反垄断法》的修订"，载《法学评论》2021年第1期。

种不同于传统横向垄断协议和纵向垄断协议的新型垄断协议，[①]也有观点认为所谓"轴辐协议"并不是法律创设的新型垄断协议，法定的垄断协议还是横向垄断协议和纵向垄断协议两种。[②]但不论如何，新《反垄断法》第19条正式纳入"组织帮助型垄断协议"规定，有助于克服现行《反垄断法》将垄断协议进行横向、纵向"两分法"并立列举的弊端，解决组织者或帮助者等第三方市场主体主导或参与垄断协议的行为定性和法律责任分配问题。新《反垄断法》第56条第2款规定："经营者组织其他经营者达成垄断协议或者为其他经营者达成垄断协议提供实质性帮助的，适用前款规定。"这意味着，我国《反垄断法》将"组织帮助型垄断协议"适用和横向、纵向垄断协议相同的违法责任追究方式。

关于"组织帮助型垄断协议"的违法认定标准，本次修法并未进一步规定，这可能给今后的法律实施带来不确定性。关于垄断协议的违法认定标准，美国反托拉斯判例法中形成了"本身违法"（per se illegal）和"合理原则"(rule of reason) 两种认定方式，并成为其他经济体反垄断实施中广为参照的标准。欧盟竞争法中规定了几类排除限制竞争效果特别严重的"硬核卡特尔"（hardcore cartel），在实践中采取和"本身违法"原则相似的违法认定标准。从我国《反垄断法》修订后的规制立场来看，基本确立了对垄断协议采取"可抗辩的违法推定"规制原则。[③]"可抗辩的违法推定"原则，有利于反垄断执法机构快速地识别并查处垄断协议行为，将可能发生误判的"不具有排除、限制竞争效果"的举证责任转由被诉经营者承担。针对"组织帮助型垄断协议"，如果依据第56条第2款规定的"适用前款规定"，则意味着还要根据其排除、限制竞争效果进行个案认定。也就是说，如果认定"组织帮助型垄断协议"本质上是第三方市场主体组织或帮助同行竞争者达成了和横向垄断协议等同的排除、限制竞争效果，则反垄断执法机构可以继续采取过去的"原则违法＋例外豁免"执法模式，如果经营者不能根据第20条进行豁免抗辩，就会受到反垄断执法机构的处罚。如果"组织帮助型垄断协议"是第三方市场主体组织或帮助上下游经营者实施了固定转售价格或限定转售最低价格等纵向垄断协议，反垄断执法机构原则上仍可采用"原则违法＋例外豁免"模式，但是经营者享有两次抗辩机会，第一次是依据第18条第2款进行不具有排除、限制竞争效果的"竞争效

① 张晨颖："垄断协议二分法检讨与禁止规则再造 —— 从轴辐协议谈起"，载《法商研究》2018年第2期。

② 时建中："新《反垄断法》全面解读"，载《中国法律评论》2022年第4期。

③ 关于"可抗辩的违法推定"原则，参见王健："垄断协议认定与排除、限制竞争的关系研究"，载《法学》2014年第3期。

率"抗辩，如果抗辩成功，则表明行为不构成"组织帮助型垄断协议"；即便第一次抗辩失败，经营者仍然可以进行第二次抗辩，即依据第 20 条进行符合"社会公共利益"的抗辩。如果抗辩成功，经营者仍然可以享受"例外豁免"。

四、改进经营者集中申报与审查制度

截止到 2021 年底，我国反垄断执法机构共审结经营者集中申报 3822 件，处罚违法实施集中 152 件，合计处罚金额 1665 元，禁止了可口可乐收购汇源公司，马士基、地中海航运、达飞设立网络中心，虎牙与斗鱼合并三起经营者集中案件，附加限制性条件批准了 52 件经营者集中申报案件。[1] 自 2008 年 8 月 1 日《反垄断法》实施以来，我国经营者集中审查制度已经成为和欧美并列的第三大司法辖区的集中管辖，在国际上发挥着重要的影响力和调整市场竞争秩序的作用。

但是，我国《反垄断法》的经营者集中规制一直存在着申报标准过低、处罚力度较弱和未能反映数字经济行业经营者集中特殊性等问题。正如国家市场监督管理总局在关于《国务院关于经营者集中申报标准规定（修订草案征求意见稿）》的说明所言，随着我国经济快速发展，原来规定的标准已经逐渐不适应我国经济的高质量发展要求，特别是经营者集中申报标注不够精准问题较为突出。一方面，与规定制定时相比，我国经济总量、市场主体的数量和规模都发生了深刻变化，现行申报标准营业额设定偏低的问题愈发明显。另一方面，随着产业结构升级，资本、技术、数据等要素集中度不断提高，垄断和竞争失序风险增加，需要进一步提高经营者集中审查精准识别、防范风险的能力。[2]

通过修法，我国新《反垄断法》作出大力改革，一举克服了原来的制度缺陷，形成了富有中国特色的经营者集中审查制度。

（一）明确未达申报标准也需申报并进行审查的制度

新《反垄断法》第 26 条第 1 款承袭旧制，规定经营者集中达到国务院规定的申报标准的，应当向国务院反垄断执法机构申报，未申报的不得实施集中。在第 26 条第 2 款增加规定经营者集中即便未达到国务院规定的申报标准，但

---

① 根据国家市场监督管理总局反垄断局编《中国反垄断执法年度报告》2019 年、2020 年及 2021 年公布的数据，由作者统计得出。

② 国家市场监督管理总局："关于《国务院关于经营集中申报标准的规定》（修订草案征求意见稿）的说明"，载 https://www.samr.gov.cn/hd/zjdc/202206/t20220625_348149.html，最后访问时间：2022 年 7 月 3 日。

是有证据证明该经营者集中具有或者可能具有排除、限制竞争效果的，国务院反垄断执法机构可以要求经营者申报并进行审查的制度。随着新《反垄断法》的颁布与实施，国家市场监督管理总局已经公布了新的《国务院关于经营者集中申报标准的规定（修订草案征求意见稿）》。① 修订草案将参与集中经营者的全球合计营业额、中国境内合计营业额和单方中国境内营业额由现行100亿元人民币（币种下同）、20亿元和4亿元分别提高到120亿元、40亿元和8亿元。新标准是根据我国经济社会发展情况、反垄断执法实践，参考国际经验，并利用经济模型分析得出。营业额标准提高将有效减少不具有竞争问题的中小规模并购申报，降低企业制度性交易成本，提升经济运行效率，为各类市场主体特别是中小企业创造广阔发展空间。

申报标准修订草案还优化了申报标准，要求中国境内营业额超过1000亿元的经营者，并购市值（或估值）8亿元以上并且超过1/3营业额来自中国境内的经营者，构成集中的，需要进行申报。根据案件申报和审查情况，大型企业一般市场力量较强，相比中小经营者，其集中行为具有或者可能具有排除、限制竞争效果的可能性较高。同时，对大型企业开展集中的申报门槛进行规定，并依法进行竞争分析，对于具有或者可能具有排除、限制竞争效果的集中，经营者集中审查制度可以在事前有效预防产生垄断的市场结构，减少集中对竞争产生的不利影响，增强反垄断治理的准确性和有效性，保护市场主体创新活力。

（二）新增"经营者集中审查停表制度"和经营者集中分类分级审查制度

经过这次修订，新《反垄断法》第32条引入了经营集中审查期限中止制度，即所谓"停表"制度。第32条规定了国务院反垄断执法机构在存在三种情况之一时，可以决定中止计算经营者集中的审查期限，并书面通知经营者：①经营者未按照规定提交文件、资料，导致审查工作无法进行；②出现对经营者集中审查具有重大影响的新情况、新事实，不经核实将导致审查工作无法进行；③需要对经营者集中附加的限制性条件进一步评估，且经营者提出中止请求。这三种情况，实则是基于过去反垄断执法机构在经营者集中审查中出现的实际问题，分别对应了审查前、审查中和审查后三个时间点，即审查前出现资料不全、审查中出现新的重大情况、审查后围绕附加限制性条件需进一步评估，在任一种情形下，反垄断执法机构可以决定中止计算审查期限，待上述情形消除之日起，才继续计算审查期限。

① 国家市场监督管理总局："关于公开征求《国务院关于经营集中申报标准的规定》（修订草案征求意见稿）意见的公告"，载 https://www.samr.gov.cn/hd/zjdc/，最后访问时间：2022年7月3日。

新《反垄断法》第37条规定，国务院反垄断执法机构应当健全经营者集中分类分级审查制度，依法加强对涉及国计民生等重要领域的经营者集中的审查，提高审查质量和效率。这一规定是针对近年来我国出现大型数字平台企业向横向和纵向市场扩张，收购了一批创新性中小企业，引发社会各界对大型数字平台"掐尖并购"或"扼杀式并购"担忧的立法回应。自2020年下半年中央经济工作会议上提出"加强反垄断，防止资本的无序扩张"的要求以来，我国反垄断执法机构开始对数十起未申报的数字平台受案案件进行调查并作出处罚决定。在这次《反垄断法》修订过程中，曾出现过将"民生、科技、金融和媒体等"领域列入加强经营者集中审查的立法建议草案，但最终通过的《反垄断法》删除了这一指向特定领域的经营者集中审查提法，改为"健全经营者集中分类分级审查制度，依法加强对涉及国计民生等重要领域的经营者集中的审查"，这有利于缓和社会上对国家管控数字经济行业领域的担忧。

无论从哪个方面来看，数字平台经济的崛起顺应了时代发展的需要，开启了崭新的商业模式和技术创新，带来了社会生产、生活和人们交往习惯的巨大变化与效率提升。"防止资本的无序扩张"绝对不是只针对数字经济领域，也不是要阻止数字平台企业的正常扩张，而是要防范数字平台在资本推动下对各行各业的无边界的扩张，防范系统性风险的发生。因此，今后建立经营者集中分类分级审查制度，将成为国务院反垄断执法机构需要深入研究并建立细化规则的新任务。而分级分类审查的关键应当是基于对国计民生产生重要影响的程度，区分不同行业领域，制定不同的优先审查或重点审查的经营者集中审查制度。虽然最后立法删除了指向"民生、科技、金融和媒体等"领域的审查，但毫无疑问这些行业仍然会成为分级分类审查的重点领域。

（三）区分经营者集中"审查"和"调查"程序

经过这次修法，我国《反垄断法》确立了针对经营者集中的审查制度和调查制度，这是两种具有不同性质、需要承担不同法律责任的执法方式。经营者集中审查制度，是针对符合《反垄断法》规定的经营者集中情形，在满足国务院规定的申报和审查标准前提下，由国务院反垄断执法机构负责实施，按照集中行为具有或不具有排除限制竞争效果的具体审核结果，作出无条件许可集中、附件限制性条件许可集中以及禁止集中决定的法律制度。经营者集中申报包括三种情形：一是在达到国务院规定的经营者集中申报标准的，需要依法申报；二是未达到国务院规定的经营者集中申报标准，但是有证据证明该集中具有或者可能具有排除限制竞争效果，国务院反垄断执法机构可以依职权要求经营者申报；三是经营者集中达到国务院规定的经营者集中申报标准，但是符合法律规定的免于申报情形（第 27 条），可以不向国务院反垄断执法机构申报。对于满足条件符合申报标准而实行的经营者集中申报，国务院反垄断执法机构依法实行经营者集中审查，是履行正常法律程序的行为。

在出现以下情形时，反垄断执法机构就不再进行审查，而是进行调查。一是当经营者集中达到国务院规定的申报标准而经营者没有申报就实施集中；二是经营者集中未达到申报标准但是具有或可能具有排除限制竞争效果，反垄断执法机构要求经营者申报而未申报；三是国务院反垄断执法机构尚未结束经营者集中审查程序，尚未作出许可决定之前，经营者就实施集中或者事实上已经实施了集中。这三种情形下，实际上是经营者集中已经符合法定的申报要求，在尚未得到许可之前经营者就开始"抢跑"，构成对法定义务的违反，对此反垄断执法机构不再进行审查，而是依法进行调查，以决定经营者需要承担的法律责任。根据新《反垄断法》第 58 条的规定，经营者违法实施集中，且具有或者可能具有排除限制竞争效果的，国务院反垄断执法机构可以采取结构性救济或行为性救济措施，处罚上一年度销售额 10% 以下的罚款；不具有排除限制竞争效果的，处 500 万元以下的罚款。在符合第 58 条规定的情形下，还可能需要承担惩罚性罚款的法律后果。

五、引入"双罚制"和惩罚性罚款制度

经过本次《反垄断法》修订，涉及法律责任的一个重要变化是在达成并实施垄断协议的情况下，不仅经营者本身要面临高额的罚款，对达成垄断协议负有个人责任的经营者法定代表人、主要负责人和直接责任人员，还可以处罚 100 万元以下的行政罚款。这是针对经营者和其主要负责人员同时进行处罚的"双罚制"。目前，世界主要经济体的反垄断法律制度中，实行双罚制的国家并不多见，人们熟知的是美国反托拉斯法最早导入针对企业和个人实行双罚的制度，受美国影响的日本反垄断法在制度上也确立了"双罚制"，而其他绝大多数国家采用主要是针对经营者进行惩罚的制度。可以说，我国新《反垄断法》第 56 条引入的"双罚制"，使得我国反垄断法律制度一举超过绝大多数市场经济国家，走在国际反垄断法律制度的前列。当然，《反垄断法》引入的"双罚制"主要针对排除、限制竞争效果特别明显，违法性质特别严重的垄断协议行为，对于滥用市场支配地位和经营者集中行为并未实行"双罚制"。

除了针对垄断协议的"双罚制"之外，我国新《反垄断法》第 63 条还增加了针对"三特"行为的惩罚性罚款制度。所谓"三特"行为，是指经营者违

反《反垄断法》的相关规定，实施的情节特别严重、影响特别恶劣、造成特别严重后果的行为。对于"三特"行为，不论其是垄断协议、滥用市场支配地位、经营者集中行为，或是第 62 条规定的经营者恶意抗法行为，由国务院反垄断执法机构在法定罚款数额的 2 倍以上 5 倍以下确定具体罚款数额。国际上比较熟知的是美国反托拉斯法中存在针对垄断行为的"三倍赔偿制度"，亦具有惩罚性赔偿性质，但是其主要是在反垄断民事诉讼中采用。在行政调查和执法中采用具有惩罚性质的加倍罚款制度是本次《反垄断法》修订的又一制度创新，据此，我国确立了针对"三特"行为或案件的惩罚性罚款制度。①

六、建立反垄断民事公益诉讼制度

本次《反垄断法》修订的一项重大制度变化就是增设了反垄断法民事公益诉讼制度。这一制度的设置，超出之前很多学术研究的预期，使得我国《反垄断法》一举超越主要经济体实施数十年甚至上百年的竞争法律制度，在世界范围内成为屈指可数的少数最先进的反垄断法律制度之一。

反垄断民事公益诉讼制度最早可以追溯到美国反托拉斯法的父权诉讼，这一制度的初衷是代表美国各州住民利益的州司法部部长作为私人原告，向实施垄断行为的企业提起三倍赔偿诉讼。在美国反托拉斯制度下，三倍赔偿诉讼的对象可以是针对固定价格等违反联邦反托拉斯法的行为，也可以是实施企业合并等违反州反托拉斯法的行为。美国 1976 年颁布的 HSR 法，授权各州可以代表居住在本州的自然人提起父权诉讼，以获得《谢尔曼法》所规定的赔偿。父权诉讼和美国反托拉斯法中的另一项集团诉讼制度（class action）相得益彰，后者是指垄断行为的受害者可以共同委托律师向实施垄断行为的企业提起三倍赔偿的集团诉讼，在胜诉后向集团诉讼律师付费，以避免垄断行为受害人分散、受害金额较小以及缺乏提起反垄断诉讼能力和动机的弊端。父权诉讼有利于弥补集团诉讼的不足，利用州政府作为本地的行政权力，代表弱

---

① 引入这一制度的背景，让人联想到 2019 年山东省康惠医药有限公司、潍坊普云惠医药有限公司涉嫌实施垄断行为，在反垄断执法机构进行调查执法时实施暴力抗法的案件。该案在现场调查过程中，上述两公司不配合调查，切断公司办公系统网络，删除电脑文件资料，拒不提供有关资料，拒绝、阻碍执法。惠康公司法定代表人组织、指挥公司员工及社会闲散人员暴力抢夺证据材料，不顾执法人员阻拦，将有关证据资料强行隐匿、转移，甚至对执法人员进行暴力阻挠，造成部分执法人员受伤。该案在行政机关执法中影响恶劣，被国家市场监督管理总局处以反垄断法规定罚款额度下的顶格罚款，相关涉事人员被移交司法机关追究刑事责任。参见国家市场监督管理总局反垄断局：《中国反垄断执法年度报告（2019）》，法律出版社 2020 年版，第 42 页。

势而分散的州住民，向实力强大的垄断行为实施者发起民事赔偿诉讼。父权诉讼中关于违法行为和损害的认定，与一般的反托拉斯法私人诉讼相同，但是关于损害的计算以及支付的履行方式是不同的。具体而言，其一，HSR 法准许采取抽样法这种更宽松的证据来计算损害，而不必实际证明每个原告人受到多少损害；其二，赔偿可以当作民事处罚直接支付给州，或采用法院认可的其他方式来支付。①

我国公益诉讼制度近年来发展迅速，法律层面上已经在环境保护、消费食品安全和个人信息保护领域确立了公益诉讼法律制度。这次《反垄断法》修订正式确立了反垄断领域的民事公益诉讼制度。根据新《反垄断法》第 60 条第 2 款的规定，经营者实施垄断行为，损害社会公共利益的，设区的市级以上人民检察院可以依法向人民法院提起民事公益诉讼。据此，我国反垄断民事公益诉讼制度的基本特点已经比较清晰，即①经营者实施了《反垄断法》禁止的垄断行为，仅达成而未实施的垄断协议、经营者集中不构成反垄断公益诉讼的对象；②经营者实施垄断行为，损害了社会公共利益，这与垄断行为造成特定经营者或消费者的个体利益损害而提起的私人民事诉讼有本质的不同；③提起诉讼的主体限定为设区的市级以上人民检察院，排除了其他社会组织或消费者保护协会提起反垄断民事公益诉讼的主体资格。

反垄断民事公益诉讼制度的确立对于维护因遭受垄断行为侵害分散、个体受损金额较小、缺乏诉讼能力和动机的中小型企业或消费者利益，无疑具有重大的意义。基于垄断行为本身一般比较隐秘，局外人很难获取垄断行为的证据，垄断造成损害的举证和诉讼都涉及专业的法学和经济学分析，这对于普通的受害企业或消费者几乎是高不可及的门槛。引入公权力机关提起反垄断民事公益诉讼，对于加强垄断行为的揭发检举，维护公平的市场竞争环境，加大对垄断企业的威慑等具有重要价值，是我国反垄断事业的一项重大制度创新。但是，这一制度的具体实施还需要人民检察院结合我国经济发展水平和市场竞争情况，参照国外反垄断民事公益诉讼的经验和教训，总结我国在环保、消费者食品安全和个人信息保护方面的成就和不足，制定更加细化的实施规则，有条不紊地持续推进。同时，作为受理反垄断民事公益诉讼的司法机关，如何处理反垄断民事公益诉讼和私益诉讼的关系，如何处理公益诉讼中的垄断行为损害赔偿，如何平衡社会公共利益、消费者利益以及创新与经济效率的关系，都是

---

① ［美］赫伯特·霍温坎普：《联邦反托拉斯政策：竞争法律及其实践》，许光耀、江山、王晨译，
　法律出版社 2009 年版，第 653~655 页。

今后需要深入研究和解决的问题。

七、引入反垄断法刑事责任制度

是否需要导入刑事责任制度这一话题，早在我国《反垄断法》最初立法时，就一直是理论界和实务界具有争议的问题。在 2007 年出台《反垄断法》前，全国人大常委会一读稿中还规定了"经营者实施垄断行为，给他人造成损失的，依法承担民事责任；构成犯罪的，依法追究刑事责任。"但是，基于我国首次进行反垄断立法以及当时的市场经济发展水平，实践中还存在对于垄断行为的法益侵害性与可谴责性的不同认知，在最终出台法律时删除了对垄断行为追究刑事责任的条款。在本次《反垄断法》修订中，是否要引入针对垄断行为的刑事责任制度，仍然是一项重点考虑事项。新《反垄断法》第 67 条规定："违反本法规定，构成犯罪的，依法追究刑事责任。"这表明，我国新《反垄断法》正式引入了违反反垄断法的刑事责任制度。

反垄断刑事责任制度的导入，意味着经营者实施垄断行为，不仅需要承担行政处罚和民事法律责任，在构成犯罪的情况下还需要承担刑事法律责任。也就是说，经营者实施垄断协议、滥用市场支配地位和具有排除限制竞争效果的经营者集中情形下，考虑到经营者的主观恶性和客观造成的损害后果，如果仅靠追究行政责任和民事责任不足以挽回垄断行为的严重后果，在必要的情况下可以对其追究刑事责任。因此，对垄断行为追究刑事责任应当是在已经穷尽行政措施和民事救济的前提下，仍然不足以挽回垄断行为所造成的损害，作为一种补充性和惩罚性的最后手段，对经营者追究刑事责任的犯罪打击方式。对经营者追究垄断行为的刑事责任，必定会对经营者形成强大的震慑效果，对经营行为形成强烈的犯罪警示作用，一般应当针对极度恶性的违法行为才有限地适用。

从国外反垄断法实施来看，主要经济体中只有美国反托拉斯法对实施垄断行为的企业或自然人实施严格的刑事责任追究，但这主要由美国反垄断法实施是由司法主导的制度特点和反托拉斯执法机关缺乏有效的行政执法手段和惩罚措施所决定的。其他经济体如法国、德国、日本、韩国等国家的反垄断法中，虽然也规定了针对垄断协议行为的经营者主管人员和直接责任人员的刑事制裁，但在实践中适用一般都比较谨慎。以日本为例，反垄断法对于违法行为的刑事责任追究实行公正交易委员会（JFTC）专属告发制度。所谓专属告发制度，是指公正交易委员会从专门的立场出发分析违法行为对消费者以及国民经济的影响，判断是否需要进行告发并要求进行刑事处罚的制度。① 对于违反反垄断法的行为，只有公正交易委员会拥有向检察院提起刑事告发的权力，并且公正交易委员会拥有判断是否进行告发的裁量权。虽然日本公正交易委员会拥有专属告发权力，但是对于行使这项权力并不是十分积极，公正交易委员会更愿意在自己的职权范围内对经营者进行命令采取排除措施或者征收课征金的行政处罚。② 实践中，公正交易委员会行使专属告发权限追究经营者刑事责任的案件多是一些恶性卡特尔案件，特别是 20 世纪 90 年代以来 JFTC 告发了多起公共建设中的串通投标案件。③

就我国而言，虽然新《反垄断法》第 67 条确立了反垄断刑事责任制度，但今后如何实施尚有待进一步的立法明确，还需要就如何追究反垄断刑事责任确立一套实施机制。首先，当前我国《中华人民共和国刑法》中和反垄断法相关的罪名只有第 223 条规定的"串通投标罪"，今后如果对违反《反垄断法》的垄断行为追究刑事责任，还需要通过对《中华人民共和国刑法》的修订确认相应的罪名。从垄断行为的社会危害性和行为人的主观恶性来看，横向垄断协议是国际公认的对市场公平竞争危害最大的行为，也是最有可能被增列为刑事犯罪的行为，而针对纵向垄断协议、滥用市场支配地位或经营者集中行为，基于对其行为定性有待客观、科学地分析，一般较难以确定入罪。其次，对于垄断行为追究刑事责任的起诉机关仍有待进一步的制度落实。基于《反垄断法》的专业性和技术性，由专门的机关负责检举揭发具有必要性。但是由国务院反垄断执法机构负责起诉，还是由人民检察院作为公诉机关提起刑事诉讼，是今后需要通过立法确定的事项。

新《反垄断法》第 67 条的适用范围并不限于追究垄断行为的刑事责任，还可以适用于以下两种情形：一是被调查的经营者不配合反垄断执法机构的调查执法，进行恶意阻挠执法甚至暴力抗法的情形。二是针对反垄断执法机构工作人员滥用职权、玩忽职守、徇私舞弊或泄露执法过程中知悉的商业秘密，构成犯罪的行为。这两项行为是修订前《反垄断法》第 52 条和第 54 条规定可以追究刑事责任的犯罪行为，在新《反垄断法》第 62 条和第 66 条规定的违法情形中，如果情节恶劣构成犯罪的，应当依据第 67 条追究当事人的

---

① [日]村上政博：《独占禁止法》，弘文堂 2010 年版，第 460 页。
② 戴龙：《日本反垄断法研究》，中国政法大学出版社 2014 年版，第 72~74 页。
③ 戴龙："日本防止串通投标的法律制度研究"，载王晓晔编：《竞争执法能力建设》，社会科学文献出版社 2012 年版，第 43~70 页。

刑事责任。

【参考文献】

1.[法]让·夏尔·罗歇、让·梯若尔："双边市场：关于研究进展的报告"，载[法]让·梯若尔：《创新、竞争与平台经济 —— 诺贝尔经济学奖得主论文集》，寇宗来、张艳华译，法律出版社 2017 年版。

2.[美]理查德·A.波斯纳：《反托拉斯法》，孙秋宁译，中国政法大学出版社 2003 年版。

3.[美]戴维·S.埃文斯：《平台经济学：多边平台产业论文集》，周勤、赵驰、侯赟慧译，经济科学出版社 2016 年版。

4.[美]赫伯特·霍温坎普：《联邦反托拉斯政策：竞争法律及其实践》，许光耀、江山、王晨译，法律出版社 2009 年版。

5.[日]村上政博：《独占禁止法》，弘文堂 2010 年版。

6.[韩]权五乘：《韩国经济法》，崔吉子译，北京大学出版社 2009 年版。

7.苏永钦：《走入新世纪的私法自治》，中国政法大学出版社 2002 年版。

8.王晓晔：《反垄断法》，法律出版社 2011 年版。

9.王健："垄断协议认定与排除、限制竞争的关系研究"，载《法学》2014 年第 3 期。

10.国家市场监督管理总局反垄断局：《中国反垄断执法年度报告（2019）》，法律出版社 2020 年版。

11.国家市场监督管理总局反垄断局：《中国反垄断执法年度报告（2020）》，法律出版社 2021 年版。

12.国家市场监督管理总局反垄断局：《中国反垄断执法年度报告（2021）》，法律出版社 2022 年版。

13.陈永伟："扼杀式并购：争议和对策"，载《东北财经大学学报》2022 年第 1 期。

14.牛晓帆："西方产业组织理论的演化与新发展"，载《经济研究》2004 年第 3 期。

15.戴龙："论组织帮助型垄断协议的规制 —— 兼议我国《反垄断法》的修订"，载《法学评论》2021 年第 1 期。

16.戴龙："论我国《电子商务法》竞争规制条款的适用"，载《法治研究》2021 年第 2 期。

17.戴龙：《日本反垄断法研究》，中国政法大学出版社 2014 年版。

18. 全国人大财经委电子商务法起草工作小组编著:《中华人民共和国电子商务法解读》,中国法制出版社 2018 年版。

19. 丁国峰:"大数据时代下算法共谋行为的法律规制",载《社会科学辑刊》2021 年第 3 期。

20. 方燕:"互联网平台集中的助推剂和刹车器",载《竞争政策研究》2019 年第 6 期。

21. 孔祥俊:"论反不正当竞争法修订的若干问题 —— 评《中华人民共和国反不正当竞争法（修订草案）》",载《东方法学》2017 年第 3 期。

22. 李怀、高良谋:"新经济的冲击与竞争性垄断市场结构的出现 —— 观察微软案例的一个理论框架",载《经济研究》2001 年第 10 期。

23. 刘继峰:"'中心辐射型'卡特尔认定中的问题",载《价格理论与实践》2016 年第 6 期。

24. 傅瑜、隋广军、赵子乐:"单寡头竞争性垄断:新兴市场结构理论构建 —— 基于互联网平台企业的考察",载《中国工业经济》2014 年第 1 期。

25. 韩伟:"算法合谋反垄断初探 ——OECD《算法与合谋》报告介评（上）",载《竞争政策研究》2017 年第 5 期。

26. 韩伟主编:《OECD 竞争政策圆桌论坛报告选择》,法律出版社 2015 年版。

27. 韩伟主编:《数字市场竞争政策研究》,法律出版社 2017 年版。

28. 侯利阳:"轴辐协议的违法性辨析",载《中外法学》2019 年第 9 期。

29. 时建中:"新《反垄断法》全面解读",载《中国法律评论》2022 年第 4 期。

30. 吴韬、何晴:"美国'苹果电子书价格垄断案'争点释疑",载《法学》2017 年第 2 期。

31. 吴汉洪、钟洲:"论搭售的反垄断争议",载《中国人民大学学报》2016 年第 4 期。

32. 张晨颖:"垄断协议二分法检讨与禁止规则再造 —— 从轴辐协议谈起",载《法商研究》2018 年第 2 期。

33. 周汉华:"全面依法治国与第三方评估制度的完善",载《法学研究》2021 年第 3 期。

34. 王先林主编:《竞争法律与政策评论》第 6 卷,法律出版社 2020 年版。

杨东:"论反垄断法的重构:应对数字经济的挑战",载《中国法学》2020 年第 3 期。

35. 岳中刚："双边市场的定价策略及反垄断问题研究"，载《财经问题研究》2006 年第 8 期。

36.Michael L. Katz and Carl Shapiro, "Network Externalities, Competition, and Compatibility", *The American Review*, Vol.75, No. 3, 1985.

37.Carl Shapiro and Hal. Varian, *Information Rules, A Strategic Guide to Network Economics*, Harvard Business School Press. 1998.

38.Lina M. Khan, "Amazon's Antirust Paradox", *The Yale Law Journal*, Volume 126, No.3, January 2017.

39.Jean-Charles Rochet and Jean Tirole, "Platform Competition in Two-Sided Market", *Journal of the European Economic Association 1*, No. 4(2003).

第十二章·
数字贸易纠纷解决

戴　龙[①]何雨轩[②]

　　随着人工智能、大数据、区块链等新型数字技术深刻影响全球经济贸易的发展，适应数字经济时代的全球经济贸易规则体系的构建成为国际社会面临的共同难题。相较传统的国际贸易，数字贸易通过互联网平台为供应商（企业）和客户（消费者）匹配供需信息，搭建交易场所，提供在线支付和线上线下一体化物流配送。数字贸易的交易形式从传统的"面对面"向线上的"键对键"转换，在促进各方主体进行便捷交易的同时，也增加了不同于传统线下纠纷的在线争议纠纷问题。传统的纠纷解决模式，无论是诉讼方式或是非诉讼替代性纠纷解决方式，对时间和空间要求严格。而数字贸易利用互联网技术手段突破了时间和空间的限制，其纠纷解决向着数字化、便捷化的方向发展。

　　近年来，世界主要国家和国际组织对在线交易纠纷解决的形式进行了各种理论研究和实践探索。本章对在线司法争议解决、在线跨境电商平台解决以及在线商事仲裁调解这三种在线纠纷解决形式分别进行探讨，并对国内外纠纷解决实践中已经开始运作的互联网法院和具体调解服务系统等进行分析比较。除了各国实践探索之外，一些国际组织也积极探索适应数字贸易的线上争议解决方式，本章最后以联合国国际贸易委员会的研究为例，探索国际在线纠纷解决机制统一平台的建设及其未来走向。

---

① 戴龙，中国政法大学国际法学院教授、博士生导师。
② 何雨轩，中国政法大学国际法学院硕士研究生。

第一节　数字贸易纠纷解决的类别

随着数字经济的快速发展，跨境电商业务不断扩大，数字贸易呈现增速和规模同步增长，极大地提高了人们商业交往的便利化水平。贸易模式从线下向线上转移，自然带来线上贸易纠纷的增加，如何解决在线贸易纠纷成为数字经济时代世界各国面临的一大难题。数字贸易相较传统商业交易模式具有体量大、交易快、争议同质化的特点，在线解决争议除了能保护数字贸易争议双方利益之外，还具备低成本、高效率和不受地域限制的优势。在线争议解决根据解决形式及裁判主体可以分为在线司法、在线仲裁以及在线替代性纠纷解决三种方式。三种形式并不是相互独立的，争议方可以在选择在线仲裁调解或在线平台替代性解决方式之后，再寻求在线司法解决争议。

一、在线司法争议解决

互联网的快速发展造成了数字贸易领域的繁荣，跨境电子商务消费不仅在中国而且在全球范围内成为一股热潮，在方便了人们生活和消费的同时，也产生更多争议案件。传统的线下纠纷案件一般以合同签署地或履行地、被告所在地等具有地理特征的连接点作为受理案件的依据，但是电子商务活动的虚拟性和跨地域性特征使得传统争议解决方式捉襟见肘，难以应对新形势下快速解决网络空间交易争议的需要。而互联网、大数据、区块链、人工智能以及 5G 技术的发展提供了解决交易争议的新技术手段，如果能将传统的线下诉讼部分或全部搬到线上，不仅能解决传统线下争议受时空限制的局限，而且能加快争议各方的问题解决，因此线上诉讼模式承担了更大使命和更高期待。

发达国家中，如美国、德国、加拿大、英国、韩国等互联网技术较为先进的国家，很早就尝试将部分诉讼流程电子化或网络化。美国于 2001 年建成第一个虚拟法庭——赛博法庭（Cyber Court），为加速审判流程、增强州竞争力，美国密歇根州依据该州议会制定的《电子法院法》创立了世界上第一个电子法院。[①] 英国伦敦于 2017 年 10 月宣布建立专门的网络法院，旨在应对金融领域内的网络犯罪与欺诈。在英文中，网络法院的表达有几种方式：Cyber Court, Electronic Court, Video Trial, Video Frequency Justice,[②] 从各国的应用环节上看，

[①]　参见周孜予等：“网络法院：互联网时代的审判模式”，载《法律适用》2014 年第 6 期。

[②]　冯琳：“电子法庭审判模式的法理学思考”，载《法治论丛》2008 年第 3 期。

包括以电子方式提交诉讼文书、自动化案件管理、电话和视频诉讼程序、电子送达等。纵观国外网上审判实践情况，主要是对互联网技术已经相对成熟的诉讼流程进行了互联网化，并未形成基于普通法院和网络法院 / 法庭共存模式下系统性、统领性、前瞻性的经验。

相较于发达国家，我国关于在线诉讼模式的探索起步较晚，但是发展势头迅猛。2005 年，北京市朝阳区人民法院开始尝试，当事人可以将起诉材料发给法院指定邮箱，立案庭通过电子邮件回复。2007 年 1 月，福建省沙县人民法院利用 QQ 网络审理了一起跨国婚姻纠纷案。2007 年，上海市第一中级人民法院在中国法院系统率先启用远程审判系统。2015 年，浙江省高级人民法院开设了"浙江法院电子商务网上法庭"，成为杭州进一步设立互联网法院的有力探索。同年，吉林省高级人民法院主导建设的"吉林电子法院"正式开通上线。2017 年 8 月 18 日，我国首家互联网法院 —— 杭州互联网法院在中国浙江省挂牌成立，实现了从起诉立案到审判全流程的在线化。之后，我国又在北京、广州分别建立互联网法院，扩大杭州互联网法院成功经验，满足我国快速增加的各类电子商务纠纷解决的需要。

目前，国内多家法院设有互联网法庭，将互联网发展与司法审判结合起来，大力探索创新互联网审判机制。上海市长宁区人民法院、天津市滨海新区人民法院、广东省深圳市福田区人民法院、湖北省武汉市江夏区人民法院、四川省成都市郫都区人民法院等设立了互联网审判庭，江苏省无锡市镇江区人民法院、浙江省余姚市人民法院、福建省厦门市思明区人民法院、广东省广州市中级人民法院、贵州省黔南州惠水县人民法院等组建了互联网合议庭或审判团队，有力提升了互联网审判专业化水平。①

基于在线司法争议解决具有虚拟性、跨地域性和受制于各国网络基础设施建设和司法工作人员的在线审判能力和水平，当前在线诉讼仍处于有限的摸索阶段。但是，在线司法争议解决的优点也显而易见，其将传统的司法争议解决程序由线下转为线上，可以突破传统司法审判受时空限制的缺陷，不仅能够便利使用者，同时也能够大幅降低争议方的诉讼成本。同时，在线司法与线下司法解决方式在公正性，独立性原则上要求一致，作为一种司法解决争议的手段，提供中立但具有拘束力和执行力的裁判，能够最终解决争议方的诉求。

---

① 最高人民法院：《中国法院的互联网司法》，人民法院出版社 2019 年版，第 7 页。

二、在线平台纠纷解决

为了解决快速增加的数字贸易及其纠纷案件的需要，人们还可以利用数字平台企业自己搭建的纠纷解决机制 —— 在线纠纷解决（Online Dispute Resolution，以下简称 ODR）来解决纠纷，因为交易和纠纷解决都是在同一平台进行，相较其他在线争议解决机制，可以更加便捷、快速地解决争议。以跨境电商为例，即便在新冠肺炎疫情的影响下，世界各国传统贸易受到大幅影响，2020 年全年中国网上销售额仍然高达 117 601.3 亿元。① 如此巨大的跨境电商零售业务和在线销售额的增加，难免会出现各种各样的交易纠纷，电商平台在线纠纷解决机制在解决这类纠纷上显示出巨大的灵活性优势。

ODR 作为数字平台企业自己构建的在线纠纷解决机制，起初是为了鼓励消费者在平台上进行贸易，快速解决相关交易纠纷的现实需要。1996 年 2 月，eBay 创始人奥米迪亚（Omidyar）建立了买卖双方的反馈评价制度，交易双方都可以给对方好评或差评，这样就可以让用户取得声誉，从而建立信用等级、减低预期风险，减少纠纷产生的数量。两年后 eBay 与刚成立的 Squate Trade 公司签约研发 ODR 系统，用以处理网站上出现的种类繁多的大量在线纠纷，之后 Square Trade 设计出一种科学技术辅助下的协商谈判纠纷解决模式，这也是世界上最早建立的 ODR 系统。②ODR 的产生满足了数字平台企业解决在线交易纠纷的快速性、安全性、公平性需求，能够解决一些小额、争议不大、比较简单的交易纠纷。但是 ODR 毕竟不同于行使国家司法诉讼职能的司法裁判，不同于维护国家利益、公共利益和市场运行的行政机关职能，也不同于由国际组织组建或在商业实践中产生的仲裁裁决。ODR 相较在线司法解决纠纷机制，更偏重于平等主体之间的沟通协商，具有替代性纠纷解决（Alternative Dispute Resolution，以下简称 ADR）的一些特性。

从解决争议的便利性来看，ODR 通常采取协商、调解等多元方式解决争议，减少各方当事人之间对争议的对抗性，助力当事人之间更好更快地解决纠纷。从解决纠纷的形式来看，ODR 相较传统 ADR，具有在线解决纠纷的特点，缩短了当事人在时间空间上的距离，提高了争议解决的效率。从解决争议的结果来看，传统诉讼方式利用司法资源进行司法保障，是最具有保障的强有力手

---

① 数据来源自艾媒数据中心："艾媒咨询|2021 全球及中国跨境电商运营数据及典型企业分析研究报告"，载 https：//report.iimedia.cn/repo1-0/39325.html，最后访问时间：2022 年 2 月 10 日。
② [美] 伊森·凯什、[以] 奥娜·拉比诺维奇·艾尼：《数字正义：当纠纷解决遇见互联网科技》，赵蕾、赵精武、曹建峰译，法律出版社 2019 年版，第 42~47 页。

段，也是所有争议解决的最终手段。ODR 与传统线下诉讼相比，为争议双方提供了一个调解协商的缓冲地带，属于争议解决过程中可选择的一种解决方式。如果出现最终无法解决争议的情况，争议双方仍然可以通过传统诉讼方式进行最终解决。

ODR 利用数字平台企业自己构建的纠纷解决机制协调、解决线上贸易产生的纠纷，具有程序简便、证据灵活、维权成本较低的特点。特别是利用 ODR 能使得当事人关系易维持修复，无论对于想要更快解决争议的消费者来说，还是想要维护商业信誉的商家来说，都是更加方便、快速、简易的纠纷解决手段。

三、在线商事仲裁调解系统

国际商事争议解决方法一般既包括司法方法（国际民事诉讼）也包括非司法方法。非司法方法又有协商（consultation）、调解（conciliation）、仲裁（arbitration）和 ADR 等多种方式。[①]协商作为争议发生后当事人自愿选择的争议解决方法，如果双方能协商化解纠纷，无需第三方介入，也不伤害双方的贸易合作，无疑是最为优先选择的争议解决方式。只有在双方无法通过协商化解分歧，才需要第三方的介入，通过商事调解、仲裁或司法诉讼方式解决纠纷。商事调解既可以是一种独立的争议解决程序，也可以与其他争议解决程序相结合。当调解被不同的调解人适用或者与不同的争议解决程序相结合时，就产生了不同类型的商事调解。例如，当事人双方可以利用非司法性和非行政性的民间组织、团体或个人进行民间调解，也可以选择由仲裁机构或仲裁员制作调解书或裁决书的仲裁调解，还可以是法院主持进行的法庭调解。

在目前阶段，国际上尚未存在真正意义上的在线商事仲裁系统，更多的是在线调解系统。在线商事仲裁调解系统为贸易纠纷的当事人双方，尤其是为法人组织的争议方提供更多磋商的可能，在维护商业信誉以及不破坏合作的基础上有效化解争议，符合快速发展的数字贸易的需要。与诉讼和仲裁方式相比，当事人对调解过程和调解结果拥有完全的支配权，而且调解过程是非裁决性的，调解本身具有程序灵活、快捷高效、费用低廉、互利共赢、保密安全等优势。正因如此，近些年来各国日益重视将调解引入仲裁和诉讼当中，鼓励当事人在仲裁和诉讼之前或过程中就争议事项进行调解。[②]若调解成功，当事人即可达成调解协议，解决纠纷；若调解失败，再进入仲裁或诉讼程序。在调解中，调

---

① 王传丽主编：《国际经济法》，中国政法大学出版社 2018 年版，第 509~533 页。

② 《国际经济学》编写组：《国际经济法学》，高等教育出版社 2019 年版，第 400~401 页。

解人本着满足纠纷当事人的需要和利益的目的协助当事人通过谈判达成调解，但主持调解的第三方无权将一项解决纠纷的办法强加给当事人。而在仲裁中，当事人委托仲裁庭解决纠纷和对纠纷作出处理决定，仲裁庭的决定对当事人双方均具有约束力。①

我国最高人民法院于 2016 年提出《关于人民法院进一步深化多元化纠纷解决机制改革意见》，提出要加强平台建设，推动在线多元化纠纷解决的信息化发展。② 随着我国"一带一路"建设对商事仲裁调解的需求也不断增多，2018 年 6 月 27 日，最高人民法院发布《关于设立国际商事法庭若干问题的规定》。③ 该规定表明，最高人民法院国际商事法庭调查收集证据以及组织质证，可以采用视听传输技术及其他信息网络方式。该规定还支持当事人通过调解、仲裁、诉讼有机衔接的纠纷解决平台，促进形成"一站式"国际商事纠纷解决机制，表明我国最高司法机关鼓励建立多元化纠纷解决渠道的立场。

第二节　在线司法争议解决机制

一、在线司法争议解决的现状与问题

（一）在线司法争议解决的现状 ④

目前，世界主要经济体已经开始探索建设在线司法争议解决机制。各国基于不同的法律文化传统，对在线司法争议解决机制的称呼也各不相同，在我国一般称为"互联网法院"，在英国则被称为"在线法院"，在学术研究中也有"网络法院"的提法。虽然名称不尽相同，但利用国家司法资源和互联网技术发展成果，搭建在线司法争议解决机制，已经成为一种解决贸易争议的新途径。尤其在新冠疫情暴发后，基于互联网、区块链、大数据及人工智能技术而发展

---

① 联合国国际贸易法委员会：《国际商事调解示范法颁布和使用指南（2002 年）》。

② 《最高人民法院关于人民法院进一步深化多元化纠纷解决机制改革的意见》，法发〔2016〕14号，载最高人民法院网，https://www.court.gov.cn/zixun-xiangqing-22742.html，最后访问时间：2022 年 2 月 10 日。

③ "《最高人民法院关于设立国际商事法庭若干问题的规定》法释〔2018〕11 号"，载最高人民法院国际商事法庭，http://cicc.court.gov.cn/html/1/218/62/84/1572.html，最后访问时间：2022 年 2 月 10 日。

④ 本节关于中国在线司法争议解决制度建设以及现状的介绍，参考了北京互联网法院承担的最高院司法改革课题《在线诉讼规则研究》中的数据、材料，在此对包括石婕法官在内的北互研究人员表示感谢。

的网络司法裁判，能够解决传统线下法院无法召集当事人的困境，提高了在线司法争议解决机制的使用率，触发人们思考在线司法争议解决机制的未来发展和存在的问题。

以我国为例，整体上在线诉讼模式发展呈现出以下特点：一是应用领域由司法公开向全流程全方位拓展。从审判流程、庭审公开、裁判文书、执行信息四大公开平台，拓展到多元解纷、诉讼服务、审判执行等领域。二是平台载体由单一唯独向多元化系统化延伸。由官方网站、内网办公系统逐步形成覆盖全国法院的内外专网、移动网络和办案平台。三是诉讼模式由线性封闭向集成开放智能转变。司法活动和诉讼方式由时间线单一、场景封闭、参与方固定的模式逐步转向时间线开放、场景灵活、多方参与交互的线上线下融合新模式。四是工作重心由机制创新向推动依法治网演进。随着互联网产业与经济社会发展深度融合，以设立互联网法院为契机，通过审理新类型互联网案件，不断提炼总结裁判规则，全面提升互联网司法治理能力。①

目前，全国共建立了北京、杭州、广州三个互联网法院，集中管辖辖区内涉及互联网消费以及财产损失等案件，致力于诉讼流程的全部线上化，从案件受理到案件宣判，全部在互联网上进行操作。2018 年 9 月 6 日，最高人民法院印发《最高人民法院关于互联网法院审理案件若干问题的规定》，明确了互联网法院的管辖范围。规定指出，互联网法院集中管辖所在市的辖区内应当由基层人民法院受理的特定类型互联网案件，主要包括：互联网购物、服务合同纠纷；互联网金融借款、小额借款合同纠纷；互联网著作权权属和侵权纠纷；互联网域名纠纷；互联网侵权责任纠纷；互联网购物产品责任纠纷；检察机关提起的涉互联网公益诉讼案件；因对互联网进行行政管理引发的行政纠纷；上级人民法院指定管辖的其他互联网民事、行政案件。

我国传统法院也在积极探索智慧法院建设，利用"互联网 +"方式为当事人提供诉讼便利。目前，尚无对各地互联网法庭管辖范围的详细规定，但管辖范围仍以涉网案件为主。例如，四川省郫都区人民法院互联网法庭的管辖范围包括辖区内的以下纠纷：互联网购物、服务等合同纠纷；互联网金融借款、小额借款、保险等合同纠纷；网络借贷平台的贷款合同纠纷；互联网著作权和商标权权属、侵权纠纷；利用互联网侵害他人人格权纠纷；互联网购物产品责任侵权纠纷；互联网域名纠纷；涉网不正当竞争纠纷；因互联网行政管理引发的行政纠纷；涉网信用卡纠纷。湖北省江夏区人民法院互联网法庭的管辖范围包

---

① 最高人民法院：《中国法院的互联网司法》，人民法院出版社 2019 年版，第 3~4 页。

括以下纠纷：互联网购物纠纷、互联网合同纠纷、互联网小额借款以及双方当事人申请在互联网上审理的非涉网民事纠纷。上海市长宁区人民法院主要受理的案件类型主要包括电商平台企业和平台卖家之间的纠纷以及消费者和平台卖家之间的纠纷。

在案件受理方面，2019 年《法治蓝皮书·中国法院信息化发展报告》显示，在远程服务方面，我国 14 个省市法院已经试点推行跨域诉讼服务模式，着力解决异地诉讼难，部分地区已实现跨域立案。广东省广州市中级人民法院全面探索"法律＋互联网"领域，将移动互联领域作为广州智慧法院建设的重点内容，构建起以"广州微法院"微信小程序、"律师通"手机 APP、"法官通"手机 APP、"移动执行"手机 APP 等为核心的广州法院全业务掌上融合移动服务体系，满足当事人、律师、法官等不同主体多元需求。重庆市高级人民法院打造了便民利民的"易诉"平台，全流程实现网上立案、网上交费、网上视频开庭、网上证据交换与质证等，为当事人和其他诉讼参与人提供更加便捷的一站式服务。

在送达方面，电子化送达模式已经在全国铺开，截至 2019 年底，全国已经有 2951 家法院开展了电子化送达，其中，上海、天津、湖南、河南、吉林、新疆等地法院已经普遍开通了邮件、短信、传真、网站等电子送达方式，支持可送达的文书种类包括起诉书副本、受理通知书、开庭传票、举证通知书等。2942 家法院支持裁判文书一键上网。3078 家法院能够自动为法官提供办理案件的送达、开庭、保全、解除保全、结案等流程节点信息。

在电子卷宗方面，全国法院的电子卷宗随案同步生成工作取得实质性进展，其中，北京、江苏、浙江、安徽、重庆、云南等地法院的电子案卷随案生成实现率达到 100%。[1]

表 12-1 各地法院审判程序中互联网技术运用情况[2]

序号	网上诉讼机制应用程序	法院	实践情况
1	一站式诉讼服务平台	北京法院	"立体化线上立案系统"，提供全天候、零距离、全方位在线立案服务。

---

① 孙航："智慧法院向全面建设迈进"，载《人民法院报》2019 年 3 月 2 日，第 1 版。
② 参见北京互联网法院承担的最高人民法院司法改革课题成果：《在线诉讼规则研究》。

续表

序号	网上诉讼机制应用程序	法院	实践情况
2	一站式诉讼服务平台	上海法院	建立"法宝智查"诉讼程序常见问题答案的知识库，以诉讼服务机器人、微信公众号等方式，多端口多渠道向公众开放。
3		江苏南京法院	开通当事人、律师、检察官、人民陪审员、社会公众等五大通道，提供精准、及时的诉讼信息和服务。
4	探索全流程在线审理机制	北京互联网法院	当事人立案申请在线提交率 100%，诉讼费用在线缴纳率 90.3%，在线庭审率 98.7%。
5		杭州互联网法院	探索"异步庭审"，异步审理结案 1881 件，平均每案节约当事人在途时间约 6 小时。
6		广州互联网法院	推出"在线示范性庭审"，实现"审理一件、化解一片"的示范作用。
7	创新电子证据在线存证方式	北京互联网法院	建设"天平链"电子证据平台，完成跨链接入区块链节点 19 个，实现 25 个应用节点数据对接。
8		杭州互联网法院	联合上海市第一中级人民法院、江苏省苏州市中级人民法院、安徽省合肥市中级人民法院建立长三角司法区块链联盟。
9		广州互联网法院	会同当地司法行政机关、电信运营商、互联网企业等50余家单位，共建"网通法链"智慧信用生态系统。
10	电子送达	最高人民法院	审判流程信息公开网专门设置电子送达专栏，诉讼参与人通过证件号和唯一签名码，登录该平台获取法院送达信息，在线签收电子文书。
11		三家互联网法院	通过电话、邮箱、微信、短信、公众号等在线送达文书。
12		江西法院	建立全省法院集约送达中心，统一送达流程、服务标准和评估机制，以统一的 12368 号码对外开展送达。
13		浙江省嘉兴市中级人民法院	利用大数据信息技术建设智能化送达平台，汇集当事人手机号、民事活动活跃地址、行政部门登记地址和法院成功送达记录等地址信息，由平台智能筛选送达地址、自动生成送达文书，触发送达任务。

续表

序号	网上诉讼机制应用程序	法院	实践情况
14	电子卷宗随案同步生成机制	江苏省昆山市人民法院	推行全流程无纸化办案的"千灯模式"。
15		最高人民法院	牵头建设"法信"平台，提供智能检索、智推服务。
16	全方位智能化辅助办案机制	北京市高级人民法院	建设智能分案系统，运用"系统算法＋人工识别"机制进行繁简分流。
17		江苏省苏州市中级人民法院	建设以"电子卷宗＋全景语音＋智能服务"为核心内容，覆盖审判全流程的智慧审判系统。
18		最高人民法院	建立人民法院执行指挥管理平台，实现对全国法院执行工作的监督管理。
19	智能化监督管理	河北省高级人民法院	研发"重点案件监督管理平台"，建立案件特征识别库，实现大数据自动分析、系统自动标记、平台实时提示，全程在线记录。
20		浙江省台州市中级人民法院	研发"台州法院清廉司法风险防控系统"，设置风险点指标和红黄蓝三色风险预警提示。
21	司法大数据管理和应用	福建省高级人民法院	建设司法大数据中心，为全省法院提供运行态势分析、质效指标检测、案件关联检索、主题数据分析等服务。
22		重庆市第二中级人民法院	建成数据实时自动生成的高集成度、高智能化、可视化信息管理中心。

　　从国际上看，英国和美国也尝试建立在线法院，通过将诉讼流程部分线上化的形式，优先处理数额小、数量多的金钱纠纷案件（small claims）。例如，英国在线法院以在线索赔为主，争议方通过线上提交索赔申请表格提起诉讼，听证程序仍然采用传统线下法院召集的形式进行。英国在线法院尝试在家事审判中使用线上形式解决，刑事审判中的线上化更多体现为将案件以电子化的形式留存。无论是普通法系还是大陆法系，司法诉讼程序的发展受到当地的经济发展及法律文化的影响。各国建立争议解决机制都是为了解决本国的纠纷，因此不同国家的在线司法解决机制的发展方向和发展进程也不尽相同。

综合世界各国的在线司法争议解决机制来看，我国的互联网法院采取从提出诉讼到送达文书全流程线上化的形式解决数字经济纠纷，是最具有前瞻性的。2020年全国法院构建起中国特色一站式多元纠纷解决和诉讼服务机制，让当事人到一个场所、一个平台就能一站式办理全部诉讼事项，强化诉讼服务中心实质性解纠功能。全国法院全部开通网上立案功能，网上立案申请超过一审立案申请总量的54%。①2021年，全国法院在线立案1143.9万件，在线开庭127.5万件，司法区块链上存证17.1亿条。②除在线诉讼取得飞跃发展外，集约集成、在线融合、普惠均等的中国特色一站式多元纠纷解决和诉讼服务体系全面建成。2021年在线调解纠纷突破1000万件，平均每分钟有51件在诉前成功化解。

随着互联网司法模式的不断发展，我国在全球率先出台在线诉讼、在线调解、在线运行三大规则，为互联网司法从技术领先迈向规则引领，为数字经济提供司法制度保障，为世界互联网法治发展贡献中国方案。③其中，最高人民法院公布的《人民法院在线运行规则》概括地规范了在线运行的原则、应用方式以及运行管理等内容，明确了法院应当建立并完善安全保障系统、建设运维系统等信息基础设施，从宏观上为在线法院的建立提供制度规范。④《人民法院在线诉讼规则》明确了在线诉讼的法律效力、基本原则、使用条件，内容涵盖在线立案、调解到送达等诉讼环节，将在线诉讼从制度层面和技术层面进行统一规范。⑤另外，为了方便当事人及时解决纠纷，提高多元化解纠纷效能，最高人民法院发布《人民法院在线调解规则》，对立案前及诉讼中在线调解的具体流程、调解员的选取等程序进行具体规范。⑥

在涉外在线诉讼方面，最高人民法院出台《关于为跨境诉讼当事人提供网

---

① "2021年最高人民法院工作报告"，载最高人民法院网，https://www.court.gov.cn/zixun-xiangqing-290831.html，最后访问时间：2022年3月16日。

② "2022年最高人民法院工作报告"，载最高人民法院网，https://www.court.gov.cn/zixun-xiangqing-351111.html，最后访问时间：2022年3月16日。

③ "2022年最高人民法院工作报告"，载最高人民法院网，https://www.court.gov.cn/zixun-xiangqing-351111.html，最后访问时间：2022年3月16日。

④ "《人民法院在线运营规则》法发[2022]8号"，载最高人民法院网，https://www.court.gov.cn/fabu-xiangqing-346471.html，最后访问时间：2022年3月16日。

⑤ "《人民法院在线诉讼规则》法释[2021]12号"，载最高人民法院网，https://www.court.gov.cn/fabu-xiangqing-309551.html，最后访问时间：2022年3月16日。

⑥ "《人民法院在线调解规则》法释[2021]23号"，载最高人民法院网，https://www.court.gov.cn/fabu-xiangqing-339521.html，最后访问时间：2022年3月16日。

数字贸易法通论

上立案服务的若干规定》，规定了跨境诉讼当事人应完成身份验证、在线提交案件材料及委托材料以及立案范围等内容，为跨境诉讼当事人享受到同等便捷高效的立案服务提供制度支持。① 截至 2021 年 12 月底，全国法院提供跨境立案服务 620 件，涉及的当事人分布海内外 22 个国家和地区。②

（二）在线司法争议解决的问题

从目前的在线司法争议解决机制实践来看，仍然存在一些需要规范的共性问题。

1. 管辖权问题。目前，互联网法院作为新型的司法裁判机关仍处于摸索阶段，管辖范围为在互联网法院所在地区内产生的部分涉及网络纠纷的第一审案件。由于数字贸易纠纷具有跨地域性，当事人身份具有隐蔽性，一方面易导致争议方在确定管辖时具有一定的辨认难度。尤其在目前互联网法院尚未广泛普及的情况下，争议方未必直接选择通过互联网法院解决争议。另一方面，争议方也可能会通过虚构收货地，虚列被告以及滥用企业多个经营地等形式"拉管辖"，即选择对自身相对有利的互联网法院管辖。我国实行立案登记制，因此在立案时互联网法院可能无法及时发现此类"拉管辖"的问题。

以我国为例，现有的三个互联网法院采用"集中管辖"的规定，未明确指出是互联网法院专属管辖抑或是当事人选择管辖。如果争议双方分别向线下法院和互联网法院提出争议，可能会出现法院间互相推诿或当事人选择障碍问题。另外，互联网法院管辖范围包括通过电子商务平台签订的网络购物合同纠纷、互联网金融借款合同纠纷、互联网著作权纠纷以及通过电子商务平台购买产品损害他人人身权益的产品责任纠纷等。这其中可能会涉及与专门法院、普通法院的管辖权冲突问题。例如，著作权案件应由知识产权法院专门管辖，产品责任纠纷案件需要对损害结果进行相应的线下评估以及网络购物合同或金融借款合同既包括线上履行，也包括线下履行等。此时在管辖上，互联网法院需对争议具体内容是否具有涉网因素作进一步的分析和判断。

2. 网络安全问题。诉讼全流程线上化面临极大的网络信息安全问题。英美在线法院尚未达到全流程的线上化，仅支持争议方通过在网络上下载申请表，或者填写线上申请表的形式提出诉求，当出现争议实体问题时法院仍线下审理。

---

① "关于为跨境诉讼当事人提供网上立案服务的若干规定"，载最高人民法院网，https://www.court.gov.cn/shenpan-xiangqing-286341.html，最后访问时间：2022 年 3 月 16 日。

② "人民法院一站式多元纠纷解决和诉讼服务体系建设（2019-2021）"，载最高人民法院网，https://www.court.gov.cn/zixun-xiangqing-346831.html，最后访问时间：2022 年 3 月 16 日。

这种单方仅上传或仅下载的形式，只要控制住提供和接收过程是在具有网络安全保障的平台上完成即可。当这种形式转变为双方均可上传，并通过同一平台进行举证质证时，一个稳定的不被侵犯的大型数据库的建立就尤为重要。平台需要保证证据不被篡改的同时，还要负责处理众多案件的不同种类证据。我国目前采取的形式是建立一个独立的证据取证平台，或利用区块链技术联合众多平台提供及保存证据。接下来需要对此类平台进行统一的立法、执法监管，以防出现司法不公和侵犯个人信息隐私等诸多问题。

另外，利用数字或人工智能技术辅助司法时需要更大程度地保证数据的精准度，充分体现当事人的意志。以中文语音识别系统为例，当下的语音识别技术仅支持比较正式的普通话，当事人使用方言时就可能需要支持不同语言甚至方言与普通话间的转化，以及还需为不会使用电子设备的当事人提供救济帮助等。针对网络电子诈骗案件数量日益增多的问题，互联网法院需扩大对外宣传，加强对网络诈骗的防范，防止犯罪嫌疑人冒充司法机关或其工作人员，保护公民财产权益，提高审理案件效率。

3. 涉外数字贸易纠纷解决问题。目前，各国互联网法院均是在解决本国产生的数字经济纠纷的实践基础上建立起来并逐渐发展的。在涉外数字纠纷解决机制体系建设方面，我国最高人民法院出台的《关于为跨境诉讼当事人提供网上立案服务的若干规定》，对跨境诉讼人的身份认证以及授权委托代理人须提交的材料进行了规定。除此之外，关于举证、质证、证人出庭以及文书送达等规定需进一步完善，从而促进涉外数字贸易纠纷解决制度向体系化迈进。同时还需注意外国用户的接入对平台网络安全的影响，以及防止恶意涉外诉讼的出现。

4. 规范制定问题。当下国外在线司法争议解决机制还处于试点阶段，只将部分审判流程转移到线上，尚未建立一个具有法律地位的常设在线司法解决系统。我国作为在在线司法纠纷解决领域发展最快的国家，虽然尚未在全国范围内建立各省市互通的互联网法院制度，但目前建立的三个互联网法院都根据管辖区域内的实际特点创立了各自的庭审规范以及争议解决流程。我国根据互联网法院发展的实践情况，制定了《人民法院在线运行规则》《人民法院在线诉讼规则》和《人民法院在线调解规则》等相关规范，为国内其他互联网法院制度建设提供示范。对于跨地区的数字贸易案件来说，需要保证我国互联网法院的统一化建设，保证利用互联网法院解决争议的当事人与不同地域，或诉诸线下法院解决争议的当事人之间得到公平公正的裁判。

二、我国互联网法院建设与纠纷处理

（一）杭州互联网法院

1. 纠纷解决程序。杭州互联网法院诉讼平台（以下简称诉讼平台）是杭州互联网法院建立的专门在网上审理涉及网络纠纷的平台，受理互联网购物、服务、小额金融贷款等合同纠纷，互联网购物产品侵权责任纠纷等案件。经过实名认证的双方当事人可以利用诉讼平台，线上完成从起诉到执行的全部司法诉讼流程。诉讼平台设置了调解程序，当事人可在诉讼平台"在线调解"中输入自己的调解意向，并由调解员居中调解。如果无法达成和解合意，案件会被转交立案法官审核立案，进入线上司法诉讼程序。

诉讼平台通过制定《杭州互联网法院诉讼平台审理规程》《杭州互联网网上庭审规范》《杭州互联网法院电子证据平台规范》等规则，确定了全程线上处理的纠纷解决方式，即在线审查是否受理、在线要求补充材料、网上发出受理通知、在线缴费、网上分案、线上应诉、电子地址送达、在线举证质证、网上庭审、在线宣判、网上执行和卷宗归档各环节均通过互联网进行。① 同时，诉讼平台中嵌入调解平台与执行平台，将线下的诉前调解程序与执行程序以线上平台的形式补充到在线争议解决机制中。

除了线上平台，杭州互联网法院也建立起了移动诉讼平台，通过扫描手机小程序即可进入在线诉讼程序。当事人通过手机号注册后进入手机立案页面，但目前仅支持"网络服务合同"为案由的纠纷，并且需要当事人详细填写被告相关信息，包括被告身份证号、被告详细地址、被告公司名、公司注册地等具体信息。当事人在填写诉讼请求和诉讼事实并上传最多 10 份图片、视频等电子证据后，即成功提起诉讼。移动诉讼平台与网页端诉讼类似，当事人提交成功后会先自动进入诉前调解阶段。

2020 年 7 月 15 日，我国首个集中审理跨境数字贸易纠纷案件的法庭——杭州互联网法院跨境贸易法庭成立，受理跨境买卖合同纠纷、产品责任纠纷以及跨境电商平台网络服务类合同等案件。争议解决方式包括法院调解、仲裁调解、公证调解以及行业调解四种调解方式以及在线诉讼方式。杭州互联网法院跨境贸易法庭是一个单独的数字贸易诉讼平台，可以通过杭州互联网法院诉讼平台入口进入，进入实质调解或诉讼时仍跳转回杭州互联网法院诉讼平台，可见我国在线互联网法院为解决跨境数字贸易纠纷所做出的尝试和努力。

---

① 参见杭州互联网法院诉讼平台，https://www.netcourt.gov.cn/#lassen/litigationDocuments，最后访问时间：2022 年 1 月 21 日。

杭州互联网法院跨境贸易法庭在其数字贸易诉讼平台公布 10 例跨境典型案例,从案例中可以看出争议主要集中在跨境电商平台,涉及国内个人消费者以及境外供应商之间的争议纠纷。案件的争议焦点包括对供应商责任的认定,平台和供应商责任划分等,除此之外也涉及海关行政许可以及消费者保护的相关内容。纠纷主要是通过杭州互联网法院的在线诉讼方式解决的,有部分案件争议双方当事人选择和解结案,多数和解案件均涉及平台责任承担。

表 12-2 杭州互联网法院数字贸易纠纷解决平台典型案例汇总[①]

序号	争议焦点	结案方式
1	跨境电商"自营"标记混淆	和解
2	跨境平台违反经营者信息公示义务	和解
3	跨境商品中文标签效力	在线诉讼
4	跨境销售非法出版物	在线诉讼
5	跨境海外代购	在线诉讼
6	跨境商品标识翻译错误责任认定	和解
7	跨境零售交易主体责任认定	在线诉讼
8	跨境新型商品类别判定	在线诉讼
9	跨境销售者是否构成"明知"司法认定	在线诉讼
10	跨境职业索赔	在线诉讼

2. 优势及问题。互联网法院利用网页版平台以及移动端平台,以网络视频的形式进行诉讼程序,极大地提高了诉讼效率,降低了诉讼成本,让争议更快、更便利地解决,减少法院线下审理案件的压力。杭州互联网法院还制定了《涉网案件异步审理规程》,规定在各方当事人均同意或一方同意、另一方未在规定时间提出意见时,可以适用异步审理。[②]异步审理使得法官与原告、被告等

---

① "杭州互联网法院跨境贸易法庭 | 典型案例裁判规则指引(第一辑)",载微信公众号"杭州互联网法院",最后访问时间:2021 年 3 月 15 日。

② "《杭州互联网法院涉网案件异步审理规程》",载杭州互联网法院诉讼平台,https://www.netcourt.gov.cn/portal/indexRpc/viewProcedure.json?fileIdStr=n7abwKJW-ECgB7f7bv-6ew,最后访问时间:2022 年 2 月 10 日。

诉讼参与人可以在各自方便的时间登陆平台，以非同步方式完成诉讼。当然，异步审理是一种可选择的审理模式，在申请人提交合理说明后可以与同步审理模式相互转换。异步审理采用交互式发问框的方式进行，分为发问、辩论和最后陈述三个阶段。各方当事人需在 24 小时之内相互发问，可以同时提问和回答，需在 48 小时之内完成辩论，辩论结束后的 24 小时之内进行最后陈述。异步审理改变了传统的三方同步审理模式，使得诉讼变得更加便捷。

在电子证据收集方面，杭州互联网法院建立了电子证据平台，通过接口对接的方式，储存电子数据摘要，推送电子证据至诉讼平台，利用数据加密、第三方电子认证、第三方数据持有者、第三方数据服务提供商收集证据，通过电子签名、分布式多可信节点同步等方式固定和防篡改数据，再通过加密通信协议对数据进行固定、保障和传输。[①]为保证数据的真实性，当事人在接入证据平台时，被要求提供会话令牌接口和密钥并通过验证才能建立会话。杭州互联网法院利用建设的证据平台，接收双方的电子数据，经过核验后传输至诉讼平台作为证据，便利了证据的采集，解决了在线司法争议解决中电子证据难以收集固定的问题。

线上诉讼为当事人参与诉讼带来了便利，但同时也面临一些问题。例如，在异步审理时，囿于线上形式，可能会出现案外人使用账户的情况。《涉网案件异步审理规程》第 12 条规定，当事人直接或间接授权案外人上传意见、资料的，视为本人行为，但账户被盗用的除外。[②]这就要求无论是固定的网页平台还是移动平台，都要更好地保护用户的个人账户信息，避免出现利用平台建设漏洞影响司法审判的现象。另外，当事人线上提交起诉状增加了便捷性的同时也带来了专业性的问题。例如，在网上质证环节，诉讼平台要求当事人通过系统对证据的真实性、合法性、关联性直接勾选认可或不认可选项，并就其证明力有无、大小进行在线补充说明，这些都是专业性极强的法律问题。当事人需全程参加在线诉讼程序，关于起诉状中的事实问题、证据证明力等专业问题，法官很难向每个案件当事人进行释明。而争议解决程序中诉讼代理人能否参与案件？如何参与案件？涉及账号和在线介入等问题，都亟待解决。

---

① 参见杭州互联网法院电子证据平台，https://evidence.netcourt.gov.cn/#/page，最后访问时间：2022 年 2 月 10 日。

② "杭州互联网法院涉网案件异步审理规程"，载杭州互联网法院诉讼平台，https://www.netcourt.gov.cn/portal/indexRpc/viewProcedure.json?fileIdStr=n7abwKJW-ECgB7f7bv-6ew，最后访问时间：2022 年 2 月 11 日。

（二）北京互联网法院

北京互联网法院成立于 2018 年 9 月 9 日，其网页平台分为电子诉讼平台、法官工作平台、调解平台、非诉调解平台、诉讼服务平台共五个平台。[①] 北京互联网法院和杭州互联网法院类似，诉讼全流程均采取线上形式。在其诉讼指南版块中列举了从立案流程到举证质证，再到再审、申诉等各程序的相关文件和格式文本。北京互联网法院集中管辖北京市辖区内应当由基层人民法院受理的第一审涉及网络纠纷的案件，立案范围与杭州互联网法院相同，有网络消费购物合同、互联网著作权纠纷等 11 种类型的案件。

在律师认证方面，相较于杭州互联网法院，北京互联网法院添加了律师的实名认证模块。当事人可以在立案页面中编辑立案信息，填写个人信息，添加原告代理人信息，北京律师可以通过首都律师协会官网账号辅助登录电子诉讼平台。但北京互联网法院尚未解决非京籍律师的实名认证问题，目前法人仍需要通过联系承办法官或书记员进行实名审核通过后，才可以应诉。

在非诉调解方面，北京互联网法院的非诉调解平台包括北京版权调解平台以及云调解 E+ 两个平台。[②] 其中北京版权调解平台承接法院委派调解的诉前纠纷、行政调解案件及会员单位的著作权纠纷案件。"云调 E+"平台的建立为未来北京互联网法院接入更多非诉 ODR 平台提供可能，促进社会多元化参与调解的新模式发展。"云调 E+"平台是北京互联网法院建立起的一个非诉调解平台，为争议双方当事人提供全流程在线调解服务，社会各调解组织可以入驻平台并开展非诉调解业务。截至 2022 年 1 月，中国电子工业标准化技术协会知识产权纠纷人民调解委员会、北京赛智知识产权调解中心以及杭州余杭共道云调解中心共三家非诉调解组织加入"云调 E+"平台。当事人和调解员可以通过身份证照片认证以及人脸认证的方式，分别利用各自接口进入"云调 E+"平台参与调解。值得注意的是，在目前试点期间，平台在个人信息编辑页面允许当事人绑定个人的电商账号（试点期间仅包括淘宝、天猫账号），可以同步在线获取电商平台上的证据。"云调 E+"平台这一设计作为电子商务纠纷在线非诉调解的试点实践，有可能将成为连接在线司法争议解决机制和在线替代性纠纷解决机制的示范。跨境电子商务争议解决平台可能还需要积累更多的经验和实

---

① 参见北京互联网法院官网，https://www.bjinternetcourt.gov.cn/，最后访问时间：2022 年 2 月 11 日。

② 参见北京互联网法院非诉调解平台，https://www.bjinternetcourt.gov.cn/qtmodel/index/fsjf.html。最后访问时间：2022 年 2 月 11 日。

践来逐步搭建，目前的国内电子平台接入在线司法系统的尝试将会对未来涉外在线争议解决机制的发展提供宝贵的经验。

在法律服务方面，北京互联网法院在诉讼服务平台中建设了法律服务工作站，即北京互联网法院设立在各家互联网平台的法律服务站点。该站点能够帮助互联网平台用户通过投诉、公开文书、云指导案例、诉讼风险评估以及普法宣传等司法便民服务的形式，了解诉讼风险及网络平台内的投诉流程，进而科学地选择解决方式。目前根据法律服务工作站显示，北京互联网法院能够与其他 10 个网络平台互相接入，包括今日头条、百度、腾讯、新浪、央视等。①

在规则公示方面，北京市互联网法院公示的《电子诉讼庭审规范》是平台自身的规范性文件。②《电子诉讼庭审规范》规定了原告起诉、被告应诉、证人参加诉讼等各方面的诉讼制度，规定了法院在在线庭审前完成的技术性准备和事务性准备事项，介绍了诉讼流程以及电子技术在庭审中的应用规范。

在电子证据收集方面，北京互联网法院联合北京市高院、司法鉴定中心、公证处等司法机构，以及行业组织、大型央企、大型金融机构、大型互联网平台等 20 家单位共同组建了"天平链"证据平台，这是利用区块链技术的典型尝试。"天平链"目前应用在电子证据存证和上链证据在线验证两个方面。在电子证据存证应用方面，"天平链"对当事人在立案、举证、提交材料等全流程中提交的材料进行区块链取证，防止相关证据被恶意篡改；在上链证据在线验证方面，"天平链"会对当事人上传的存证证据进行验证和在线勘验，在法官办案系统中展示勘验结果，帮助法官更便捷、更准确地采信证据。北京互联网法院在应用接入技术、应用接入者要求以及应用接入管理三方面进行规范，将"天平链"分为核心节点、一级节点、二级节点、应用单位四个层级。③北京互联网法院是核心节点，一级节点是司法机构和行业组织，参与"天平链"共识、数据校验与记录；二级节点单位不参与"天平链"共识，仅做数据校验与记录；其他接入的公司则只对接存证服务，不具备"天平链"的治理权。"天平链"让公证机关、科技公司加入到电子证据收集传输中，实现了电子证据的可信存证、高效验证，降低了当事人的维权成本，提升了法官采信电子证据的

---

① 参见北京互联网法院法律服务工作站，https://www.bjinternetcourt.gov.cn/qtmodel/index/ssfwpttwo.html，最后访问时间：2022 年 2 月 11 日。

② 参见北京互联网法院"天平链"，载 https://tpl.bjinternetcourt.gov.cn/tpl/，最后访问时间：2022 年 2 月 11 日。

③ 参见北京互联网法院"天平链"，载 https://tpl.bjinternetcourt.gov.cn/tpl/，最后访问时间：2022 年 2 月 11 日。

效率。同时"天平链"对不同节点进行实时公示，为争议证据的固定和校验记录都提供了技术支持。针对"天平链"的应用，北京互联网法院制定了《天平链接入与管理规范细则》和《天平链接入测评规范》等制度，从制度建设上保障"天平链"的安全应用和用户隐私。①

三、美国密歇根州法院在线纠纷解决

（一）密歇根州法院的设想

1993 年，美国威廉与玛丽法学院启动了一项利用信息技术改革法院的研究项目"Courtroom 21"，提出利用信息网络技术来建构虚拟法院（McGlothlin Courtroom）。速记公司（Stenograph Corporation）为当时法学院的 McGlothlin 法庭提供了一个多帧远程传讯和视频记录系统以及一个最先进的实时转录系统。② 数字技术的进步推动了网络法院的成立，为密歇根州网络法院的发展提供技术和理论支持。

2001 年 2 月，密歇根州众议院提出了一项法案，在现有的州法院系统上建立一个官方网络法院。网络法院主要处理个案标的额超过 2.5 万美元的商业案件，虽然官方给出的纠纷解决重点是处理信息技术纠纷，但其也可以处理其他商业事项，例如保险、银行、合同解决协议，以及公司董事股东、合伙人、管理者之间的纠纷。③ 根据提议，密歇根州网络法庭的主要目标之一是让州外的当事人更容易出庭，解决更多的跨洲纠纷。各方当事人都可以通过计算机、电话等多种电子化形式进行诉讼，例如律师可以通过视频或者音频在法官面前出庭，证人可以通过电子邮件提交证言，证据可以通过流媒体（steaming video）形式查看，口头辩论可以通过电话会议进行等。

不过该网络法院并没有真正用于实践当中，有批评者指出网络法庭将会浪费有限的司法资源，对减少当前法庭积压案件几乎没有作用，也有批评者提出在线法院可能会损害个人信息。众议员查理·拉萨塔则明确表示"现在不是在这个州扩大项目、增加支出的时候。我们没有资金。"④ 由于这些原因，密歇根

---

① "天平链接入与管理规范细则""天平链接入测评规范"，载北京互联网法院，https://tpl.bjinternetcourt.gov.cn/tpl/，最后访问时间：2022 年 3 月 20 日。

② See McGlothlin Courtroom, https://www.legaltechcenter.net/about-us/mcglothlin-courtroom/.

③ Edward H. Freeman. *Cyber Courts and the Future of Justice*. Information Systems Security. March, 2005, pp.5-9.

④ 转引自叶敏、张晔："互联网法院在电子商务领域的运行机制探讨"，载《中国社会科学院研究生院学报》2018 年第 6 期。

州网络法院并没有发挥出实际的作用。

（二）法院 ODR 的实践

据美国律师协会创新中心数据显示，截至 2019 年底，美国 12 个州内有 66 个较为活跃的法院附设 ODR 网站。[①] 各州法院附设 ODR 项目在地域上分布广泛，其中密歇根州数量最多，占比接近一半，共有 31 个。[②] 以 MI Resolve— community mediation sevices 为例，[③] 该系统是密歇根州最高法院行政办公室赞助的在线解决纠纷的新方式，于 2019 年 5 月在密歇根州盖洛德建立。该系统只有在争议双方均同意使用该项调解服务的前提下，才可以选择调解人帮助在线解决争议。争议双方在 7 天内可以对争议自行协商，未达成协议或请求调解时，中立的调解员才会介入。双方达成协议并完成电子签名后，调解协议即产生法律效力。如果一方不遵守协议，另一方可以提起诉讼，MI Resolve 也会协助发送给原告必要的法庭表格以供诉讼使用。[④] 与我国互联网法院实践不同，美国 ODR 项目具有分散性的特点，并且此类 ODR 项目附随于政府与法院，解决特定的某一类或某几类案件，属于法院诉前调解的在线分支机构。

四、英国在线法院的建设与发展

2015 年 7 月，为推进英国法院改革，英国首席大法官和案卷主事官委托英国上诉法院的布里格斯大法官调研民事法院结构和司法程序问题。[⑤] 布里格斯大法官带领的司法研究小组分别于 2015 年 12 月和 2016 年 7 月发布了调研中期报告和最终报告。两份报告均提出迫切需要创设一个"在线法院"。

2016 年 9 月，英国司法部部长伊丽莎白·特鲁斯，英格兰和威尔士首席大法官托马斯勋爵以及英国裁判所高级主席厄内斯特·莱德，就英国司法改革发布立场声明，提出英国司法改革应以"公正（just）、适当（proportionate）、可获得的（accessible）"为核心原则，将刑事法院、民事法院、家事法院以及裁判所等领域越来越多的案件的部分工作通过虚拟或者在线方式处理，从而快速解决具有

---

① 美国律师协会创新中心："美国在线争议解决数据报告"，载《人民法院报》2020 年 12 月 4 日，第 8 版。

② 美国法院附设 ODR 网站的实时分布图可详见：https://datawrapper.dwcdn.net/q0u4d/1/.

③ See MI Resolve—community mediation sevices, visited on February 12,2022.

④ See MI Resolve—community mediation sevices, https://cii2.courtinnovations.com/MICMS/newRequest?caseType=MEDIATION.

⑤ 林娜："英国改革民事法院结构之初步设想"，载《人民法院报》2016 年 5 月 6 日，第 8 版。

社会影响性的案件，减少线下法庭的使用和修缮费用，更好地为人民服务。①

（一）英国在线法院的建设设想

英国在线纠纷解决顾问小组建议将英国在线法院建设成一个综合性、三位一体的服务中心，包括第一层级的在线评估，第二层级的在线辅助以及第三层级的在线裁判。②在线评估，类似于诉前分流，将争议问题进行分类，帮助争议双方了解实现权益的方式。在线纠纷解决顾问小组同时建议将在线评估功能与其他在线法律服务平台共享，提醒争议双方能避免一开始就进入法律程序，从而引导争议方利用多元化争议解决方式。当第一层级不能解决纠纷时，则进入第二层级在线辅助，即让专业辅助人员介入争议，利用纠问式的方式查阅各方当事人的文件和陈述、提供建议、鼓励双方当事人进行协商。作为裁判前的过滤程序，在线协商可以在无需法官介入的情况下，快速公正地解决一部分纠纷。第三层级作为最后在线裁判，是司法人员根据在线提交的电子文档，对案件的全部或部分作出在线裁决。在线纠纷解决顾问小组建议将传统替代性纠纷解决方式（ADR）引入法院系统内部，过滤掉一些通过协商调解即可解决的纠纷。

在线纠纷解决顾问小组还建议在线法官作出的裁决与传统法庭上法官作出的裁决一样具有执行力和裁判力，当事人可以对此进行上诉。在管辖权方面，顾问小组建议在线法院管辖范围和适用程序应该是灵活的，当事人可以在在线法院和传统法院中进行选择，涉及重要法律原则问题或者物证言词效力时，在线法官有权将案件转移到传统的法院系统。并且允许部分程序在传统法院体制和场合中完成，部分程序出于时间和成本的考虑，可以在在线法院进行。

（二）英国探索在线索赔的现状

根据英国司法改革计划表，英国将于2020年4月设立在线法院，但由于新冠肺炎疫情的暴发，截至目前尚未有英国政府或法院文件正式说明英国在线法院已经建成。在疫情期间，英国法院远程审理了大多数的案件，并且考虑到效率问题，法院可能还会在疫情后继续选择远程方式开展部分工作。③

虽然没有一个系统完整的英国在线法院，但是英国在小额诉讼方面开

---

① ［英］伊丽莎白·特鲁斯、托马斯勋爵、厄内斯特·莱德："改革英国的司法制度"，载《中国应用法学》2017年第1期。

② 英国在线纠纷解决顾问小组："英国在线法院发展报告（节选）"，载《人民法院报》2017年5月5日，第8版。

③ ［英］伯内特勋爵："英国法院系统2020年年度报告"，载中国法院网，https：//www.chinacourt.org/article/detail/2021/01/id/5688919.shtml，最后访问时间：2022年2月11日。

启了在线索赔的尝试应用。英国政府建设了在线索赔形式（Money Claim Online，简称 MCOL），①当事人可以直接在线提交申请，通过向地方法院诉讼的方式来索取赔偿。在提出要求层面，如果申请固定金额的赔偿，当事人可以进行在线申请。相反，如果申请的金额不确定，则需要填写纸质索赔表，并且邮寄到地方诉讼法院金钱索赔中心（the County Court Money Claims Centre）。在诉讼费用方面，在线索赔可以直接根据诉讼标的额以及利息数计算诉讼费用并要求当事人在线上支付。在提出索赔后，法院会提供免费调解，调解员会通过电话与各方沟通，以帮助达成和解。如果调解没有成功，当事人通过线上提出索赔请求后会出现以下三种情况，其一，被告主动向原告赔偿，此时原告在收到赔款后需采用线上或邮寄方式及时告知法庭被告已经完成偿付；其二，如果被告不进行回应，原告可以在线上填写判决申请表或线上要求法院命令被告付款；其三，如果被告认为并不存在拖欠事实或不同意索赔金额或索赔方式，即存在实体问题时，法院会向原告发放填写调查问卷，要求原告提供更多的案件信息，并及时组织举行听证会。案件索赔金额低于1万英镑时在县法院法庭举行，超过1万英镑时可能会进行更正式的听证会。无论争议标的金额大小，除有新冠症状的当事人不上法庭外，其他当事人都应参加线下的听证会。

　　总的来看，英国对于在线索赔的探索，目前已经实现了顾问小组在设想中第二层级在线辅助方面的计划，即通过调解的形式减少案件通过司法裁判解决。但目前的在线索赔主要在提起争议以及提供申请表方面实现了线上化。一旦出现需要进行调查的实体争议时，仍然需要地方法院通过线下召开听证会的形式解决。从纠纷解决程序来看，英国在线法院目前仅在传统的索赔纠纷方面完成了部分程序的线上转化，对于通过互联网产生的线上索赔纠纷尚未形成线上解决的模式。

　　（三）英国在线法院的优势和展望

　　英国在线法院目前仍在不断地发展。2016 年 7 月，布里格斯大法官在发布的《民事法院结构改革最终报告》第六部分详细地对"在线法院"制度进行研究与分析，同时也回应了在线法院现存的一些质疑。②

---

① 参见英国政府网站小额在线赔偿 MCOL，https：//www.gov.uk/make-court-claim-for-money，最后访问时间：2022 年 2 月 11 日。

② Lord Justice Briggs, Civil Courts Structure Review: Final Report. Judiciary of England and Wales July 2016., https://www.judiciary.uk/wp-content/uploads/2016/07/civil-courts-structure-review-final-report-jul-16-final-1.pdf.

首先，针对在线法院目前管辖 2.5 万英镑以下的案件，律师协会、法律教育基金会等组织认为应与小额索赔限额 1 万英镑一致，以保证所有能够快速解决的案件都能在县法院一同被线上解决。相比之下，英国司法部和金融部则认为 2.5 万英镑的上限设置过低，可能会导致律师费用与争议金额不成比例，进一步建议将管辖上限更改为 10 万英镑甚至更高。布里格斯大法官认为 1 万英镑内的纠纷已经可以通过在线小额索赔解决，将限额设置在 1 万英镑不能发挥出在线法院的预期效果。而 2.5 万英镑的限制仅是阶段性"软着陆"实践的尝试，能够保证律师承接风险代理的同时，不过多地减少传统民事审判案件数量。未来随着在线法院的发展，2.5 万英镑的限额将需要根据发展情况作出相应的改变。

此外，有质疑指出在线法院无法满足电脑使用障碍的当事人（Litigants Challenged by Computers）的诉讼需求。布里格斯大法官提出可以利用多元数字化辅助的方法搭配使用指南的形式，例如利用台式电脑和笔记本电脑、智能手机和平板电脑进行云视频诉讼，以保证更多当事人能够参与争议解决中。与此同时布里格斯大法官还建议要加强在线解决争议的宣传力度，增强公众对于利用在线法院解决争议的信心，以此帮助电脑使用障碍的当事人更好地利用在线诉讼形式解决争议。

另外，关于在线法院是一个能够自己制定规则的独立法院，还是作为县法院的分支，受到民事诉讼程序的统一规则的争议，布里格斯大法官和英国司法部都赞成前者，支持在线法院独立制定自己的规则和程序，由一个新的独立的规则管理委员会管理。布里格斯大法官建议规则管理委员会应当由具有科学技术等专业知识技能的人员组成，而不是仅由法官和律师制定规则。未来针对在线法院向县法院移转的案件，还需从制度建设方面，修改民事诉讼程序以促进两个程序之间的转换。

2020 年 11 月，英格兰和威尔士高等法院院长杰弗里·沃斯爵士在哈佛大学做的讲座中从法官和律师的角度阐释了在线法院的优势和展望。[①] 杰弗里·沃斯爵士认为，未来在线法院的发展应当避免将现有流程数字化。现有程序的数字化本身不是一种新的纠纷解决方式，只是通过大数据、区块链等科学技术简单地复制旧的过程。而线上纠纷解决的最终目的是以最迅速的方式查明争议的

---

① Geoffrey Vos, *Online Courts*：*Perspectives from the Bench and the Bar*. Harvard Law School, November 2020, https：//www.judiciary.uk/wp-content/uploads/2020/11/Harvard.OnlineCourts.ff_.pdf.

真正问题，当通过简单的编程就能解决问题时，人们将不会满足于起草起诉状并上传到在线纠纷解决程序的复杂流程。由此未来的律师在在线解决争议时将不再仅是撰写重复性的法律文件，而是向被代理人提供多元的争议解决方式，更加快捷便利地解决争议。

第三节　在线跨境电子商务 ODR 机制

本节结合我国目前 ODR 平台的实际状况，对 ODR 机制在平台中的利用进行介绍。根据争议中第三方 ODR 平台主体的独立性，可以将平台划分为交易平台与非交易平台（见图 12-1），其中非交易平台完全独立于纠纷各方，交易平台可以根据独立程度分为半独立平台与非独立平台。半独立平台只提供交易场所，平台自己与交易双方互相独立，例如阿里巴巴天猫国际平台。非独立平台在提供交易场所的同时参加交易并赚取交易利益，例如京东国际自营平台。由于电商平台的经营范围一直处于不断的变化之中，本节仅限于天猫国际和京东国际为例，事实上阿里旗下的网络零售平台除了天猫国际之外，还有淘宝、天猫超市和盒马生鲜等不同的子平台，各子平台的纠纷解决机制可以比照天猫国际的 ODR，但也不完全相同。事实上，阿里巴巴作为第三方平台的同时，也在打造自己的商品供应链，某种程度上也逐渐摒弃了完全的第三方平台的色彩。

整体而言，独立平台能够保证纠纷解决的专业度，但知名度小，被利用的频率不高，争议解决成功率低；半独立平台与非独立平台属于交易平台，能够更快了解争议情况，被频繁且广泛使用，但权威性及专业化程度没有独立平台高。半独立平台与非独立平台相比具有一定独立性，但平台自我保护主义强，排除平台责任的条款更多。下文将对不同平台的在线纠纷解决方式进行简单介绍，归纳优势与劣势，从中总结我国 ODR 平台目前存在的问题，提出对 ODR 平台发展方向的建议。

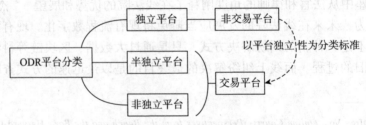

图 12-1　ODR 平台分类（以平台独立性为分类标准）

一、独立平台 ODR

独立平台为非交易平台，即争议的产生与独立平台无关，平台作为独立第三方参与争议解决。当争议产生时，双方将争议的具体内容上传至独立平台 ODR，独立平台利用以调解为主的非诉讼方式解决纠纷。目前，我国现有的主要独立平台 ODR 为在线矛盾纠纷多元化解平台。[①]该平台是浙江政法委授权和委托成立的一个化解社会矛盾纠纷的社会治理服务平台，致力于更快速、专业、精准地解决类型化纠纷，把握不同纠纷类型的特点和当事人的需求点，满足不同纠纷主体一站式、便捷化解决纠纷的需求。

（一）平台介绍

在线矛盾纠纷多元化解平台将司法调解、人民调解、行政调解、律师调解、仲裁调解、公证调解、行业调解、商事调解、专业调解等多元调解模式放入同一平台以供当事人选择。当争议无法通过调解的形式解决时，平台的在线诉讼版块支持自动跳转至浙江法院网，争议双方可以根据需要通过法院诉讼形式解决纠纷。

目前，浙江在线矛盾多元化解平台，提供包括物业纠纷、道路交通纠纷、知识产权纠纷调解、涉侨纠纷调解在内的四类 ODR 服务。电子商务、劳动纠纷、消费者纠纷、医疗纠纷等多个版块正在建设之中，目前尚未开放使用。

平台支持自然人、法人、非法人组织等多种当事人申请调解，并允许当事人的代理人上传证据、参与调解、签署文书等。代理人参加调解可以为争议双方提供更好的法律服务，更迅速地解决纠纷。代理人在申请调解页面完成实名认证后上传相应的证明文件即可加入调解流程中。目前，允许参加调解程序的代理人可分为一般授权代理人，特别授权代理人和法定代理人。具体而言，一般授权代理人仅能代为行使被代理人授权的程序诉讼权利，包括出庭、收集证据、辩论、起草起诉状等。特别授权代理人除能行使一般授权代理人的权利外，还可以行使上诉、代为和解等涉及被代理人实体利益的诉讼权利。一般授权代理人和特殊授权代理人参加调解前，平台要求代理人上传一般授权或特殊授权的委托书，并以此明确代理人的诉讼权利，防止出现代理权滥用的情况。法定代理人是根据法律的规定，代理无诉讼行为能力的当事人行使诉讼权利的代理人。由于平台不为无诉讼行为能力的被代理人创建独立账号，因此参加调解程序时，平台要求法定代理人必须提供关系证明文件以判断法定代理人是否具有

① 参见浙江解纠码网站——类型化调解服务，https://yundr.gov.cn/jsp/index/typeResolution.html，最后访问时间：2022 年 2 月 12 日。

合法的代理权。

（二）争议解决形式

当事人通过登录账号进入在线矛盾纠纷多元化解平台，可以享受一对一的在线调解服务。在申请人描述纠纷并上传证明材料后，调解机构管理员决定是否受理，在决定受理后会分配专案调解员解决纠纷。专案调解员将在申请调解后的两个工作日内介入纠纷，并通过电话联系申请人了解纠纷详细情况，随后会通过三方视频进行调解。案件全流程将以短信的形式通知争议双方。调解成功后，争议双方可以在线确认调解协议，并通过线上形式申请法院确认调解协议效力。

在填写被申请人信息时，申请人需要填写被申请人的身份证号（护照号）和家庭住址，此时平台系统会自动校验被申请人的实名信息，即申请方必须准确了解被申请人的身份证号码，才能继续申请平台调解。

在填写纠纷详情时，在线矛盾纠纷多元化解平台支持语音输入转文字，并且支持在输入框对文字进行更改，此种方式能够帮助申请人更准确地表达诉讼请求，并且能够帮助不熟练使用键盘输入的申请人申请调解。

在提交证据时，申请方可以在电子商务、涉侨纠纷、涉外商事、涉企纠纷等近34项纠纷类型中选择。在选择不同的纠纷类型后，平台会显示申请人选择的纠纷类型需要的证据形式。以电子商务为例，申请方需要上传电子合同、网站订单、支付凭证等证据，涉外商事需要申请方上传诉讼主体资格的公证、认证文书和涉案证据等。

在选择纠纷解决机构时，申请人可以选择线上调解或线下调解。如果申请人选择线下调解，在线矛盾纠纷多元化解平台会根据申请人填写的纠纷发生地筛选合适的纠纷处理机构供申请人挑选。如果申请方选择线上调解，则可以自主选择平台内调解机构，当前试运行期间仅开放杭州、宁波等11个浙江省内的调解机构。据在线矛盾纠纷多元化解平台网站上显示，目前已有5 592个调解机构，39 495位调解员入驻平台，包括浙江省内各地区人民法院、律师调解机构、人民调解委员会等多种类机构。[①] 在机构资源模块，申请人可以查询调解机构的联系电话、地址以及责任人姓名等详细信息。在39 495位调解员中，尚无擅长领域为涉外商事的调解员。擅长领域是电子商务的调解员共4位，包括1位行业调解员，2位律师调解员与1位人民调解员。[②]

---

① 参见浙江解纠码网站——服务资源，https://yundr.gov.cn/，最后访问时间：2022年2月12日。

② 参见浙江解纠码网站——服务资源，https://yundr.gov.cn/，最后访问时间：2022年2月12日。

在解决争议的同时，在线矛盾纠纷多元化解平台还注重预防纠纷，引导争议双方采取多元化解方式解决纠纷。平台除了建设有调解版块之外，还提供咨询、投诉以及其他服务三种解决纠纷的途径。在人工咨询版块，咨询者可以向入驻平台的调解机构咨询社会救助类、心理、劳动纠纷和诉讼等23种咨询类型的问题。在智能咨询版块，平台向争议双方介绍了协商、调解、仲裁、诉讼四种纠纷解决方式的优势和争议解决流程。[①] 在投诉举报版块，投诉人可以就涉及违法行为的举报申诉、网络舆情、信访招待以及综合执法等12类诉讼类型向调解机构进行投诉。另外申请人还可以通过其他服务版块，提出党务人事、住建服务、司法确认、司法鉴定等12个方面的各项诉求。在线矛盾纠纷多元化解平台在争议解决上提供了投诉、咨询、调解等多种服务，能够在一定程度上减少争议直接进入诉讼程序，帮助互联网法院和线下法院起到分流案件的作用，进一步提高案件解决效率。同时，这一机制为争议双方提供多种纠纷解决方式以供选择，也降低了争议双方的维权成本。

　　（三）存在的问题

　　在线矛盾纠纷多元化解平台近年来快速发展，不断完善纠纷解决程序，并且为争议双方提供更多的多元化纠纷解决方案。但作为我国标志性的独立平台ODR，在跨境数字贸易方面，在线矛盾纠纷多元化解平台仍可以继续完善。

　　1. 在申请调解阶段，申请人需要填写被申请人的详细信息。当被申请人为法人或非法人组织时，申请人需要填写被申请企业或组织的名称、社会信用码、法定代表人身份信息等。对于传统的线下商事纠纷，申请人能够通过线下签订的合同详细了解被申请人的相关信息。然而数字贸易纠纷，尤其是跨境电子商务纠纷，交易过程在线上进行，互联网上交易双方的信息隐匿性强，往往需要通过线上交易平台的披露，申请人才能获得被申请人的申请信息。独立平台目前尚不能实现交易平台账号与纠纷解决平台账号绑定，因此仍需要申请人向交易平台提出申请，才能获得被申请人的相关信息。对于申请人来说，被申请人的身份证信息、具体住址等信息较难获取，因此申请人利用独立平台解决争议的热情将大大降低。

　　2. 纠纷解决平台需要注意加强个人信息保护。根据2017年10月1日生效

---

① 参见浙江解纠码网站——帮助中心——解纠方式，https://robot.odrcloud.cn/disputeType，最后访问时间：2022年2月12日。

的《浙江解纷码服务协议》规定，^①在线矛盾纠纷多元化解平台不会向除了与其存在合作关系的公司之外的第三方提供、分享用户的个人信息。互联网技术不断发展，利用数字技术窃取用户信息进行的网络诈骗案件逐渐增多。《浙江解纷码服务协议》中规定，平台在信息泄漏产生的纠纷中仅扮演配合的角色，只有在平台有故意行为时，才会承担法律责任。此时平台虽提出将会采取技术措施，防止用户的信息被泄露，但独立平台目前公信力不足，仍需受到国家相关机关的定时监管，督促平台做好个人信息保护。在规则制定方面，是否追究平台的过失行为导致的侵权责任仍是一个需要探讨的问题。

3. 由于在线矛盾纠纷多元化解平台目前仍在浙江省杭州市、宁波市等11个市县试点建设中，未来平台的多元化解服务可能会扩展整个浙江省。随着多元化解决纠纷机制的发展，独立平台是否以辖区为单位处理调解案件，同一辖区内是否允许独立平台之间的竞争，独立平台是否具有可移植性，能否被其他省市借鉴效仿，纠纷的跨地区性导致调解机构间的冲突等问题将会是未来发展需要解决的难题。不过值得注意的是，独立平台仍需要国家制定统一的调解规范或社会调解技术指南进行统一监管。另外，从解决跨境纠纷的角度来看，平台英文版的入口以及电子商务纠纷调解暂时尚未开通。由此可见，独立平台还需要在跨境数字贸易纠纷解决方面进一步发展、完善。

二、半独立平台ODR

天猫国际是阿里巴巴集团在2014年2月建立的为国内消费者提供进口商品的跨境电商平台。经过近些年的快速发展，平台使用者逐渐增多，截至2020年11月共有84个国家和地区的26 000多个海外品牌入驻天猫国际，平台商品覆盖5300多品类。^②2017年开始天猫国际逐渐建立起专属于该平台的《天猫国际服务条款规则》和《天猫国际争议处理规范》。^③天猫国际平台作为独立的第三方解决争议，明确表示并不对争议解决结果承担法律责任，这使得天猫国际

---

① 参见浙江解纠码网站——帮助中心——服务协议，载 https://yundr.gov.cn/jsp/index/problem.html#/agreement，最后访问时间：2022年2月12日。

② "天猫国际：不断为海外品牌搭建入华'快车道'"，载腾讯网，https://new.qq.com/omn/20210115/20210115A02Q9F00.html，最后访问时间：2022年2月12日。

③ 参见天猫国际网站："天猫国际服务条款规则 Tmall Global Service Terms"，载 https://rule.tmall.hk/rule/rule_detail.htm?spm=0.0.0.0.n7bda8&id=2916&tag=self；"天猫国际争议处理规范 Tmall Global Dispute Resolution Rules"，载 https://rule.tmall.hk/rule/rule_detail.htm?spm=0.0.0.0.NQdSl&id=1519&tag=self，最后访问时间：2022年2月12日。

平台作为交易平台在解决争议纠纷时具有半独立的特征。

（一）平台独立地位与选择介入

天猫国际平台作为独立的第三方主体，制定平台解决争议的基本程序。当买卖双方发生争议并要求平台解决时，平台会根据制定的规范，对买卖双方存在争议的交易款项归属或资金赔偿问题做出处理。天猫国际平台的半独立特征体现在两方面，一方面平台通过搭建交易场所介入买卖双方的交易；另一方面，在发生争议时平台能够通过划扣交易资金的形式为买卖双方提供争议解决渠道。

天猫国际平台在交易方申请解决争议时介入争议，平台不会自动介入争议解决。根据《天猫国际争议处理规范》规定，在买家申请退款后，买卖双方可以选择自行协商、要求天猫国际介入或者通过司法途径等方式解决争议。[①]如果在天猫国际处理争议的过程中，任何一方决定行使诉讼权利，天猫国际将会中止处理争议。利用天猫国际平台处理争议是可供争议双方选择的一种方式，而非调解或者诉讼的必要前置程序。天猫国际平台在解决争议中是消极的、中立的，只有争议方要求平台客服介入时，平台才会依据争议处理规范处理纠纷。

（二）平台责任与类型化处理

《天猫国际争议处理规范》规定，平台不对依据规范做出的争议结果承担任何责任。[②]在争议解决形式方面，天猫国际仅划分争议双方争议的钱款，并对划分结果不承担责任。在争议解决范围方面，平台不解决自己和交易双方签订的物流等其他协议出现的纠纷。在争议处理结果方面，如果争议双方对天猫国际的纠纷处理存在争议，根据处理规范，争议方可以申请指定的仲裁

---

① "天猫国际争议处理规范 Tmall Global Dispute Resolution Rules"，载天猫国际规则网站，https：//rule.tmall.hk/rule/rule_detail.htm?spm=0.0.0.0.0NQdSl&id=1519&tag=self，最后访问时间：2022年2月12日。第36条规定，买家申请退款后，买卖双方可以选择自行协商、要求天猫国际介入或通过司法途径等方式解决存在的争议。任一方要求天猫国际介入的，天猫国际即有权根据本规范对争议进行处理。

② "天猫国际争议处理规范 Tmall Global Dispute Resolution Rules"，载天猫国际规则网站，https：//rule.tmall.hk/rule/rule_detail.htm?spm=0.0.0.0.0NQdSl&id=1519&tag=self，最后访问时间：2022年2月12日。第3条规定，天猫国际将基于普通人的判断，根据本规范的规定对买卖双方的争议做出处理。天猫国际并非司法机关，对凭证/证据的鉴别能力及对争议的处理能力有限，天猫国际不保证争议处理结果符合买家和（或）卖家的期望，也不对依据本规范做出的争议处理结果承担任何责任。

机构仲裁。^①

天猫国际平台仅解决买卖双方之间产生的买卖纠纷，不会对交易全流程争议，包括快递物流等争议事项进行判断。针对申请退款或确认收货等争议，若争议双方对天猫国际争议平台做出的结果存在争议，只能向香港仲裁委员会提出仲裁。如果争议双方未对服务条款详细阅读，则无法对该项争议条款引起注意。当然，争议方也可能囿于时间、空间的客观条件，不追究平台责任。

《天猫国际争议处理规范》第 41 条规定了天猫国际平台对争议类型化处理的具体情况。^② 根据交易的不同状态，《天猫国际争议处理规范》将交易分为交易做撤销处理的、交易做退款处理的、交易做退货退款处理的、交易协商不退货部分退款处理的、交易做打款处理的以及驳回买家退款要求共六种类型。根据不同类型的交易，天猫国际平台通知同属于阿里巴巴旗下的支付宝将争议的交易款项划给买家或卖家。天猫国际平台类型化处理争议，是通过系统自动识别的方式将争议划分至对应的类型，根据不同类型的处理方式，平台再自动将争议金额划分至买方或卖方支付宝账户。类型化处理方式能够快速地解决简单类型的纠纷，当双方出现复杂的实体争议需要辩论时，平台不会组织交易双方进行调解。

（三）半独立平台解决在线纠纷的特点

总的来说，天猫国际平台根据自己制定的争议处理规范，确立了电子商务领域纠纷解决的一种自助模式。这种自助模式中，平台上的交易双方向天猫国际平台提出纠纷处理要求后，平台自动通过支付宝将争议款项直接划扣给争议方。半独立平台作为交易平台在纠纷解决方面具有天然的优势。首先，天猫国际平台是争议双方的交易平台，充分了解争议的交易商品金额、数量等信息，因此能够对纠纷快速做出处理。其次，天猫国际平台与支付宝均属阿里巴巴集团旗下公司，支付宝是天猫国际平台的交付平台。天猫国际平台能够直接通过

---

① "天猫国际服务条款规则 Tmall Global Service Terms"，载天猫国际规则网站，https://rule.tmall.hk/rule/rule_detail.htm?spm=0.0.0.0.n7bda8&id=2916&tag=self，最后访问时间：2022 年 2 月 12 日。第 25 条规定，本协议之效力、解释、变更、执行与争议解决均适用香港法律。任何您与公司因本协议或服务所引起或与其有关的任何争议均应根据提交仲裁通知时有效的《香港国际仲裁中心机构仲裁规则》通过香港国际仲裁中心在香港进行仲裁解决，仲裁员仅一名，仲裁语言为英文。

② "天猫国际争议处理规范 Tmall Global Dispute Resolution Rules"，载天猫国际规则网站，https://rule.tmall.hk/rule/rule_detail.htm?spm=0.0.0.0.0NQdSl&id=1519&tag=self，最后访问时间：2022 年 1 月 21 日。

支付宝将交易款项退还给买家或支付给卖家，能够快速地执行争议解决结果。最后，随着互联网技术和大数据测算的发展，平台对常见的纠纷进行六种类型化处理，可以高效解决交易钱款归属纠纷等问题。

半独立平台利用平台交易的优势促进纠纷解决，作为独立于交易的第三方，平台会制定排除平台责任的服务条款和争议解决规范，以保护自身的利益，防止平台自身陷入诉讼困境。而类型化处理将争议的解决等同于争议款项分配，会导致争议双方不能完全且充分地表述己方的主张。消费者可能会被剥夺争取赔偿的机会，商家可能无法对产生的争议做出抗辩。相较其他争议解决方式，半独立平台对实体争议不作出中立裁决，对个案纠纷不进行追踪处理。同时，半独立平台的类型化处理会使争议解决结果不具有确定性和终局性，双方极有可能通过仲裁、诉讼等形式继续寻求救济，要求法院或仲裁庭作出实质性处罚或惩罚性赔偿的裁定。

三、非独立平台 ODR

京东国际平台是京东旗下主营跨境进口业务的消费平台。京东国际平台以"自营＋海外商家入驻"模式，通过建立海外仓和国内保税仓的仓储体系，发展跨境电商业务。[1] 国外商家不熟悉中国本土电商营商环境和法律规则，因此选择直接和平台合作，能够降低交易成本，形成规模经济，规避经营风险。在纠纷解决规则制定方面，京东国际平台建立了京东平台规则中心，制定了详细的规则制度，包括全渠道规则与京东国际规则等。[2]

（一）特点

1. 详细的争议纠纷规则。在纠纷解决的规则制定方面，京东平台制定了《京东全渠道开放平台交易处理总则》。另外平台根据纠纷的类目、场景不同，制定了一系列规范文件，以确定判责标准，如《商品描述不符问题纠纷处理判责标准》《生鲜类商品纠纷处理判责标准》和《假冒商品问题纠纷处理判责标准》等，涉及售后、配送、商品质量和商品与描述不符等十二类问题。[3] 京东国际平台针对不同种类的纠纷细化争议解决程序和判断标准，并据此处理争议双方提起的纠纷。

2. 保证金制度。2020 年 12 月 28 日京东国际平台发布《保证金管理规

---

① 网经社："京东国际：'自营＋平台'提供一站式跨境服务"，载搜狐网，https://www.sohu.com/a/363934866_120491808，最后访问时间：2022 年 2 月 12 日。

② 参见京东国际规则网站，https://rule.jd.com/，最后访问时间：2022 年 2 月 12 日。

③ 参见京东国际规则网站，https://rule.jd.com/，最后访问时间：2022 年 2 月 12 日。

定》①，规定入驻商家必须根据平台规则缴纳保证金。区别于天猫国际平台能够将纠纷涉及的交易款项直接通过支付宝划扣，京东国际开放平台利用保证金制度督促商家尽快化解纠纷。具体而言，在纠纷解决过程中，平台可以根据买方的投诉决定暂扣商家保证金。京东国际平台希望通过扣留保证金的强制方式促进卖方一方积极解决纠纷。针对商家保证金不足的问题，《保证金管理规定》指出京东平台并不使用自有资金赔付。京东国际平台通过京东客服能够个性化地处理不同类型的纠纷，但弹性的保证金制度会导致争议解决结果的实现依赖商家的主动赔付。

（二）存在的问题

京东国际平台特有的"自营"模式使得平台具有非独立的特征。同样作为交易平台，半独立平台仅为交易双方提供交易平台，而非独立平台通过店铺标识和物流快递，以"自营"的形式加入交易双方的交易中。在处理争议纠纷上，京东国际平台没有区分自营和入驻平台的海外商家。平台认定自己为独立的第三方平台，做出独立判断，利用自建的争议解决平台，处理作为争议一方京东自营商店和消费者之间的争议纠纷。这使得京东平台虽然能够通过自建的争议解决规范对涉案交易款项进行划分，但处理结果可能会产生争议判断者与被判断者表面混同的疑惑。对于自营方式下的非独立平台而言，如果能够建立一个与交易平台独立的纠纷解决平台，同时保证纠纷解决平台有权获得非独立平台的一些交易信息，则能够解决非独立平台纠纷解决方面存在的问题。

四、在线跨境电子商务 ODR 的评价

通过对独立平台、半独立平台和非独立平台 ODR 的分析，可以发现各种 ODR 平台的优劣。独立 ODR 平台不是交易平台，不熟悉交易的详细信息，对纠纷产生的原因和经过了解较少。独立 ODR 平台只能通过争议双方对案件的描述和提交的证据了解纠纷详情，申请方详细知悉被申请方的信息是独立平台解决争议的前提。在申请调解时，申请人需要提供被申请人的地址或其他联系方式，这对于申请人而言本身就是一个负担。当平台根据申请人提供的信息无法联系被申请方的，争议将无法通过独立平台解决。以纠纷数量庞大的海淘为例，消费者对于海外商家所了解的信息有限，海外商家对国内的纠纷解决方式也不够了解。当申请方无法准确提供信息或商家不同意调解时，独立 ODR 平

---

① 参见"京东开放平台保证金管理规定"，载京东国际规则网站，https://rule.jd.com/rule/ruleDetail.action?ruleId=660777735190351872&btype=8，最后访问时间：2022 年 2 月 12 日。

台的纠纷解决方式将无法发挥作用。其次，独立平台对纠纷的判断依靠争议双方提供的证据，对证据类型和证据的证明力没有统一规范，因此独立平台筛选证据和组织质证会占据调解的大部分时间。最后，在执行解决结果方面，虽然独立平台的调解结果不具有执行强制力，但独立平台可以与在线司法平台合作，争议双方能够线上申请调解协议的司法确认，以保障调解结果的实现。

包括半独立和非独立平台在内的交易平台通过平台客服解决交易双方间存在的争议。平台在制定相应的规则规范调解行为和调解流程的同时，也应对平台客服的调解能力进行专业培训。半独立平台可以依靠支付平台解决大部分争议，非独立平台可以通过保证金制度促进争议快速解决。

半独立平台在个案中不审查争议双方的实质争议如货物品质和惩罚性赔偿等问题，易导致争议得不到实质解决，争议双方可能会通过仲裁、诉讼等其他纠纷解决途径寻求救济。为解决这一问题，平台可以在交易中保证独立性的同时，在交易平台上增设独立的争议解决模块专门解决争议问题。争议解决平台可以与交易平台共享交易信息和用户信息。在解决争议时，首先，利用类型化纠纷的方式对争议进行分流。其次，聘请专业的调解人员或对部分平台客服进行专业化培训，将不同类型的争议分配给平台调解员。当争议双方出现不能仅靠退款解决的纠纷时，可以采取一对一的形式居中调解，促进争议双方在纠纷解决平台上沟通。

非独立平台以"自营"的方式加入争议双方的交易，但在争议解决方面，非独立平台并未将自营与入驻商家区分开。在自营方式下平台作为争议相关方，类似入驻平台商家，需要承担对消费者的损失。在消费者利用平台解决争议时可能会提出"自己的案子自己判"的疑问，即平台是否会因不想承担责任而判定自己无需承担。针对这一情况，采取自营形式的非独立平台在解决纠纷时可以与独立平台合作，允许非独立平台用户绑定独立平台，利用独立平台解决自营平台与消费者之间的争议。

从制度建设方面，针对平台排除自我责任的情况，近年来我国也制定相关规范以鼓励 ODR 平台的发展，例如《电子商务法》鼓励企业建立起自己的ODR 平台。[①] 为加强市场的统一监管，我国应继续在 ODR 平台与其他纠纷解决形式的衔接、ODR 平台解决争议的效力以及 ODR 平台制定的争议解决规范的合法性审查等方面进行统一的立法规制。

---

① 《电子商务法》第 63 条规定，电子商务平台经营者可以通过建立争议在线解决机制，制定并公示争议规则，公平、公正地解决当事人的争议。

第四节　各国在线国际商事仲裁调解的探索

在数字经济时代，在线国际商事仲裁不仅具有仲裁的中立性、保密性等优点，而且利用互联网技术能够提高纠纷解决效率、降低纠纷解决成本。我国作为数字经济发展的大国，目前正在大力推动与"一带一路"沿线国家间的数字贸易往来。数字贸易的扩大必然带来更多的商事纠纷，建设在线商事仲裁调解制度不仅是我国推动"一带一路"建设必须要解决的问题，也是我国引领国际在线商事仲裁调解制度的重大机遇。本节以我国和其他国家在建的在线国际商事仲裁调解机制为例，探索其发展现状、存在的问题以及未来趋势。

一、深圳市跨境电子商务交易保障支撑服务系统

（一）系统简介

深圳市跨境电子商务交易保障支撑服务系统是经深圳市政府依法授权和委托，并在深圳市市场监督管理局指导下建立的第三方公共服务机构。[①]该系统提供营业主体备案、知识产权保护和国际电商诚信认证等产业促进服务，致力于打造跨境电子商务诚信交易环境。

在争议解决方面，深圳市跨境电子商务交易保障支撑服务系统搭建了提供在线纠纷解决服务的平台——众信在线纠纷解决服务平台（以下简称众信平台）。众信平台为交易双方提供投诉、咨询和调解三种渠道快速处理纠纷。争议双方可以在众信平台页面进入调解或投诉程序，各方将在调解员的介入下解决纠纷。

但是，基于目前跨境电子商务案件纠纷解决尚处于摸索阶段，众信平台目前主要解决国内争议案件。平台案例库公示的 50 件案件中只有 6 例为跨境 ODR 案例。[②]其中涉及亚马逊账号买卖、海淘付款长期不发货以及货品和介绍不符等情况。除 1 例涉及跨境网络赌博案件未受理外，2 例案件未能调解一致。其余 3 例案件在众信平台的调解下，争议双方签订了和解协议。众信平台针对案例库中部分公示的案件，在案件处理结果后添加了平台点评、律师意见以及温馨提示等，供其他利用者和感兴趣人士参考。目前案例库中尚无跨境仲裁和跨境司法案例，这表明跨境电商纠纷解决在当下的发展水平仍然以调解为主，

---

① 参见深圳市跨境电子商务交易保障支撑服务系统，载 https://kj.ebs.org.cn/home，最后访问时间：2022 年 2 月 12 日。

② 参见数据来源于众信在线纠纷解决服务平台网站——案例展示，https://www.globalodr.com/，最后访问时间：2022 年 2 月 12 日。

真正通过仲裁和跨境司法解决争议可能尚需要进一步的制度建设和协调。

（二）纠纷处理方式

当发生贸易纠纷时，想利用该系统解决纠纷的申请方通过注册登录众信平台，可以选择投诉、咨询或调解方式向平台提出纠纷处理申请。众信平台在受理纠纷后，会安排众信调解员介入处理纠纷。众信调解员收到平台指派后，通知被申请人登陆众信平台，合作处理纠纷。被申请人可以在平台内提出和解方案，随后众信调解员将进行居中调解。

在投诉板块，众信平台要求申请人在详细阅读服务须知后，在线填写投诉申请表。申请表共分为投诉方、被投诉方、涉案商品或服务信息、纠纷信息、诉求信息和附件上传共六个部分。申请人可以在电子商务和知识产权等领域，向包括众信电子商务纠纷在线人民调解委员会、深圳市龙华法院、深圳市梅林街道上梅社区在内的34个调解组织申请投诉。成功提交投诉申请后，众信平台将对填写的投诉信息进行核实，之后会联系并督促被申请人在受理投诉之日起2个工作日内响应投诉。申请人若对投诉处理结果不满，可以向众信平台再次发起在线调解申请，由专业律师和调解员进行居中调解。

在调解板块，申请人可以通过页面的搜索框查找被申请企业。深圳市跨境电子商务交易保障支撑服务系统内嵌国际电商诚信认证平台，为企业提供国际电商实名认证服务，辐射25个国家48个国际性机构。[①]众信平台与服务系统数据库相连接，因此申请人可以直接输入企业名称查询被申请企业。申请人可以根据数据联想，选择被申请企业。在填写被申请企业或个人信息后，申请人需在线填写调解申请表并上传身份证明和证据材料，填写信息包括调解请求、请求金额、调解组织等。目前众信平台支持的调解类型包括电子商务和知识产权纠纷。以电子商务为例，调解对象进一步细分为网络欺诈、虚假或扩大宣传等15项具体调解类型。调解方式包括人民调解委员会调解、法院调解和社区调解等。

（三）优势及问题

首先，深圳市跨境电子商务交易保障支撑服务系统通过搭建诚信认证平台提供可信度高的营商环境，众信平台利用诚信认证平台向申请人披露争议的被申请人的相关信息。申请人能够更加便利地完成调解申请，被申请企业出于维护商誉的目的，也会尽力促成调解。其次，众信平台提供调解、投诉和咨询三种非诉纠纷解决方式，并针对三种方式制定了示范条款。例如，投诉阶段的

---

① 参见国际电商诚信认证平台，https://kxsf.ebs.org.cn，最后访问时间：2022年2月12日。

《ODR 纠纷处理的示范条款》，调解阶段的《在线纠纷解决（ODR）服务平台注册服务协议》等。申请人只有在打开条款并勾选已阅读选项后，才能进行下一步申请。其次，咨询版块的设立为争议双方提供协商解决争议的渠道，能够在一定程度上提高纠纷的解决效率。最后，众信平台会从信用量、投诉量、解决量、解决率四个方面对认证企业进行排名。由于涉及商业信誉，此举能够督促企业在面对投诉和调解时更积极地配合解决争议。

目前，众信平台的案例库共有 49 个调解案例，其中调解成功案件在调解完成案件中占比低于 50%。①众信平台解决争议的效果在一定程度上取决于被申请企业是否经过系统的诚信认证。一旦被申请企业未参加诚信企业认证，并且不配合调解员，不登录网络平台提出和解方案，纠纷将不能被成功解决。虽然众信平台已经建立起相对完备的在线调解、投诉和咨询制度，但是平台的使用率仍然偏低，其认知度不高，这一点与独立 ODR 平台相似，如何扩大诚信认证平台上被认证企业的数量，如何解决跨境电子商务纠纷双方利用中心平台的动机和动力，都是众信平台面临的问题。作为依托政府授权和委托而设立的第三方公共服务结构，其自身的公正性不容置疑，接下来应当进一步扩大平台的宣传力度，提高众信平台的公信力和利用率。

二、一带一路国际商事调解中心在线调解系统

北京融商一带一路法律与商事服务中心是经北京市法学会批准，并在北京市民政局依法注册成立的社会服务机构。该中心设立了"一带一路国际商事调解中心"（以下简称调解中心），处理与"一带一路"沿线国家相关的国内外民商事、海事纠纷申请，以及法院及其他机构委托调解的案件。调解中心根据与各国商事与法律等服务机构签署的合作协议，依靠当地机构及其在相关国家和地区设立的线上和线下调解室，在全球实现线上调解和线下调解的结合与联动。据网站统计调解中心共受理国内外民商事案件超过 6000 宗，调解结案成功率达到 60%。②根据网站首页数据统计显示，目前共有 535 名专业调解员，共解决 6709 件调解案件，共有 93 家调解室。③

---

① 参见数据整理自众信在线纠纷解决服务平台案例库，载 https：//www.globalodr.com/Case/CaseList#library，最后访问时间：2022 年 2 月 12 日。

② 参见北京融商一带一路法律与商事服务中心及一带一路国际商事调解中心调解平台，载 http：//www.bnrmediation.com/CN/About，最后访问时间：2022 年 2 月 12 日。

③ 参见北京融商一带一路法律与商事服务中心及一带一路国际商事调解中心调解平台，载 http：//www.bnrmediation.com/，最后访问时间：2022 年 2 月 12 日。

在制度规范方面，调解中心制定了《一带一路国际商事调解中心调解规则》，[①] 详细规定调解员的选任、调解员的权利义务、调解方式、调解地点、工作语言和调解协议的履行等事项。以调解协议的履行为例，针对在调解中心委任的调解员主持下达成的调解协议有四种履行方式，分别为由调解中心见证并监督自动履行、协助当事人共同申请公证或制作公证法律文书、协助当事人共同申请仲裁机构制作仲裁调解书或裁决书以及共同向有管辖权的法院申请司法确认。调解中心为争议双方搭建在线沟通平台，并选派专业的调解员主持调解。调解结束后，在执行调解协议和与后续救济方式的衔接方面，当事人可以自行向仲裁机构、公证机构或法院申请，平台积极地履行配合义务。

在法律适用方面，调解中心尊重当事人明示的法律适用选择。调解中心会综合考虑公平原则、公正原则、国际商事惯例、市场规则以及各有关当事人所在地的公序良俗进行调解。[②] 另外，调解中心还规定了弹性保证金制度。[③] 针对调解结案的案件，在双方当事人均同意的情况下，秘书处可以自行决定接收争议履约保证金，以促进调解协议的达成。弹性保证金制度能够在一定程度上加强调解中心执行调解协议的强制力。

在调解员选取方面，调解中心在调解员的选任上顺应了当前国际经济贸易全球化的特征。调解中心的调解员来自中国、马来西亚、法国、日本、智利、哈萨克斯坦、俄罗斯等多个"一带一路"沿线国家。调解员的工作语言包括韩语、法语、俄语、阿拉伯语、西班牙语等多种小语种，调解员擅长领域包括投资融资、国际贸易、海商事等12种。选任的调解员需要具有专业资质，同时还会定期参加调解中心组织的调解员培训。调解中心设立了调解员

---

① 参见"《北京融商一带一路法律与商事服务中心一带一路国际商事调解中心调解规则》"，载北京融商一带一路法律与商事服务中心及一带一路国际商事调解中心调解平台，http://www.bnrmediation.com/CN/GuideTnt/542ec98f-2a64-4c6a-9ed9-790293844a8d/909b2068-d56c-42c6-9fac-6544d87bc67e，最后访问时间：2022年2月12日。

② 参见"《北京融商一带一路法律与商事服务中心一带一路国际商事调解中心调解规则》第1.3条"，载北京融商一带一路法律与商事服务中心一带一路国际商事调解中心调解平台，http://www.bnrmediation.com/CN/GuideTnt/542ec98f-2a64-4c6a-9ed9-790293844a8d/909b2068-d56c-42c6-9fac-6544d87bc67e，最后访问时间：2022年2月12日。

③ 《北京融商一带一路法律与商事服务中心及一带一路国际商事调解中心调解规则》第17条规定，当事人在已达成和解意向或调解协议后可以选择向调解中心支付履约保证金以促进调解协议履行。即当事人可以自行决定是否缴纳保证金。参见 http://www.bnrmediation.com/CN/GuideTnt/542ec98f-2a64-4c6a-9ed9-790293844a8d/909b2068-d56c-42c6-9fac-6544d87bc67e，最后访问时间：2022年2月12日。

模块，争议双方可以通过调解中心线上查询调解员的详细资料以及擅长领域。调解中心也可以根据纠纷特点定向分配调解员，以优化调解资源，更好地服务争议双方。

在争议解决方式方面，争议方需要在线填写调解申请表向调解中心申请调解。在注册阶段，调解中心支持中国大陆 11 位手机号码或邮箱方式注册，邮箱注册的方式为国外争议方的参与提供可行渠道。申请阶段，申请表仅需要填写申请人和被申请人的个人姓名或企业名称，不必须填写企业信用代码或个人身份证号。此类方式能够方便申请方向调解中心提出调解申请，但调解中心能否联系到争议方仍然是调解能否顺利进行的关键。

在服务功能方面，目前网站设置了英文入口，可以通过英文版面了解调解中心新闻、调解员信息等情况，但目前申请调解页面尚不能翻译成英文。另外，调解室功能目前仅能查询调解室的地理位置和联系方式，期待未来调解中心能够与世界各地的线下调解机构实现线上的沟通协作，将在线调解模式贯穿申请、审查、区际合作及执行全程。

三、"独立的反馈审查"——eBay 调解中心

eBay 调解中心是美国的在线商品交易平台 eBay 建立的争议处理机构。eBay 调解中心与天猫国际调解中心在解决争议的思路上大致相同，都将争议进行类型化分流，都具有评价商家信誉的功能等。但 eBay 调解中心是依托 eBay 平台产生，独立于 eBay 平台的争议解决平台。虽然 eBay 调解中心不是在线国际商事争议解决平台，但 eBay 调解中心仍具有一些细节优势可供借鉴。

（一）自动化分流程序

eBay 调解中心独立于 eBay 购物网站，采取自动化分流的形式对纠纷进行分类处理。eBay 调解中心将纠纷分为四种类型，分别为买家没有收到商品、买方收到的商品与清单不符、卖方没有履行清单上所列的退货政策以及涉及车辆等特殊商品。交易双方可以通过登录 eBay 调解中心系统投诉，要求对方做出相应回应。[①] 针对特殊商品纠纷，包括车辆等大宗商品或者价值不菲的商品纠纷，ebay 调解中心会根据案件的具体情况分配项目管理员提供更为专业的纠纷调解服务。项目管理员类似于专业的调解员，可以直接赴现场查看损害程度等细节问题。

---

① See eBay Money Back Guarantee policy：https：//www.ebay.com/help/policies/ebay-money-back-guarantee-policy/ebay-money-back-guarantee-policy?id=4210#policy1.

eBay 调解中心独立于 eBay 购物网站，有利于建立买卖双方对调解中心的信任，其通过线上类型化分流解决争议，则有利于提高争议解决效率。eBay 调解中心还能够为争议双方共同沟通提供帮助，其项目管理员会为争议双方提供交流平台，以供充分表达各自观点，来化解争议方的分歧，解决大部分因为误解或失误造成的争议。

　　（二）信用标记的评价方式

　　eBay 调解中心独立的审查反馈机制（Independent Feedback Review Policy）主要体现在信用评价方面。审查反馈机制允许卖家可以对买家提出的评价进行质疑，经过调解中心训练的中立调解员会在一个独立的线上讨论空间内，听取双方辩论，并决定是否删除该评价。①eBay 调解中心认为评论会对在线纠纷的解决发挥重要作用，因为评论内容会影响商家信誉，消费者会根据评论内容率先规避评价较低的商家带来的交易风险。因此 eBay 专门设定了信用评价政策来对商家进行商业信用标记。②

　　信用评价系统可以被在线仲裁调解借鉴使用。在线仲裁调解系统可以加入信用评价体系，申请方能够在争议解决后对被申请方进行线上的信用评价。被申请方为防止商誉降低，会更加自愿主动地加入到在线纠纷解决中去。同时纠纷解决平台需要对信用评价体系进行统一监管，以避免出现恶意评价。

　　（三）详尽列举证据形式

　　eBay 调解中心在退货保障的政策中明确列出了不同争议需要提交的证据。以买家提出与商家描述不符为例，eBay 调解中心将会对是否满足退货要求、卖家登陆商品时是否违反 eBay 政策、是否能够运回卖方以及退货交货证明这四项证据进行调查。③除详细规范了证据调查的范围外，eBay 调解中心可以利用 eBay 购物平台获得交易中的部分证据。由此，争议不会因为证据标准不清或缺少证据而无法及时解决。在纠纷解决范围方面，eBay 调解中心没有将损害赔偿金放入调解范围内，买方仍保留向法院提起诉讼的权利。这一点与天猫国际等国内 ODR 平台一样，调解中心对于纠纷的实体纠纷解决程度有限。

---

①　赵蕾、黄鹏："eBay 在线纠纷解决中心的设计理念与机制"，载《人民法院报》2017 年 10 月 13 日，第 8 版。

②　See eBay website：https：//www.ebay.com/help/policies/feedback-policies/feedback-policies?id=4208.

③　See eBay Money Back Guarantee policy："Deciding the outcome when the item doesn't match the listing"，https：//www.ebay.com/help/policies/ebay-money-back-guarantee-policy/ebay-money-back-guarantee-policy?id=4210#policy1.

未来 eBay 在线仲裁调解系统可以在申请方申请仲裁调解服务页面，根据不同类型的纠纷详细标注案件需要的证据，并且运用调解、仲裁等多种纠纷解决方式深入到个案纠纷中，全面处理争议双方的各项诉讼请求，进而做出满足双方需求的纠纷解决方案。

四、服务商业机构和公共组织 —— Modria 系统

Modria 系统衍生于 eBay 和 PayPal 的在线纠纷解决版块。[1] 该系统根据商业机构和公共组织的需要，为争议双方提供在线分析、协商、调解、仲裁服务。在分析模块，Modria 系统可以根据大数据的云计算提出相应的争议处理意见。在协商版块，Modria 系统允许双方对争议事件进行辩论，并向争议双方提供可选择的处理方法。在调解版块，Modria 系统会引入第三方机构进行调解。在仲裁模块，还可以允许双方选择一个可靠的裁决者对争议进行裁决。申请方可以在 Modria 系统上提出解决建议，被申请方可以通过系统查看，并选择是否同意申请方建议。当无法达成解决方案时，Modria 系统的第三方机构会对案件进行调解，整个过程均可以在系统上完成。如果争议双方不同意调解结果时，Modria 系统会将调解过程的文件上交到法院中，更快捷地让法院了解案件的具体情况。

Modria 系统除了能够解决个人间的争议，也可以为商业机构和公共机构提供服务，而且不仅限于法院。Modria 系统为美国仲裁委员会（道路交通事故纠纷）以及电子商务和电子支付公司解决了数十万件纠纷。[2] Modria 系统致力于发展可扩展性的解决模式（Scalable Solution），能够解决的范围也不仅限于线上产生的纠纷。Modria 系统不仅能够解决小额的电子商务纠纷，而且也可以解决家事抚养权等纠纷。[3]

Modria 系统提供在线调解、在线仲裁等方式供争议双方选择，这为 ODR 平台与在线仲裁的结合提供一种借鉴思路。ODR 平台能够为在线仲裁提供线上工作环境，在线仲裁也能为 ODR 平台使用者提供终局性、中立性解决纠纷的选择。

与此同时，Modria 系统通过与政府服务系统接入，为 ODR 平台完成社会

---

[1] See tylertech website，Modriaintroduction：https：//www.tylertech.com/resources/videos-and-webinars/online-dispute-resolution-modria-in-action.

[2] 江和平、蒋丽萍译："域外在线纠纷解决系统简介"，载《人民法院报》2015 年 12 月 18 日，第 8 版。

[3] See tylertech—Modria website：https：//www.tylertech.com/products/modria.

服务提供可能性。当然，对于在线国际商事纠纷解决平台来说，应该谨慎并且有选择地接入政府或法院 ODR，因为平台的互相接入需要保护跨境 ODR 平台用户的知情权和个人信息。对于接入政府系统的信息保护较为容易，政府本身就具有保护公民信息的职责，因此只要保证接入过程、数据库信息安全即可。然而，如果未来能够建立全球或者区域范围内统一接入的 ODR 平台，如何保障国外服务商不滥用获取到的用户信息，仍然需要通过国家与国家间制定具有约束力的统一规范进行限制。

第五节 国际在线纠纷解决机制的统一平台

随着数字经济的快速发展和数字贸易在全球的扩大，产生各种线上贸易纠纷是不可避免的。根据以上各节的分析，当前探索各种在线纠纷解决主要是以各数字平台为主，虽然也有具有政府背景的在线争议解决平台的出现，但整体而言都处于尝试或摸索阶段。这体现在平台自设的争议解决平台虽然具有便于获取争议方相关争议事实和证据的优势，但是缺乏公权力机关的公信力和公正性；政府背景的第三方争议解决机构可能在独立性和公平性方面具有优势，但是如何获取与交易纠纷相关的信息以及提高争议方利用的动力和动机，是任何第三方争议解决机构都不得不解决的难题。与电子商务平台企业自建和政府背景的第三方争议解决机构相比较，如果能在更高的国际层面探讨跨境电子商务争议解决平台的建设，无疑可以为跨境在线争议解决提供另一种可供选择的渠道。

一、联合国国际贸易法委员会在线争议解决方案

国际上，联合国国际贸易法委员会（UNCITRAL）很早就开始关注在线纠纷解决问题。早在 2010 年至 2016 年，联合国国际贸易法委员会第三工作小组就针对网上解决争议问题进行过 11 次讨论。[①] 在多次会议中 UNCITRAL 第三工作小组对来自美国、欧盟、加拿大、哥伦比亚等多个代表团的提案进行审议，提出了相应的在线争议解决方案。

（一）一轨道与二轨道方案

2014 年 UNCITRAL 第三工作小组秘书处在第三十届和三十一届会议上根

---

① 参见"联合国国际法贸易委员会准备工作文件第三工作组 2010-2016 年网上解决争议"，载 https://uncitral.un.org/zh/working_groups/3/online_dispute，最后访问时间：2022 年 2 月 12 日。

据是否承认仲裁协议的效力将网上解决争议的程序规则划分为一轨道和二轨道两种形式。[①] 这是因为，有些法域认为争议前签订的仲裁协议对争议方有约束力，有些法域则认为争议前订立的仲裁协议对争议方无拘束力。[②]UNCITRAL双轨办法认为，一轨道包括利用仲裁的方式解决争议，二轨道则无仲裁阶段。两者除在仲裁程序方面不同，其他程序都具有相似性，包括启动程序、谈判程序以及协助下调解程序和和解程序等。

在启动阶段，申请人向网上解决管理人发送申请，网上解决管理人迅速通知被申请人，再由被申请人进行答复。被请求人在收到管理人通知后，可以提出一项或多项反请求。在谈判阶段，当事人之间经由网上解决平台进行谈判。谈判阶段不是争议解决的必经阶段，当一方选择不进行程序上的谈判阶段的，网上争议解决可以不进行谈判阶段。在协助下调解阶段，网上解决管理人会指定一名中立人并告知当事人。中立人帮助当事人尽快达成和解协议。接下来，双轨道程序规则均要求网上解决管理人履行引导义务，当中立人协助调解未成功时，网上管理人应该引导当事人选择一轨道仲裁或二轨道中立人建议，并且告知当事人选择不同轨道的法律后果。同时不同轨道都规定了在网上解决程序的任何阶段都可以达成和解，网上解决平台负责记录和解条款。一旦和解达成，网上解决程序立即终止。

在一轨道程序规则下，当事人可以采取线上仲裁方式解决争议。中立人根据当事人提交的相关信息作出仲裁裁决，发送给当事人并记录在网上解决平台上。中立人的裁决是终局的，对各方当事人具有约束力，双方当事人需要立即执行裁决。

与一轨道的线上仲裁方式不同，二轨道规定，中立人在协助调解阶段期限届满后应当根据当事人提交的信息对争议进行判断，并就争议的解决作出建议。网络解决管理人将中立人的建议发送给当事人，并在网络解决平台上加以记录。除非另有规定，中立人的建议对当事人不具有约束力，网上解决管理人需要尽可能地鼓励双方遵守建议。

一轨道程序规则中，中立人作出的仲裁裁决具有执行效力，但可能需要与各国司法解决争议形式相互配合。而不同国家在仲裁与司法之间的程序转化不

---

① Miréze Philippe, *ODR Redress System for Consumer Disputes*：*Clarifications*，UNCITRAL Works & EU Regulation on ODR, 1 INT'L J. ONLINE DISP. RESOL. 57（2014）.

② See UNCITRAL, Online dispute resolution for cross-border electronic commerce transactions：draft procedural rules（2015）：https：//undocs.org/en/A/CN.9/WG.Ⅲ/WP.133.

同，虽然这不是联合国国际贸易法委员会在网络解决争议方面需要研究的问题，但也可以看出，一轨道对纠纷解决的终局性，需要与各国的司法程序之间进行有效衔接。而二轨道对争议的解决实际上仅限于调解阶段。在调解不能达成合意时，当事人是否采纳中立人的建议影响争议的最终解决。但总的来说，不同国家对不同轨道的选择反映了其接受线上纠纷解决程序的倾向性。

（二）《关于网上解决争议的技术指引》

双轨道对中立人的仲裁裁决的区分，导致了在程序问题上各个国家的矛盾大于合意，其中谈判、电子中立方以及自动化流程等问题都未能取得大多国家的一致同意。[①]第三工作组工作于 2016 年结束，虽未在全球范围内形成具有拘束力的网上争议解决国际规范，但会议的成果是通过了《关于网上解决争议的技术指引》（以下简称《指引》）这一说明性文件，并且第三工作小组建议在审核实施针对跨境商业交易的网上解决系统时使用该指引。[②]也就是说，联合国贸易法委员会虽未建立全球统一的在线争议解决系统，但说明文件最后鼓励世界各国考虑更具前瞻性的在线争议解决系统。

《指引》指出网上解决过程应秉承公平、透明、正当程序和问责四个原则，更加简单、快捷、高效地解决跨境电子商务产生的纠纷。《指引》建议网上解决程序包括谈判、协助下调解、第三（最后）阶段。在程序编排方面，《指引》建议结合一、二轨道的做法，即在最后阶段，网上解决管理人或中立人向当事人告知最后阶段可以采取的不同形式。《指引》的最后，对中立人的指定、权力和职能进行阐明。《指引》建议可取的做法是制定关于网上解决平台和管理人行为的准则或是最低限度要求。同时《指引》建议网上争议解决应与线下解决程序一样，制定保密标准和正当程序标准，明确网上争议解决的独立性、中立性和公正性原则。

二、国际在线纠纷解决机制统一平台的建设

国际在线纠纷解决委员会（ICODR）是美国主导建立的一个国际性机构。国际在线纠纷解决委员会推广在线解决的规则和标准，培训调解员并建立会员制。任何争议解决机构、电子商务平台或者调解员均可以成为 ICODR 的成员。

① Amy J. Schmitz, *There's an "App" for That*: *Developing Online Dispute Resolution to Empower Economic Development*, 32 Notre Dame J.L. Ethics & Pub. Pol'y 1, 43-44（2018）.

② SeeUNCITRAL, Technical Notes on Online Dispute Resolution（2016）：https：//uncitral.un.org/sites/uncitral.un.org/files/media-documents/uncitral/zh/17-00381_c_ebook_technical_notes_on_odr.pdf.

ICODR 提出在线纠纷解决机制的基本标准包括可获得、可靠、保密、公正、公平、中立、合法、安全以及透明等。[①]ICODR 是通过对 ODR 的标准进行国际统一化，促进所有 ODR 项目能够在全球范围内达成统一的原则，从而促进跨境纠纷尽快达成解决方案。[②]ICODR 认为，虽然很难建成一个能够统一解决全球范围内某一贸易领域的在线争议解决平台，但通过建立起统一的在线争议解决标准能够为解决争议扫清各国在在线争议解决原则和思想上的障碍。

ICODR 尝试通过建立普遍性的技术原则，制定统一的在线解决争议标准，为企业间建立起对 ICODR 的信任。[③]同时 ICODR 也积极倡导和加强对 ODR 从业人员的指导和培训。[④]在全球化的背景下，中国也应该加强国内的 ODR 建设并参与国际 ODR 标准的制定，利用"一带一路"合作加强与其他地区 ODR 的合作，进一步发展国际化的 ODR 平台，并利用其解决更广泛的跨境在线纠纷问题。相较而言，我国目前缺少集中教育培训从业者的统一组织。对从业人员的统一组织管理，便于建立起统一行业标准和统一监管标准，对未来建立起区域化、全球化的统一争议解决平台都能起到促进的作用。

第六节　未来在线争议解决的发展展望

随着数字经济和贸易的全球化，在线解决数字贸易产生的纠纷成为世界各国都面临的问题。目前，各国都在积极推进符合自己国家利益的在线纠纷解决的理论研究和实践，但是基于各国数字经济发展水平和对待数字贸易争议解决的态度来看，要想在短期内达成一套各国公认的数字贸易在线争议解决方式，可能仍面临国际法和国内法层面的诸多挑战。从数字经济在线争议解决方式来看，目前共有三种解决方式，分别为在线司法争议解决、跨境电子商务平台在线纠纷解决以及国际商事在线调解系统。

在线司法争议解决机制的建设目前呈现发展进程快、区域分布广、发展空间大的特点。在线司法争议解决机制由于具有国家公权力背书，其在解决在线

---

① 参见"美国在线纠纷解决机制的标准及发展"，载微信公众号"多元化纠纷解决机制"，最后访问时间：2017 年 9 月 23 日。

② SeeICODR Standards：https：//icodr.org/standards/. ICODR 标准为 accessable, accountable, competent, confidential, equal, fair and impartial, legal, secure, transparent.

③ See ICODR https：//icodr.org/sample-page/.

④ See ICODR Training Components：https：//www.icodr.org/guides/training.pdf. 对 ODR 从业人员培训内容包括：在线争议解决（定义和基本技巧），伦理学，实践，模拟四个部分，共 20 学时。

数字贸易纠纷方面具有其他争议解决方式无法比拟的优势，但是从目前的发展现状来看，无论是我国互联网法院还是英国在线法院都刚刚起步，其是否能够以及如何处理今后越来越多的数字贸易纠纷将是一个值得持续关注的问题。当前，各国尝试建立的网络法院都只将其受案范围限制在一定的领域，其处理结果是否替代普通法院的线下判决，仍然是一个需要不断完善的问题。在线司法争议解决普遍面临网络基础设施建设和法官处理在线判决文书和技术能力的问题，还需要解决争议当事人利用网络参与在线审判的动力和技术能力问题。在处理跨境数字贸易纠纷的情况下，可能还会面临语言差异、举证、取证、证据保全以及判决执行等诸方面问题，这都需要各国在跨境在线司法争议解决方面进行合作，建立与线下司法协助相配套的司法合作机制。我国互联网法院的在线审判已经走在世界前列，今后应当尝试将其受案范围进一步扩大，不仅是将传统诉讼方式线上化，更应该从简化程序，便捷争议双方和法院判决的角度做出新的突破。同时我国也应从制度层面厘清在线法院和传统法院的管辖权边界，进一步扩大在线法院的管辖范围，提供给争议双方更多的选择权。

在线跨境电商平台在解决交易纠纷方面具有天然的平台优势。从前文的分析可见，当前跨境电商纠纷解决平台具有独立平台、半独立平台和非独立平台几种模式。独立平台独立于跨境电子商务交易本身，能够在解决纠纷过程中保证中立性，但面临着取证困难和争议当事方利用独立平台解决争议的动力有待提高的问题。半独立平台和非独立平台作为跨境电子商务企业的纠纷解决平台，拥有了解纠纷产生双方的信息和交易过程及问题的优势。但基于纠纷解决平台是电子商务企业自己构建，可能会通过制定平台规则以排除平台企业自身责任的问题，同时半独立平台和非独立平台介入交易纠纷解决的目的是出于扩大平台的吸引力，其对平台商家和用户的利益保护可能都会从属于自身权益的需要。未来在线跨境电商平台的纠纷解决机制应当加强对相关员工的专业化培训，可以通过建立更专业的中立方对类型化的争议优先处理，解决数量多并且同质化的纠纷。同时，在线跨境电商平台也应当加强平台与其他在线争议解决程序的衔接，国家也需要对在线跨境电商平台的争议解决程序进行统一引导和制度监管。

在线商事仲裁调解是当前国际商事仲裁在处理数字贸易纠纷解决方面采用的主要形式，这一方面符合数字贸易中产生大量的金额小、数量多的纠纷解决的需要，另一方面也表明当前建立解决数字贸易纠纷的在线国际商事仲裁的条件尚不够成熟。今后，随着数字贸易的继续扩大，国际商事仲裁组织应在增加在线仲裁的基础上，对在线调解模式和范围进行扩大。目前包括联合国贸易法委员会和各国国内仲裁组织在内，都在探索适应数字贸易全球化需要的在线商事仲裁调解制度建设，以便提供更好的数字营商环境。从我国对于数字贸易纠纷解决方式的实践中可以看出，我国正在同时推进建设包括在线司法、在线商事仲裁和仲裁调解的三种在线纠纷解决方式，但三种方式的边界并不清晰，也不是互相独立的。今后，如何促进三种方式之间通过平台间端口开放，融合各平台在线争议解决的优势，为数字贸易争端各方提供更多的选择，提高争议解决的效率，促进数字贸易发展，将是很长一段时期内需要加强探索的事项。

自 2020 年以来，在全球疫情防控常态化背景下，数字贸易得到世界各国的普遍重视，数字科技的快速迭代使得数字经济争议解决可能成为各国面临的重要问题。当前，以 WTO 为代表的多边贸易体制谈判基本上处于停滞状态，以 USMCA、CPTPP、RCEP 为代表的新型区域贸易协定已经开始探索区域框架下的数字贸易及其争端解决方式。区域间经济贸易合作的加强以及我国"一带一路"合作发展的深入，都会对国家间的数字经济合作、政策方向以及在线跨境争议解决方式等提出更高的要求。传统的纠纷解决方式都面临着需要转型以及适应数字技术变革的需要，各国的数字经济发展水平以及其特殊的历史文化和法律传统也会影响该国对数字贸易争议解决路径的选择。数字经济贸易弱化了传统线下交易的边界，未来如何在保护国家数字贸易利益的基础上，构建适合数字经济和贸易要求的新型争议解决机制，是包括我国在内的世界主要经济体建立数字贸易在线纠纷解决模式时需要探索和努力的方向。

【参考文献】

1. 最高人民法院：《中国法院的互联网司法》，人民法院出版社 2019 年版。

2.［美］伊森·凯什、［以］奥娜·拉比诺维奇·艾尼：《数字正义：当纠纷解决遇见互联网科技》，赵蕾、赵精武、曹建峰译，法律出版社 2019 年版。

3. 高兰英：《在线争议解决机制（ODR）研究》，中国政法大学出版社 2011年版。

4. 王传丽主编：《国际经济法》，中国政法大学出版社 2018 年版。

5.《中国电子商务报告 2019》编委组：《中国电子商务报告 2019》，中国商务出版社 2020 年版。

6. 伊然："区块链技术在司法领域的应用探索与实践 —— 基于北京互联网法院天平链的实证分析"，载《中国应用法学》2021 年第 3 期。

7. 自正法："互联网法院的审理模式与庭审实质化路径"，载《法学论坛》2021 年第 3 期。

8. 韩烜尧："我国非司法 ODR 的适用与完善 —— 以闲鱼小法庭为例"，载《北京工商大学学报（社会科学版）》2020 年第 5 期。

9. 盛斌、高疆："超越传统贸易：数字贸易的内涵、特征与影响"，载《国外社会科学》2020 年第 4 期。

10. 左卫民："中国在线诉讼：实证研究与发展展望"，载《比较法研究》2020 年第 4 期。

11. 齐树洁、许林波："域外调解制度发展趋势述评"，载《人民司法（应用）》2018 年第 1 期。

12. 郑维炜、高春杰："'一带一路'跨境电子商务在线争议解决机制研究 —— 以欧盟《消费者 ODR 条例》的启示为中心"，载《法制与社会发展》2018 年第 4 期。

13. 魏求月："互联网法院 —— 解决跨境网络消费者争议裁决执行问题的新思路"，载《中国国际私法与比较法年刊》2018 年第 1 期。

14. 叶敏、张晔："互联网法院在电子商务领域的运行机制探讨"，载《中国社会科学院研究生院学报》2018 年第 6 期。

15. 周翠："互联网法院建设及前景展望"，载《法律适用》2018 年第 3 期。

16. 初北平："'一带一路'多元争端解决中心构建的当下与未来"，载《中国法学》2017 年第 6 期。

17. 胡晓霞："我国在线纠纷解决机制发展的现实困境与未来出路"，载《法学论坛》2017 年第 3 期。

18. 郑世保："论我国在线解决纠纷机制的完善"，载《中国社会科学院研究生学报》2017 年第 4 期。

19. [英] 伊丽莎白·特鲁斯、托马斯勋爵、厄内斯特·莱德："改革英国的司法制度"，载《中国应用法学》2017 年第 1 期。

20. [英] 布里格斯勋爵："生产正义方式以及实现正义途径之变革 —— 英国在线法院的设计理念、受理范围以及基本程序"，载《中国应用法学》2017 年第 2 期。

21. 周孜予、全荃、常柏："网络法院：互联网时代的审判模式"，载《法律适用》2014 年第 6 期。

22. 高兰英："ODR 与 ADR 之明辨"，载《求索》2012 年第 6 期。

23. 肖永平、谢新胜："ODR：解决电子商务争议的新模式"，载《中国法学》2003 年第 6 期。

24. 赵骏："互联网法院的成效分析"，载《人民法院报》2020 年 10 月 25

日，第 2 版。

25. 美国律师协会创新中心："美国在线争议解决数据报告"，郭文利等译，载《人民法院报》2020 年 12 月 4 日，第 8 版。

26.[英] 伯内特："在线法院：系统信息化与程序数字化的大势所趋"，载《人民法院报》2019 年 3 月 29 日，第 8 版。

27. 赵蕾、黄鹂："eBay 在线纠纷解决中心的设计理念与机制"，载《人民法院报》2017 年 10 月 13 日，第 8 版。

28. 英国在线纠纷解决顾问小组："英国在线法院发展报告（节选）"，江和平、蒋丽萍译，载《人民法院报》2017 年 5 月 5 日，第 8 版。

29. 疏义红、徐记生："从在线争议解决到互联网法院"，载《人民法院报》2017 年 11 月 11 日，第 2 版。

30. 林娜："英国改革民事法院结构之初步设想"，载《人民法院报》2016 年 5 月 6 日，第 8 版。

31. 江和平、蒋丽萍译："域外在线纠纷解决系统简介"，载《人民法院报》2015 年 12 月 18 日，第 8 版。

32.Edward H. Freeman. *Cyber Courts and the Future of Justice*. Information Systems Security. March，2005，pp. 5-9.

33.Lucille M. Ponte，*Michigan Cyber Court：A Bold Experiment in the Development of the First Public Virtual Courthouse*，North Carolina Journal of Law and Technology，Volume 4，Article 5，Issue 1 Fall 2002.

34.Lord Justice Briggs, Civil Courts Structure Review：Final Report. Judiciary of England and Wales.July 2016，https：//www.judiciary.uk/wp-content/uploads/2016/07/civil-courts-structure-review-final-report-jul-16-final-1.pdf.

35.Geoffrey Vos，*Online Courts：Perspectives from the Bench and the Bar*. Harvard Law School，https：//www.judiciary.uk/wp-content/uploads/2020/11/Harvard.OnlineCourts.ff_.pdf.

36.Karolina Mania，*Online dispute resolution：The future of justice*，International Comparative Jurisprudence，2015.

37.Miréze Philippe，*ODR Redress System for Consumer Disputes：Clarifications*，UNCITRAL Works & EU Regulation on ODR，1 INT'L J. ONLINE DISP. RESOL. 57（2014）.

38.Louis Del Duca，Colin Rule，ZbynekLoebl，*Facilitating Expansion of Cross-Border E-Commerce-Developing A Global Online Dispute Resolution*

System（Lessons Derived from Existing Odr Systems-Work of the United Nations Commission on International Trade Law）, 1 Penn St. J.L. & Int' l Aff. 59, 63（2012）.

39.Riikka Koulu, *Blockchains and Online Dispute Resolution: Smart Contracts as an Alternative to Enforcement*, A Journal of Law, Technology & Society, vol.13, Issue 1, May 2016.

40.Amy J. Schmitz, *There's an "App" for That: Developing Online Dispute Resolution to Empower Economic Development*, 32 Notre Dame J.L. Ethics & Pub. Pol' y 1（2018）, pp. 43-44.